Decorum und Mammon im Widerstreit?

Höfische Kultur interdisziplinär
Schriften und Materialien des Rudolstädter Arbeitskreises zur Residenzkultur

Band 4

Rudolstädter
Arbeitskreis
zur
Residenzkultur

Herausgegeben von Annette Cremer, Stephan Hoppe, Matthias Müller, Klaus Pietschmann

Annette C. Cremer, Alexander Jendorff (Hrsg.)

Decorum und Mammon im Widerstreit?

Adeliges Wirtschaftshandeln zwischen Standesprofilen, Profitstreben und ökonomischer Notwendigkeit

HEIDELBERG
UNIVERSITY PUBLISHING

Bibliografische Information der Deutschen Nationalbibliothek
Die Deutsche Nationalbibliothek verzeichnet diese Publikation in der Deutschen Nationalbibliografie; detaillierte bibliografische Daten sind im Internet über http://dnb.dnb.de abrufbar.

Publiziert bei Heidelberg University Publishing (heiUP)
Heidelberg 2022.

Die Online-Version dieser Publikation ist ist auf den Verlagswebseiten von Heidelberg University Publishing https://heiup.uni-heidelberg.de dauerhaft frei verfügbar (Open Access).
urn: urn:nbn:de:bsz:16-heiup-book-818-2
doi: https://doi.org//10.17885/heiup.818

Umschlagabbildung: Johann David Welcker,
Allegorie auf die Erwerbung von Surinam durch den Grafen Friedrich Kasimir von Hanau 1669, Staatliche Kunsthalle Karlsruhe Inv.-Nr. 1164.

ISSN 2629-4486
eISSN 2629-4494

ISBN 978-3-96822-069-7 (Hardcover)
ISBN 978-3-96822-068-0 (PDF)

VORWORT DER REIHENHERAUSGEBER

Die Buchreihe *Höfische Kultur interdisziplinär. Schriften und Materialien des Rudolstädter Arbeitskreises zur Residenzkultur* führt die langjährige publizistische Arbeit des 1999 in der thüringischen Residenzstadt Rudolstadt als interdisziplinäre Wissenschaftsvereinigung gegründeten Rudolstädter Arbeitskreises zur Residenzkultur e.V. unter den modernen Konzepten des Open Access und der Print-on-Demand-Verfügbarkeit weiter.

Der Rudolstädter Arbeitskreis verfolgt das Ziel, Forschungen zur spätmittelalterlichen und frühneuzeitlichen höfischen Kultur in Mitteleuropa zu fördern und zu bündeln und dabei eine sowohl interdisziplinäre als auch internationale Perspektive einzunehmen. Grundlage ist dabei ein Kulturbegriff, der sich auf die »Repräsentation« von Lebensstilen in schriftlichen, bildlichen, baulichen und im weitesten Sinne künstlerisch gestalteten Formen beziehen lässt. Theoretische Konzepte und materielle Artefakte spielen gleichermaßen eine Schlüsselrolle, und ihre Erforschung verbindet Expertinnen und Experten aus Universitäten, Museen, der Denkmalpflege und anderen Institutionen der Kulturwissenschaften und des kulturellen Erbes. Wesentliche Forschung wird zudem von freien Forscherinnen und Forschern erbracht und findet hier ebenso ein Forum.

Auf zahlreichen Tagungen, Workshops und wissenschaftlichen Kooperationen mit Universitäten, Museen, Schlösserverwaltungen und regionalen Arbeitskreisen wurde das integrative Programm des Vereins kontinuierlich umgesetzt und hat den Rudolstädter Arbeitskreis als eine der zentralen Wissenschaftsplattformen zum Thema im deutschsprachigen Raum etabliert.

Die vorliegende Reihe wird von den Kunsthistorikern Stephan Hoppe (Ludwig-Maximilians-Universität München) und Matthias Müller (Johannes Gutenberg-Universität Mainz), der Historikerin Annette Cremer (Justus-Liebig-Universität Gießen) sowie dem Musikwissenschaftler Klaus Pietschmann (Johannes Gutenberg-Universität Mainz) im Namen des Arbeitskreises herausgegeben. Unter dem Qualitätsanspruch der *peer review* folgt die Reihe den akademischen Standards von *Heidelberg University Publishing – heiUP*. Wir danken dessen Beirat für die Aufnahme in dieses innovative Programm der Wissenschaftskommunikation und der Deutschen Forschungsgemeinschaft (DFG) für die finanzielle Förderung.

In der Reihe *Höfische Kultur interdisziplinär* werden sowohl einschlägige Monographien herausragender Forschungsarbeiten als auch thematisch fokussierte Sammelbände publiziert. Eine zentrale Rolle spielen dabei nicht zuletzt die Ergebnisbände zu den vom Arbeitskreis regelmäßig veranstalteten thematisch ausgerichteten Tagungen.

Annette Cremer, Stephan Hoppe, Matthias Müller, Klaus Pietschmann

im Dezember 2021

INHALTSVERZEICHNIS

ANSTATT EINES VORWORTS

Adel und ENT(r)Epreneurship?

Dieser Band ist das Ergebnis eines Kolloquiums, das zu Ehren von Prof. Dr. Horst Carl unter dem Titel »Adel und Entrepreneurship. Selbstverständnis, Tugendbegriff und Fremdwahrnehmung (1400–1900)« vom 10. bis 12. Oktober 2019 an der Justus-Liebig-Universität Gießen im festlichen Ambiente des Hotel Heyligenstaedt stattfand. Achtzig Kolleginnen und Kollegen, Mitarbeiterinnen und Mitarbeiter sowie ehemalige und aktuelle Schülerinnen und Schüler feierten und ehrten Horst Carl, der seit 2001 die Geschichte der Frühen Neuzeit am Historischen Institut der Universität Gießen vertritt. Mit dem uns allen vertrauten Format der Tagung würdigten wir seine umfangreichen Leistungen in Forschung, Lehre und Forschungsförderung. Das Kolloquium wie auch dieser Band bilden zugleich einen ›akademischen Blumenstrauß‹ als Dank für die langjährige Kollegialität, nachhaltige Unterstützung und Förderung.

Die Auseinandersetzung mit dem Adel des Alten Reichs begleitet Horst Carl seit vielen Jahren in seinen Forschungen, mal explizit, mal implizit. Gleiches gilt für die ehemaligen und aktuellen Mitglieder seines Lehrstuhls. Adel ist, so könnte man sagen, der gemeinsame Nenner der thematisch weit aufgefächerten fachlichen Expertisen der Lehrstuhlmitglieder. Das Plakat der Tagungsankündigung zierte – als Inbegriff des kapitalistischen Unternehmers schlechthin und als ironisches Zitat zu verstehendes – Carl Barks' Ganzkörperporträt von Dagobert Duck (im Original McDuck of Duckburg) aus dem Jahr 1974.

Zweifellos erscheint es erklärungsbedürftig, was der Enterich Dagobert Duck mit dem Thema einer wissenschaftlichen Tagung zu tun hat! Dies ergibt sich in vielfältiger Weise – wie kann es anders sein – aus den historischen Zusammenhängen: Dagobert Duck wurde 1947 von dem amerikanischen Comic-Zeichner Carl Barks (1901–2000) für Disney erfunden und entspricht auf den ersten Blick eher dem Typ des modernen Großindustriellen amerikanischer Prägung, also mit Migrationshintergrund, Armutserfahrung, ausgeprägtem Selbstbewusstsein angesichts harter und erfolgreicher Selbstbehauptungskämpfe und angeeigneten Attitüden neopatrizischen Stils bei gleichzeitiger subkutaner Unsicherheit, die gepaart ist mit der permanenten Suche nach Symbolen der Statusrepräsentation und Selbstinszenierung. Sein englischer Name lautet in Anlehnung an die hartherzige Hauptfigur aus Charles Dickens' *Christmas Carol* ursprünglich Scrooge McDuck. Erst durch die deutsche Übersetzerin der Disney-Comics erhielt der Ente-Preneur den Namen des Merowinger-Königs Dagobert I. (um 608–639).

Der mitunter griesgrämige Scrooge – der wohl reichste Enterich der Welt, der in seinem Geldspeicher wohnt, in seinen Münzen badet und seinen Glückstaler, seinen ersten selbstverdienten Taler, wie seinen Augapfel hütet – erhielt 1991 eine eigene Biographie mit dem Titel *Sein Leben, seine Milliarden*. Der zweite berühmte Duck-Zeichner – Don Hugo Rosa (geb. 1951) – rekonstruierte aus den bislang zugänglichen Bild- und Textquellen Scrooges Leben, das bis dahin nur in Schlaglichtern bekannt war.[1] Auf den ersten Blick entspricht seine Vita dem amerikanischen Traum vom Schuhputzer zum Milliardär: Scrooge wurde demnach 1867 in Glasgow, Schottland, geboren, womit vermutlich sein Geiz, aber auch seine agonal-aggressive, wohl aus dem amerikanischen Einwanderermilieu resultierende und durch die Strukturen des Sozialdarwinismus geprägte Selbstbehauptungsmentalität erklärt werden soll. Er verlebte seine Jugend in ärmlichen Verhältnissen; seinen ersten Taler soll er tatsächlich mit Schuhputzen verdient haben. Mit dreizehn Jahren wanderte er gemäß der Überlieferung zu seinem Onkel nach Amerika aus, wurde Flussdampferkapitän, Cowboy und Goldschürfer. Nach weiteren internationalen Reisen und Abenteuern in Afrika und Australien, die entfernt an die adelige Grandtour erinnern, fand er Gold am Klondike. Sein Ziel war es fortan, der reichste Mann – pardon: Enterich – der Welt zu werden. Auf den ersten Blick handelt es sich also um eine bekannte bürgerliche Aufsteigergeschichte der kapitalistischen Welt der unbegrenzten Möglichkeiten.

Doch tatsächlich stammte Scrooge aus dem alten schottischen Clan der McDucks, die mindestens seit 1675 auf ihrem Stammsitz, der Duckenburgh, nachweisbar sind.[2] Die im Comic nachzuvollziehende Familienführung durch Scrooges »Heimat« inklusive Besichtigung des Familienstammsitzes verweist auf ein Moment der umfassenden Rückkehr zu den Wurzeln des Geschlechts der McDucks im Sinne der familialen Erinnerung und von deren Revitalisierung und damit der Selbstvergewisserung in Zeiten des Aufstiegs und der Prosperität. Aber auch Unsicherheit (und offensichtliches Unwissen über die eigene Familiengeschichte) spricht aus diesem Verhalten; und in der Tat scheinen die ökonomischen Familienverhältnisse äußerst prekär gewesen sein, in früheren Zeiten wie auch im Leben des Scrooge: Einmal war er sogar gezwungen, seine Goldmine zu verkaufen, um mit dem Erlös die Grundsteuern für Burg Duckenburgh aufbringen zu können. Tradition wog also doch immer mehr als pures Gold! Duck führte sein unternehmerisches Risikogeschäft mit Geschick fort, wobei der Grat zwischen Erfolg, Reichtum und Prestige einerseits und Misserfolg, Ruin und Schmach andererseits nicht selten schmal war.

Diese wie auch andere Situationen im Leben des herausragenden McDuck sind dem europäischen Adel der Moderne mehr als vertraut gewesen; sie waren es in all ihren Facetten bereits für den Adel Alteuropas. Der neuamerikanische Kapitalismus-Profiteur Scrooge machte sein Glück in einer entfesselten Ökonomie und in einem Staat, dessen

1 Rosa, Don: Onkel Dagobert – Sein Leben, seine Milliarden. Kopenhagen / Berlin [Ehapa Comic Collection] 2003.

2 Vgl. Rosa, Don: Die Duckenburgh in A letter from home oder The Old Castle's OTHER Secret 2003, © Egmont Ehapa, unter: https://www.duckipedia.de/Duckenburgh [letzter Zugriff 26.06.2020].

Gründerväter sich ideell und konstitutionell an alteuropäischen Vorbildern und Elitenkonzeptionen orientierten, die ihrerseits nicht selten den Ideen adeliger Denker entsprangen. McDuck ist – insofern kaum überraschend – geprägt von den alt-adeligen bzw. (alt-)europäischen Idealen seiner Familie, die Grundbesitz und besonders die Residenz als Inbegriff adeliger Identität immer höher schätzte als den schnöden Mammon, der begrifflich den Titel dieses Bandes ziert. Gerade deshalb stellt er ein Beispiel einer modernen Adelsbiographie dar, die nicht in den adeligen Rollenmodellen des 18. Jahrhunderts verharrt, sondern im Unternehmertum des ausgehenden 19. Jahrhunderts aufgeht und monetäre Gewinngenerierung und Gewinnmaximierung zu »ihrem Beruf« macht. Allein die Idee einer Profession, gepaart mit eventuellen äußeren Erfordernissen und Nöten, sich primär aus dieser (und nicht etwas aus Landbesitz) zu finanzieren, wäre einhundert Jahre zuvor kaum denkbar, geschweige denn umsetzbar gewesen.

Typisch für die Verschmelzung einer kapitalistisch-antiständischen Mentalität mit einem altadeligen Habitus ist die Tatsache, dass sich Unternehmer mit den kontextangemessenen Statussymbolen umgaben und umgeben, die wie etwa Kleidung, Automobile, Immobilien und Kunstsammlungen als Marker der sozialen Exzellenz fungieren. Nicht selten weisen solche Inszenierungen und deren Symbolik Parallelen zu altadeligen Vorbildern auf. Auch hierfür ist Scrooge McDuck ein typisches Exemplar, wie das Ganzköperporträt von Don Rosa, das im Tagungsplakat ironisch zitiert wurde, eindrücklich zeigt: Die Wand im Hintergrund ist mit Dollarmotiven dekoriert, im rechten Bildhintergrund ist ein zum Bersten mit Preziosen gefülltes Regal zu sehen, links befindet sich ein halbhoher Tresor, auf dem ein Globus steht und auf dem die Geldschein haltende linke Hand lässig ruht, während sein linker Fuß auf mehreren mit den Namen McDucks geprägten Goldbarren aufliegt. Der Boden im Vordergrund und der Sessel sind voll von Gold- und Silbermünzen. Mit der rechten Hand auf einen Stock gestützt, blickt er den Betrachter direkt an. Gekleidet in einem körperbetonten dunkelroten Samtrock mit Ärmelaufschlägen und Kragen, zieren Scrooge nur eine zurückhaltende Gürtelschnalle und ein goldener Knopf am Kragen. Ostentativ inszeniert sich hier die reichste Ente der Welt; am Körper getragenen Schmuck braucht sie nicht, denn das Porträt strotzt vor Hinweisen auf Reichtum, in Form von Münzen, Scheinen, Goldbarren und Diamanten.

Scrooges Porträt ist ein gekonntes Zitat von barocken Formulierungen des adeligen Herrschaftsporträts. Der Stock ist weniger als Gehhilfe, denn als Herrschaftsstab zu verstehen, ähnlich Hyacinthe Rigauds Darstellung von *Ludwig XIV. von Frankreich* aus dem Jahr 1701 (Paris, Louvre); der Anzug erinnert an den Rock Karls VI. auf dem Gemälde *Karl VI. als König von Spanien* von Francesco Solimena aus dem Jahr 1706 (Neapel, Museo Nazionale di Capodimonte); der Globus – häufiger ein Verweis auf frühneuzeitliche Territorialpolitik, Kriegsführung oder Wissensdurst – wird hier mit Hilfe der Fähnchen zur Anzeige der globalen Handelsniederlassungen von McDuck. Neben der Charakterisierung McDucks als einer äußert selbstbewussten Ente stehen in diesem Porträt Geld und Vermögen im Vordergrund, deren Inszenierung im Kontext adeliger Symbolismen allerdings offensichtlich nicht ehrenrührig ist. Ausgehend von der Rekonstruktion der Duck'schen Lebensgeschichte und der Bildinszenierung, scheinen sich also Adeligkeit und Entrepreneurship nicht gegenseitig auszuschließen.

Anders als Onkel Dagobert sah sich der alteuropäische Adel in Bezug auf sein wirtschaftliches Handeln einem mitunter spannungsreichen Verhältnis und deutlich nuancierteren, wechselnden Eigen- und Fremdbewertungen ausgesetzt. Die Hoffnung auf Reichtum war sicherlich – ähnlich wie bei McDuck – ein zentrales Handlungsmotiv, aber nicht in dieser Ausschließlichkeit und gewiss nicht in dieser Vordergründigkeit.

Trotz des hier kurz zusammengefassten heiteren und satirischen Aufhängers lag dem Symposium der Wunsch nach einer ernsthaften Auseinandersetzung um die Frage des Verhältnisses zwischen der facettenreichen Gruppe des Adels und den ebenfalls facettenreichen Formen seines Wirtschaftshandelns zugrunde. Dem Anlass der Tagung entsprechend rekrutierten sich die geladenen Vortragenden, Moderatoren und Gäste aus langjährigen Wegbegleitern, aus in der Adelsforschung »einschlägigen« Kolleginnen und Kollegen des deutschsprachigen Wissenschaftsraums und aus Angehörigen des Historischen Instituts der Universität Gießen. Die Liste der geladenen Gäste und Teilnehmerinnen und Teilnehmer befindet sich im Anhang.

Dieser Band entstand hauptsächlich während des Corona-Lockdowns 2020, der über viele Monate hinweg die Nutzung von Bibliotheken und Archiven verhinderte oder zumindest stark einschränkte. Dies soll keine Entschuldigung, aber eine Erklärung für die mitunter knapper ausfallenden Belegapparate sein. Nicht alle Vorträge fanden Eingang in diesen Band und nicht alle hier gedruckten Beiträge konnten während des Kolloquiums präsentiert werden. Denn obgleich der Anlass des Kolloquiums personenbezogen war, ist dieser Band keine Festschrift, sondern eine Zusammenstellung von Beiträgen, die sich um thematische Kohärenz bemüht. Dem geneigten Leser und der geneigten Leserin mögen die Beiträge neben ihrer Funktion als akademische Ehrbezeugung eine gewinnbringende Lektüre sein!

Für die großartige Unterstützung bei der Durchführung der Tagung und der Drucklegung des Bandes danken wir Lena Frewer, Julia Hinze, Sarah Noske, Filip Schuffert, Bennet Roßwag und ganz besonders dem Team von Heidelberg University Publishing.

Gießen, 17. Februar 2021

Annette C. Cremer und Alexander Jendorff

HINFÜHRUNG ZU DEN BEITRÄGEN DIESES BANDES: BEDINGUNGEN, MOTIVE UND HANDLUNGSFELDER ADELIGER WIRTSCHAFTSAKTIVITÄTEN IN DER VORMODERNE

Alexander Jendorff

Adeliges Wirtschaftsengagement – gleichgültig, ob es primär konsumatorischer oder kommerziell-unternehmerischer Natur war – erweist sich als extrem komplexes und vielgestaltiges Phänomen, dessen Einordnung und Einschätzung alles andere als ein leichtes Unterfangen darstellt. Zu jedem Zeitpunkt hat es die Zeitgenossen zu kritischen, spöttischen, abschätzigen, aber auch bewundernden, erstaunten, anerkennenden Kommentaren und Urteilen verleitet. Irgendwie schien bzw. scheint es stets mit dem Hauch des Besonderen, des Ungewöhnlichen verbunden (gewesen) zu sein, das selbst die Historiographie der (Post-)Moderne in ihrem Urteil unschlüssig-indifferent wirken ließ, sofern sie sich nicht vollends auf die Seite Max Webers und seiner Mitstreiter schlug. Die Analyse und Einschätzung adeligen Entrepreneurships erschienen und erscheinen jedenfalls stets fallweise und dabei massiv differenzierungsbedürftig, allein schon, weil die jeweiligen Zugangsweisen der Akteure zu ökonomischen Fragestellungen und Herausforderungslagen extrem divergierten.

Die Beiträge des Bandes geben hierüber intensiv Aufschluss und weisen zudem aus, wie widersprüchlich adeliges Entrepreneurship teilweise sein konnte, schon weil es zwischen verschiedenen Welten – nämlich der Welt der Ökonomie und der Standeslogik – oszillierte. Dabei musste es sich nicht um ein Ausschließungsverhältnis handeln. Das eine konnte das andere selbstverständlich unterstützen und befördern bzw. stellte unter Umständen sogar die Voraussetzung für den jeweiligen Erfolg auf dem ökonomischen oder ständisch-sozialen Feld dar. Doch blieb adeliges Entrepreneurship stets auch eine soziale Herausforderung – und dies für alle Beteiligten. Gemeinsam war der adeligen und der ökonomischen Welt, dass eine wesentliche Kapitalie der »Marktbeziehung« – gleichgültig auf welchem Feld – das soziale Prestige war, das es funktional einzusetzen, aber eben auch auf- und stets auszubauen galt.

Betrachtet man in einem ersten Schritt die Bedingungen und Kontexte adeligen Wirtschaftshandelns in der Frühen Neuzeit, so finden sich vorab keine konfessionsspezifischen Determinanten. Weder im katholischen noch im protestantischen Bereich beschränkten die spezifischen Ethiken bzw. Moralkodizes die ökonomischen Aktivitäten grundlegend. Es lässt sich noch weniger davon sprechen, dass protestantischer Adel in ausgeprägterer Weise ökonomieaffines Verhalten an den Tag gelegt hätte als katholischer; für die umgekehrte Annahme gilt nämliches. Dies ergibt sich zum einen schon aus dem kolonialen und kommerziellen Engagement von Teilen des mediterranen – gerade des iberischen – Adels, zum anderen aus den Möglichkeiten, die die verschiedenen Marktsegmente – sei es die Agrarwirtschaft, sei es das Montangewerbe – boten. Zweifellos am besten illustriert der frühneuzeitliche Sicherheits- und Militärsektor das schrankenlose und konfessionsübergreifende ökonomische Engagement des alteuropäischen Adels, nicht zuletzt, weil er rationales Wirtschaftshandeln mit den sozialen Logiken und Selbststilisierungen der Adelswelt verband. Allen Adelsgruppen jedweder Konfession boten sich auf diesem Feld während der gesamten Frühen Neuzeit ungeheure Profitchancen bei persönlich hohem Risiko auf vielen Kriegsschauplätzen und unter wessen Banner auch immer.

Allerdings sah nicht jeder Adelige im militärischen Sektor seine persönliche ökonomische Zukunft. Dies war nicht nur von der Risikobereitschaft des Einzelnen, sondern insbesondere auch von seinen individuellen bzw. familiären Voraussetzungen abhängig; und diese variierten doch erheblich. Die Frage, auf welche Voraussetzungen ein adeliger Wirtschaftsakteur bei seinen Aktivitäten zurückgreifen konnte, betraf alle Umfeldbedingungen wie sein Vermögen, seine Liquidität, Bonität, mehr aber noch die Verfügbarkeit von Land- und Personalressourcen sowie Herrschaftsrechten, die sich als Produktionskapital nutzen ließen. Sie entschieden über die Dimension, Intensität und Ausrichtung adeligen Wirtschaftshandelns nicht unwesentlich mit. Dabei waren gerade die ökonomisch unmittelbar nutzbaren Rechte und Privilegien nicht zu unterschätzen. Steuererleichterungen, Mühlen-, Brenn- und Schankrechte etc. vermochten lokale Märkte teilweise monopolartig zu beeinflussen. Für Wege-, Brücken- und Zollrechte galt dasselbe, während die Verfügbarkeit von billiger Arbeitskraft mittels Hand- und Spanndiensten in einigen Regionen Europas einen erheblichen Wirtschafts- und Preisgestaltungsfaktor, in anderen Regionen dagegen in Form von Abgaben eher einen Faktor zur Festigung einer berechenbaren monetären Basis des adeligen Einkommens darstellte. Zusammengenommen geben solche Voraussetzungsfacetten einen Eindruck davon, in welchem Ausmaß das adelige Wirtschaften in lokale Kontexte integriert war, das heißt, von ihnen ebenso abhängig war, wie es diese beeinflusste.

Zugleich besaß adeliges Wirtschaftsengagement parallel zur Entfaltung der alteuropäischen Märkte eine überregionale Dimension. Sie machte sich an der seit dem 15. Jahrhundert im zentralen Kontinentaleuropa zunehmenden adeligen Eigenwirtschaft im Agrarsektor bemerkbar, aber auch in anderen Segmenten. Notwendig war für solche Aktivitäten die Verfügbarkeit entsprechender natürlicher Ressourcen, allen voran Rechte an Land, das für die Anlage und Nutzung von Wäldern, Teichen oder Bergbau verwendet werden konnte. Gerade die Verfügbarkeit von Holz bzw. Holzeinschlagsrechten darf nicht unterschätzt werden, handelte es sich doch um eine herausragende Bedingung für den Einstieg in technologisch anspruchsvolle, energetisch kostenintensive, permanent investitionsintensive, daher hochrisikobehaftete und dabei extrem gewinnträchtige Geschäfte im Bereich der Salz- und Glasherstellung sowie des

Montangewerbes. Für diese Wirtschaftssegmente war in der Regel die Bildung von Investitionskonsortien unumgänglich und stellten entsprechende Erfahrungen und technisch-naturwissenschaftliches Fachwissen eine unabdingbare Voraussetzung dar, für die nicht selten nur begrenzt verfügbarer Sachverstand angeworben und somit eingekauft werden musste.

Gerade die mit großen Risiken und großen Investitionskosten verbundenen Engagements machten die Fähigkeit zur Diversifikation der eigenen Wirtschaftsaktivitäten notwendig. Überwiegend stand am Anfang eines Einstiegs in Hochrisiko-Geschäfte entweder die Suche nach Anlagemöglichkeiten für die Profite aus der Agrarrente oder ein ökonomischer Strategiewechsel, weil sich weitere Engagements in bestimmten Bereichen der Agrarwirtschaft nicht mehr lohnten. So wie sich im Kontext der aufstrebenden Textilindustrie große Teile des englischen Adels im 15. und 16. Jahrhundert gezielt auf die Schafwirtschaft eingelassen hatten, um deren Profite später in den Handelssektor zu investieren, ließen sich österreichische Adelige im ausgehenden 16. und 17. Jahrhundert vor dem Hintergrund religiös-konfessioneller Normsetzungen zunächst verstärkt auf die Teichwirtschaft und Fischzucht ein, um sie später wieder aufzugeben, als die technisch-hydrologischen Anforderungen zu kostenintensiv wurden und sie angesichts rückgängiger Absatzmärkte nicht mehr profitabel genug war.

Diese Bemerkungen weisen auf unterschiedliche Rollen des Adeligen bei seinem ökonomischen Engagement bzw. in den Wirtschaftsstrukturen Alteuropas hin. Er agierte nicht immer als aktiver Part des unmittelbaren Tagesgeschäfts; dies überließ er nicht selten und aus unterschiedlichen Gründen – sei es aus Fragen der Abkömmlichkeit, des Interesses, der Fähigkeiten oder der funktionalen Effektivität – seinen Verwaltern. Daher finden sich adelige Entrepreneurs häufiger als Akteure des sichtbaren Hintergrunds, also als kapitalgebende Investoren und als »soziale Türöffner« – wir würden sagen: als Lobbyisten und als Repräsentanten – bei den »richtigen« Personen der fürstlich-monarchischen Höfe, Verwaltungen und Regierungen, in denen sie ebenso häufig selbst als soziale Akteure bzw. herrschaftliche Funktionäre agierten. Als »Netzwerker« in solchen sozialen Formationen und Institutionen vermochten Adelige ihre eigenen Wirtschaftsinteressen und die ihrer Geschäftspartner zu vertreten und wirksam werden zu lassen, indem sie in Ständeparlamenten für oder gegen bestimmte wirtschaftliche Regelungen agitierten und votierten, entscheidende Personen beeinflussten, Informationen einholten oder solche in kommunikative Abläufe und Strukturen einspeisten. Adeliges Entrepreneurship stellte sich demnach sozial multifunktional dar, wobei das, was nur »soziale Begleitmusik« zu sein scheint, für die vormodernen Verhältnisse von kaum zu überschätzendem Wert war. Daraus folgt mit Blick auf den Stellenwert des Themas dieses Bandes: Eine Geschichte der vormodernen Wirtschaftsentwicklung ist angesichts der Bedeutung von Adel und Adeligkeit in den soziopolitischen Strukturen der Vormoderne ohne eine Berücksichtigung des Adels in dieser Wirtschaftsgeschichte nicht zu schreiben.

Ein bestimmendes Motiv adeligen Wirtschaftsengagements waren und blieben bei alldem zweifellos die ökonomischen Bedürfnisse und Zwänge, die sich aus Adeligkeit und der permanenten Adelskonkurrenz ergaben. Dies resultierte bereits aus den innerfamiliären Gemengelagen und betraf in erster Linie die adelige Existenz der nachgeborenen Söhne, sehr wohl aber auch die der Töchter und Witwen. Solche und andere Angelegenheiten zu ordnen und in konsensuale Lösungen zu überführen war die Aufgabe von Familienverträgen, deren wirtschaftliche Dimension Stephan Wendehorst für reichsständische Fürstenfamilien untersucht. In den Regionen Alteuropas, in denen sich die Primogenitur durchsetzte, waren die nachgeborenen Söhne gezwungen, sich eine eigene ökonomische Existenz und eine eigene soziale Position in der Adelswelt aufzubauen. Aufbau und Erhalt einer solchen Position waren allerdings – unabhängig von der Frage der Primogenitur oder der Erbteilung – zentrale Motive eines ökonomischen Engagements des Adels. Ostentative Repräsentation, Legitimation und Behauptung der eigenen Exzellenz – gleichgültig in welchen Dimensionen und in welchen Ausdrucksformen – sowohl innerhalb des eigenen Standes als auch gegenüber Angehörigen anderer Stände machten Ausgaben notwendig, die gedeckt sein wollten. Es handelte sich demnach um ein grundlegendes Anforderungsmerkmal adeliger Existenz und Exzellenz. Die Frage der Adeligkeit war daher konsequenterweise stets mit der Frage des Wirtschaftens und des Reichtums verbunden. Die fundamental erscheinende Problematik der Geldfrage stellt sich daher in der Tat, wie Ronald G. Asch es beschreibt, als eine Geschichte des Spannungsfeldes zwischen »demonstrativer Verschwendung und Bewahrung des Erbes« dar. Sie war jedoch nicht einfach nur auf Tradition und Vergangenheit gerichtet, sondern besaß eine genuin zukunftsweisende Komponente, die die Gegenwart des adeligen Akteurs betraf. Denn die Verpflichtung auf die Wahrung des materiellen wie immateriellen Erbes erzwang die Gestaltung der Gegenwart gerade wegen des Blicks auf die Zukunft; und gleichgültig wie ausgeprägt das Gefühl des einzelnen Adeligen für diese Verpflichtung auf die Vergangenheit gewesen sein mag, so musste es sein genuines Ziel sein, in Instrumentalisierung seines Erbes und von dessen wie auch immer ausgeprägten Kapitalien selbst eine angenehme Zukunft zu besitzen bzw. zu gestalten.

Der von Asch als Themenfeld geöffnete Horizont »Der Adel und das Geld« erweist sich demnach nicht bloß als Problematik mangelnder Liquidität oder verfügbaren Kredits, sondern auch als Horizont sich bietender Chancen. Hierbei mochte der Adel notabene dem nicht-adeligen Unternehmer und seinen Geschäften kaum unähnlich sein; beide benötigten zum Erhalt und Ausbau ihres Geschäftsfeldes entsprechende finanzielle Mittel und, sofern sie über diese nicht unmittelbar verfügten, den Zugriff auf Kredite, die durch soziale Kontakte generiert wurden. Diese Problematik verweist auf das komplexe Feld der Einbindung von Adeligkeit in ein materialistisches Verständnis von Gesellschaft, das – wie bereits angerissen – die ständischen Eliten der Vormoderne umtrieb. Die von Matthias Schnettger vorgestellte Kritik der Zeitgenossen an den *divites*

Genuenses des 17. und 18. Jahrhunderts erweist dies schlaglichtartig: Den zahllosen Negativstereotypen wie Arroganz, Treulosigkeit, Ehrlosigkeit, Habgier, fehlende Kultiviertheit, Eigensucht, die allesamt auf mangelnde Adeligkeit schließen ließen, stand die Wahrnehmung des geradezu märchenhaften Reichtums gegenüber, der zwar nur ostentativ dargeboten, nicht gelebt wurde, aber eben eine entscheidende Realität war. An den tief verachteten, tief bewunderten Genuesern – Krämer, Händler, Bankiers – konnten sich die Zeitgenossen bestens abarbeiten, nur um indirekt zu beweisen, wie sehr sie die Reichtumsfrage und damit verbunden die Frage nach der Zulässigkeit ökonomischen Engagements umtrieb.

Denn die Frage nach der Bedeutung von Reichtum berührte nicht nur die Begründung und Profilierung von Adeligkeit, sondern auch die nach der Denkbarkeit vertikaler sozialer Mobilität durch Reichtum bzw. Armut sowie nach den Effekten solcher Mobilität auf die Konstellation der alteuropäischen Gesellschaften und insbesondere auf die Komposition ihrer Eliten. Dahinter verbarg sich selbstverständlich zum einen die Wahrnehmung realer sozioökonomischer Veränderungen durch die Zeitgenossen, also die Wahrnehmung von Wandlungsvorgängen in den ökonomischen Strukturen, bei den Akteuren und deren Erfolgen oder Misserfolgen, bei der Erschließung, Verfügbarkeit und dem Einsatz von Ressourcen, Techniken und Wissen, sowie zum anderen die Wahrnehmung von deren Effekten auf politisch-herrschaftliche Entscheidungen. So wenig die vormoderne Welt als eine statische begriffen werden kann, so wenig gilt dies für die Entwicklung ihrer Gesellschaften und von deren Eliten, die beide von ökonomischen Verhältnissen und deren Veränderungen ebenso tangiert waren, wie sie diese mitgestalteten.

Dies gilt es im Hinterkopf zu behalten, gerade weil Friedrich Lenger in seinem Beitrag zu dem Schluss kommt, bei Adel und Kapitalismus handele es sich gerade nicht um ein – wenn auch spannungsgeladenes – Ausschließungsverhältnis, bei dessen Analyse zudem das Spiel wechselseitiger Projektionen zu beachten seien. Sind Letztere in der Regel als binäre Oppositionen angelegt – wobei es dann umso wichtiger wäre zu fragen, wer mit welchen Motiven solche Oppositionen anlegte –, so ist nach Lengers Auffassung im Bereich sozialer Praktiken vieles möglich. Konsequent folgert er daher, dass adeliges Wirtschaftsengagement nicht am Maßstab bürgerlichen Unternehmertums gemessen werden könne; und umgekehrt: es gelte danach zu fragen, inwieweit bürgerliche Unternehmer gemäß den Weber'schen Erwerbsidealen lebten. Damit verbunden ist die Frage, ob die jeweiligen Stilisierungen – Adel als eine auf Erinnerung, Tradition und Kontinuität bedachte Elite, Kapitalismus als eine auf die Zukunft ausgerichtetes Wirtschafts- und Lebenskonzeption – wirklich einander ausschlossen bzw. den Realitäten entsprachen oder nicht doch eher im Sinne der (Re-)Produktion von sozioökonomischen Idealen bloß funktionale Imaginierungen darstellten, also *imagined futures* bzw. *imagined elites* repräsentierten. Bei näherer Betrachtung erweist sich, dass es sich nicht um automatische Antagonismen handeln musste. Vielmehr drängen sich funktionale Parallelen auf, insofern Adeligkeit in ihrem Status stets ebenso prekär war wie die Unternehmerexistenz; insofern Adeligkeit zwar legitimierend auf die Vergangenheit und Kontinuität verwies, aber auf die durch geschicktes Hantieren mit den verschiedenen Kapitalsorten erzielten Erfolge der Gegenwart und der Zukunft zum sozialen Überleben angewiesen war; und insofern der nicht-adelige Unternehmer bei der Erschließung neuer Märkte, Ressourcen und Kunden selbstverständlich ebenfalls auf seinen vergangenen Erfolg, seine Erfahrung im Geschäft und auf seine Reputation verwies. Je länger er im Geschäft war, umso intensiver legitimierte er seine Anwartschaft auf zukünftigen Erfolg mit dem werbenden Verweis auf die Vergangenheit; umgekehrt versucht ein im Markt neu aufgetauchter Entrepreneur auf seine frischen Ideen und insofern auf die Antiquiertheit der alten zu verweisen. In beiden Fällen handelte es sich um Konkurrenzmärkte, deren Unterschiedlichkeit in der Betonung der ökonomischen oder der sozial-ständischen Komponente bestand, die einander jedoch für wirklichen Erfolg bedurften. Der Adel bedurfte des ökonomischen Erfolgs zur materiellen Fundierung des sozialen Überlebens, während der Unternehmer das soziale Prestige der Adeligkeit anstrebte, weil es sich um einen ständischen Zielhorizont mindestens der Vormoderne handelte, der den Eintritt in die soziale Elite und zugleich weitere ökonomische Chancen eröffnen konnte.

Dies öffnet den Blick auf die Funktion von Adeligkeit als ökonomischem Kapital. Der Beitrag von Stefan Rohdewald zeigt dies exemplarisch für einen geographisch riesigen Raum auf, der von unterschiedlichen Adelsgesellschaften und insofern sozialen Logiken bzw. Praktiken von Adeligkeit geprägt war. Demnach stellte Adeligkeit im transosmanischen Handel des Luxuswarensegments ein notwendiges Instrument dar, um in dem damit verbundenen *regime of value* (Arjun Appadurai) eine Chance auf einen Platz im ökonomischen Geschehen zu erhalten. Dies resultierte gerade aus den Handelsobjekten – den Luxuswaren, die von jeweiligen Eliteangehörigen gehandelt und konsumiert wurden. Die Anpassung an und die Einordnung in soziale Logiken – das heißt auch: in die sozialen Hierarchien an Höfen und lokalen Gesellschaften – erzwang demnach die Herstellung von Kompatibilitäten. Adeliger Status war daher ein unternehmerisches Ziel, eine soziale Voraussetzung oder ein Anreiz zur Erschließung von Märkten und Wahrung von Marktchancen zwecks Generierung eines Reichtums, der sozial-ständische Absicherung bzw. Aufstieg ermöglichte.

Mochte der Adel in Europa einschränkende Bedingungen seiner unternehmerischen Engagements kennen, so waren ihm letztlich doch alle ökonomisch-unternehmerischen Handlungsfelder bekannt und wurden von ihm aus genuinem Eigeninteresse heraus intensiv ›beackert‹. Dies galt überdies nicht allein für die männlichen Standesvertreter, sondern – wie der Beitrag von Bettina Braun zur Essener Fürstäbtissin Maria Kunigunde von Sachsen und deren Engagement bei der Erschließung und Betreibung von Montanunternehmungen zeigt – auch für weibliche Adelige, überdies mit einer gewissen Selbstverständlichkeit.

Ein primär, vielleicht sogar in entwicklungsgeschichtlich nachvollziehbarer Weise prioritär herausragendes Feld des ökonomischen Engagements stellte zweifellos der gesamte Bereich der Agrarwirtschaft dar. Hier wirkten Adelige als Produzenten der ihrem Besitz entstammenden Waren – Vieh und Frucht –, die regional höchst verschieden waren. Zugleich wirkten sie als Vermarkter sowohl für die heimischen als auch für weiter entfernte Märkte, je nachdem wie hoch die Transportkosten waren. Dies galt gleichermaßen für Sekundärprodukte der Agrarwirtschaft, also für die aus den Agrarfrüchten gewonnenen Waren wie Öl oder Branntwein, die selbst oder durch Zwischenhändler bzw. Konsortien teilweise über große Distanzen hinweg meist in stärker urbanisierte Regionen transportiert und dort vermarktet wurden. Die großen Städteregionen Oberitaliens und Nordwesteuropas und deren demographisch-ökonomischer Boom wären ohne das agrarische Mehrprodukt des jeweiligen Umlandes und weiter entfernter Regionen (Süd- und Ost-)Europas nicht denkbar gewesen. Der Adel – gleichgültig welcher binnenständischer Qualität – wusste sich an die Nachfrage anzupassen und diese organisatorisch geschickt zu bedienen; und er wusste sich notfalls auch gegen seine Konkurrenten aus den Städten zur Wehr zu setzen, wenn auch nicht immer erfolgreich, wie Anette Baumann anhand des Beispiels des Hauses Löwenstein-Wertheim zeigt: Das dynastische Unternehmerkonsortium war seit 1773 mit der Reichsstadt Frankfurt in einen sich akzelerierenden Konflikt über Marktmacht und Marktgestaltung auf der Frankfurter Messe geraten. Diese Auseinandersetzung verschärfte sich 1787, als der regionale Plattform-Monopolist – die Reichsstadt und deren patrizische Eliten – ostentativ von dem Wertheimer Messschiffer unter Androhung der Arrestierung seines Schiffes eine Strafgebühr einforderte und ihm befahl, seinen Wein nur noch an Wertheimer Messebesucher, aber nicht an Frankfurter und Fremde zu verkaufen. Auch sollte er eine Waage, die er zum Messen von Waren errichtet hatte, nicht mehr aufstellen dürfen. Der Fall landete sehr schnell vor dem Reichskammergericht, wo die städtischen Advokaten auf Zeit spielten, wenig juristisch, sondern gleichsam markt- bzw. monopolradikal argumentierten und erfolgreich auf die Uneinigkeit im gespaltenen Hause Löwenstein-Wertheim setzten. Am Ende stand denn auch ein Ausgleich, der zwar die Interessen aller bediente, aber dennoch nachwies, wie stark die realwirtschaftliche Position der Reichsstadt war, die im Zweifelsfalle Kaiser, Reichskammergericht und einen Reichsstand auf der öffentlichen Bühne vorführen konnte. Dieses Fallbeispiel zeigt insofern auch auf, wie stark argumentative Strategien und wirtschaftstheoretische bzw. wirtschaftsrechtliche Auffassungen an die jeweiligen Interessen der jeweiligen Wirtschaftsakteure, nicht jedoch an deren gesellschaftlichen Stand gebunden waren. Während die Vertreter der Städte durchaus ihre infrastrukturellen Monopolstellungen zu verteidigen wussten, pochten adelige Unternehmer nicht selten auf freien Marktzugang.

Gleiches galt für den Gewerbesektor in unterschiedlichen Phasen. Auch hier wusste der Adel seine Wirtschaftsressourcen und unternehmerischen Potentiale zu heben, wenn er etwa Wassermühlen für Müllereien, Sägewerke oder Hammerwerke nutzte. Damit nahm er vor Ort eine permanente Schlüssel- und Zulieferfunktion in der Agrar- und Handwerkswirtschaft ein. Wie sehr der Adel um die innovativen Wirtschaftssegmente und deren Profitabilität wusste, lässt sich daran ablesen, dass sich eine erhebliche Anzahl an Standesangehörigen im Manufakturwesen engagierte. Das konnte die – selbstverständlich privilegierte – Produktion von Stoffen und Bekleidung ebenso betreffen wie die Seidenraupenzucht und Seidenverarbeitung, die Porzellan- oder die Waffenproduktion. Dabei musste der so engagierte Adelige keineswegs als direkt involvierter Akteur auftreten. Viel häufiger lassen sich Einlagebeteiligungen nachweisen, die aus den Kreisen der jeweiligen (adeligen wie nicht-adeligen) Akteure bei Hofe stammten. Sie nutzten demnach ihr (privilegiertes) Wissen aus dem Regierungskosmos und setzten es in unternehmerische Aktivität um.

Der Adel spielte auf diese Weise eine keineswegs unbedeutende Rolle in den Innovations- und Modernisierungsvorgängen in den ökonomischen Strukturentwicklungsprozessen Alteuropas.

Das weist auch darauf hin, dass es sich um durchaus erstaunlich flexible Wirtschaftsakteure handelte. Nicht umsonst weist die Studie von Dieter Wunder zu der hessischen Unternehmerin Ermgard von Wehren (1566/67–1626) aus, dass selbst ein Scheitern in einem Wirtschaftssegment nicht automatisch mit der Selbstbeschränkung auf eine Rentiersexistenz verbunden war. Die aus vielerlei Gründen gescheiterte Gutsherrin von Stande zog sich eben gerade nicht zurück, sondern reüssierte risikofreudig – wenn auch sicherlich aus ökonomischen Zwängen heraus – als Montanunternehmerin. Sie erfand sich geschäftlich neu und initiierte die finanzielle Entwicklung eines Stahlunternehmens in Völkershausen.

Abgesehen von der Einschlägigkeit solcher Einzelbeispiele weist die Studie auf die Notwendigkeit einer intensiveren, zudem systematischen Auswertung von Adelsarchiven für das Feld der vormodernen Wirtschafts- und damit auch der Sozialgeschichte hin, die dabei keineswegs nur auf Gender-Fragen abheben muss. Denn zusammen mit der ökonomischen Flexibilität erweist sich an derartigen Beispielen die ökonomische Risikofreude adeliger Entrepreneurs. Dies ließ sich seit dem Spätmittelalter auch an dem immer lukrativeren, wenn auch wesentlich kostenintensiveren und gefährlicheren Montansektor ablesen. Nicht nur Grafen und Fürsten engagierten sich auf diesem Wirtschaftssektor, der schnell immer größere Bedeutung gewann, sondern auch Niederadelige. Ihnen allen war gemeinsam, dass sie sich – wie beispielsweise die Erschließung der neuen Bergbauregionen des Harz und Sachsens im 14. Jahrhundert ausweist – ganz selbstverständlich zu Konsortien zusammenschlossen, um die notwendigen Investitionssummen zusammenzubringen und die enormen Erschließungsrisiken zu mindern. In diese Unternehmungen flossen unter anderem Erträge ein, die zuvor aufgrund der positiven Agrarkonjunktur hatten erwirtschaftet werden können. Dabei traten Adelige allerdings nicht immer als direkte Unternehmer bzw. Anteilseigner auf;

beliebt war auch, lediglich eine bestimmte Rolle als Kreditgeber zu spielen, also jene Investitionssummen vorzufinanzieren, die bei späterer lukrativer Ausbeutung um ein Vielfaches zurückgezahlt werden sollten.

Kreditinvestment war ohnehin ein verbreitetes Geschäftsfeld des Adels. Es ergab sich aus dem Kapitalbedarf nicht nur von Unternehmern jeden Standes, sondern auch aus den Kreditbedürfnissen von Standesangehörigen und insbesondere der regierenden Fürsten. Adelige Kreditorentätigkeit war demnach stets auch und vielleicht sogar in erster Linie politisch-sozial intendiert, das heißt beispielsweise durch die Sorge um den Zusammenhalt der Familien oder des Familienverbandes, aufgrund des Willens, politische Entscheidungen von Regierenden finanziell abzusichern und/oder zu beeinflussen, oder aufgrund des Wunsches, selbst bestimmte Positionen in Regierung und Verwaltung einzunehmen. Adeliges Kreditinvestment war so gesehen gleichsam das Kapital anderer Kapitalsorten von Adeligkeit. Es verschaffte finanziell gut ausgestatteten Standesangehörigen die Möglichkeit, neue Einnahmequellen auf weitaus lukrativeren Wirtschaftsfeldern zu generieren. Daneben eröffnete es ihnen die Chance auf ständisch-sozialen Aufstieg. Solche soziale Mobilität im Adel betraf die Einheirat in den fürstlich-gräflichen Adel ebenso wie die Erhebung in ebendiese Adelsränge.

Neben der sich entwickelnden Montanindustrie war gerade in Südeuropa die Finanzierung von maritimen Expeditionen ein weiteres Feld kreditorischen Engagements, bei dem sich gerade genuesische Kaufleute von Stande, aber auch andere engagierten und bei dem – mit sehr viel Wagemut – ungeheure Profite systematisch erwirtschaftet werden konnten. Dies gilt gleichermaßen für den gesamten Wehr- und Militärsektor. Solches unternehmerische Engagement entsprach nicht nur dem klassischen Rollenklischee innerhalb der Ständegesellschaft, sondern auch einem rationalen Umgang mit den gewandelten sicherheits- und wehrpolitischen Entwicklungen seit dem Ende des Hochmittelalters. Mochte seit dem 14. Jahrhundert das Ende des ritterlichen Kampfes auf dem Schlachtfeld und mit ihm der Aufstieg der Söldnerhaufen eingeläutet worden sein, so bedeutete dies keineswegs das Verschwinden des Adels und dessen zunehmende Funktionslosigkeit, sondern vielmehr dessen Funktionswandel vom Hauptkombattanten, Vasallen und Führer eines Lehensaufgebotes hin zum Söldner, Söldnerführer und nicht selten auch Kriegsunternehmer großen Stils. Abgesehen von der reinen, allerdings bereits risikoreichen Truppenführung umfasste eine solche Tätigkeit die Rekrutierung, Ausstattung, Bezahlung, Unterhaltung etc. der angeworbenen Krieger und deren möglichst profitable Vermarktung, also auch ein geschäftlich-unternehmerisches Geschick, das durchaus mit traditionellen Lehenspflichten kollidieren konnte – aber nicht musste, wenn man in »ausländische« Dienste trat und fernab der Heimat diese Dienste verrichtete – und das den Anbieter auf alle interessanten Kriegsschauplätze Europas und der übrigen Welt führen konnte. Der Einstieg ins Truppengeschäft war bei nicht wenigen dieser Unternehmer von Stande mit einem erweiterten, teilweise – wie bei Albrecht von Wallenstein, aber auch bei (nieder-)adeligen Anbietern kleineren Formats, wie aus dem Beitrag von Michael Weise zu den adeligen Kroatenobristen im Dreißigjährigen Krieg hervorgeht – umfassenden Angebot der Militärdienstleistungen verbunden, sofern man sich nicht auf bestimmte Dienstleistungen im Bereich des »Kleinen Krieges« spezialisiert hatte. Während solche spezialisierten Anbieter eher auf Provisionsbasis engagiert wurden, vermochten die Unternehmer großen Stils mit einem breitgefächerten Angebot bis weit ins 19. Jahrhundert hinein ihre herrschaftlichen Rechte – wie etwa an Mühlen, Bergbau oder Hammerwerken – unternehmerisch einzubringen, und über die kostengünstige Produktion einträgliche Profite zu machen. Dies war nicht zuletzt dem Umstand geschuldet, dass sie nach dem Dreißigjährigen Krieg zumeist aus dem fürstlichen Stand stammten und als sogenannte Armierte Reichsstände die Sicherheitspolitik im Reich maßgeblich mitbestimmten, insofern sie – mindestens während des Pfälzischen Krieges 1688 bis 1697 – im Namen des Reiches die Sicherheitslage selbst definierten. Christoph Kampmann kommt daher zu dem Schluss, dass »Prozesse der Versicherheitlichung [...] entscheidend zur Herausbildung einer neuen Schicht fürstlicher Militärunternehmer im Heiligen Römischen Reich deutscher Nation beigetragen« hätten. Marktstrategisch betrachtet, schufen die Armierten Reichsstände auf der Basis einer extern gegebenen Herausforderungslage eine Situation, in der andere Marktteilnehmer das »Angebot« und die vorhandenen Marktstrukturen nicht ablehnen konnten. Gleichzeitig zementierten die Armierten Reichsstände auf diese Weise Sicherheitsstrukturen, die über Jahre hinaus gültig waren und ihnen neue Profitmöglichkeiten boten. Sicherheitspolitik und Versicherheitlichung konnten demnach bereits in der Vormoderne nicht ohne diese ökonomische Komponente interpretiert werden.

Aus dem bisher Gesagten ergibt sich, dass der alteuropäische Adel sich selbstverständlich nicht im alltäglichen Einzelhandel engagierte. Das konnte weder aus adelsideologischen Gründen noch aus Gründen der Lukrativität in seinem Interesse sein. Sehr wohl jedoch hatte er aus beiderlei Perspektive ein Interesse am Unternehmen großen Stils. Schließlich warf dieses potentiell hinreichende Gewinne ab und war zudem mit der Aura des heroischen Wagemuts verknüpft. Dabei war es in diesem Horizont beinahe gleichgültig, ob der betreffende Akteur ökonomisch erfolgreich war oder nicht; die Tat und das Risikowagnis zählten. Dies galt jedenfalls für sämtliche Überseeprojekte und Expeditionen in die neuen Welten, und es galt für den europäischen Adel gleich welchen ständischen Rangs, wie sich aus dem Fallbeispiel des Hanauer Grafen Friedrich Casimir ergibt. Er scheiterte zwar mit dem Kolonialprojekt Hanauisch-Indien 1669, weil es ihm an Investitionskapital und an innerdynastischem Vertrauen fehlte, was zu seiner faktischen Entmachtung führte, doch hielt ihn das nicht davon ab, diese in jeder Hinsicht fehlgeschlagene »Eroberung Surinams« vieldeutig bildhaft zu inszenieren.

Als weniger prominent, aber ebenso risikoreich wie visionär erwiesen sich binnenländische Erschließungsprojekte wie Waldrodungen, die nicht selten mit Städtegründungsakten verbundenen Neuansiedlungsprojekte oder Trockenlegungen von Sümpfen, wie der Beitrag von Birgit Emich zum Marchese Enzo Bentivoglio aus Ferrara zeigt, der seit 1609 mit seinem Entwässerungsprojekt – der *Bonificazione Bentivoglio* – Teile der stets vom Hochwasser gefährdeten Po-Ebene rund um Ferrara trockenlegen, die so gewonnenen Flächen agrarisch nutzbar machen und zudem eine entsprechende Infrastruktur aufbauen wollte. Abgesehen von den Anfeindungen seiner lokalen Rivalen und Feinde hatte der Marchese dabei über Jahrzehnte mit massiven hydrologischen und finanziellen Problemen zu kämpfen, wobei das Eine aus dem Anderen resultierte. Die innerhalb von zehn Jahren erfolgte Verdoppelung der immensen Kosten konnte trotz bester Kontakte an die Kurie nicht aufgefangen werden. Vielmehr erwies sich, dass sich just die Kontakte zu den Borghese und die Verschränkung der Geschäftsinteressen mit ihnen negativ auswirkten. Was vormals nützlich war, drohte das ganze Projekt und die Position der Bentivoglio ökonomisch wie sozial zu gefährden, ja zu ruinieren. Als abhängiger Klient und selbstständiger Unternehmer im Hochrisikosegment zu agieren, war demnach ein Drahtseilakt, den selbst gutsituierte Akteure nicht immer bewältigten; und dies erst recht nicht, wenn man vom technischen Wissen von Spezialisten abhängig war.

Für solche Unternehmungen war demnach umfangreiches technisch-naturwissenschaftliches Spezialwissen nötig, das in praktische Anwendungen floss, die ihrerseits wiederum zur Generierung kurzfristiger wie langfristiger Profite genutzt wurden oder werden sollten. Neben hydrologischen oder maritim-geographischen Projekten betraf dies auch mathematisches Wissen, wie aus dem Beitrag von Siegrid Westphal zur Klassenlotterie unter Wilhelm Heinrich von Sachsen-Eisenach (1691–1741) hervorgeht. Begonnen als Versuch zur risikolosen Beseitigung der Staatsverschuldung, endete das Unternehmen im finanziellen Desaster. 1736 erhielt der gebürtige Altenburger Ingenieur Carl Herrmann ein Patent zum Betrieb einer privatwirtschaftlich organisierten, landesweiten Lotterie, die von den Regierungsmitgliedern des Herzogs unterstützt, nicht aber von den Untertanen goutiert wurde. Von Beginn an stand für den Herzog zusammen mit dem Risiko des unternehmerischen Scheiterns auch der Vertrauensverlust bei auswärtigen Geldgebern im Raum, also die Problematik seiner Kreditwürdigkeit bei ausländischen Finanziers und damit die Frage der sozialen Kreditwürdigkeit. Deshalb gab er angesichts der offenkundigen Absatzschwierigkeiten beim Verkauf der Lotterielose seine Zurückhaltung auf und intervenierte mit landesherrlichen Zwangsmaßnahmen. Dies förderte zwar den Absatz, aber auch den Widerstand und zudem nicht die Einnahmen, weil die meisten Lose auf Kredit beim Verkäufer – mittlerweile der Landesherr – finanziert worden waren. Am Ende stand 1739 die Einstellung des Projektes, das die mangelnde finanzielle Basis aller Beteiligten offenbarte und auf diese Weise die Kreditwürdigkeit eines ganzen Landes in Mitleidenschaft riss, weil man sich im doppelten Sinne des Wortes verrechnet hatte. Das sachsen-eisenachische Beispiel stellte keinen Einzelfall dar, insofern auch beim hanauischen Kolonialprojekt der regierende Graf zwecks Abbaus der Staatsverschuldung und Eröffnung neuer Wirtschaftsmärkte auf die Expertise eines namhaften Consultants – niemand anderes als Johann

Joachim Becher – vertraute, der über beste Kontakte zur niederländischen Westindien-Kompanie verfügte. Doch auch hier erwies sich, dass fachliches Knowhow – verstanden als spezifisches Sachwissen und entsprechende Sozialkontakte – ohne eine solide Kapitalausstattung bzw. ohne eine nachhaltige Kreditierung nicht funktionierte.

Als ebenso ambivalent wie nicht selten zwielichtig, dabei in manchen Anwendungsbereichen unverzichtbar und nachweislich effektiv erwies sich die Förderung bzw. die kommerzielle Vermarktung alchemistischen Wissens. Es wurde weniger zur Herstellung von Gold als vielmehr wiederum im Bereich der Waffentechnologie – konkret: beim Kanonenbau, also bei der Entwicklung von metallurgischen Verfahren zur Herstellung von weitreichenden, dabei möglichst leichten, aber möglichst großkalibrigen Geschützen – verwendet. Dieses Geschäftsfeld war keineswegs ausschließlich ein nicht-adeliges, selbst wenn die Zahl der Akteure von Stande überschaubar sein mochte. Und doch bot gerade eben auch dieses Feld die Gelegenheit für Personen von Stande, mit dem (angeblich vorhandenen) Wissen die eigene (Standes-)Position zu behaupten, wie Kolja Lichy am Beispiel des alchemistischen Entrepreneurs Louis de Hatzel aufzeigt. Die »Ökonomie der Ungewissheit« war dabei ein handlungsleitender Faktor, zumal wenn man sich nicht auf die traditionellen Wege und Formen der materiellen Absicherung begeben wollte oder konnte. Die resultierte bereits aus dem Handlungs- und Handelsgegenstand: dem aus dem alchemistischen Verwandlungsprojekt resultierenden Produkt, gleich welcher Art. Doch selbst bei solch zwielichtigen Gestalten wie jenem de Hatzel erweist sich, wie groß der Drang war, aus guten, nämlich materiell-ökonomischen Gründen aus der ungewissen Unternehmer-Rolle herauszukommen, um in die gesicherten Gefilde des Pensionärs zu gelangen.

EINFÜHRUNGEN

ADELIGES WIRTSCHAFTSHANDELN IN DER FRÜHEN NEUZEIT – EINE ANNÄHERUNG

Annette C. Cremer

Abstract Dieser Beitrag vertritt die These, dass adeliges Wirtschaftshandeln entgegen medial tradierten Bildern und den Diskursen über die Unvereinbarkeit von Adel und Ökonomie in der Praxis als alltägliches Phänomen in der Frühen Neuzeit gelten muss. Adeliges Unternehmertum konnte dabei einen durchaus spielerischen Charakter haben, da der unternehmerische Erfolg nur einer unter vielen statusgenerierenden Faktoren war. Die wirtschaftlichen Handlungsoptionen der einzelnen Akteure entfalteten sich dabei in Abhängigkeit von Ressourcen, Stand und Status innerhalb einer pluralen Adelslandschaft, während ihre Handlungsmotive häufig eine Mischung von persönlichen und Gemeinwohl-Interessen aufwiesen. Der Aufsatz schließt stellvertretend für die breite Palette unternehmerischer Projekte mit drei Beispielen aus dem 18. Jahrhundert (einer thüringischen Fayencemanufaktur, einer Württemberger Glashütte und der Kurpfälzer Seidenraupenzucht) und will damit zeigen, dass das nachvollziehbare ökonomische Engagement nicht zuletzt Norbert Elias' Aussagen über das fundamentale Desinteresse des Adels am Wirtschaften entkräftet

Keywords Norm und Praxis, Fayencemanufaktur, Glashütte, Seidenraupenzucht

1 Einleitung

Im Juni 2020 strahlte das Zweite Deutsche Fernsehen den vierten Teil der deutsch-französischen Krimiserie *Die purpurnen Flüsse* aus. In diesem ging es um zwei brutale Morde im Kontext einer fiktiven deutschen Grafenfamilie namens von Geyersberg, die sich im Lauf des 19. und 20. Jahrhunderts zu milliardenschweren Großunternehmern entwickelten. Die adeligen Hauptfiguren des Films bedienen sämtliche Klischees: ihre Haltung ist geprägt von »arischen« Idealen, sie sind hochnäsig gezeichnet, vor hübschen Architekturen platziert und reiten zur Jagd. Bei der Lösung des Falles zeigt sich dann die moralische Verkommenheit der adeligen Akteure, deren Handeln auf einer Verquickung altadeliger Tugendideale und von Praktiken der Jagd (Pirsch) mit einem sozialdarwinistischen Verständnis von Unternehmerqualitäten fußt. Das über mehrere Generationen zurückverfolgbare Drama, in dem die Übernahme der Firmenleitung die Ermordung des jeweiligen Geschwisterkindes voraussetzt, beschwört ein

»survival of the fittest«, das sich nur aufgrund der unglückseligen Vermischung aus Adel und Unternehmertum ergeben haben kann. In Bezug auf die kollektive Imagination mögen hier Vorbehalte gegenüber einer doppelten Privilegierung (Adelsrang *und* erfolgreiches Unternehmertum) angespielt werden, die selbstredend zu moralischer Dekadenz führen muss. Um einen weitere mediale Verarbeitung des Themas zu bemühen: Julian Fellowes' *Downton Abbey* zeichnet das Bild eines geradezu idealtypischen Lord Grantham, dessen Einkünfte aus unwirtschaftlich verpachtetem altem Landbesitz stammen und der den Familiensitz nur aufgrund der Heirat mit einer reichen amerikanischen Erbin erhalten kann. Grantham tut sich mit den wirtschaftlichen Zwängen schwer, bis hin zur Verweigerung einer Effektivitätssteigerung und Gewinnmehrung. Der fiktive Lord Grantham ist eben kein Unternehmer, aber dafür moralisch integer und ein Verfechter der alten Ordnung. Adel und Ökonomie – zwei Welten also, die von ihrem Wesen, ihrer Essenz, zumindest aus der medial-populären Perspektive des 21. Jahrhunderts, schlicht nicht zusammengehören. Beide Film- bzw. Serienprojekte verarbeiten dabei topische Kollektivvorstellungen vom »Adel« und wie er zu sein hat und hatte.

2 Norm, Praxis, Forschungsperspektiven und selbstverständliches Wirtschaftshandeln

Tatsächlich war finanziell-gewinnorientiertes Handeln für weite Teile des europäischen Adels der Frühen Neuzeit *normativ* keine genuine Verhaltensoption, sowohl in der Selbstzuschreibung als auch der Fremdrezeption. Aktives Wirtschaftshandeln galt diesem primär auf Tradition und Ehre basierenden Stand als potentiell ehrbeschädigend und unangemessen.[1] Die alltägliche Praxis adeligen Wirtschaftshandelns sah indes anders aus. Wirtschaftshandeln war ein notwendiger Teil des Lebensalltags und ein Handlungsfeld unter vielen, das vielleicht nicht der Mehrung von Ehre diente, aber dem Selbsterhalt und dem mittelbaren Erwirtschaften von sozialen und kulturellen Kapitalsorten.

Im Alten Reich erschien seit dem ausgehenden 16. Jahrhundert zunächst in protestantischen Räumen eine wahre Flut von breit rezipierter, auf antiken Ökonomien basierender landwirtschaftlicher Hausväterliteratur, zu der etwa Johannes Colers *Oeconomia Oder Haußbuch* (1593–1604) und Johann Joachim Bechers posthum ab 1685 bis ins späte 18. Jahrhundert in vielen Auflagen erschienener *Kluger*

1 Vgl. Carl, Horst/Wrede, Martin: Einleitung. In: Carl, Horst/Wrede, Martin (Hrsg.): Zwischen Schande und Ehre. Erinnerungsbrüche und die Kontinuität des Hauses. Legitimationsmuster und Traditionsverständnis des frühneuzeitlichen Adels in Umbruch und Krise. Mainz 2007, S. 1–24, hier S. 10, zur unterschiedlichen, aber potentiell negativen Bewertung und dem Einfluss von »kaufmännischem« Handeln auf das Ehrverständnis des Adels.

Hausvater, verständige Hausmutter gehören, die nur in Ausnahmen von Adeligen wie Wolf Helmhardt von Hoberg, sondern meist von Pfarrern, Medizinern, Juristen und von höfischen Verwaltungsexperten verfasst wurde.[2] Sie barg stets den Vergleich zwischen hausinternen und territorialen Hierarchie- und Herrschaftsbeziehungen und hatten als Ratgeberliteratur nicht nur den landsässigen Adel, sondern mitunter dezidiert den regierenden Hochadel bzw. dessen Verwaltungspersonal als Zielgruppe und Leserschaft im Blick.[3] Während die Traktate den Adel zu angemessenem Haushalten anleiten wollten, tendierten die höfischen Ausgaben in der Praxis mit ihrem steigenden Personalaufwand, den repräsentativen Bauprojekten und der barocken Festkultur in die diametral entgegengesetzte Richtung. Die ab dem 17. Jahrhundert nachweisbare »Ausweitung der Hofhaltungen scheint den Empfehlungen der Hausväterliteratur gänzlich zu widersprechen«.[4]

Die Themenpaarung Ökonomie und Adel hat in der Forschung bislang zwei maßgebliche Betrachtungsrichtungen erfahren, nämlich einerseits nach der Bedeutung und Wirkung der eingangs genannten frühneuzeitlichen Hauswirtschafts- und Agrarlehren und andererseits nach der Funktion und Bedeutung der eigentlichen Hofwirtschaft.[5] Beide Fragerichtungen zielen auf die Funktionsweisen und alltäglichen Praktiken der Versorgung des Hofs als Wirtschaftseinheit, der Haushaltorganisation bei Festen und zeremoniellen Anlässen (Krönungen, Einzügen, Hochzeiten,

2 Vgl. Haushofer, Heinz: Coler, Johann. In: Neue Deutsche Biographie 3 (1957), S. 319. URL: https://www.deutsche-biographie.de/pnd10008723X.html#ndbcontent [letzter Zugriff: 22.09.2020]; Hassinger, Herbert: Becher, Johann Joachim. In: Neue Deutsche Biographie 1 (1953), S. 689–690. URL: https://www.deutsche-biographie.de/pnd118507923.html#ndbcontent [letzter Zugriff: 22.09.2020]. Zu Hohberg (1682–1687) siehe Leisewitz, Carl: Hohberg, Wolfgang Helmhard Freiherr von. In: Allgemeine Deutsche Biographie 12 (1880), S. 653–655, und Brunner, Otto: Hohberg, Wolf Helmhard Freiherr von. In: Neue Deutsche Biographie 9 (1972), S. 476–477. URL: https://www.deutsche-biographie.de/pnd118774735.html#ndbcontent [letzter Zugriff: 22.09.2020].

3 Vgl. Florinus, Francisci Philippi: Oeconomus prudens et legalis continuatus Oder Grosser Herren Stands und Adelicher Haus-Vatter [...]. Nürnberg 1719.

4 Steinbrink, Matthias: Adlige Ökonomie in der Frühen Neuzeit zwischen Idealbild und Realität. In: Paravicini, Werner (Hrsg.): Atelier Hofwirtschaft. Ein ökonomischer Blick auf Hof und Residenz in Spätmittelalter und Früher Neuzeit (Mitteilungen der Residenzen-Kommission der Akademie der Wissenschaften zu Göttingen, Sonderheft 9). Kiel 2007, 33–40, hier S. 38. Vgl. auch Duindam, Jeroen: Vienna and Versailles. The courts of Europe's dynastic rivals, 1550–1780. Cambridge 2003, Kapitel 3 („Numbers and Costs") und 4 („Status and Income").

5 Vgl. Brunner, Otto: Adeliges Landleben und europäischer Geist. Leben und Werk Wolf Helmhards von Hohberg 1612–1688. Salzburg 1949; Bauer, Volker: Hofökonomie. Der Diskurs über den Fürstenhof in Zeremonialwissenschaft, Hausväterliteratur und Kameralismus. Wien/Köln/Weimar 1997; siehe auch die im Rahmen der Residenzen-Kommission der Akademie der Wissenschaften zu Göttingen unter der Leitung von Werner Paravicini entstandenen Werke, etwa Paravicini: Atelier Hofwirtschaft; Paravicni, Werner/Fouquet, Gerhard/Hirschbiegel Jan (Hrsg.): Hofwirtschaft. Ein ökonomischer Blick auf Hof und Residenz in Spätmittelalter und Früher Neuzeit. Ostfildern 2008. Die Verschränkung der beiden hier kurz umrissenen Untersuchungsebenen von Norm und Praxis ist bislang nicht erfolgt. Ob und inwieweit die Traktate des 16. bis 18. Jahrhunderts Einfluss auf die ökonomischen Entscheidungen des Adels, hausintern oder marktorientiert, genommen haben, ist bis heute nicht eindeutig geklärt.

Neujahrsfeiern, Geburtstagsfesten, Trauerfeiern), der dafür notwendigen inneren höfischen Personalstrukturen, die lokalen wirtschaftlichen Verschränkungen dieser unterschiedlich großen Wirtschaftseinheiten sowie deren Bedeutung für den (politischen) Zusammenhalt der transregionalen Adelsnetzwerke und deren Funktionen mit Blick auf dynastisches Selbstverständnis. Traktat und Norm also auf der einen Seite sowie Praktiken, effektive Kosten und Fragen der Rezeption auf der anderen Seite sind bislang von der Forschung bearbeitet worden.

Die oben aufgezeigten Fragerichtungen interessieren sich nicht für das Wirtschaftshandeln von einzelnen Mitgliedern des europäischen Adels, wie es sich der vorliegende Band u. a. zur Aufgabe gemacht hat. Das könnte mit der etablierten Forschungsmeinung zu tun zu haben, dass Wirtschaftshandeln nicht mit adeligem Selbstverständnis vereinbar oder zumindest aus der Sicht der frühneuzeitlichen Zeitgenossen umstritten war. Barbara Stollberg-Rilinger hat bereits 1988 überzeugend dargelegt, dass der zeitgenössische Diskurs über die ethische (Un-)Vereinbarkeit von gewinnorientiertem Handeln und Adel sich nicht allein vor dem Hintergrund des sich wandelnden Selbst- und Fremdverständnisses und sich ändernder Vorstellungen von Gemeinwohl verstehen lässt. Zusätzlich sei er vor dem Hintergrund der Aufrechterhaltung ständischer Differenz und als Schutzmaßnahme zugunsten der Kaufmannschaft zu deuten.[6] Anders als im Fall der Hausvatertraktate, lassen sich die Auswirkungen dieses Diskurses um die Frage der ständischen Angemessenheit mancherorts tatsächlich in ihrer praktischen Wirkung nachvollziehen. Jenseits der gefürchteten Dérogeance, des Verlusts des Adelsprivilegs aufgrund unstandesgemäßen Verhaltens, war das soziale Prestige, das sich beispielsweise an Kredit-, Finanz- und Bankgeschäfte band, auch noch 1790 »der fürstlichen Würde nicht ganz angemessen«,[7] wie ein Verwalter an seinen Dienstherrn, den Fürsten zu Schwarzenberg, schrieb. Zu einer »Harmonisierung des adeligen Ethos mit den neuen Erwerbstätigkeiten« kam es nur langsam vor dem Hintergrund allgemeiner Modernisierungsprozesse und sich wandelnder Produktionsformen wie etwa des Manufakturwesens.[8]

Festzustellen ist jedoch, dass trotz des kritischen Diskurses bezüglich der Standesmäßigkeit wirtschaftlichen Handelns das Wirtschaften zu den alltäglichen Notwendigkeiten eines jeden Hofes oder Haushaltes gehörte, die Kosten eines adeligen Haushaltes enorm sein und die Einnahmen aus den traditionell-adeligen Finanzquellen

6 Vgl. Stollberg-Rilinger, Barbara: Handelsgeist und Adelsethos. Zur Diskussion um das Handelsverbot für den deutschen Adel vom 16. bis zum 18. Jahrhundert. In: Zeitschrift für Historische Forschung 15/3 (1988), S. 273–309.

7 Zit. nach Štefanová, Dana: Gutsherren und wirtschaftliche Aktivitäten. Eine Fallstudie zur »Schwarzenberg Bank« 1787–1830. In: Cerman, Ivo / Velek, Luboš (Hrsg.): Adel und Wirtschaft. Lebensunterhalt der Adeligen in der Moderne (Studien zum mitteleuropäischen Adel 2). München 2009, S. 63–83, hier S. 79.

8 Cerman, Ivo: Jenseits des Marxismus. Der Adel in der modernen Wirtschaftsgeschichte. In: Cerman/Velek (Hrsg.): Adel und Wirtschaft, S. 9–22, hier S. 17.

der Pacht und Steuer übersteigen konnten und daher gewinnorientiertes Handeln auf vielerlei Weise in der alltäglichen Praxis nicht nur notwendig, sondern auch üblich war. Das große Interesse und die Hoffnung auf Reichtum ist zudem eindeutig belegt durch die von vielen Fürsten wie Adeligen betriebenen Alchemielabore, in denen unter anderem durch Transmutation Gold hergestellt werden sollte. In diesen Unternehmungen waren jedoch Chemiker-Pharmazeuten am Werk und nicht oder nur selten die Fürsten oder Adeligen selbst. Im Fall des Gelingens wäre nicht das Generieren des Geldes das eigentliche Prestigerisiko gewesen, sondern der mögliche Vorwurf der Häresie.[9]

3 Finanzexperten bei Hofe

Norbert Elias schrieb im zweiten bislang wenig rezipierten Anhang seiner *Höfischen Gesellschaft* »Über die Position des Intendanten im höfisch-aristokratischen Großhaushalt« und widmete sich dem Thema des höfischen Wirtschaftsethos mittels einer akteurszentrierten Perspektive,[10] die ebenfalls den vorliegenden Band prägt. Elias attestiert darin den wirtschaftlichen Seiten des Lebens des Adels eine aus seiner Sicht nur »untergeordnete [...] Rolle« und machte dies an der sozial niedrigen Herkunft des Intendanten fest, in dessen alltäglicher Verantwortung die Vermögensverwaltung lag.[11] Generalisierend sprach Elias weiter davon, der Adel sei an den »Einzelheiten [seines] Einkommens wenig interessiert« gewesen, unter anderem auch deshalb, weil ihm die nötigen Kompetenzen dazu gefehlt hätten.[12] Der logistisch komplexe und finanziell aufwendige adelige Großhaushalt mit seinem aus heutiger Sicht ökonomisch als problematisch beschriebenen Statuskonsum, in dem »Ausgaben nicht in erster Linie von [seinen] Einnahmen, sondern von [seinem] Status und Rang abhängig [waren]«, habe dazu geführt, eben nicht die »Ausgaben [...] an den Einnahmen zu orientieren«.[13] Die Folgen scheinen nur allzu bekannt: Kreditwirtschaft und Schuldenspiralen, die weitere Abhängigkeiten mit sich brachten und durchaus in den finanziellen und folglich auch sozialem Abstieg führen konnten, aber nicht mussten.[14] Inzwischen darf

9 Vgl. Frietsch, Ute: Häresie und »pseudo-scientia«. Zur Problematisierung von Alchemie, Chymiatrie und Physik in der Frühen Neuzeit. In: Dirk Rupnow u. a. (Hrsg.): Pseudowissenschaft. Konzeptionen von Nichtwissenschaftlichkeit in der Wissenschaftsgeschichte. Frankfurt a. M. 2008, S. 51–76.

10 Elias, Norbert: Die höfische Gesellschaft. Amsterdam 2002 [zuerst Darmstadt 1969], Anhang 2, S. 474–490.

11 Ebd., S. 474.

12 Ebd.

13 Ebd., S. 475. Siehe Veblen, Thorstein: The theory of the leisure class. An economic study in the evolution of institutions. New York/London 1899.

14 Vgl. Andermann, Kurt: Adel und finanzielle Mobilität im späten Mittelalter. In: Carl, Horst/Lorenz, Sönke (Hrsg.): Gelungene Anpassung? Adelige Antworten auf gesellschaftliche Wandlungsvorgänge vom 14. bis zum 16. Jahrhundert. Ostfildern 2005, S. 13–26.

jedoch als etabliert gelten, dass das Aufnehmen von Krediten nicht grundsätzlich als Ausdruck von Misswirtschaft bewertet werden darf, sondern stattdessen als ein üblicher und dynamischer Wirtschaftsfaktor, als ein »zentrales Finanzelement« der frühneuzeitlichen Wirtschaft gelten muss.[15] Horst Carl und Sönke Lorenz wiesen zudem bereits 2005 am Beispiel des südwestdeutschen Niederadels auf die Bedeutung des adeligen Kredits für den sich ausbildenden Fürstenstaat hin und fügten dem Kreditwesen damit noch eine weiteren Bedeutungsaspekt hinzu. Zugleich attestierten sie, dass der Niederadel »allen ökonomischen Krisenerscheinungen [...] zum Trotz mit Geld umzugehen wusste«.[16] Die Betrachtung von Kredit nicht etwa als Ressource, sondern die Fokussierung auf das Generieren von Einnahmen, so dagegen die These bei Elias, war zumindest für den französischen Hofadel ein irrelevanter »Zwang«, den man dem bürgerlichen Wirtschaftsethos zurechnete. Nachweisbare (französische) Diskurse um angemessenes Haushalten seien letztlich gescheitert. Das *Kleinklein* des buchhalterischen Charakters scheint also nicht vereinbar gewesen zu sein mit dem Selbstverständnis, den Verhaltensmustern und der sozialen und kulturellen Expertise, die Adelige seit Geburt einübten und die sie als Erwachsene als maßgeblich erachteten. Adeliges Wirtschaftsethos (oder dessen Fehlen) war demnach also ein strukturimmanentes Phänomen.

Elias' Ausführungen, die von der sozialen Herkunft des im deutschsprachigen Raum meist als Hofmeister bezeichneten Funktionsinhabers abgeleitet sind, lassen sich jedoch auch anders interpretieren.[17] Diese Finanzverwalter hatten eine Scharnierposition und idealerweise den Überblick über die Einnahmen und Ausgaben und die finanziellen Bedürfnisse des Hofes mit seinem Statuskonsum, den notwendigen Versorgungs- und Materialeinkäufen und damit den Anforderungen, »die Mittel

15 Vgl. Khull-Kholwald, Martin: Der Adel auf dem Lande und sein Kredit. Der Schuldschein als zentrales Finanzinstrument in der Steiermark (1515–1635). Wien/Münster 2013, zum Verhältnis von Kredit und Bodenwert. Verzinste Kredite spielten eine große Rolle bei adeligen wie fürstlichen Eheprojekten im Hinblick auf Ehegelder und Widerlage, vgl. neben Andermann: Adel und finanzielle Mobilität, auch am Beispiel des Tiroler Adels im 16. und 17. Jahrhundert Clementi, Siglinde: Hybrid legal cultures among the early modern Tyrolean nobility. Marriage contracts and the symbolic value of assets. In: Cremer, Annette C. (Hrsg.): Gender, Law and Material Culture. Immobile Property and Mobile Goods in Early Modern Europe. Abingdon 2021, S. 93–120.

16 Carl, Horst/Lorenz, Sönke: Vorwort. In: Carl/Lorenz (Hrsg.): Gelungene Anpassung?, S. 7–12, hier S. 8.

17 »Haus=Intendant, Fr. Intendant de maison, heißt in Frankreich derjenige Officiant, welcher in dem Hause oder auf dem Hofe eines Gutsherren, oder sonst eines vermögenden Particüliers, die Aufsicht über die Haus= und Land=Wirthschaft hat, auch wohl die Güter im Nahmen der Herrschaft verpachtet, den Pächtern die Rechnungen abnimmt, u. s. w. In manchen Gegenden Deutschlandes würde man ihn Hofmeister, Oekonom, Verwalter, Hausverwalter, u. d. gl. nennen.« Art. »Haus=Intendant«. In: Krünitz, Johann Georg: Oekonomische Encyklopädie oder allgemeines System der Staats- Stadt- Haus- und Landwirthschaft. Berlin 1773–1858 [Krünitz], Bd. 30, Sp. 445. URL: http://www.kruenitz1.uni-trier.de/ [letzter Zugriff: 23.09.2020]; ebenfalls »Aufseher, dem die Direction eines Geschäffts oblieget«, Art. »Intendant«. In: Zedler, Johann Heinrich: Grosses vollständiges Universal Lexicon aller Wissenschafften und Künste. Halle und Leipzig 1732–1754 [Zedler], Bd. 14, Sp. 768. URL: www.zedler-lexikon.de/ [letzter Zugriff: 23.09.2020].

für den operativen wirtschaftlichen Betrieb bereitzuhalten«.[18] War es vielleicht kein Zeichen von Ignoranz, sondern sehr klug, auf einen Verwalter aus dem bürgerlichen Milieu zurückzugreifen, für den das genaue Hinsehen, das Rechnen und vielleicht auch das Buchhalterische eben grade Teil seiner »inkorporierten« Expertise war?[19] Entgegen Elias' These vom fundamentalen Desinteresse des Adels am Wirtschaften, wäre über das genaue Gegenteil nachzudenken: einen arbeitsteilig organisierten und gezielt aus verschiedenen höfischen Experten zusammengesetzten Kosmos, in dessen Kern sich das Wissen um die eigenen Fähigkeiten und deren Grenzen, das Wissen um die eigene Aufgabe, die eigene Rolle innerhalb dieser Figuration befanden. Freilich führte diese Verwobenheit der verschiedenen höfischen Experten – sei es für die Haushaltung, die Küche, die Jagd oder die Pferdezucht etc. – nicht zu einer einseitigen, sondern zu einer gegenseitigen Abhängigkeit, deren Grad auch auf der Seite des Dienstherren oder der Dienstherrin immens hoch war.[20] Adeliges Wirtschaftshandeln, auch wenn es wie in diesem Band personalisiert aufscheint, war keine Leistung einer einzelnen Person, sondern stand in Kontext von hierarchisch gestaffelten Personennetzwerken, oft von adelig-bürgerlichen Kooperationen, die verschiedene Expertisen und Ressourcen einbrachten. Diese Vernetzungen und die Hoffnungen, aber auch die finanziellen wie sozialen Risiken, die an solche Unternehmungen gebunden waren, werden wunderbar vom Titelbild dieses Bandes illustriert.[21] Wenn also hier nach dem Wirtschaftshandeln des Adels gefragt wird, dann im Sinn von Impulsgebung, Aufnahme äußerer Impulse und Beteiligung oder Finanzierung, nicht im Sinn von individuellen Alleingängen.

4 »Adel«

Nun bildet der europäische Adel, definiert als »ein Vorzug des Standes und des Geschlechts [...] im Gegensatz zur Gemeinheit«,[22] bekanntermaßen keine homogene Gruppe. Bereits ein Text der italienischen Renaissance – Poggio Bracciolinis *De nobilitate* von 1439 – diskutiert das sehr unterschiedliche Verständnis vom Wesen und den Eigenschaften des Adels und ganz besonders der Frage der (Un-)Vereinbarkeit

18 Pražák, Václav: »Die Cassa ist Lähr.« Die Wirtschaft der Grafen Czernin aus der Perspektive ihres Beamten Wenzel Roczek 1746–1797. In: Cerman/Velek (Hrsg.): Adel und Wirtschaft, S. 47–59, hier 54.

19 Vgl. das Konzept zum höfischen Experten in Füssel, Marian / Kuhle, Antje / Stolz, Michael (Hrsg.): Höfe und Experten: Relationen von Macht und Wissen in Mittelalter und Früher Neuzeit. Göttingen 2018.

20 Siehe dazu Richardson, Roger Carles: Household Servants in Early Modern England. Manchester 2010.

21 Vgl. den Beitrag von Alexander Jendorff zu den hochadeligen Kolonialisierungsprojekten in diesem Band.

22 Art. Adel. In: Deutsches Wörterbuch von Jacob und Wilhelm Grimm. Leipzig 1854–1961. Bd. 1, Sp. 176–177. URL: http://woerterbuchnetz.de/cgi-bin/WBNetz/wbgui_py?sigle=DWB&mode=Vernetzung&lemid=GA01990#XGA01990 [letzter Zugriff: 23.09.2020].

von Adel und Wirtschaftshandeln.[23] Was europaweit in der Frühen Neuzeit unter »Adel« zu verstehen war, unterlag einer schier unüberwindbar scheinenden Pluralität von national, regional und lokal variierenden Adelsverständnissen. Und das galt nicht nur für die Frage, was Adeligkeit in Bezug auf *manners* ausmachte, sondern besonders auch für die Frage, welche Formen und Ausmaße des Wirtschaftshandelns als angemessen angesehen wurden.[24]

Der Adel konnte sein Selbstverständnis aus einem angestammten Landbesitz, Herrschaftsrechten und Privilegien ziehen, die üblicherweise mit Hilfe von Architekturen für die eigene wie auch alle anderen Gruppen visualisiert und kommuniziert wurden. Mit dem Begriff des Adels ist ganz allgemein eine im Alten Reich 1–2 Prozent der Bevölkerung umfassende Elite gemeint, die sich gegenüber der Masse in einer durch Geburtsrecht strukturell verankerten Hierarchiebeziehung befand.[25] Innerhalb dieser Elite existierte in Abhängigkeit von politischen, territorial-räumlichen, sozialen, kulturellen und konfessionellen Verschiedenheiten eine große Variationsbreite. Im Bewusstsein der begrifflichen Unzulänglichkeit, muss »Adel« hier als Sammelbegriff für die hierarchisch gestaffelten Adelsränge vom Fürsten bis zum Ritter, von der Herzogin bis zur Freiin dienen. Denn seine Mitglieder vereinten als

23 Vgl. Brinkmann, Brigitte: Varietas und Veritas. Normen und Normativität in der Zeit der Renaissance – Castigliones »Libro del Cortegiano«. München 2001, S. 40. Brinkmann bezieht sich auf Poggio Bracciolini: Opera Omnia. Bd. 1: Scripta in editione anno MDXXXVIII collata, a cura di R. Fubini. Torino 1964, 64–83.

24 Brinkmann paraphrasierte Bracciolinis Ausführungen 2001 folgendermaßen: »Allein in Italien differiert der geltende Begriff zwischen Neapolitanern einerseits, die diejenigen für adlig halten, die [...] Arbeit für die größte Schande eines Adligen halten, und Venezianern andererseits, die den Adel [...] mit der Ausübung der Handelstätigkeit und der politischen Betätigung durchaus für vereinbar halten, ja die Politik dem Adel vorbehalten. Die Römer wiederum halten ›mercaturam ut rem vilem atque abiectam‹, aber ›cultui agrorum et tei rusticiae vacare, gregis atque armentorum curam gerere, re pecuaria opes quaerere‹ für durchaus ehrenwert und eines Adligen würdig. Die Florentiner [...] halten [...] diejenigen für adlig, die ›orti antiqua stirpe, quorum maiores functi officiis civitatis in rei publicae administratione versati sint‹, unabhängig davon, ob sie Kaufleute sind oder nichts tun und sich mit der Jagd vergnügen, es zählt allein die gesellschaftliche und politische Leistung der Familie. Den Lombarden gelten diejenigen als Adlige, die auf ihren Burgen in den Bergen sitzen, während bei den Genuesern ausschließlich die Herkunft ein unterscheidendes Merkmal ist. Bei anderen Völkern, etwa bei den ›Germani et Alemanni‹, entscheidet der Besitz an Land und Geld, sie wohnen außerhalb der Städte in Schlössern [...]. Bei den Franzosen [...] ist es absolut unstandesgemäß für den Adel, in der Stadt zu wohnen, die Kaufleute werden verachtet. Adel bedeutet dort, von seinem Besitz zu leben und nicht an die Zukunft denken zu müssen. [...]. Bei den Engländern darf man als Adliger auch nicht in der Stadt, sondern muß auf dem Land wohnen, darf durchaus landwirtschaftlich tätig sein und wie ein Bauer leben [...]. In Spanien ist die Sache wiederum komplizierter, da es dort zwei Arten von Adel gibt. Sowohl Herkunft als auch Besitz, sowohl das Wohnen in der Stadt als auch auf dem Lande, können zum Adelsstatus gehören, wenn sie verbunden sind mit einem ›ornatiore quodam vivendi ritu‹; unter den Adligen sind aber die Ritter, der ›ordo equester‹, die angesehenste Art von Adligen. Bei den Griechen sind alle adlig, die ›ad imperatoris aulam vocati servitio eius insistunt‹. Hier, ›apud nostros principes‹ wird der Adel von Kaiser, Papst, König oder Fürst ohne jegliche Begründung in einem Verdienst (›nulla habita virtutis ratione‹) willkürlich verliehen.« Brinkmann: Varietas und Veritas, S. 45–46, Zitate aus Bracciolini: Opera Omnia. Bd. 1, S. 68–69.

25 Vgl. Asch, Ronald G.: Europäischer Adel in der Frühen Neuzeit. Eine Einführung. Köln 2008, S. 14-31

zahlenmäßig kleinste Gruppe im lokalen, territorialen und nationalen Vergleich die umfangreichsten Ländereien und damit Grundbesitz, Ressourcen und Reichtum auf sich und wirkten als wichtigste Arbeitgeber und bedeutendste Konsumenten marktbefördernd. Diese Aussage gilt beispielweise sowohl für die Landesherren, mit einer womöglich ausschweifenden Hofhaltung der Residenz, als auch für die im Vergleich »arme« fürstliche Witwe auf einem dezentralen Witwensitz, die aber dennoch wiederum im lokalen Vergleich in der Regel zum reichsten Personenkreis zu zählen war. Alle Mitglieder dieser Personengruppe waren – auch wenn die dynastieinternen Konventionen und Verhaltensnormen Individualismus reglementierten – nach außen hin aufgrund ihrer finanziellen Basis und Selbstermächtigungen im Vergleich zu den anderen Ständen mit enormem Handlungspotential ausgestattet. Innerhalb des eigenen Standes befanden sich männliche wie weibliche Adelige in komplexen hierarchischen Verwandtschafts-, Dienst-, Lehns- und Patronagebeziehungen. Der Kaiser und seine Familie wie auch die Reichsfürstendynastien, also der Adel mit den größten Territorien, dem meisten Vermögen und den größten Herrschaftsrechten, die die Privilegien an den anderen (landsässigen) Adel vergaben, waren jedoch vermutlich aus der Sicht eines Tagelöhners in Bezug auf die soziale Distanz und die potentielle Funktion als Lohn- oder Dienstherr kaum vom Besitzer eines benachbarten Rittergutes unterschieden.

Für die Fragestellung dieses Bandes nach adeligem Wirtschaftshandeln und Unternehmertum ist diese Binnenunterscheidung trotzdem erheblich, weil beim ökonomischen Handeln von regierenden Landesherren und Landesherrinnen häufig eine Mischung aus territorialstaatlichen, politischen und privaten Interessen vorzuliegen scheint. Anders könnte es sich beim Besitzer oder der Besitzerin eines Rittergutes zutragen, bei denen nur von einer vergleichsweise bescheidenen Herrschaftsausübung und begrenztem Statuskonsum auszugehen ist und »haushalten« tatsächlich für das eigene wirtschaftliche Überleben notwendig war.

Können wir also bei einem fürstlichen Unternehmer, einer fürstlichen Unternehmerin nur dann von Unternehmertum (und nicht von staatspolitischem Handeln) sprechen, wenn nachweislich die finanziellen Ressourcen ausschließlich aus der Privatschatulle kommen? Hier scheint in den meisten Fällen die Verzahnung zwischen Staatshaushalt und Privathaushalt zu eng und das Einspeisen von Staatsmitteln in die Privatschatulle zu willkürlich, als dass hier eine klare Trennlinie gezogen werden könnte.[26] »Es ist eine [...] unstreitige Sache«, so Jacob Leupold 1718, »daß die Manufacturen, Commertien, Berck- und Saltzwercken wie auch nicht weniger die Oeconomie die wichtigsten Stücke sind, wo durch ein Land reich und in Auffnehmen kann gebracht werden.«[27] Bei

26 Vgl. dazu Zedinger, Renate: Franz Stephan von Lothringen (1708–1765). Monarch, Manager, Mäzen. Wien u. a. 2008, S. 224–230. Siehe auch den Beitrag von Sigrid Westphal in diesem Band.

27 Landesarchiv Thüringen – Thüringer Hauptstaatsarchiv [LATh – ThHStA] Gotha, Kammer Gotha Immediate Nr. 1378: Jacob Leupold, Kurtzer Unterricht von Kunstkammern, Gotha [?] 1718, f. 33.

regierendem Adel schwingt die territorialpolitische Dimension seines unternehmerischen Handelns immer mit – auch wenn vielleicht das Hauptmotiv in der Hoffnung auf persönliche Bereicherung gelegen haben mag. Fürstliches Wirtschaftshandeln ist damit eine komplexe Sonderform adeligen Wirtschaftshandelns. Die Zielstellung des ökonomischen Nutzens zeigt ebenfalls vielfach eine Vermischung von Gemeinwohl-Interessen und persönlicher Bereicherung. Julius Bernhard von Rohr sprach in seiner *Einleitung zur Ceremoniel-Wissenschafft Der großen Herren* von 1729 im IV. Kapitel von den hochfürstlichen »Beruffs-Geschäften«, an deren ersten Stelle die Regierungsgeschäfte und die Sorge um das Wohl der Untertanen gesetzt ist.[28] Anhand der zeittypisch prominenten Exempla stilisiert von Rohr den aktiven Fürsten zum Vorbild, der sich Informationen aus eigener Hand beschafft und »selbst die Mängel des Commercien-Wesens und der Manufacturen u. s. w. [untersucht] und [...] sich genädigst gefallen [lässt], einige Vorschläge der gemeinsten und geringsten Leute anzuhören«.[29] Der kluge Fürst zeigt sich also vielversprechenden Verbesserungsvorschlägen gegenüber offen und dies auch in Bezug auf die Ökonomie, mit dem erklärten Ziel, »alles in bessern Stand zu setzen«.[30] Genauso wenig wie die Kategorien »öffentlich« und »privat« im Allgemeinen für die Frühe Neuzeit Geltung haben, kann zumindest für das Alte Reich in der Praxis keine konsequente Unterscheidung zwischen öffentlichen und privaten (fürstlichen) Finanzen getroffen werden. Lokal begrenzt, kann dies bei Sondergruppen wie etwa dem Genueser Adel von dieser Regel abweichen.[31] In Einzelfällen lässt sich jedoch tatsächlich die Finanzierung eines Projekts aus privatem Kapital nachweisen, wie das Beispiel von Bettina Braun zeigt.

Zugleich war das Wirtschaftshandeln überblendet von der sozialen Rolle einer Person, etwa als Diplomat oder Militär.[32] Die Zielsetzung war nie zu trennen von der Angemessenheit der Unternehmung, ihrer Akzeptanz innerhalb der relevanten Vergleichskreise und dynastischen Bezugsgruppen und dem aus ihr zu schöpfenden sozialen und kulturellen Kapital. Anstößig war gewinnorientiertes Handeln nur dann, wenn es außerhalb der Handlungsmöglichkeiten des jeweiligen Rollenporträts stand oder den gesetzten Handlungsrahmen vollständig sprengte.

28 Rohr, Julius Bernhard von: Einleitung zur Ceremoniel-Wissenschafft Der großen Herren [...]. Berlin 1729, S. 34–35.

29 Ebd., S. 36.

30 Fürsten, die täglich die Rechnungen selbst geprüft haben und sich nicht blind ihren Amtsleuten vertrauten, seien die besten »Haußwirth«, so von Rohr (ebd., S. 38).

31 Vgl. den Beitrag von Matthias Schnettger in diesem Band.

32 Cerman: Jenseits des Marxismus, am Beispiel Böhmischen Adels.

5 Spielerische Entrepreneure?

Verstand man unter einem Entrepreneur 1738 ausschließlich einen Bauingenieur im Kontext des Festungsbaus,[33] definierte ihn Krünitz 1777 als eine Mittlerperson, die »etwas wichtiges unternimmt«, meint aber damit zunächst ebenfalls einen Auftragsnehmer oder Zwischenhändler. Allerdings räumt er ein, der Begriff werde neuerdings

> »für einen Mann überhaupt gebraucht, der ein gewisses Geschäfte, einen [sic] Pacht, einen Handel, eine Manufactur, Fabrik, Anstalt etc. wirklich übernehmen, aufrichten, ausführen, vollstrecken und einrichten will, und darinnen begriffen ist. Er thut aber solches entweder nach seinen eigenen Projecten, Vorschlägen und Dispositionen, auf seine eigene, oder auf eines Andern Kosten und Gefahr, oder, er über nimmt solches nach eines Andern Project, Vorschlag und Disposition, auf seine oder eines Andern Kosten.«[34]

Ein Entrepreneur ist also zumindest nach dem Verständnis des späten 18. Jahrhunderts eine Person, die eigenhändig und aktiv in einem produzierenden, gewinnorientierten wirtschaftlichen Kontext handelt. Er kann dabei seine eigenen Ideen oder die anderer umsetzen, seine Projekte selbst finanzieren oder von Dritten finanzieren lassen. Wendet man diese Definition auf den Adel an, dann ist die Initiative zu einer Unternehmung noch nicht einmal notwendige Voraussetzung, um als Unternehmer zu gelten. Auch ein Finanzier galt als ein Unternehmer. Die im 18. Jahrhundert gültige Definition des

33 Art. Entrepreneur. In: Zedler, Bd. 8, Sp. 681. URL: https://www.zedler-lexikon.de/index.html?c=blaettern&id=86262&bandnummer=08&seitenzahl=0681&supplement=0&dateiformat=1%27) [letzter Zugriff: 23.09.2020].

34 »Entrepreneur, Fr. Entrepreneur, heißt eigentlich derjenige, welcher etwas wichtiges unternimmt. Insgemein aber wird es von denen gebraucht, welche eine Lieferung an Getreide, Montirung, Pferden, oder dergleichen, an ein Regiment, oder an eine ganze Armee etc. und zwar in gewisser Zeit und um einen vorher accordirten Preis oder Lohn übernehmen. Imgleichen, von Personen, welche einen ganzen Bau eines Bauherrn oder einen Hauptheil desselben errichten zu laßen übernehmen, sowohl die Ankaufung und Anschaffung der Materialien, und der deshalb zu verrichtenden Fuhren besorgen, als auch die Werkleute bezahlen, und dieses alles aus ihren Mitteln bestreiten; dafür aber ein gewisses veraccordirtes, in einem besondern Contracte bestimmtes, und auf gewisse Termine gesetztes Geld erhalten, dem Contract gemäß aber auch alles verfertigt zu überliefern verbunden sind. [...] Sonst aber wird das Wort Entrepreneur heut zu Tage auch in Kammersachen, imgleichen bey Manufacturen und Fabriken, für einen Mann überhaupt gebraucht, der ein gewisses Geschäfte, einen Pacht, einen Handel, eine Manufactur, Fabrik, Anstalt etc. wirklich übernehmen, aufrichten, ausführen, vollstrecken und einrichten will, und darinnen begriffen ist. Er thut aber solches entweder nach seinen eigenen Projecten, Vorschlägen und Dispositionen, auf seine eigene, oder auf eines Andern Kosten und Gefahr, oder, er übernimmt solches nach eines Andern Project, Vorschlag und Disposition, auf seine oder eines Andern Kosten. Es geschieht nur zum Versuch, oder man will das Werk selbst mit großer Versicherung, daß man reussiren werde, entrepreniren.« Art. Entrepreneur. In: Krünitz, Bd. 11, Sp. 76–77. URL: http://www.kruenitz1.uni-trier.de/ [letzter Zugriff: 23.09.2020]. Siehe auch Vérin, Hélène: Entrepreneurs, entreprise. Paris 2011, S. 15–35, die aus historischen französischen Drucken und Lexika die weitgehend gleiche Bedeutung des Begriffs des Entrepreneurs für Frankreich herausarbeitet.

Entrepreneurs lässt sich damit auf adelig-wirtschaftliches Handeln anwenden. Denn wie die Beispiele in diesem Band zeigen, regten Adelige Ideen für Unternehmungen an, beteiligen sich an solchen primär als Financiers, jedoch selten als aktiv Ausführende. Lässt sich also von adeligem Entrepreneurship sprechen? Und was unterscheidet den Entrepreneur vom Projektemacher? Wie Stefan Brakensiek dargestellt hat, gehört die Zukunftsorientierung zu den notwendigen Voraussetzungen des Pläneschmiedens, das Teil jeder Unternehmung sein muss, denn sie wettet und kalkuliert mit einem Geschehen jenseits der eigenen unmittelbaren Gegenwart.[35] Für den Adel indes ist dagegen nicht die Zukunft, sondern die Vergangenheitsorientierung identitätsstiftend. Aber ist sie immer verbindlich handlungsleitend?

Bedenkt man die Freude des europäischen Adels am Spiel, kann man sich des Eindrucks nicht erwehren, adeligem Unternehmertum habe ein durchaus spielerischer Charakter innegewohnt, dessen Erfolg mit der gleichen Nonchalance quittiert wurde oder auch werden musste wie sein Scheitern. Prinzipiell handelte es sich immer um eine Unternehmung unter vielen. Und diese beiden Faktoren – die Vergangenheitsorientierung und das desinteressiert-würdevolle Hinnehmen von Gewinn und Verlust wie auch die Gleichbewertung von Pferdezucht, Bergbau und Manufakturbetrieben als ein Element unter vielen – unterschieden die adelige Attitude vom wirtschaftlichen Handeln der Bürgerlichen. Kaufleute mussten sich auf ein Produktsegment spezialisieren, um erfolgreich zu sein. Reputation und sozialer Status hingen vom Erfolg ab. Die Frage nach dem Stellenwert unternehmerischer Handlungen und finanzieller Gewinne stellt sich in Bezug auf den Adel im Reigen der anderen statusgenerierenden Faktoren. War etwa zum Beispiel die vom Pfälzischen bzw. Bayrischen Kurfürsten 1780 gegründete *Societas Meteorologica Palatina* in Mannheim, die finanzintensiv an 29 europäischen Standorten vier Mal tägliche Messungen vornehmen ließ, nicht ebenso reputationsträchtig?[36] Ein wahres Großunternehmen, das aber keinen finanziellen Ertrag bot, sondern wenn überhaupt dann nur auf Systematik und Gelehrsamkeit basierenden Ruhm, quasi eine europaweit angelegte Werbemaßnahme für Karl Theodor. Ob also der Stellenwert von auf Profit abzielendem Handeln höherrangig für das eigene Selbstverständnis bewertet wurde, als etwa das Sammeln von Münzen, das ja ebenfalls einer Geldanlage gleichkam, ist zu bezweifeln. Wichtig bei jedweder Handlung, sei sie sozial, kulturell oder eben auch wirtschaftlich, ist die damit einhergehende Haltung der distanzierten Leichtigkeit, wie sie bereits Baldassare Castiglione im *Libro del Cortegiano*

35 Vgl. Brakensiek, Stefan: Projektemacher. Zum Hintergrund ökonomischen Scheiterns in der Frühen Neuzeit. In: Brakensiek, Stefan/Claridge, Claudia (Hrsg.): Fiasko – Scheitern in der Frühen Neuzeit. Beiträge zur Kulturgeschichte des Misserfolgs. Bielefeld 2015, S. 39–58.

36 Vgl. Münch, Paul: Lebensformen in der frühen Neuzeit. Frankfurt 1992, S. 137; Wirtschaft, Wissenschaft und Technik im Zeitalter der Aufklärung. Mannheim und die Kurpfalz unter Carl Theodor, 1743–1799, Ausst.-Kat. Mannheim 1993, hrsg. vom Landesmuseum für Technik und Arbeit Mannheim unter Mitarbeit von Kai Budde. Ubstadt-Weiher 1993, S. 80–93.

(1528) mit seiner *sprezzatura* als Verhaltensnorm für den europäischen Adel vorbildlich und verbindlich machte.[37] Mit dieser Haltung lässt sich Gewinn wie Verlust mit Würde hinnehmen.

6 Fehlende Effektivität und Handlungsmotive

Drei landesherrliche Unternehmungen sollen nun exemplarisch ökonomische Handlungsfelder aufzeigen und zugleich die Komplexität der Motivlagen sowie die mehr oder weniger rationellen, wenig an Effektivität orientierten Handlungsweisen illustrieren. Es geht dabei um das Manufakturwesen und drei verschiedene Produktgruppen, nämlich um die Herstellung von Fayence, Glas und Seide.

6.1 Die Fayencemanufaktur der Fürstin von Schwarzburg

Die kleinstaatliche Gräfin und (seit 1709 durch Standeserhebung) Fürstin Auguste Dorothea von Schwarzburg (1666–1751), geborene Prinzessin von Braunschweig-Lüneburg, gründete im Jahr 1715 eine Fayencemanufaktur, die sie nach ihrem zweiten Vornamen Dorotheental nannte.[38] Dazu lieh sie sich 2000 Taler von ihrem Gemahl und ließ unweit ihres Lustschlosses Augustenburg einen Manufakturkomplex samt Wohnhäusern und einem Wirtshaus bauen. Die Bedeutung dieser Gründung für die Fürstin wurde nicht nur durch die geographische Nähe und durch die direkte Verbindung mittels einer Allee signalisiert, die Schloss und Manufaktur verband, sondern auch durch das Marken der Fayence mit »ab« für Augustenburg. Auguste Dorothea hatte bereits mehrere Jahre zuvor Dreher, Maler und Glasierer aus ihrer Heimat Wolfenbüttel angeworben und dezentral in Arnstadt mehrere Versuchsreihen herstellen lassen. Mit dem Bau und der Gründung der Manufaktur wurden die verschiedenen Handwerksgruppen und Arbeitsschritte an einem Ort zentralisiert. Dort wurden nun Fayencen – vor allem Gefäße, Kacheln und auch Miniaturgeschirr – mit blauweißem Dekor im chinesischen oder niederländischen Stil produziert. Zunächst stellte die fürstliche Witwe einen aus Erfurt kommenden Verwalter für die Manufaktur ein, doch sie wirtschaftete ohne Gewinn und wurde 1718 an zwei bürgerliche Unternehmer verpachtet und schließlich 1724 endgültig verkauft. Auguste Dorothea gab also bereits nach drei Jahren ihre Unternehmung auf, entweder, weil das Projekt nicht lukrativ genug war, oder es zu viel Unbill mit sich brachte. Die zeitgenössische Pfarrchronik befand dazu, »die hohe

37 Zur Rezeption siehe Burke, Peter: The Fortunes of the Courtier. The European Reception of Castiglione's "Cortegiano". Cambridge 1995.

38 Vgl. dazu Cremer, Annette C.: Mon Plaisir. Die Puppenstadt der Auguste Dorothea von Schwarzburg (1666–1751). Köln/Weimar/Wien 2015, S. 394–399.

Stifterin [habe] als eine fürstliche Person, die Arbeit theurer bezahlet als eine gemeine Person« und die Manufaktur sei erst durch die Verpachtung und den Verkauf an Kaufmännner »in gute Umstände gebracht worden«.[39] Die ständische Zugehörigkeit der Stifterin und die Haltung der Untergebenen, sie wie eine goldene Gans ausnehmen zu können, waren damit aus der Sicht eines Zeitgenossen zumindest ein Grund, weshalb die Manufaktur sich ökonomisch gesehen nicht selbst tragen oder gar Gewinn abwerfen konnte. Auguste Dorothea, in deren Privatbesitz Dorotheenthal nach dem Ableben ihres Mannes 1716 übergegangen war, war selbst eine leidenschaftliche Sammlerin von Miniaturen und es lassen sich heute in ihrer Sammlung im Schlomuseum Arnstadt einige Fayenceminiaturen aus der eigenen Manufaktur nachweisen. Man könnte vermuten, sie habe die Manufaktur gegründet, um sich selbst mit Fayenceminiaturen versorgen zu können. Die gezielte Ansiedlung von Handwerkern und das von langer Hand geplante Unternehmen sprechen jedoch gegen ein solches Hauptmotiv. In diesem Beispiel scheinen dennoch ökonomische, persönliche und ästhetische Interessen der Landesfürstin bzw. der fürstlichen Witwe vermischt gewesen zu sein. Wichtig im Vergleich zu den beiden folgenden Beispielen ist die Tatsache, dass Auguste Dorothea in dieser Phase der frühen Witwenschaft um ihrer Witwenbezüge kämpfte und keine finanziellen Ressourcen hatte, um die Fayencemanufaktur als Verlustgeschäft zu tragen.

6.2 Die Glashütte der Herzöge von Württemberg

Anders stellt sich die Situation beim zweiten Beispiel, der Glasmanufaktur der Herzöge von Württemberg, dar, die die großen Verluste ihres Manufakturprojekts über die landesherrlichen Einnahmen abfederten. Landes- und Grundherren engagierten sich vereinzelt bereits vor dem Dreißigjährigen Krieg, aber verstärkt seit dem Ende des 17. Jahrhunderts wirtschaftlich im Betrieb von dem Montanwesen nahestehenden Glashütten. In Württemberg traten viele adelige Grundherren als eigenständige Betreiber von Glashütten auf, so auch die Herzöge über mehrere Generationen hinweg.[40] Die Spiegelberg-Hütte wurde 1699 in dem 1000 Morgen großen Mainhardter Wald gegründet. Die Produkte der Glashütte (Tafel- und Hohlgläser, Fenster, Spiegel und Apothekengefäße) wurden sowohl auf dem lokalen Nahmarkt, auf den Messen in Frankfurt oder Leipzig gehandelt wie auch ins Ausland exportiert. Jedoch mussten die Bestellungen des Herzogs stets bevorzugt bearbeitet und große Stückzahlen an

39 Thüringisches Landeskirchenarchiv Eisenach, Samuel Heinrich Reißland/Christian Friedrich Sauer, Bemerkungen über die Kirche Oberndorf und Angelhausen vom Jahre 1550–1813, o.D., unpaginiert.

40 Neben dem Landesherrn selbst, die Klöster Murrhardt und Lorch, die Grafen von Löwenstein und unter anderen die Grafen von Hohenlohe. Vgl. Greiner, Karl: Die Glashütten in Württemberg. Wiesbaden 1971, S. 24. Die Hütte des Herzogs wurde gegenüber den Konkurrenten massiv privilegiert. Vgl. ebd., S. 33.

Glasobjekten verschiedenster Art unentgeltlich an den Hof geliefert werden. Ab 1701 wurde die handwerkliche Leitung der Hütte abgelöst und der Verwaltung eines fürstlichen Beamten unter Herzog Eberhard Ludwig von Württemberg (1676–1733) unterstellt. Bereits ab diesem Zeitpunkt reduzierten sich die Einnahmen auf ein Sechstel.[41] Einer der Hüttendirektoren schrieb 1754, »es sei eine allgemeine Erfahrung, daß man bei den von der Herrschaft geführten Spiegel- und Porzellanfabriken zufrieden sein müsse, wenn sich keine allzugroße Einbuße ergebe, und wenn nur die Fabrik und ihre Waren dem Lande und dem Landesherrn Ehre machen würden«.[42] Insgesamt lässt sich zwischen 1701 und 1783 ein Verlust von 725.000 Gulden für das Land nachweisen. Erst der Protest des Amts Weinsberg und des Landtags 1792 aufgrund der Holzknappheit konnten den Herzog, jetzt war es Karl Eugen von Württemberg (1728–1793), dazu bewegen, das Projekt zu beenden. Der Verkauf zog sich bis 1820 hin. Die Landesherren hielten also über vier Generationen an dem Verlustgeschäft der Glashütte fest. War dies schieres Desinteresse oder könnte es ein überpersönliches Motiv gegeben haben, die Glashütte weiter zu betreiben? Warum scheiterte dieses Projekt in finanzieller Hinsicht so furios und warum wurde diese Situation nicht schon früher beendet? Die Gründe mögen, neben der oben erwähnten Belieferung des Hofs mit Glaswaren und damit der unmittelbaren Versorgung des herzoglichen Haushalts, einerseits in der Arbeitsorganisation und andererseits in den Nebeneffekten der Glashütte zu suchen sein. War der Hüttenmeister, selbst ein Glasermeister, der genossenschaftlich geführten Hütten zuvor ein *primus inter pares* und alle an den Öfen arbeitenden Meister gleichberechtigt gewesen, die leistungsabhängig bezahlt wurden, änderte sich bei den von den Grundherren selbst geführten Hütten auch die Organisationsform. Aus Selbständigen wurden Landesdiener mit festem Monatslohn, die von der Rentkammer verwaltet, aber weder fachlich noch kaufmännisch geleitet wurden. Dies widersprach der traditionellen Arbeitsweise und der Mentalität der Glaser. Viele gingen. Die, die blieben, scheint die Sicherheit träge gemacht zu haben: sie waren bei einem festen Monatslohn scheinbar weniger fleißig.[43] Die Nebeneffekte der Glasmanufaktur waren eng mit den Bedingungen der Produktion verknüpft. Zur Herstellung von Glasrohmasse benötigte man neben Sand, Kalk und Pottasche enorme Mengen an Feuerholz, weil die Ausgangsstoffe nur bei sehr hohen Temperaturen zu Glas verschmolzen. Eine Hütte mit sechs Werköfen, an denen zeitgleich Gläser, Flaschen und so weiter produziert werden konnten, benötigte ca. 8000 Ster Holz pro Kalenderjahr bei einer siebenmonatigen Produktionszeit. Eine Glashütte band mindestens dreißig Personen an sich und entwickelte sich häufig zu einer eigenständigen Ortschaft mit Kapelle und Schule. Die Landes- und Grundherren mit viel Wald siedelten daher oft ganz gezielt Glashütten in entlegenen und nicht

41 Vgl. ebd., S. 11.

42 Amtmann Hummel, 1754, nach ebd., S. 13, leider ohne Quellennachweis.

43 Vgl. ebd., S. 43.

erschlossenen Gebieten mitten im Wald an. Das Ziel der Maßnahme war, das aufgrund der fehlenden Transportwege anderweitig nicht nutzbares Holz einer Nutzung zuzuführen, steuerzahlende Untertanen anzuwerben, die lokale Wirtschaft anzukurbeln, Zolleinnahmen zu generieren und durch den Verkauf der Produkte möglichst auch noch gewinnbringend zu wirtschaften. Der hohe Holzverbrauch führte zur Rodung des die Hütte umliegenden Waldes. Wenn das erreichbare Holz aufgebraucht war, zog die Hütte weiter. Die geschah je nach Holzvorkommen alle zehn bis 25 Jahre bis zur endgültigen Ablösung durch sesshafte Hütten im späten 18. Jahrhundert. Dabei hinterließ die Hütte einerseits eine Rodung, andererseits eine dörfliche Struktur, ablesbar an Flur- und Dorfnamen wie beispielweise »Altglashütte und »Neuglashütte« im Schwarzwald. Die Anlage einer Glashütte war im Prinzip auch eine räumliche Strukturmaßnahme. Dies kann als Eigenwert und legitimes Motiv gelten auch angesichts realer Verluste, ganz zu schweigen von der Tatsache, dass der eigene Bedarf an Glas sehr günstig oder gar kostenfrei gedeckt wurde.

6.3 Die Seidenraupenzucht in der Kurpfalz

Um eine nicht lokal begrenzte, sondern um eine landesweite Maßnahme handelte es sich bei dem dritten Beispiel, der staatlichen Aufzucht und Anpflanzung von 80.000 weißen Maulbeerbäumen ab den 1750er Jahren durch den Kurfürsten Karl Theodor (1724–1799) von Kurpfalz, die im aufklärerischen Gestus den Wohlstand der Untertanen und des ganzen Landes fördern sollte.[44] Erste innovative, aber nicht nachhaltige Maulbeerbaumplantagen sind für Württemberg bereits um 1600 unter Friedrich I. (1557–1608) belegt.[45] Florinus befasst sich in seinem Hausvatertraktat 1705, das sich an den landbesitzenden Niederadel richtete, ausführlich mit der Seidenraupenzucht und schrieb, es sei »gewiß, daß die Wirthschafften in Teutschland ein weit bessers Ansehen haben würden, wann man dieses Gewerb, mit den Seiden-Würmern recht in Schwung und Gang brächte«.[46] Der in China natürlich vorkommende Maulbeerbaum

44 Vgl. Mörz, Stefan: Aufgeklärter Absolutismus in der Kurpfalz während der Mannheimer Regierungszeit des Kurfürsten Karl Theodor (1742–1777). Stuttgart 1991, S. 267–280; Saalwächter, Andreas: Maulbeerbäume zur Seidenraupenzucht. In: Beiträge zur Ingelheimer Geschichte 9/1958, S. 62–63. URL: http://www.ingelheimer-geschichte.de/index.php?id=180 [letzter Zugriff: 23.09.2020]. Ein ähnliches Projekt entsteht zeitgleich in Böhmen: Liebich, Christoph: Der Seidenbau in Böhmen und seine grossen Vortheile aus wirklicher Erfahrung dargestellt. Prag 1837.

45 Vgl. Schaum, Jens Markus: Die Seiden-Handelskompanie und Seidenraupenzucht Herzog Friedrichs I. von Württemberg. In: Zeitschrift für württembergische Landesgeschichte 77 (2018), S. 164–193.

46 Florinus, Francisci Philippi: Kluger Landmann [...]. Frankfurt/Leipzig 1705, Cap. VI. »Von denen Seiden Würmern«, S. 2012–2013, hier S. 2012. Jedoch erst 130 Jahre später, zwischen 1830 und 1850, wird die Seidenraupenzucht im deutschsprachigen Raum intensiviert, allerdings ohne längerfristigen Erfolg. Einige Traktate ab 1830 unter: https://www.base-search.net/Search/Results?lookfor=+tit%3Amaulbeerbaum&type=all&page=3&l=de&oaboost=1&refid=dcpagede [letzter Zugriff: 23.09.2020].

war die Nahrung der Seidenraupen, aus deren Kokon der feine Faden abgewickelt und zu in Europa begehrten Seidenstoffen gewebt wurde.[47] Die Bäumchen sollten von den Untertanen für einen geringen Preis erworben und flächendeckend ausgebracht werden. Von der künstlichen Anpflanzung der Bäume erhoffte man sich, wie ein Edikt von 1789 besagt, im Sinn des Merkantilismus den Geldfluss kontrollieren zu können und Absätze im eigenen Land zu generieren, ohne die teure Seide importieren zu müssen.[48] Das ganze Land sollte quasi fortan ›in Seide machen‹. Während die Raupen in China direkt am Baum hingen, wurden jedoch hierzulande »die Würmer nicht wie dort selbst an den Bäumen [genährt], sondern mit dem von den Bäumen genommenen Laube in den Häusern, oder Wohnzimmern gefüttert«.[49] Die Aufzucht der Bäumchen aus Samen war jedoch nicht ganz einfach, denn diese waren anfällig für Schädlinge und Frost und auch die einheimischen Fliegen waren eine Bedrohung für die Seidenwürmer selbst.[50] So musste man in Deutschland auf teure Pflanzen aus Italien oder Frankreich zurückgreifen.[51] Jedoch fruchtete die Maßnahme, die auf den Verkauf der Bäumchen abzielte, auch aufgrund des fehlenden »Ernst[s] und Eifer[s] der [...] mit Vorurtheilen befangenen Bauersleute« nicht und hatte zur Folge, dass der »in den Plantagen sich befindende grosse Vorrath junger Maulbeerbäume ohne mindeste Nachfrage belassen«,[52] also die Setzlinge unverkauft blieben und der Kurfürst auf seinen Grundkosten sitzen blieb. Letztlich scheitert das kurpfälzische Projekt nicht nur wegen der sturen Pfälzer Subjekte, sondern auch wegen der ungünstigen klimatischen Bedingungen für die Seidenwürmer. Auch hier war mit fürstlicher Unterstützung eine Manufaktur zur Verarbeitung der Seide gegründet worden, die aber ebenfalls ein langjähriges Zuschussgeschäft war.[53]

47 Vgl. Weißweiler, Urban: Die Zucht des Maulbeerbaumes und der Seidenraupe. Berlin 1875.

48 Sammlung der Churpfalz-Baierischen allgemeinen und besondern Landes-Verordnungen [...]. Bd. 5. München 1797, Edikt XIV, S. 168–169; Import wurde ganz generell als Begründung für die Armut der Untertanen und die lokale Produktion als logisches Gegenmittel dargestellt. Baumann, Christian: Der Seidenbau in Deutschland. 3. Aufl., Eichstädt 1784, Vorbericht, VI.

49 Ebd., S. 8.

50 [Anonym]: Den Maulbeerbaum-Saamen betreffend. In: Anzeigen der Königl. Sächsischen Leipziger Öconomischen Societät 17 (1772), S. 93–94; [Anonym]: Tatarischer weißer Maulbeerbaum-Saamen. In: Anzeigen der Königl. Sächsischen Leipziger Öconomischen Societät 42 (1797), S. 75–76; Baumann: Seidenbau, S. 215.

51 [Anonym]: Vom weissen Maulbeerbaum. In: Hannoverische Beyträge zum Nutzen und Vergnügen, Montag, 9. August 1762, Sp. 1021–1024; [Anonym]: Ueber den versuchten Seidenbau in den nördlichen Provinzen Deutschlands. In: Neues Hannoverisches Magazin, Freitag, den 29ten September 1797, Sp. 1229–1244.

52 Sammlung der im Gebiete der inneren Staats-Verwaltung des Königreichs Bayern bestehenden Verordnungen. Bd. XIV, 2. München 1839, § 281, S. 450–453.

53 Hofkammerrat Rigal hatte 1752 eine Strumpfwirkerei gegründet, die mit 18 Stühlen und 113 Arbeitern arbeitete. 1771 ging der Betrieb in eine Gesellschaft über, die durch ein 30-jähriges Privileg gesichert war und mit 60.000 Gulden Betriebskapital wirtschaftete. Saalwächter: Maulbeerbäume, S. 62.

Das ökonomische Scheitern dieser drei Projekte lag entweder in den fehlenden fachlichen Kenntnissen begründet, in den fehlenden Personalführungskompetenzen oder wurde schlicht durch äußere Umstände oder die Widerstände in der Bevölkerung bedingt. In allen drei Fällen scheint eine gemischte Motivlage vorzuliegen, die landesherrliche Zuständigkeit und politische Verpflichtungen mit persönlichen Vorlieben oder Vorteilen vermischte. Die Kanzlisten, die sich mit den leidigen Verlustbetrieben über Jahre befassten, waren Verwalter und Beamte, Juristen – keine Kaufleute, keine Ökonomen. Erst als die Manufakturen der beiden ersten Beispiele wieder an Handwerksmeister oder aber an bürgerliche Kaufleute abgegeben werden, ändert sich die Situation. In allen Fällen blieben die Unternehmungen trotzdem für die fürstliche Witwe in Arnstadt, die Herzöge von Württemberg und den Kurfürsten von der Pfalz Verlustbetriebe bzw. Verlustprojekte und wurden verpachtet, verkauft oder aufgegeben. Auf den ersten Blick scheinen die hohen Kosten der beiden letzten landesherrlichen Projekte nicht entscheidungsrelevant gewesen zu sein, für die fürstliche Witwe war der finanzielle Verlust handlungsleitend. Je größer das wirtschaftliche Gesamtsystem, desto eher konnten unwirtschaftliche Projekte beibehalten und fortgesetzt werden. Vermutlich wurden die sekundären Effekte dieser Projekte, die auf das »gute Ansehen« und die Reputation des Fürsten abzielten, höher bewertet als der ausbleibende finanzielle Gewinn. Dieser Aspekt wirtschaftlichen Handels scheint ebenfalls in mehreren Beiträgen dieses Bandes auf.

Die Möglichkeiten, wirtschaftlich zu handeln – im Sinne einer Investition, die einen wie auch immer gearteten Ertrag versprach, unabhängig von ihrer Rentabilität –, hingen von externen Faktoren der geographischen Lage, den Gegebenheiten und der Größe eines Territoriums oder Landbesitzes ab und der Bevölkerungsgröße als menschliche Ressource. Zugleich hingen diese aber auch von den jeweiligen dynastisch-familial bedingten Strukturen und dem Selbstverständnis, der je herrschenden Kultur und Stimmung einer höfischen Figuration, der Einbettung eines Hauses in translokale Netzwerke mit ihren jeweiligen Erfordernissen auf den einzelnen Feldern der Prestigekonkurrenz ab. Aber auch aus weiteren Faktoren, wie etwa der Zugehörigkeit zu einem biologischen Geschlecht, ob also Fürst oder Fürstin, oder ob eine Person erstgeboren oder nachgeboren war, ob unverheiratet, verheiratet oder verwitwet sowie aus Alter und Gesundheitszustand ergaben sich miteinander »intersektional« verschränkte, spezifische Handlungsoptionen und Handlungsverpflichtungen. Worin sich ein Fürst, eine Fürstin, ein Freiherr oder Freiin finanziell oder unternehmerisch engagierte, konnte durchaus auch auf persönlichen Neigungen beruhen. »Und also wird man allenthalben finden, daß dasjenige Objectum, so mit der Passion eines grossen Herrn am meisten harmonirt, auch am fleißigsten und eigentlichsten wird besorget werden.«[54] Bei Alfonso I. d'Este (1476–1534) führte dies zum eigenhändigen Gießen

54 Rohr, von: Ceremoniel-Wissenschafft, S. 41.

von Kanonenkugeln als gewinnbringendem Zeitvertreib – bei Charles, Prince of Wales zur ökologischen Landwirtschaft.[55]

Eine umfassende Erforschung des Themas erfordert einen systematischen Zugriff, der nach den verschiedenen Adelsrängen differenziert betrachtet werden will, nach verschiedenen Handlungsfeldern und Motiven, nach den Unternehmungen von Männer und Frauen im Vergleich, nach der Art der Unternehmungen und dem unternehmerischen Modell. Auf diese und weitere Aspekte adeligen Wirtschaftshandelns zwischen Notwendigkeit und Decorum werden die Beiträge dieses Bandes Hinweise geben. Hier geht es also um das nachvollziehbare wirtschaftliche Handeln von einzelnen adeligen Akteurinnen und Akteuren, um das wirtschaftliche Handeln von bestimmten Adelsgruppen und um die Konflikte, die Rezeption und Bewertung dieses Wirtschaftshandelns, aber auch um politisch-strukturelle Rahmenbedingungen. Er vereint sowohl makro- als auch mikrohistorische Perspektiven. Die meisten Beiträge thematisieren die Fragen von Erfolg oder Misserfolg der Unternehmungen als einen Aspekt unter vielen. Die Beispiele zeigen allesamt, dass adeliges Wirtschaftshandeln dem Diskurs über die Angemessenheit zum Trotz als alltägliches Phänomen gelten muss.

Quellen- und Literaturverzeichnis

Archivalische Quellen

Eisenach, Thüringisches Landeskirchenarchiv, Samuel Heinrich Reißland / Christian Friedrich Sauer, Bemerkungen über die Kirche Oberndorf und Angelhausen vom Jahre 1550–1813.

Gotha, Thüringisches Staatsarchiv, Kammer Gotha Immediate Nr. 1378: Jacob Leupold, Kurtzer Unterricht von Kunstkammern, Gotha [?] 1718.

55 Vgl. Taddei, Elena: Optimo architecto und Duca artificere. Städte bauen und Waffen schmieden. Die Künste als Machtinstrument der Este im 16. Jahrhundert. In: Cremer, Annette C./Müller, Matthias/ Pietschmann, Klaus (Hrsg.): Fürst und Fürstin als Künstler. Herrschaftliches Künstlertum zwischen Habitus, Norm und Neigung. Berlin 2018, S. 104–116, bes. S. 111. Charles, Prince of Wales gründete 1990 die Firma Duchy Originals Limited, deren Produkte auf und bei seinem Familienwohnsitz Highgrove House, Gloucestershire angebaut und über die Supermarktkette Waitrose vertrieben werden.

Gedruckte Quellen

Allgemeine Deutsche Biographie, hrsg. von der Historischen Kommission bei der Bayerischen Akademie der Wissenschaften. Leipzig 1875–1812.

[Anonym]: Vom weissen Maulbeerbaum. In: Hannoverische Beyträge zum Nutzen und Vergnügen, Montag, 9. August 1762, Sp. 1021–1024.

[Anonym]: Ueber den versuchten Seidenbau in den nördlichen Provinzen Deutschlands. In: Neues Hannoverisches Magazin, Freitag, den 29ten September 1797, Sp. 1229–1244.

[Anonym]: Den Maulbeerbaum-Saamen betreffend. In: Anzeigen der Königl. Sächsischen Leipziger Öconomischen Societät, Bd. 17 (1772), S. 93–94.

[Anonym]: Tatarischer weißer Maulbeerbaum-Saamen. In: Anzeigen der Königl. Sächsischen Leipziger Öconomischen Societät, Bd. 42 (1797), S. 75–76.

Baumann, Christian: Der Seidenbau in Deutschland. 3. Aufl., Eichstädt 1784.

Florinus, Francisci Philippi: Kluger Landmann […]. Frankfurt/Leipzig 1705.

Florinus, Francisci Philippi: Oeconomus prudens et legalis continuatus Oder Grosser Herren Stands und Adelicher Haus-Vatter […]. Nürnberg 1719.

Grimm, Jacob / Grimm, Wilhelm: Deutsches Wörterbuch. Leipzig 1854–1961. URL: http://woerterbuchnetz.de/cgi-bin/WBNetz/wbgui_py?sigle=DWB [letzter Zugriff: 23.09.2020].

Krünitz, Johann Georg: Oekonomische Encyklopädie oder allgemeines System der Staats- Stadt- Haus- und Landwirthschaft. Berlin 1773–1858 [Krünitz]. URL: http://www.kruenitz1.uni-trier.de/ [letzter Zugriff: 23.09.2020].

Rohr, Julius Bernhard von: Einleitung zur Ceremoniel-Wissenschafft Der großen Herren […]. Berlin 1729.

Sammlung der Churpfalz-Baierischen allgemeinen und besondern Landes-Verordnungen […]. Bd. 5. München 1797.

Sammlung der im Gebiete der inneren Staats-Verwaltung des Königreichs Bayern bestehenden Verordnungen. Bd. XIV, 2. München 1839.

Zedler, Johann Heinrich: Grosses vollständiges Universal Lexicon aller Wissenschafften und Künste. Halle/Leipzig 1732–1754 [Zedler], unter: www.zedler-lexikon.de/ [letzter Zugriff: 23.09.2020].

Literaturverzeichnis

Andermann, Kurt: Adel und finanzielle Mobilität im späten Mittelalter. In: Carl, Horst / Lorenz, Sönke (Hrsg.): Gelungene Anpassung? Adelige Antworten auf gesellschaftliche Wandlungsvorgänge vom 14. bis zum 16. Jahrhundert, Ostfildern 2005, S. 13–26.

Asch, Ronald G.: Europäischer Adel in der Frühen Neuzeit. Eine Einführung. Köln 2008.

Bauer, Volker: Hofökonomie. Der Diskurs über den Fürstenhof in Zeremonialwissenschaft, Hausväterliteratur und Kameralismus. Wien/Köln/Weimar 1997.

Brakensiek, Stefan: Projektemacher. Zum Hintergrund ökonomischen Scheiterns in der Frühen Neuzeit. In: Brakensiek, Stefan / Claridge, Claudia (Hrsg.): Fiasko – Scheitern in der Frühen Neuzeit. Beiträge zur Kulturgeschichte des Misserfolgs. Bielefeld 2015.

Brinkmann, Brigitte: Varietas und Veritas. Normen und Normativität in der Zeit der Renaissance – Castigliones »Libro del Cortegiano«. München 2001.

Brunner, Otto: Adeliges Landleben und europäischer Geist: Leben und Werk Wolf Helmhards von Hohberg 1612–1688. Salzburg 1949.

Burke, Peter: The fortunes of the Courtier. The European reception of Castiglione's »Cortegiano«. Cambridge 1995.

Carl, Horst / Lorenz, Sönke (Hrsg.): Gelungene Anpassung? Adelige Antworten auf gesellschaftliche Wandlungsvorgänge vom 14. bis zum 16. Jahrhundert, Ostfildern 2005.

Carl, Horst / Wrede, Martin: Einleitung. In: Carl, Horst / Wrede, Martin (Hrsg.): Zwischen Schande und Ehre. Erinnerungsbrüche und die Kontinuität des Hauses. Legitimationsmuster und Traditionsverständnis des frühneuzeitlichen Adels in Umbruch und Krise. Mainz 2007, S. 1–24.

Cerman, Ivo: Jenseits des Marxismus. Der Adel in der modernen Wirtschaftsgeschichte. In: Cerman, Ivo / Velek, Luboš (Hrsg.): Adel und Wirtschaft. Lebensunterhalt der Adeligen in der Moderne (Studien zum mitteleuropäischen Adel 2). München 2009, S. 9–22.

Clementi, Siglinde: Hybrid legal cultures among the early modern Tyrolean nobility. Marriage contracts and the symbolic value of assets. In: Cremer, Annette C. (Hrsg.): Gender, Law and Material Culture. Immobile Property and Mobile Goods in Early Modern Europe. Abingdon 2021, S. 93–120.

Cremer, Annette C.: Mon Plaisir. Die Puppenstadt der Auguste Dorothea von Schwarzburg (1666–1751). Köln/Weimar/Wien 2015.

Duindam, Jeroen: Vienna and Versailles. The courts of Europe's dynastic rivals, 1550–1780. Cambridge 2003.

Elias, Norbert: Die höfische Gesellschaft. Amsterdam 2002 [zuerst Darmstadt 1969].

Frietsch, Ute: Häresie und »pseudo-scientia«. Zur Problematisierung von Alchemie, Chymiatrie und Physik in der Frühen Neuzeit. In: Rupnow, Dirk u. a. (Hrsg.): Pseudowissenschaft. Konzeptionen von Nichtwissenschaftlichkeit in der Wissenschaftsgeschichte. Frankfurt a. M. 2008, S. 51–76.

Füssel, Marian / Kuhle, Antje / Stolz, Michael (Hrsg.): Höfe und Experten. Relationen von Macht und Wissen in Mittelalter und Früher Neuzeit. Göttingen 2018.

Greiner, Karl: Die Glashütten in Württemberg. Wiesbaden 1971.

Khull-Kholwald, Martin: Der Adel auf dem Lande und sein Kredit. Der Schuldschein als zentrales Finanzinstrument in der Steiermark (1515–1635). Wien/Münster 2013.

Liebich, Christoph: Der Seidenbau in Böhmen und seine grossen Vortheile aus wirklicher Erfahrung dargestellt. Prag 1837.

Mörz, Stefan: Aufgeklärter Absolutismus in der Kurpfalz während der Mannheimer Regierungszeit des Kurfürsten Karl Theodor (1742–1777). Stuttgart 1991.

Münch, Paul: Lebensformen in der frühen Neuzeit. Frankfurt 1992.

Paravicini, Werner: Atelier Hofwirtschaft. Ein ökonomischer Blick auf Hof und Residenz in Spätmittelalter und Früher Neuzeit (Mitteilungen der Residenzen-Kommission der Akademie der Wissenschaften zu Göttingen, Sonderheft 9). Kiel 2007.

Paravicni, Werner / Fouquet, Gerhard / Hirschbiegel Jan (Hrsg.): Hofwirtschaft. Ein ökonomischer Blick auf Hof und Residenz in Spätmittelalter und Früher Neuzeit (10. Symposium der Residenzen-Kommission der Akademie der Wissenschaften zu Göttingen, veranstaltet in Zusammenarbeit mit den Schleswig-Holsteinischen Landesmuseen Schloß Gottorf, dem Landesarchiv Schleswig-Holstein, Schleswig, dem Historischen Seminar der Christian-Albrechts-Universität zu Kiel und dem Deutschen Historischen Institut Paris, Gottorf/Schleswig, 23.–26. September 2006; Residenzenforschung 21). Ostfildern 2008.

Pražák, Václav: »Die Cassa ist Lähr.« Die Wirtschaft der Grafen Czernin aus der Perspektive ihres Beamten Wenzel Roczek 1746–1797. In: Cerman, Ivo / Velek, Luboš (Hrsg.): Adel und Wirtschaft. Lebensunterhalt der Adeligen in der Moderne (Studien zum mitteleuropäischen Adel 2). München 2009, S. 47–59.

Richardson, Roger Carles: Household Servants in Early Modern England. Manchester 2010.

Saalwächter, Andreas: Maulbeerbäume zur Seidenraupenzucht. In: Beiträge zur Ingelheimer Geschichte 9/1958, S. 62–63. URL: http://www.ingelheimer-geschichte.de/index.php?id=180 [letzter Zugriff: 23.09.2020].

Schaum, Jens Markus: Die Seiden-Handelskompanie und Seidenraupenzucht Herzog Friedrichs I. von Württemberg. In: Zeitschrift für württembergische Landesgeschichte 77 (2018), S. 164–193.

Štefanová, Dana: Gutsherren und wirtschaftliche Aktivitäten. Eine Fallstudie zur »Schwarzenberg Bank« 1787–1830. In: Cerman, Ivo / Velek, Luboš (Hrsg.): Adel und Wirtschaft. Lebensunterhalt der Adeligen in der Moderne (Studien zum mitteleuropäischen Adel 2). München 2009, S. 63–83.

Steinbrink, Matthias: Adlige Ökonomie in der Frühen Neuzeit zwischen Idealbild und Realität. In: Paravicini (Hrsg.): Atelier Hofwirtschaft, S. 33–40.

Stollberg-Rilinger, Barbara: Handelsgeist und Adelsethos. Zur Diskussion um das Handelsverbot für den deutschen Adel vom 16. bis zum 18. Jahrhundert. In: Zeitschrift für Historische Forschung 15/3 (1988), S. 273–309.

Taddei, Elena: Optimo architecto und Duca artificere. Städte bauen und Waffen schmieden: Die Künste als Machtinstrument der Este im 16. Jahrhundert. In: Cremer, Annette C./Müller, Matthias / Pietschmann, Klaus (Hrsg.): Fürst und Fürstin als Künstler. Herrschaftliches Künstlertum zwischen Habitus, Norm und Neigung. Berlin 2018, S. 104–116.

Veblen, Thorstein: The theory of the leisure class. An economic study in the evolution of institutions. New York/London 1899.

Vérin, Hélène: Entrepreneurs, entreprise. Paris 2011.

Weißweiler, Urban: Die Zucht des Maulbeerbaumes und der Seidenraupe. Berlin 1875.

Wirtschaft, Wissenschaft und Technik im Zeitalter der Aufklärung. Mannheim und die Kurpfalz unter Carl Theodor, 1743–1799, Ausst.-Kat. Mannheim 1993, hrsg. vom Landesmuseum für Technik und Arbeit Mannheim unter Mitarbeit von Kai Budde. Ubstadt-Weiher 1993.

Zedinger, Renate: Franz Stephan von Lothringen (1708–1765). Monarch, Manager, Mäzen. Wien u. a. 2008.

ADEL UND UNTERNEHMERTUM ALS HISTORIOGRAPHISCHES PROBLEMFELD MIT GESAMTGESELLSCHAFTLICHER DIMENSION

Alexander Jendorff

Abstract Adel, Adeligkeit und Unternehmertum scheinen zunächst in einem unaufhebbaren Widerspruch zueinander zu stehen. Jedenfalls suggeriert dies die moderne, bürgerlich geprägte Historiographie, erst recht wenn sie sich den auf Max Weber zurückgehenden Prämissen des Wirtschafts- und Soziallebens und deren Geschichtlichkeit verpflichtet sieht. Dabei erweist eine genauere Analyse, dass sowohl die moderne Agrar- und Wirtschaftshistoriographie als auch bereits die vormodernen Beobachter des sozioökonomischen Wandels in Alteuropa wesentlich differenziertere Auffassungen vertraten. Das eher einseitige Negativbild der ökonomischen Adelsaktivitäten entspringt folglich interessengeleiteten Motiven und bedarf einer Korrektur, die jenseits der Kategorien Erfolg und Intensität die Handlungshorizonte und Bedingungen adeligen Entrepreneurships ausleuchtet und dabei dem Wert von Adeligkeit im Wirtschaftsleben, nicht zuletzt vor dem Hintergrund der sozialen Interaktion des Adels mit nicht-adeligen Gruppen, nachspürt.

Keywords Adel, Historiographie, Bürgertum, Wirtschaftsgeschichte, Alteuropa

1 Einleitung

Die in Gießen betriebene Frühneuzeit-Forschung deckt seit der Gründung des Instituts eine große thematische Bandbreite der Sozial-, Verfassungs-, Herrschafts-, Politik-, Erinnerungs- und Konfessionsgeschichte ab, obgleich auch mit unterschiedlichen Schwerpunkten und Konjunkturen. Dies umfasst auch die Adelsgeschichte, die das wissenschaftliche Œuvre des Jubilars stets begleitet und angesichts des wissenschaftlichen Biotops, in dem er aufgewachsen ist – der Tübinger Press-Schule –, auch geprägt hat. Allerdings führte nicht allein dieses lehrstuhlinterne Movens zum Tagungsthema. Vielmehr lag es aus aktuellen Gründen gleichsam auf der Hand, insofern es sich an die gerade neu aufgeflammte Kapitalismus- und Elitenkritik in den westlich-demokratischen Kulturen anlagert, mit der zugleich eine Kritik an der älteren Forschung verbunden ist,[1] wie sie nicht zuletzt von Jürgen Kockas neuerer Arbeit zur Geschichte des

1 Vgl. Piketty, Thomas: Kapital und Ideologie. München 2020; Pontón Gómez, Gonzalo: La lucha por la desigualdad. Una historia del mundo occidental en el siglo XVIII. Barcelona 2018.

Kapitalismus repräsentiert wird.[2] Während sich jedoch die deutsche Historikerzunft im Vergleich zu den europäischen Kolleginnen und Kollegen mit Äußerungen zu sozial- und gesellschaftskritischen Themen der Gegenwart auffallend zurückhält, lassen immerhin neuere Studien zum unternehmerischen Handeln des Adels und seiner Rolle in der Wirtschaftsgeschichte aufhorchen. Die Arbeiten von Manfred Rasch und Ivo Cerman zum Adel im Industriezeitalter, von Marc Häberlein mit seinem kulturalistischen Zugriff auf den (Proto-)Kapitalismus der beginnenden Frühen Neuzeit oder – um im Hessischen zu bleiben – Dieter Wunders luzide Studie zum Adel in der Landgrafschaft Hessen(-Kassel), die zugleich die Unverzichtbarkeit solcher regionalgeschichtlichen Detailstudien belegt, geben hierfür entsprechende Hinweise.[3] Die genannten, selbstverständlich zu ergänzenden Publikationen zeigen zweierlei: Zum einen weisen sie einen epochenübergreifenden Zugriff auf das Thema aus, der gleichwohl die Vormoderne eher unterbelichtet lässt, so als ob die heuristischen Instrumente und die entsprechende Grundlagenliteratur noch nicht zur Verfügung stünden. Zum anderen wird deutlich, dass sich die deutsche Historiographie zwar sehr emsig um die sozialhistorische Seite der Adelsgeschichte bemüht (hat), dass sie dabei jedoch dem ökonomischen Feld eine eher untergeordnete Rolle zuwies.[4] Das ist umso erstaunlicher, weil das eine mit dem anderen elementar verknüpft ist und so bereits von den alteuropäischen Zeitgenossen mit wachem Gespür für die Friktionen in den ständischen Sozialstrukturen wahrgenommen und öffentlich verhandelt wurde. Die Thematisierung des unternehmerischen Engagements des vormodernen Adels problematisiert daher an dieser Stelle nicht dessen Fähigkeit zum »Ökonomisieren« und zur Wahrnehmung einer Rolle als

2 Vgl. Kocka, Jürgen: Geschichte des Kapitalismus. 2. Aufl., München 2014.

3 Vgl. Cerman, Ivo: Jenseits des Marxismus. Der Adel in der modernen Wirtschaftsgeschichte. In: Cerman, Ivo/Velek, Luboš (Hrsg.): Adel und Wirtschaft. Lebensunterhalt der Adeligen in der Moderne (Studien zum mitteleuropäischen Adel, Bd. 2). München 2009, S. 9–22; Häberlein, Marc: Die Fugger. Geschichte einer Augsburger Familie (1367–1650). Stuttgart 2006; Häberlein, Marc: Kaufleute, Höflinge und Humanisten. Die Augsburger Welser-Gesellschaft und die Eliten des Habsburgerreiches in der ersten Hälfte des 16. Jahrhunderts. In: Zeitschrift für Historische Forschung 43 (2016) S. 667–702; Häberlein, Marc / Jeggle, Christof (Hrsg.): Praktiken des Handels. Geschäfte und soziale Beziehungen europäischer Kaufleute in Mittelalter und früher Neuzeit (Irseer Schriften, N.F. 6). Konstanz 2010; Rasch, Manfred: Adel als Unternehmer in der Industriellen Revolution. Ein Forschungsdesiderat. In: Der Märker 57 (2008), S. 144–157; Rasch, Manfred: Kohle – Stahl – Chemie – Dienstleistung. Westfälische Adelige als Unternehmer im 18. und 19. Jahrhundert. In: Driel, Maarten van / Pohl, Meinhard / Walter, Bernd (Hrsg.): Adel verbindet – Adel verbindt. Elitenkultur und Standeskultur in Nordwestdeutschland vom 15. bis 20. Jahrhundert (Forschungen zur Regionalgeschichte 64). Paderborn u.a. 2010, S. 179–216; Rasch, Manfred: Adel als Unternehmer, noch immer ein europäisches Forschungsdesiderat. In: Rasch, Manfred / Weber, Peter K. (Hrsg.): Europäischer Adel als Unternehmer im Industriezeitalter (Vereinigte Adelsarchive im Rheinland e.V., Schriften 5). Essen 2017, S. 35–56; Wunder, Dieter: Der Adel im Hessen des 18. Jahrhunderts – Herrenstand und Fürstendienst. Grundlagen einer Sozialgeschichte des Adels in Hessen (Veröffentlichungen der Historischen Kommission für Hessen 84). Marburg 2016.

4 Für einen summarischen Überblick vgl. Jendorff, Alexander: Virtus, Merkur und Moneten. Adeliges Unternehmertum und die Transformation der alteuropäischen Eliten (Wirtschafts- und Sozialgeschichte des modernen Europa 6). Baden-Baden 2021, S. 37–80.

Marktakteur. Sie fragt vielmehr nach den Mitteln und nach den Bedingungen solchen Engagements, verbindet auf diese Weise die Sozial- mit der Wirtschaftsgeschichte und transformiert sie zu einer frühneuzeitlichen Elitengeschichte. Die Beschäftigung mit dem Adel bietet demnach – einmal mehr – den Anlass zur Reflexion über die Strukturprozesse der Vormoderne, deren Bedeutung für das moderne Europa und über deren partielle Rückkehr in der Postmoderne. Dementsprechend sei an dieser Stelle nicht einfach eine summierende Bestandsaufnahme der bisherigen Beschäftigung mit adeligen Entrepreneurship und der wissenschaftlichen Forschung dazu vorgenommen, sondern diese ebenfalls akteursorientiert und strukturell analysiert und für Rückschlüsse auf die zeitgenössischen Elitendiskurse genutzt.

2 Adelsdiskurse zwischen ritterlichem Geblütsideal und ökonomisierter Meritokratie: protokapitalistische Profitmentalität, soziale Mobilitätsprozesse und Elitenwandel in Alteuropa

Das im Eingangsbeitrag angeführte Zitat des Jacob Leupold aus dem Jahr 1718 belegt die Selbstverständlichkeit und Wertschätzung, mit der einem rationalisierten und durchstrukturierten Wirtschaftsengagement in hochadeligen Kreisen zu Beginn des 18. Jahrhunderts begegnet wurde. Dabei handelte es sich weder zeitgenössisch um eine neue Erkenntnis noch war Leupold ein einsamer Mahner in einer vermeintlichen »wirtschaftspolitischen Wüste« seiner Generation. Seine Bemerkung zeigt, dass es wenigstens in der zweiten Frühneuzeithälfte nicht an Ratschlägen aus dem Kreis der Wirtschaftsexperten fehlte, ja sogar, dass diese einen regelrechten Theorie- und Beratungsdruck – ähnlich jenen »Wirtschaftsweisen« des beginnenden dritten nachchristlichen, postmodernen Millenniums – aufbauten, indem sie Reformstau attestierten, Reformfelder definierten und modernisierendes Handeln energisch anmahnten. So befand sich der regierende Hochadel des Reiches unter dem öffentlichen Legitimationsdruck, das allgemeine Wohl auch auf dem ökonomischen Feld zu sichern. Hochadelig-fürstliches Unternehmertum meinte aus dieser Perspektive die Ökonomisierung der Herrschaft im Sinne ihrer betriebswirtschaftlichen Ausrichtung, deren zielgerichtete Führung und Abschöpfung, quasi die Leitung eines landesherrlichen Wirtschaftsbetriebs mit unterschiedlichen Produktions- und Vermarktungszweigen durch Auslotung von Marktchancen, Förderung von Spezialindustrien, Expansion der Agrarproduktion oder Erleichterung des Kommerzes. So wie der Fürst damit aus seiner angestammten, jedenfalls bis dahin selbst profilierten Rolle als *pater familias* (*territorialis*) herauswuchs und zum Unternehmer bzw. Wirtschaftsstrategen avancierte, erschien auch die Ökonomisierung als Teil einer politischen Überlebensstrategie, die fürstliche Herrschaft ermöglichen oder optimieren sollte – und doch schien sie damit per se überfordert gewesen zu sein.

Denn wie schon in der angedeuteten Hochphase des postmodernen Neokapitalismus propagiert, scheinen auch die von Annette Cremer bereits angeführten Beispiele allesamt vordergründig zu beweisen, dass »es« »der Staat« eben »nicht kann« und mit ihm eben nicht »der Adel«. Viele der nachfolgenden wie schon bereits vorgestellten Projekte sind quasi in französischer Manier zwar durch viel Pathos gekennzeichnet, aber wenig ›Patte‹ sowie ein Höchstmaß an Glamour und *sprezzatura*, aber mangelnde Kenntnisse der fachlichen Herausforderungen, der Notwendigkeit der Betriebsorganisation und Personalführung sowie der Vorabkalkulation wenig beeinflussbarer, eventuell unvorhergesehener exogener Faktoren wie Energieversorgung, Befindlichkeiten von Wut-Untertanen, Preisentwicklung etc., ganz zu schweigen von familieninternen Einflüssen, die die Realisierung großartiger, zukunftsträchtiger Vorhaben beeinträchtigten. Interessanterweise besserte sich die betriebswirtschaftliche Situation der vorgestellten Projekte offenkundig nicht wesentlich durch deren Privatisierung. Demnach ließ sich der Misserfolg nicht allein mit der mangelnden Qualifikation des fürstlichen Personals erklären, zumal ähnliche Risikoinvestments von niederadeligen Projekteuren durchaus erfolgreich umgesetzt wurden. Das Scheitern jener und anderer (hoch-)adeliger Unternehmungen kann also für eine kritische Betrachtung des Phänomens argumentativ nicht tauglich sein. Es ist eher mit den bedingenden Kontexten zu korrelieren.

Gleichwohl verfestigen solche Beispiele – wie auch die Vielzahl anderer Fälle finanziellen Ruins ganzer Häuser höheren wie niederen Adels – das Verdikt über die ökonomische Unfähigkeit des europäischen Herrenstandes, das seit dem 18. Jahrhunderts und beschleunigt im 19. Jahrhundert geprägt wurde. Es steht in einem merkwürdigen, aber strukturgeschichtlich aussagekräftigen Widerspruch zu jenen Klagen früherer Zeitgenossen, die sich über die Generierung von unerhörtem Reichtum durch Handel seitens adeliger Akteure und durch deren Einfluss auf die Marktregeln sowie über die Bedeutung von Reichtum in der Standeselite ausließen. Darüber hinaus steht es in einem bedenkenswerten Widerspruch zu den Bemühungen des erfolgreichen Wirtschaftsbürgertums um habituelle Äquivalenz bzw. gar Nobilitierung, also verhaltensmäßige Angleichung und um Akzeptanz in jenen Kreisen, deren Niedergang man ansonsten beschwor oder historiographisch beschwören ließ.[5] Wer die Historiographie

5 Vgl. bereits Zorn, Wolfgang: Unternehmer und Aristokratie. Ein Beitrag zur Geschichte des sozialen Stils und Selbstbewußtseins in der Neuzeit. In: Tradition. Zeitschrift für Firmengeschichte und Unternehmerbiographie 8 (1963), S. 241–254. Zur habituellen Äquivalenz des Bürgertums und Neuadels im modernen wie auch vormodernen Zeitalter ließe sich darüber hinaus anführen, dass es sich ebenfalls um einen reziproken Vorgang handelte, selbst wenn das Wirtschaftsbürgertum in vielen Fällen den Adel kopierte. Dies stützt sich nicht einfach auf Beobachtungen bezüglich des Haushalts und Auftretens, sondern insbesondere betreffend den Umgang mit den Arbeitern. Mochte man in der Vergangenheit die freiwilligen sozialen Leistungen von Unternehmern für ihre Arbeiter als Ausweis ihres neuartigen

der Moderne und deren Urteil verstehen will, ist daher gut beraten, ihre alteuropäischen Vorläufer zu berücksichtigen. Denn nicht erst die neuzeitlichen Vertreter der Sozial- und Wirtschaftsgeschichte haben es meisterhaft verstanden, von dem Paradigma des revolutionären Freiheitskampfes des Bürgertums gegen den fortschrittsfeindlichen, parasitären Adel auf dessen Reformunfähigkeit zu schließen und ein stereotypisierendes Zerrbild erwachsen zu lassen. Sie saßen – ob aus Eigeninteressen gewollt oder dazu verleitet, mag an dieser Stelle unentschieden bleiben – den Profilierungen der alteuropäischen Vorläufer auf.

Bereits frühneuzeitliche Analysten legten nämlich die Grundsteine für jene Urteile und Ethiken, die die Unvereinbarkeit von Adeligkeit und unternehmerischem Profitstreben konturierten. Doch so wenig diese Akteure die Breite des Meinungsspektrums abdeckten, so wenig entsprach das so evozierte Bild bereits damals der Realität, vielmehr bestimmten es Wunschvorstellungen und Abgrenzungsbedürfnisse. Zweifellos stigmatisierte Andreas Tiraquellus 1549 den Handel als derogierend für den Adel, und ihm folgten im 17. Jahrhundert Reichsjuristen wie Dr. Paul Wehner oder der Gießener Jura-Absolvent Philipp Knipschildt, der Kaufleute und Diebe unter Verweis auf den antiken Gott Merkur in eins setzte.[6] Solche Stimmen stellten allerdings nur die Kehrseite eines Diskurses dar, der ein buntes Meinungsspektrum bot und in dem frühzeitig auf die Bedeutung des materiellen Wohlstands für Adeligkeit verwiesen wurde. Denn schon Tiraquellus wusste anzumerken, dass auch Armut den Adel derogiere, während sich andere Beobachter über die angeblich weitverbreitete Bedürftigkeit und die mangelnde Anpassungsfähigkeit niederadeliger Zeitgenossen lustig machten.[7] Dritte wiederum rieten materiell leidenden Adeligen zu »einkommensergänzenden Maßnahmen« wie Dienstnahme oder eben Handel und Unternehmertum,[8] sofern sie sich nicht

sozialen Gewissens begreifen, ließe sich diesbezüglich auch darauf verweisen, dass dies auf den adelig-vormodernen Mustern auflagerte: Die Inszenierung des paternalistischen Prinzips bei Betriebsjubiläen, die Verobrigkeitlichung von Arbeitsverhältnissen inklusive des Baus von Arbeiterhäusern und von Kirchen, zudem die soziale Kontrolle des Kirchgangs, die kommerzielle Nutzung von Fürsorgemaßnahmen wie der Monopolisierung der Nahrungsmittelversorgung waren keine Neuerfindungen bürgerlicher Unternehmer; vgl. Redlich, Fritz: A German Eighteenth-Century Iron Works during Its first hundred Years. Notes Contributing to the Unwritten History of European Aristocratic Business Leadership. In: Bulletin of the Business Historical Society 27/2–4 (1953), S. 69–96, 141–157, 231–259; Bamford, Paul W.: Entrepreneurship in Seventeenth and Eighteenth Century France. Some General Conditions and a Case Study. In: Explorations in Entrepreneurial History 9/4 (1957), S. 204–213, hier S. 208–209; Kisch, Herbert: The Textile Industries in Silesia and the Rhineland. A Comparative Study in Industrialization. In: Journal of Economic History 19/4 (1959), S. 541–564, hier S. 542–554.

6 Vgl. Jendorff: Virtus, Merkur und Moneten, S. 270–271.

7 Vgl. Rolevinck, Werner [1425–1502]: Ein Buch zum Lobe Westfalens des alten Sachsenlandes, neu bearbeitet und herausgegeben von Annelise Raub. Münster 2002, S. 126. Zu Tiraquellus' Auffassung vgl. Jendorff: Virtus, Merkur und Moneten, S. 13, Anm. 5.

8 Vgl. Rothe, Johannes [ca. 1360–1434]: Der Ritterspiegel, hrsg. von Hans Neumann (Altdeutsche Textbibliothek 38). Halle 1936, V. 2113–2220; Williams, Gerhild S.: Adelsdarstellung und adeliges Selbstverständnis im Spätmittelalter: Politische und soziale Reflexionen in den Werken J. Rothes und U. Füetrers.

über den kommerziellen Erfolg adeliger Entrepreneurs empörten,[9] weil diese ihren Reichtum durch Ausnutzung ihrer Privilegien, unter Verrat an den altritterlichen Idealen und mit dem Effekt der Verkehrung der traditionellen Ständeordnung generierten. Andere Bonmots aus der Zeit vom 15. bis weit ins 17. Jahrhundert hinein weisen – mal kühl analysierend, mal trauernd-klagend – in ähnliche Richtungen. Adel und Kommerz galt den Zeitgenossen weder unisono noch prinzipiell als abwegig, vielmehr als Teil jener spezifischen Heterogenitäten, die noch zu erörtern sind. Allerdings durfte sich solches Handeln nicht im Kleinkrämertum ergehen, sondern musste wenigstens bedeutend genug sein, um als standesgemäße Existenzsicherung, wenn nicht gar Ausweis von Exzellenz gelten zu können; je größer, je besser, weil umso heroischer mochte es sein und damit jenen adeligen Selbstentwürfen Alteuropas entsprechen, die später im Unternehmerbild der Moderne ihren Widerhall fanden.[10]

Solchen Positionen bzw. Positionierungen war die Einsicht gemeinsam, dass sich der alteuropäische Adel einerseits auf dem sozial fluiden Feld der Ökonomie und in sozialer Kommunikation mit erfolgshungrigen, aufstiegswilligen Nicht-Adeligen sehr wohl zu bewegen wusste und durchaus unternehmerisch erfolgreich war, dass er sich andererseits jedoch mit solchen risikobehafteten Aktivitäten in einem hochproblematischen sozioökonomisch-politischen Spannungsfeld bewegte, das mit dem traditionellen Selbstbild und den damit verbundenen Adelsprofilen – insbesondere mit der Idee des ritterlichen Blutadels und damit der Idee der Abstammungsadeligkeit – nichts gemein hatte. Denn unternehmerische Aktivitäten warfen prinzipielle, jedenfalls fundamentale Fragen sowohl an das Ideal angemessenen Wirtschaftens als auch an Adeligkeitsideale auf, die das materiell basierte Leistungsprinzip in den Vordergrund rückten, und nicht zuletzt an gesamtgesellschaftliche Vorstellungen, die die Elitenbildung betrafen. Die von Johann Michael von Loën 1742/52 entworfene Wertehierarchie – Geld, Geburt, Tugend –, die dem Geld eine beherrschende, weil gestaltende Position zuwies, stellte für diesen Diskussionsprozess nur ein spätes Beispiel dar, das zeitgleich von Montesquieu ergänzt wurde.[11] Solche Aussagen dürfen nicht überraschen, standen sie doch in einem zeitgenössischen Diskurs, der sich längst von der ursprünglichen Frage

In: Hohendahl, Peter U./Lützeler, Paul M. (Hrsg.): Legitimationskrisen des deutschen Adels 1200–1900 (Literaturwissenschaften und Sozialwissenschaften 11). Stuttgart 1979, S. 45–60, hier S. 47–49.

9 Das entsprechende Zitat des hanseatischen Syndikus Dr. Albert Krantz (1448–1517) findet sich bei Hansen, Johannes: Beiträge zur Geschichte des Getreidehandels und der Getreidegeschichte Lübecks (Veröffentlichung zur Geschichte der Freien und Hansestadt Lübeck 1/1). Lübeck 1912, S. 31. Zu ähnlich gelagerten Äußerungen in England vgl. Cooper, John P.: Ideas of Gentility in Early-Modern England. In: Cooper, John P. (Hrsg.): Land, Men and Beliefs. Studies in Early-Modern History (History Series, Bd. 24). London 1983, S. 43–77, hier S. 53–65.

10 Vgl. Eckert, Georg: Händler als Helden. Funktionen des Unternehmertums in der Neuzeit. In: Historische Zeitschrift 305/1 (2017), S. 37–69.

11 Vgl. Jendorff: Virtus, Merkur und Moneten, S. 13, 222–247, 271–276; Hoselitz, Bert F.: Entrepreneurship and Traditional Elites. In: Explorations in Entrepreneurial History, 2nd Series 1 (1963), S. 36–49, hier S. 44. Wobei die Loën'sche Wertehierarchie derjenigen des Tiraquellus sehr ähnlich war.

nach der Zulässigkeit adeligen Wirtschaftsengagements hin zu einer Diskussion über das Wesen und die Konstituierung der gesellschaftlichen Ordnung, die Komposition von Eliten sowie die Möglichkeiten, Grenzen und Risiken sozialer Mobilitätsprozesse entwickelt hatte. Er belegt die Wirtschaftsaktivitäten des alteuropäischen Adels, seine vielfältigen Einbindungen in und seinen Einfluss auf die wirtschaftlichen Zusammenhänge sowie seine Fähigkeit, sich effektiv den ökonomischen Herausforderungen bereits seit der Jahrtausendwende – also dem erstmaligen ökonomischen Strukturwandel in Alteuropa[12] – zu stellen. So gilt es an diesem Punkt danach zu fragen, warum und von wem über diesen Umstand derart intensiv debattiert und am Ende die Unvereinbarkeit von Adeligkeit und Wirtschaft postuliert wurde.

In diesem Zusammenhang verwies schon vor über drei Jahrzehnten Barbara Stollberg-Rilinger auf das zeitgenössische Bedürfnis nach Aufrechterhaltung ständischer Differenz und nach Schutz der Kaufmannschaft, das eine Exklusion des Adels vom Handel oder wenigstens dessen Beschränkung gefordert habe.[13] In der Tat lässt sich beobachten, dass die fürstlichen Regierungen verstärkt, wenn auch nicht immer erfolgreich seit dem Beginn des 17. Jahrhunderts allerorten den konkreten Einfluss des Adels auf die Wirtschaftsstrukturen einzudämmen suchten.[14] Vielerorts wurde die Wirtschaftspolitik als Teil der jeweiligen innenpolitischen Machtfrage begriffen. Insofern handelte es sich bei solchen wirtschaftspolitischen Konfrontationen um Grenzdiskussionen über »rote Linien«, die je nach Bedürfnislage des interessierten Akteurs gezogen bzw. aufgeweicht wurden. Dabei mussten die so markierten Grenzen nicht

12 Neuerdings kompilatorisch die große Literaturfülle in eine große Erzählung überführend vgl. Hansen, Valerie: Das Jahr 1000. Als die Globalisierung begann. München 2020. Eine ganz lange Perspektive wird einräumen müssen, dass die Motive ökonomischer Aktivitäten – die Reichtumsgenerierung – die Basis von Adeligkeit berührten und traditionelles Merkmal adeliger Standesqualität seit der vorchristlichen Antike war; vgl. Schmitz, Winfried: Adel und Aristokratie im archaischen und klassischen Griechenland. In: Beck, Hans / Scholz, Peter / Walter, Uwe (Hrsg.): Die Macht der Wenigen. Aristokratische Herrschaftspraxis, Kommunikation und »edler« Lebensstil in Antike und Früher Neuzeit (Historische Zeitschrift, Beiheft 47). München 2008, S. 35–70, hier S. 41–42.

13 Vgl. Stollberg-Rilinger, Barbara: Handelsgeist und Adelsethos. Zur Diskussion um das Handelsverbot für den deutschen Adel vom 16. bis zum 18. Jahrhundert. In: Zeitschrift für Historische Forschung 15 (1988), S. 273–309.

14 Steuern, Zölle, Handels-, Dienstleistungs- und Gewerbeprivilegien, lokale oder gar regionale Monopolgewährung sowie die Zugänglichkeit zu Wirtschaftsräumen stellten wirtschaftspolitische Gestaltungselemente dar, die der Einflussnahme des Adels zwar nicht völlig entzogen werden konnten, die jedoch gleichmäßiger ausgestaltet – man könnte sagen: liberalisiert – wurden, um »fairen Wettbewerb« zu garantieren und um die Monarchen von den aristokratischen Konkurrenten unabhängiger zu machen; vgl. Jendorff: Virtus, Merkur und Moneten, S. 153–166, Redlich, Fritz: European Aristocracy and Economic Development. In: Explorations in Entrepreneurial History VI/2 (1953–54), S. 78–91 (wiederabgedruckt in: Der Unternehmer. Wirtschafts- und sozialgeschichtliche Studien. Göttingen 1964, S. 280–298, hier S. 288–289), mit dem einschlägigen Beispiel des Herzogtums Holstein-Gottorf zu Beginn des 17. Jahrhunderts; Hoselitz Entrepreneurship and Traditional Elites, S. 44–45. Zu den Formen der Umgehung solcher fürstlich-monarchisch oktroyierten Wirtschaftsbeschränkungen gegen den Adel – bspw. durch Strohmänner oder dergleichen – vgl. Bamford: Entrepreneurship in Seventeenth and Eighteenth Century France, S. 206.

automatisch zwischen Adel einerseits und Nicht-Adel und Fürst andererseits verlaufen. Sie stellten sich unter Umständen als Divergenzen zwischen dem Fürsten und einer Koalition aus Adel mit nicht-adeligen Wirtschaftsakteuren oder zwischen verschiedenen Adelsformationen – beispielsweise zwischen Hochadel und Gentry oder städtisch-kommerziell-überseeisch orientiertem und ländlich-agrarisch situiertem Adel – dar, was ebenso wenig ausschloss, dass innerhalb einer Familie die Vorstellungen über die Generierung von Reichtum massiv divergierten.

Der Schutz der Kaufmannschaft fokussierte folgerichtig nicht einfach auf die Sicherstellung »fairen Wettbewerbs«, sondern war Ausweis eines hart geführten Konkurrenzkampfes, dem mit der Aufrechterhaltung ständischer Differenz ein zweites, zudem durchaus populäres – wenn nicht gar populistisches – Begründungsargument funktional an die Seite gestellt wurde. Die Forderung nach ständisch definierten Grenzziehungen angesichts offenkundig erfolgreichem Entrepreneurship des Adels belegt nicht zuletzt das Ausmaß, in dem die alteuropäischen Ständegesellschaften in Bewegung gekommen waren, aus Sicht der Zeitgenossen amorph zu werden drohten und die nicht-adeligen Interessen behinderten. Die seit dem Beginn des 16. Jahrhunderts intensiviert geführten Diskussionen spiegeln demnach reziproke und mehrdimensionale Vorgänge auf dem ökonomischen Feld: reziprok, weil sich Adel und Nicht-Adel auf dem ökonomischen Feld gegenseitig beeinflussten und miteinander interagierten; mehrdimensional, weil nicht nur das interständische Verhältnis betroffen war, sondern jeweils auch die intraständischen Verhältnisse. Im Adel konnte sich dies an der binnenadeligen Solidarität gegenüber verarmten Standesgenossen festmachen, die angesichts der harten und permanenten Konkurrenz keinesfalls so selbstverständlich war, wie es die verschiedenen Institutionen hierfür suggerierten. Schon gar nicht galt dies für genuin ökonomische Problemkreise, bei denen die Interessen maximal divergent waren und für deren Analyse man sich immer vor Augen halten muss, dass die jeweiligen Vertreter »des Adels« nicht selten sich selbst die Nächsten waren und keinesfalls immer die Interessen der vordergründig Vertretenen repräsentierten. Schließlich gilt es auch in Erinnerung zu rufen, in welchem Ausmaß sich nicht nur in England und Spanien viele Adelsfamilien mit nicht-adeligen Akteuren, die selbstverständlich nach Nobilitierung strebten, verbanden, an deren ständischer Aufwertung beteiligt waren und auf diesem Wege an der Schaffung eines neuen Adels und einer meritokratisch-ökonomisch definierten Elite mitwirkten, also traditionelle Adelsdefinitionen untergruben. Die »Gentryfizierung« des alteuropäischen Adels war insofern kein nur für England spezifischer Vorgang, selbst wenn er dort besonders ausgeprägt beobachtbar war, sondern vielmehr eine Facette der übergreifend erkennbaren und allerorten diskutierten Transformationsprozesse in den Eliten des vormodernen Europa.

Diese Bemerkungen weisen auf jene Heterogenitäten und Mobilitäten im Adel hin, die bereits im 12. Jahrhundert eine intensive Diskussion ausgelöst hatten. Sie waren allen – auch den frühneuzeitlichen – Beobachtern allzu bewusst, ergaben sich überwiegend aus ökonomischen Vorgängen und machten sich daher bevorzugt an den Genuesern fest, wie die entsprechende Abhandlung des Johann Michael von Loën aus dem Jahr 1752 belegt.[15] Diese Heterogenitäten stellten sich allerdings nicht nur als Phänomene des Raums, sondern auch der Zeit dar. Für die Raumdimension lassen sich die Genueser als »Sondergruppe« deshalb so hervorragend profilieren, weil sie im Gegensatz beispielsweise zu den mittelrheinischen Reichsrittern aus ihren profitorientierten Interessen keinen Hehl machten, sie ostentativ zur Schau stellten und synonym für die oberitalienischen Adelsformationen insgesamt stehen. Gerade deshalb jedoch stellten die Genueser eben kein intraständisches Solitär dar, sondern lediglich einen spezifischen Teil in dem an unzähligen Varianten reichen alteuropäischen Adelsspektrum, das seit dem Hochmittelalter nicht nur den agrarisch orientierten, landbasierten Lehensadel, sondern auch urban situierten, dabei Landbesitz kaum abgeneigten Gewerbe- und Kommerzadel in Gesamteuropa kannte.[16] Zugleich weist das genuesische Beispiel auf eine Facette der Adelsrezeption hin, nämlich die Annahme, es hätte zwischen Adel und Städten – und damit waren vornehmlich die Kaufleute, also die im risikoreichen Handel reich gewordenen Nicht-Adeligen, gemeint – ein geradezu ideologisch aufgeladener Grundsatzkonflikt bestanden. Das entsprang mehr der bourgeoisen Weltsicht des 19. und noch des beginnenden 20. Jahrhunderts, als das Bürgertum für sich in Anspruch nahm, die Freiheitsidee, die Leistungsidee und mit ihr die Moderne schlechthin zu verkörpern. Mittlerweile ist erkannt worden, in welchem Ausmaß Adelige und Städte politisch und ökonomisch sowohl als Konkurrenten wie auch als Koalitionäre gegen andere Städte, andere Adelige und Fürsten auftraten.[17] Die Stadt war für den Adel in Gesamtalteuropa ein selbstverständlicher sozialer Aufenthalts-, Aktivitäts- und Resonanzraum, wie umgekehrt das Land für die städtischen Akteure Gleiches war.

Mehr noch als die Raumdimension der Heterogenitäten im Adel sollte deren Zeitdimension, also ihre Zeitbedingtheit, interessieren. War noch Dante Alighieri von der

15 Vgl. Loën, Johann Michael von: Der Adel. Johann Friedrich Saum. Ulm 1752; ebenso vgl. den Beitrag von Matthias Schnettger in diesem Band.

16 Der böhmisch-(ober-)schlesische Magnatenadel steht für beide Varianten, insofern er sowohl seit dem Mittelalter im Bergbau aktiv war als auch im 16. Jahrhundert durch gezielte Kooperation mit englischen und holländischen Tuchhändlern seine traditionellen Leinenproduktionsformen modernisierte und auf diese Weise seine lokale Herrschaft verstärkte, wie bereits die ältere Nachkriegshistoriographie auswies; vgl. Kisch, Herbert: The Textile Industries in Silesia and the Rhineland. A Comparative Study in Industrialization. In: Journal of Economic History 19/4 (1959), S. 541–564, hier S. 542–554; Laslowski, Ernst: Die Grafen von Ballestrem als oberschlesische Bergherren. In: Historisches Jahrbuch 77 (1958), S. 517–521; Freudenberger, Hermann: The Waldstein Wooden Mill. Noble Entrepreneurship in Eighteen-Century Bohemia (Publication of the Kress Library of Business and Economics). Boston/MA 1963, S. 1–60.

17 Vgl. Fouquet, Gerhard: Stadt, Herrschaft und Territorium – Ritterschaftliche Kleinstädte Südwestdeutschlands an der Wende vom Mittelalter zur Neuzeit. In: Zeitschrift für Geschichte der Oberrheins 141 NF 102 (1993), S. 70–120; Zotz, Thomas: Adel in der Stadt des deutschen Spätmittelalters. Erscheinungsformen und Verhaltensweisen. In: Zeitschrift für Geschichte des Oberrheins 141 NF 102 (1993), S. 22–50.

Möglichkeit eines absoluten Adelsbegriffs und damit von dessen Definitionsmöglichkeit ausgegangen, setzte diesem Standpunkt Bartolo da Sassoferrato im 14. Jahrhundert eine rein juristische Auffassung entgegen, wonach die Definition und Kreation von Adel ganz im Belieben des Fürsten stünde. Der Jurist negierte demnach eine intrinsische Substanz von Adeligkeit, also auch ihre erzwungene Abhängigkeit von jedweder Form der *virtus.*[18] Dies ist für unseren Untersuchungsgegenstand von Bedeutung, insofern die Formulierungen vom »Adel im Wandel« unzählig sind. Doch haben sie meist nur beiläufig das ökonomische Feld im Blick und gehen dann mit großer Selbstverständlichkeit davon aus, dass »der Adel« von »dem Bürgertum« seit dem Ausgang des Spätmittelalters unter zunehmenden und am Ende der Frühen Neuzeit gleichsam unter finalen Sozialdruck gesetzt wurde. Problematisch erscheint nicht nur, dass damit einhergehend das Verdikt der zunehmenden, weil strukturell veranlagten Rückständigkeit und der materiellen Verarmung des (Nieder-)Adels als flächendeckendes Phänomen und Abbild der Realität akzeptiert wird, sondern auch, dass dieser Wandel meist auf die Frühe Neuzeit verengt betrachtet wird, obwohl große ökonomische Strukturveränderungen bereits seit der Jahrtausendwende festzustellen sind, die nachweislich entsprechende Effekte auf die binnenadeligen Kompositionen besaßen. Der Adel trat dabei eben nicht nur als Konsument, sondern unter Ausnutzung seiner Produktionsmittel sowie entsprechend seinen Profitchancen und den jeweiligen Konjunkturen als erfolgreicher Produzent, Vermarkter und Investor auf. Der Unternehmerbegriff aus dem *Zedler* erscheint insofern als vollkommen passend, was allerdings deshalb nicht erstaunen kann, weil sich – im Gegensatz zu Brakensieks Auffassung[19] – der Adel eben nicht ausschließlich an der Vergangenheit orientierte, selbst wenn er bevorzugt selbstlegitimatorisch mit ihr argumentierte. Das ökonomische Interesse des Adels resultierte aus seinen gegenwärtigen ökonomischen, sozial-ständischen Bedürfnissen, die zukunftsgerichtet waren, insofern die Standesherren ein hinreichendes materielles Auskommen zur Aufrechterhaltung ihres und des familiären Standes und Prestiges benötigten. Weil eine europäische Adelsexistenz – im Gegensatz zur (Post-)Moderne – seit der Jahrtausendwende von permanenter Konkurrenz, vom Kampf um die Exzellenz, von Binnenhierarchien und Binnenabschichtungen und vom Aufstieg der *homines novi* geprägt war, musste (unberechenbare) Mobilität als Normalität, ständische Stabilität als Ausnahme und eher Hoffnungshorizont erscheinen. Dies galt für die Frühe Neuzeit wie bereits für das Hochmittelalter, wobei selbst von den hochmittelalterlichen Zeitgenossen

18 Vgl. Brinkmann, Brigitte: Varietas und Veritas. Normen und Normativität in der Zeit der Renaissance. Castigliones Libro del Cortegiano (Theorie und Geschichte der Literatur und der Schönen Künste, Bd. 103). München 2001, S. 31–35, hier besonders S. 33–34 mit dem Zitat: »ille est nobilis, qui nobilis appellatur vel reputatur«.

19 Vgl. Brakensiek, Stephan: Projektemacher. Zum Hintergrund ökonomischen Scheiterns in der Frühen Neuzeit. In: Brakensiek, Stephan / Claridge, Claudia (Hrsg.): Fiasko – Scheitern in der Frühen Neuzeit. Beiträge zur Kulturgeschichte des Misserfolgs (Histoire, Bd. 64). Bielefeld 2015, S. 39–58.

soziale Statik weder als real noch als ideal begriffen wurde.[20] Dies resultierte aus der unmittelbaren Erfahrung der allerorten und in allen Lebensbereichen beobachtbaren *varietas* bzw. jenen *varietates*, die sich in den Heterogenitäten des Adels bzw. in dem niederschlugen, was von Ort zu Ort verschieden bzw. in unterschiedlichen Epochen als standesgemäß angesehen wurde. Damit war die Einsicht verbunden, dass Definitionen – auch die Adelsdefinition – von veränderlichen, weil zeitbedingten, jedenfalls anthropogenen *opiniones* abhingen. Eine *virtus*-basierte Adelsdefinition musste demnach stets einräumen, dass sie auf zeitbedingten Kriterien der öffentlichen Würdigung individueller Leistungen auflagerte. Nur auf diese Weise konnte *virtus* als Basis sozialer Exzellenz in der *varietà* akzeptabel sein, wie der florentinische Jurist Buonaccorso da Montemagno um 1430 in seinem Adelstraktat ausführte und dabei aufzeigte, dass es sich bei der sozialen Elite letztlich um eine Oligarchie der Reichen handelte, die ihre Exzellenz- und Selektionskriterien selbst schuf.[21]

In diesen zeitlichen und inhaltlichen Kontext ist auch jener Dialog des Gianfrancesco Poggio Bracciolini über den »wahren Adel« aus dem Jahr 1439 einzuordnen, der sich unter anderem mit der Frage nach der Angemessenheit von Handel für den Adel beschäftigt.[22] Bracciolinis Dialog stellte daher weder ein Solitär der Renaissance noch ein Solitär in der Renaissance dar. Bereits seit dem 13. Jahrhundert hatte es Diskussionen über die gesellschaftswirksame Gestaltungskraft des Herrn Pfennig infolge der ökonomischen Dynamiken des Hochmittelalters gegeben, die reiche Kaufleute in den Adelsstand versetzten und neue Bewegung in die Adelswelt brachten.[23] Erworbener Reichtum wurde als adelskonstituierendes Moment intensiv diskutiert und mit ihm die von den Scholastikern unterstützte Einsicht in den anthropogenen und daher veränderbaren Charakter jeder Gemeinschaft, in der sich Individuen eigenständig entfalten und daher in steter Konkurrenz zueinander stehen. Der Renaissancehumanismus spitzte dieses Moment lediglich zu und akzentuierte es. Die so formulierten Ideen müssen eher als Spiegel jener sozioökonomischen Mobilitäten, jener *diversitas temporum vel locorum* (Bartolo da Sassoferrato) und *varietas opiniorum* betrachtet werden, die mit den erneuerten ökonomischen Möglichkeiten der Menschen seit dem Ende des

---

20 Vgl. Jendorff: Virtus, Merkur und Moneten, S. 207–215.

21 Vgl. Brinkmann: Varietas und Veritas, S. 35–40.

22 Vgl. ebd., S. 40–55.

23 Vgl. Kartschoke, Dieter: Regina pecunia, dominus nummus, her phenninc. Geld und Satire oder die Macht der Tradition. In: Grubmüller, Klaus / Stock, Markus (Hrsg.): Geld im Mittelalter. Wahrnehmung – Bewertung – Symbolik. Darmstadt 2005, S. 182–203; Borstelmann, Arne / Feuerle, Mark (Hrsg.): Geldmenge – Warenmenge – Inflation. Divergenzen frühmittelalterlicher Wirtschaftstheoreme (Schriften der Melchior-Goldast-Gesellschaft, Bd. I/1). Hannover 2010. Zum Verhältnis zwischen (früh-)mittelalterlicher Theologie, Wirtschaftsethik und familia-Idee vgl. Gottwald, Heinz: Vergleichende Studie zur Ökonomik des Aegidius Romanus und des Justus Menius. Ein Beitrag zum Verhältnis von Glaubenslehre einerseits und Wirtschaftsethik sowie Sozialgebilde »Familie« andererseits (Europäische Hochschulschriften III/378). Frankfurt a. M. u. a. 1988.

14. Jahrhunderts ebenso verbunden waren wie mit den intellektuell-diskursiven Vorprägungen und sozialen Veränderungen des Hochmittelalters.[24] Wenn Fragen problematisiert wurden, die die Handlungsmöglichkeiten des Individuums, die Wertigkeit von materiellem Reichtum, die Bemessungskriterien von Leistung und von sozialer Exzellenz sowie den Umgang mit Neuadel thematisierten, dann offenbarten sich darin gesellschaftliche Diskurse über die Grenzen sozialer Mobilität, über den Grad politischer Einflussnahme und insbesondere über die Zugangsberechtigung zu soziopolitischen Räumen, insbesondere der Eliten – dies nicht zuletzt auch in der postmodern anmutenden Variante des Kampfes von Elitenangehörigen in Koalition mit dem *vulgus* gegen das »Establishment« der Altaristokratie.[25]

Konsequenterweise und noch härter als zuvor waren damit seit dem 16. Jahrhundert neue Diskurse über die Adelsdefinition verbunden, die zudem noch stärker die Frage des persönlichen Verdienstes aufgriffen. Sie kreisten – wie schon zuvor – um den Zentralbegriff der *virtus*, der unterschiedlich interpretiert wurde und bei dessen Beschreibung völlig konträre Vorstellungen aufeinandertrafen, deren Extrempositionen durch Aspekte wie der vergangenheitsorientierten Ahnenschau einerseits und der Verhaftung des Individuums in der gestaltbaren Gegenwart andererseits gekennzeichnet waren. In den an dieser Stelle nicht weiter nachzuzeichnenden Diskussionen, die in Gesamteuropa, nicht nur in Westeuropa, intensiv geführt wurden und die gemessen an den mittelalterlichen Vorläufern argumentativ erstaunlich redundant waren,[26] stand niemals und von keiner Seite zur Disposition, ob es einen Adel geben solle. Ebenso wenig stand dessen ständische Qualität inklusive seiner Privilegierung zur Disposition. Umstritten war »lediglich«, wie ein solcher Adel komponiert sein könne, welches Ausmaß an Freiheiten er besitzen solle, wie offen er sein dürfe, welche Kriterien den Zugang zu ihm definieren könnten. Es handelte sich am Beginn des 18. Jahrhunderts um eine selbstverständliche Auffassung, es müsse das Ziel des Reichen sein, in den Adel aufzusteigen.[27] Kein Geringerer als Montesquieu, der den Handel des Adels als grundsätzlich schädlich sowohl für die Ökonomie als auch die Monarchie bezeichnete, vertrat denn auch die Auffassung:

24 Vgl. Roeck, Bernd: Der Morgen der Welt. Geschichte der Renaissance. München 2017, S. 177–471; Rexroth, Frank: Fröhliche Scholastik. Die Wissenschaftsrevolution des Mittelalters. 2. Aufl., München 2019, S. 253–309.

25 Hierzu (u.a. unter Bezug auf die argumentative Umkehrung des Armutsmotivs durch den Adel selbst) vgl. Morsel, Joseph: Adel in Armut – Armut im Adel? Beobachtungen zur Situation des Adels im Spätmittelalter. In: Oexle, Otto G. (Hrsg.): Armut im Mittelalter (Vorträge und Forschungen 58). Ostfildern 2004, S. 127–164, hier S. 134–161; Brinkmann: Varietas und Veritas, S. 43, mit dem Hintergrundbeispiel der Medici.

26 Vgl. Jendorff: Virtus, Merkur und Moneten, S. 258–276.

27 Vgl. Sombart, Werner: Liebe, Luxus und Kapitalismus. Über die Entstehung der modernen Welt aus dem Geist der Verschwendung. München 1983, S. 30–33.

»Der Brauch unseres Landes ist sehr weise: die Kaufherren sind keine Adeligen, aber sie können es werden. Sie hegen Hoffnung auf den Adelsbrief, ohne schon jetzt durch ihn behindert zu werden. Das sicherste Mittel, um aus ihrem Beruf herauszukommen, ist eine erfolgreiche und ehrenvolle Tätigkeit in ihm. Und die hängt gewöhnlich von der Eignung ab. Die Gesetzesvorschrift, dass jeder bei seinem Beruf zu bleiben und ihn auf seine Kinder zu übertragen hat, ist nur einem despotischen Staat von Nutzen. [...] Ich behaupte, dass man seinen Beruf besser ausübt, wenn seine hervorragenden Vertreter auf ihren Aufstieg in einen andern hoffen dürfen. Die Möglichkeit, den Adel für Geld zu erwerben, ermutigt die Kaufherren gar sehr, es so weit zu bringen.«[28]

Umgekehrt und in Abgrenzung von der auf individueller Eignung und Tugend aufbauenden *noblesse de robe* sollte der Reichtum des Schwertadels nach Montesquieus Auffassung ein Instrument des Konsumierens und Dienens, nicht der unternehmerischen Gütervermehrung sein. Denn der Schwertadel, dessen Leitidee es sein müsse, »sein Glück ohne Rücksicht auf den Inhalt des eigenen Geldbeutels zu machen«,[29] leiste »seine Dienste stets mit dem Kapitalertrag seiner Güter. Und wenn er ruiniert ist, räumt er seinen Platz einem andern, der wiederum mit seinem Kapital Dienste leistet.«[30] Montesquieu schwebte demnach eine offene Leistungsgesellschaft vor Augen, deren nach meritokratischem Prinzip organisierte Eliten der allgemeinen Wohlfahrt je nach Art ihres Standes und doch auch den Prinzipien der Ökonomie verpflichtet waren.[31]

Im Gegensatz zu den Negativurteilen mitteleuropäischer Beobachter über die ökonomisch-unternehmerischen Fähigkeiten des Adels war man in anderen Ländern Europas diesbezüglich gnädiger bzw. aufgeschlossener, was den Blick dafür freimacht, dass zwischen Sein und Schein, also zwischen Ideal und Realität der Adeligkeit, auch auf dem ökonomischen Feld durchaus große Unterschiede bestanden.[32] Dies widerspiegelten

28 Montesquieu, Charles-Louis de Secondat de: Vom Geist der Gesetze. Auswahl, Übersetzung und Einleitung von Kurt Weigand. Stuttgart 1965, Lib. XX, cap. 22.

29 Ebd.

30 Ebd.

31 Politisch-herrschaftstheoretisch interessierte sich Montesquieu daher auch für das von Solon um 594 v. Chr. organisierte timokratische Herrschafts- und Gesellschaftssystem und plädierte für eine möglichst umfangreiche Partizipation des Volkes und damit einhergehend für eine möglichst große Aristokratie, die sich demokratischen Zuständen nähern sollte; vgl. Montesquieu: Vom Geist der Gesetze, Lib. II, cap. 2 und 3.

32 Mochte Montesquieu wahre Adeligkeit nur ohne aktives ökonomisches Handeln idealisieren, war es dem französischen Hochadel ebenso wie allen anderen Adelsrängen keineswegs fremd; mochte der venezianische Adel mit der Serrata del Maggior Consiglio von 1506/26 seine soziale Abschließung von nicht-adeligen Kaufmannskreisen vollziehen, so blieb seine Herkunft doch deren Ideal verpflichtet; und mochte dem altkastilischen Adel – gleichgültig ob in der nobleza oder in der hidalguía – unternehmerisches Engagement völlig unvereinbar erscheinen und dies im 16. Jahrhundert zelebrieren, musste er doch akzeptieren, dass sich andernorts auf der Iberischen Halbinsel die Standesangehörigen darum wenig scherten und sich die Ränge der hidalguía mit neu- und steinreichen Kaufleuten – gar aus den Reihen der Ausländer – füllten; vgl. Hunecke, Volker: Der venezianische Adel am Ende der Republik 1646–1797. Demographie, Familie, Haushalt (Bibliothek des Deutschen Historischen Instituts in

gewissermaßen allerdings auch die frühneuzeitlichen Wirtschaftslehren für den altreichischen Adel, die einerseits für eine sparsame Haushaltung mit Sinn für lukrative Investitionen plädierten, andererseits zwecks angemessener (höfischer) Repräsentation ein entsprechendes Ausgabeverhalten anmahnten. Der von Matthias Steinbrink hierin attestierte Widerspruch zwischen *Oeconomia domestica* und höfischer Zeremonialwissenschaft in der Frühen Neuzeit stellte dabei zwar sicherlich ein akutes Norm-Praxis-Problem dar,[33] aber nicht unbedingt einen Antagonismus. Was sich gewissermaßen als die Formulierung einer vormodernen Alternativität zwischen keynesianischer Nachfrage- und Ausgabenorientierung (gesteigerte Investitionen in bedürftige Marktsektoren bzw. in Situationen schlechter Konjunktur) einerseits und fiskalischer Austeritätspolitik (Sparsamkeit zwecks Rücklagenbildung für die Zeit konjunktureller Baisse) andererseits ausnehmen mag, bildete genau genommen die Funktionalitäten der unterschiedlichen Kapitalien, deren Generierung und deren Einsatz auf den verschiedenen Aktionsfeldern von Adeligkeit ab. Die »private« Ökonomie diente dazu, das tägliche Auskommen zu gewährleisten und den adeligen Kleinkosmos aufrechtzuerhalten und gegebenenfalls eine hinreichende materielle Basis für die soziale Existenz in der Adelswelt und insbesondere bei Hofe – also auf dem Feld der unmittelbar erlebbaren Konkurrenz und Repräsentation des Herren- und besonders des Fürstenstandes – zu schaffen. So erforderten beide Räume unterschiedliche Strategien des Einsatzes der jeweiligen Kapitalien – insbesondere des ökonomischen Kapitals –, auch wenn diese miteinander eng verbunden waren.

Der Hof war dabei keineswegs ein von der Generierung ökonomischen Kapitals separierter Raum, schon gar kein Raum bloßer »Geldverschwendung« zwecks Repräsentation. Vielmehr stellte er die für die soziale Anbahnung manchen Geschäfts notwendige Sphäre dar, zumal wenn sich das Geschäft um »Großes« – wie etwa Kolonialfragen, Kriegsführung oder Handelsnetze – drehte. Unternehmerisches Engagement bestand nicht zuletzt im Einsatz des sozialen Kapitals und der Ausnutzung der höfischen Kontakte, also deren gezielter Instrumentalisierung in den »Klippen« des ständischen Werteregimes.[34] Denn der Hof figurierte selbstverständlich nicht

Rom 83). Tübingen 1985, S. 30–37; Pike, Ruth: Enterprise and Adventure. The Genoese in Seville and the Opening of the New World. Ithaca/NY 1966, S. 151; Pike, Ruth: Aristocrats and Traders. Sevillian Society in the Sixteenth Century. Ithaca/London 1972; Soria Mesa, Enrique: La nobleza en la España moderna. Cambio y continuidad. Madrid 2007, S. 37–114.

33 Vgl. Steinbrink, Matthias: Adlige Ökonomie in der Frühen Neuzeit zwischen Idealbild und Realität. In: Hirschbiegel, Jan / Paravicini, Werner (Hrsg.): Atelier Hofwirtschaft. Ein ökonomischer Blick auf Hof und Residenz in Spätmittelalter und Früher Neuzeit (Mitteilungen der Residenzen-Kommission der Akademie der Wissenschaften zu Göttingen, Sonderheft 9). Kiel 2007, S. 33–40, hier S. 38.

34 Zum Konzept des »regime of value« vgl. Appadurai, Arjun: Introduction: Commodities and the Politics of Value. In: Appadurai, Arjun (Hrsg.): The Social Life of Things. Commodities in Cultural Perspective. Cambridge 1986, S. 3–63. Zur Bedeutung des Hofes bzw. der Verquickung von Regierungsamt und privat-unternehmerischer Aktivität bereits Redlich: European Aristocracy and Economic Development, S. 290–293; Bamford: Entrepreneurship in Seventeenth and Eighteenth Century France, S. 207–213;

zuletzt gemäß seiner Herrschafts-, Regierungs- und Repräsentationsfunktion als Informations-, Vermarktungs- und Anbahnungs- bzw. Entscheidungsbörse des ökonomischen Feldes, mochten auch nicht wenige Standesethiken solches Engagement kritisch oder gar ablehnend beurteilen. Gerade im Zeitalter der merkantilistischen Wirtschaftslehre wirkten in den Beratungs- und Entscheidungsorganen der europäischen Höfe Kommerztheoretiker von Stande mit theoretischen Vorstellungen und praktischen Umsetzungsvorschlägen. Die von Philipp Wilhelm von Hörnigk, Johann Wilhelm von Schröder und anderen »Projekteuren« ausgearbeiteten Konzepte und die daraus resultierenden Unternehmungen zielten denn auch auf eine zielgerichtete Einbindung der finanzstarken Teile des Adels, schon um die Risiken des Staates abzufedern und die notwendigen Investitionsgelder aufzubringen.

Solche »Merkantilisten« agierten als Wirtschaftslenker und suchten nicht selten zugleich von ihrem eigenen Tun zu profitieren. Daran war nichts anstößig. Der Entrepreneur von Stande war für sich aktiv, ebenso aber auch für (seine) nicht-adeligen Mitunternehmer bzw. als Lobbyist entsprechender Einzelpersonen oder Personengruppen; und es war völlig selbstverständlich, dass er sein Amt oder wenigstens seine Kontakte einsetzte, um ein für sich vorteilhaftes Geschäft zu realisieren. Solche Vorteile mochten noch nicht einmal in direkten Profiten ökonomischen Kapitals bestehen; »flankierende Maßnahmen« zwecks Knüpfung neuer Beziehungen oder die Unterstützung der eigenen Klientel zählten zu diesem Aktivitätsbereich ebenso wie das genaue Gegenteil – also die Behinderung von solchen Aktivitäten der Konkurrenten – und betrafen andere adelige wie auch nicht-adelige Interessenten gleichermaßen. Der Hof figurierte denn auch keineswegs als von der ökonomischen Welt geschiedene Sphäre. Höfischer und nichthöfischer Adel mochten zweifellos ihre eigenen Haupthandlungsräume haben, blieben jedoch aufeinander bezogen. Gleiches galt für die nicht-adeligen Akteure, die im Hof und im höfischen System zentrale Ansprech- und Kooperationspartner suchten und fanden, nicht zuletzt weil sie verlockende materielle Angebote oder wenigstens Verheißungen machen konnten.

Diese soziale Dimension solcher Interdependenzen und Korrespondenzen wurde allerdings bezeichnenderweise durch die zeitgenössischen Kritiker des Ancien Régime ebenso sehr ausgeklammert, wie meritokratische Elitenmodelle in späterer Zeit wenig gebührend rezipiert wurden. Dabei handelte es sich jedoch kaum um einen Zufall. Das 18. Jahrhundert erweist sich insofern weniger als Jahrhundert des Aufbruchs als vielmehr als eine Epoche der großen Missverständnisse, jedenfalls wenn man es vor der Folie des Kampfes um Gleichheit interpretiert. Dass die Aufklärung und die Revolutionszeit nebst des sich anschließenden liberalen und industriellen Zeitalters aus Sicht der tragenden soziopolitischen Akteursgruppen gerade kein Kampf für die Gleichheit

Bamford, Paul W.: Privilege and Profit. A Business Family in Eighteenth-Century France. Philadelphia/PA 1988.

aller, sondern bevorzugt für die Besitzenden waren, hat Gonzalo Pontón in seiner preisgekrönten Studie herausgearbeitet. Der Kampf um bzw. vielmehr für die proprietaristische Ungleichheit war Teil einer aufklärerischen Bewegung jener Eigentumseliten, die sich des erstarrten höfisch-absolutistischen Systems entledigen wollten und dabei Teile des Adels – nämlich den wohlhabenden – mitnahmen, als das Ancien Régime die eigenen Interessen nicht mehr abdeckte. Thomas Piketty hat dieser Sicht mit seiner neuesten Studie für viele Staaten Europas die faktengesättigte Basis erarbeitet. So sehr es die romantisierte Verklärung der bürgerlichen Aufklärungsperspektive schmerzen mag, so deutlich ist mittlerweile, dass die Dialektik der Aufklärung nicht zuletzt in einem emanzipatorischen Vorgang seitens sozioökonomischer Eliten mit dem Ergebnis der Neugestaltung jener Formationen entlang meritokratisch-ökonomischer Kriterien bestand.[35] Das schloss den Adel keineswegs aus, priorisierte jedoch andere Kriterien vor Abstammung und Tradition; und es legalisierte bzw. normalisierte eine ökonomische Praxis, die zwar seit Jahrhunderten durchaus üblich, aber doch stets irgendwie dubios war.

3 Die Last der Umkehrung: Historiographie und historiographische Traditionen der Moderne

Aus der Durchsetzung des proprietaristisch-meritokratischen Gesellschafts- und Politikprinzips am Beginn der Moderne resultierte zugleich der Zwang für die neue Elite zum Beweis des Fortschritts. Unter anderem daraus ergab sich das Aufstiegsnarrativ der bürgerlichen Moderne, das mit dem Abstiegsnarrativ der adelig-höfischen Welt – eine eigentlich ungehörige Gleichsetzung, die aber verfing – korrespondierte und das auf die Entwicklungen seit dem Hochmittelalter zurückprojiziert wurde. Aus beiden resultierte das Verdikt der traditionellen adeligen Unfähigkeit zum Neuen und zum Ökonomischen. Es fand seinen Niederschlag im Antagonismus von (bürgerlichem) Kommerz und (adeligem) Konsum, von Arbeit und Müßiggang, von Schaffenskraft und Parasitentum, wiewohl schon die alteuropäischen Wirtschaftsexperten vom Konsum als Voraussetzung für den Kommerz ausgingen. Wirtschaftsgeschichtliche Urteile nahmen im 19. Jahrhundert konsequent die Perspektive des Fortschritts durch Entfaltung des Kommerzes, der Technik und der Wissenschaft, geprägt durch risikobreite

35 Darauf wies bereits Davies, James C.: Eine Theorie der Revolution. In: Zapf, Wolfgang (Hrsg.): Theorien des sozialen Wandels (NWB Soziologie 31). Köln 1969, S. 399–417 (Erstveröffentlichung: Toward a Theory of Revolution. In: American Sociological Review 27 (1962), S. 5–19), hin. Für den französischen Fall, überdies mit dem frühen Verweis auf die Formen der Umgehung adeliger Wirtschaftsbeschränkungen vgl. Foster, Charles A.: Honoring Commerce and Industry in Eighteenth-Century France. A Case Study of Changes in Traditional Social Functions. Cambridge/MA 1950; Shovlin, John: The Political Economy of Virtue. Luxury, Patriotism, and the Origins of the French Revolution. Ithaca/London 2006, S. 13–48.

Kaufleute, Bankiers und Entrepreneurs aus dem Bürgertum, ein. Adeliges Engagement wurde dagegen nicht wahrgenommen, ignoriert oder eher als Ausnahme, wenn nicht gar Behinderung des Fortschritts gewertet.

So sind denn die bis heute wahrnehmbaren Vorbehalte gegenüber den ökonomisch-unternehmerischen Qualitäten des Adels weniger einer analytisch präzisen Bestandsaufnahme geschuldet als vielmehr der Selbstlegitimation jener nicht-adeligen, sogenannten »bürgerlichen« Schichten Mitteleuropas, die ihren Selbstwert besonders scharf über den ökonomischen Erfolg in einer ökonomischen Boomphase ohne Vorbild definierten und dabei die glücklosen Akteure der eigenen Klasse außen vor ließen, ganz zu schweigen von den unzähligen sozialen Menschenopfern der Industrialisierung. Hierüber markierten und profilierten sie – am Ende sogar soziologisch untermauert durch Max Weber – den sozioökonomischen Abstieg des deutsch-preußischen Adels. Webers Diktum vom »Todeskampf des preußischen Junkertums« nobilitierte quasi solche Sichtweisen und gab ihnen den Anstrich der wissenschaftlichen Fundierung.[36] Gewissermaßen ging dies mit dem Unternehmer-Verständnis Joseph Schumpeters einher, dem der (nicht-adelige) Unternehmer als waghalsiger Akteur im ausschließlichen Streben nach ökonomisch-monetärem Profit galt, wobei er den Adel davon nicht explizit ausnahm.[37] Ähnlich verstand Werner Sombart die alteuropäisch-vorkapitalistische Wirtschaftsordnung als Negativ der modernen kapitalistischen Wirtschaftsgesinnung und die Subsistenzidee als Negativ des fortschrittsorientierten Prinzips des schrankenlosen Erwerbs. Für Sombart widerspiegelten sich beide Wirtschaftsprinzipien im Adel und im Bürgertum.[38] Aufbauend auf der Unternehmensdefinition Gustav Schmollers – wonach jede Organisation ein Unternehmen darstelle, die den freien Menschen mit Gütern versieht – erkannte Sombart immerhin in den Agraraktivitäten des Adels unternehmerische Initiativen des Frühkapitalismus. Sombart verstand sie als eine von vier Grundformen unternehmenshafter Wirtschaftsorganisation neben dem Kriegszug, der Kirche und dem (vor)modernen Staat.[39] Auf seine Erstanalyse dieses feudalkapitalistischen Unternehmertums bauten später Hermann Kellenbenz und Fritz Redlich auf.[40]

---

36 Weber, Max: Der Nationalstaat und die Volkswirtschaftspolitik. Akademische Antrittsrede. Freiburg im Breisgau und Leipzig 1895, S. 10, 27.

37 Vgl. Schumpeter, Joseph Alois: Theorie der wirtschaftlichen Entwicklung. Berlin 1912; Kellenbenz, Hermann: Die unternehmerische Betätigung der verschiedenen Stände während des Übergangs zur Neuzeit. In: Vierteljahrschrift für und Sozial- und Wirtschaftsgeschichte 44 (1957), S. 1–25, hier S. 1–2.

38 Vgl. Sombart, Werner: Der Bourgeois. Zur Geistgeschichte des modernen Wirtschaftsmenschen. München/Leipzig 1913, S. 11–13; Sombart, Werner: Der moderne Kapitalismus. Historisch-systematische Darstellung des gesamteuropäischen Wirtschaftslebens von seinen Anfängen bis zur Gegenwart. 6 Bde. München/Leipzig 1919–1927, Bd. 1, S. 31–33, Bd. 2/1, S. 30–32.

39 Vgl. Sombart: Der Bourgeois, S. 77.

40 Vgl. ebd., S. 102; Sombart: Der moderne Kapitalismus. Bd. 1/2, S. 850; Kellenbenz: Die unternehmerische Betätigung, S. 1; Redlich, Fritz: Der deutsche fürstliche Unternehmer, eine typische Erscheinung des 16. Jahrhunderts. In: Tradition. Zeitschrift für Firmengeschichte und Unternehmerbiographie 1 (1958), S. 17–33, 98–112, hier S. 18.

In diesem Zusammenhang stellt sich die Frage, warum sich nicht dieser Ansatz Sombarts zusammen mit den Forschungen von Kellenbenz und Redlich durchsetzte. Die Antwort mag in der deutschen Nachkriegsgeschichte begründet sein. Webers Denkmuster wurden nämlich durch Otto Brunners wegweisende Studie *Adeliges Landleben und europäischer Geist* aus dem Jahre 1949 verfestigt.[41] Brunner machte zwar mit seinen Hinweisen zur alteuropäischen Ökonomik neue Zugriffsfelder auf, manifestierte damit jedoch das bestehende Paradigma vom ökonomischen Bedeutungsabstieg des Adels in der Frühen Neuzeit und die ihm zugrunde liegenden Denkstrukturen. Darüber hinaus wirkte er in Form und Inhalt stilprägend, das heißt methodisch wie interpretatorisch vorbildhaft. Dieser Umstand muss aus heutiger Sicht umso bedauerlicher erscheinen, weil nämlich nur kurze Zeit nach der Erstveröffentlichung der Adelsstudie des »Volksgenossen« Brunner die genuin gesamteuropäisch ausgerichteten und genuin wirtschaftsgeschichtlichen Ansätze des deutschen Emigranten Fritz Redlich und seines US-amerikanischen Forschungskreises in den 1950er Jahren publiziert wurden. Ausgehend von der Annahme einer *unwritten history of European aristocratic business leadership* kamen sie zu entschieden differenzierteren Ergebnissen, die die ökonomischen Aktivitäten des alteuropäischen Adels in seiner ganzen Breite dokumentierten und entschieden positiver, ja gar als Dynamisierungsfaktor des frühneuzeitlichen Wirtschaftsgeschehens bewerteten.[42] Im Gegensatz zu Brunner fanden Redlich und seine Mitstreiter am Research Center in Entrepreneurial History der Harvard University jedoch kaum Beachtung, was vielleicht auch an der jüngeren Vergangenheit, dem Zustand der nach Orientierungspunkten suchenden deutschen Geschichtswissenschaft sowie den Bedürfnissen ihrer Vertreter bzw. der deutschen Nachkriegsgesellschaften gelegen haben mag. Redlichs Kreis wurde beispielsweise von den Akteuren der *Büdinger Gespräche*, die seit den 1960er Jahren aktiv waren, nicht berücksichtigt. Das konnte im Büdinger Fall wenig verwundern,[43] ging es doch der bundesdeutschen Historiographie um die Formung eines neuen Narrativs der bürgerlichen Freiheit und Selbstentfaltung im und durch den Kapitalismus, freilich auf der Basis des Allgemeinwohlbezugs;

41 Vgl. Brunner, Otto: Adeliges Landleben und europäischer Geist. Leben und Werk Helmhards von Hohberg 1612–1688. Salzburg 1949.

42 Vgl. Redlich, Fritz: Entrepreneurship in the Initial Stages of Industrialization (With Special Reference to Germany). In: Weltwirtschaftliches Archiv 75 (1955), S. 59–106; Redlich: A German Eighteenth-Century Iron Works during Its first hundred Years. Zu Redlichs offenem, auf Schumpeter zurückgreifenden Unternehmer-Begriff vgl. Redlich: European Aristocracy and Economic Development. – Als »Nachzügler« dieser Forschergruppe wäre Hoselitz: Entrepreneurship and Traditional Elites, anzusehen, der sich schon zuvor mit Non-Economic Factors in Economic Development (in: American Economic Review (47) 1957, S. 28–41) auseinandergesetzt hatte.

43 Zur personellen Komposition vgl. Schwabe, Klaus/Schulz, Günther/Denzel, Markus A.: Elitenforschung im Schloß. Die »Büdinger Forschungen zur Sozialgeschichte« seit 1963. In: Büdinger Geschichtsblätter 19 (2006), S. 321–338, hier S. 321–325; Lukitsch, Kristof: »Braune Anfänge«: Die Darmstädter Geschichtswissenschaft der Nachkriegszeit. In: Dipper, Christof/Engels, Jens Ivo (Hrsg.): Karl Ottmar von Aretin. Historiker und Zeitgenosse. Frankfurt a. M. u. a. 2015, S. 149–172.

zugleich musste es um die historische Herleitung neuer bürgerlicher Führungseliten auf der Basis des Leistungsgedankens gehen. Dabei störten Adelige zweifellos ebenso wie sozialistische Facetten, gleichgültig ob roter oder brauner Couleur.

Die Ignoranz gegenüber bzw. Kenntnislosigkeit von außerdeutscher Forschung betraf auch andere angelsächsische Historiker.[44] Neu war diese Art der selektiven Rezeption nicht. Bereits 1934 hatte der Marxist Franz Borkenau eine in Paris als Titel der Schriften des Frankfurter Instituts für Sozialforschung gedruckte Studie zum *Übergang vom feudalen zum bürgerlichen Weltbild* als *Geschichte der Philosophie der Manufakturperiode* veröffentlicht.[45] Darin analysierte der 1947 in Marburg habilitierte Wiener, der seine außerplanmäßige Professur angesichts des Marburger Lehrpersonals bald verließ,[46] den Zusammenhang zwischen philosophisch-ethischem Denken und der Ausbildung (proto-)kapitalistischer Strukturen in Alteuropa. Der Adel – insbesondere in seiner Ausformung als »Gentry«, also als Amalgam adeliger und nicht-adeliger Gesellschaftsgruppen, die in jeweils regionalspezifischer Ausformung eine eigene Sozialformation mit zunehmendem Einflusspotential bildete – schien ihm dabei eine zentrale Bedeutung zu spielen. Eine Resonanz dieser Studie blieb jedoch aus und wurde auch nicht durch deren Neudruck bei der Wissenschaftlichen Buchgesellschaft 1971 gesteigert.

Trotz entsprechender Hinweise aus der Agrargeschichte,[47] die gerade die Intensität und Vielfalt adeligen Unternehmertums im 16. Jahrhundert sowie den damit verbundenen Beitrag zur Ausformung der kapitalistischen Ökonomie herausarbeitete, und trotz der Anmerkung von Wilhelm Treue aus dem Jahr 1957, wonach »das Thema voller unerforschter Fakten [stecke], deren genaue Kenntnis unsere Vorstellungen sozial- und wirtschaftsgeschichtlicher Art wesentlich bereichern und erweitern würde«,[48]

44 Hier wäre bspw. an Foster: Honoring Commerce and Industry in Eighteenth-Century France, zu denken.

45 Vgl. Borkenau, Franz: Der Übergang vom feudalen zum bürgerlichen Weltbild. Studien zur Geschichte der Philosophie der Manufakturperiode (Schriften des Instituts für Sozialforschung 4). Paris 1934 (ND Darmstadt 1973). Zu ihm und seinem Werk vgl. Lange-Enzmann, Birgit: Franz Borkenau als politischer Denker (Beiträge zur politischen Wissenschaft 93), Berlin 1996.

46 Vgl. Jendorff, Alexander: Blut, Boden und Beamte. Die Rezeption des Landgrafen Karl von Hessen-Kassel in der Historiografie des 19. und 20. Jahrhunderts und die Wandlungslogik der Analogien. In: Hessisches Jahrbuch für Landesgeschichte 68 (2018), S. 1–46, hier S. 32–46.

47 Vgl. Boelcke, Willi A.: Bauer und Gutsherr in der Oberlausitz. Ein Beitrag zur Wirtschafts-, Sozial- und Rechtsgeschichte der ostelbischen Gutsherrschaft (Schriftenreihe des Instituts für Sorbische Volksforschung Bd. 5). Bautzen 1957, S. 7–8; Hoffmann, Alfred: Die Grundherrschaft als Unternehmen. In: Zeitschrift für Agrargeschichte und Agrarsoziologie 6 (1958), S. 123–131; Lütge, Friedrich: Geschichte der deutschen Agrarverfassung vom frühen Mittelalter bis zum 19. Jahrhundert. 2. Aufl., Stuttgart 1967, S. 119–121; Abel, Wilhelm: Geschichte der deutschen Landwirtschaft vom frühen Mittelalter bis zum 19. Jahrhundert. 2. Aufl., Stuttgart 1967, S. 158–160, 174; Saalfeld, Dietrich: Bauernwirtschaft und Gutsbetrieb in der vorindustriellen Zeit (Quellen und Forschungen zur Agrargeschichte 6). Göttingen 1960, S. 15–16, 28–30; Peters, Jan (Hrsg.): Gutsherrschaftsgesellschaften im europäischen Vergleich. Berlin 1997.

48 Treue, Wilhelm: Das Verhältnis von Fürst, Staat und Unternehmer in der Zeit des Merkantilismus. In: Vierteljahrschrift für Sozial- und Wirtschaftsgeschichte 44 (1957), S. 26–56, hier S. 37.

blieb der Adel als Wirtschaftsakteur »unterforscht« und weiterhin wenig beachtet. Dies galt überdies unabhängig von dem geographischen Raum, wie der Beitrag von Hans Pohl »Zur Geschichte des adeligen Unternehmers im spanischen Amerika« ausweist.[49] Das Fazit von Rudolf Endres zehn Jahre später, es gebe zur ökonomischen Situation und zum ökonomischen Verhalten des Adels »noch kaum belegte, auf breiter Basis beruhende Untersuchungen«,[50] belegte diese Negativtradition symptomatisch. Es blieb auch dabei, dass sich die deutsche Sozialgeschichte auf die Bürgertumsforschung fokussierte und diese in faktischer Abtrennung vom Adel betrieb, so als ob allenfalls auf dem politisch-administrativen Feld – und dort auch nur konkurrenzhaft – entsprechende Sozialkontakte bestanden hätten. Dass sich der Aufstieg des nicht-adeligen, akademisch-administrativen Bürgertums mit vielfältigen Kontakten, Korrespondenzen und Kooperationen gerade in die adeligen Milieus hinein vollzog und neben konnubialen insbesondere auch – und wahrscheinlich zuerst – ökonomische Allianzen generierte, blieb dabei ein wenig unterbelichtet. Entsprechend kannte die Bielefelder Schule keine eigene Adelsforschung; Sozialhistoriker wie Peter Blickle erklärten sie schlicht für überholt und obsolet.[51]

Die hierfür einschlägige Bemerkung Blickles richtete sich bezeichnenderweise gegen Volker Press; dies nicht zu Unrecht. Denn mit Press – notabene: ein Ex-Gießener! – und dessen vielzähligen Adelsstudien und Hinweisen auf den Zusammenhang zwischen dem ökonomischen Erfolg und der politisch-herrschaftlichen Renitenz bzw. Opposition im altreichischen Adel zeichnete sich eine Wende in der deutschen Adelshistoriographie ab. Sie offenbarte mit Blick auf die Rolle des Adels in den alteuropäischen Wirtschaftsprozessen allerdings zugleich den Mangel eines systematischen Fundaments. Ungeachtet vieler Einzelstudien und konzeptioneller Ansätze zeichnet sich kein tragfähiges Modell ab,[52] das Wirtschafts- und Adelsgeschichte

---

49 Dieser Beitrag ist deshalb von Bedeutung, weil er in der deutschsprachigen Forschung zwar wahrgenommen, aber nicht verarbeitet wurde, ganz abgesehen davon, dass er explizit für die títulos de Castilla – also unabhängig von der selbstverständlich agilen hidalguía für den Hochadel beiderseits des Atlantiks – die intensiven unternehmerischen Aktivitäten auf allen Geschäftsfeldern des 17./18. Jahrhunderts nachweist. Dabei hatte Pohl den gesamten damals bekannten Forschungsstand vor Augen, inklusive des gerade erst erschienenen Beitrags von Zorn: Unternehmer und Aristokratie; vgl. Pohl, Hans: Zur Geschichte des adligen Unternehmers im spanischen Amerika (17./18. Jahrhundert). In: Jahrbuch für Geschichte Lateinamerikas – Annuario de Historia de América Latina 2 (1965), S. 218–244, hier S. 218–220; Zorn: Unternehmer und Aristokratie, S. 242.

50 Endres, Rudolf: Adelige Lebensformen in Franken zur Zeit des Bauernkrieges (Neujahrsblätter der Gesellschaft für fränkische Geschichte 35). Würzburg 1974, S. 8; vgl. Endres, Rudolf: Die wirtschaftlichen Grundlagen des niederen Adels in der frühen Neuzeit. In: Jahrbuch für fränkische Landesgeschichte 36 (1976), S. 215–237.

51 Vgl. Blickle, Peter: Deutsche Untertanen. Ein Widerspruch. München 1981, S. 137–142.

52 Vgl. Simsch, Adelheid: Der Adel als landwirtschaftlicher Unternehmer im 16. Jahrhundert. In: Studia Historiae Oeconomicae 16 (1981), S. 95–115; Knittler, Herbert: Adelige Grundherrschaft im Übergang. Überlegungen zum Verhältnis von Adel und Wirtschaft in Niederösterreich um 1600. In: Klingenstein, Grete / Lutz, Heinrich (Hrsg.): Spezialforschung und »Gesamtgeschichte«. Beispiel und Methoden-

systematisch zusammenführt. Das ist umso bedauerlicher, weil die Untersuchung der ökonomischen Strukturentwicklungen und der adeligen Wirtschaftspraxis aus der Perspektive der *longue durée* – mit einem Schwerpunkt auf der Phase der Durchsetzung protokapitalistischer Wirtschaftsstrukturen – als ein im Sinne epochenübergreifender Fragestellungen notwendiges Unterfangen erscheint. Hermann Kellenbenz hatte dies – wie schon von Redlich angedeutet – bereits 1957 angemahnt und dabei den Zeitraum vom 10./11. bis ins 19. Jahrhundert in den Blick genommen.[53] Dies erscheint nicht zuletzt deshalb nachvollziehbar, weil der alteuropäische Adel als ein epochenübergreifendes historisch-soziologisches Phänomen der soziökonomischen Gesamtstruktur Alteuropas zu verstehen ist.

Was für die Epochenschwellen des alteuropäischen Zeitalters gilt, mag für die beginnende Moderne keineswegs obsolet zu sein. Zwar scheint der Dynamik des Bürgertums im Kontext des industriekapitalistischen Zeitalters vordergründig jene durch Revolution und Liberalismus verursachte Schwäche des Adels zu entsprechen, die in der historiographischen Krisen- und Niedergangsthese ihren sinnfälligen Niederschlag gefunden hat.[54] Doch erweist die damit einhergehende Epochenbezeichnung »Bürgerliches Zeitalter« bei genauerer Analyse die »bürgerliche« Selbsttäuschung, wie die neuere Forschung zur Geschichte des Adels in der Frühen Neuzeit und gerade in der Moderne mittlerweile zu Recht betont.[55] Denn das weiterhin bestehende

fragen zur Geschichte der Frühen Neuzeit (Wiener Beiträge zur Geschichte der Neuzeit 8). München 1982, S. 84–111; Berthold, Werner: Die Einkommensstruktur der adeligen Herrschaften um die Mitte des 18. Jahrhunderts. Versuch einer Typologie. In: Knittler, Herbert (Hrsg.): Nutzen, Renten, Erträge. Struktur und Entwicklung frühneuzeitlicher Feudaleinkommen in Niederösterreich. Mit einem Beitrag von Werner Berthold (Sozial- und wirtschaftshistorische Studien, Bd. 19). Wien/München 1989, S. 204–237; Winkelbauer, Thomas: Ökonomische Grundlagen adeliger Lebensführung in der Frühen Neuzeit. In: Ammerer, Gerhard / Lobenwein, Elisabeth / Scheutz, Martin (Hrsg.): Adel im 18. Jahrhundert. Umrisse einer sozialen Gruppe in der Krise (Querschnitte 28). Innsbruck/Wien/Bozen 2015, S. 91–116; Kollmer-von Oheimb-Loup, Gert: Adelige als Unternehmer in der vorindustriellen Gesellschaft. Die Familie Palm als Paradigma. In: Asch, Ronald G./Bůžek, Vaclav / Trugenberger, Volker (Hrsg.): Adel in Südwestdeutschland und Böhmen 1450–1850 (Veröffentlichungen der Kommission für Geschichtliche Landeskunde in Baden-Württemberg, Reihe B/191). Stuttgart 2013, S. 189–205, hier S. 189–197.

53 Vgl. Kellenbenz: Die unternehmerische Betätigung der verschiedenen Stände, S. 3–5; Redlich: European Aristocracy and Economic Development, S. 280–281.

54 Neben Brunner: Adeliges Landleben und europäischer Geist, prominent vgl. Hofmann, Hans-Hubert: Adelige Herrschaft und souveräner Staat. Studien über Staat und Gesellschaft in Franken und Bayern im 18. und 19. Jahrhundert (Studien zur Bayerischen Verfassungs- und Sozialgeschichte 2). München 1962, S. 23; Gollwitzer, Heinz: Die Standesherren. Die politische und gesellschaftliche Stellung der Mediatisierten 1815–1918. Ein Beitrag zur deutschen Sozialgeschichte. Stuttgart 1957, S. 9–11, 345. Zur Kritik des Niedergangsbegriffs und der Etablierung der Übergangsvokabel vgl. Asch, Ronald G. (Hrsg.): Der Adel im Ancien Régime. Von der Krise der ständischen Monarchien bis zur Revolution (1600–1789). Köln 2001; Asch, Ronald G.: Rearistokratisierung statt Krise der Aristokratie? Neuere Forschungen zur Geschichte des Adels im 16. und 17. Jahrhundert. In: Geschichte und Gesellschaft 30 (2004), S. 144–154.

55 Vgl. Lieven, Dominic: Abschied von Macht und Würden. Der europäische Adel 1815–1914. Frankfurt a. M. 1995; Reif, Heinz (Hrsg.): Adel und Bürgertum in Deutschland. Entwicklungslinien und Wendepunkte im

sozioökonomische Gewicht des Adels in der europäischen Moderne belegt dessen zahlreiche und überaus erfolgreichen Anstrengungen im Kampf ums »Obenbleiben«,[56] der eine politisch-soziale und eine sozioökonomische Facette besaß. So wenig die Position des Adels politisch gebrochen war, so einflussreich präsentierte er sich auf dem ökonomischen Feld, bezeichnenderweise allerdings nicht offen.[57] All dies hat die Neuzeitforschung dazu bewogen, den Adel der Moderne weniger als Opfer denn vielmehr als deren Seismograph zu verstehen, der in ganz unterschiedlichen Rollen und Funktionen die Entwicklung begleitete und/oder mitprägte. Nimmt man diese heuristischen Instrumente für die Erforschung der nachrevolutionär-modernen Phase der europäischen Adelsgeschichte an, muss dies erst recht für deren vorrevolutionär-alteuropäische Phase gelten, und dies umso mehr, weil die entsprechenden konzeptionellen Überlegungen hierfür schon seit geraumer Zeit vorliegen und für das sozioökonomische Feld viel stärker zur Wirkung gebracht werden können.[58] Damit verbunden ist nicht zuletzt dann wiederum die Möglichkeit, die Rolle des Adels in der historischen Entwicklung der Moderne besser verstehen zu können, das heißt Kontinuitäten und Brüche – beispielsweise in Selbst- und Fremdwahrnehmung oder in der Frage der gesellschaftlichen Prägepotentiale – besser einschätzen zu können.

20. Jahrhundert. 2 Bde.. (Elitenwandel in der Moderne 1 und 2), Berlin 2001; Saint Martin, Monique de: Der Adel. Soziologie eines Standes. Konstanz 2003 [Paris 1993]; Wienfort, Monika: Der Adel in der Moderne (Grundkurs Neue Geschichte). Göttingen 2006; Conze, Eckart: Deutscher Adel im 20. Jahrhundert. Forschungsperspektiven eines zeithistorischen Feldes. In: Schulz, Günther / Denzel, Markus A. (Hrsg.): Deutscher Adel im 19. und 20. Jahrhundert (Büdinger Forschungen zur Sozialgeschichte 2002 und 2003). St. Katharinen 2004, S. 17–34.

56 Vgl. Braun, Rudolf: Konzeptionelle Bemerkungen zum Obenbleiben. Adel im 19. Jahrhundert. In: Wehler, Hans-Ulrich (Hrsg.): Europäischer Adel 1750–1950 (Geschichte und Gesellschaft, Sonderheft 13). Göttingen 1990, S. 87–95.

57 Vgl. Rasch: Adel als Unternehmer; Rasch, Manfred / Weber, Peter K. (Hrsg.): Europäischer Adel als Unternehmer im Industriezeitalter. Essen 2017; Jacob, Thierry: Das Engagement des Adels in der preußischen Provinz Sachsen in der kapitalistischen Wirtschaft 1860–1914/18. In: Reif, Heinz (Hrsg.): Adel und Bürgertum in Deutschland I. Entwicklungslinien und Wendepunkte im 19. Jahrhundert (Elitenwandel in der Moderne 1). Berlin 2000, S. 273–330; Schulz, Oliver: »Familie« und »Stand« als Leitlinien adeligen Unternehmertums in einer Zeit des Umbruchs. Das Beispiel der Familie von Elverfeldt aus der Grafschaft Mark. In: Hilger, Susanne / Landwehr, Achim (Hrsg.): Wirtschaft – Kultur – Geschichte. Positionen und Perspektiven. Stuttgart 2011, S. 91–110; Tönsmeyer, Tatjana: Adelige Moderne. Großgrundbesitz und ländliche Gesellschaft in England und Böhmen 1848–1918 (Industrielle Welt 83). Köln/Wien/Weimar 2012; Schiller, René: Vom Rittergut zum Großgrundbesitz. Ökonomische und soziale Transformationsprozesse der ländlichen Eliten in Brandenburg im 19. Jahrhundert (Elitenwandel in der Moderne 3). Berlin 2003.

58 Vgl. Gerhard, Dietrich: Old Europe. A Study of Continuity, 1000–1800. New York u. a. 1981; Chaunu, Pierre: Le temps de Réformes. La Crise de la chrétienté. L'Eclatement (1250–1550). Paris 1975; Le Goff, Jacques: Geschichte ohne Epochen? Ein Essay. Darmstadt 2016; Schilling, Heinz: Die neue Zeit. Vom Christenheitseuropa zum Europa der Staaten. 1250 bis 1750. Berlin 1999; Roeck: Der Morgen der Welt.

4 Fazit

Die Erforschung des Zusammenhangs zwischen Adel und Wirtschaft erfolgte in den letzten 200 Jahren nicht linear-progressiv. Sie war abhängig von den verschiedenen Konjunkturen, die sich aus den unterschiedlichen Interessen ergaben. Diese Interessen definierten zugleich die Bewertung der Intensität und Qualität adeligen Wirtschaftsengagements. Im 19. Jahrhundert vollzog sich dabei eine aus dem sozialen Ressentiment herrührende Abwertung und geradezu Negation der ökonomischen Betätigung des Adels, die in geradezu dialektischer Weise nur von einigen Hinweisen auf die Unstatthaftigkeit des Einsatzes ökonomischer Privilegien geschmälert wurden. Hof und Adel figurierten regelrecht als abgesonderte Sphären des realen bzw. produktiven Wirtschaftslebens. Hierin drückte sich ein Überlegenheitsgefühl aus, das sich aus dem neuen Selbstbewusstsein des Bürgertums und der Ideologisierung des freien Marktes speiste. Dabei ist es erstaunlicherweise bis vor wenigen Jahren allen mehr oder minder deutlichen Hinweisen zum Trotz geblieben, was den wenig veränderten gesellschaftlichen Kontexten der entsprechenden Historiographie geschuldet gewesen sein mag. Dabei gab es solche Hinweise bereits am Beginn des 20. Jahrhunderts, gerade in der deutschsprachigen Wirtschaftsgeschichte, die in den 1930er Jahren und gerade auch nach dem Zweiten Weltkrieg ihren produktiven Eingang in die angelsächsische fanden. In der Sozial- und Wirtschaftsgeschichte der Bundesrepublik fanden diese Vertreter und ihre Arbeiten jedoch kaum angemessene Rezeption, obwohl es weiterhin von den Vertretern der Agrargeschichte entsprechende Mahnungen hinsichtlich des ökonomischen Gewichts und des daraus resultierenden sozialen Einflusses von adeligen Grundherren gab und obwohl entsprechender Forschungsbedarf angemeldet wurde. Erst in den letzten zwanzig Jahren ergab sich auf diesem Feld eine Änderung, die mit einem Perspektivenwechsel einherging, der die rein wirtschaftsgeschichtlichen Aspekte mit kulturwissenschaftlichen Facetten verband.

Dies erscheint umso notwendiger, weil die ökonomischen Aktivitäten des alteuropäischen Adels nicht separiert von den begleitenden ökonomischen Strukturprozessen in Alteuropa und mit ihnen in den von Europäern kolonisierten Regionen der Welt zu betrachten sind. Der Adel wusste sich nicht nur diesen Strukturprozessen anzupassen, sondern sie auch mitzugestalten und von ihnen zu profitieren, und dies in erfolgreicher Interaktion mit nicht-adeligen Entrepreneuren und unter Wahrung seines Standes bzw. seiner Standeswürde. Dass sich daraus entsprechende Diskussionen über die Frage der Schicklichkeit solchen Wirtschaftsengagements, seiner Formen und seines Ausmaßes ergaben, war selbstverständlich, schließlich zielte dies auf die Frage, was Elite ausmachte und wie sie konstituiert wurde und ob am Ende die Ständegesellschaft eine statische war. Der alteuropäische Adel erlitt die großen ökonomischen Veränderungen nicht einfach, er prägte sie mit; er war Teil jenes großen Elitenmotors, der die kapitalistische Wirtschaft entwickelte und voranbrachte.

Quellen- und Literaturverzeichnis

Gedruckte Quellen

Loën, Johann Michael von: Der Adel. Johann Friedrich Saum. Ulm 1752.
Montesquieu, Charles-Louis de Secondat de: Vom Geist der Gesetze. Auswahl, Übersetzung und Einleitung von Kurt Weigand. Stuttgart 1965.
Rolevinck, Werner [1425–1502]: Ein Buch zum Lobe Westfalens des alten Sachsenlandes, neu bearbeitet und herausgegeben von Annelise Raub. Münster 2002.
Rothe, Johannes [ca. 1360–1434]: Der Ritterspiegel, hrsg. von Hans Neumann (Altdeutsche Textbibliothek 38). Halle 1936.

Literaturverzeichnis

Abel, Wilhelm: Geschichte der deutschen Landwirtschaft vom frühen Mittelalter bis zum 19. Jahrhundert. 2. Aufl., Stuttgart 1967.
Appadurai, Arjun: Introduction: Commodities and the Politics of Value. In: Appadurai, Arjun (Hrsg.): The Social Life of Things. Commodities in Cultural Perspective. Cambridge 1986, S. 3–63.
Asch, Ronald G. (Hrsg.): Der Adel im Ancien Régime. Von der Krise der ständischen Monarchien bis zur Revolution (1600–1789). Köln 2001.
Asch, Ronald G.: Rearistokratisierung statt Krise der Aristokratie? Neuere Forschungen zur Geschichte des Adels im 16. und 17. Jahrhundert. In: Geschichte und Gesellschaft 30 (2004), S. 144–154.
Bamford, Paul W.: Entrepreneurship in Seventeenth and Eighteenth Century France. Some General Conditions and a Case Study. In: Explorations in Entrepreneurial History 9/4 (1957), S. 204–213.
Bamford, Paul W.: Privilege and Profit. A Business Family in Eighteenth-Century France. Philadelphia/PA 1988.
Berthold, Werner: Die Einkommensstruktur der adeligen Herrschaften um die Mitte des 18. Jahrhunderts. Versuch einer Typologie. In: Knittler, Herbert (Hrsg.): Nutzen, Renten, Erträge. Struktur und Entwicklung frühneuzeitlicher Feudaleinkommen in Niederösterreich. Mit einem Beitrag von Werner Berthold (Sozial- und wirtschaftshistorische Studien, Bd. 19), Wien/München 1989, S. 204–237.
Blickle, Peter: Deutsche Untertanen. Ein Widerspruch. München 1981.
Boelcke, Willi A.: Bauer und Gutsherr in der Oberlausitz. Ein Beitrag zur Wirtschafts-, Sozial- und Rechtsgeschichte der ostelbischen Gutsherrschaft (Schriftenreihe des Instituts für Sorbische Volksforschung, Bd. 5), Bautzen 1957.

Borkenau, Franz: Der Übergang vom feudalen zum bürgerlichen Weltbild. Studien zur Geschichte der Philosophie der Manufakturperiode (Schriften des Instituts für Sozialforschung 4). Paris 1934 (ND Darmstadt 1973).

Borstelmann, Arne / Feuerle, Mark (Hrsg.): Geldmenge – Warenmenge – Inflation. Divergenzen frühmittelalterlicher Wirtschaftstheoreme (Schriften der Melchior-Goldast-Gesellschaft, Bd. I/1), Hannover 2010.

Brakensiek, Stephan: Projektemacher. Zum Hintergrund ökonomischen Scheiterns in der Frühen Neuzeit. In: Brakensiek, Stephan / Claridge, Claudia (Hrsg.): Fiasko – Scheitern in der Frühen Neuzeit. Beiträge zur Kulturgeschichte des Misserfolgs (Histoire, Bd. 64). Bielefeld 2015, S. 39–58.

Braun, Rudolf: Konzeptionelle Bemerkungen zum Obenbleiben. Adel im 19. Jahrhundert. In: Wehler, Hans-Ulrich (Hrsg.): Europäischer Adel 1750–1950 (Geschichte und Gesellschaft, Sonderheft 13). Göttingen 1990, S. 87–95.

Brinkmann, Brigitte: Varietas und Veritas. Normen und Normativität in der Zeit der Renaissance. Castigliones Libro del Cortegiano (Theorie und Geschichte der Literatur und der Schönen Künste, Bd. 103). München 2001.

Brunner, Otto: Adeliges Landleben und europäischer Geist. Leben und Werk Helmhards von Hohberg 1612–1688. Salzburg 1949.

Cerman, Ivo: Jenseits des Marxismus. Der Adel in der modernen Wirtschaftsgeschichte. In: Cerman, Ivo / Velek, Luboš (Hrsg.): Adel und Wirtschaft. Lebensunterhalt der Adeligen in der Moderne (Studien zum mitteleuropäischen Adel, Bd. 2). München 2009, S. 9–22.

Chaunu, Pierre: Le temps de Réformes. La Crise de la chrétienté. L'Eclatement (1250–1550). Paris 1975.

Conze, Eckart: Deutscher Adel im 20. Jahrhundert. Forschungsperspektiven eines zeithistorischen Feldes. In: Schulz, Günther / Denzel, Markus A. (Hrsg.): Deutscher Adel im 19. und 20. Jahrhundert (Büdinger Forschungen zur Sozialgeschichte 2002 und 2003). St. Katharinen 2004, S. 17–34.

Conze, Eckart u. a. (Hrsg.): Aristokratismus und Moderne. Adel als politisches und kulturelles Konzept 1890–1945 (Adelswelten, Bd. 1). Wien/Köln/Weimar 2013.

Cooper, John P.: Ideas of Gentility in Early-Modern England. In: Cooper, John P. (Hrsg.): Land, Men and Beliefs. Studies in Early-Modern History (History Series, Bd. 24). London 1983, S. 43–77.

Crouch, Colin: Postdemokratie. Frankfurt a. M. 2008.

Davies, James C.: Eine Theorie der Revolution. In: Zapf, Wolfgang (Hrsg.): Theorien des sozialen Wandels (NWB Soziologie 31). Köln 1969, S. 399–417 (Erstveröffentlichung: Toward a Theory of Revolution. In: American Sociological Review 27 (1962), S. 5–19).

Eckert, Georg: Händler als Helden. Funktionen des Unternehmertums in der Neuzeit. In: Historische Zeitschrift 305/1 (2017), S. 37–69.

Endres, Rudolf: Adelige Lebensformen in Franken zur Zeit des Bauernkrieges (Neujahrsblätter der Gesellschaft für fränkische Geschichte 35). Würzburg 1974.

Endres, Rudolf: Die wirtschaftlichen Grundlagen des niederen Adels in der frühen Neuzeit. In: Jahrbuch für fränkische Landesgeschichte 36 (1976), S. 215–237.

Foster, Charles A.: Honoring Commerce and Industry in Eighteenth-Century France: A Case Study of Changes in Traditional Social Functions. Cambridge/MA 1950.

Fouquet, Gerhard: Stadt, Herrschaft und Territorium – Ritterschaftliche Kleinstädte Südwestdeutschlands an der Wende vom Mittelalter zur Neuzeit. In: Zeitschrift für Geschichte der Oberrheins 141 NF 102 (1993), S. 70–120.

Freudenberger, Hermann: The Waldstein Woolen Mill. Noble Entrepreneurship in Eighteenth-Century Bohemia (Publication of the Kress Library of Business and Economics 18), Boston/MA 1963.

Gerhard, Dietrich: Old Europe. A Study of Continuity, 1000–1800. New York u. a. 1981.

Gollwitzer, Heinz: Die Standesherren. Die politische und gesellschaftliche Stellung der Mediatisierten 1815–1918. Ein Beitrag zur deutschen Sozialgeschichte. Stuttgart 1957.

Gottwald, Heinz: Vergleichende Studie zur Ökonomik des Aegidius Romanus und des Justus Menius. Ein Beitrag zum Verhältnis von Glaubenslehre einerseits und Wirtschaftsethik sowie Sozialgebilde »Familie« andererseits (Europäische Hochschulschriften III/378), Frankfurt a. M. u. a. 1988.

Häberlein, Marc: Die Fugger. Geschichte einer Augsburger Familie (1367–1650). Stuttgart 2006.

Häberlein, Marc / Jeggle, Christof (Hrsg.): Praktiken des Handels. Geschäfte und soziale Beziehungen europäischer Kaufleute in Mittelalter und früher Neuzeit (Irseer Schriften, N. F. 6), Konstanz 2010.

Häberlein, Marc: Kaufleute, Höflinge und Humanisten. Die Augsburger Welser-Gesellschaft und die Eliten des Habsburgerreiches in der ersten Hälfte des 16. Jahrhunderts. In: Zeitschrift für Historische Forschung 43 (2016) S. 667–702.

Hansen, Johannes: Beiträge zur Geschichte des Getreidehandels und der Getreidepolitik Lübecks (Veröffentlichungen zur Geschichte der Freien und Hansestadt Lübeck 1/1). Lübeck 1912.

Hansen, Valerie: Das Jahr 1000. Als die Globalisierung begann. München 2020.

Hoffmann, Alfred: Die Grundherrschaft als Unternehmen. In: Zeitschrift für Agrargeschichte und Agrarsoziologie 6 (1958), S. 123–131.

Hofmann, Hans-Hubert: Adelige Herrschaft und souveräner Staat. Studien über Staat und Gesellschaft in Franken und Bayern im 18. und 19. Jahrhundert (Studien zur Bayerischen Verfassungs- und Sozialgeschichte 2). München 1962.

Hoselitz, Bert F.: Entrepreneurship and Traditional Elites. In: Explorations in Entrepreneurial History 2nd Series 1 (1963), S. 36–49.

Hunecke, Volker: Der venezianische Adel am Ende der Republik 1646–1797. Demographie, Familie, Haushalt (Bibliothek des Deutschen Historischen Instituts in Rom 83). Tübingen 1995.

Jacob, Thierry: Das Engagement des Adels in der preußischen Provinz Sachsen in der kapitalistischen Wirtschaft 1860–1914/18. In: Reif, Heinz (Hrsg.): Adel und Bürgertum in Deutschland I. Entwicklungslinien und Wendepunkte im 19. Jahrhundert (Elitenwandel in der Moderne 1). Berlin 2000, S. 273–330.

Jendorff, Alexander: Blut, Boden und Beamte. Die Rezeption des Landgrafen Karl von Hessen-Kassel in der Historiografie des 19. und 20. Jahrhunderts und die Wandlungslogik der Analogien. In: Hessisches Jahrbuch für Landesgeschichte 68 (2018), S. 1–46.

Jendorff, Alexander: Virtus, Merkur und Moneten. Adeliges Unternehmertum und die Transformation der alteuropäischen Eliten (Wirtschafts- und Sozialgeschichte des modernen Europa 6). Baden-Baden 2021.

Kartschoke, Dieter: Regina pecunia, dominus nummus, her phenninc. Geld und Satire oder die Macht der Tradition. In: Grubmüller, Klaus / Stock, Markus (Hrsg.): Geld im Mittelalter. Wahrnehmung – Bewertung – Symbolik. Darmstadt 2005, S. 182–203.

Kellenbenz, Hermann: Die unternehmerische Betätigung der verschiedenen Stände während des Übergangs zur Neuzeit. In: Vierteljahrschrift für Sozial- und Wirtschaftsgeschichte 44 (1957), S. 1–25.

Kisch, Herbert: The Textile Industries in Silesia and the Rhineland. A Comparative Study in Industrialization. In: Journal of Economic History 19/4 (1959), S. 541–564.

Knittler, Herbert: Adelige Grundherrschaft im Übergang. Überlegungen zum Verhältnis von Adel und Wirtschaft in Niederösterreich um 1600. In: Klingenstein, Grete / Lutz, Heinrich (Hrsg.): Spezialforschung und »Gesamtgeschichte«. Beispiele und Methodenfragen zur Geschichte der Frühen Neuzeit (Wiener Beiträge zur Geschichte der Neuzeit 8). München 1982, S. 84–111.

Kocka, Jürgen: Geschichte des Kapitalismus. 2. Aufl., München 2014.

Kollmer-von Oheimb-Loup, Gert: Adelige als Unternehmer in der vorindustriellen Gesellschaft. Die Familie Palm als Paradigma. In: Asch, Ronald G. / Bůžek, Vaclav / Trugenberger, Volker (Hrsg.): Adel in Südwestdeutschland und Böhmen 1450–1850 (Veröffentlichungen der Kommission für Geschichtliche Landeskunde in Baden-Württemberg, Reihe B/191). Stuttgart 2013, S. 189–205.

Lange-Enzmann, Birgit: Franz Borkenau als politischer Denker (Beiträge zur politischen Wissenschaft 93). Berlin 1996.

Laslowski, Ernst: Die Grafen von Ballestrem als oberschlesische Bergherren. In: Historisches Jahrbuch 77 (1958), S. 517–521.

Le Goff, Jacques: Geschichte ohne Epochen? Ein Essay. Darmstadt 2016.

Lieven, Dominic: Abschied von Macht und Würden. Der europäische Adel 1815–1914. Frankfurt a. M. 1995.

Lukitsch, Kristof: »Braune Anfänge«: Die Darmstädter Geschichtswissenschaft der Nachkriegszeit. In: Dipper, Christof / Engels, Jens Ivo (Hrsg.): Karl Ottmar von Aretin. Historiker und Zeitgenosse. Frankfurt a. M. u. a. 2015, S. 149–172.

Lütge, Friedrich: Geschichte der deutschen Agrarverfassung vom frühen Mittelalter bis zum 19. Jahrhundert. 2. Aufl., Stuttgart 1967.

Morsel, Joseph: Adel in Armut – Armut im Adel? Beobachtungen zur Situation des Adels im Spätmittelalter. In: Oexle, Otto G. (Hrsg.): Armut im Mittelalter (Vorträge und Forschungen 58). Ostfildern 2004, S. 127–164.

Peters, Jan (Hrsg.): Gutsherrschaftsgesellschaften im europäischen Vergleich. Berlin 1997.

Pike, Ruth: Enterprise and Adventure. The Genoese in Seville and the Opening of the New World. Ithaca/NY 1966.

Pike, Ruth: Aristocrats and Traders. Sevillian Society in the Sixteenth Century. Ithaca/London 1972.

Piketty, Thomas: Kapital und Ideologie. München 2020.

Pohl, Hans: Zur Geschichte des adligen Unternehmers im spanischen Amerika (17./18. Jahrhundert). In: Jahrbuch für Geschichte Lateinamerikas – Annuario de Historia de América Latina 2 (1965), S. 218–244.

Pontón Gómez, Gonzalo: La lucha por la desigualdad. Una historia del mundo occidental en el siglo XVIII. Barcelona 2018.

Rasch, Manfred: Adel als Unternehmer in der Industriellen Revolution. Ein Forschungsdesiderat. In: Der Märker 57 (2008), S. 144–157.

Rasch, Manfred: Kohle – Stahl – Chemie – Dienstleistung. Westfälische Adelige als Unternehmer im 18. und 19. Jahrhundert. In: Driel, Maarten van / Pohl, Meinhard / Walter, Bernd (Hrsg.): Adel verbindet – Adel verbindt. Elitenkultur und Standeskultur in Nordwestdeutschland vom 15. bis 20. Jahrhundert (Forschungen zur Regionalgeschichte 64). Paderborn u. a. 2010, S. 179–216.

Rasch, Manfred: Adel als Unternehmer, noch immer ein europäisches Forschungsdesiderat. In: Rasch, Manfred / Weber, Peter K. (Hrsg.): Europäischer Adel als Unternehmer im Industriezeitalter (Vereinigte Adelsarchive im Rheinland e. V., Schriften 5). Essen 2017, S. 35–56.

Redlich, Fritz: European Aristocracy and Economic Development. In: Explorations in Entrepreneurial History VI/2 (1953–54), S. 78–91 (wiederabgedruckt in: Redlich, Fritz: Der Unternehmer. Wirtschafts- und sozialgeschichtliche Studien. Göttingen 1964, S. 280–298).

Redlich, Fritz: A German Eighteenth-Century Iron Works during Its first hundred Years. Notes Contributing to the Unwritten History of European Aristocratic Business Leadership. In: Bulletin of the Business Historical Society 27/2–4 (1953), S. 69–96, 141–157, 231–259.

Redlich, Fritz: Entrepreneurship in the Initial Stages of Industrialization (With Special Reference to Germany). In: Weltwirtschaftliches Archiv 75 (1955), S. 59–106.

Redlich, Fritz: Der deutsche fürstliche Unternehmer, eine typische Erscheinung des 16. Jahrhunderts. In: Tradition. Zeitschrift für Firmengeschichte und Unternehmerbiographie 1 (1958), S. 17–33, 98–112.

Reif, Heinz (Hrsg.): Adel und Bürgertum in Deutschland. Entwicklungslinien und Wendepunkte im 20. Jahrhundert. 2 Bde. (Elitenwandel in der Moderne 1 und 2), Berlin 2001.

Rexroth, Frank: Fröhliche Scholastik. Die Wissenschaftsrevolution des Mittelalters. 2. Aufl., München 2019.

Roeck, Bernd: Der Morgen der Welt. Geschichte der Renaissance. München 2017.

Saalfeld, Dietrich: Bauernwirtschaft und Gutsbetrieb in der vorindustriellen Zeit (Quellen und Forschungen zur Agrargeschichte 6). Göttingen 1960.

Saint Martin, Monique de: Der Adel. Soziologie eines Standes. Konstanz 2003 [Paris 1993].

Schiller, René: Vom Rittergut zum Großgrundbesitz. Ökonomische und soziale Transformationsprozesse der ländlichen Eliten in Brandenburg im 19. Jahrhundert (Elitenwandel in der Moderne 3). Berlin 2003.

Schilling, Heinz: Die neue Zeit. Vom Christenheitseuropa zum Europa der Staaten. 1250 bis 1750. Berlin 1999.

Schmitz, Winfried: Adel und Aristokratie im archaischen und klassischen Griechenland. In: Beck, Hans / Scholz, Peter / Walter, Uwe (Hrsg.): Die Macht der Wenigen. Aristokratische Herrschaftspraxis, Kommunikation und »edler« Lebensstil in Antike und Früher Neuzeit (Historische Zeitschrift, Beiheft 47). München 2008, S. 35–70.

Schulz, Oliver: »Familie« und »Stand« als Leitlinien adeligen Unternehmertums in einer Zeit des Umbruchs. Das Beispiel der Familie von Elverfeldt aus der Grafschaft Mark. In: Hilger, Susanne / Landwehr, Achim (Hrsg.): Wirtschaft – Kultur – Geschichte. Positionen und Perspektiven. Stuttgart 2011, S. 91–110.

Schumpeter, Joseph Alois: Theorie der wirtschaftlichen Entwicklung. Berlin 1912.

Schwabe, Klaus / Schulz, Günther / Denzel, Markus A.: Elitenforschung im Schloß. Die »Büdinger Forschungen zur Sozialgeschichte« seit 1963. In: Büdinger Geschichtsblätter 19 (2006), S. 321–338.

Shovlin, John: The Political Economy of Virtue. Luxury, Patriotism, and the Origins of the French Revolution. Ithaca/London 2006.

Simsch, Adelheid: Der Adel als landwirtschaftlicher Unternehmer im 16. Jahrhundert. In: Studia Historiae Oeconomicae 16 (1981), S. 95–115.

Sombart, Werner: Der Bourgeois. Zur Geistgeschichte des modernen Wirtschaftsmenschen. München/Leipzig 1913.

Sombart, Werner: Der moderne Kapitalismus. Historisch-systematische Darstellung des gesamteuropäischen Wirtschaftslebens von seinen Anfängen bis zur Gegenwart. 6 Bde. München/Leipzig 1919–1927.

Sombart, Werner: Liebe, Luxus und Kapitalismus. Über die Entstehung der modernen Welt aus dem Geist der Verschwendung. München 1983 (2. Aufl., München u. a. 1922).

Soria Mesa, Enrique: La nobleza en la España moderna. Cambio y continuidad. Madrid 2007.

Steinbrink, Matthias: Adlige Ökonomie in der Frühen Neuzeit zwischen Idealbild und Realität. In: Hirschbiegel, Jan / Paravicini, Werner (Hrsg.): Atelier Hofwirtschaft. Ein ökonomischer Blick auf Hof und Residenz in Spätmittelalter und Früher Neuzeit (Mitteilungen der Residenzen-Kommission der Akademie der Wissenschaften zu Göttingen, Sonderheft 9). Kiel 2007, S. 33–40.

Stollberg-Rilinger, Barbara: Handelsgeist und Adelsethos. Zur Diskussion um das Handelsverbot für den deutschen Adel vom 16. bis zum 18. Jahrhundert. In: Zeitschrift für Historische Forschung 15 (1988), S. 273–309.

Tönsmeyer, Tatjana: Adelige Moderne. Großgrundbesitz und ländliche Gesellschaft in England und Böhmen 1848–1918 (Industrielle Welt 83). Köln/Wien/Weimar 2012.

Treue, Wilhelm: Das Verhältnis von Fürst, Staat und Unternehmer in der Zeit des Merkantilismus. In: Vierteljahrschrift für Sozial- und Wirtschaftsgeschichte 44 (1957), S. 26–56.

Weber, Max: Der Nationalstaat und die Volkswirtschaftspolitik. Akademische Antrittsrede. Freiburg im Breisgau und Leipzig 1895.

Wienfort, Monika: Der Adel in der Moderne (Grundkurs Neue Geschichte). Göttingen 2006.

Williams, Gerhild S.: Adelsdarstellung und adeliges Selbstverständnis im Spätmittelalter. Politische und soziale Reflexionen in den Werken J. Rothes und U. Füetrers. In: Hohendahl, Peter U./Lützeler, Paul M. (Hrsg.): Legitimationskrisen des deutschen Adels 1200–1900 (Literaturwissenschaften und Sozialwissenschaften 11). Stuttgart 1979, S. 45–60.

Winkelbauer, Thomas: Ökonomische Grundlagen adeliger Lebensführung in der Frühen Neuzeit. In: Ammerer, Gerhard / Lobenwein, Elisabeth / Scheutz, Martin (Hrsg.): Adel im 18. Jahrhundert. Umrisse einer sozialen Gruppe in der Krise (Querschnitte 28). Innsbruck/Wien/Bozen 2015, S. 91–116.

Wunder, Dieter: Der Adel im Hessen des 18. Jahrhunderts – Herrenstand und Fürstendienst. Grundlagen einer Sozialgeschichte des Adels in Hessen (Veröffentlichungen der Historischen Kommission für Hessen 84). Marburg 2016.

Zorn, Wolfgang: Unternehmer und Aristokratie. Ein Beitrag zur Geschichte des sozialen Stils und Selbstbewußtseins in der Neuzeit. In: Tradition. Zeitschrift für Firmengeschichte und Unternehmerbiographie 8 (1963), S. 241–254.

Zotz, Thomas: Adel in der Stadt des deutschen Spätmittelalters. Erscheinungsformen und Verhaltensweisen. In: Zeitschrift für Geschichte des Oberrheins 141 NF 102 (1993), S. 22–50.

DER ADEL UND DAS GELD. ZWISCHEN DEMONSTRATIVER VERSCHWENDUNG UND BEWAHRUNG DES ERBES

Ronald G. Asch

Abstract Wer mit dem Thema Adel und Geld konfrontiert ist, der denkt oft zunächst vor allem an Schulden, Verschwendung und mangelnde wirtschaftliche Kompetenz. Dies ist jedoch eine einseitige Perspektive. Richtig ist, dass für den Adel kulturelles und soziales Kapital oft wichtiger war, als rein ökonomisches. Der Umstand, dass ein Großteil des Vermögens in Landbesitz gebunden war, den man nicht verkaufen wollte oder konnte (zum Beispiel Fideikommisse), trug dann ebenfalls nicht selten zu einer relativ hohen Schuldenaufnahme bei. Aber namentlich der höhere Adel trat auch als Kreditgeber der Krone auf, und wie zu Recht argumentiert worden ist, konnten hier erhebliche Profite erzielt werden. Außerdem machte er sich gerade in dieser Funktion unentbehrlich und genoss daher oft Schutz vor seinen Gläubigern. Insgesamt zeigt der Beitrag, dass eine hohe Verschuldung durchaus nicht bedrohlich sein musste, solange die kulturelle und soziale Hegemonie des Adels unangefochten blieb.

Keywords Schulden, Kreditwesen, Landbesitz, Sklavenhandel, Adlige als Unternehmer, kulturelle Hegemonie

1 Einleitung

Wer über Adel und Geld redet, sieht sich zunächst einmal mit einer ganzen Reihe von Vorannahmen konfrontiert: Vorannahmen und zum Teil auch Vorurteilen, die im vorwissenschaftlichen Raum verankert sind; aber auch mit solchen, die die Fragestellungen und Antworten der Wissenschaft über Jahrzehnte hinweg bestimmt haben. In einer französischen Studie von Natacha Coquery über den Markt für Luxusgüter und die adligen Stadtpalais im Paris des 18. Jahrhunderts, die jetzt rund zwanzig Jahre alt ist, heißt es, Geld auszugeben und zu verschenken, ohne genau nachzurechnen und auf die Stabilität der eigenen Finanzen zu achten, stelle ein Verhalten dar, das eng mit den aristokratischen Leitbildern von Ehre und Ruhm verbunden sei.[1] Das ist ein ganz

1 Coquery, Natacha: L'hôtel aristocratique. Le marché du luxe à Paris au XVIIIe siècle. Paris 1998, S. 148: »Donner sans compter ni prévoir sont deux aspects d'un même idéal nobiliaire, celui de l'honneur et de la gloire.« – Für diese Publikation wurde die Form des Vortrages beibehalten, die Anmerkungen sind auf ein Minimum beschränkt.

typisches Urteil, und es könnte, gerade wenn man auf den höfischen Adel in Frankreich im 17. und 18. Jahrhundert blickt, in der Tat plausibel erscheinen. Die Forschung der letzten Jahre widerlegt dieses Urteil mit Sicherheit nicht.

Man könnte natürlich meinen, die *conspicuous consumption*, auf die Natacha Coquery anspielt, sei eben typisch für den reichen Hochadel, dem es darum ging, bei Hofe oder in Paris seinen Status permanent durch Luxus und Verschwendung unter Beweis zu stellen. Aber ganz so einfach ist es eben doch nicht. In der Geschichte ihrer eigenen Familie – es handelte sich um protestantische Landbesitzer in Irland, die mit Cromwell ins Land gekommen waren – zitiert die angloirische Schriftstellerin Elizabeth Bowen (gestorben 1973) eine Passage aus den Reiseberichten der 1770er Jahren von Arthur Young über Irland. Young führt hier aus, dass in Irland das Leben gerade für die *gentry* viel billiger sei als in England. Es gebe keine allgemeine Grundsteuer; auch andere Steuern seien niedriger und alle normalen Lebensmittel seien ebenfalls günstiger. Man solle daher annehmen, dass es dem Landadel selten gelinge, über seine Verhältnisse zu leben. Das stelle aber einen Irrtum dar, denn in Irland sei es für den eigenen Status eben entscheidend, möglichst viele Diener und möglichst viele Pferde zu unterhalten. Die enorme Zahl der Pferde sei geradezu eine »satire upon common sense« und von den Dienern gebe es auch deshalb so viele, weil sie meist als arbeitsscheu betrachtet würden. Bowen selbst dementiert zwar, dass dieses Urteil über ihre Vorfahren im 18. Jahrhundert wirklich gerechtfertigt sei, aber Young gab offenbar einen Eindruck wieder, den viele englische Reisende ebenfalls hatten.[2] War dieser also vollständig unzutreffend?

Wenn wir uns eine nun schon etwas ältere Fallstudie von Jonathan Dewald über Pont Saint Pierre – einen Adelssitz in der Provinz – ansehen, in diesem Fall in der Normandie, dann finden wir zwar wenige Beispiele für sinnlose Verschwendung, aber Dewald kommt letztlich doch zu dem Schluss, dass es der von ihm untersuchten Familie – den Roncherolles – nicht wirklich gelang, sich den Herausforderungen des wirtschaftlichen Wettbewerbs zu stellen – oder vielleicht wollten sie es auch gar nicht. Eine im engeren Sinne des Wortes kapitalistische Mentalität blieb ihnen stets fremd. Deshalb bemühten sie sich nicht wirklich nachhaltig darum, die Höhe der Pachten an die Inflation anzupassen, investierten aber auch nicht genug in Wege, Bodenmeliorationen (die Verbesserung der Erträge) oder in die Ausstattung der Bauernhöfe.[3]

Solange sie einigermaßen zurechtkamen, waren Gewinnsteigerungen für die Roncherolles *cura posterior*. Erst nach 1750 begann sich das partiell zu ändern. Allerdings konnten die Barone für die Versorgung mit Lebensmitteln auch zu einem guten Teil auf die Erträge des Landes zurückgreifen, das sie selbst bewirtschafteten, so dass Preissteigerungen sie nicht betrafen. Dort, wo sie aufgrund ihrer Hoheitsrechte auf den

2 Bowen, Elizabeth: Bowen's Court and Seven Winters. Memories of a Dublin Childhood. London 1999, S. 170–171.

3 Vgl. Dewald, Jonathan: Pont-Saint-Pierre 1398–1789. Lordship, Community and Capitalism in Early Modern France. Berkeley/CA 1987, S. 235–244.

Märkten der Kleinstadt, die sie kontrollierten – Pont St. Pierre –, die Preise festlegen konnten, orientierten sie sich an dem Ideal einer *moral economy*, an der Idee eines gerechten Preises, der auch in Zeiten der relativen Knappheit nicht durch vermeintliche oder wirkliche Spekulanten in die Höhe getrieben werden sollte.[4]

Da sie als Landwirte und Verpächter von Land von hohen Preisen profitierten, handelten sie damit eigentlich gegen ihre eigenen Interessen. Dies war ihnen aber offenbar nicht wirklich wichtig. Ihre *seigneurie* war eben nicht einfach ein Wirtschaftsbetrieb, sondern eine Herrschaftseinheit, und wenn man sich die Loyalität der eigenen Untertanen erhalten wollte, musste man auf deren Vorstellungen und Erwartungen ein Stück weit Rücksicht nehmen. Auffällig wird dies vor allem dort, wo es um größere Bauern und Pächter oder – wie in der Stadt – um Kaufleute und Handwerker ging, die nicht komplett vom *Seigneur* abhängig, sondern auch zu Widerstand fähig waren oder dem adeligen Grundbesitzer durch Prozesse das Leben schwermachen konnten.

Hier war es dann möglicherweise auch unklug, die eigenen wirtschaftlichen Interessen mit aller Energie durchzusetzen. Die ältere Forschung hat aus solchen Phänomenen zum Teil gefolgert, dass der ländliche Adelssitz als Herrschaftseinheit eben grundsätzlich etwas anderes gewesen sei, als ein auf den Markt ausgerichteter Betrieb. Ein fundamentaler Wandel sei erst in der Sattelzeit zwischen der Mitte des 18. und dem frühen 19. Jahrhundert eingetreten, als auch die Bodenspekulation in der Tat zunahm, oder wie es bei Otto Brunner in seinem bekannten Werk über adeliges Landleben heißt: In dieser Zeit sei die Herrschaft zum »agrarkapitalistischen Betrieb geworden, zu ›einem Gewerbe, das angemessenen Gewinn tragen muss‹« (Brunner zitiert hier Albrecht Conrad Thaer). »Die ›Herrschaft‹ wird zur ›Wirtschaft‹ im neuen, am Markt orientierten Sinn. Unaufhaltsam vollzieht sich der Wandel des Grundherren zum Großgrundbesitzer, zum landwirtschaftlichen Unternehmer oder, wenn der Aristokrat nicht selbst wirtschaftet, zum Rentenbezieher aus von Güterdirektoren oder Großpächtern geleiteten Unternehmungen.«[5] Man mag Brunners Buch aus heutiger Perspektive wegen seiner Tendenz, eine verlorene Welt zu idealisieren, mit einer gewissen Skepsis betrachten. Nimmt man aber eine neuere Untersuchung, wie die von Bartolomé Yun-Casalilla über die iberischen Weltreiche und die Globalisierung Europas in die Hand, so stellt auch er fest, dass es aristokratischen Familien im Gegensatz zu Wirtschaftsunternehmern nicht so sehr um profitorientiertes Handeln gegangen sei, sondern vor allem um den Status des eigenen Hauses und dessen Überleben. Hierfür reichte aber allein wirtschaftliches Kapital nicht aus, soziales und kulturelles Kapital waren mindestens ebenso wichtig.[6]

4 Ebd., S. 245–251, 267.

5 Brunner, Otto: Adeliges Landleben und europäischer Geist. Leben und Werk Wolf Helmhards von Hohberg. 1612–1688. Salzburg 1949, S. 321.

6 Vgl. Yun-Casalilla, Bartolomé: Iberian World Empires and the Globalization of Europe. 1415–1668. London/Singapur 2019, S. 229.

Solche Thesen werden auch für andere Länder durch die Forschung bestätigt. Sieht man sich etwa das wirtschaftliche Handeln der englischen *gentry* vor dem 18. Jahrhundert an, dann kommen neuere Studien auch zu dem Schluss, dass es vor allem Aufsteiger oder wirtschaftlich angeschlagene Landbesitzer waren, die sich wirklich bemühten, ihre Einnahmen mit aller Kraft auch durch die Anhebung der Abgaben für langjährige Pächter zu steigern. Altetablierte Familien, die einigermaßen über die Runden kamen, taten dies eher nicht, weil man in den *tenants* eben immer auch Klienten sah, deren Unterstützung zum Beispiel bei Parlamentswahlen oder in lokalen Konflikten mit rivalisierenden Familien wichtig sein konnte.[7] Allerdings sind hier natürlich auch Einschränkungen notwendig. Es gab nicht nur in England, sondern auch zum Beispiel in den österreichischen Erblanden sehr wohl Adlige, die bewusst auf konjunkturelle Schwankungen bei den Preisen für Agrarprodukte setzten und hofften, beispielsweise ihr Getreide zu dem Zeitpunkt verkaufen zu können, wenn die Preise besonders hoch waren. Gundaker von Liechtenstein etwa, dem der Aufstieg in den Fürstenstand gelang, wies seine Verwalter zu Beginn des 17. Jahrhunderts an, gemahlenes Getreide in Wien in Speichern zu lagern und mit dem Verkauf zu warten, bis die Preise ihr Maximum erreicht hatten.[8]

Sein gewaltiges Vermögen verdankte selbst Liechtenstein freilich nicht wirklich der umsichtigen und gewinnorientierten Führung seiner Güter, sondern eher seinen Darlehensgeschäften mit dem Kaiser und der Möglichkeit, sich nach 1620 auf Kosten des enteigneten protestantischen Adels in Böhmen und Mähren zu bereichern. Hiervor machte er reichlich Gebrauch. Die verworrenen Münzverhältnisse der Zeit begünstigten Liechtenstein zusätzlich, so dass er umfangreiche Güter in Mähren mit »langer Münze« erwerben konnte. Aus diesen Gütern schuf der Kaiser dann ein neues Fürstentum Liechtenstein. Vermutlich zahlte der vor kurzem in den Reichsfürstenstand erhobene Aristokrat in den 1620er Jahren für diese Besitzungen nur etwa zehn Prozent des ursprünglichen Wertes, den diese Herrschaften vor Ausbruch der böhmischen Wirren besessen hatten. Dies stellte dann in der Tat ein glänzendes Geschäft dar.[9]

2 Der Adel als »Geschäftspartner« von Staat und Dynastie

Gundaker von Liechtensteins Geschick bei dem Versuch, in den Wirren, in denen die Habsburgermonarchie in den Jahren 1618 bis 1620 versank, sein eigenes Vermögen zu vermehren, mag einen Sonderfall darstellen. Es zeigt aber doch, dass namentlich für

7 Heal, Felicity / Holmes, Clive: The Gentry in England and Wales 1500–1700. Basingstoke 1994, S. 112–116.

8 Vgl. Winkelbauer, Thomas: Fürst und Fürstendiener. Gundaker von Liechtenstein. Ein österreichischer Aristokrat des konfessionellen Zeitalters. Wien 1999, S. 164.

9 Ebd., S. 343–344.

den Hochadel gute Beziehungen zu Herrscher und Hof mindestens ebenso wichtig waren, wie gewinnorientiertes ökonomisches Handeln, wenn es darum ging, die wirtschaftliche Position des eigenen Hauses zu festigen. Man darf ohnehin nicht vergessen, dass man allein mit Landbesitz kaum die ganz großen Gewinne machen konnte. Verzinsungen von 2,5 bis 3,0 Prozent pro Jahr konnten wohl in guten Zeiten als normal gelten, in schlechten nahm man deutlich weniger ein.[10] Wer wirklich eine höhere Rendite erzielen wollte, der legte sein Geld anders an, etwa in staatlichen Schuldverschreibungen.

Katia Béguin, der wir eine wichtige Studie über die französischen Staatsfinanzen unter Ludwig XIV. verdanken, hat in einem Aufsatz aus dem Jahr 2015 die These aufgestellt, dass der Geldbedarf der großen Monarchien in Kriegszeiten ein entscheidender Faktor für die Vermögensverteilung in den Gesellschaften der Frühen Neuzeit war. Wer zur überschaubaren Gruppe der Gläubiger des Monarchen gehörte und ihm auch in Kriegszeiten Geld zur Verfügung stellte, wenn die staatlichen Kassen unter einem enormen Druck standen, konnte zum Teil erhebliche Renditen erzielen; und wenn er sie nicht selbst erzielte, dann doch zumindest seine Erben. Für kurzfristig zurückzahlbare Kredite konnten diese auch deutlich über zehn Prozent liegen. Selbst für Anleihen ohne Ablaufdatum, für *rentes perpetuelles*, oder im Englischen *consolidated annuities* (heute würde man vielleicht von Hybridanleihen sprechen), die in der Regel durch spezifische Einkünfte oder Bürgschaften von Städten oder Korporationen abgesichert waren, musste Ludwig XIV. in den 1690er Jahren 8,33 Prozent Zinsen zahlen.[11]Aufgrund solcher Erträge konnte man dann in der Tat reich werden. Familien, die dem Hof nahestanden, befanden sich oft unter den bevorzugten Gläubigern des Königs. Ähnlich wie der spanische war der französische König auf sie angewiesen, weil private Kreditgeber oft immer noch eher hohen Adligen Geld zu leihen bereit waren, als dem König selbst, dessen Besitz zu pfänden natürlich unmöglich war.

Die Befunde sind übrigens für England im späten 17. und im 18. Jahrhundert nicht viel anders. John Habakkuk kommt in seiner großen Studie über Landbesitz, Schulden und adlige Familienpolitik im Zeitraum zwischen 1650 und 1950 für die Frühe Neuzeit zu dem Schluss: »The greatest and most rapid fortunes were made in connection with the financial requirements of the State, particularly during war.«[12] Das galt für Amtsträger in der Finanzverwaltung genauso wie für Heereslieferanten und die Zahlmeister der Armee, aber auch für Bankiers und natürlich die Politiker selbst. Die unklare

---

10 Vgl. Marraud, Mathieu: La Noblesse de Paris au XVIIIe siècle. Paris 2000, S. 295–316, 319; Heal/Holmes: Gentry, S. 97–135.

11 Vgl. Béguin, Katia: Du présent au passé. Les dynamiques historiques de la richesse à l'époque moderne. In: Annales Histoire. Sciences Sociales 70 (2015), S. 99–102, bes. S. 101; Béguin, Katia: Financer la guerre au XVIIe siècle. Seyssel 2012.

12 Habakkuk, John: Marriage, Debt, and the Estates System. English Landownership. 1650–1950. Oxford 1994, S. 438.

Trennung zwischen öffentlichen Geldern und Privatvermögen in der Verwaltung, aber natürlich auch die Möglichkeit, in Krisenzeiten etwa durch den Kauf oder Verkauf von Staatsanleihen oder von Aktien von Kolonialgesellschaften Insider-Geschäfte zu machen, die damals noch nicht als illegal galten, boten hier erhebliche Chancen für Profite.[13]

Es war freilich trotz allem nicht immer ganz einfach, von Finanzgeschäften mit dem Staat zu profitieren. Ein gewisses Risiko gab es immer, namentlich, wenn der betreffende Staat sich im Niedergang befand und zu viele Kriege gleichzeitig führte, ohne sie zu gewinnen. Wie Untersuchungen zu den Bankiers Philipps II. von Spanien gezeigt haben, schnitten die genuesischen Patrizierfamilien, die zu diesem Zeitpunkt die spanische Monarchie vor allem finanzierten, selbst bei Staatsbankrotten *per saldo* in der Regel gar so schlecht nicht ab. Staatsbankrotte waren damals wie heute im Wesentlichen Umschuldungen. Hochverzinsliche, kurzfristige Darlehen wurden in langfristige Anleihen mit niedrigeren Zinsen – sogenannte *Juros* – umgewandelt. Traten dabei wirklich Kapitalverluste auf, was selten der Fall war, wurden diese auf viele Schultern verteilt, aber im langfristigen Mittel konnte eben doch meist ein Profit erzielt werden. Die Autoren einer einschlägigen neueren Studie – Mauricio Drelichman und Hans-Joachim Voth – kommen zu dem Schluss, dass die Gläubiger Philipps II. auch nach Abzug der Transaktionskosten und der Inflation über mehrere Jahrzehnte gerechnet eine reale Verzinsung von mindestens drei Prozent pro Jahr erreichten. Das ist jedenfalls mehr, als man heutzutage nach Abzug der Inflation als Besitzer italienischer Staatsanleihen bekommt, bei vermutlich insgesamt deutlich höherem Risiko.[14]

Drelichman und Voth betonen überdies: »Remarkably, the Genoese system of repackaging and reshuffling risk worked better than securitization did after 2000.«[15] Selbst wenn es Rückschläge gab, konnte man doch Adelstitel und Land in Süditalien oder sogar in Kastilien selbst erwerben. Dies gelang beispielsweise etwa Ambrosio Spinola, der 1621 als Marqués de Los Balbases spanischer *Grande* wurde. Er vereinte in seiner Person die Rolle des Bankiers, Militärunternehmers, Feldherren und militärischen Zahlmeisters für die spanische Flandernarmee, und das nicht zum finanziellen Schaden seiner Familie trotz der enormen Summen, die der König ihm zeitweilig schuldete.[16]

13 Vgl. ebd., S. 439.

14 Zur realen Verzinsung der Darlehen vgl. Drelichman, Mauricio / Voth, Hans-Joachim: Lending to the Borrower from Hell. Debt, Taxes and Default in the Age of Philipp II. Princeton/NJ 2014, S. 194–203, S. 275.

15 Ebd., S. 209.

16 Zu Spinola vgl. Estringana, Alicia Esteban: Guerra y finanzas en los Païses Bajos católicos de Farnesio a Spinola. 1592–1630. Madrid 2002, bes. S. 107–128.

3 Schulden als Grundlage des Aufbaus von sozialem und kulturellem Kapital

Allerdings wurden Geschäfte mit dem spanischen König im Laufe des 17. Jahrhunderts zunehmend riskanter. Im Laufe der Jahrzehnte konnte sich die spanische aristokratische Elite dem allgemeinen Niedergangsprozess der Monarchie der *Casa d'Austria* nicht mehr ohne weiteres entziehen. Die hohe Verschuldung des spanischen Hochadels im 17. Jahrhunderts war jedenfalls auch dadurch bedingt, dass er zunehmend auf eigene Kosten Truppen für die Krone rekrutieren oder andere Aufgaben übernehmen musste. Auch Botschafterposten oder Statthalterschaften konnten mit einem erheblichen Aufwand für den Amtsinhaber verbunden sein, der sich rein finanziell nicht immer lohnte.[17] Entschädigt wurden Adlige oft durch die Veräußerung königlicher Besteuerungs- und Jurisdiktionsrechte, die aber nicht immer den erhofften Gewinn abwarfen. Eine besondere Belastung stellten aber auch die Unterhaltszahlungen für die jüngeren Söhne und noch viel mehr die Mitgiftausstattungen für die Töchter dar, die im höheren Adel wahrhaft spektakuläre Höhen von 100.000 Dukaten und mehr erreichen konnten.[18]

Wenn man Glück hatte, konnte man die Summen, die man für hochrangige Konnubien ausgab, wieder ausgleichen, indem man für den eigenen ältesten Sohn eine passende Erbtochter mit ebenso großer oder noch größerer Mitgift fand. Eine Garantie gab es dafür selbstredend nicht. Der siebte Herzog von Gandia (1572–1632) etwa – ursprünglich einer der reichsten Adligen, wenn nicht der reichste im Königreich Valencia – musste um 1610 Konkurs anmelden, weil die Last der Schulden zu drückend geworden war. Der König ließ den Untergang des Hauses Gandia nicht zu und zwang den Gläubigern einen Vergleich auf, der sie dazu nötigte, auf bis zu 65 Prozent ihrer Forderungen zu verzichten.[19]

Gerade in Spanien wurde im 17. Jahrhundert adliger Besitz, um ihn zu erhalten, von der Krone im Zweifelsfall unter *Sequester* gestellt. Ein Teil der Einkünfte ging an die Gläubiger, ein anderer Teil dann immer noch an den tatsächlichen Eigentümer, meist genug, um davon standesgemäß zu leben. So stand der Besitz der Osuna, an sich eines der reichsten Adelshäuser Spaniens, deren Einkünfte aus Landbesitz um 1600 auf 130.000

17 Vgl. Hernández, Ignacio Atienza: Aristocracia, poder y riqueza en la España. La Casa de Osuna. Siglos XV-XIX. Madrid 1987, S. 225–226; vgl. Yun-Casalilla, Bartolomé: From Political and Social Management to Economic Management? Castilian Aristocracy and Economic Development. 1450–1800. In: Janssens, Paul/Yun-Casalilla, Bartolomé (Hrsg.): European Aristocracies and Colonial Elites. Patrimonial Management Strategies and Economic Development. 15th–18th Centuries. London 2005, S. 85–98. Zur besonderen Rolle der Fideikommisse *(Mayorazgo)* im aristokratischen Schuldensystem vgl. Yun-Casalilla: Iberian World, S. 247.

18 Zum Herzog von Gandia in den Jahren 1604 bis 1621 vgl. Casey, James: Early Modern Spain. A Social History, London 1999, S. 150–151, und Hernández: Aristocracia, S. 225.

19 Vgl. Casey: Early Modern Spain, S. 150–151. Zum Herzog von Osuna, dessen Besitzungen seit 1594 unter Sequester standen: ebd., S. 157.

bis 150.000 Dukaten geschätzt wurden, was immerhin zwei Prozent der Einkünfte der Krone von Kastilien entsprach, während des 17. Jahrhunderts praktisch ständig unter königlicher Zwangsverwaltung.[20]

Das hinderte die Osuna aber nicht daran, auf großem Fuße zu leben, ganz im Gegenteil. Der dritte Herzog von Osuna – der sogenannte Gran Duque de Osuna (geboren 1574) – amtierte unter Philipp III. sukzessive als Vizekönig von Sizilien und von Neapel. Dort rüstete er zumindest zum Teil auf eigene Kosten eine Galeerenflotte aus, die er einsetzte, um Beutezüge im östlichen Mittelmeer zu unternehmen. Man kann davon ausgehen, dass ein Teil des Gewinns aus der erbeuteten Handelsware, aber auch aus dem Verkauf von Sklaven bzw. aus der Erpressung von Lösegeld, wenn es gelang Personen von Stand gefangen zu nehmen, in seine eigenen Taschen floss, so dass er insgesamt durchaus auf seine Kosten kam. Dies wurde in Madrid keineswegs von allen Mitgliedern des Staatsrates gebilligt und trug am Ende zum Sturz des Vizekönigs und zu seiner Anklage und Inhaftierung bei.[21]

Sein Fall zeigt, in welchem Maße gerade Hochadlige in Krieg und Frieden gewissermaßen Mitunternehmer des Monarchen waren, die sich gegen den *fallout* einer wirklich existentiellen Finanzkrise der Krone schwer abschirmen konnten, aber andererseits auch – wenn man das so nennen will – politische und finanzielle *stake holders* des Staatsbildungsprozesses respektive im Prozess der Durchsetzung imperialer Herrschaftsansprüche waren. Noch ausgeprägter war diese Verbindung zwischen adligem Profitstreben und monarchischer Herrschaft natürlich im Fall der großen Favoritenminister des 17. Jahrhunderts, man denke an Lerma in Spanien, Richelieu und Mazarin in Frankreich und Buckingham in England. Dabei handelte es sich um Ausnahmeerscheinungen, aber hier war die königliche Gunst oft Ausgangspunkt für den Aufbau eines unermesslichen Vermögens, das freilich bei Bedarf auch in den Dienst der Krone gestellt werden konnte und andererseits bei einem Wandel der politischen Konstellation sich auch rasch wieder in Luft auflösen konnte.[22]

Osuna – der »Große Herzog« – war kein Aufsteiger, ganz im Gegenteil. Die Girones respektive die Tellez-Giron hatten schon im Mittelalter zu den einflussreichsten Familien Kastiliens gehört. Anders stellte sich die Lage für *homines novi* dar, wenn man etwa in den Diensten des Monarchen in Krisen- und Kriegszeiten plötzlich in die Hocharistokratie aufstieg und ein großes Vermögen aufbauen konnte. Dann stand man unter Umständen

20 Vgl. Hernández: Aristocracia, S. 339; Linde, Luis: Don Pedro Girón. Duque de Osuna. La hegemonia española en Europa a comienzos del siglo XVII. Madrid 2005, S. 37.

21 Vgl. ebd., S. 101–106; Ibarra, Miguel Ángel de Bunes: Osuna en Sicilia. El turco en la estrategia del imperio en el Mediterraneo. In: Encarnacion Sanchez Garcia (Hrsg.): Cultura della guerra e arti della pace. Il 3. Duca di Osuna in Sicilia e a Napoli. Neapel 2012, S. 12–144, hier bes. S. 137.

22 Zur Rolle des Favoriten vgl. Asch, Ronald G.: Patronage, Friendship and the Politics of Access. The Role of the Early Modern Favourite Revisited. In: Raeymaekers, Dries / Derks, Sebastian (Hrsg.): The Key to Power? The Culture of Access in Princely Courts. 1400–1750. Leiden 2016, S. 178–201; speziell zu Lerma: Eliszezynski, Mrozek: Bajo acusación. El valimiento en el reinado de Felipe III. Madrid 2015.

unter einem enormen Druck, durch einen maximalen Repräsentationsaufwand den eigenen Status zu festigen. Das riesige Schloss, das sich beispielsweise Richelieu südlich von Chinon bauen und mit einer imposanten und erlesenen Kunstsammlung ausstatten ließ, wäre ein Beispiel dafür.[23] Aber auch Kriegsgewinner im engeren Sinne des Wortes fielen in diese Kategorie der Aufsteiger, die ihren Status festigen mussten.

4 Der finanzielle Zusammenbruch als reale Gefahr

In England könnte man hier den First Duke of Chandos – James Brydges – nennen, der von 1673 bis 1744 lebte. Brydges stammte aus einer altetablierten, aber nicht besonders bedeutenden Familie der *gentry*. Sein Aufstieg begann, als Marlborough ihn 1705 zum Zahlmeister der englischen Armee machte, ein Amt, das er bis zum Frieden von Utrecht 1713 innehatte. In dieser Zeit machte er offenbar einen Gewinn von rund 600.000 Pfund, indem er für die Zahlungen, die er im Graubereich zwischen Korruption und Mitunternehmertum abwickelte, eine Art Kommission berechnete, die in seine eigene Tasche floss.[24] Sehr viel anders verfuhr Marlborough als Oberbefehlshaber übrigens auch nicht. Allerdings gab es einen Unterschied: Die Spencer Churchills, die Nachkommen des Siegers von Höchstädt, und deren gewaltigen Palast gibt es noch heute. Sicher, der englische Premierminister, der als Sohn eines jüngeren Sohnes, Lord Randolph Churchill, aus dieser Familie stammte, führte lange ein Leben, das in manchem durchaus dem eines dekadenten adligen Abenteurers aus einer niedergehenden Seitenlinie einer aristokratischen Dynastie ähnelte. Jedenfalls gilt das, wenn man einem Historiker wie David Cannadine glauben will.[25] Gerettet wurde Winston Churchill nicht zuletzt durch seine tatkräftige Frau, Clementine Ogilvy Hozier, die einen Sinn für das wirtschaftlich Mögliche besaß. Freilich war auch der Ausbruch des Zweiten Weltkrieges für Churchill ein Glücksfall, denn nun waren seine Fähigkeiten als adliger Abenteurer wieder gefragt. Die Hauptlinie der Churchills konsolidierte ihren Status hingegen durch Heiraten mit amerikanischen Erbinnen, ein im England des 19. Jahrhunderts beliebter Ausweg.

Die Brydges hatten keine so glückliche Hand wie die Churchills respektive die Spencer Churchills. James Brydges wurde 1719 von König Georg I. immerhin der Titel eines Herzogs von Chandos verliehen, und er hatte wohl Hoffnungen auf ein hohes Staatsamt, das ihm unter den *Whigs* aber verwehrt blieb. Jedenfalls investierte

23 Vgl. Vouhé, Grégory: Le château de Richelieu (1631–1636). In: Boyer, Jean-Claude u. a. (Hrsg.): Richelieu patron des arts. Paris 2009, S. 75–96.

24 Vgl. Dickson, Peter / Beckett, John: The Finances of the Dukes of Chandos. Aristrocratic Inheritance, Marriage and Debt in Eighteenth Century England. In: Huntington Library Quarterly 64/3,4 (2001), S. 309–355.

25 Vgl. Cannadine, David: Winston Churchill as an Aristocratic Adventurer. In: Cannadine, David (Hrsg.): Aspects of Aristocracy. London 1995, S. 130–162.

er enorme Summen in den Bau des *Cannons House,* eines palastartigen Landhauses unweit von London. Zudem richtete er eine große Kunstsammlung ein. Da er gleichzeitig in wenig umsichtiger Weise an der Börse spekulierte und zum Beispiel Aktien der 1711 gegründeten *South Sea Company* kaufte, ohne sie rechtzeitig abzustoßen, verlor er permanent Geld, fand aber zu Lebzeiten dennoch immer genug Kreditgeber. Die Tatsache, dass er in Cannons House in manchen Jahren mehr als 1.000 Besucher empfing und bestens verköstigte, war vermutlich auch nicht wirklich hilfreich. Nach seinem Tode musste sein Sohn und Erbe, der selbst als großer Verschwender bekannt war, viele Ländereien und auch das Haus verkaufen. Dieses wurde bald darauf abgerissen. Einige der Kunstschätze fanden an anderen Orten Zuflucht.[26]

Jonathan Swift hatte schon 1734 über Chandos geschrieben:

> »Yet since just Heaven the Duke's ambition mocks, since all he got by fraud is lost by stocks. [...] O wert thou not a duke, my good Duke Humphry, / from bailiff's claws thou scarce could'st keep thy bum free.« [27]

Sehr viel besser kommt Chandos jedoch im modernen *Oxford Dictionary of National Biography* weg. Hier heißt es über ihn:

> »It is indeed unlikely that the duke ever aroused lasting resentment, for if shaken out of his habitual goodwill he was always quick to make amends.[...] He was called 'princely' but behind his apparent stateliness there was no inclination to dominate but rather an anxiety to please and to serve, and a modesty that was reflected in his wish for a simple and unceremonious funeral.« [28]

Der Verkauf von Cannons House reichte trotz der bescheidenen Beerdigung nicht aus, um die Familie zu sanieren. Ihr finanzieller Niedergang setzte sich daher auch in den folgenden Generationen fort. Entscheidend war hier, dass solange überhaupt noch Landbesitz in größerem Umfang zur Verfügung stand, es fast immer Geldgeber gab, die bereit waren, Kredite zur Verfügung zu stellen. Wenn man keine Standesgenossen mehr fand, die den aufwendigen Lebensstil finanzierten, dann gab es immer noch Wucherer, die einem Geld auf Lebenszeit zur Verfügung stellen. Diese verlangten oft Zinssätze von bis zu vierzehn Prozent, was dann doch wiederum ruinös war.[29]

26 Vgl. Jenkins, Susan: Portrait of a Patron. The Patronage and Collecting of James Brydges, 1st Duke of Chandos. 1674–1744. Aldershot 2007, S. 51; Dickson/Beckett: Finances.

27 Jenkins: Portrait of a Patron, S. 179; Jonathan Swift, The Dean and the Duke (1734). In: Swift, Jonathan: The Works of the Rev. Jonathan Swift. With Notes, hrsg. von Thomas Sheridan/John Nicholls. Bd. 11. New York 1812, S. 347.

28 Johnson, Joan: Brydges, James, first duke of Chandos. In: Oxford Dictionary of National Biography (2010). URL: https://doi.org/10.1093/ref:odnb/3806 [letzter Zugriff 15.02.2020].

29 Vgl. Dickson/Beckett: Finances, S. 335.

Das Problem war hier auch das englische Gegenstück zum Fideikommiss, das sogenannte *strict settlement*. Es nötigte den Erben, bis zum Tode des Vaters mit begrenzten Geldzuwendungen auszukommen, andererseits konnte er sich in der Hoffnung auf das Erbe, das ihm testamentarisch ja nicht entzogen werden konnte, jederzeit umfangreich verschulden. Lebte der Vater freilich länger als gedacht und fand der Sohn keine reiche Erbin als Braut, dann konnte sich das eben auch als Fehlspekulation herausstellen, insbesondere wenn man dann genötigt war, in schlechten Zeiten Besitzungen zu verkaufen. Hier zeigte sich der zweischneidige Charakter des Landbesitzes, auf dem aristokratischer Reichtum oft zu großen Teilen beruhte. Land hatte den großen Vorteil, dass es Kreditgebern als belastbare Sicherheit für Darlehen galt. Es erleichterte aber auch eine notfalls recht hohe Verschuldung zu scheinbar günstigen Konditionen. Umgekehrt waren die jährlichen Bareinkünfte aus Land, wenn man zum Beispiel große Bauten zu finanzieren hatte oder die Heirat einer Tochter anstand, oft unzureichend, so dass es zur Verschuldung gar keine Alternative gab.

War das Land aufgrund eines Fideikommisses oder eines sogenannten *strict settlement* nicht veräußerbar, bot dies dem Schuldner theoretisch den Vorteil, dass die Risiken, die mit einer Verschuldung verbunden waren, überschaubar erschienen. Schlimmstenfalls konnte das Land vom Fürsten oder König, so wie es in Spanien nicht selten geschah, einer Zwangsverwaltung unterstellt werden. Dann verlor man zwar die Einnahmen für eine Weile, behielt aber dennoch das Land und den damit verbundenen Status.

5 Nur Krämerseelen rechnen auf Heller und Pfennig nach und verlangen ihr verliehenes Geld zurück

Generell herrschte im Adel allerdings im Umgang mit Schulden eine eher entspannte Haltung vor. Mit den Forderungen der Gläubiger, namentlich dann, wenn es Lieferanten von Luxusgütern, Schneider oder Kaufleute waren, also Angehörige der *misera plebs*, ging man oft recht nonchalant um. Bezeichnend ist hier eine Geschichte aus den Memoiren des Grafen Alexandre de Tilly, eines normannischen Edelmannes aus guter, aber nicht wirklich reicher Familie, der am französischen Hof im späten 18. Jahrhunderts zur Entourage von Marie Antoinette gehörte. Tilly, der, wenn man seinen Memoiren glauben will, vor allem mit amourösen Abenteuern beschäftigt war, hatte sich von einem Bürgerlichen 1.000 Ecus geliehen. Der Mann erschien ihm zum Zeitpunkt der Kreditgewährung als ein *fort honnête homme*, ein recht anständiger Mann, doch anstatt höflich einige Jahre auf sein Geld zu warten, drang dieser *Monsieur* unverschämterweise auf baldige Rückzahlung des Kredites, ja ging sogar noch einen Schritt weiter und ließ die gesamte bewegliche Habe des Grafen Tilly durch einen Gerichtsvollzieher mit einem Pfandsiegel versehen und unter Sequester stellen. Einen solchen Angriff auf seine Ehre konnte Tilly nicht hinnehmen und drohte öffentlich damit, seinen Gläubiger umzubringen. Dieser war klug genug, sich zu verstecken; dessen hochschwangerer Schwiegertochter jagte Tilly jedoch einen Todesschrecken ein, so dass diese fast eine Fehlgeburt erlitt. Sein Verhalten bezeichnete Tilly im Rückblick selbst als ein wenig zu exzessiv.

Aber damit begnügte Tilly sich nicht, sondern wandte sich an den zuständigen Polizeipräfekten *(lieutenant général de police)* von Paris, Jean Charles Pierre Le Noir. Diesem legte er dar, dass das Verhalten des Kreditgebers für eine Person seines Status *(un homme de ma sorte)* unerträglich sei. Le Noir war glücklicherweise ein Mann von Welt und konnte diese Argumente nachvollziehen, weshalb er den aufsässigen Gläubiger vorlud. Tilly stellte ihm einen Schuldschein über seine Forderungen sowie die allfälligen Zinsen aus. Dieser sollte innerhalb eines Jahres fällig werden. Le Noir verbürgte sich persönlich dafür, dass die Zahlung wirklich erfolgte. Damit war der Gläubiger dann auch zufrieden, – was blieb ihm auch anderes übrig.[30]

Diese Anekdote aus dem späten *Ancien Régime* der 1780er Jahre ist durchaus aussagekräftig. Sie zeigt die eher stressfreie Haltung von Adligen gegenüber ihren Gläubigern, aber eben auch, dass Adlige zumindest dann, wenn sie die richtigen Verbindungen hatten, damit rechnen konnten, von den staatlichen Behörden vor allzu zudringlichen Finanziers geschützt zu werden. In diesem Sinne hat Mathieu Marraud festgestellt, dass die Aufnahme von Schulden in zum Teil auch spektakulärer Höhe durch den höheren Adel im 18. Jahrhundert kein Symptom des Niedergangs des Adels gewesen sei, sondern ein Zeichen einer *vitalité aristocratique*. Man bewies damit, dass man nicht an die gleichen Regeln wie ein bürgerlicher Kaufmann gebunden war und es sich eben leisten konnte, sich spektakulär zu verschulden. Das galt keineswegs nur für Frankreich.[31]

Festzuhalten bleibt in jedem Fall, dass in Frankreich ebenso wie in anderen Ländern die Krone in aller Regel an einem leidlich solventen höheren Adel, der ja seinerseits als Kreditgeber für den Herrscher fungieren konnte, interessiert war. Dafür war man auch bereit, einen bestimmten Preis zu zahlen. Man mag sich natürlich fragen, warum immer noch Leute bereit waren, solchen Schuldnern Geld zu leihen. Hier muss natürlich berücksichtigt werden, dass Kreditbeziehungen auch ein Teil von Patronagenetzwerken sein konnten. Von den Klienten eines hohen Adligen wurde erwartet, dass sie ihm Geld liehen. Wer umgekehrt einen einflussreichen Adligen unter seinen Schuldnern hatte, konnte diesen unter Umständen auch beeinflussen und als Fürsprecher und Patronagebroker gewinnen.

Auch im Bereich des Kreditwesens war somit das Handeln von Adeligen ebenso wie das ihrer Gläubiger nie ausschließlich durch genuin wirtschaftliche Überlegungen bestimmt. Das Streben nach Status, der Versuch, soziale Netzwerke aufzubauen respektive

---

30 Tilly, Alexandre Comte de: Mémoires du comte Alexandre de Tilly. Pour servir à l'histoire des mœurs de la fin du 18. Siècle, hrsg. v. Christian Melchior-Bonnet. Paris 1986, S. 411–412.

31 Marraud: La Noblesse, S. 305.

diese für den eigenen Aufstieg zu nutzen, war oft genauso wichtig. Es wäre daher auch falsch, das Wirtschaftsverhalten von Adligen an denselben Maßstäben zu messen wie das von Kaufleuten oder Gewerbetreibenden.[32] Namentlich für den höheren Adel – für den Provinzadel galt das nicht in gleicher Weise – wurde im Laufe der Frühen Neuzeit die Gunst des Monarchen immer wichtiger. Nur in Ländern mit einer eher schwachen Monarchie, wie England im 18. Jahrhundert, Polen und zeitweilig auch Schweden, mochte das nicht gelten, sonst aber war das ein entscheidender Faktor. Angesichts der enormen Einkünfte, die zum Teil mit Ämtern und königlichen Vergünstigungen verbunden waren, man denke im spanischen Fall an die Positionen als Vizekönig in Europa oder Übersee, konnte es durchaus lohnend sein, für eine Karriere bei Hof, im Militär, oder als Prokonsul in einer entfernten Provinz immer mehr Schulden zu machen.[33]

Nie wirklich klar prognostizierbar war dabei freilich, ob die Rechnung nun aufging oder nicht. Von daher hat Jonathan Dewald über die finanzielle Situation von Louis II de Bourbon, Prinz von Condé nach 1660 (des »Grand Condé«), nach seiner Rückkehr aus dem spanisch-niederländischen Exil nach Frankreich gesagt, sie sei zwar verworren und unübersichtlich gewesen, aber das dürfe man nicht als Zeichen des wirtschaftlichen Niedergangs betrachten. In der Tat gelang es einem geschickten Finanzintendanten die enormen Schulden des Herzogs – acht Millionen *livres* in den 1660er Jahren – relativ rasch abzubauen.[34] Den Hintergrund der Krise bildeten auch in diesem Fall weniger wirtschaftliche als vielmehr politische Fehlentscheidungen – gerade Condés Beteiligung an der *Fronde* –, die ihn nach deren Scheitern 1654 genötigt hatten, ins Exil in die Südlichen Niederlande zu gehen, ohne auf seine französischen Einkünfte zurückgreifen zu können. Dass aufgrund des Pyrenäenfriedens seine Besitzungen restituiert wurden, musste er noch als Glücksfall betrachten. Zurück in Frankreich baute er nicht zuletzt seine prächtige Residenz in Chantilly, die immer noch zu den größten erhaltenen Schlössern des französischen Adels gehört, aus.[35] In Statussymbole zu investieren, etwa

32 Hier sei noch einmal Yun Casalilla: Iberian World, S. 229, zitiert: »The aristocratic households were in fact organizations [...] whose main aim was not, as classical economics would have it, economic profit maximization but rather the consolidation, coherence and expansion of the family and lineage itself, as behavioural economics would in fact imply. [...] In a context in which social capital was of such great importance, the investment in matrimonial alliances (dowries) in political clients (patronage), and in the promotion of the second-born sons so as to extend the power of the familial networks would be crucial.«

33 In Spanien bezog Antonio Alonso Pimentel y Herrera de Velasco Conde de Benavente 1566 74 Prozent seines Einkommens aus Zuwendungen der Krone einschließlich der Zölle und Steuererhebungsrechte, die man ihm überlassen hatte, die Einkünfte aus einem Landbesitz machten nur 26 Prozent aus; vgl. Asch, Ronald G.: Europäischer Adel in der Frühen Neuzeit. Eine Einführung. Köln 2008, S. 73; Duplessis, Robert: Transitions to Capitalism in Early Modern Europa. Cambridge 1997, S. 151.

34 Vgl. Dewald, Jonathan: The Ruling Class in the Marketplace. Nobles and Money in Early Modern France. In: Teichgraeber, Richard / Haskell, Thomas (Hrsg.): The Culture of the Market. Historical Essays. Cambridge 1994, S. 43–65, hier S. 49–50; Béguin, Kathia: Les princes de Condé. Rebelles, courtisanes et mécènes dans la France du grand siècle. Seyssel 1999, S. 289–294.

35 Vgl. ebd., S. 329–345.

in den Bau eines großen Landsitzes oder eines prächtigen Stadtpalastes, konnte durchaus lohnend sein, da man dadurch soziales und kulturelles Kapital erwarb, das sich bei Hof in politisches Kapital umsetzen ließ. Dieses war wiederum auch wirtschaftlich bedeutsam. Diesen Kreislauf von Einkünften und Ausgaben beschreibt Robert Forster in seiner schon älteren Studie über das Haus Saulx-Tavannes mit den Worten:

> »The Tavannes ›saved‹ nothing. [...] The family functioned like a sort of sponge, syphoning off public funds by sinecures, absorbing the capital of other families by marriage and maximizing the revenues of the land at each new lease. This money was spent either on direct consumption or on portions and dowries that were in turn lavished on conspicuous expenditure.« [36]

6 *Cum dignitate otium* statt Fachmenschentum und unternehmerischer Tätigkeit?

Dabei muss freilich auch berücksichtigt werden, dass bestimmte Formen der Erwerbstätigkeit für Adlige in den meisten Ländern als nicht standesgemäß betrachtet wurden. Es war in Frankreich und England zwar durchaus möglich, mit Sklavenplantagen in der Karibik Geld zu verdienen, ohne dass das dem Renommee der Familie dauerhaft schadete. Wenn man andererseits das Land, das man besaß, als verarmter Adliger selbst bestellte, wie das manche Mitglieder der Szlachta in Polen taten, hob das vielleicht nicht gerade das soziale Ansehen, aber galt doch auch nicht per se als unehrenhaft. Anders sah es aus, wenn man seine Waren selbst auf einen kleinstädtischen Markt feilbot. Das war kaum jene Lebensform, die dem adligen Ideal des *cum dignitate otium* entsprach. Eigentlich hatte es immer irgendwie etwas Entwürdigendes, von einem Beruf oder einem Gewerbe zu leben, so hat es Mathieu Marraud mit Blick auf den hohen französischen Adel konstatiert. *Vivre de sa profession*, war allzu bürgerlich. Vielmehr sollte man von seinen Rang leben und wollte das soziale Kapital, das man besaß, unmittelbar in wirtschaftliches Kapital umsetzen, was oft genug ja auch gelang, jedenfalls dem Hochadel.[37]

Für den landbesitzenden Provinzadel war es ungleich schwieriger, auf diese Weise über die Runden zu kommen, aber auch hier war das Lebensideal, dem man folgte, eigentlich doch das des vielseitig interessierten Dilettanten. Es gab natürlich Ausnahmen, doch bis zum späten 18. Jahrhundert, als die Anpassungszwänge größer wurden, verachteten Adlige normalerweise einen Bürgerlichen, der seinen Aufstieg seiner akademischen Bildung und seinen Spezialkenntnissen verdankte. Ein später Vertreter der *Protestant Ascendancy* in Irland, der Schriftsteller Hubert Butler, der bei Kilkenny lebte,

36 Forster, Robert: The House of Saulx-Tavanes. Versailles and Burgundy. 1700–1830. Baltimore 1971, S. 127.

37 Marraud: La Noblesse, S. 294.

und vielen heute als einsame Stimme des Liberalismus im klerikalen Irland der Jahre zwischen 1930 und 1980 gilt,[38] hat diese Abneigung gegen das Fachmenschentum einmal in einem Aufsatz über das irische *country house* im 19. Jahrhundert in folgende Worte gebracht: »From every field the gifted country gentleman was to find himself evicted by the specialist and the civil servant. His most formidable enemies were not I think, a resentful tenantry, but the salaried professional.«[39]

Vor der Mitte des 18. Jahrhunderts konnte man sich dieser Angriffe der *professionals* freilich noch ganz gut erwehren. In Frankreich galt im Übrigen ursprünglich das Prinzip, dass ein Adliger, der einem bürgerlichen Gewerbe nachging, seinen Adelsstatus verlieren konnte. Allerdings wurden die entsprechenden Bestimmungen seit der Zeit Ludwigs XIV. nach und nach gelockert. Seit 1701 war das Engagement im Groß- und Überseehandel für den Adel generell zulässig, nach 1750 wurden dann die entsprechenden Bestimmungen auch für das Bankgewerbe und das Betreiben von Manufakturen flexibilisiert oder aufgehoben.[40] Große Teile des Adels blieben gegenüber solchen Aktivitäten und Investitionen aber doch relativ zurückhaltend, wenn man den Befunden etwa in der Studie von Mathieu Marraud über den Adel der Stadt Paris im 18. Jahrhundert folgt. Die großen Finanziers und Geldgeber der Krone, die im 18. Jahrhundert durchaus zum höheren Adel gerechnet wurden, beteiligten sich freilich an kommerziellen Unternehmen, was nicht unbedingt überrascht. Ähnliches galt auch für französische Adlige britischer und irischer Herkunft, also beispielsweise für die geflohenen Jakobiten, die in ihrer Heimat daran gewöhnt gewesen waren, dass kommerzielle Aktivitäten nicht grundsätzlich als statusmindernd galten.[41]

Bei ihnen trat der Umstand hinzu, dass sie in Frankreich über keinen ererbten Landbesitz verfügten, es sei denn, sie hatten ihn sich irgendwie erheiratet. Auf andere Einkommensquellen zu setzen lag in diesem Fall also besonders nahe. Als dritte Gruppe war auch der Hofadel im engeren Sinne des Wortes bereit, Kapital in Handelsgesellschaften und ähnlichen Unternehmungen anzulegen. Dies tat er allerdings selten ganz offen, sondern meistens unter dem Schutz der Anonymität, zum Teil sogar unter Einsatz von Strohmännern. Der Status des Hofadels war allerdings so wenig angreifbar, dass auch die Verwicklung in eher problematische Geschäfte ihn nicht in Frage zu stellen vermochte.[42]

38 Vgl. Tobin, Robert: The Minority Voice. Hubert Butler and Southern Irish Protestantism. 1900–1991. Oxford 2012.

39 Butler, Hubert: The Country House after the Union. In: Butler, Hubert (Hrsg.): Escape from the Anthill. Mullingar 1986, S. 46–56, hier S. 47.

40 Vgl. Figeac, Michel: L'automne des gentilshommes. Noblesse d'Aquitaine, noblesse française au siècle des Lumières. Paris 2002, S. 135–136, 163–164.

41 Vgl. Marraud: La Noblesse, S. 320–327; de Dromantin, Patrick Clarke: Les réfugiés jacobites dans la France du XVIIIe siècle. L'exode de toute une noblesse »pour cause de religion«. Bordeaux 2005.

42 Vgl. Maurraud: La Noblesse, S. 327.

7 Die ambivalente Bedeutung des Landbesitzes

Auf unternehmerische Aktivitäten im kolonialen Bereich ist bereits verwiesen worden. Wie regionale Studien zeigen konnten, investierte zum Beispiel der Amtsadel von Bordeaux im 18. Jahrhundert sein Geld durchaus auch in Plantagen in der Karibik oder ließ seine Söhne die Erbinnen solcher Plantagen heiraten. Damals konnte man mit Sklavenarbeit in der Tat enorme Profite erwirtschaften. Die unerfreulichen Begleiterscheinungen dieser Art von Geschäft, wie die Ausbeutung und die Misshandlung der Arbeitskräfte und die daraus resultierende spektakulär geringe Lebenserwartung der Zwangsarbeiter, blieben den Standesgenossen in Frankreich verborgen. Zumindest hatte man sie nicht täglich vor Augen.[43]

In England gab es im 18. Jahrhundert ebenfalls und sicher in noch größerem Umfang eine Reihe von Familien, deren sozialer Aufstieg auf Sklavenhandel, Plantagenwirtschaft oder einer sonstigen Karriere in den Kolonien, etwa in Indien, beruhte. Wirkliche soziale Aufsteiger – reine *homines novi* – waren dabei eher die *Nabobs*, jene *company servants*, die in Indien auf eine Art und Weise reich geworden waren, die im England des späten 18. Jahrhunderts zunehmend kritisch gesehen wurde. Man setzte jetzt darauf, der indischen Bevölkerung aus einer Position der moralischen Überlegenheit gegenübertreten zu können, anstatt sich dem dortigen Lebensstil und den landesüblichen Herrschaftsmethoden einfach anzupassen.[44] Die Plantagenbesitzer in der Karibik führten hingegen ein Leben, das durchaus dem der reichen Landbesitzer in England entsprach, wenn man davon absah, dass sie über Sklaven, nicht über freie Pächter herrschten. Im Übrigen kamen die führenden *planters* in Westindien auch nicht selten aus *gentry*-Familien, auch wenn es sich meist um jüngere Söhne oder Angehörige von Nebenlinien handelte. Es waren also meist keine reinen Aufsteiger.[45]

Zu den prominentesten Plantagenbesitzern, die später in den Hochadel aufsteigen sollten, gehörten die Lascelles. Diese stammten aus Yorkshire und ließen sich dort im späten 18. Jahrhundert vom Architekten Robert Adam ein enormes Landhaus im klassizistischen Stil errichten. Ihr Aufstieg hatte mit Henry Lascelles (1690–1753) begonnen, der als leitender Zollbeamter in Barbados ein ähnliches Talent bei der Vermehrung seines Vermögens zeigte, wie der erste Herzog von Chandos als Zahlmeister der englischen Truppen einige Jahre zuvor. Lascelles war der fünfte Sohn des Abgeordneten Daniel Lascelles, eines Landbesitzers in Yorkshire. 1712 ging er in die Karibik und heiratete dort die Tochter eines vermögenden Sklavenhändlers. Sein Amt als Zolleinnehmer

43 Vgl. Figeac: Gentilshommes, S. 265–268.

44 Vgl. Nechtman, Tillmann: Nabobs. Empire and Identity in Eighteenth-Century Britain. Cambridge 2010; Ray, Kanta Ray: Indian Society and the Establishment of British Supremacy. 1765–1818. In: Marshall, Peter (Hrsg.): The Eighteenth Century (The Oxford History of the British Empire, Bd. 2). Oxford 2006, S. 508–529.

45 Vgl. Habakkuk: English Landownership, S. 454.

erwies sich trotz häufiger Korruptionsvorwürfe als recht einträglich. Nachdem er sich 1732 dauerhaft in England niedergelassen hatte, vermehrte er sein Vermögen als Heereslieferant noch weiter und baute seine Aktivitäten im Sklavenhandel mit entsprechenden Investitionen aus. Überdies besaß er weiter eine Zuckerrohrplantage in der Karibik. Seine politischen Verbindungen erlaubten es ihm, Versuche, ihn wegen seiner korrupten Verwaltungsmethoden doch noch im Nachhinein zur Rechenschaft zu ziehen, abzuwehren. Als er starb, hinterließ er ein Vermögen von fast 400.000 Pfund. Das reichte aus, um seiner Familie den Aufstieg in die Aristokratie zu ermöglichen. Für diese Zwecke war es dann freilich doch wichtig, die *pudenda origo* des Reichtums der Familie ein wenig zu kaschieren, zumal im späteren 18. Jahrhundert die Toleranz gegenüber allen Arten der Bereicherung in den Kolonien geringer wurde. Man könnte an Burkes Anklage gegen Warren Hastings und seine Kritik an anderen *Nabobs* denken, auch wenn für Indien wegen der Gefahr der kulturellen Assimilation – des *going native* – andere Normen galten als für die Karibik, wo diese Gefahr dezidiert nicht bestand.[46]

Im Fall der Lascelles gelang es aber in späteren Generationen durch einen gepflegten Lebensstil und die noble Eleganz eines Landsitzes, der den höchsten ästhetischen Ansprüchen genügte, die eher problematischen Ursprünge des eigenen Reichtums weitgehend vergessen zu machen.[47] Sicherheitshalber überließ schon Henry Lascelles die Führung seines Geschäftes mittels seines Testamentes einem jüngeren Sohn, während der Erstgeborene ganz die Rolle des landbesitzenden Aristokraten spielen sollte. Zufälle in der Erbfolge und andere Umstände führten dann freilich dazu, dass die Earls of Harewood – diesen Titel erhielt die Familie Ende des 18. Jahrhunderts – dann um 1830, als die Sklaverei abgeschafft wurde, doch noch bedeutende Plantagen in der Karibik mit mehr als 1.000 Sklaven besaßen.[48] Heute ist die Familie mit dem Königshaus verwandt und hat in den vergangenen zwei Generationen künstlerische Talente entwickelt, die von der Leitung des Royal Opera House bis zur Produktion von Filmen und Fernsehserien wie *Inspector Morse* reichen.[49] Besucht man heute Harewood House, das sich immer noch in Familienbesitz befindet, dann ist von den eher düsteren Anfängen des sozialen Aufstiegs der Familie, die allerdings auch eher

46 Vgl. Smith, Simon: Slavery, Family, and Gentry Capitalism in the British Atlantic. The World of the Lascelles. 1648–1834. Cambridge 2006, S. 139–176; Smith, Simon: Lascelles, Henry. In: Oxford Dictionary of National Biography (2008). URL: https://doi.org/10.1093/ref:odnb/63019 [letzter Zugriff: 26.01.2021].

47 Vgl. Lascelles, David/Lascelles, George: Harewood. A New History. Leeds 2012; Mauchline, Mary: Harewood House. One of the Treasure Houses of Britain. Ashbourne 1992.

48 Vgl. Smith: World of the Lascelles: S. 185–186.

49 Vgl. o. A.: Nachruf auf den siebten Earl of Harewood, George Lascelles. In: Daily Telegraph, 11.07.2011. URL: https://www.telegraph.co.uk/news/obituaries/royalty-obituaries/8631002/The-Earl-of-Harewood.html [letzter Zugriff 14.04.2021]. Ponsonby, Robert: Lascelles, George Henry Hubert, seventh Earl of Harewood. In: Oxford Dictionary of National Biography (2015). URL: https://doi.org/10.1093/ref:odnb/103948 [letzter Zugriff: 26.01.2021]. Der siebte Earl, ein Enkel Georgs V., war u.a. Intendant der Royal Opera, sein Sohn der achte und gegenwärtige Earl ist als Filmproduzent tätig.

diskret behandelt werden, jedenfalls nichts mehr sichtbar. Die Lascelles sind ein Beispiel für den Aufstieg einer Familie, die in den beiden ersten Generationen durch besondere Rücksichtslosigkeit reich geworden war, wobei sie immerhin zu den alteingesessenen Familien der *gentry* in Yorkshire gehörten. In den Hochadel stiegen sie jedoch erst auf, nachdem sie sich in den Kolonien engagiert hatten. Auch James Brydges erlangte den Herzogshut erst, als er sich durch den großzügigen Griff in die Armeekasse salviert hatte, nur, dass die Lascelles klüger und erfolgreicher waren als die Brydges.

An diesem Punkt bleibt Folgendes festzuhalten: Landbesitz konnte, wenn man nicht gerade einer Agrardepression ausgesetzt war oder im Krieg die Besitzungen verwüstet wurden, eine gute Grundlage für dauerhaften Wohlstand und den damit verbundenen sozialen Status sein. Reich wurde man durch Bewirtschaftung und Verpachtung des eigenen Landes allerdings nur dann, wenn besonders günstige Umstände vorlagen und andere Investitionen folgten. Gerade der höhere französische Adel schien dann auch ab der zweiten Hälfte des 17. Jahrhunderts seine ökonomischen Aktivitäten verlagert zu haben. Sicherlich kaufte man immer noch Land, um bestehende Besitzungen zu arrondieren, aber der Kauf von Ämtern, von Schuldverschreibungen und ähnliche Investitionen waren nun doch deutlich wichtiger.[50] Solche Investitionen warfen einfach mehr ab und man musste sich, jedenfalls bei den Renten, meist nicht weiter um die Anlage kümmern. Es gab keine aufsässigen Bauern und keine betrügerischen Verwalter, die einem das Leben schwer machten.[51] Hier zeichnet sich im Übrigen ein Unterschied zum englischen Adel ab, für den zwar Einkünfte aus nicht agrarischen Quellen ebenfalls wichtig waren, der diese aber – wenn man an die Spitzen der Aristokratie denkt – in der Regel weiterhin mit einem gewaltigen Landbesitz verknüpfte. Freilich gab es in England kein wirkliches Gegenstück zu dem Markt für Ämter wie in Frankreich, zu dem dort ja auch die Chargen am Hof gehörten, obwohl Offizierspatente auch in England käuflich waren. In England mag nach 1714 auch die relativ geringe Bedeutung des königlichen Hofes eine Rolle gespielt haben. Hinzu kam der Umstand, dass im Fall der *gentry* – also jener Schicht, die dem niederen Adel auf dem Kontinent entsprach – Landbesitz eigentlich während der gesamten Frühen Neuzeit die entscheidende Grundlage des sozialen Status war. Ein rechtlich klar abgegrenzter Stand war die *gentry* nicht. Wer genug Land besaß und sich den entsprechenden Lebensstil aneignete, dem wurde der Aufstieg in den *gentry* in der Regel nicht verwehrt. Ein

50 Zur Geschichte einer Familie, die den Fehler machte, zu sehr auf Einkünfte aus Land zu setzen und auch deshalb dem Niedergang nicht entging, vgl. Haddad, Élie; Fondation et ruine d'une »maison«. Histoire sociale des comtes de Belin. 1582–1706. Limoges 2009.

51 Vgl. Marraud: La Noblesse, S. 316–319: Er macht darauf aufmerksam, dass man mit Schuldverschreibungen Gewinne von bis zu zehn Prozent auf das eingesetzte Kapitel erzielen konnte, mit Land nur bestenfalls drei Prozent p. a., so dass manche Familien sogar Land verkauften, um damit Obligationen der Krone oder von Privatpersonen respektive von Korporationen zu erwerben.

Vermögen, das ausschließlich aus Bargeld, Schuldverschreibungen und Unternehmensbeteiligungen bestand bot für einen solchen Aufstieg keine hinreichende Grundlage. Von daher war Landbesitz von entscheidender sozialer Bedeutung.

8 Resümee und Ausblick

Für den Vermögensaufbau – und hier ist Katia Béguins Befunden für Frankreich wohl doch zuzustimmen – waren dennoch die Einkünfte aus Grundbesitz selten ausreichend. Dazu gehörte mehr, etwa die Beteiligung an Steuerpachten, ein einträgliches politisches Amt, eine Tätigkeit als Militärunternehmer oder Heereslieferant oder eben eine Position als bevorzugter Gläubiger der Krone. Katia Béguin versucht in ihrem bereits erwähnten Aufsatz über die historische Dynamik der Vermögensbildung in der Frühen Neuzeit eine Brücke zu den bekannten Thesen von Thomas Piketty über die wachsende soziale Ungleichheit in den westlichen Gesellschaften der Gegenwart zu schlagen.[52] Pikettys Thesen, mit denen er die Forderung nach höheren Steuern und Vermögensabgaben begründen will, sind nicht unumstritten. Gerade in den letzten zehn Jahren haben aber die Besitzer von Sachvermögen, also von Immobilien, Aktien und Unternehmensbeteiligungen, überproportional von den Versuchen der Regierungen und Zentralbanken profitiert, die Auswirkungen der internationalen Finanzkrise von 2008/09 und der damit verbundenen Eurokrise durch Geldschöpfung und finanzielle Repression einzudämmen. Dadurch ist eine *asset prize inflation* entstanden, die den Besitzern von Sachvermögen zugutegekommen ist.[53] In der Frühen Neuzeit waren die Möglichkeiten, einfach neues Geld zu schaffen, deutlich begrenzter, wenn man nicht zum Mittel der Münzverschlechterung oder zur Ausgabe von Papiergeld respektive von zweifelhaften Aktien, wie der Finanzimpresario John Law um 1720, greifen wollte. Doch auch hier, und das ist das Argument von Béguin, war der Staat auf eine eigentlich sehr kleine Zahl von vermögenden Gläubigern angewiesen, zu denen eine Art symbiotisches Verhältnis entstand. Unter diesen Gläubigern nahm der höhere Adel eine starke, wenn nicht sogar dominierende Stellung ein. Daher konnte diese Schicht auch mit dem Schutz des Staates rechnen, wenn es darum ging, sie ihrerseits vor den negativen Folgen einer Überschuldung zu schützen oder sie durch Steuerprivilegien ökonomisch zu stärken. Noch heute verfügen die größeren institutionellen Akteure der Finanzindustrie ebenfalls faktisch über eine staatliche Überlebensgarantie, unabhängig davon, welche Fehler sie machen und auf welche Fehlspekulationen sie sich einlassen.

52 Vgl. Piketty, Thomas: Das Kapital im 21. Jahrhundert. München 2016.

53 Vgl. Stöferle, Ronald / Taghizadegan, Rahim / Hochreiter, Gregor: Die Nullzinsfalle. Wie die Wirtschaft zombifiziert und die Gesellschaft gespalten wird. München 2019; Schnabl, Gunther: Zur Diskussion gestellt. Ursachen und Folgen der Niedrigzinsen. Enteignung der Sparer? In: ifo Schnelldienst 69 (2016), S. 3–18.

Zumindest für Frankreich, eine klassische *stake holder society* (in dem Sinne, dass soziale Eliten vielfach vom Staatsbildungsprozess profitierten, als Amtsinhaber, als Inhaber von Privilegien, als Steuerpächter, aber auch als Gläubiger des Königs), aber wohl auch für das habsburgisch regierte Spanien, leuchtet dieses Modell jedenfalls für das *Ancien Régime* ein. Dies bedeutet allerdings nicht, dass große Adelshäuser nicht doch einmal mit einem finanziellen Ruin konfrontiert waren, wenn sie sich allzu unvernünftig verhielten. Ein Beispiel aus dem 18. Jahrhundert hierfür wäre die Familie Rohan-Guéméné. Insgesamt wird das eher entspannte Verhältnis weiter Kreise des Adels zum Schuldenmachen in diesem Kontext dann doch nachvollziehbar und wäre nicht ein Zeichen für die Weltfremdheit des Adels in ökonomischen Fragen, sondern, wie Marraud in einer Studie über Paris schreibt, ein Beleg für eine aristokratische Vitalität und eine durchaus wohlkalkulierte Risikobereitschaft.[54]

Wie immer man das Wirtschaftsverhalten des Adels beurteilen mag – und hier sind natürlich auch die Unterschiede zwischen dem Hochadel und einfachen Landadligen zu berücksichtigen, die eher vor der Gefahr einer regelrechten Verarmung und damit des finalen sozialen Abstiegs standen –, so gelang es doch bemerkenswert vielen Adelsfamilien, über Jahrhunderte hinweg die eigene soziale Stellung zu bewahren. Hinzu kam die Sorge aller Adligen um den Fortbestand der eigenen Dynastie und die damit verbundene Sehnsucht nach genügend männlichen Nachkommen. Kaufmannsdynastien, denen der wirtschaftliche Erfolg über mehr als drei Generationen treu blieb, dürften hingegen eher selten gewesen sein. Dabei gilt es zu berücksichtigen, dass in der Frühen Neuzeit reiche Kaufleute sich oft in späteren Generationen aus dem aktiven Geschäftsleben zurückzogen, um eine Existenz als Rentiers zu führen. Damit verband sich nicht selten die Hoffnung auf einen Aufstieg in den Adel, sei es durch den Erwerb von Ämtern oder auch durch das Umschwenken auf eine militärische Karriere, verbunden oft mit dem Leben eines Landedelmannes in Friedenszeiten.[55]

Blickt man nur auf die aktiven Kaufleute und Unternehmer jedweder Art, dann verstanden sich altetablierte Adelsfamilien trotz der unverkennbaren Neigung mancher Individuen oder auch ganzer Generationen zu sinnloser Verschwendung oder zum Schuldenmachen oft besser auf die Kunst des sozialen und wirtschaftlichen Überlebens als ihre bürgerlichen Rivalen. Sie machten eben nicht den Fehler, primär oder gar ausschließlich wirtschaftliches Kapital zu bilden, sondern investierten stattdessen mindestens genauso stark in soziales und kulturelles Kapital. Reichtum war für die Bewahrung des sozialen

---

54 Vgl. Marraud: La Noblesse, S. 305.

55 In Frankreich versuchten einerseits seit dem 16. Jahrhundert Kaufmannsfamilien in den Amtsadel aufzusteigen, andererseits strebten auch Familien der *Robe* immer wieder danach, Anschluss an den Schwertadel zu finden. Dazu vgl. Descimon, Robert / Haddad, Èlie (Hrsg.): Épreuves de noblesse. Les expériences nobiliares de le haute robe parisienne (XVIe–XVIIIe siècle). Paris 2010; darin bes. Lyon-Caen, Nicolas / Marraud, Mathieu: Le prix de la robe. Coûts et conséquences de passage à l'office dans la marchandise parisienne. 1680–1750. S. 233–256, und Haddad, Élie: Les Mesgrigny ou le coût social et moral des prétension à l'epée, S. 211–232.

Status wichtig. Mindestens ebenso wichtig waren die Gunst des Fürsten und die Ehrerbietung und der Respekt der nichtadligen Bevölkerung, was man im Englischen mit dem Ausdruck *deference* bezeichnet. *deference* aber konnte man sich nur begrenzt durch Großzügigkeit – etwa durch Gastfreundschaft – erkaufen oder durch wirtschaftlichen Druck erzwingen. Entscheidend war eher ein sozialer Habitus, der dem Gegenüber – unter Voraussetzung einer bestimmten Sozialisation und eines kulturellen Wertesystems – fast automatisch Respekt abnötigte, ein Respekt, der diesen dann zum Beispiel auch dazu bringen konnte, auf die Eintreibung von Schulden zu verzichten, weil dies einen Bruch sozialer Konventionen bedeutet hätte. Wie das oben zitierte Beispiel des Comte de Tilly zeigt, funktionierte das freilich nicht immer. Auch Gläubiger, die sonst als *fort honnêtes hommes* gelten konnten, zeigten sich gelegentlich unangemessen zudringlich.

Solange die hierarchische soziale Ordnung des *Ancien Régime* und das kulturelle Wertesystem, das eng mit der Ordnung verbunden war, intakt waren, konnte man auch wirtschaftliche Krisen überleben. Dies gelang im Übrigen auch Tilly mit Hilfe des zuständigen Polizeipräfekten von Paris. Wenn umgekehrt aber der Respekt für den Autoritätsanspruch des Adels und dessen kulturelle Hegemonie verloren ging, dann war zumindest politisch gesehen auch ein großes Vermögen weitestgehend wertlos. Das mussten nicht nur französische Adlige nach 1789 erkennen, sondern auch viele andere Aristokraten in Europa, wenn auch oft zu einem deutlich späteren Zeitpunkt. In England kam man zu dieser Einsicht erst im Laufe des ausgehenden 19. und des beginnenden 20. Jahrhunderts, wenn nicht noch später. In Irland hingegen, wo die Herrschaft der landbesitzenden protestantischen Oberschicht – der *Ascendancy* – nie unumstritten gewesen war, mussten manche Landbesitzer schon viel früher feststellen, dass sie nicht mehr mit der Loyalität ihrer Pächter rechnen konnten.[56] Verband sich eine solche Legitimationskrise mit finanziellen Problemen, die durch Bauwut oder sonstige Formen der Verschwendung bedingt waren, dann konnte der Abstieg einer Familie freilich sehr drastisch ausfallen. Das galt etwa für die Kings, Earls of Kingston, im Westen Irlands.

George King, dritter Earl of Kingston (1771–1839), der auch unter dem Namen »Big George« bekannt war, gab ein Vermögen für seinen Landsitz – Mitchelstown Castle –, einen neugotischen Palast, der wohl einschließlich der Parkanlagen mehr als 100.000 Pfund gekostet haben dürfte, aus. Sein ältester Sohn, der für die Schulden seines Vaters bürgte, sollte später sein Leben in einem Schuldgefängnis beenden und die Erben von »Big George« waren genötigt, große Teile des Besitzes zu verkaufen, um die Schulden abzubezahlen, die ihnen der dritte Earl hinterlassen hatte.[57]

56 Zur *Protestant Ascendancy* vgl. Asch, Ronald G.: »West Britons« oder »Irish Patriots«? Die Identifikationsoptionen der Protestant Ascendancy in Irland im 18. Jahrhundert. In: Wrede, Martin/Bourquin, Laurent (Hrsg.): Adel und Nation in der Neuzeit. Ostfildern 2016, S. 71–84.

57 Ferres, Timothy William: Michelstown Castle. In: Lord Belmont of Northern Ireland, 18.01.2021 URL: http://lordbelmontinnorthernireland.blogspot.com/2014/03/clonbrock-house.html [letzter Zugriff: 15.05.2021]; Goodwin, Gordon/Bell, Alan: King, Edward, Viscount Kingsborough. In:

Finanzielle Probleme waren aber nicht der eigentliche Grund für die persönliche Krise des dritten Earl. Hierfür war vielmehr die wachsende katholische Opposition gegen die alte protestantische Elite ausschlaggebend. »Big Georges« buchstäblichen Absturz in den Wahnsinn thematisiert Elizabeth Bowen, deren Familiengeschichte – *Bowen's Court* – bereits an anderer Stelle angeführt wurde. Sie schildert, wie im Jahr 1830 – also nach der Katholikenemanzipation – in Limerick eine Wahl zum Parlament stattfand. Als der größte lokale Landbesitzer hatte Georg King in der Vergangenheit diesen Wahlkreis immer beherrscht, indem er seinen Pächtern einfach sagte, wen sie wählen sollten. So ging er auch 1830 vor. Seine Pächter erschienen auch in den Wahllokalen, aber sie entschieden sich fast alle für einen katholischen Kandidaten. Der Earl bestellte sie daraufhin auf seinen Landsitz nach Mitchelstown ein, um sie zur Rede zu stellen:

> »Big George sat on a dais at the far end of the hundred-foot-long castle gallery. As more and more tenants came pressing in at the door, the front of their crowd was pressed more and more upon him. Big George did not cease to cover the mobbed perspective of the gallery with his eye. That eye of his, and the dreadful continued silence, renewed the domination of centuries. But they were here to hear him. He must speak. He did not – he took the alternative and went mad. Leaping out of his seat he threw his arms wide: 'They are come to tear me to pieces, they are come to tear me, to tear me to pieces.' Forty eight hours later he had been taken away.«

Bowen fügt mit Blick auf die generelle Lage der landbesitzenden protestantischen Oberschicht nach 1828 hinzu: »The sense of dislocation was everywhere. Property was still there, but power was going. It was democracy, facing him in his gallery that sent Big George mad.«[58]

Oxford Dictionary of National Biography (2004). URL: https://doi.org/10.1093/ref:odnb/15560 [letzter Zugriff: 15.02.2020]; Donnelly, James S.: The Land and the People of 19th-Century Cork. The Rural Economy and the Land Question. London 1974, 2. Aufl., 2018, S. 70.

58 Bowen: Bowen's Court, S. 258; vgl. Kelsall, Malcolm: Literary Representations of the Irish Country House. Civilisation and Savagery under the Union. Basingstoke 2003, S. 167–168. Der jüngere Sohn von Big George und Erbe des Titels, der aufgrund der enormen Schulden einen großen Teil des Besitzes verkaufen musste und wiederholt mit dem Gesetz in Konflikt geriet, wurde am Ende ebenfalls wahnsinnig und in eine Heilanstalt eingewiesen. Der Titel wurde später in weiblicher Linie weitervererbt, doch der Niedergang der Familie setzte sich fort, namentlich nachdem Mitchelstown Castle 1922 von den irischen Republikanern niedergebrannt worden war. Der 11. Earl starb 2002 weitgehend verarmt, zwar konnte er noch auf einen Stiftungsfonds von 600.000 Pfund zurückgreifen, doch die jährliche Verzinsung von gut zwei Prozent erwies sich als unzureichend, um seinen umfangreichen Alkoholkonsum zu finanzieren. O. A.: Nachruf auf Barclay Robert Edwin King-Tenison, den 11. Earl of Kingston. In: The Daily Telegraph, 22.03.2002. URL: https://www.telegraph.co.uk/news/obituaries/1388436/The-Earl-of-Kingston.html [letzter Zugriff 26.01.2021]; vgl. zum vierten Earl: Sir Robert Henry King. In: Ireland XO. Ancestor Database (o.J.). URL: https://irelandxo.com/ireland-xo/history-and-genealogy/ancestor-database/sir-robert-henry-king [letzter Zugriff: 26.01.2021].

Schlechte Ernten, Spielschulden, finanzielle Fehlspekulationen, ein allzu üppiger Lebensstil, kostspielige Mätressen oder einfach nur zu viele Töchter, die eine Mitgift beanspruchten, all das konnte die Stellung einer aristokratischen Familie in der Gesellschaft schwächen, am Ende vielleicht sogar dauerhaft unterminieren. Schlimmer war allerdings eben doch ein politischer und kultureller Wertewandel, der den Respekt vor ererbtem Status überhaupt in Frage stellte. Ein solcher Wertewandel mochte sich im ländlichen Irland, wo die protestantische Landbesitzerschicht von den katholischen Pächtern und Bauern nie ganz akzeptiert worden war, früher vollziehen als in anderen Teilen Europas, wenn auch später als im revolutionären Frankreich, erreichte im Laufe des 19. Jahrhunderts aber auch andere europäische Gesellschaften. Dieses Problem war dann spätestens gegen Ende des Jahrhunderts auch mit großen wirtschaftlichen Ressourcen nicht mehr zu lösen.

Quellen- und Literaturverzeichnis

Gedruckte Quellen

O. A.: Nachruf auf Barclay Robert Edwin King-Tenison, den 11. Earl of Kingston. In: The Daily Telegraph, 22.03.2002. URL: https://www.telegraph.co.uk/news/obituaries/1388436/The-Earl-of-Kingston.html [letzter Zugriff 26.01.2021].

O. A.: Nachruf auf den siebten Earl of Harewood, George Lascelles. In: The Daily Telegraph, 11.07.2011. URL: https://www.telegraph.co.uk/news/obituaries/royalty-obituaries/8631002/The-Earl-of-Harewood.html [letzter Zugriff 14.04.2021].

O. A.: Sir Robert Henry King. In: Ireland XO. Ancestor Database (o. J.). URL: https://irelandxo.com/ireland-xo/history-and-genealogy/ancestor-database/sir-robert-henry-king [letzter Zugriff 16.02.2020].

Swift, Jonathan: The Works of the Rev. Jonathan Swift. With Notes, hrsg. von Thomas Sheridan / John Nicholls. Bd. 11. New York 1812.

de Tilly, Alexandre Comte: Mémoires du comte Alexandre de Tilly. Pour servir à l'histoire des mœurs de la fin du 18. Siècle, hrsg. v. Christian Melchior-Bonnet. Paris 1986.

Literaturverzeichnis

Asch, Ronald G.: Europäischer Adel in der Frühen Neuzeit. Eine Einführung. Köln 2008.

Asch, Ronald G.: »West Britons« oder »Irish Patriots«? Die Identifikationsoptionen der Protestant Ascendancy in Irland im 18. Jahrhundert. In: Wrede, Martin / Bourquin, Laurent (Hrsg.): Adel und Nation in der Neuzeit. Ostfildern 2016, S. 71–84.

Asch, Ronald G.: Patronage, Friendship and the Politics of Access. The Role of the Early Modern Favourite Revisited. In: Raeymaekers, Dries / Derks, Sebastiaan (Hrsg.): The Key to Power? The Culture of Access in Princely Courts. 1400–1750. Leiden 2016, S. 178–201.

Béguin, Katia: Les princes de Condé. Rebelles, courtisans et mécènes dans la France du grand siècle. Seyssel 1999.

Béguin, Katia: Financer la guerre au XVIIe siècle. Seyssel 2012.

Béguin, Katia: Du présent au passé. Les dynamiques historiques de la richesse à l'époque moderne. In: Annales Histoire. Sciences Sociales 70 (2015), S. 91–102.

Bowen, Elizabeth: Bowen's Court and Seven Winters. Memories of a Dublin Childhood. Eingel. von Hermione Lee. London 1999.

Brunner, Otto: Adeliges Landleben und europäischer Geist. Leben und Werk Wolf Helmhards von Hohberg. 1612–1688. Salzburg 1949.

Butler, Hubert: The Country House After the Union. In: Butler, Hubert (Hrsg.): Escape from the Anthill. Mullingar 1986, S. 46–56.

Cannadine, David: Winston Churchill as an Aristocratic Adventurer. In: Cannadine, David (Hrsg.): Aspects of Aristocracy. London 1995, S. 130–162.

Casey, James: Early Modern Spain. A Social History. London 1999.

Coquery, Natacha: L' hôtel aristocratique. Le marché du luxe à Paris au XVIIIe siècle. Paris 1998.

De Dromantin, Patrick Clarke: Les réfugiés jacobites dans la France du XVIIIe siècle. L'exode de toute une noblesse »pour cause de religion«. Bordeaux 2005.

Descimon, Robert / Haddad, Élie (Hrsg.): Épreuves de noblesse. Les expériences nobiliaires de la haute robe parisienne (XVIe-XVIIIe siècle). Paris 2010.

Dewald, Jonathan: Pont-Saint-Pierre 1398–1789. Lordship, Community and Capitalism in Early Modern France. Berkeley/CA 1987.

Dewald, Jonathan: The Ruling Class in the Marketplace. Nobles and Money in Early Modern France. In: Teichgraeber, Richard / Haskell, Thomas (Hrsg.): The Culture of the Market. Historical Essays. Cambridge 1994, S. 43–65.

Dickson, Peter / Beckett, John: The Finances of the Dukes of Chandos. Aristocratic Inheritance, Marriage, and Debt in Eighteenth-Century England. In: Huntington Library Quarterly 64/3,4 (2001), S. 309–355.

Donnelly, James S.: The Land and the People of 19th-Century Cork. The Rural Economy and the Land Question. London 1974, 2. Aufl. 2018.

Drelichman, Mauricio / Voth, Hans-Joachim: Lending to the Borrower from Hell. Debt, Taxes, and Default in the Age of Philip II. Princeton/NJ 2014.

Duplessis, Robert: Transitions to Capitalism in Early Modern Europe. Cambridge 1997.

Eliszezynski, Mrozek: Bajo acusación. El valimiento en el reinado de Felipe III. Madrid 2015.

Estringana, Alicia Esteban: Guerra y finanzas en los Países Bajos católicos de Farnesio a Spinola. 1592–1630. Madrid 2002.

Ferres, Timothy William: Mitchelstown Castle. In: Lord Belmont of Northern Ireland (28.01.2021). URL: http://lordbelmontinnorthernireland.blogspot.com/2014/03/clonbrock-house.html [letzter Zugriff: 15.05.2021].

Figeac, Michel: L'automne des gentilshommes. Noblesse d'Aquitaine, noblesse française au siècle des Lumières. Paris 2002.

Forster, Robert: The House of Saulx-Tavanes. Versailles and Burgundy. 1700–1830. Baltimore 1971.

Goodwin, Gordon / Bell, Alan: King, Edward, Viscount Kingsborough. In: Oxford Dictionary of National Biography (2004). URL: https://doi.org/10.1093/ref:odnb/15560 [letzter Zugriff 26.01.2021].

Habakkuk, John: Marriage, Debt, and the Estates System. English Landownership. 1650–1950. Oxford 1994.

Haddad, Élie: Fondation et ruine d'une »maison«. Histoire sociale des comtes de Belin. 1582–1706. Limoges 2009.

Haddad, Élie: Les Mesgrigny ou le coût social et moral des prétension à l'epée. In: Descimon/Haddad (Hrsg.): Épreuves de noblesse, S. 211–232.

Heal, Felicity / Holmes, Clive: The Gentry in England and Wales 1500–1700. Basingstoke 1994.

Hernández, Ignacio Atienza: Aristocracia, poder y riqueza en la España moderna. La Casa de Osuna. Siglos XV–XIX. Madrid 1987.

Jenkins, Susan: Portrait of a Patron. The Patronage and Collecting of James Brydges, 1st Duke of Chandos. 1674–1744. Aldershot 2007.

Johnson, Joan: Brydges, James, first duke of Chandos. In: Oxford Dictionary of National Biography (2010). URL: https://doi.org/10.1093/ref:odnb/3806 [letzter Zugriff 26.01.2021].

Ibarra, Miguel Ángel de Bunes: Osuna en Sicilia. El turco en la estrategia del imperio en el Mediterraneo. In: Encarnacion Sanchez Garcia (Hrsg.): Cultura della guerra e arti della pace. Il 3. Duca di Osuna in Sicilia e a Napoli. Neapel 2012, S. 12–144.

Kelsall, Malcolm: Literary Representations of the Irish Country House. Civilisation and Savagery under the Union. Basingstoke 2003.

Lascelles, David / Lascelles, George: Harewood. A New History. Leeds 2012.

Linde, Luis: Don Pedro Girón. Duque de Osuna. La hegemonia española en Europa a comienzos del siglo XVII. Madrid 2005.

Lyon-Caen, Nicolas / Marraud, Mathieu: Le prix de la robe. Coûts et conséquences de passage à l'office dans la marchandise parisienne. 1680–1750. In: Descimon/Haddad (Hrsg.): Epreuves de noblesse, S. 233–256.

Marraud, Mathieu: La Noblesse de Paris au XVIIIe siècle. Paris 2000.

Mauchline, Mary: Harewood House. One of the Treasure Houses of Britain. Ashbourne 1992.

Nechtman, Tillman: Nabobs. Empire and Identity in Eighteenth-Century Britain. Cambridge 2010.

Piketty, Thomas: Das Kapital im 21. Jahrhundert. München 2016.

Ponsonby, Robert: Lascelles, George Henry Hubert, seventh Earl of Harewood. In: Oxford Dictionary of National Biography (2015). URL: https://doi.org/10.1093/ref:odnb/103948 [letzter Zugriff: 26.01.2021].

Ray, Rajat Kanta: Indian Society and the Establishment of British Supremacy. 1765–1818. In: Marshall, Peter (Hrsg.): The Eighteenth Century (The Oxford History of the British Empire, Bd. 2). Oxford 2006, S. 508–529.

Schnabl, Gunter: Zur Diskussion gestellt. Ursachen und Folgen der Niedrigzinsen. Enteignung der Sparer? In: ifo Schnelldienst 69 (2016), S. 3–18.

Smith, Simon: Slavery, Family, and Gentry Capitalism in the British Atlantic. The World of the Lascelles. 1648–1834. Cambridge 2006.

Smith, Simon: Lascelles, Henry. In: Oxford Dictionary of National Biography (2008). URL: https://doi.org/10.1093/ref:odnb/63019 [letzter Zugriff 26.01.2021].

Stöferle, Ronald / Taghizadegan, Rahim / Hochreiter, Gregor: Die Nullzinsfalle. Wie die Wirtschaft zombifiziert und die Gesellschaft gespalten wird. München 2019.

Tobin, Robert: The Minority Voice. Hubert Butler and Southern Irish Protestantism. 1900–1991. Oxford 2012.

Vouhé, Grégory: Le château de Richelieu (1631–1636). In: Boyer, Jean-Cleaude u.a. (Hrsg.): Richelieu patron des arts. Paris 2009, S. 75–96.

Winkelbauer, Thomas: Fürst und Fürstendiener. Gundaker von Liechtenstein, ein österreichischer Aristokrat des konfessionellen Zeitalters. Wien 1999.

Yun-Casalilla, Bartolomé: From Political and Social Management to Economic Management? Castilian Aristocracy and Economic Development. 1450–1800. In: Janssens, Paul / Yun-Casalilla, Bartolomé (Hrsg.): European Aristocracies and Colonial Elites. Patrimonial Management Strategies and Economic Development. 15th–18th Centuries. London 2005, S. 85–98.

Yun-Casalilla, Bartolomé: Iberian World Empires and the Globalization of Europe. 1415–1668. London/Singapur 2019.

ADEL UND KAPITALISMUS. EUROPÄISCHE SCHLAGLICHTER VOM SPÄTMITTELALTER BIS ETWA 1900

Friedrich Lenger

Abstract In der für den Kapitalismus kennzeichnenden Erwartung zukünftiger Profite und dem den Adel ausmachenden Verweis auf eine weit zurückreichende und ruhmreiche Vergangenheit scheint eine Spannung auf, die das Thema des Beitrags grundsätzlich in Frage stellt. Der Blick auf die europäische Geschichte zwischen dem Spätmittelalter und der Wende zum zwanzigsten Jahrhundert zeigt jedoch eine durchaus beachtliche Beteiligung des Adels sowohl am frühneuzeitlichen Handelskapitalismus in der alten wie der neuen Welt als auch und vor allem am Agrarkapitalismus sowie schließlich am montanen Sektor des frühen Industriekapitalismus. Dieser Befund ist indessen nach Adelsfraktionen ebenso weiter zu differenzieren wie nach Regionen.

Keywords Agrarkapitalismus, Handelskapitalismus, Temporalität, Zukunft

1 Einleitung: begriffliche Vorklärungen

Ein so weit gespanntes Themenfeld wie »Adel und Kapitalismus« erfordert begriffliche Vorklärungen. Diese werfen ihrerseits Probleme auf, liegen doch zum Adel wie zum Kapitalismus zahlreiche konkurrierende Definitionen vor. Eine Beschränkung auf je eine solche Definition mag von daher willkürlich erscheinen, lässt sich aber damit rechtfertigen, dass die beiden ausgewählten Begriffsbestimmungen in besonderer Weise geeignet sind, den Spannungsbogen zwischen Adel und Kapitalismus konzeptionell greifbar zu machen. »Adel«, so lautet der erste Satz einer von Horst Carl und Martin Wrede verfassten Einleitung zu einem von ihnen herausgegebenen Sammelband, »konstituierte und legitimierte sich essentiell durch Erinnerung, Tradition und Kontinuität.« [1] Dagegen spielt in Versuchen, das Wesen des Kapitalismus zu erfassen, die Zukunft eine ungleich größere Rolle. Das gilt insbesondere für

1 Wrede, Martin / Carl, Horst: Einleitung: Adel zwischen Schande und Ehre, Tradition und Traditionsbruch, Erinnerung und Vergessen. In: Wrede, Martin / Carl, Horst (Hrsg.): Zwischen Schande und Ehre. Erinnerungsbrüche und die Kontinuität des Hauses. Legitimationsmuster und Traditionsverständnis des frühneuzeitlichen Adels in Umbruch und Krise. Zabern 2007, S. 1–24, hier S. 1.

die Überlegungen des Kölner Wirtschaftssoziologen Jens Beckert. In Anknüpfung an die bekannten Überlegungen Reinhart Kosellecks zum Auseinandertreten von Erwartungshorizont und Erfahrungshintergrund in der Moderne und in Parallele zu Benedict Anderson spricht er von *imagined futures* als Wesensmerkmal des Kapitalismus, von fiktionalen Erwartungen als Motor kapitalistischer Dynamik.[2] Theoriegeschichtlich ist es naheliegend, nach Vorläufern eines solchen Ansatzes zu fragen, die man zum Beispiel in Joseph Schumpeters Zentralstellung des Kredits in dessen Kapitalismusverständnis oder in Frank Knights Unterscheidung zwischen Risiko und Unsicherheit finden würde. Aber das würde vom Thema wegführen.[3] Stattdessen sei einleitend nur festgehalten, dass mit Blick auf Adel und Kapitalismus also von zwei unterschiedlichen und diametral entgegengesetzten Temporalitäten auszugehen ist, mit denen man auf der Ebene der Akteure leicht einen jeweils entsprechenden Habitus verbinden kann: Repräsentation oder auch Inszenierung der Vergangenheit versus Imagination der Zukunft.

Eine solche Entgegensetzung stellt in gewissem Sinn die Berechtigung des Themas in Frage, schärft aber hinsichtlich des Verhältnisses von Adel und *Entrepreneurship* vielleicht den Blick. Denn hier ergeben sich zwei, sich nicht unbedingt ausschließende systematische Schlussfolgerungen. Entweder ist *Entrepreneurship* nicht notwendig kapitalistisch und sind die in diesem Band vorgestellten adligen Unternehmer keine eigentlichen Kapitalisten; oder aber die Gegenüberstellung von Kapitalismus und Unternehmertum auf der einen Seite, Adel auf der anderen Seite verzeichnet wesentliche Aspekte der Adelsgeschichte während des hier in den Blick genommenen halben Jahrtausends. Will man die erste Denkmöglichkeit weiter verfolgen, bietet es sich an, einen Aspekt der um 1900, also am Ende der hier behandelten Zeitspanne, geführten Kapitalismusdebatte zentral zu stellen, nämlich die Rechenhaftigkeit und die sich von Personen gänzlich ablösende Rationalität kapitalistischen Wirtschaftens. Max Webers Rede vom »stahlharte[n] Gehäuse« ist die hierfür wohl am häufigsten bemühte Referenz, aber auch in Georg Simmels *Philosophie des Geldes* oder in Sombarts *Modernem Kapitalismus* finden sich ganz ähnliche Bilder, die ihrerseits Vorläufer im Marx'schen *Kapital* haben.[4] Zugespitzt ist in einer solchen Perspektive der Unternehmer nur die unvollkommene persönliche Vorstufe des versachlichten

2 Vgl. Beckert, Jens: Imagined Futures. Fictional Expectations and Capitalist Dynamics. Cambridge/MA 2016.

3 Vgl. Schumpeter, Joseph A.: Schriften zur Ökonomie und Soziologie. Berlin 2016 [zuerst 1946], bes. S. 139, und Knight, Frank H.: Risk, Uncertainty, and Profit. Orlando/FL 2009 [zuerst 1921].

4 Weber, Max: Asketischer Protestantismus und Kapitalismus. Schriften und Reden 1904–1911, hrsg. von Schluchter, Wolfgang/Bube, Ursula (Max Weber-Gesamtausgabe, Bd. I/9). Tübingen 2014 [zuerst 1905], S. 422; vgl. Simmel, Georg: Philosophie des Geldes (Georg Simmel-Gesamtausgabe, Bd. 6). Frankfurt a.M. 1989 [zuerst 1900], S. 298–299; Sombart, Werner: Der moderne Kapitalismus. 2 Bde. Leipzig 1902, Bd. 1, S. 397, sowie Marx, Karl: Das Kapital. Kritik der politischen Ökonomie. Bd. 1 (Marx, Karl/Engels, Friedrich: Werke, Bd. 23). Berlin 1979 [zuerst 1867], S. 765–766.

und durchbürokratisierten Unternehmens oder der Unternehmung. Das klingt auch in Schumpeters Klage durch, »der Nationalökonomie« sei es lange »schwer gefallen, im Fabrikherrn von vor hundert Jahren den Kapitalisten und den Unternehmer auseinanderzuhalten«.[5]

Aber auch für den zweiten angesprochenen Denkstrang lohnt der Rückgriff auf dieselben prominenten Autoren des frühen 20. Jahrhunderts. Denn Werner Sombart und Joseph Schumpeter, die den Unternehmerbegriff vielleicht mehr als alle anderen Sozialökonomen geprägt haben, hielt der Blick auf die in ihrer Zeit entstehenden Großunternehmen keineswegs davon ab, ihr Unternehmerbild an einigen wenigen Persönlichkeitsmerkmalen auszurichten. Bei Schumpeter kam das deutlicher in der Idealisierung des Konkurrenzkapitalismus des 19. Jahrhunderts als in seiner Rede von der »Führerfunktion auf dem Gebiete der Wirtschaft« zum Ausdruck.[6] Beinahe zeitgleich beschrieb Sombart die Unternehmermoral als Herrenmoral, die indessen durch die bürgerlichen Hausvätertugenden der Wirtschaftlichkeit sowohl im Sinne der Rationalisierung wie auch der Sparsamkeit temperiert sei. Während er kurz zuvor noch den kapitalistischen Unternehmer aus der Verbindung von Händler und Unternehmer hatte hervorgehen lassen, betrachtete er nun den »Bürgergeist [als] den baumwollenen Schussfaden«, den »Unternehmungsgeist« dagegen als »die seidene Kette« des Gesamtgewebes, die das Händlerische einschloss.[7] Auf die dahinter stehenden Verschiebungen innerhalb seiner von ihm selbst so genannten Zweiseelentheorie des Unternehmers braucht hier nicht eingegangen zu werden.[8] Sie hatten indessen eine klare entwicklungsgeschichtliche Grundierung: »Als Condottiere, vielleicht können wir auch sagen, als Conquistadores fangen die Unternehmer an, um als Beamte zu endigen.«[9]

Dieses aus Sombarts und Schumpeters Sicht traurige Ende muss beim Blick auf die Frühe Neuzeit nicht interessieren. Aber vielleicht helfen die eingeführten Begriffe und Unterscheidungen ein wenig bei der Einordnung der auf den europäischen Adel beschränkten empirischen Beobachtungen, die ihrerseits keineswegs mit dem Anspruch auf Vollständigkeit erhoben worden sind und angesichts der Breite des Themas oft recht schematisch ausfallen müssen. Zum Zwecke ihrer Gliederung werden nicht die von Sombart und anderen vorgelegten Unternehmertypologien verwandt, sondern der bislang nur sehr pauschal eingeführte Kapitalismusbegriff dahingehend aufgefächert,

5 Schumpeter, Joseph A.: Theorie der wirtschaftlichen Entwicklung. Eine Untersuchung über Unternehmergewinn, Kapital, Kredit, Zins und den Konjunkturzyklus. Berlin 1987 [zuerst 1911], S. 114.

6 Schumpeter, Joseph: Art. Unternehmer. In: Handwörterbuch der Staatswissenschaften (Bd. 5), hrsg. von Johannes Conrad. 4. Aufl., Jena 1928, S. 476–487, hier S. 482.

7 Sombart, Werner: Der Bourgeois. Zur Geistesgeschichte des modernen Wirtschaftsmenschen. Berlin 1987 [zuerst 1913], S. 23–24.

8 Vgl. Lenger, Friedrich: Werner Sombart 1863–1941. Eine Biographie. 3. Aufl., München 2012, S. 232–235.

9 Sombart, Werner: Der kapitalistische Unternehmer, Archiv für Sozialwissenschaft und Sozialpolitik XXIX (1909), S. 689–758, hier S. 723.

dass zwischen Handels-, Agrar- und Industriekapitalismus unterschieden wird. Damit ist keine zeitliche Abfolge, keine Stufentheorie impliziert. Im Gegenteil! Mit Blick auf die jüngste Vergangenheit lässt sich vielmehr argumentieren, dass sich seit einiger Zeit das Ende der industriekapitalistischen Dominanz abzeichnet und zum Verständnis der darauf folgenden kapitalistischen Formen die Kenntnis des frühneuzeitlichen Handelskapitalismus ungemein nützlich sein kann. Das gilt für seine finanzkapitalistische Seite ebenso wie für die bei Unternehmen wie Amazon oder Google so ausgeprägte Monopolorientierung oder die an die Strukturen des frühneuzeitlichen Verlagssystems gemahnenden Plattformfirmen wie Uber oder Booking.com.[10]

2 Handelskapitalismus

Damit aber endlich zum frühneuzeitlichen Kapitalismus und zur Rolle des Adels bei seiner Entstehung und Entwicklung. Am Anfang muss der Handelskapitalismus stehen, dessen Existenz und Bedeutung bekanntlich zumindest in marxistischer Perspektive sehr umstritten ist. Marx hatte im dritten Band des *Kapitals* ja apodiktisch erklärt, »im Zirkulationsprozeß wird kein Wert produziert, also auch kein Mehrwert«.[11] Das ist nur konsequent für eine Gesellschaftsanalyse, die das Geheimnis des Kapitalismus in der Aneignung eines Mehrwerts durch den Kapitalisten erblickt, dessen Zustandekommen sich dadurch erklärt, dass der freie Lohnarbeiter im kapitalistischen Produktionsprozess mehr Wert schafft, als dem Wert seiner Arbeitskraft entspricht, welcher wiederum den Reproduktionskosten ebendieser Arbeitskraft gleicht. Orthodoxe Marxisten haben an der strikten Verkoppelung von Kapitalismus und freier Lohnarbeit – als Voraussetzung der Mehrwertproduktion – stets festgehalten, so Maurice Dobb in der berühmten Dobb-Sweezy-Debatte oder – mit etwas anderer Akzentsetzung – Robert Brenner in der nach ihm benannten Forschungskontroverse.[12] Letztlich gibt es aber am Ende des zweiten Jahrzehnts des 21. Jahrhunderts keinen rechten Grund mehr, von der Arbeitswertlehre und der auf sie gegründeten Hypothese der Mehrwertproduktion auszugehen.

Insofern spricht nichts dagegen, auf die ältere Definition von Handelskapitalismus von Frederic C. Lane zurückzugreifen:

10 Vgl. aus der umfangreichen Literatur zu diesen Neuentwicklungen nur Srnicek, Nick: Platform Capitalism. Cambridge 2017; Staab, Philipp: Digitaler Kapitalismus. Markt und Herrschaft in der Ökonomie der Unknappheit. Berlin 2019.

11 Marx, Karl: Das Kapital. Kritik der politischen Ökonomie. Bd. 3 (Marx, Karl/Engels, Friedrich: Werke, Bd. 23). Berlin 1975 [zuerst 1894], S. 290–291.

12 Vgl. Sweezy, Paul u. a.: The Transition from Feudalism to Capitalism, London 1976; sowie Aston, T. H./Philpin, C. H. E. (Hrsg.): The Brenner Debate. Agrarian Class Structure and Economic Development in Pre-Industrial Europe. Cambridge 1985.

»In order for a commercial (market) economy to be capitalistic there must be some buyers in its markets who make purchases, not for their own consumption, but with the intention of reselling what they have bought or of using it in a process of production of which they will sell the product. Their purchases represent the investment of capital.«[13]

Das ist unspektakulär und mit der Beschreibung vorkapitalistischer Märkte durch Marx, der seine einfache Warenproduktion als geldvermittelten, aber nicht profitorientierten Gütertausch definiert, oder Sombart, der eine auf bloßes Auskommen ausgerichtete Wirtschaftsmentalität unterstellt, grundsätzlich kompatibel. Gleichwohl hat Lanes Ansatz zwei wichtige Vorzüge: Zum einen kommt er ohne die etwa bei Fernand Braudel so starke normative Aufladung aus, die den transparenten und gerechten Markt gegen den von List, Betrug und Gewalt gekennzeichneten Frühkapitalismus ausspielt;[14] zum anderen hat Lane ein klares Bewusstsein von der immensen Bedeutung des Gewaltmarktes. Er schaut dabei allerdings nicht so sehr auf die teils adligen Militärunternehmer, also gleichsam die Anbieter von Schutz und Sicherheit, sondern interessiert sich vor allem für die Nachfrageseite. Im Begriff der *protection rent* fasst er dann den Gewinn, den Handelskapitalisten etwa in Venedig im frühen 16. Jahrhundert den niedrigeren Schutzkosten ihrer Handelsschiffe im Vergleich zu Angehörigen anderer Gemeinwesen verdankten.

2.1 Stadtadel, Patriziat und Handelskapitalismus

Wo aber lassen sich im Spätmittelalter und in der Frühen Neuzeit Handelskapitalisten und insbesondere solche adligen Standes finden? Dieser Frage soll im Folgenden in drei Schritten nachgegangen werden. Einmal mehr bietet der thesenfreudige Werner Sombart einen ersten Anknüpfungspunkt. In seiner gleichermaßen berühmten wie heftig kritisierten Theorie der Kapitalbildung durch Grundrentenakkumulation hatte er bekanntlich 1902 behauptet, die großen Vermögen in den spätmittelalterlichen Städten Europas könnten unmöglich auf Handelsgewinne zurückgehen und sogleich den »Vorsprung Italiens und Flandern-Brabants« darauf zurückgeführt,

»daß hier ein paar Jahrhunderte früher das städtische Patriciat in die Niederungen des Wirtschaftslebens hinabsteigt und ebenfalls so viel früher der Landadel in die Städte zieht und hier so viel radikaler im bürgerlichen Leben absorbiert wird.«[15]

---

13 Lane, Frederic C.: Profits from Power. Readings in Protection Rent and Violence-Controlling Enterprises. Albany/NY 1979, S. 68.

14 Vgl. Braudel, Fernand: Sozialgeschichte des 15.–18. Jahrhunderts. Bd. 2: Der Handel. München 1990. S. 12, 246 und 455.

15 Sombart: Kapitalismus, Bd. 1, S. 294.

In gewissem Sinne musste er so argumentieren, da seine These eines radikalen Wandels von vorkapitalistischen zu kapitalistischen Verhältnissen eine graduelle Entwicklung von vornherein ausschloss und nach exogenen Erklärungsfaktoren verlangte. Den empirischen Nachweis für seine Theorie zu erbringen, gelang ihm indessen nicht. Schon zwei Jahre nach dem Erscheinen der ersten Auflage des *Modernen Kapitalismus* zeigte sein Schüler Jakob Strieder für den von Sombart prominent behandelten Augsburger Fall, dass keineswegs große grundrentenbasierte Vermögen in den Handel drängten, sondern allenfalls gesunkene Einnahmen aus Grundrentenbezug einzelne Patrizier motiviert hatten, ihre Einkommen »durch gewerblich-kaufmännische Tätigkeit aufzubessern«.[16] Wichtiger als diese Umkehrung der Sombart'schen These aber war Strieders Nachweis, dass zahlreiche Inhaber großer Vermögen aus Handwerk und Kleinhandel aufgestiegen waren. Das muss hier vielleicht nicht en détail entfaltet werden. Während Sombart es 1902 für »geradezu lächerlich [hielt], annehmen zu wollen, ein Vermögen wie das Fuggersche sei aus Handelsprofiten accumuliert«, erscheint es mehr als hundert Jahre später Mark Häberlein mit Blick auf Hans Fugger »ausgeschlossen, dass er sein Vermögen am eigenen Webstuhl verdiente«, ohne deshalb auf Sombarts Grundrententheorie zurückgreifen zu wollen.[17]

Die Frage nach der Herkunft des im Groß- und Fernhandel eingesetzten Kapitals erschöpft aber die Frage nach dem Verhältnis von Adel und frühem Handelskapitalismus keineswegs. Zumindest in den Städten Oberitaliens, nicht nur für Sombart die Geburtsorte des Kapitalismus, wie auch in den Städten Kastiliens ist es ja gerade der Stadtadel, der Handel treibt und die städtische Politik an den Interessen des Handels – Stichwort: *protection rent* – ausrichtet. Die *Enzyklopädie der Neuzeit* definiert ihn bündig als »in der Stadt ansässiger Geburtsadel« und markiert so die Differenz zum Patriziat als einer um Adelsanerkennung ringenden städtischen Führungsschicht.[18] In diesem Bemühen aber ist das offene Bekenntnis zu merkantiler Aktivität hinderlich, wie besonders deutlich das Nürnberger Beispiel zeigt. Denn als »das langlebigste und exklusivste adlige Patriziat des Alten Reichs« 1696 die kaiserliche Anerkennung erhält, schließt diese die Fiktion mit ein, die Nürnberger Patrizier hätten niemals Handel getrieben.[19] Eine vergleichbare Grundspannung offenbart auch der Blick in andere frühneuzeitliche Handelsstädte Europas. In Antwerpen etwa wird 1736 beschlossen, dass der Großhandel nicht länger mit dem Adelsstand unvereinbar sein soll, mit dem Ergebnis, dass sich

16 Strieder, Jakob: Zur Genesis des modernen Kapitalismus. Forschungen zur Entstehung der großen bürgerlichen Kapitalvermögen am Ausgange des Mittelalters und zu Beginn der Neuzeit. 2. Aufl., München 1935 [zuerst 1904], S. 210.

17 Sombart: Kapitalismus, Bd. 1, S. 265, und Häberlein, Mark: Die Fugger. Geschichte einer Augsburger Familie (1367–1650). Stuttgart 2006, S. 19.

18 Gussone, Monika: Art. Stadtadel, Enzyklopädie der Neuzeit (Bd. 12). Stuttgart 2010, Sp. 711–715, hier Sp. 712.

19 Ebd., Sp. 713.

nobilitierte Handelsfamilien – und das sind hier im 18. Jahrhundert alle wirklich erfolgreichen – nicht länger von ihren Geschäften zurückziehen müssen.[20] Umgekehrt investiert ein beträchtlicher Teil des Hofadels in die *Ostend Companie*, also in ein handelskapitalistisches Unternehmen.[21] Dennoch bleibt dieser Annäherung zum Trotz die Differenz in der Vermögensstruktur deutlich erkennbar, die beim alten Adel weit stärker von Grund- und insbesondere Waldbesitz geprägt ist.[22] Der Erwerb ländlicher Güter durch Kaufleute und Bankiers, wie er nicht nur für die Fugger breit belegt ist, hebt diesen Unterschied nicht auf.

Ronald Asch hat das dahinter stehende Grundproblem zugespitzt und dabei zugleich dessen im Verlauf der Frühen Neuzeit zunehmende Virulenz betont: »Was hatten ein nobilitierter Finanzier oder Steuerpächter gemein mit einem spätmittelalterlichen Magnaten, der die Herrschaft über ganze Landstriche ausübte«?[23] Eine positive Antwort könnte das permanente Ringen um die Anerkennung der eigenen Adeligkeit in den Vordergrund rücken, doch bliebe der Differenzpunkt bestehen, dass im Falle der Bemühungen des städtischen Patriziats um eine solche Anerkennung die monarchische Bestätigung allein nicht ausreichte, sondern Standeskorporationen und die soziale Praxis adeliger Verkehrskreise mitentscheidend blieben. Das gilt auch, um ein vorerst letztes Beispiel zu bemühen, für Sevilla. Für diese andalusische Hafenstadt hatte Ruth Pike schon früh von *Aristocrats and Traders* gesprochen, doch zeigt der genauere Blick in ihr interessantes Stadtporträt, dass unter den auch hier zahlreich nobilitierten Kaufleuten viele *conversos* waren, die nicht nur wegen des Festhaltens an endogenen Heiratskreisen erkennbar blieben und sich eigentlich erst gar nicht die Mühe hätten machen müssen, einen adeligen Stammbaum vorzutäuschen. Pikes Befund einer Kommerzialisierung des Adels und einer Nobilitierung der Großkaufleute belegt auch deshalb keineswegs die von ihr unterstellte völlige Amalgamierung. Wichtig ist indessen ihr Hinweis auf die *indianos*, die im frühen 16. Jahrhundert in die Neue Welt gezogen waren, dort ein Vermögen gemacht hatten und nach ihrer Rückkehr nach Sevilla ihre Tätigkeit im transatlantischen Handel fortsetzten.[24]

---

20 Vgl. Degryse, Karel / Janssens, Paul: The Economic Role of the Belgian Aristocracy in the 17th and 18th Centuries. In: Janssens, Paul / Yun-Casalilla, Bartolomé (Hrsg.): European Aristocracies and Colonial Elites. Patrimonial Management Strategies and Economic Development. 15th–18th Centuries. Aldershot u. a. 2005, S. 57–82, hier S. 73.

21 Das tat auch Gaspar von Horne, der mit den Einkünften des von seiner Mutter für ihn erworbenen Amtes als Stadtsekretär von Antwerpen unzufrieden war und deshalb sein Amt mit einem zehnprozentigen Abschlag auf den ursprünglichen Kaufpreis weiterverkaufte, um sein Kapital aus seiner Sicht profitabler anlegen zu können (vgl. Degryse/Janssens: The Economic Role, S. 61 und 73).

22 Vgl. ebd., S. 62–63.

23 Asch, Ronald: Europäischer Adel in der Frühen Neuzeit. Eine Einführung. Köln 2008, S. 5.

24 Vgl. Pike, Ruth: Aristocrats and Traders. Sevillian Society in the Sixteenth Century. Ithaca/NY 1972.

2.2 Hidalgos und Fidalgos

Denn um das Verhältnis von Adel und Handelskapitalismus in der Neuen Welt soll es im nächsten Schritt gehen. Mit Blick auf die südamerikanischen Kolonien Spaniens und Portugals selbst ist der Konsens der Forschung rasch referiert. An einem Adelsstand in den Kolonien hatten die europäischen Monarchien kein wirkliches Interesse; zu groß schien ihnen die Gefahr, ein peruanischer oder brasilianischer Adel könne vor Ort selbständige Herrschaftsambitionen entfalten. Entsprechende Prätentionen schloss das nicht aus. Von bescheidenem Teilerfolg gekrönt waren diese aber erst spät. So dauerte es bis in die letzten vier Jahrzehnte des 18. Jahrhunderts, bis die Kaufmannsoligarchie in Lima sich mit Hilfe gekaufter Titel als Aristokratie maskieren konnte. In Kuba oder Mexiko waren die von den Vizekönigen vergebenen Titel noch seltener, eine zeitgenössische Quelle spricht von der mexikanischen Aristokratie als »a parody of puerile ostentation«.[25] Die Besitzer der mit Sklaven bewirtschafteten Zuckerplantagen Brasiliens könnten im Kapitel zum Agrarkapitalismus behandelt werden, wenn denn ihre Versuche, den Lebensstil des portugiesischen Adels zu kopieren, ernst zu nehmen wären.[26]

Anders sieht es aus, wenn man nach Vertretern des europäischen Adels im Prozess der Unterwerfung der Welt und dessen Verbindung mit dem Fernhandel fragt. Immanuel Wallerstein hält es gar für möglich, »that the *initial* motivation for Iberian explorations came primarily from the interests of the nobility, particularly from the notorious younger sons who lacked land« und entsprechende Hinweise auf die nachgeborenen Söhne des spanischen und portugiesischen Adels sind in der Literatur weit verbreitet.[27] Hier hätten wir also Sombarts *conquistadores* oder die Abenteurerseite des kapitalistischen Unternehmers, Zeichen einer auch in der Konjunktur der Alchemisten zum Ausdruck kommenden gesteigerten Gier, nicht aber der Ausdruck kapitalistischer Rechenhaftigkeit, die unser hier letztmals zitierter Gewährsmann in der doppelten Buchführung der Venezianer symbolisiert sah. »Gerade der Kolonialkapitalismus«, so heißt es in der zweiten Auflage des *Modernen Kapitalismus*, »ist in weitem Umfange als das Werk adliger, häufig noch ganz feudal orientierter Unternehmer zu betrachten, die hier fast als reine Eroberer erscheinen.«[28]

Was lässt sich über das konkrete Tun dieser *conquistadores* sagen? Roderich Ptak mag adligen Selbstbildern aufsitzen, wenn er meint, dass bloßer Wohlstand ohne ein

25 Marchena, Juan F.: Ephemeral Splendour and a Lengthy Tradition. The Peruvian Aristocracy of the Late Colonial Period. In: Janssens/Yun-Casalilla (Hrsg.): European Aristocracies and Colonial Elites, S. 213–233, hier S. 214, vgl. auch S. 220–221.

26 Vgl. Schwartz, Stuart B.: Brazilian Sugar Planters as Aristocratic Managers 1550–1825. In: Janssens/Yun-Casalilla (Hrsg.): European Aristocracies and Colonial Elites, S. 233–246, bes. S. 234.

27 Wallerstein, Immanuel: The Modern World-System. Capitalist Agriculture and the Origins of the European World-Economy in the Sixteenth Century. New York 1974, S. 47.

28 Sombart, Werner: Der moderne Kapitalismus. Historisch-systematische Darstellung des gesamteuropäischen Wirtschaftslebens von seinen Anfängen bis zur Gegenwart. Bd. 1. 2. Aufl., München 1916, S. 865.

Minimum an *fama* und *reputação* als Handlungsmotiv kaum vorstellbar sei.[29] Studien zu Heiraten im portugiesischen Adel kommen für das 16. und 17. Jahrhundert jedenfalls zu nüchterneren Einschätzungen: »Large fortunes were still being made in the colonies and good marriages were a means of getting hold of those fortunes which others had been able to make there.«[30] Gleichwohl steht außer Frage, dass meist die adlige Befähigung zum Militärdienst den unmittelbaren Anknüpfungspunkt für die Gewinnung der angesprochenen Vermögen darstellte. Für die Teilnahme an der Belagerung einer wichtigen Stadt beispielsweise mit der Erlaubnis belohnt zu werden, die begehrte Handelsfahrt nach Chittagong machen zu dürfen, war im portugiesischen *Estado da India* durchaus typisch. Das war auch die Verbindung einer Tätigkeit für den *Estado* mit dem Schmuggel von Zimt und mit anderen illegalen Aktivitäten.[31] Belege für eine Zügelung des Erwerbsstrebens durch an Ruhm und Ehre orientierte Erwägungen finden sich nicht. Das wird primär weder daran gelegen haben, dass sich in dieser Randzone portugiesischen Einflusses ohnehin Personen konzentrierten, die sich der Kontrolle durch den Vizekönig in Goa zu entziehen suchten, noch an der Herkunft vieler portugiesischer *fidalgos* oder auch spanischer *hidalgos* aus dem niederen Adel. Schließlich war der Graf von Linhares in den 1630er Jahren als Vizekönig in Goa selbst unternehmerisch tätig.[32] Schon zuvor hatte sich Manuel I. von seinem französischen Thronkollegen als *roi épicier* schmähen lassen müssen.[33]

2.3 *Gentlemanly capitalism* und Regenten-Kapitalismus?

Die Suche nach adligen Handelskapitalisten war außerhalb der oberitalienischen Handelsrepubliken also bislang nur bedingt erfolgreich. Ein bis in die Gegenwart durchaus kräftiger Strang der Literatur würde den Grund dafür darin sehen, dass wir an der falschen Stelle gesucht haben. Denn der portugiesische Kronkapitalismus des *Estado da India* genießt keinen allzu guten Ruf, um von den häufig auf den Edelmetallimport reduzierten Aktivitäten Spaniens in der Neuen Welt erst gar nicht zu sprechen. David

29 Vgl. Ptak, Roderich: Merchants and Profit-Maximization. Notes on Chinese and Portugese Entrepreneurship in Maritime Asia c. 1350–1600. In: Sprengard, Karl Anton / Ptak, Roderich (Hrsg.): Maritime Asia. Profit Maximization, Ethics and Trade Structure c. 1300–1800. Wiesbaden 1994, S. 29–59, hier S. 48.

30 Monteiro, Nuno Goncalo: The Aristocratic Estates in Portugal and their Management, 1600–1834. In: Janssens/Yun-Casalilla (Hrsg.): European Aristocracies and Colonial Elites, S. 99–113, hier S. 110.

31 Vgl. Flores, Jorge Manuel: Portuguese Entrepreneurs in the Sea of Ceylon (Mid-Sixteenth Century). In: Sprengard/Ptak (Hrsg.): Maritime Asia, S. 125–150, hier S. 133.

32 Vgl. neben Flores: Portugese Entrepreneurs, S. 129, Anm. 28 v.a. Disney, Anthony: The Viceroy as Entrepreneur. The Count of Linhares at Goa in the 1630s. In: Roderich, Ptak / Rothermund, Dietmar (Hrsg.): Emporia, Commodities and Entrepreneurs in Asian Maritime Trade, c. 1400–1750. Stuttgart 1991, S. 427–444.

33 Vgl. Subrahmanyam, Sanjay: The Portuguese Empire in Asia 1500–1700. A Political and Economic History. 2. Aufl., Chichester 2012.

Landes etwa konstatiert eine spanische Vorliebe für »status, leisure, and enjoyment«, ohne dass deutlich würde, ob das nationale Stereotyp von ihm als stärker im adligen Lebensstil oder in konfessioneller Unzulänglichkeit verankert gesehen wird.[34] Dem historischen Sachverhalt wird eine solche Perspektive nicht gerecht, die ja beispielsweise unterschlägt, dass Portugals Importe noch im späten 16. Jahrhundert häufig dem europäischen Gesamtbedarf an Pfeffer entsprachen und die Portugiesen schon deshalb nicht umstandslos den als erst eigentlich rational angesehenen Profitmaximierern niederländischer Provenienz gegenübergestellt werden sollten.[35] Unterschiede im Verhältnis staatlicher und wirtschaftlicher Interessen scheinen hier von nachgeordneter Bedeutung, das gemeinsame Streben nach Monopolpositionen dagegen unübersehbar.

Trotz aller teils kulturkämpferischer, teils teleologischer Perspektivenverkürzungen lohnt die Frage, welches Bild entsteht, wenn man auf die Niederlande und England als führende Vertreter eines mit der europäischen Expansion eng verbundenen frühneuzeitlichen Handelskapitalismus blickt. In England spielen adelige Protagonisten vergleichsweise spät eine Rolle. Denn bis in die *Glorious Revolution* hinein standen die häufig im Parlament vertretenen führenden Adelsfamilien den dominierenden Fraktionen des Handelsbürgertums äußerst kritisch gegenüber. Sie kritisierten die vom Königtum verliehenen Privilegien und Monopole, deren Nutznießer gleichsam natürliche politische Verbündete des Throns und – über die von ihnen aufgebrachten Zölle – auch dessen maßgebliche Finanziers waren. Sir Francis Bacons Empfehlung, Träger der kolonialen Expansion »be rather noble men and gentlemen than merchants; for they [the merchants] look ever to their present gain«, die hier auch zitiert sei, weil sie dem Adel und den Handelskapitalisten unterschiedliche Zeitorientierungen zuschreibt, lief für das 16. und frühe 17. Jahrhundert weitgehend ins Leere.[36] Denn weder die englische Aristokratie noch die in den privilegierten Fernhandelsgesellschaften engagierten Kaufleute hatten großes Interesse an dauerhaften Investitionen in Nordamerika und überließen das Feld einer Gruppe von als *interlopers* verschrienen Händlern, die jenseits aller Regulierungen agierten. In England selbst kam deren eigentliche Stunde erst, nachdem das Parlament in den 1690er Jahren die etablierten Handelsgesellschaften geschwächt hatte und die früheren *interlopers* zur Führungsgruppe innerhalb des englischen Handels- und Finanzkapitals aufgestiegen waren. Politisch geschah das im Bündnis mit Teilen der *landed aristocracy*, doch machte das die nun führenden Fernhändler

34 Landes, David: The Wealth and Poverty of Nations. Why Some Are So Rich and Some So Poor. New York 1998, S. 173.

35 Vgl. Subrahmanyam: The Portugese Empire, S. 151, sowie grundsätzlicher Subrahmanyam, Sanjay/Thomas, Luis Filippe F. A.: Evolution of Empire. The Portuguese in the Indian Ocean during the sixteenth century. In: Tracy, James D. (Hrsg.): The Political Economy of Merchant Empires. Cambridge 1991, S. 298–331.

36 Hier zit. nach Brenner, Robert: Merchants and Revolution. Commercial Change, Political Conflict, and London`s Overseas Traders 1550–1653. London 2003 [zuerst 1993], S. 106.

noch lange nicht zu Adligen. Johann Wilhelm von Archenholz berichtete diesbezüglich noch Ende des 18. Jahrhunderts:

> »Die Westlondoner werden von den City-Bewohnern wegen ihres Müßigganges, ihrer Üppigkeit, unordentlichen Lebensart und ihrem Hange zu französischen Sitten durchgezogen, die diesen Spott aber in reichem Maße erwidern und einen City-Engländer als ein unhöfliches plumpes Tier schildern, das sein Verdienst bloß im Geld sieht.«[37]

Noch 1869 lehnte Queen Victoria den Vorschlag, Lionel Rothschild unter die *peers* aufzunehmen, ab wegen der Herkunft seines Vermögens aus einer »species of gambling [...] far removed from the legitimate trading wh. she delights to honour«.[38]

Gleichwohl dürfte verständlich geworden sein, warum P. J. Cain und A. G. Hopkins die jüngeren Auflagen ihrer um den Begriff des *gentlemanly capitalism* organisierten Studie zum britischen Imperialismus 1688 beginnen lassen.[39] Der Begriff darf indessen nicht als Synonym eines adligen Handels- und Finanzkapitalismus missverstanden werden. Das gilt vor allem aus adelshistorischer Sicht, aus der Ronald Asch kurz und bündig festgehalten hat: »Gentleman konnte sich in dieser Epoche ohnehin fast jeder bessere Ladenbesitzer nennen«, eine Feststellung, die zutrifft, auch wenn die führenden Londoner Kaufmannsfamilien über ganz beträchtliche Vermögen verfügten, ohne je die der hochadeligen Magnaten zu erreichen.[40] Anders als der im Oberhaus vertretene Hochadel aber war die das *House of Commons* dominierende *gentry* grundsätzlich offen für Aufsteiger, die ihren Reichtum in Landbesitz anlegten. Zu ihnen sind auch die zum Teil extrem wohlhabenden Kaufleute zu rechnen, die vor allem im 18. Jahrhundert ihr Geld im Sklavenhandel oder mit von Sklaven betriebenen Zuckerplantagen in der Karibik verdient hatten und auf dieser Grundlage ihre aristokratischen Ambitionen verfolgten. Sie waren Handels-, Agrar- und Industriekapitalisten gleichermaßen, operierten aber auch dann durch die *City*, wenn sie etwa in Yorkshire verankert waren, so dass der vorgeschlagene Begriff des *gentry capitalism* wenig analytischen Zusatznutzen bereithält.[41]

---

37 Hier zit. nach Sombart, Werner: Liebe, Luxus und Kapitalismus. Über die Entstehung der modernen Welt aus dem Geist der Verschwendung. Berlin 1983 [zuerst 1913], S. 110.

38 Zit. nach Berghoff, Hartmut: Adel und Bürgertum in England 1770–1850. Ergebnisse der neueren Elitenforschung. In: Elisabeth Fehrenbach (Hrsg.): Adel und Bürgertum in Deutschland 1770–1848. München 1994, S. 95–127, hier S. 108–109.

39 Vgl. Cain, P. J. / Hopkins, A. G.: British Imperialism 1688–2015. 3. Aufl., London/New York 2016.

40 Asch: Europäischer Adel, S. 295; zu den Vermögen vgl. Brenner: Merchants and Revolution, S. 81.

41 Vgl. v. a. Smith, S. D.: Slavery, Family, and Gentry Capitalism in the British Atlantic. The World of the Lascelles. Cambridge 2006; sowie allgemein Burnard, Trevor: Planters, Merchants, and Slaves. Plantation Societies in British America, 1650–1820. Chicago/IL 2015; und Zahedieh, Nuala: The Capital and the Colonies. London and the Atlantic Economy 1660–1700, Cambridge 2010.

Über feinere Trennlinien ist damit ohnehin noch nichts gesagt, schloss doch noch der *Complete English Gentleman* von 1890 aus, dass der Begriff auf jemanden Anwendung finden könne, der sein Vermögen selbst erarbeitet habe.[42] Darüber hinaus ist unübersehbar, dass der Begriff des *gentlemanly capitalism* aus dem Bemühen heraus gebildet worden ist, der nicht nur in der marxistischen Tradition ausgeprägten Neigung, den Imperialismus des späten 19. Jahrhunderts aus industriellen Interessen zu erklären, etwas – konkret: die sich in der Londoner *City* kristallisierenden Finanzinteressen – entgegenzusetzen. Das ist für das 19. Jahrhundert durchaus plausibel und auch in der Rückverlängerung ins 18. Jahrhundert hinein punktuell erhellend. Ähnliches lässt sich von der für die Niederlande vorgeschlagenen analogen Begriffsbildung des *Regenten-Kapitalismus* sagen, wenngleich nicht genug betont werden kann, dass diese städtischen Eliten keinen der englischen Aristokratie auch nur von Ferne ebenbürtigen Herrschaftskonkurrenten hatten.[43] Vor allem aber stehen die Verfechter einer solchen Begrifflichkeit in der Pflicht, die soziale Identität der *gentlemen* bzw. der Regenten präziser zu bestimmen und neben den insbesondere für die Niederlande gut erforschten Dynastiebildungen oder auch bewussten Anklängen an adlige Lebensführung durch die Pflege von Familienchroniken und die Sammlung von Ahnenporträts eben auch Differenzen und Distanz zum Adel auszuloten.

3 Agrarkapitalismus

Auf den ersten Blick scheint man zu eindeutigeren Ergebnissen zu kommen, wenn man nach dem Agrarkapitalismus fragt. Gerade in England, Schauplatz der von Marx im berühmten 24. Kapitel des ersten Bandes des *Kapital* analysierten ursprünglichen Akkumulation des Kapitals, waren es ja die adligen Großgrundbesitzer die in den Jahrzehnten um 1500 die »gewaltsame Verjagung der Bauernschaft« durchführten, um über die Umwandlung von Ackerland in Schafweide vom Anstieg der Wollpreise profitieren zu können, und zugleich diejenigen, welche in mehreren Schüben die berüchtigten Einhegungen des Gemeindelands betrieben.[44]»Sie«, so fasst Marx zusammen, »eroberten das Feld für die kapitalistische Agrikultur, einverleibten den Grund und Boden dem Kapital und schufen der städtischen Industrie die nötige Zufuhr von vogelfreiem Proletariat.«[45] Kapitalistisch ist diese Agrikultur vor allem, weil sie zunehmend mit freien Lohnarbeitern operiert, die – wie einleitend bemerkt – nach Marx'scher Lehre ja die

42 Vgl. Berghoff: Adel und Bürgertum, S. 108.

43 Vgl. zum Begriff knapp Kuitenbrouwer, Martin: Capitalism and Imperialism. Britain and the Netherlands. Itinerario 18/1 (1994), S. 105–116; und zur Einordnung Adams, Julia: The Familial State. Ruling Families and Merchant Capitalism in Early Modern Europe, Ithaca/NY 2005, bes. S. 45.

44 Marx: Das Kapital, Bd. 1, S. 746.

45 Ebd., S. 761.

einzige Quelle der Mehrwertproduktion darstellen. Dieser Mehrwert aber wurde in der Regel nicht direkt von den Großgrundbesitzern abgeschöpft, sondern von ihren Pächtern, die ihrerseits mit den *landlords* aushandelten, wie hoch ihre Rentenzahlungen an diese ausfielen. Da zunächst aber die Pachtverträge eine recht lange Laufrist – meist 99 Jahre – hatten und fixe Geldzahlungen vorsahen, wurden die Pächter zu den großen Nutznießern der inflationären Preisentwicklung des 16. Jahrhunderts. Marx vermag all das zu schildern, ohne die Kritik an den adligen Grundbesitzern und an den kapitalistischen Pächtern allzu sehr in den Vordergrund zu rücken, »weil die Revolution in den Grundeigentumsverhältnissen von verbesserten Methoden der Kultur, größerer Kooperation, Konzentration der Produktionsmittel usw. begleitet war«.[46]

Agrarkapitalismus und Agrarrevolution, auch diesen Begriff benutzt Marx bereits, gehen also Hand in Hand. Dieser Nexus dürfte maßgeblich dafür verantwortlich sein, dass sich in der Forschung zu England ein Konsens herausgebildet hat, den Bartolomé Yun-Casalilla vor einigen Jahren vorsichtig dahingehend zusammengefasst hat: »the nobility was regarded as a constructive group for economic progress«.[47] Dieser Konsens ist indessen von Robert Allen massiv in Frage gestellt worden, der, ohne die Produktivitätszuwächse im Gefolge von Einhegungen und Betriebszusammenlegungen grundsätzlich zu bestreiten, argumentiert hat, der Zuwachs an landwirtschaftlichem Output und Ertrag verdanke sich vor allen Dingen »initiatives by small-scale, open-field farmers«.[48] Als empirische Korrektur von Seiten eines angesehenen Wirtschaftshistorikers ist das ernst zu nehmen. Doch zeigt seine Analyse in einer für das Thema des Bandes insgesamt aufschlussreichen Weise zugleich, in welche tendenziell zirkulären Bewertungsprobleme man sich verstricken kann:

> »Promoting growth was never the aim of the gentry and aristocracy. Their object was to live well as lords and gentlemen. This aim did, however, predispose them to reform the agrarian system. An upper-class life was more successful, the more money there was to spend, so raising income was always desirable. Indeed, improved agriculture meant little more to most aristocrats than a fetter rent roll.«[49]

Die naheliegenden Anschlussfragen wären wohl, warum eine solche Disposition zum *improvement* im europäischen Adel keineswegs ubiquitär war und was denn ein qua Stand zum Rentenkonsum verdammter Aristokrat hätte unternehmen müssen, um vor

46 Ebd., S. 773.

47 Yun-Casalilla, Bartolomé: Old Regime Aristocracies, Colonial Elites and Economic Development. A Reconsideration. In: Janssens/Yun-Casalilla (Hrsg.): European Aristocracies and Colonial Elites, S. 5–22, hier S. 6.

48 Allen, Robert: Landlords and Economic Development in England, 1450–1800. In: Janssens/Yun-Casalilla (Hrsg.): European Aristocracies and Colonial Elites, S. 25–36, hier S. 28.

49 Ebd., S. 31.

Bob Allens kritischem Auge Gnade zu finden? Der implizite Maßstab scheint hier der rastlose Erwerb um des Erwerbs willens zu sein, ein in den Schriften von Simmel, Sombart und Weber verbreiteter Topos, über dessen Operationalisierbarkeit noch wenig nachgedacht worden ist.

Empirisch ist jedenfalls gut dokumentiert, dass die aristokratischen Großgrundbesitzer in England massiv in die Infrastruktur, insbesondere in den Straßen- und Kanalbau, investierten. Das ist mit der von Allen monierten Rentengier durchaus kompatibel, aber eben auch mit der eingangs angesprochenen Imagination von Zukunft als Treibriemen kapitalistischer Dynamik. Allerdings ist die bislang allein angesprochene englische Version des Agrarkapitalismus keineswegs die einzige, wenngleich wohl die historisch früheste. Ersteres hat etwa Max Weber schon vor 115 Jahren in seinem Vortrag auf dem *Congress of Arts and Science* im Rahmen der Weltausstellung in St. Louis deutlich herausgearbeitet. Wenn er dort Lord Byrons Antwort auf die Frage nach dem Seinsgrund der englischen *landlords* zitiert –»rent, rent, rent«–, dann nicht, um den englischen Landadel herabzuwürdigen, sondern um den Kontrast mit den ostelbischen Verhältnissen herauszustreichen.[50] Denn die dort in Eigenregie betriebenen agrarkapitalistischen Unternehmungen schienen ihm ungleich fragiler als die englische Struktur, welche die Folgen einbrechender Agrarpreise auf Landbesitzer und Pächter verteilte und seltener zum Besitzverlust und sozialen Abstieg der landbesitzenden Aristokratie führte. Weber dürfte indessen die Unterschiede leicht überzeichnet haben. Denn auch die zumeist verpachtenden englischen Gutsbesitzer, denen die Spezialliteratur bescheinigt, »reasonably businesslike in their procedures« gewesen zu sein, waren auf den Gütern durchaus persönlich oder vertreten durch ihre Verwalter präsent.[51] Allerdings erreichte ihr Personalbestand bei weitem nicht den Umfang, der auf den größeren, in der Regel in Eigenregie betriebenen Gütern Kontinentaleuropas üblich wurde. So hatten die Fürsten Schwarzenberg im 19. Jahrhundert allein auf ihrem Gut bei Český Krumlov mehr als 150 Wirtschaftsbeamte und Bedienstete. Diese zunehmend professionalisierte Gruppe von Verwaltungs- und Agrarexperten wurde mit Gewinnbeteiligungen wie mit Kündigungsdrohungen angehalten, die Renditeorientierung nicht aus den Augen zu verlieren.[52] Der viel zitierte Ausspruch –»Geschäfte macht kein Windisch-Graetz«– war auch und gerade für den böhmischen Adel eben nicht repräsentativ.[53] Eher schon die in den 1850er Jahren geäußerte Auffassung von Egbert Graf Belcredi, »die Landwirtschaft könne vernünftig nur ganz americanisch betrieben werden«.[54]

50 Weber, Max: Wirtschaft, Staat und Sozialpolitik. Schriften und Reden 1900–1912, hrsg. von Schluchter, Wolfgang / Kurth, Peter / Morgenbrod, Birgitt (Max Weber-Gesamtausgabe, Bd. I/8). Tübingen 1998, S. 220.

51 Zit. nach Berghoff: Adel und Bürgertum, S. 115.

52 Vgl. Tönsmeyer, Tatjana: Adelige Moderne. Großgrundbesitz und ländliche Gesellschaft in England und Böhmen 1848–1918. Köln 2012, S. 58–60.

53 Zit. nach ebd., S. 58.

54 Zit. nach ebd., S. 62.

Ein solches Bekenntnis zum Agrarkapitalismus musste sich nicht gelassener Einsicht verdanken, sondern konnte wie im Falle des Friedrich August Ludwig von der Marwitz von der hochgradigen Verschuldung seines Rittergutes im ausgehenden 18. Jahrhundert angestoßen sein.[55] Sich an den Grundsätzen Albrecht Thaers neu auszurichten, war hier also aus der Not geboren und erzwang den Verzicht auf das idealiter einkommensunabhängige Adelsleben. Gelang anders als im Marwitz'schen Falle die Entschuldung nicht, ging das Gut oft genug in bürgerliche Hände über. So sollen schon im späten 17. Jahrhundert allein in Kursachsen fast 200 Rittergüter in bürgerlicher Hand gewesen sein.[56] Dennoch sollten diese bürgerlichen Agrarunternehmer nicht leichtfertig zu den Hauptprotagonisten einer rationalen Wirtschaftsführung hochstilisiert werden. Zu einer solchen war auch ein adeliger Frondeur wie von der Marwitz im Stande, und auch sonst strahlen die adligen Agrarunternehmen in England, in Ostelbien oder Böhmen wenig von der gleichmütigen Distanz eines Fürsten von Salina gegenüber allen Fragen des Erwerbs aus, wie ihn Giuseppe Tomasi di Lampedusa gezeichnet hat.[57]

4 Agrar- und Industriekapitalismus

Das zeigt sich nicht zuletzt da, wo die zuletzt skizzierten adligen Agrarkapitalisten industriell tätig werden, womit ausblickartig das dritte versprochene Kapitel zumindest noch knapp angerissen werden soll. Den unmittelbaren Anknüpfungspunkt bot wie im Falle der Zuckerherstellung oft genug die Agrarproduktion, gefolgt von den Bodenschätzen, die sich unter den Ländereien der Aristokraten verbargen. Im Nordosten Englands gehörte eine Unzahl von Kohlegruben adeligen Besitzern und in Böhmen oder Oberschlesien war das kaum anders. Von da war der Weg nicht weit zur Eisenerzeugung und -verarbeitung. Die Earls of Dudley etwa besaßen im 19. Jahrhundert »zwölf Bergwerke, neun Hochöfen, 96 Puddelöfen sowie zehn Walzwerke«.[58] In Böhmen stammten zur Mitte des 19. Jahrhunderts hin »80 % der geförderten Braunkohle und 20 % der Steinkohle« aus Gruben in adeligem Besitz, der zugleich für 90 Prozent der Eisenproduktion verantwortlich war.[59] Das adelige Industrieengagement hatte hier also durchaus gesamtwirtschaftliches Gewicht. Wenn seine Standesgenossen den

55 Vgl. Frie, Ewald: Friedrich August Ludwig von der Marwitz 1777–1837. Biographie eines Preußen. Paderborn 2001.

56 Vgl. Flügel, Axel: Sozialer Wandel und politische Reform in Sachsen. Rittergüter und Gutsbesitzer im Übergang von der Landeshoheit zum Konstitutionalismus 1763–1843. In: Tenfelde, Klaus/Wehler, Hans-Ulrich (Hrsg.): Wege zur Geschichte des Bürgertums. Vierzehn Beiträge. Göttingen 1994, S. 36–56, hier S. 47.

57 Vgl. Tomasi, Giuseppe di Lampedusa: Der Gattopardo. München 2005 [zuerst 1958].

58 Tönsmeyer: Adelige Moderne, S. 71.

59 Ebd., S. 69.

Earl of Durham, den Betreiber mehrerer Bergwerke, als »His Carbonic Majesty« verspotteten, macht das deutlich, dass dieses Industrieunternehmertum nicht durchweg als standesgemäß akzeptiert wurde.[60] Das dürfte aber kaum der Grund dafür gewesen sein, dass dieses in der zweiten Hälfte des 19. Jahrhunderts, so weit sich dies zumindest für England und Böhmen verfolgen lässt, rückläufig war. Vielmehr ließ das Vordringen der Kohleschächte in immer größere Tiefen den Investitionsbedarf und die Anforderungen an das technische Know-how so stark anwachsen, dass eine Ausgliederung der Montanunternehmen unumgänglich wurde. Die Verkaufserlöse investierten die adligen Familien häufig in Aktiengesellschaften, in die der böhmische Adel schon die Grundentlastungserlöse hatte einfließen lassen.[61] Im englischen Falle wurde auch in Übersee angelegt, ohne dass hier weiterverfolgt werden könnte, ob so der Anschluss an den *gentlemanly capitalism* gelang.

5 Schluss

Adel und Kapitalismus, das ist also kein Ausschließungs-, sondern allenfalls ein Spannungsverhältnis, bei dessen Analyse zudem das Spiel wechselseitiger Projektionen zu beachten ist. Sind Letztere in der Regel als binäre Oppositionen angelegt, ist im Bereich sozialer Praktiken vieles möglich. Von daher bliebe es auf Dauer unbefriedigend, den Adel an einem Maßstab bürgerlichen Unternehmertums zu messen, ohne zu fragen, inwieweit bürgerliche Unternehmer das von Weber und anderen diagnostizierte Ideal rastlosen Erwerbs lebten.

Literaturverzeichnis

Adams, Julia: The Familial State. Ruling Families and Merchant Capitalism in Early Modern Europe. Ithaca/NY 2005.

Allen, Robert: Landlords and Economic Development in England, 1450–1800. In: Janssens/Yun-Casalilla (Hrsg.): European Aristocracies and Colonial Elites, S. 25–36.

Asch, Ronald: Europäischer Adel in der Frühen Neuzeit. Eine Einführung. Köln 2008.

Aston, T. H. / Philpin, C. H. E. (Hrsg.): The Brenner Debate. Agrarian Class Structure and Economic Development in Pre-Industrial Europe. Cambridge 1985.

Beckert, Jens: Imagined Futures. Fictional Expectations and Capitalist Dynamics. Cambridge/MA 2016.

60 Zit. nach Berghoff: Adel und Bürgertum, S. 116.

61 Vgl. Tönsmeyer: Adelige Moderne, S. 69–72.

Berghoff, Hartmut: Adel und Bürgertum in England 1770–1850. Ergebnisse der neueren Elitenforschung. In: Elisabeth Fehrenbach (Hrsg.): Adel und Bürgertum in Deutschland 1770–1848. München 1994, S. 95–127.

Braudel, Fernand: Sozialgeschichte des 15.–18. Jahrhunderts. Bd. 2: Der Handel. München 1990.

Brenner, Robert: Merchants and Revolution. Commercial Change, Political Conflict, and London's Overseas Traders 1550–1653. London 2003.

Burnard, Trevor: Planters, Merchants, and Slaves. Plantation Societies in British America, 1650–1820. Chicago/IL 2015.

Cain, P.J./Hopkins, Anthony G.: British Imperialism 1688–2015. 3. Aufl., London/New York 2016.

Degryse, Karel / Janssens, Paul: The Economic Role of the Belgian Aristocracy in the 17th and 18th Centuries. In: Janssens/Yun-Casalilla (Hrsg.): European Aristocracies and Colonial Elites, S. 57–82.

Disney, Anthony: The Viceroy as Entrepreneur. The Count of Linhares at Goa in the 1630s. In: Roderich, Ptak / Rothermund, Dietmar (Hrsg.): Emporia, Commodities and Entrepreneurs in Asian Maritime Trade, c. 1400–1750. Stuttgart 1991, S. 427–444.

Flores, Jorge Manuel: Portuguese Entrepreneurs in the Sea of Ceylon (Mid-Sixteenth Century). In: Sprengard/Ptak (Hrsg.): Maritime Asia, S. 125–150.

Flügel, Axel: Sozialer Wandel und politische Reform in Sachsen. Rittergüter und Gutsbesitzer im Übergang von der Landeshoheit zum Konstitutionalismus 1763–1843. In: Tenfelde, Klaus / Wehler, Hans-Ulrich (Hrsg.): Wege zur Geschichte des Bürgertums. Vierzehn Beiträge. Göttingen 1994, S. 36–56.

Frie, Ewald: Friedrich August Ludwig von der Marwitz 1777–1837. Biographie eines Preußen. Paderborn 2001.

Gussone, Monika: Art. Stadtadel, Enzyklopädie der Neuzeit (Bd. 12). Stuttgart 2010, Sp. 711–715.

Häberlein, Mark: Die Fugger. Geschichte einer Augsburger Familie (1367–1650). Stuttgart 2006.

Janssens, Paul / Yun-Casalilla, Bartolomé (Hrsg.): European Aristocracies and Colonial Elites. Patrimonial Management Strategies and Economic Development, 15th–18th Centuries. Aldershot u. a. 2005.

Knight, Frank H.: Risk, Uncertainty, and Profit. Orlando/FL 2009.

Kuitenbrouwer, Martin: Capitalism and Imperialism. Britain and the Netherlands. Itinerario 18/1 (1994), S. 105-116.

Landes, David: The Wealth and Poverty of Nations. Why Some Are So Rich and Some So Poor. New York 1998.

Lane, Frederic C.: Profits from Power. Readings in Protection Rent and Violence-Controlling Enterprises. Albany/NY 1979.

Lenger, Friedrich: Werner Sombart 1863–1941. Eine Biographie. 3. Aufl., München 2012.
Marchena, Juan F.: Ephemeral Splendour and a Lengthy Tradition. The Peruvian Aristocracy of the Late Colonial Period. In: Janssens/Yun-Casalilla (Hrsg.): European Aristocracies and Colonial Elites, S. 213–233.
Marx, Karl: Das Kapital. Kritik der politischen Ökonomie. Bd. 1 (Marx, Karl/Engels, Friedrich: Werke, Bd. 23). 13. Aufl., Berlin 1979 [zuerst 1962].
Marx, Karl: Das Kapital. Kritik der politischen Ökonomie. Bd. 3 (Marx, Karl/Engels, Friedrich: Werke, Bd. 25). 7. Aufl., Berlin 1975 [zuerst 1964].
Monteiro, Nuno Goncalo: The Aristocratic Estates in Portugal and their Management, 1600–1834. In: Janssens/Yun-Casalilla (Hrsg.): European Aristocracies and Colonial Elites, S. 99–113.
Pike, Ruth: Aristocrats and Traders. Sevillian Society in the Sixteenth Century. Ithaca/NY 1972.
Ptak, Roderich: Merchants and Profit-Maximization. Notes on Chinese and Portugese Entrepreneurship in Maritime Asia c. 1350–1600. In: Sprengard, Karl Anton/Ptak, Roderich (Hrsg.): Maritime Asia. Profit Maximization, Ethics and Trade Structure c. 1300–1800. Wiesbaden 1994, S. 29–59.
Schumpeter, Joseph: Art. Unternehmer. In: Handwörterbuch der Staatswissenschaften (Bd. 5), hrsg. von Johannes Conrad. 4. Aufl., Jena 1928, S. 476–487.
Schumpeter, Joseph A.: Theorie der wirtschaftlichen Entwicklung. Eine Untersuchung über Unternehmergewinn, Kapital, Kredit, Zins und den Konjunkturzyklus. Berlin 1987.
Schumpeter, Joseph A.: Schriften zur Ökonomie und Soziologie. Berlin 2016.
Schwartz, Stuart B.: Brazilian Sugar Planters as Aristocratic Managers 1550–1825. In: Janssens/Yun-Casalilla (Hrsg.): European Aristocracies and Colonial Elites, S. 233–246.
Simmel, Georg: Philosophie des Geldes (Georg Simmel-Gesamtausgabe Bd. 6). Frankfurt a.M. 1989.
Smith, S.D.: Slavery, Family, and Gentry Capitalism in the British Atlantic. The World of the Lascelles. Cambridge 2006.
Sombart, Werner: Der moderne Kapitalismus. 2 Bde. Leipzig 1902.
Sombart, Werner: Der kapitalistische Unternehmer, Archiv für Sozialwissenschaft und Sozialpolitik XXIX (1909), S. 689–758.
Sombart, Werner: Der moderne Kapitalismus. Historisch-systematische Darstellung des gesamteuropäischen Wirtschaftslebens von seinen Anfängen bis zur Gegenwart. Bd. 1. München 1916.
Sombart, Werner: Liebe, Luxus und Kapitalismus. Über die Entstehung der modernen Welt aus dem Geist der Verschwendung. Berlin 1983.
Sombart, Werner: Der Bourgeois. Zur Geistesgeschichte des modernen Wirtschaftsmenschen. Berlin 1987.

Sprengard, Karl Anton / Ptak, Roderich (Hrsg.): Maritime Asia: Profit Maximization, Ethics and Trade Structure c. 1300–1800. Wiesbaden 1994.

Srnicek, Nick: Platform Capitalism. Cambridge 2017.

Staab, Philipp: Digitaler Kapitalismus. Markt und Herrschaft in der Ökonomie der Unknappheit. Berlin 2019.

Strieder, Jakob: Zur Genesis des modernen Kapitalismus. Forschungen zur Entstehung der großen bürgerlichen Kapitalvermögen am Ausgange des Mittelalters und zu Beginn der Neuzeit. 2. Aufl., München 1935 [zuerst 1904].

Subrahmanyam, Sanjay: The Portuguese Empire in Asia 1500–1700. A Political and Economic History. 2. Aufl., Chichester 2012.

Subrahmanyam, Sanjay / Thomas, Luis Filippe F. A.: Evolution of Empire. The Portuguese in the Indian Ocean during the sixteenth century. In: Tracy, James D. (Hrsg.): The Political Economy of Merchant Empires. Cambridge 1991, S. 298–331.

Sweezy, Paul u. a.: The Transition from Feudalism to Capitalism. London 1976.

Tönsmeyer, Tatjana: Adelige Moderne. Großgrundbesitz und ländliche Gesellschaft in England und Böhmen 1848–1918. Köln 2012.

Tomasi di Lampedusa, Giuseppe: Der Gattopardo. München 2005.

Wallerstein, Immanuel: The Modern World-System. Capitalist Agriculture and the Origins of the European World-Economy in the Sixteenth Century. New York 1974.

Weber, Max: Wirtschaft, Staat und Sozialpolitik. Schriften und Reden 1900–1912, hrsg. von Schluchter, Wolfgang / Kurth, Peter / Morgenbrod, Birgitt (Max Weber-Gesamtausgabe, Bd. I/8). Tübingen 1998.

Weber, Max: Asketischer Protestantismus und Kapitalismus. Schriften und Reden 1904–1911, hrsg. von Schluchter, Wolfgang / Bube, Ursula (Max Weber-Gesamtausgabe, Bd. I/9), Tübingen 2014.

Wrede, Martin / Carl, Horst: Einleitung: Adel zwischen Schande und Ehre, Tradition und Traditionsbruch, Erinnerung und Vergessen. In: Wrede, Martin / Carl, Horst (Hrsg.): Zwischen Schande und Ehre. Erinnerungsbrüche und die Kontinuität des Hauses. Legitimationsmuster und Traditionsverständnis des frühneuzeitlichen Adels in Umbruch und Krise. Zabern 2007, S. 1–24.

Yun-Casalilla, Bartolomé: Old Regime Aristocracies, Colonial Elites and Economic Development. A Reconsideration. In: Janssens/Yun-Casalilla (Hrsg.): European Aristocracies and Colonial Elites, S. 5–22.

Zahedieh, Nuala: The Capital and the Colonies. London and the Atlantic Economy 1660–1700. Cambridge 2010.

DARSTELLUNG UND FREMDWAHRNEHMUNG VON WIRTSCHAFTLICHEN PRAKTIKEN

»IHR AUGENMERCK IST REICHTHUM«. WAHRNEHMUNGEN UND BEWERTUNGEN DES GENUESISCHEN ADELS IM 17. UND 18. JAHRHUNDERT

Matthias Schnettger

Abstract Die ligurische Metropole Genua stieg im 16. Jahrhundert zum führenden Finanzzentrum Italiens auf. Auch der genuesische Adel engagierte sich im Großhandel und in Geldgeschäften, und etliche Adelsfamilien gelangten auf diese Weise zu beträchtlichem Reichtum. Der Beitrag untersucht, primär anhand ausgewählter Reiseliteratur, das Bild, das man außerhalb von Italien von den geschäftstüchtigen und geradezu sprichwörtlich reichen genuesischen *Nobili* hatte. Er zeigt, in welchem Maße dieser Reichtum und seine als eher dubios betrachteten Grundlagen die Beurteilung des genuesischen Adels prägten. Deutlich werden dabei nicht zuletzt der Einfluss der Aufklärung und die spezifische Standortgebundenheit der einzelnen Autoren. Sie maßen die genuesischen *Nobili* an ihren eigenen Adelsvorstellungen, nutzten nicht selten aber auch die Verdikte gegen die genuesische Aristokratie für eine allgemeine Adelskritik.

Keywords Republik Genua, Reiseberichte, Fremdwahrnehmungen, Adelskritik, Aufklärung

1 Einleitung

Das Zitat im Titel stammt von Charles Marguerite Jean Baptiste Mercier Dupaty, der in seinen *Briefen über Italien* vom Jahr 1785 wenig Schmeichelhaftes über den genuesischen Adel zu berichten wusste.[1] Manche seiner Verdikte gingen weit über die Äußerungen anderer Autoren hinaus. Wenn er den außerordentlichen Reichtum der *Nobili* hervorhob, stand er hingegen nicht allein. Bemerkenswert erschienen auswärtigen Beobachtern dabei regelmäßig nicht nur die Dimensionen, sondern auch die Ursprünge dieses Reichtums. Denn dessen Wurzeln verortete man nicht etwa in ausgedehnten Landgütern, sondern in Handel und Finanzgeschäften. Derartige wirtschaftliche Aktivitäten von Adligen waren gerade in Italien nicht völlig ungewöhn-

1 Dupaty, Charles Marguerite Jean Baptiste: Briefe über Italien vom Jahr 1785, aus dem Französischen von Georg Forster. Mainz 1789, S. 38 (Zitat im Titel).

lich, stellten in dieser Konzentration und Intensität im europäischen Maßstab aber ein Alleinstellungsmerkmal der genuesischen *Nobili* dar.

Vor diesem Hintergrund ist zu fragen, wie der – reale oder auch nur angenommene – Reichtum und dessen Grundlagen die Wahrnehmung des genuesischen Adels durch Auswärtige prägten. War der Reichtum nur eine Eigenschaft unter vielen oder ein charakteristisches Element, das die Beurteilung der *Nobili* maßgeblich beeinflusste? Und in welcher Weise tat er das?

Das Ziel dieses Beitrags ist es, einige Charakteristika des Bildes herauszuarbeiten, das »man« in Europa von der genuesischen Aristokratie hatte. Als Quellengrundlage dient daher in erster Linie Reiseliteratur in deutscher und französischer Sprache aus dem 17., vor allem aber dem 18. Jahrhundert und damit eine Textgattung, die darauf ausgerichtet war, ein großes Publikum ohne besondere für das Textverständnis unabdingbare Voraussetzungen, aber durchaus mit gewissen Vorprägungen und Erwartungen zu erreichen.[2] In den meisten dieser Werke stellen die Ausführungen zu Genua und den Genuesen einen im Verhältnis zum Gesamttext eher kurzen Abschnitt dar. Wie das intendierte Lesepublikum waren auch die Verfasser keine ausgesprochenen Genua-Spezialisten, sondern hatten ihre Informationen bisweilen nur aus zweiter oder dritter Hand. Selbst wenn sie die ligurische Metropole aus eigener Anschauung kannten, war dies in der Regel eine nur oberflächliche Bekanntschaft.

Verglichen mit anderen italienischen Städten wie Rom, Florenz, Venedig oder Neapel war Genua ein Reiseziel zweiten Ranges.[3] Viele Italienreisende kamen gar nicht nach Genua, und diejenigen, die kamen, nahmen oft die ligurische Metropole sozusagen nur im Vorübergehen mit. Dementsprechend enthält ein beachtlicher Teil der einschlägigen Reiseliteratur zu Italien gar keine oder nur marginale Aussagen über Genua und seinen Adel.[4] Für diesen Beitrag herangezogen wurden aus dem 17. Jahrhundert die anonym veröffentlichte *Voyage de Monsievr le Prince de Condé*

2 Vgl. Brenner, Peter J.: Reiseliteratur. In: Enzyklopädie der Neuzeit (Bd. 10). Darmstadt 2009, Sp. 1019–1026.

3 Aus der reichen Literatur zu Italienreise und Italienbildern seien nur genannt Harder, Hermann: Französische Italienreisende des 18. Jahrhunderts. In: Arcadia 19 (1984), S. 1–19; Battafarano, Italo-Michele: Genese und Metamorphose des Italienbildes in der deutschen Literatur der Neuzeit. In: Battafarano, Italo-Michele (Hrsg.): Italienische Reise, Reisen nach Italien (Apollo 2). Gardolo di Trento 1988, S. 13–101; Brilli, Attilio: Reisen in Italien. Die Kulturgeschichte der klassischen Italienreise vom 16. bis 19. Jahrhundert. 2. Aufl., Köln 1990.

4 Zu zeitgenössischen Außensichten auf Genua Battistini, Mario: Visitatori stranieri a Genova. In: Giornale storico e letterario della Liguria N. S. 4 (1928), S. 132–139; Savio, Giulia: Una relazione settecentesca sulle due Riviere. In: Migliorini, Maurizia / Savio, Giulia (Hrsg.): Souvenir d'Italie. Il viaggio in Italia nelle memorie scritte e figurative tra il XVI secolo e l'età contemporanea. Genua 2008, S. 95–104; Savio, Giulia: Leggere la città. Genova tra scienza, urbanistica e arte (Metamorphoseon). Rom 2013; Famoso, Nunzio: La geografia delle città d'Italia. Resoconti dei viaggiatori francesi del grand tour (Geografia e organizzazione dello sviluppo territoriale. Studi regionali e monografici 69). Bologna 2014, S. 63–68.

(1635)[5] und das Werk *Le voyage et la description d'Italie* des Geographen Pierre Duval (1656).[6] Für Jan Janszoon Struys (1675, deutsch 1678)[7] ebenso wie für Jacob Spon und George Wheler, deren 1678 erschienener Reisebericht in deutscher Übersetzung (1690) herangezogen wurde,[8] war Genua nur eine Durchgangsstation auf ihrer Reise nach Griechenland.

Insgesamt ausführlicher sind die Aussagen in den ausgewerteten Quellen des 18. Jahrhunderts. Johann Georg Keyßlers *Neüeste Reisen*, hier verwendet in der Ausgabe von 1740, war eines der ausführlichsten und am weitesten verbreiteten deutschsprachigen Reisehandbücher.[9] Keyßler ging aber über die üblichen praktischen Hinweise und die Aufzählung von Sehenswürdigkeiten hinaus und nahm vielfach Einordnungen und Wertungen vor, die frühaufgeklärte Einflüsse erkennen lassen. Überhaupt ist ein erheblicher Teil der Quellen dem weiten Spektrum der Aufklärung zuzuordnen wie die umfangreichen *Observations sur l'Italie et sur les Italiens* des Literaten Pierre Jean Grosley (1774).[10] Das umfangreichste und am weitesten verbreitete deutschsprachige Italien-Reisehandbuch des 18. Jahrhunderts war Johann Jacob Volkmanns *Historisch-kritische Nachrichten von Italien.*[11]

5 O. A.: Voyage de Monsievr le Prince de Condé, en Italie, depuis son partement du Camp de Monpellier iusques à son retour en sa maison de Mouron. Lyon 1635.

6 Pierre Duval: Le voyage et la description d'Italie […]. Paris 1656. Zu Duval vgl. Art. Duval (Pierre). In: Feller, François-Xavier (Hrsg.): Biographie universelle ou Dictionnaire historique […] (Bd. 3.) Paris 1848, S. 336.

7 Struys, Jan Janszoon: Joh. Jansz. Straußens sehr schwere, wiederwertige und denckwürdige Reysen durch Jtalien, Griechenland, Lifland, Moscau, Tartarey, Meden, Persien, Türckey, Ost-Jndien, Japan und unterschiedliche andere Länder. Amsterdam 1678. Zu Struys vgl. Floor, Willem: Struys, Jan Janszoon. In: Encyclopædia Iranica, online edition, 2016. URL: http://www.iranicaonline.org/articles/struys-jan [letzter Zugriff 26.01.2021].

8 Spon, Jacob / Wheler, George: Italiänische, Dalmatische, Griechische und Orientalische Reise-Beschreibung. […]. Bd. 1. Nürnberg 1690. Zu Spon vgl. Moreau, Yves: Les réseaux de correspondants de Jacob Spon, un intermédiaire entre la France, Genève et l'Italie. In: Martin, Philippe (Hrsg.): La correspondance. Le mythe de l'individu dévoilé ? Löwen 2014, S. 115–126; zu Wheler vgl. Wilson, Nigel Guy: Wheler, Sir George. In: Oxford Dictionary of National Biography. 2004. URL: https://doi.org/10.1093/ref:odnb/29193 [letzter Zugriff 26.01.2021].

9 Keyßler, Johann Georg: Neüeste Reise, durch Teütschland, Böhmen, Ungarn, die Schweitz, Italien und Lothringen, worinn der Zustand und das merckwürdigste dieser Länder beschrieben […]. Hannover 1740. Vgl. Siebers, Winfried: Johann Georg Keyßler und die Reisebeschreibung der Frühaufklärung (Epistemata/Reihe Literaturwissenschaft 494). Würzburg 2009; Müller, Achatz von u. a. (Hrsg.): Keyßlers Welt. Europa auf Grand Tour. Göttingen 2018.

10 Grosley, Pierre Jean: Observations sur l'Italie et sur les Italiens, Données en 1764, sous le nom de deux Gentilshommes Suédois. Bd. 4. London/Paris 1774. Zu Grosley vgl. Nabarra, Alain: Grosley, Pierre Jean. In: Dictionnaire des journalistes (1600–1789). 2015–2019, URL: http://dictionnaire-journalistes.gazettes18e.fr/journaliste/368-pierre-jean-grosley [letzter Zugriff 26.01.2021].

11 Volkmann, Johann Jacob: Historisch-kritische Nachrichten von Italien. Welche eine genaue Beschreibung dieses Landes, der Sitten und Gebräuche, der Regierungsform, Handlung, Oekonomie, des Zustandes der Wissenschaften, und insonderheit der Werke der Kunst nebst einer Beurtheilung derselben enthalten. Bd. 3. Leipzig 1771. Signifikant ist, dass die *Superba* und ihr Herrschaftsgebiet bei Volkmann als Allerletztes behandelt werden. Das spricht für den geringen Stellenwert Genuas im Rahmen

Einen dezidiert aufgeklärten Standpunkt nehmen Charles Marguerite Jean Baptiste Mercier Dupatys *Briefe über Italien* vom Jahr 1785 ein,[12] die in Georg Forsters Übersetzung aus dem Jahr 1789 benutzt wurden, und die *Voyage en Italie* des bekannten Astronomen Joseph Jérôme Lefrançais de Lalande.[13] *Briefe über Italien* veröffentlichte in den Jahren 1778 bis 1785 auch der Bibliothekar Herzogin Anna Amalias von Sachsen-Weimar, Christian Joseph Jagemann,[14] wobei der 24. Brief der Republik Genua gewidmet ist.

Um exemplarisch zu prüfen, inwieweit die Aussagen zu Genua aus der Reiseliteratur sich *mutatis mutandis* auch in anderen Textgattungen finden, namentlich in solchen, die beanspruchten, für ein breites Publikum das allgemeine Wissen zusammengetragen, wurde als wichtigstes deutschsprachiges Lexikon des 18. Jahrhunderts der *Zedler* herangezogen,[15] ferner der *Almanach des gens d'esprit* (1762) des lothringischen Satirikers François-Antoine Chevrier.[16]

Ohne den Anspruch auf Vollständigkeit zu erheben, erlaubt es dieses Quellentableau, das Ziel des Beitrags zu erreichen, nämlich ein holzschnittartiges Bild der Wahrnehmung und Darstellung des genuesischen Adels im 17. und 18. Jahrhundert zu entwerfen. Mit anderen Worten: Es wird danach gefragt, inwieweit in der nordalpinen europäischen Öffentlichkeit stereotype Vorstellungen vom genuesischen Adel existierten und wie diese konturiert waren. Gleichzeitig kann verfolgt werden, wie die spezifischen Perspektiven der Autoren das von ihnen gezeichnete Bild des genuesischen Adels beeinflussten und wie im Zeitalter der Aufklärung etablierte Urteile aufgegriffen, modifiziert – und das heißt häufig: verschärft – wurden. Die Analyse erfolgt also in

einer Italienreise, hat aber auch mit den Reiserouten zu tun, an denen die Darstellung orientiert ist. Immerhin widmet Volkmann der ligurischen Metropole etwa 70 Seiten (S. 772–844).

12 Dupaty: Briefe über Italien. Zur Biographie Dupatys und zu den *Lettres sur l'Italie* vgl. den Sammelband Herman, Jan / Peeters, Kris / Pelckmans, Paul (Hrsg.): Dupaty et l'Italie des voyageurs sensibles. Amsterdam u. a. 2012: darin zu Genua, vornehmlich aus kunsthistorischer Perspektive: Savio, Giulia: Dupaty et Gênes. Quelques réactions artistiques. In: ebd., S. 37–44.

13 Lalande, Joseph Jérôme Le Français de: Voyage en Italie, Contenant l'Histoire & les Anecdotes les plus singulieres de l'Italie, & sa description [...]. Bd. 9. 2. Aufl., Paris 1786. Zu Lalande vgl. Boistel, Guy / Lamy, Jérôme / Le Lay, Colette (Hrsg.): Jérôme Lalande (1732–1807). Une trajectoire scientifique. Rennes 2010.

14 Jagemann, Christian Joseph: Briefe über Italien. Bd. 3. Weimar 1785. Zu Jagemann und seinen Briefen über Italien vgl. Bader, Sandra: Illusion und Wirklichkeit im deutschen Italienbild des 18. Jahrhunderts. Der Weimarer Italianist Christian Joseph Jagemann. Diss. Jena 2003, zum Abschnitt über Genua S. 132–133; Albrecht, Jörn / Kofler, Peter (Hrsg.): Die Italianistik in der Weimarer Klassik. Das Leben und Werk von Christian Joseph Jagemann, 1735–1804. Tübingen 2006.

15 Art. Genua oder Genova. In: Zedler, Johann Heinrich: Grosses vollständiges Universal-Lexicon aller Wissenschafften und Künste [...] (Bd. 10). Halle/Leipzig 1735, Sp. 902–907. Zum Zedler und seinen Länder- bzw. Städte-Artikeln vgl. Schneider, Ulrich Johannes: Die Erfindung des allgemeinen Wissens. Enzyklopädisches Schreiben im Zeitalter der Aufklärung. Berlin 2013, bes. S. 73–83, 112–128.

16 Chevrier, François-Antoine: Almanach des gens d'esprit, par un homme qui n'est pas sot. Calendrier pour l'année 1762 & la reste de la vie. London [Paris] 1762. Zu Chevrier vgl. Messina, Luisa: Le style libertin de François-Antoine Chevrier. In: Multilinguales 4 (2014), S. 134–150.

dem Bewusstsein, dass Quellen, die Wahrnehmungen und Wertungen von Fremdem beinhalten, üblicherweise in hohem Maße durch Vorannahmen geprägt sind und oft mehr über den Betrachtenden aussagen als über die »Realität« des Dargestellten, ferner dass Lob und Kritik bisweilen ebenso sehr auf die eigene wie auf die fremde Gesellschaft zielen.[17] Vor dem Blick in die Quellen erscheint es jedoch geboten, einige grundlegende Informationen zur frühneuzeitlichen Republik Genua und ihrem Adel voranzuschicken.

2 Die frühneuzeitliche Republik Genua und ihr Adel

Das frühneuzeitliche Genua hatte wenig gemein mit der mächtigen Seerepublik, die bis ins 14. Jahrhundert auf Augenhöhe mit Venedig um die Vorherrschaft im östlichen Mittelmeer gerungen hatte. Der Großteil der genuesischen Kolonien im Schwarzen Meer und der Ägäis fiel im 15. Jahrhundert unter osmanische Herrschaft, und die *Dominante* selbst wurde von internen Konflikten erschüttert und geriet gar für längere Zeit unter mailändische, dann französische Herrschaft. Ihr Herrschaftsgebiet beschränkte sich fortan auf den ligurischen Küstenstreifen und die vorgelagerte Insel Korsika. Für den Handel in Oberitalien und im westlichen Mittelmeer bewahrte die ligurische Metropole aber eine erhebliche Bedeutung. Vor allem avancierte sie zu einem der wichtigsten europäischen Finanzplätze. Dieser Aufstieg wurde nicht nur von der genuesischen Staatsbank, der *Casa di San Giorgio*, sondern auch durch das Engagement zahlreicher genuesischer Familien im Finanzgeschäft getragen.[18]

Das Jahr 1528 markiert eine wichtige Zäsur in der genuesischen Geschichte, ja die eigentliche Geburtsstunde der frühneuzeitlichen Republik Genua. Die Übergabe der Stadt an den kurz zuvor zu Kaiser Karl V. übergelaufenen Admiral Andrea Doria eröffnete nicht nur eine bis zum Ende des 17. Jahrhunderts andauernde Phase der

17 Vgl. Harbsmeier, Michael: Reisebeschreibungen als mentalitätsgeschichtliche Quellen. Überlegungen zu einer historisch-anthropologischen Untersuchung frühneuzeitlicher Reisebeschreibungen. In: Mączak, Antoni / Teuteberg, Hans Jürgen (Hrsg.): Reiseberichte als Quellen europäischer Kulturgeschichte. Aufgaben und Möglichkeiten der historischen Reiseforschung (Wolfenbütteler Forschungen 21). Wolfenbüttel 1982, S. 1–32; zu den deutschen und französischen Italienbildern Heitmann, Klaus / Scamardi, Teodoro (Hrsg.): Deutsches Italienbild und italienisches Deutschlandbild im 18. Jahrhundert (Reihe der Villa Vigoni 9). Tübingen 1993, bzw. Bolard, Laurent: Portraits d'Italie. Les Italiens vus par les Français au temps du baroque, 1580–1740 (Collection Realia 35). Paris 2018.

18 Gesamtdarstellungen der (frühneuzeitlichen) Geschichte Genuas bei Vitale, Vito: Breviario della storia di Genova. Lineamenti storici ed orientamenti bibliografici. 2 Bde. Genua 1955, bes. Bd. 1; Costantini, Claudio: La Repubblica di Genova nell'età moderna (Storia d'Italia 9). Turin 1978; ein knapper Abriss in deutscher Sprache bei Schnettger, Matthias: »Principe sovrano« oder »civitas imperialis«? Die Republik Genua und das Alte Reich in der Frühen Neuzeit (1556–1797) (Beiträge zur Sozial- und Verfassungsgeschichte des Alten Reiches 17). Mainz 2006, S. 38–58.

weitgehenden Anlehnung der Republik an die Katholischen Könige aus dem Haus Habsburg. Vielmehr ließ Doria durch zwölf *Riformatori* eine neue Verfassung ausarbeiten, die den inneren Unruhen, die die vergangenen Jahrzehnte und Jahrhunderte geprägt hatten, ein für allemal ein Ende setzen sollte. Das Ergebnis war eine strikt oligarchische Verfassung, die jegliche politische Teilhabe auf diejenigen beschränkte, deren Namen im *Liber Nobilitatis* verzeichnet waren. In ihn wurden alle aufgenommen, deren Familien vor dem Jahr 1506 an der Herrschaft partizipiert hatten. 1528 enthielt der *Liber Nobilitatis* 1.934 Namen. Die verfassungsmäßige Möglichkeit, im Rahmen der sogenannten *Ascrizioni* bis zu zehn verdiente Untertanen pro Jahr unter die *Nobili* aufzunehmen, wurde in der Folge bei weitem nicht ausgeschöpft und konnte das Aussterben zahlreicher Adelsfamilien nicht ausgleichen. Der Anteil der Adligen an der steuerpflichtigen Bevölkerung in Genua belief sich im Jahr 1630 auf 7,6 Prozent.[19]

Der eine *Liber Nobilitatis* konnte nicht darüber hinwegtäuschen, dass der genuesische Adel in die beiden großen Gruppen des alten und des neuen Adels, *der Vecchi* und der *Nuovi*, zerfiel. Die *Vecchi* waren die Nachkommen des alten ligurischen Feudal- bzw. Amtsadels. Demgegenüber sind die *Nuovi*, die anfänglich auch als *Popolari* bezeichnet wurden, als gesellschaftliche Aufsteiger aus dem städtischen Bürgertum zu charakterisieren. Prinzipiell waren *Vecchi* und *Nuovi* gleichberechtigt – so standen ihnen alle Ämter bis hinauf zum Dogen offen. Tatsächlich besaßen die *Vecchi* jedoch auf verschiedenen Ebenen ein deutliches Übergewicht. Sie beanspruchten einen Vorrang vor den *Nuovi* und öffneten sich nur sehr zögerlich einem Konnubium mit ihnen. Die Spannungen zwischen beiden Adelsgruppen entluden sich 1575 in einem heftigen, bürgerkriegsähnlichen Konflikt. Erst die Verfassungsreform von 1576 konnte das genuesische Machtgefüge weitgehend stabilisieren. Doch auch später gab es in Genua und seinem Herrschaftsgebiet immer wieder Verschwörungen und Unruhen, von denen die seit 1729 andauernden, nicht mehr aus eigener Kraft niederzuwerfenden Aufstände Korsikas 1768 zur faktischen Abtretung der Insel an Frankreich führten.[20]

19 Zur Verfassungsreform von 1528 umfassend Pacini, Arturo: I presupposti politici del »secolo dei genovesi«. La riforma del 1528 (Atti della Società Ligure di Storia Patria N. S. 30,1 = 104, Fasc. 1). Genua 1990; zur Verfassung nach 1528 Forcheri, Giovanni: Doge, Governatori, Procuratori, Consigli e Magistrati della Repubblica di Genova. Genua 1968; Savelli, Rodolfo: La Repubblica oligarchica. Legislazione, istituzioni e ceti a Genova nel Cinquecento (Collana degli Annali della Facoltà di Giurisprudenza dell'Università di Genova 49). Mailand 1981; zum Anteil des Adels an der Gesamtbevölkerung Grendi, Edoardo: Introduzione alla storia moderna della repubblica di Genova. Genua 1976, S. 88–89.

20 In der Tat lehnte sich die Republik, die nach 1528 lange zum spanischen Einflussbereich gezählt hatte, seit der Mitte des 18. Jahrhunderts immer enger an Frankreich an. Die Beziehungen zum Haus Habsburg erreichten dagegen während des Österreichischen Erbfolgekriegs einen Tiefpunkt, als es 1746 zur Besetzung Genuas durch österreichische Truppen und deren Vertreibung im Zuge des sogenannten Balilla-Aufstands kam. Vgl. zum Balilla-Aufstand Bitossi, Carlo / Paolocci, Claudio

Die Binnendifferenzierung der genuesischen *Nobili* beschränkte sich nicht auf den – freilich grundlegenden – Unterschied zwischen *Vecchi* und *Nuovi*, sondern auch in ökonomischer Hinsicht waren die Abstände zwischen den zwei Dritteln der Adligen, die zur Gruppe der höchstbesteuerten Genuesen gehörten, und den nur mäßig wohlhabenden oder gar völlig verarmten Familien enorm. Kennzeichnend für den genuesischen Adel insgesamt war, dass ihm Handelsaktivitäten nicht verboten waren. Vielmehr engagierte sich ein großer Teil sowohl der *Vecchi* als auch der *Nuovi* im europäischen und im kolonialen Handel, vor allem aber im Kreditwesen.[21] Besonders eng waren im 16. und 17. Jahrhundert die Geschäftsbeziehungen zur Krone Spanien, die sich für die Genuesen als lukrativ, infolge der spanischen Staatsbankrotte für einige Häuser aber auch als desaströs erwiesen. Auch im 18. Jahrhundert war Genua noch ein bedeutendes Finanzzentrum mit Verbindungen nicht nur nach Spanien, sondern unter anderem auch nach Frankreich, Österreich und Großbritannien.[22]

Beim genuesischen Adel handelte es sich also um eine überschaubare, in sich aber äußerst heterogene Gruppe, deren Angehörige sich vielfach wirtschaftlichen Aktivitäten widmeten, die in anderen Ländern als zutiefst unadelig galten. Der einzige gemeinsame Nenner und das entscheidende Kriterium für das Adligsein in Genua war der Eintrag im *Liber Nobilitatis*. Der Adelsstatus war also primär auf die Republik bezogen. Was Reisende aus anderen Ländern von solchen Adligen hielten, soll im Folgenden skizziert werden.

(Hrsg.): Genova 1746. Una città di antico regime tra guerra e rivolta. 2 Bde. (Quaderni franzoniani 11). Genua 1998; zum Verhältnis der Republik zu den großen Monarchien vgl. Schnettger, Matthias: Die Grenzen der Freiheit. Die Republik Genua und ihre königlichen Beschützer in der Frühen Neuzeit. In: Haug, Tilman / Weber, Nadir / Winkler, Christian (Hrsg.): Protegierte und Protektoren. Asymmetrische politische Beziehungen zwischen Partnerschaft und Dominanz (16. bis frühes 20. Jahrhundert) (Externa 9). Köln 2016, S. 89–106.

21 Vgl. zum genuesischen Adel die grundlegenden Werke von Bitossi, Carlo: Il governo dei magnifici. Patriziato e politica a Genova fra Cinque e Seicento (I Tempi della Storia. Genova e Liguria 8). Genua 1990; Bitossi, Carlo: »La Repubblica è vecchia«. Patriziato e governo a Genova nel secondo Settecento (Studi di storia moderna e contemporanea 17). Rom 1995; Doria, Giorgio: Nobiltà e investimenti a Genova in Età moderna (Studi di storia economica 1). Genua 1995.

22 Vgl. Felloni, Giuseppe: Gli investimenti finanziari genovesi in Europa tra il Seicento e la Restaurazione. Mailand 1971; zu den Finanzbeziehungen nach Spanien Canosa, Romano: Banchieri genovesi e sovrani spagnoli tra Cinquecento e Seicento. Rom 1998; für das Beispiel der Balbi Grendi, Edoardo: I Balbi. Una famiglia genovese fra Spagna e Impero (Biblioteca di cultura storica 216). Turin 1997.

3 Fremdwahrnehmungen des genuesischen Adels im 17. und 18. Jahrhundert

3.1 Ein problematischer »Nationalcharakter«

Mehrere der ausgewerteten Quellen kolportieren, dass sich die Ligurer und die Genuesen seit jeher eines schlechten Rufs erfreuten. Einige Autoren zitieren in diesem Zusammenhang das Sprichwort:

„Monte senza legno,	„Gebirge ohne Holz,
Mare senza pesce,	Meer ohne Fisch,
Gente senza fede,	Volk ohne Treue,
& Donne senza vergogna.“ [23]	und Frauen ohne Scham.“

Die Treulosigkeit und die Schamlosigkeit werden nicht ausdrücklich auf den genuesischen Adel bzw. die adligen Frauen bezogen. In der aristokratischen Republik Genua trafen diese Verdikte die Adligen aber durchaus und in besonderer Weise. Noch mehr gilt dies für den Hochmut – immerhin die erste der sieben Todsünden. Denn Genua trug den Beinamen »la Superba« – und das konnte man, wie der *Zedler*, als »die Prächtige« übersetzen,[24] oder als »die Stolze«. »Superbo« konnte aber auch »hochmütig« oder »überheblich« bedeuten. Das warf einen weiteren Schatten auf den genuesischen Adel.

Ein geradezu vernichtendes Urteil über die Genuesen fällte in der Mitte des 18. Jahrhunderts François-Antoine Chevrier, der sie als unbeständig, grausam, habgierig, arglistig, eifersüchtig und rachsüchtig charakterisierte.[25] Lalande berichtet diese

23 Keyßler: Neüeste Reise, S. 429–430. In Übersetzung bei Art. Genua oder Genova. In: Zedler: Universal-Lexicon, Sp. 904; leicht modifiziert bei Spon/Wheler: Reise-Beschreibung, S. 8. Die Autoren konzedieren, es gebe aber »auch ehrliche Leute allda«. Ähnlich kritisch gegenüber dem auch von ihm referierten Sprichwort und dem schlechten Ruf der Genuesen Volkmann: Historisch-kritische Nachrichten, S. 821–822. – Die angebliche Schamlosigkeit der genuesischen Frauen wird mehrfach mit den in ganz Italien verbreiteten, aber in Genua besonders präsenten *Cicisbei* begründet, also dem Brauch, dass »die meisten vornehmen verheirateten Damen sich von einem Cavalier bedienen lassen« – oder auch von mehreren, denn »[j]e grösser die Anzahl solcher Anbeter ist, in desto grösseres Ansehen kommt der Verstand und die Schönheit des Frauenzimmers«. Keyßler: Neüeste Reise, S. 431. Keyßler räumt zwar ein, dass es sich dabei mutmaßlich um eine Form der platonischen Liebe handele, die ja auch von älteren Damen gepflegt werde, betrachtet das Cicisbeat dennoch offenbar als befremdlich und scheint es zu begrüßen, dass »die Gewohnheit nach und nach in einiges Abnehmen gerathe«. Ebd. Für Volkmann: Historisch-kritische Nachrichten, S. 823–824, ist das Cicisbeat ein Spezifikum des Adels. Dupaty vergleicht den *Cicisbeo* mit dem Pariser »Freund vom Hause«. Dupaty: Briefe über Italien, S. 74. An anderer Stelle behauptet er, die »Ausschweifungen [in Genua, M.S.] sind so groß, daß es keine öffentliche Dirnen giebt«. Ebd., S. 77.

24 Art. Genua oder Genova. In: Zedler: Universal-Lexicon, Sp. 902.

25 Chevrier: Almanach des gens, S. 67–71.

Einschätzung, distanziert sich aber davon und stuft sie als Ergebnis von »sartires particuliers« einiger Menschen ein, die Anlass gehabt hätten, sich über die Genuesen zu beschweren. Er habe nie dergleichen beobachtet, sondern die Genuesen als ebenso liebenswürdig wie die Bewohner anderer italienischer Städte kennengelernt. Das genuesische Volk neige nur dann zur Gewalttätigkeit, wenn es unterdrückt werde. Allerdings erschienen ihm die Genuesen weniger gastfreundlich gegenüber Fremden, weniger gebildet und stolzer als andere Italiener.[26]

3.2 Ein zweifelhafter, in sich gespaltener Adel

Neben Aussagen zum »Nationalcharakter« der Genuesen im Allgemeinen finden sich auch spezifische Aussagen zum genuesischen Adel. Der *Zedler* bringt ziemlich unmissverständlich zum Ausdruck, dass keineswegs alle genuesischen *Nobili* nach geburtsständischen Maßstäben adelig seien, denn in der Verfassungsreform von 1528 seien »Adel und gemeine [...] mit einander vermengt« worden.[27]

Die Untergliederung des Adels in *Vecchi* und *Nuovi* und der Vorrang der Ersteren werden mehrfach thematisiert. Pierre Duval bezeichnet 1656 die *Nuovi* als »pas si considerables« und demgegenüber die Doria, die Spinola, die Grimaldi, die Fieschi, die Del Carretto, die Pallavicino und die Cybo, die führenden Familien der *Vecchi*, als so mächtig und reich, dass man sie wohlweislich von der Regierung fernhalte.[28]Auch Keyßler betont die größere Exklusivität der *Vecchi*. Zwar seien die beiden Adelsgruppen in Hinsicht auf die öffentlichen Ämter gleichberechtigt, »im übrigen aber nehmen sich die alten gar vieles vor den andern heraus«. Von den *Nuovi* hebt Keyßler die Giustiniani hervor, die eigentlich von altem Adel seien, sich aber »als Haupt zu den neuern Adel [...] geschlagen« hätten.[29] Der *Zedler* qualifiziert die *Nuovi* als »gleichsamb ein Anhang derer vornehmsten« geradezu ab.[30] Er unterstreicht die Differenz zwischen *Vecchi* und *Nuovi* auch, indem er ausführt, dass sich »zu allen Zeiten viel grosse Generale und Admirale, unter dem Genuesischen Adel gefunden« hätten[31] – denn die von ihm genannten Männer, die solche adelsgemäßen Aktivitäten ausübten, gehörten allesamt zu

26 Lalande: Voyage en Italie, S. 352–353.

27 Art. Genua oder Genova. In: Zedler: Universal-Lexicon, Sp. 905.

28 Duval: Voyage, S. 116. Keyßler: Neüeste Reise, S. 431, nennt neben diesen noch die Imperiali. Volkmann: Historisch-kritische Nachrichte, S. 774, nennt als die vornehmsten und ältesten Familien die Doria und Spinola, die er als Ghibellinen, sowie die Fieschi und die Grimaldi, die er als Guelfen einstuft.

29 Keyßler: Neüeste Reise, S. 431. Volkmann: Historisch-kritische Nachrichten, S. 777 (Anmerkung).

30 Art. Genua oder Genova. In: Zedler: Universal-Lexicon, Sp. 903.

31 Ebd. Auch Lalande: Voyage en Italie, S. 385–386, führt eine Reihe von verdienten Militärs genuesischer Herkunft an. Fast alle stammen aus den Häusern Doria, Grimaldi und Spinola; dazu kommen noch ein Mitglied der früheren Dogendynastie Fregoso und ein Pallavicino. Auch hier also der Befund, dass das Militär eine Domäne des alten Adels sei.

den *Vecchi*. Volkmann konstatiert noch für seine Zeit »eine Art von Neid und Eifersucht« zwischen *Vecchi* und *Nuovi*.[32] Militärische Tugenden, wie sie den adligen Habitus zu prägen pflegten, seien aber auch den *Vecchi* seiner Zeit fremd.[33] Jagemann berichtet insgesamt vergleichsweise freundlich über den genuesischen Adel, kritisiert die oligarchische Regierung aber für ihre Entscheidung, die nicht mehr zu kontrollierende Insel Korsika Frankreich zu überlassen, »was mehr dem Character ihres Pöbels als jenem des Adels angemessen ist«.[34]

Besonders deutlich akzentuieren Grosleys *Observations sur l'Italie* den Unterschied zwischen den *Vecchi* und den *Nuovi*. Er behauptet, Andrea Doria habe bei der Neuordnung des Staats 1528 die Regierung den *Vecchi* vorbehalten. Erst 1576 sei die »mur de division« durchbrochen und beide Gruppen des Adels seien in gleicher Weise zur Regierung der Republik berufen worden. Sie hätten aber immer noch unterschiedliche Versammlungsorte und Interessen. Am Portico Vecchio, wo sich der alte Adel versammle, gebe es eine Terrasse mit Blick auf die Straße und die Kirche San Siro, wo sich einige antike, mit purpurnem Samt bezogene Sessel befänden, auf denen nur ein *Vecchio* Platz nehmen dürfe. Wenn ein *Nuovo* des Weges komme, grüße er die dort Versammelten mit einer tiefen Verbeugung, die ihm diesen Gruß »fort légèrement« erwiderten. Manchmal winkten sie den Neuadligen sogar mit dem Finger herbei, und dieser höre respektvoll, was man ihm sagen wolle. Die *Nuovi* hätten hingegen keinen anderen Versammlungsort als die Marmorbänke bei den *Banchi*, der Börse.[35]

Dupaty deutet noch in den 1780er Jahren ein anhaltendes Sonderbewusstsein der *Vecchi* an. Man könne zwar den Adel »oder vielmehr seine Vorrechte« für etwa 10.000 *Livres* kaufen – eine zumindest verkürzende Darstellung der *Ascrizioni* –, denn der alte Adel halte es für sicherer, reich gewordene Bürger in den Adel aufzunehmen und so zu verhindern, dass sie die antiaristokratische Bürgeropposition verstärkten. Aber selbst wenn diese Neuadligen nun im Goldenen Buch des genuesischen Adels verzeichnet seien, blieben sie den *Vecchi* »noch immer verächtlich«. Auch verdiente Staatssekretäre würden erst dann nobilitiert, wenn sie ein entsprechendes Vermögen erworben hätten.[36] Demnach war es im Grunde also das Geld, das den genuesischen Adel ausmachte. Das galt insbesondere für die durch die *Ascrizioni* nachträglich in den Liber Nobilitatis aufgenommenen Familien, aber längst nicht nur für diese.

32 Volkmann: Historisch-kritische Nachrichten, S. 777. Er berichtet auch über die Verfassungsreform von 1528. Ebd., S. 776–777.

33 Volkmann: Historisch-kritische Nachrichten, S. 779, meint die Genuesen seien »heutiges Tages ein Volk […], das weder in den Waffen noch im Kriege geübt ist, sondern sich mit Fabriken und Handlung beschäftigt«. Er formuliert diese Bemerkung, nachdem er zuvor die Zurückhaltung des Adels kritisiert hat, sich 1746 am Aufstand gegen die österreichische Besatzung zu beteiligen.

34 Jagemann: Briefe über Italien, S. 80.

35 Grosley: Observations sur l'Italie et sur les Italiens, S. 50–51. Ähnlich Chevrier: Almanach des gens, S. 69–70; Volkmann: Historisch-kritische Nachrichten, S. 777.

36 Dupaty: Briefe über Italien, S. 59–60, Zitat S. 59.

Deutlich aus dem Rahmen dieser distanzierten oder gar verächtlichen Darlegungen zum genuesischen Adel fallen einige Aussagen Lalandes. Im Gegensatz zu den anderen Autoren betont er die Gleichheit unter dem genuesischen Adel, wenn er auf die allen gemeinsame schwarze Kleidung hinweist. Zudem würdigt er, dass die jungen Adligen durch die Aufgaben, die man ihnen übertrage, und durch die Kontrolle der Regierung im Zaum gehalten würden.[37] Andererseits kennt aber auch er die »jalousie entre les nobles de l'ancien portique & ceux du nouveau portique«.[38]

3.3 Ein handeltreibender Adel

Dass der genuesische Adel sich im Handel und Kreditgeschäft betätigt und sich somit Aktivitäten widmet, die vielfach als unvereinbar mit dem Adelsethos betrachtet wurden,[39] ist allgemein bekannt. Unter Anspielung auf die französischen *Dérogeance*-Bestimmungen, nach denen bei der Ausübung eines »unadeligen« Berufs der Verlust von Adelstitel und -privilegien drohte, hebt Grosley in den *Observations sur l'Italie* hervor, dass der neue wie der alte Adel sich gegen das Vorurteil geschützt habe, das den Handel mit dem Adelsstatus für unvereinbar erkläre.[40] Der genuesische Adel habe zu allen Zeiten Bank- und Handelsgeschäfte betrieben und tue dies immer noch.

Auch Keyßler erwähnt als Besonderheit, dass in Genua »von Hohen und Niedrigen« Handel getrieben werde, wobei »jedermann auf seinen Profit siehet«.[41] Nur die Doria und die Spinola hätten »nichts mehr mit der Kauffmannschaft zu thun«. Die übrigen betrieben sie aber »ohne Bedenken, nicht zwar in kleinem, sondern in Wechseln, und daß sie Theil an Kauffahrttey-Schiffen nehmen«.[42] Wenngleich sich also die genuesischen Adligen zumindest nicht im Detailhandel betätigen, erscheinen

37 »[...] les nobles affectent d'ailleurs entre eux, une grande égalité«. Lalande: Voyage en Italie, S. 353–355, Zitat S. 353. Die schwarze Kleidung des Adels und die rigiden Kleidungsvorschriften auch für Frauen, von denen nur Bräute für eine Sechswochenfrist vor und nach der Hochzeit dispensiert waren, bemerkt auch Grosley: Observations sur l'Italie et sur les Italiens, S. 52. Siehe auch Volkmann: Historisch-kritische Nachrichten, S. 827.

38 Lalande: Voyage en Italie, S. 300.

39 Vgl. Stollberg-Rilinger, Barbara: Handelsgeist und Adelsethos. Zur Diskussion um das Handelsverbot für den deutschen Adel vom 16. bis zum 18. Jahrhundert. In: Zeitschrift für Historische Forschung 15 (1988), S. 273–309; Cerman, Ivo / Velek, Luboš (Hrsg.): Adel und Wirtschaft. Lebensunterhalt der Adeligen in der Moderne (Studien zum mitteleuropäischen Adel 2). München 2009.

40 »La Noblesse, soit nouvelle, soit ancienne, s'est garantie du préjuge qui a décidé le commerce incompatible avec la Noblesse«. Die Manufakturen hätten zwar unter der letzten *révolution* gelitten – eine Anspielung auf den sogenannten Balilla-Aufstand von 1746 –, dürften sich aber bald wieder auf dem vormaligen Stand befinden. Grosley: Observations sur l'Italie et sur les Italiens, S. 51.

41 Keyßler: Neüeste Reise, S. 430. Struys: Denckwürdige Reysen durch Jtalien, S. 2, erwähnt nur die »trefliche[n] Kaufleute«, spricht aber nicht davon, dass auch die Adligen dazugehören.

42 Keyßler: Neüeste Reise, S. 431.

ihre Aktivitäten im Bankenwesen und Großhandel Keyßler tendenziell doch bemerkenswert. Zugleich deutet Keyßler Unterschiede im Geschäftsgebaren der *Vecchi* und der *Nuovi* an, wenn er berichtet, dass sich nur der neue Adel und die »bürgerlichen Kauffleute« »in Angelegenheiten der Kaufmannschaft« an der Börse versammelten.[43] Mittels dieser räumlichen Nähe suggeriert Keyßler auch eine soziale Nähe zwischen *Nuovi* und nichtadligen Kaufleuten. Zugleich betont er implizit die Differenz zwischen diesen Aufsteigern und dem eigentlichen Geburtsadel, den *Vecchi*.

Dezidiert positiv bewertet Volkmann die Wirtschaftstätigkeit des genuesischen Adels: »Der genuesische Adel ist so klug und hält es für keine Schande, zu handeln. Die Pallavicini sind die ansehnlichsten Kaufleute. Alle übrigen, die Doria und die Spinola ausgenommen, handeln, haben Antheil an Schiffen, Fabriken, sind Banquiers, und so weiter.«[44]

Auch Lalande führt aus, dass sich die genuesischen Adligen als Bankiers mit Geschäftsbeziehungen nach Frankreich, England und Deutschland betätigten. Die derzeit reichsten Adligen seien Marcellone Durazzo – ein *Nuovo* – und seine beiden Söhne. Eine andere prominente Persönlichkeit, deren Aktivitäten im Bankenwesen Lalande hervorhebt, ist der Bruder des spanischen Ersten Ministers Girolamo Grimaldi, ein *Vecchio*.[45] An anderer Stelle bezeichnet Lalande das Haus Cambiaso als eines der reichsten von ganz Europa, das für seine Verdienste um das Vaterland – darunter den Straßenbau von Genua nach Campomarone, der wohl vier Millionen *Genovesi* verschlungen habe – in den Adelsstand erhoben worden sei.[46] Hierin zeigt sich ein vergleichsweise freundlicher Blick auf die *Ascrizioni*, der den Aspekt des Reichtums als Voraussetzung für die Nobilitierung nicht negiert, aber die Verdienste um das Gemeinwesen in den Vordergrund rückt. Ohne dies zwar ausschließlich auf den Adel zu beziehen, aber direkt im Anschluss an die Ausführungen zu den adligen Bankiers bescheinigt Lalande den Genuesen, sie seien »très-fins & très-intelligens dans le commerce«. Diese Aussage könnte allerdings auch als Kritik gelesen werden, denn indem Lalande zugleich auf die hohen Gewinne durch Getreidespekulation während der Versorgungskrise von 1764 verweist, deutet er eine gewisse Skrupellosigkeit im Geschäftsgebaren an.[47] Dezidiert positiv bewertet dagegen Jagemann die Handelstätigkeit des genuesischen Adels: »Der Adel, welcher sich hier nicht schämt, Handelschaft zu treiben, ist, wie alle großen Kaufleute, wohlgesittet; der Handel ist die Quelle seiner Reichthümer, und macht ihm Ehre.«[48]

43 Ebd., S. 431–432.

44 Volkmann: Historisch-kritische Nachrichten, S. 777–778 (Anmerkung).

45 Lalande: Voyage en Italie, S. 373. Es dürfte sich um Raniero Grimaldi gehandelt haben.

46 Ebd., S. 371–372.

47 Ebd., S. 373–374, Zitat S. 373. Ähnlich Volkmann: Historisch-kritische Nachrichten, S. 833.

48 Jagemann: Briefe über Italien, S. 85. An anderer Stelle (S. 91) hebt er die die Aktivitäten des Adels auf dem Finanzsektor hervor.

3.4 Reichtum und Verhältnis zum Geld

Der Reichtum der Genuesen und insbesondere der *Nobili* war sprichwörtlich. Dupaty bezeichnet sie kurz und bündig als »unermeßlich reich«.[49] Manche Autoren beziffern den Reichtum einzelner Genuesen. So belaufen sich nach Keyßler die Jahreseinkünfte des Fürsten Doria auf 150.000 *Filippi*[50] und die jährlichen Mieteinnahmen, die die Familie Imperiali aus einem einzigen Platz erziele, auf 100.000 *Livres*.[51] Volkmann kennt zwar den sprichwörtlichen Reichtum der Genuesen, meint aber, dieser habe »sehr abgenommen«.[52]

In der Reiseliteratur wurde der Reichtum der führenden genuesischen Familien regelmäßig anhand der Beschreibung der prächtigen Paläste in der Strada Nuova (der heutigen Via Garibaldi) und der Strada Balbi (heute Via Balbi) verdeutlicht. Selbst in Berichten, die Genua weniger als eine Seite widmen, wird die Pracht der Paläste erwähnt. Bei Spon und Wheler heißt es 1690: »Dann man siehet nichts darin [in Genua, M.S.] als Palläste und andere Gebäude von Marmel aufgeführet / und hat die Strada nova keine andere / als überaus prächtige.«[53] Lalande greift zu dem Superlativ: »Il n'y a point de ville au monde si superbe en édifices de marbre, que la ville de Gênes.«[54] Und für Dupaty ist die Strada Nuova »die schönste Straße in der Welt«.[55] Einige Autoren beschreiben die genuesischen *Palazzi* ausführlich. Keyßler nennt für die Strada Nuova die Paläste der Doria, Pallavicino, Lercari, Carrega und Negroni sowie für die Strada Balbi

49 Einige hätten Jahreseinkünfte in Millionenhöhe. Dupaty: Briefe über Italien, S. 60. Auch die beiden knappen Artikel zur Republik und zur Stadt Genua in der *Encyclopédie*, die im Übrigen wenig zum Erkenntnisinteresse dieses Beitrags beitragen, heben den Reichtum und die »opulence« Genuas hervor. Diderot, Denis / le Rond d'Alembert, Jean: Encyclopédie Ou Dictionnaire raisonné des sciences, ses arts, et de métiers (Bd. 3.). Paris 1757, S. 576. Manche Autoren weisen zugleich auf die Verarmung etlicher Adelsfamilien hin, z. B. Keyßler: Neüeste Reise, S. 432, hier im Zusammenhang mit der Stimmenkäuflichkeit bei Wahlen.

50 Wobei 1 *Filippo* 4 *Livres*, 14 ½ *Sols* piemontesischer Währung entspreche. Keyßler: Neüeste Reise, S. 438.

51 Ebd., S. 436.

52 Volkmann: Historisch-kritische Nachrichten, S. 778 (Anmerkung). Kaum acht Familien hätten Jahreseinkünfte von über 100.000 Lire. Bei den meisten lägen diese bei 10.000 Lire, bei einigen zwischen 20.000 und 30.000 Lire. Ebd.

53 Spon/Wheler: Reise-Beschreibung, S. 8. Siehe auch Anon: Voyage de Monsievr le Prince de Condé, S. 159: »La Strada noua (!) est tres-belle, remplie de plusieurs superbes Palais«. Bei Jagemann: Briefe über Italien, S 81–82. heißt es: »Es ist keine Stadt in Italien, wo es so viele und schöne mit Marmor bekleidete Palläste giebt, als zu Genua«. Volkmann: Historisch-kritische Nachrichten, S. 781–782, führt den Titel »la Superba« auf die Lage und die Paläste Genuas zurück. Wenig später bekräftigt er: »Wenige Städte in der Welt haben so viel prächtige Palläste aufzuweisen, als Genua, und wenn es ihr auch einige darinn gleich thun, so trifft man doch nirgends so viel Marmor, als hier, an.« Ebd. 796.

54 Lalande: Voyage en Italie, S. 325. Er bedauert allerdings, dass die Strada Nuova und die Via Balbi nicht »un peu plus larges« seien. Ebd., S. 340. Ähnlich Volkmann: Historisch-kritische Nachrichten, S. 813. Siehe auch Grosley: Observations sur l'Italie et sur les Italiens, S. 42–44, der von »Palais vraiment superbes« spricht (S. 42).

55 Dupaty: Briefe über Italien, S. 31.

den Palazzo Durazzo, der »anjetzt ausser Streit das beste weltliche Gebäude der Stadt« sei.[56] Andere Autoren heben teils dieselben, teils andere Paläste hervor.[57]

Geradezu standardmäßig findet der Palast der Fürsten Doria – heute Palazzo Principe – in der Nähe des Hafens Erwähnung. Keyßler kolportiert in diesem Zusammenhang die Anekdote, nach der bei einem Gastmahl zu Schiff, das Andrea Doria Kaiser Karl V. gegeben habe, das benutzte Gold- und Silbergeschirr über Bord geworfen worden sei. Den Spaniern sei entgangen, dass das Geschirr durch unter Wasser aufgespannte Netze geborgen worden sei. Sie hätten sich die schier unerschöpfliche Menge an Gold- und Silberzeug nur so erklären können, dass Doria sich dieses zusammengeborgt habe.[58]

Zur Innenausstattung der Adelspaläste macht Keyßler nur wenige Aussagen,[59] und auch Lalande greift nur sieben Paläste heraus, deren Kunstschätze – darunter Gemälde von Caravaggio, Guercino, Reni, Rubens, Tizian, Van Dyck und Veronese – er würdigt.[60] Volkmann beschreibt, der Intention seines Reisehandbuchs entsprechend, die genuesischen Paläste vergleichsweise detailliert.[61] Auch Dupatys *Briefe über Italien* widmen sich ausführlich dem Interieur der *Palazzi*. Nach dem Besuch der Paläste Brignole, Serra und Chiagera schildert sich Dupaty als »geblendet, betäubt, entzückt« von »Gold, Marmor, Krystall, Porphyr, Basalt und Alabaster in dorischen, ionischen, korintischen Säulen, Pfeilern, Kapitälern, Verzierungen aller Art und Gestalt«.[62] Kurz darauf setzt er im selben Tenor fort: »Wer kann diesen Glanz ertragen, wer kann ihn beschreiben? [...] Bey diesen Spiegeln, diesem Pflaster, diesen Säulen, bey dem verschwendeten Golde,

56 Keyßler: Neüeste Reise, S. 436. Ähnlich Art. Genua oder Genova. In: Zedler: Universal-Lexicon, Sp. 902: »Auf der neuen Strasse, welche die schönste in gantz Genua ist, stehen nichts als lautre Paläste und prächtige Häuser.« Der knappe Bericht von Struys: Denckwürdige Reisen, S. 2, spricht von »treflichen Gebäuen und Pallästen« v. a. an den Ufern. Er bezieht sich mit dieser Aussage vermutlich auf den Palast des Fürsten Doria.

57 Lalande nennt als in architektonischer Hinsicht besonders bemerkenswert den Palast des Herzogs von Tursi und die beiden Paläste Brignole, d. h. den Palazzo Rosso und den Palazzo Bianco, in der Strada Nuova, den Palazzo Pallavicino von Castellazzo an der Ecke Strada Nuova / Piazza Negroni, den des Spinola-Herzogs von San Pietro bei der Porta dell'Acqua Sola, die beiden Paläste Balbi sowie die Paläste Marcellone und Marcellino Durazzos in der Via Balbi, ferner den Palast Pietro Gentiles bei der Loggia dei Banchi und den Palast des Fürsten Andrea Doria. Lalande: Voyage en Italie, S. 325–342. In der anonymen *Voyage de Monsievr le Prince de Condé* aus dem Jahr 1635, S. 160, finden der Palazzo Negroni und die Villa Imperiali an der Straße nach San Pier d'Arena Erwähnung.

58 Dagegen wende sich die Inschrift am Palast »Pour gratia de Dios & del Re / En estas casas noa cosa preda.« Keyßler: Neüeste Reise, S. 436–437, Zitat S. 437. Auch Art. Genua oder Genova. In: Zedler: Universal-Lexicon, Sp. 902 erwähnt diese Inschrift, stellt die dahinterstehende Begebenheit aber etwas abweichend dar. Im Übrigen bemerkt er zu dem Palast lakonisch: »alles, was man nur davon siehet, ist ein Zeugniß grosser darauf gewandter Kosten«. Siehe auch Volkmann: Historisch-kritische Nachrichten, S. 798.

59 Zum Beispiel Keyßler: Neüeste Reise, S. 437–438, zum Palazzo Principe.

60 Vgl. Lalande: Voyage en Italie, S. 326–335. Knappe Aussagen zum Inneren der Paläste auch in Anon: Voyage de Monsievr le Prince de Condé, S. 159–160; Grosley: Observations sur l'Italie, S. 44–45.

61 Vgl. Volkmann: Historisch-kritische Nachrichten, S. 796–809.

62 Dupaty: Briefe über Italien, S. 27.

Lasur, Marmor und Porphyr, ist Pracht der einzige passende Ausdruck.«[63] Die Besitzer dieser Paläste stellt Dupaty allerdings als Banausen hin:

> »[Sie] kennen selbst nicht die Schönheiten ihres Eigenthums, oder erfahren sie erst von staunenden Fremden und aus dem Munde der prahlenden Ruhmgöttin. Neben jenen Sälen selbst, ja in den Sälen selbst, wo die Farben eines Titian, Rubens, Vandyk und Veronese spielen, dort stellen diese edlen Genueser täglich die plumpste Arbeit des dünnesten Pinsels.«

Sie bewohnten, so Dupaty, »nicht einmal diese reichen Zimmer, sondern irgend ein Dachstübchen, und sind gleichsam nur die Hausvögte ihres eigenen Pallasts«.[64] Der verbreitete Mangel an gutem Geschmack schließt auch die Frauen ein: »sie verwechseln Reichthum und Zierrath, Zierrath und Putz miteinander.«[65]

Insgesamt haben bei Dupaty die Beschreibungen des genuesischen Reichtums einen kritischen Unterton. Er erklärt, dass »alle Schönheiten, alle Reichthümer des Pallasts von Durazzo ihren Reiz« für ihn verloren hätten, nachdem er zuvor das Brot für die Armen gekostet habe.[66] Wenig später, nach dem Besuch der Galeeren und angesichts des dort erblickten Elends ruft er aus: »Genua! Deine Palläste sind weder hoch noch weitläuftig, weder zahlreich noch glänzend genug; denn man sieht deine Galeeren!«[67] Schließlich deutet er an, dass das alles beherrschende Streben nach Reichtum in Genua selbst die natürlichsten Familienbande beeinträchtige: »Niemand ist dort Mutter, oder Kind, oder Bruder; sondern man hat Erben und Verwandte.«[68] Reichtum geht in seiner Darstellung also einher mit einem außerordentlichen Geiz, den andere Autoren freundlicher als Sparsamkeit deuten.[69]

Außerdem stellt Dupaty die Pracht der Paläste dem Heer der Bettler vor ihren Toren gegenüber. Gegenüber diesen Bettlern zeigten die *Nobili* – in unterschiedlichem Maße – eine »unüberlegte Freygebigkeit«, die nicht die Ursachen der Armut bekämpfe, sondern vielmehr die Bettelei noch befördere. Auch mit seiner Behauptung, sie verschwendeten ihr

63 Ebd., S. 31.

64 Ebd., S. 32.

65 Ebd., S. 75.

66 Ebd., S. 39. Am Ende seiner Ausführungen kritisiert Dupaty auch die verschwenderische Ausstattung der Kirchen, die »wie Schauspielhäuser« aussähen. Ebd., S. 81. Als allzu prunkhaft und überladen tadelt auch Volkmann: Historisch-kritische Nachrichten, S. 791, die genuesischen Kirchen: »in einigen wird die Vergoldung zum Eckel«.

67 Ebd., S. 47. Trotz seines insgesamt vernichtenden Urteils über den genuesischen Adel findet Dupaty aber lobende Worte für einzelne seiner Vertreter wie den ehemaligen Dogen Agostino Lomellini, den er als liebenswürdigen, bescheidenen und kunstsinnigen älteren Herrn schildert. Ebd., S. 48–54. Er wird auch von Volkmann: Historisch-kritische Nachrichten, S. 841–842, und Jagemann: Briefe über Italien, S. 87, gewürdigt.

68 Dupaty: Briefe über Italien, S. 76.

69 Jagemann: Briefe über Italien, S. 85, meint, dass diese Sparsamkeit »von andern Italienern zuscharf[!] getadelt« werde, sei sie doch »zu edlen Absichten gerichtet«. Ebd., S. 86.

Geld für ihre Dienerschaft, für Pferde und an Mönche, zeichnet Dupaty ein reichlich unaufgeklärtes Bild der genuesischen Adligen.[70] Volkmann kritisiert vor allem ihre Neigung, die Zeit mit dem Spiel zu vergeuden. Das Kartenspiel nennt er gleichberechtigt mit dem Handel und noch vor der Regierungstätigkeit als Hauptbeschäftigung der Genuesen.[71]

Nach einigen Berichten geht der Reichtum der Adligen mit Eigensucht und mangelndem Gemeinsinn einher. Während des Österreichischen Erbfolgekriegs, in einer akuten Bedrohungssituation also, hätten sie sich, so Grosley, zu freiwilligen Zahlungen bereitgefunden, mittlerweile seien sie aber wieder zur Praxis zurückgekehrt, das Volk mit außerordentlichen Steuern zu belasten.[72] Auch Dupaty kritisiert die – von der oligarchischen Regierung erlassenen – genuesischen Gesetze, die nur den Interessen des Adels dienten.[73] Jagemann spricht demgegenüber von einer »sehr mild[en]« Regierung, stellt jedoch die Armut des Staats dem Reichtum der Einzelnen gegenüber.[74] Dupaty bescheinigt dem Adel ein so geringes Interesse an den Staatsangelegenheiten, dass man oftmals Geldbußen verhängen müsse, um das erforderliche Quorum in den Regierungsgremien zustande zu bringen: »Es ist ein Frohndienst, den man ihnen [den Adligen, M.S.] abnöthigen muß.«[75] Lalande, der exemplarisch auch auf die Verdienste Neunobilitierter um das Gemeinwesen hinweist, hingegen stellt die Handels- und Regierungsaktivitäten der Genuesen auf eine Stufe: »A Gênes, tous le monde est employé ou au commerce, ou au gouvernement«.[76] Volkmann, der einerseits die Handelsaktivitäten des genuesischen Adels berichtet, hebt andererseits die Regierungstätigkeit des Adels hervor, beurteilt diese aber durchaus kritisch, wenn er ihm im Allgemeinen Prunksucht, mangelnde Bildung und einen engen Horizont bescheinigt.[77] Dass »die Republik Genua [...] der ärmste Staat von Italien [sei,] aber die reichsten Bürger« habe, sieht er äußerst positiv, erhebt also nicht etwa die Forderung, die wohlhabenden *Nobili* stärker zur Finanzierung der öffentlichen Aufgaben heranzuziehen.[78]

70 Dupaty: Briefe über Italien, S. 60.

71 Vgl. Volkmann: Historisch-kritische Nachrichten, S. 841; siehe auch ebd., S. 825: »Weil die Regierung der Republik den Adel nicht genug beschäfftiget, und die wenigsten Wissenschaften lieben, so ist das Spiel ein herrliches Mittel die Zeit hinzubringen.«

72 Vgl. Grosley: Observations sur l'Italie et sur les Italiens, S. 35–36. Auch Volkmann: Historisch-kritische Nachrichten, S. 779, tadelt in diesem Zusammenhang die mangelnde Einsatzbereitschaft des Adels.

73 Vgl. Dupaty: Briefe über Italien, S. 61: »Welch eine Gesetzgebung, wo der Adel fast alle Gesetze macht! Der ganze Codex ist größtentheils nur das Verzeichnis seiner Vorrechte.« Später bezeichnet er die meisten Gesetze als »unzeitige Geburten«. Ebd., S. 62. Wie die Adligen den Staat für ihre eigenen Interessen missbrauchen, verdeutlicht Dupaty an einem Beispiel: Üblicherweise beantrage der Senat bei der Geistlichkeit für die ganze Republik einen Dispens von den Fastenvorschriften. Im laufenden Jahr (1785) habe man aber darauf verzichtet, damit die Adligen einen großen Bestand an Stockfisch losschlagen konnten. Ebd., S. 72.

74 Jagemann: Briefe über Italien, S. 55.

75 Dupaty: Briefe über Italien, S. 64.

76 Lalande: Voyage en Italie, S. 354.

77 Vgl. Volkmann: Historisch-kritische Nachrichten, S. 823.

78 Ebd., S. 829.

Manche Texte würdigen die großzügige Spendenbereitschaft des genuesischen Adels anhand der Ehrenstatuten im Dogenpalast und in den Gebäuden einiger Fürsorgeinstitutionen. Keyßler weist auf die zahlreichen Statuen und Brustbilder von Stiftern in den Treppenhäusern und Vorsälen des *Albergo*, des größten Armenhauses, hin.[79] Auch Lalande erwähnt die Ehrenstatuen im *Albergo* und lobt sie als ein exzellentes Mittel, um die Bürger zu guten Werken zu bewegen. Die dieser Institution vermachten Summen seien zum Erstaunen.[80] Ebenso berichtet er über die Finanzierung des Großen Hospitals, die Kosten für den 1764 abgeschlossenen Bauabschnitt in Höhe von 500.000 genuesischen *Livres* seien durch freiwillige Spenden aufgebracht worden.[81] Selbst Dupaty schätzt den *Albergo* prinzipiell als »Zufluchtsort« der Armen. Die Einkünfte des Hospitals seien »unermeßlich«, was »der Eitelkeit, der Frömmigkeit und dem Mitleiden« zu verdanken sei. Dass mit den zur Verfügung stehenden Summen nicht viermal so viele Arme versorgt werden können, führt er auf die Korruption der Administratoren zurück.[82]

An anderer Stelle wird Dupatys Kritik noch ätzender, wenn er die Republik Genua als ein System schildert, das auf die Unterdrückung des armen Volkes abziele. Der Adel sei nur darauf bedacht, den Tropfen zu verhüten, der das Fass zum Überlaufen brächte: »Seinem Geiz opfert er einen Theil seines Ansehens. [...] Ihr Augenmerck ist Reichthum.« Oft entzögen sich die *Nobili* der Übernahme von Regierungsstellen, »aber um den geringsten Posten bey der Verwaltung der Bank und der Hospitäler bewerben sie sich«. Die Erklärung Dupatys für dieses Verhalten ist einfach: »Ihnen fehlt der mächtigste Antrieb guter Regenten; sie haben kein Land, sie sind Kaufleute.«[83] Diese Defizite des Adels haben Auswirkungen auf die ganze Gesellschaft: »der Verfall der Sitten, der Künste und der Einsichten in Genua [ist] augenscheinlich.«[84]

Jagemann hat offenbar solche Verdikte vor Augen, wenn er einerseits konzediert, dass in der Tat »Philosophie und Gewinnsucht [...] nicht wohl zusammen[passen]« und dass es »wie in allen großen Handelstädten« in Genua durchaus »stolze [...] Ignoranten« gebe, »die das Gold zu ihrem Abgott machen«. Andererseits fänden »die

79 Vgl. Keyßler: Neüeste Reise, S. 446: »die Bildnisse derer, die in diesem Stücke über hundert tausend Livres gegangen, haben die Ehre, in der Kirche zu stehen. Hieronymus de Grimaldis hat sein Andenken mit sechzigtausend Scudi di Genua gestiftet, Brignola mit fünf und dreyßig tausend, einer aus der Familie von Durazzo mit hundert und funfzig tausend Genuesischen Scudi, und Marcellus Durazzo mit dreißig tausend Ducaten, aus welchen wenigen Exempeln man schon urtheilen kann, wie reich diese Stiftung sey.« Siehe auch Volkmann: Historisch-kritische Nachrichten, S. 794, 810.

80 »Cet usage d'honorer le mémoire des bienfaiteurs, est un excellent moyen pour animer les citoyens à faire de bonnes œuvres; aussi l'on est frappé de l'immensité des sommes qui ont été laissées à l'Albergo.« Lalande: Voyage en Italie, S. 337.

81 Vgl. ebd., S. 338.

82 Dupaty: Briefe über Italien, S. 79.

83 Ebd., S. 38.

84 Ebd., S. 72. Auch Volkmann urteilt kritisch: »Die Wissenschaften sind in Genua nicht sehr geachtet, daher kann Genua wenig gelehrte Männer aufweisen.« Es gebe jedoch einige wenige Ausnahmen von dieser Regel. Volkmann: Historisch-kritische Nachrichten, S. 781.

Gelehrten, welche die Wissenschaften und Künste mit nützlicher Thätigkeit verbinden, und hierdurch das bürgerliche Wohl befördern, [...] zu Genua, wie in allen gesitteten Ländern, viele Freunde und Gönner.«[85]

4 Fazit

Das in manchen Zügen wenig schmeichelhafte Bild der Republik Genua und ihres Adels, das die untersuchten Quellen zeichneten, war nicht allein durch eigene Erfahrungen und Absichten, sondern auch durch Vorerwartungen konstituiert, die auf einem in zahlreichen Publikationen tradierten, wohletablierten Genua-Bild fußten. Dieses Bild wurde von den hier in den Blick genommenen Autoren teils konserviert, teils fortgeschrieben, teils abgewandelt, teils zugespitzt.

Der genuesische Adel erfreute sich unter den Zeitgenossen alles in allem keines besonders guten Rufs, wobei außer seinen Aktivitäten in Handel und Bankgeschäften auch andere Aspekte eine Rolle spielten. So wurden den genuesischen *Nobili* negative Eigenschaften zugeschrieben, die angeblich alle Genuesen oder gar alle Italiener charakterisierten, die bei ihnen aber besonders ausgeprägt seien.

Als prägend für die Wahrnehmung und Darstellung des genuesischen Adels erwies sich aber sein außerordentlicher, geradezu märchenhafter Reichtum, der auf seinem Engagement in Handel und Finanzwesen fußte. Diesbezüglich besaß der genuesische Adel im europäischen Vergleich zwar kein absolutes Alleinstellungsmerkmal. Als singulär nahmen die Zeitgenossen wahr, dass praktisch der gesamte genuesische Adel sich in dieser Weise wirtschaftlich betätigte und mit welcher Intensität er das tat. Dies prägte die Bewertung der genuesischen *Nobili* durch Auswärtige nachhaltig. Ihr Reichtum wurde durchweg mit Staunen, vielfach mit Bewunderung zur Kenntnis genommen, seine Ursprünge in Handel und Kreditwesen waren jedoch manchen Autoren suspekt. Zwar entsprachen die vornehmsten Familien der *Vecchi* gemeineuropäischen Standards. Vor allem die *Nuovi* erschienen manchen Zeitgenossen aber nicht als ein Geburts-, nicht einmal als ein echter Verdienstadel. Während in den meisten untersuchten Quellen eine Distanzierung oder Skepsis gegenüber der Adeligkeit der genuesischen *Nobili* nur verhalten geäußert wird oder mehr zwischen den Zeilen zu lesen ist, porträtiert, ja karikiert Dupaty sie als Neureiche, deren adliger Status primär auf ihrem Vermögen beruhte, die ihren Reichtum in protziger, von Geschmack und Kunstsinn wenig belasteter Weise zur Schau stellten, ein wenig adelsgemäßes Leben führten und auch nicht die Eigenschaften besaßen, die »echte« Adlige nach zeitgenössischen Vorstellungen zur Herrschaft qualifizierten. Das musste aber nicht verwundern, weil vor allem die *Nuovi* seiner Meinung nach letztlich keine Adligen, sondern reiche Kaufleute mit Adelstiteln waren.

85 Jagemann: Briefe über Italien, S. 87.

Gleichzeitig wird Dupatys Darstellung offensichtlich vom eigenen Standpunkt geprägt, wobei er ein über den konkreten Gegenstand – die Schilderung der genuesischen Verhältnisse – hinausweisendes Ziel verfolgt. Die Kritik an einem protzigen, frömmelnden, unaufgeklärten Adel trifft ebenso die Aristokraten anderer Länder – und namentlich in seiner französischen Heimat.[86] Andere Autoren, wie Lalande, zeichnen ein freundlicheres Bild der genuesischen *Nobili*. Den deutlichsten Gegenpol zu Dupaty markiert unter den ausgewerteten Quellen aber Jagemann, der den genuesischen Adel gerade für seine Wirtschaftstätigkeit lobt.[87] Damit stehen Dupaty und Jagemann für zwei unterschiedliche aufgeklärte Adelskonzepte. Während Jagemann einem in Staat und Wirtschaft tätigen Adel einiges abgewinnen konnte, äußerte Dupaty Fundamentalkritik. Auch ihr Engagement in Handel und Finanzwesen vermochte die genuesischen *Nobili* nicht vor seinem Verdikt zu retten. Vielmehr wendete Dupaty ihren Reichtum als Argument gegen sie.

Quellen-und Literaturverzeichnis

Gedruckte Quellen

Anon: Voyage de Monsievr le Prince de Condé, en Italie, depuis son partement du Camp de Monpellier iusques à son retour en sa maison de Mouron. Lyon 1635.

Chevrier, François-Antoine: Almanach des gens d'esprit, par un homme qui n'est pas sot. Calendrier pour l'année 1762 & la reste de la vie. London [Paris] 1762.

Diderot, Denis / le Rond d'Alembert, Jean: Encyclopédie Ou Dictionnaire raisonné des sciences, ses arts, et de métiers. Bd. 3, Paris 1757.

Dupaty, Charles Marguerite Jean Baptiste: Briefe über Italien vom Jahr 1785, aus dem Französischen von Georg Forster. Mainz 1789.

Duval, Pierre: Le voyage et la description d'Italie [...]. Paris 1656.

86 Insofern ist bei Dupaty eine gewisse Widersprüchlichkeit festzustellen, indem er einerseits die genuesischen *Nobili* als »unechte« Adlige darstellt, sie andererseits aber zur Zielscheibe seiner Adelskritik macht. Alles in allem ist der Abschnitt über Genua typisch für die Darstellung Dupatys, der »eine Mischung aus radikaler spätaufklärerischer Gesellschaftskritik und melancholischer präromantischer Sensibilität« sowie »ganz konkrete sozialpolitische Analysen Italiens (und indirekt auch Frankreichs)« bietet. Harder, Hermann: Französische Italienreisende des 18. Jahrhunderts. In: Arcadia 19 (1984), S. 1–19, hier S. 18. »Dupatys Lettres sur l'Italie lesen sich stellenweise wie ein Pamphlet gegen Ungerechtigkeit, Unterdrückung, gegen Ausbeutung, gegen Ignoranz und Aberglauben, gegen Privilegien des Adels und des Klerus; sie werden zur allgemeinen Anklage gegen Herrschaft und Herrschende.« Ebd.

87 Bader betont insgesamt die Abweichungen Jagemanns vom gängigen Italienbild. Volkmann lobt zwar auch die Wirtschaftstätigkeit des genuesischen Adels, schildert ihn insgesamt aber kritischer als Jagemann. Bader: Illusion und Wirklichkeit im deutschen Italienbild des 18. Jahrhunderts.

Grosley, Pierre Jean: Observations sur l'Italie et sur les Italiens, Données en 1764, sous le nom de deux Gentilshommes Suédois. Bd. 4, London/Paris 1774.

Jagemann, Christian Joseph: Briefe über Italien. Bd. 3. Weimar 1785.

Keyßler, Johann Georg: Neüeste Reise, durch Teütschland, Böhmen, Ungarn, die Schweitz, Italien und Lothringen, worinn der Zustand und das merckwürdigste dieser Länder beschrieben [...]. Hannover 1740.

Lalande, Joseph Jérôme Le Français de: Voyage en Italie, Contenant l'Histoire & les Anecdotes les plus singulieres de l'Italie, & sa description; les Usages, le Gouvernement, le Commerce, la Littérature, les Arts, l'Histoire Naturelle, & les Antiquités; avec des jugements sur les Ouvrages de Peinture, Sculpture & Architecture, & les Plans de toutes le grandes villes d'Italie. Bd. 9. 2. Aufl., Paris 1786.

Spon, Jacob / Wheler, George: Italiänische, Dalmatische, Griechische und Orientalische Reise-Beschreibung. Worinn Allerhand merkwürdige, vormals in Europa unbekannte, Antiquitäten, enthalten, Welche Jacob Spon, Med. Doctor, und Georgius Wheler, Englischer von Adel, Als sie obbenannte Lande, im Jahre 1675. und 1676. durchreiset, fleissig zusammen getragen, und der Welt, zu nützlicher Nachricht, in den Druck befördert. Erster Theil. Nürnberg 1690.

Struys, Jan Janszoon: Joh. Jansz. Straußens sehr schwere, wiederwertige und denckwürdige Reysen durch Jtalien, Griechenland, Lifland, Moscau, Tartarey, Meden, Persien, Türckey, Ost-Jndien, Japan und unterschiedliche andere Länder. Amsterdam 1678.

Volkmann, Johann Jacob: Historisch-kritische Nachrichten von Italien. Welche eine genaue Beschreibung dieses Landes, der Sitten und Gebräuche, der Regierungsform, Handlung, Oekonomie, des Zustandes der Wissenschaften, und insonderheit der Werke der Kunst nebst einer Beurtheilung derselben enthalten. Bd. 3. Leipzig 1771.

Zedler, Johann Heinrich: Grosses vollständiges Universal-Lexicon aller Wissenschafften und Künste [...]. Bd. 10, Halle/Leipzig 1735.

Literaturverzeichnis

Albrecht, Jörn / Kofler, Peter (Hrsg.): Die Italianistik in der Weimarer Klassik. Das Leben und Werk von Christian Joseph Jagemann, 1735–1804. Tübingen 2006.

Bader, Sandra: Illusion und Wirklichkeit im deutschen Italienbild des 18. Jahrhunderts. Der Weimarer Italianist Christian Joseph Jagemann. Diss. Jena 2003.

Battafarano, Italo-Michele: Genese und Metamorphose des Italienbildes in der deutschen Literatur der Neuzeit. In: Battafarano, Italo-Michele (Hrsg.): Italienische Reise, Reisen nach Italien (Apollo 2). Gardolo di Trento 1988, S. 13–101.

Battistini, Mario: Visitatori stranieri a Genova. In: Giornale storico e letterario della Liguria N. S. 4 (1928), S. 132–139.

Bitossi, Carlo: Il governo dei magnifici. Patriziato e politica a Genova fra Cinque e Seicento (I Tempi della Storia. Genova e Liguria 8). Genua 1990.

Bitossi, Carlo: »La Repubblica è vecchia«. Patriziato e governo a Genova nel secondo Settecento (Studi di storia moderna e contemporanea 17). Rom 1995.

Bitossi, Carlo / Paolocci, Claudio (Hrsg.): Genova 1746. Una città di antico regime tra guerra e rivolta. 2 Bde. (Quaderni franzoniani 11). Genua 1998.

Boistel, Guy / Lamy, Jérôme / Le Lay, Colette (Hrsg.): Jérôme Lalande (1732–1807). Une trajectoire scientifique. Rennes 2010.

Bolard, Laurent: Portraits d'Italie. Les Italiens vus par les Français au temps du baroque, 1580–1740 (Collection Realia 35). Paris 2018.

Brenner, Peter J.: Reiseliteratur. In: Enzyklopädie der Neuzeit (Bd. 10). Darmstadt 2009, Sp. 1019–1026.

Brilli, Attilio: Reisen in Italien. Die Kulturgeschichte der klassischen Italienreise vom 16. bis 19. Jahrhundert. 2. Aufl., Köln 1990.

Canosa, Romano: Banchieri genovesi e sovrani spagnoli tra Cinquecento e Seicento. Rom 1998.

Cerman, Ivo / Velek, Luboš (Hrsg.): Adel und Wirtschaft. Lebensunterhalt der Adeligen in der Moderne (Studien zum mitteleuropäischen Adel 2). München 2009.

Costantini, Claudio: La Repubblica di Genova nell'età moderna (Storia d'Italia 9). Turin 1978.

Doria, Giorgio: Nobiltà e investimenti a Genova in Età moderna (Studi di storia economica 1). Genua 1995.

Famoso, Nunzio: La geografia delle città d'Italia. Resoconti dei viaggiatori francesi del grand tour (Geografia e organizzazione dello sviluppo territoriale. Studi regionali e monografici 69). Bologna 2014.

Feller, François-Xavier: Duval (Pierre). In: Feller, François-Xavier (Hrsg.): Biographie universelle ou Dictionnaire historique [...]. Bd. 3. Paris 1848, S. 336.

Felloni, Giuseppe: Gli investimenti finanziari genovesi in Europa tra il Seicento e la Restaurazione. Mailand 1971.

Floor, Willem: Struys, Jan Janszoon. In: Encyclopædia Iranica, online edition. 2016. URL: http://www.iranicaonline.org/articles/struys-jan [letzter Zugriff: 26.01.2021].

Forcheri, Giovanni: Doge, Governatori, Procuratori, Consigli e Magistrati della Repubblica di Genova. Genua 1968.

Grendi, Edoardo: Introduzione alla storia moderna della repubblica di Genova. Genua 1976.

Grendi, Edoardo: I Balbi. Una famiglia genovese fra Spagna e Impero (Biblioteca di cultura storica 216). Turin 1997.

Harbsmeier, Michael: Reisebeschreibungen als mentalitätsgeschichtliche Quellen. Überlegungen zu einer historisch-anthropologischen Untersuchung frühneuzeitlicher Reisebeschreibungen. In: Mączak, Antoni / Teuteberg, Hans Jürgen (Hrsg.):

Reiseberichte als Quellen europäischer Kulturgeschichte. Aufgaben und Möglichkeiten der historischen Reiseforschung (Wolfenbütteler Forschungen 21). Wolfenbüttel 1982, S. 1–32.

Harder, Hermann: Französische Italienreisende des 18. Jahrhunderts. In: Arcadia 19 (1984), S. 1–19.

Heitmann, Klaus / Scamardi, Teodoro (Hrsg.): Deutsches Italienbild und italienisches Deutschlandbild im 18. Jahrhundert (Reihe der Villa Vigoni 9). Tübingen 1993.

Herman, Jan / Peeters, Kris / Pelckmans, Paul (Hrsg.): Dupaty et l'Italie des voyageurs sensibles. Amsterdam u. a. 2012.

Messina, Luisa: Le style libertin de François-Antoine Chevrier. In: Multilinguales 4 (2014), S. 134–150.

Moreau, Yves: Les réseaux de correspondants de Jacob Spon, un intermédiaire entre la France, Genève et l'Italie. In: Martin, Philippe (Hrsg.): La correspondance. Le mythe de l'individu dévoilé ? Löwen 2014, S. 115–126.

Müller, Achatz von u. a. (Hrsg.): Keyßlers Welt. Europa auf Grand Tour. Göttingen 2018.

Nabarra, Alain: Grosley, Pierre Jean. In: Dictionnaire des journalistes (1600–1789). 2015–2019. URL: http://dictionnaire-journalistes.gazettes18e.fr/journaliste/368-pierre-jean-grosley [letzter Zugriff: 26.01.2021].

Pacini, Arturo: I presupposti politici del »secolo dei genovesi«. La riforma del 1528 (Atti della Società Ligure di Storia Patria N. S. 30,1 = 104, Fasc. 1). Genua 1990.

Savelli, Rodolfo: La Repubblica oligarchica. Legislazione, istituzioni e ceti a Genova nel Cinquecento (Collana degli Annali della Facoltà di Giurisprudenza dell'Università di Genova 49). Mailand 1981.

Savio, Giulia: Una relazione settecentesca sulle due Riviere. In: Migliorini, Maurizia / Savio, Giulia (Hrsg.): Souvenir d'Italie. Il viaggio in Italia nelle memorie scritte e figurative tra il XVI secolo e l'età contemporanea. Genua 2008, S. 95–104.

Savio, Giulia: Dupaty et Gênes. Quelques réactions artistiques. In: Herman, Jan / Peeters, Kris / Pelckmans, Paul (Hrsg.): Dupaty et l'Italie des voyageurs sensibles. Amsterdam u. a. 2012, S. 37–44.

Savio, Giulia: Leggere la città. Genova tra scienza, urbanistica e arte (Metamorphoseon). Rom 2013.

Schneider, Ulrich Johannes: Die Erfindung des allgemeinen Wissens. Enzyklopädisches Schreiben im Zeitalter der Aufklärung. Berlin 2013.

Schnettger, Matthias: »Principe sovrano« oder »civitas imperialis«? Die Republik Genua und das Alte Reich in der Frühen Neuzeit (1556–1797) (Beiträge zur Sozial- und Verfassungsgeschichte des Alten Reiches 17). Mainz 2006.

Schnettger, Matthias: Die Grenzen der Freiheit. Die Republik Genua und ihre königlichen Beschützer in der Frühen Neuzeit. In: Haug, Tilman / Weber, Nadir / Winkler, Christian (Hrsg.): Protegierte und Protektoren. Asymmetrische politische

Beziehungen zwischen Partnerschaft und Dominanz (16. bis frühes 20. Jahrhundert) (Externa 9). Köln 2016, S. 89–106.
Siebers, Winfried: Johann Georg Keyßler und die Reisebeschreibung der Frühaufklärung (Epistemata / Reihe Literaturwissenschaft 494). Würzburg 2009.
Stollberg-Rilinger, Barbara: Handelsgeist und Adelsethos. Zur Diskussion um das Handelsverbot für den deutschen Adel vom 16. bis zum 18. Jahrhundert. In: Zeitschrift für Historische Forschung 15 (1988), S. 273–309.
Vitale, Vito: Breviario della storia di Genova. Lineamenti storici ed orientamenti bibliografici. 2 Bde. Genua 1955.
Wilson, Nigel Guy: Wheler, Sir George. In: Oxford Dictionary of National Biography. 2004. URL: https://doi.org/10.1093/ref:odnb/29193 [letzter Zugriff: 26.01.2021].

DIE ÖKONOMIE DER UNGEWISSHEIT. DER ALCHEMISTISCHE *ENTREPRENEUR* LOUIS DE HATZEL

Kolja Lichy

Abstract Der »Unternehmer« ist eine ebenso prominente wie umstrittene Kategorie wirtschaftsgeschichtlicher Forschung. Ausgehend von zeitgenössischen Definitionen des 18. Jahrhunderts, insbesondere Richard Cantillons, und in Anschluss an die Überlegungen von Frank H. Knight zu »risk« and »uncertainty« reflektiert der Beitrag den Unternehmerbegriff am Fall des elsässischen Kleinadligen Louis de Hatzel. Als Alchemisten-Unternehmer unterhielt er unter anderem intensivere Geschäftsbeziehungen zu Pfalzgraf Christian III. von Zweibrücken-Birkenfeld und Landgraf Ernst Ludwig von Hessen-Darmstadt. Das Unternehmertum Hatzels ergab sich aus einer biographischen Zwangslage. Es war somit kein Ziel an sich, sondern wurde von ihm im Rahmen seiner adligen Selbstwahrnehmung als Brücke zu einer ständisch akzeptablen Karriere verstanden.

Keywords *entrepreneur*, Risiko, Unsicherheit, Alchemie, Glasherstellung, Richard Cantillon, Louis de Hatzel, Frank H. Knight, Stanisław Leszczyński, August II. von Polen-Sachsen, Christian III. von Zweibrücken-Birkenfeld, Ernst Ludwig von Hessen-Darmstadt

1 Einleitung

Anfang Oktober 1731 hatte Johann Wilhelm Steinheil, kursächsischer Resident in Frankfurt, dem Dresdner Hof eine beunruhigende Mitteilung zu machen. Im nahegelegenen Offenbach hielte sich seit dem vergangenen Jahr ein seltsames französisches Individuum auf. Diese Person lebe in reichlichem Pomp. Man erzähle sich in Offenbach, der ungefähr dreißigjährige Franzose habe schon die ganze Welt bereist und sei sogar bis nach Ägypten zu den Pyramiden gekommen.[1] Das allein aber reichte noch lange nicht, um den Dresdner Hof zu interessieren. Beunruhigend fand Steinheil vielmehr, dass der obskure Franzose Briefkontakt mit Stanisław Leszczyński (1677–1766) pflege

1 Vgl. Weber, Karl von: Der Baron von Chevremont. 1730 ff. In: Weber, Karl von: Aus vier Jahrhunderten. Mittheilungen aus dem Haupt-Staatsarchive zu Dresden. Bd. 1, Leipzig 1857, S. 242–254, hier S. 242.

und ihm gar große Pakete sende.[2] Der Erzrivale Augusts des Starken (1670–1733) um den polnischen Thron und Schwiegervater Ludwigs XV. (1710–1774) befand sich zwar gerade im französischen Exil im elsässischen Weißenburg/Wissembourg.[3] Allein die Erwähnung Leszczyńskis und möglicher geheimer Aktivitäten genügten dem polnisch-sächsischen Hof jedoch. Wenig später hatte man ein Greifkommando organisiert, der suspekte Franzose wurde aus Offenbach auf die Feste Löwenstein expediert und erst nach Haft und Verhören schließlich im November 1732 über die Grenze nach Böhmen abgeschoben.[4]

Die polnisch-sächsische Festungshaft war der vielleicht prominenteste Unfall im von mehrfachen abrupten Wendungen nicht armen Leben des Louis de Hatzel. Der Ruf des ältesten Sohns des Straßburger Syndikus und Unterlandvogts von Haguenau/Hagenau drang sogar bis in die Reihen höherer französischer Würdenträger vor. Das einzig Sichere, was man über ihn sagen könne, sei, dass es sich bei ihm um einen echten Nichtsnutz handele, »un vrai vaurien, capable de tout«.[5] Dank des zweifelhaften Verhaltens in seiner Jugend durfte Hatzel also auf keine Karriere im heimatlichen Kontext hoffen und wurde zunächst zu einem wandernden Alchemisten. Damit gehörte er zu einer Kategorie von historischen Akteuren, die als Abenteurer und Projektemacher unter zumeist prekären Bedingungen auf wechselhafte Weise für ihre Subsistenz sorgen mussten.[6] Schon zeitgenössisch schälte sich eine äußerste Skepsis gegenüber dieser Gruppe heraus, die sich »sans caractere & sans domicile«[7] tollkühn in Geschäfte stürzt bzw. aus schierer materieller Not auf betrügerische Weise Luftschlösser zu verkaufen suchte.[8]

2 Sächsisches Hauptstaatsarchiv Dresden [SHStA Dresden], Wilhelm Steinheil an Kurfürst August von Sachsen, 6. Oktober 1731, Geheimer Rat (Geheimes Archiv) Loc 7206/09, 63r. – 64v.

3 Zur Exilzeit Leszczyńskis in Wissembourg zwischen 1719 und 1725 vgl. Cieślak, Edmund: Stanisław Leszczyński. Breslau/Warschau/Krakau 1994, S. 99–108; Muller, Claude: »Si Dieu le veut ainsi«. Le morne séjour du roi Stanislas Leszczinski à Wissembourg (1719–1725). In: L'Outre-Forêt 134 (2006), S. 11–18.

4 Vgl. Weber: Der Baron von Chevremont, S. 253.

5 Archives du Ministère des Affaires étrangères Paris, t. 40, fs. 300–301, zit. nach Muller, Claude: Diplomatie et religion en Alsace au temps du cardinal de Fleury (1726–1743). In: Revue d'Alsace 132 (2006), S. 129–173, hier S. 168.

6 Vgl. Brakensiek, Stefan: Projektemacher. Zum Hintergrund ökonomischen Scheiterns in der Frühen Neuzeit. In: Brakensiek, Stefan / Claridge, Claudia (Hrsg.): Fiasko – Scheitern in der Frühen Neuzeit. Beiträge zur Kulturgeschichte des Misserfolgs. Bielefeld 2015, S. 39–58, hier S. 42–43; Stanitzek, Georg: Der Projektmacher. Projektionen auf eine »unmögliche« moderne Kategorie. In: Krajewski, Markus (Hrsg.): Projektemacher. Zur Produktion von Wissen in der Vorform des Scheiterns. Berlin 2004, S. 29–48, hier S. 31–32; Kümper, Hiram: Abenteuer zwischen Ritterlichkeit, Ökonomie und Zufall. Beobachtungen zur Wort- und Konzeptgeschichte. In: Scheller, Benjamin (Hrsg.): Kulturen des Risikos im Mittelalter und in der Frühen Neuzeit. Berlin/Boston 2019, S. 33–50, hier S. 44–45. Zu weiteren Schattierungen von Abenteurertum im 18. Jahrhundert an Einzelbeispielen vgl. Zelle, Carsten (Hrsg.): Abenteuer und Abenteurer im 18. Jahrhundert (Das Achtzehnte Jahrhundert 24/2). Göttingen 2000.

7 O. A.: Aventurier. In: Encyclopédie, ou Dictionnaire raisonné des sciences, des arts et des métiers (Bd. 1). Paris 1751, S. 869.

8 Vgl. Defoe, Daniel: An Essay upon Projects. London 1697, S. 33–34.

Vor diesem Hintergrund soll am Fall Hatzel exemplarisch der Frage nachgegangen werden, wie sich dessen Aktivitäten als Alchemist und Projektemacher unter wirtschaftshistorischen Fragestellungen konturieren lassen. Louis de Hatzel oder der Baron de Chèvremont, wie er sich wohl in erster Linie für Geschäftszwecke nannte,[9] suchte bei seinen fürstlichen Korrespondenzpartnern Protektion und Unterhalt, für die er ihnen im Gegenzug alchemistische Dienstleistungen anbot. Die hieraus resultierende Beziehung wurde sowohl von Hatzel selbst wie auch von seinen Korrespondenzpartnern als »commerce« bezeichnet.[10] Diese Handelsbeziehung wiederum schloss eine Klientelbeziehung ein, so definierte Christian III. von Zweibrücken-Birkenfeld (1674–1735)[11] das Verhältnis zu Hatzel als »nostre commerce et que je vous entretient«.[12]

Das alchemistische Wissen und die damit verbundenen materiellen Produkte, mit denen Hatzel handeln wollte, sind dabei im Kontext einer Alchemie zu verstehen, die keine auf Goldherstellung beschränkte Domäne darstellte. Vielmehr war sie eine »Theorie und Praxis stofflicher Umwandlung«, die auf verschiedene Gebiete appliziert wurde, wie die Medizin und technische Überlegungen etwa in Bergbau und Manufakturwesen.[13] Gerade für das ausgehende 17. und beginnende 18. Jahrhundert ist in diesem Zusammenhang auf die Verflechtung alchemistischer Rationalitäten verwiesen worden, die den konkreten forschenden Umgang mit der Natur in einen metaphysisch begründeten transzendenten Sinnbezug einbettet. Dies unterscheidet sie von einer

9 Seine Verwendung des Pseudonyms de Chèvremont leitete sich von dem Landsitz des Vaters Jean Gaspard ab. In diesem Sinne war es wohl kaum zur Tarnung gegenüber den Häschern des Vaters angebracht. Mithin war die Baronnie, die sich Hatzel selbst in seinem Pseudonym zugestand, wohl eher als sozial aufwertende Geschäfts- und Reisestrategie zu verstehen. Andererseits kannten seine Korrespondenzpartner ebenso gut seinen Familiennamen und tatsächlichen sozialen Status, vgl. etwa SHStA Dresden, Christian III. von Zweibrücken-Birkenfeld an Louis de Hatzel de Chèvremont, Saverne (Zabern), den 18. Juni 1729, Geheimer Rat (Geheimes Archiv) Loc. 9705/23, 17r.; teils verwendete Hatzel jedenfalls zu Beginn noch den Namen Chèvremont auch in der für den französischen Adel geläufigen Doppelkombination von Familiennamen und Landbesitz, also Louis de Hatzel de Chèvremont: Hessisches Staatsarchiv Darmstadt [HStA Darmstadt], Louis de Hatzel de Chèvremont an Ernst Ludwig von Hessen-Darmstadt, Wien, den 2. Oktober 1723, D 4, 370/1 (Alchimistische Korrespondenz des Landgrafen Ernst Ludwig, 1707 –1739).

10 HStA Darmstadt, Louis de Hatzel de Chèvremont an Ernst Ludwig von Hessen-Darmstadt, Herborn, den 14. Oktober 1733, D 4 370/1, 33r. –33v., hier 33v.

11 Christian III. war zunächst Pfalzgraf von Birkenfeld und Graf von Rappoltstein. Nach dem Tod seines Cousins Gustav Samuel Leopold 1731 wurde er auch Herzog von Pfalz-Zweibrücken. Da bis auf die letzten, teils undatierten Briefe, Christians restlicher Kontakt mit Hatzel nachvollziehbar in die Zeit als Pfalzgraf fällt, wird er im Folgenden als Pfalzgraf und nicht als Herzog tituliert.

12 SHStA Dresden, Christian III. von Zweibrücken-Birkenfeld an Louis de Hatzel de Chèvremont, Brumpt (Brumath), den 23. August 1729, Geheimer Rat (Geheimes Archiv) Loc. 9705/23, 25r.–26r., hier 25r.

13 Dupré, Sven: Über die Schwierigkeit der Beschreibung alchemischer Techniken. Johannes Kunckels Übersetzung der Arte vetraria von Antonio Neri. In: Alt, Peter-André u. a. (Hrsg.): Magia daemoniaca, magia naturalis, zouber. Schreibweisen von Magie und Alchemie in Mittelalter und Früher Neuzeit. Wiesbaden 2015, S. 377–392, hier S. 382.

naturforschenden Selbstreferentialität.[14] Zugleich stellt Pamela Smith mit Blick auf das späte 17. und beginnende 18. Jahrhundert fest:

> »Alchemy became a route to favor, a language of monarchical self-representation, and also [...] an activity that mediated between noble and commercial culture. (For if the alchemist was not an outsider at the early modern court, the merchant and his commercial practices were).« [15]

Im Folgenden soll nun zunächst der biographische Hintergrund Louis de Hatzels umrissen werden, um in einem zweiten Teil nach einem möglichen Umgang mit dem Begriff des Unternehmers im vorliegenden Kontext zu fragen. Im dritten Teil der Überlegungen schließlich werden die Geschäftsbeziehungen Hatzels zu Pfalzgraf Christian von Zweibrücken-Birkenfeld und Ernst Ludwig von Hessen-Darmstadt (1667–1739) zur Analyse herangezogen.

2 Elsässische Irrungen und Wirrungen

Tatsächlich plante Louis de Hatzel keinerlei Attentate auf August von Polen-Sachsen im Auftrag Stanisław Leszczyńskis. Seine zu Beginn der 1730er Jahre brieflich immer wieder beteuerte Loyalität und Anhänglichkeit an den polnischen Ex-König und königlich-französischen Schwiegervater erklärt sich viel eher aus dem Versuch, eine nützliche Klientelbeziehung zu Leszczyński aufzubauen.[16] Dabei konnte Louis de Hatzel an der persönlichen Bekanntschaft anknüpfen, die Leszczyński mit seinem Vater Jean Gaspard de Hatzel verband und vermutlich in die Exilzeit des ehemaligen Königs im elsässischen Wissembourg/Weißenburg zwischen 1719 und 1725 zurückreichte.

Bereits Jean Gaspard de Hatzels Vater war Avocat des Conseil souverain d'Alsace, während er selbst als Syndikus der Stadt Straßburg Karriere machte und dabei sowohl die Nobilitierung der Familie als auch kurzzeitig das Amt des Lieutenant-Bailli von

14 Vgl. Priesner, Claus: Geschichte der Alchemie. München 2011, S. 101; Joly, Bernard: À propos d'une prétendue distinction entre la chimie et l'alchimie au XVIIe siècle. Questions d'histoire et de méthode. In: Revue d'histoire des sciences 60/1 (2007), S. 167–183. Mit Nachdruck unterstreicht in diesem Sinne die Bedeutung der Entwicklungen Ende des 17. und im ersten Drittel des 18. Jahrhunderts: Principe, Lawrence M.: A Revolution Nobody Noticed. Changes in Early Eighteenth Century Chymistry. In: Principe, Lawrence M. (Hrsg.): New Narratives in Eighteenth-Century Chemistry. Dordrecht 2007, S. 1–22.

15 Smith, Pamela H.: Alchemy as a Language of Mediation at the Habsburg Court. In: Isis 85/1 (1994), S. 1–25, hier S. 3.

16 Davon zeugen die Briefe SHStA Dresden, Stanisław Leszczyński an Louis de Hatzel de Chèvremont, Geheimer Rat (Geheimes Archiv) Loc. 9705/23, vom 9. Januar 1731 (1r.–1v.) und vom 17. Februar 1731 (2r.–3r.).

Hagenau erreichte.[17] Damit wurde Jean Gaspard de Hatzel zwar zu einem untergeordneten, nichtsdestoweniger lokal unmittelbaren Amtsträger und zentralen Vertreter der französischen Krone im nördlichen Elsass mit relativ guten Verbindungen zum französischen Hof, für den er auch in vertraulichen Missionen agierte.[18]

Während zumindest Jean Gaspards Sohn Antoine eine unauffällige Karriere im Militär machte,[19] schlug Louis – der älteste Abkömmling – aus der Art. Sogar Léonor-Marie du Maine, Comte du Bourg, Intendant des Elsass und Maréchal de France – wusste 1733 von Louis de Hatzel zu berichten: Er habe sich schon mit fünfzehn Jahren mit dem Vater überworfen, reise durch die Welt und führe »une vie aussi folle que libertine«. Er habe bei verschiedenen Leuten Geld geliehen, das der Vater zurückerstatten musste, sei zwischendurch in Wien gesichtet worden und befinde sich nach seiner Entführung durch August von Polen-Sachsen nun wohl in der Nähe von Frankfurt.[20] Wahrscheinlich in den Jahren nach 1700 geboren,[21] befand sich Louis de Hatzel jedenfalls 1723 anscheinend in Wien,[22] drei Jahre später tauchte er in Begleitung eines gewissen Baron de Beaufremont wohl im habsburgisch-oberschlesischen Tarnowitz/Tarnowskie Góry auf,[23] um kurz darauf im kurmainzischen Höchst einzutreffen.[24] Im September 1728 engagierte sich Louis de Hatzel unter dem Namen Louis de Mignaty aus Brünn in Mähren als Kadett für sechs Jahre in einer Kompanie von *mineurs*, die Teil der königlich-französischen Artillerietruppen waren.[25] Man mag spekulieren, ob Hatzel hier auch im Rahmen seiner Ausbildung mit chemischen Grundlagen vertraut gemacht

17 Vgl. Muller: Diplomatie et religion en Alsace, S. 167–168; Vogt, Jean: Encore le subdélégué Jean Hatzel. In: L'Outre-forêt 79 (1992), S. 25–26 ; Vogt, Jean: Notes agraires rhénanes. In: Revue Géographique de l'Est 6/1–2 (1996), S. 53–88, hier S. 67–75.

18 Zu der wichtigen Rolle des lieutenant bailli bzw. Unterlandvogtes nach der französischen Herrschaftsübernahme im Elsass vgl. Lazer, Stephen: Patronage and Seigneurial Authority in Early Modern Alsace. In: French Historical Studies 41/3 (2018), S. 495–523, hier S. 503.

19 Vgl. Dictionnaire géographique, historique et politique des Gaules et de la France. Bd. 6. Amsterdam 1770, S. 1017–1018.

20 Archives du Ministère des Affaires étrangères Paris, t. 40, fs. 300–301, zit. nach Muller: Diplomatie et religion, S. 168.

21 Der Comte du Bourg hielt Louis de Hatzel 1733 für ungefähr zwanzig Jahre alt: ebd., S. 168, das von Hatzel bei einem militärischen Urlaubsgesuch von 1729 angegebene Alter beträgt 26 Jahre: SHStA Dresden, Congé militaire, Metz, den 12. November 1729, Geheimer Rat (Geheimes Archiv) Loc. 9705/22, 2r.

22 Darauf verweist der Brief HStA Darmstadt, Louis de Hatzel de Chèvremont an Ernst Ludwig von Hessen-Darmstadt, Wien, den 2. Oktober 1723, D 4 370/1 (Alchimistische Korrespondenz des Landgrafen Ernst Ludwig, 1707–1739), unpaginiert. Der Wienaufenthalt wird darüber hinaus durch die Informationen des Comte du Bourg bestätigt, Muller: Diplomatie et religion, S. 168.

23 So zumindest eine Korrespondenzadresse von Hatzel im Jahr 1726, HStA Darmstadt, Ernst Ludwig von Hessen-Darmstadt an Louis de Hatzel de Chèvremont, Darmstadt, den 9. Juli 1726, D 4 370/1, unpaginiert.

24 HStA Darmstadt, Louis de Hatzel de Chèvremont an Ernst Ludwig von Hessen-Darmstadt, Höchst, den 31. Oktober 1726, D 4, 370/1, unpaginiert.

25 SHStA Dresden, Engagement militaire, Cambrai, den 4. September 1728, Geheimer Rat (Geheimes Archiv) Loc. 9705/22, 1r.

wurde, da gerade der Umgang mit Sprengstoff zu den Aufgaben der Mineure gehörte.[26] Sehr tiefgehend hätte aber solch ein Kenntniserwerb kaum geraten können, denn schon im November 1729 erhielt er eine Beurlaubung für einige Wochen, aus der er nicht mehr zurückkehrte.[27] Einen Hintergrund für die Desertion aus der Armee mag man dabei im Drängen des Pfalzgrafen Christian von Zweibrücken-Birkenfeld suchen, für den Hatzel zu dieser Zeit bereits alchemistisch tätig war. Metz – der Stationierungsort Hatzels[28]– schien dem Pfalzgrafen weder in Hinsicht auf die alchemistischen Experimente Hatzels ideal noch hielt er es für ein sicheres Versteck außerhalb der Einflussweite des wohl gegenüber dem Sohn noch immer erzürnten Jean Gaspard de Hatzel.[29] Infolgedessen und auf Vermittlung von Zweibrücken-Birkenfeld fand sich Louis de Hatzel im Dezember desselben Jahres schließlich in Frankfurt am Main.[30] Bis zu seiner Entführung durch polnisch-sächsischen Greiftruppen im Oktober 1731 weilte Hatzel anscheinend in Frankfurt und Offenbach.[31] Nach seiner Freilassung aus der Haft finden sich seine nächsten Spuren dann in den Jahren 1733 und 1734 in Herborn und Frankfurt,[32] bis er sich 1735 in Büdingen aufhielt.[33] Nach einer weiteren Verhaftung und einem Prozess in der Grafschaft Hanau im selben Jahr, wurde Louis de Hatzel wohl in den 1740er Jahren in London gesehen. Schließlich erschien er wohl in den

26 Zur Organisation der französischen Artillerie ab den 1720er Jahren im Allgemeinen und den *mineurs* als spezialisierter Untereinheit im Besonderen vgl. Reviers de Mauny, François de: Le corps de l'artillerie de France, étude historique (suite). In: Revue d'artillerie , 46/1 (1895), S. 35–59, hier S. 48–49; Picard, Ernest / Jouan, Louis: L'artillerie française au XVIIIe siècle. Paris/Nancy 1906, S. 3–8; Naulet, Frédéric: L'artillerie française, 1665–1765. Naissance d'une arme. Paris 2002, S. 55–56.

27 SHStA Dresden, Congé militaire, Metz, den 12. November 1729, Geheimer Rat (Geheimes Archiv) Loc. 9705/22, 2r.; eine explizite Bestätigung der Desertion findet sich auch über eine Äußerung Christians von Zweibrücken-Birkenfeld in dem Brief: SHStA Dresden: Christian von Zweibrücken-Birkenfeld an Louis de Hatzel de Chèvremont, Ribeauviller, 17. Januar 1730, Geheimer Rat (Geheimes Archiv), Loc. 9705/23, 51r.–51v.

28 In Metz befand sich nicht nur ein Standort der französischen Artillerietruppen, sondern auch eine von deren Militärakademien; vgl. Ambert, Joachim: Esquisses historiques, psychologiques et critiques de l'Armée française. Bd. 2. Saumur 1837, S. 115–116.

29 Der stete Ausdruck der Sorge um die Sicherheit seines Klienten in Metz durchzieht die Korrespondenz von Zweibrücken-Birkenfeld an Louis de Hatzel (SHStA Dresden, Geheimer Rat (Geheimes Archiv) Loc. 9705/23), etwa: aus Saverne (Zabern), den 12. Juli 1729, 21r.–22v., 21v.–22r.; aus Brumpt (Brumath), den 23. August 1729, 25r.–26r, 26r; aus Brumpt (Brumath), den 10. September 1729, 27r.–27v.; aus Bouxwiller (Buchsweiler), den 29. September 1729, 28r.–29r.

30 SHStA Dresden, Christian III. von Zweibrücken-Birkenfeld an Louis de Hatzel de Chèvremont, Ribeauviller, 4. Dezember 1729, Geheimer Rat (Geheimes Archiv), Loc. 9705/23, 36r.

31 Vgl. Weber: Chevremont, 242–243.

32 Der erste Brief Hatzels an Ernst Ludwig von Hessen-Darmstadt nach seinem Verschwinden in sächsischer Haft entstand zwei Jahre nach seiner Freilassung: HStA Darmstadt, Louis de Hatzel de Chèvremont an Ernst Ludwig von Hessen-Darmstadt, Frankfurt, den 3. November 1733, D 4, 370/1, unpaginiert; aus Herborn stammen drei Briefe Hatzels zwischen dem 14. November und dem 14. Dezember 1733, darauf folgt wiederum ein Brief aus Frankfurt vom Jahresende 1734.

33 Ab dem 6. März 1935 nimmt Hatzel seine Korrespondenztätigkeit mit Ernst Ludwig von Hessen-Darmstadt von dort wieder auf.

Niederlanden als württembergischer Agent und Jünger des theosophischen Mystikers Emanuel Swedenborg.[34]

Die geographisch-biographischen Wirrungen des von zu Hause entlaufenen und mittellosen Louis de Hatzel sind zumindest bis 1735 nicht zuletzt im Kontext seiner elsässischen Herkunft zu verstehen. Sein Versuch, eine Klientelbeziehung zu Stanisław Leszczyński in Anschluss an dessen Zeit in Wissembourg aufzubauen, steht dabei nicht allein. Vielmehr ist er symptomatisch für die Bemühungen, von einem ganzen Netzwerk benachbarter Reichsfürsten zu profitieren. Auch die Kontaktaufnahmen zu Christian III. von Zweibrücken-Birkenfeld zwischen 1729 und 1731 und zu Ludwig Ernst von Hessen-Darmstadt Mitte der 1720er und Mitte der 1730er Jahre knüpfen jeweils an die direkten Bekanntschaften mit Jean Gaspard als französischem Amtsträger an.[35] Leszczyński wiederum erbot sich darüber hinaus, Louis de Hatzel auch noch einmal seinerseits Christian III. von Zweibrücken-Birkenfeld zu empfehlen und darüber hinaus Kontakte zu Karl III. Wilhelm von Baden-Durlach (1679–1738) und zu Gustav Samuel Leopold Pfalzgraf von Zweibrücken (1670–1731) herzustellen, der allerdings schon kurz danach verstarb.[36]

3 Der alchemistische *entrepreneur* und die Ökonomie der Ungewissheit

Noch in polnisch-sächsischer Festungshaft konnte sich Louis de Hatzel nicht enthalten, sogar demjenigen selbst, der ihn hatte festsetzen lassen, seine Kompetenzen zu verkaufen. In zwei Briefen an August II. von Polen, Kurfürst von Sachsen versicherte Hatzel dem Herrscher, er habe schon seit langer Zeit an dessen Sieg in Polen-Litauen gearbeitet, ja, er verfüge über die geeigneten Mittel, die Faktion Leszczyńskis zu ruinieren, indem er »das Objekt seiner Hoffnung, und das Idol seiner Seele« zerstöre. August müsse Hatzel lediglich »in einem einzigartigen Wagemut« erlauben, ihm »la Chose Sensible« zu verkaufen.[37] Um was es sich bei diesem metaphysisch-magischen Mittel handelt, das August die unumstrittene polnische Herrschaft verschaffen sollte, erfuhr Letzterer jedoch zunächst nicht. Denn die magische Abstraktion verlangte Materialisierung und dafür wollte der Häftling vom

34 Vgl. Schuchard, Marsha Keith: Emanuel Swedenborg. Secret Agent on Earth and in Heaven. Jacobites, Jews, and Freemasons in Early Modern Sweden. Leiden/Boston 2012.

35 HStA Darmstadt, Louis de Hatzel de Chèvremont an Ernst Ludwig von Hessen-Darmstadt, Wien, den 2. Oktober 1723, D 4 370/1, ohne Paginierung.

36 SHStA Dresden, Stanisław Leszczyński an Louis de Hatzel de Chèvremont, den 17. Februar 1731, Geheimer Rat (Geheimes Archiv) Loc. 9705/23, 2r.–3r., 2v.

37 SHStA Dresden, Louis de Hatzel an August von Sachsen-Polen, o. O., o. D., Geheimer Rat (Geheimes Archiv) Loc. 9705/20, 32v.

Herrscher zunächst einen Brennofen gekauft und installiert bekommen, zusammen mit den nötigen Experimentiermaterialien wie reinem Gold und Silber, Weingeist etc., dazu einen Schreibtisch, Seidentaschentücher, neue Hemden und Hosen und was ein Mann von Stand für Experimente sonst brauchte. Dabei machte Hatzel August klar und deutlich, dass er kein Geld mehr hatte, um seinen Diener zu halten oder auch nur für Essen in der Festungshaft aufzukommen. In diesem Sinne sei sein Vorschlag doch aber zu »Eurem Vorteil, und Eurem persönlichen Ruhm, die Glückseligkeit Eurer Völker und für meine Subsistenz«,[38] zudem sei das Projekt angesichts dieser Aussichten mit 1305 Talern recht günstig zu bekommen. In diesem Sinne legte Hatzel ein hart kalkuliertes Projekt vor.

Mit den viel diskutierten mehr oder weniger historisch-genetisch erklärten Unternehmerheroen Max Webers oder Werner Sombarts,[39] bzw. mit der heldenhaft zerstörerischen Kraft des Unternehmers als Innovationsagenten bei Joseph Schumpeter[40] hat Louis de Hatzel wenig gemein. Bereits vor längerer Zeit hat man aus wirtschaftswissenschaftlicher Perspektive die Kohärenz des Unternehmerbegriffs problematisiert.[41] Aus historischer wie soziologischer Perspektive ist dabei in Frage gestellt worden, ob und inwieweit der Typus des Unternehmers überhaupt sinnvoll systematisch zu beschreiben und zu definieren ist – ganz im Gegensatz zum Unternehmen als Organisation.[42] Die Überlegungen zum Unternehmer als ökonomischem Akteur haben in diesem Sinne sogar dahin geführt, ihm als Typus ökonomische Substanz überhaupt abzusprechen.[43] In der Konsequenz stellt etwa Georg Eckert fest: »Ökonomisch konturiert vermochte

38 SHStA Dresden, Louis de Hatzel an August von Sachsen-Polen, o. O., o. D., Geheimer Rat (Geheimes Archiv) Loc. 9705/35v.

39 Vgl. Langenohl, Andreas: Prüfungen des Kapitalismus. Heroismus als Vorstellungsmodus gesellschaftlicher Rangordnungen. In: helden. heroes. héros 7/1 (2019), S. 5–17, hier S. 9–10.

40 Zur Debatte um die historische Dimension der Schumpeter'schen Theoriebildung und dessen Anknüpfung an Max Weber vgl. etwa Ebner, Alexander: Schumpeterian Entrepreneurship Revisited. Historicial Specificity and the Phases of Capitalist Development. In: Journal of the History of Economic Thought 28/3 (2006), S. 315–332, der in Anknüpfung an Richard Langlois argumentiert, vgl. Langlois, Richard N.: Personal Capitalism as Charismatic Authority. The Organizational Economics of a Weberian Concept. In: Industrial and Corporate Change 7/1 (1998), S. 195–213, bes. S. 198–201. Zum Verhältnis der theoretischen Positionierungen und Einflüsse von Schumpeter, Weber und Sombart vgl. Osterhammel, Jürgen: Spielarten der Sozialökonomik. Joseph A. Schumpeter und Max Weber. In: Mommsen, Wolfgang J. (Hrsg.): Max Weber und seine Zeitgenossen. Göttingen 1988, S. 147–195.

41 Mit instruktiven Zusammenfassungen verschiedener und durchaus divergenter Unternehmerdefinitionen vgl. Hébert, Robert F./Link, Albert N.: Historical Perspectives on the Entrepreneur. In: Foundations and Trends in Entrepreneurship 2/4 (2006), S. 261–408; Hébert, Robert F./Link, Albert N.: In search of the meaning of entrepreneurship. In: Small Business Economics 1 (1989), S. 39–49

42 Vgl. Gorißen, Stefan: Vorindustrielle Unternehmer? Ökonomische Akteure und Betriebsformen im 18. und frühen 19. Jahrhundert. In: Jahrbuch für Wirtschaftsgeschichte 53/2 (2012), S. 39–61, hier S. 42–45; Chauvin, Pierre-Marie / Grossetti, Michel / Zalio, Pierre-Paul (Hrsg.): Dictionnaire sociologique de l'entrepreneuriat. Paris 2014, S. 321–344.

43 Vgl. Eckert, Georg: Händler als Helden. Funktionen des Unternehmertums in der Neuzeit. In: Historische Zeitschrift 305./1 (2017), S. 37–69, hier S. 66.

Unternehmertum am Beginn der Neuzeit schon deshalb nicht zu sein, weil das neue Konzept zunächst eine alte Praxis einer vagen Idee einbeschrieb.«[44]

Wenn man sich vor diesem Hintergrund dem Sprachgebrauch des 18. Jahrhunderts zuwendet, liegt der Bezug zum viel zitierten *Essai sur la nature du Commerce* von Richard Cantillon (ca. 1680–1734) nahe, der erstmals 1755 auf Französisch im Druck erschien.[45] Cantillon teilte jede menschliche Gesellschaft in drei Gruppen ein: Herrscher und Landbesitzer, Bezieher fester Pensionen und *entrepreneurs.* Der Löwenanteil der Gesellschaft besteht dabei aus Letzteren – vom Händler über alle Arten von Handwerkern und Tagelöhnern, den Arzt und Anwalt bis hin zum Dieb.[46] Vom Schumpeter'schen Unternehmer unterscheidet sich Cantillons *entrepreneur* schon wesentlich dadurch, dass er durch seine soziale Position in der Gesellschaft hierarchisch gekennzeichnet ist.[47] Gemein ist wiederum den Cantillon'schen Unternehmern, dass sie im Gegensatz zu Landbesitzern als abhängige ökonomische Akteure in einer entscheidenden Mittlerposition für alle wirtschaftliche Aktivität charakterisiert werden,[48] die unter unsteten Bedingungen das Produkt ihrer Arbeit immer erneut verkaufen müssen.[49] Auf diese Weise sind sie vom Besitz und vom Umlauf des Geldes – und damit auch von anderen Unternehmern, die eben nur mit Geld handeln – abhängig. Geld jedoch sieht Cantillon als eine stark risikobehaftete ökonomische Größe an.[50] Überhaupt ist die Gruppe der Unternehmer, eben eine gesellschaftliche Gruppe »a gage incertain«,[51] in erster Linie durch Ungewissheit geprägt, so schon durch die Ungewissheit, genug zu erwirtschaften, und durch die Gefahr, um Einkünfte geprellt zu werden. Voraussetzung für einen funktionierenden wirtschaftlichen Austausch ist somit das Vertrauen zwischen den Beteiligten, das die Ungewissheiten von Transaktionen reduziert.[52] Dieses Vertrauen herzustellen scheint im Übrigen mit einem Blick auf die zeitgenössischen Definitionen von *entreprise* umso notwendiger, die zumindest für den französischen Fall, wo der Begriff nachvollziehbar

44 Ebd.

45 Cantillon, Richard: Essai sur la nature du commerce en général. Traduit de l'Anglois, A Londres 1755. Zur komplizierten Textgeschichte des *Essai* vgl. detailliert Sabbagh, Gabriel: Cantillon in French and English. Two Editions by Richard Van den Berg and Antoine E. Murphy: New Facts and Hypotheses. In: Contributions to Political Economy 35/1 (2016), S. 91–126, bes. S. 93–108.

46 Vgl. Cantillon: Essai, S. 71.

47 Vgl. Andreau, Jean: Entrepreneur et entreprise chez Montchrestien et Cantillon. In: Guery, Alain (Hrsg.): Montchrestien et Cantillon. Le commerce et l'émergence d'une pensée économique. Lyon 2011, S. 157–176, hier S. 159.

48 Vgl. Cantillon: Essai, S. 75.

49 Eingängig von Cantillon am Beispiel des Bauern geschildert, der nicht Eigentümer des von ihm bearbeiteten Landes ist: vgl. ebd., S. 62–63, 272–274.

50 Vgl. ebd., S. 73, 286.

51 Ebd., S. 71.

52 Vgl. Gillard, Lucien: Le statut de la monnaie dans le Traité de Montchrestien et dans l'Essai de Cantillon. In: Guery: Montchrestien et Cantillon, S. 330–370, bes. S. 335, unterstreicht die Bedeutung des Vertrauens bei Cantillon. Dieses Vertrauen ist bei Cantillon in Bezug auf Geldwirtschaft horizontal gedacht.

in Gebrauch war, breiter untersucht worden sind.[53] Hierbei ist zu konstatieren: »Toute entreprise implique de la hardiesse, est une action risquée.«[54]

Risiko und Unsicherheit sind auch modernen systematischen Überlegungen zum Unternehmertum nicht fremd. Denn der entscheidenden Trennung von Unternehmer und Kapitalist, mit der Schumpeter das Risiko zumindest idealtypisch dem Kapitalisten zuschreibt, auch wenn Letzterer identisch mit dem Unternehmer sein kann, stehen andere Erklärungsmuster zur Seite.[55] In Anschluss an die Theoriebildung von Frank H. Knight etwa bilden Risiko und Unsicherheit sogar das wesentliche Erklärungsmuster von Unternehmertum,[56] wobei zumeist zwischen »Risiko« als berechenbarer Ungewissheit und der »Unsicherheit« als schwer abschätzbarer Ungewissheit unter den Bedingungen geringer Informiertheit und dem daraus folgenden Entscheidungsprozess differenziert wird.[57] Gerade aus der Unsicherheit heraus jedoch erklärt Knight die Entstehung von Profit aus unternehmerischer Handlung.[58] In dieser Hinsicht unterscheidet sich der *entrepreneur* Cantillons letztlich kaum von einem auf solche Weise definierten modernen Unternehmer.[59] Unterscheiden mögen sich die Vorstellungen, aber auch Praktiken des Unternehmertums im 18. Jahrhundert jedoch zum einen dadurch, dass die Unsicherheit des *entrepreneurs* in prominenter Weise mindestens genauso mit dem Profit wie mit der Gefahr eines potentiellen Scheiterns verbunden war.[60] Wenn man darüber hinaus ein funktionalistisches Verständnis

53 Vgl. Vérin, Hélène: Entrepreneurs, entreprise. Histoire d'une idée. Paris 2011. Die begriffsgeschichtliche Untersuchung für das Deutsche fällt bis zur Mitte des 19. Jahrhunderts negativ aus, folgt man den Befunden von Jaeger, Hans: Unternehmer. In: Brunner, Otto / Conze, Werner / Koselleck, Reinhart (Hrsg.): Geschichtliche Grundbegriffe (Bd. 6). Stuttgart 1990, S. 707–732, hier S. 711–715.

54 Vérin: Entrepreneurs, S. 29.

55 Vgl. etwa Osterhammel: Spielarten der Sozialökonomik, S. 179.

56 Die dynamische Entwicklung unternehmerischen Profits verbindet zwar Schumpeter und Knight, dessen Betonung von Unsicherheit und Risiko als wesentlichen Faktoren für Profit ihn aber von Ersterem unterscheidet; vgl. Leigh, Arthur H.: Frank H. Knight as Economic Theorist. In: Journal of Political Economy 82/3 (1974), S. 578–586, hier S. 579. Zu Unsicherheit und Risiko als Faktoren in weiterer ökonomischer Theoriebildung vgl. Kessler, Oliver: Die Internationale Politische Ökonomie des Risikos. Eine Analyse am Beispiel der Diskussion um die Reformierung der Finanzmärkte. Wiesbaden 2008, S. 137–160.

57 Das Gros der wirtschaftswissenschaftlichen Theorien hierzu basiert auf der Auseinandersetzung mit Knight, Frank H.: Risk, Uncertainty and Profit. Boston/New York 1921. Einen knappen Überblick der wichtigsten aus Knights Thesen erwachsenen Interpretationsstränge bietet Brooke, Geoffrey T. F.: Uncertainty, Profit and Entrepreunerial Action. Frank Knight's Contribution Reconsidered. In: Journal of the History of Economic Thought 32/2 (2010), S. 221–235, bes. S. 223–224.; Menger, Pierre-Michel: Incertitude. In: Pierre-Marie Chauvin / Michel Grossetti / Pierre-Paul Zalio (Hrsg.): Dictionnaire sociologique de l'entrepreneuriat. Paris 2014, S. 321–344.

58 Vgl. Knight: Risk, S. 47–48. Knight unterscheidet im Englischen begrifflich „unmeasurable uncertainty", hier mit „Unsicherheit" wiedergegeben, und „uncertainties" im Allgemeinen, hier als „Ungewissheit" bezeichnet.

59 Vgl. Lamouroux, Christian: L'entrepreneur, l'entreprise et l'ordre social. Cantillon, Montchrestien et la Chine médiévale. In: Guery: Montchrestien et Cantillon, S. 177–212, hier S. 182.

60 Vgl. Eckert: Händler als Helden, S. 48. In Verbindung mit der Konzentration auf das Risiko als entscheidende Wahrnehmungskategorie wirtschaftlicher Tätigkeit etwa von Händlern seit dem Mittel-

von Unternehmertum vermeidet, um von einer historisierten Definition nicht nur des frühneuzeitlichen Unternehmers, sondern entsprechend auch des Marktes auszugehen, wurde Letzterer – wie in der sozial-hierarchischen Definition Cantillons bereits angeklungen ist – von spezifischen Beziehungen und Mechanismen strukturiert.[61] In diesem Zusammenhang bildete aufgrund der allgemeinen Unwägbarkeiten des Informationsaustausches die Unsicherheit einen wesentlichen Faktor unternehmerischen Handelns.[62] Zudem beschränkten sich marktförmige Transaktionen in der Frühen Neuzeit beispielsweise nicht auf monetäre Bezahlprozesse. Alles marktförmige Handeln des *entrepreneurs* stand mithin in enger Verbindung zu den zeitgenössischen »Semantiken, Institutionen und Praktiken« des Wirtschaftens.[63] Dies betraf Prinzipien der gegenseitigen Absicherung gegen ein mithin strukturell drohendes Scheitern ebenso, wie die Herstellung von Vertrauen und die Erhaltung der eigenen Vertrauenswürdigkeit und Ehrbarkeit.[64]

Gerade Vertrauen brachte man hingegen politisch-ökonomischen Akteuren nur sehr beschränkt entgegen, die im 17. und 18. Jahrhundert als »Projektemacher« erhebliche Aufmerksamkeit erfuhren.[65] In der Forschung teils gar als eine Form des *entrepreneurs* bezeichnet,[66] handelte es sich bereits nach der zeitgenössischen Einschätzung

alter: Scheller, Benjamin: Kulturen des Risikos im Mittelalter und in der Frühen Neuzeit. Einführende Bemerkungen. In: Scheller: Kulturen des Risikos/, S. 1–12, hier S. 1–4.

61 Entwürfe einer Historisierung von Marktprozessen und ökonomischem Handeln sind mittlerweile Legion, selbst wenn man sich nicht am durchaus problematischen Makro-Konzept einer vormodernen *embedded economy* gegenüber einer modernen kapitalistischen Wirtschaft von Karl Polanyi orientieren möchte. Polanyi, Karl: The Great Transformation. New York 1944. Hier sei nur stellvertretend verwiesen auf Muldrew, Craig: The Economy of Obligation. The Culture of Credit and Social Relations in Early Modern England. Basingstoke/New York 1998; Fontaine, Laurence: Protektion und Ökonomie. Der Markt für symbolischen Kredit am Hofe Ludwigs XIV. In: Haug, Tilman / Weber, Nadir / Windler, Christian (Hrsg.): Protegierte und Protektoren. Asymmetrische politische Beziehungen zwischen Partnerschaft und Dominanz (16. bis frühes 20. Jahrhundert). Köln/Weimar/Wien 2016, S. 261–278; Simon Middleton / James E. Shaw (Hrsg.): Market Ethics and Practices, c. 1300–1850. Abington/New York 2018.

62 Dabei ist argumentiert worden, dass gerade der hohe Grad der Unsicherheit unter den ökonomischen Bedingungen der Frühen Neuzeit zu einem wesentlichen Katalysator des Ausbaus von Informationssystemen wurde; vgl. Erikson, Emily / Samila, Sampsa: Networks, Institutions, and Uncertainty. Information Exchange in Early-Modern Markets. In: Journal of Economic History 78/4 (2018), S. 1034–1067.

63 Vgl. Plumpe, Werner: Ökonomisches Denken und wirtschaftliche Entwicklung. Zum Zusammenhang von Wirtschaftsgeschichte und historischer Semantik der Ökonomie. In: Jahrbuch für Wirtschaftsgeschichte 50/1 (2009), S. 27–52, bes. S. 30.

64 Vgl. etwa Safley, Thomas Max: Business Failure and Civil Scandal in Early Modern Europe. In: Business History Review 83 (2009), S. 35–60, hier S. 46–47, 50–60. Dass Vertrauen auch für wirtschaftliche Transaktionen des 19. und 20. Jahrhunderts von Bedeutung ist, jedoch anders hergestellt und strukturiert wird, darauf verweist Berghoff, Hartmut: Die Zähmung des entfesselten Prometheus? Die Generierung von Vertrauenskapital und die Konstruktion des Marktes im Industrialisierungs- und Globalisierungsprozess. In: Berghoff, Hartmut / Vogel, Vogel (Hrsg.): Wirtschaftsgeschichte als Kulturgeschichte. Dimensionen eines Perspektivenwechsels. Frankfurt a. M./New York 2004, S. 143–168, bes. S. 146–147.

65 Vgl. Stanitzek: Projektmacher; Brakensiek: Projektemacher, S. 40–47.

66 Vgl. Bröckling, Ulrich: Projektwelten. Anatomie einer Vergesellschaftungsform. In: Leviathan 33 (2005), S. 364–383, hier S. 367, mit Verweis auf die Formulierung bei Klopotek, Felix: Projekt. In: Bröckling, Ulrich / Krasmann, Susanne / Lemke, Thomas (Hrsg.): Glossar der Gegenwart. Frankfurt a. M. 2004,

zumindest teils um Personen, die wegen ihrer prekären Einkommenslage[67] eben nicht mit im Rahmen des Möglichen verlässlich einschätzbaren Produkten oder Dienstleistungen handelten. Die Assoziation mit dem Abenteurer lag entsprechend nahe.[68] Die Projektemacher boten Pläne zum Verkauf, die teils weit von einer Konkretisierung entfernt waren und in diesem Sinne »folles entreprises« darstellten.[69] Projektemacher »gingen dabei sozusagen ein doppeltes Risiko ein, denn sie mussten einerseits Entscheidungen treffen und gleichermaßen andererseits mit diesen Entscheidungen handeln«.[70]

Die Kategorie des »Projektes« stand schon von ihrer semantischen Entstehung her eng mit der Alchemie in Verbindung und bildete gewissermaßen eine abstrahierte Form des alchemistischen Transmutationsversprechens.[71] Während im Fall von Projekten Pläne und Ideen zur Handelsware wurden, blieb die Alchemie dadurch gekennzeichnet, dass nicht nur der avisierte Plan zwangsläufig auf ein stoffliches Produkt hinauslief. Vielmehr war dem ganzen Prozess der Stofffindung, der Teil des alchemistischen Projektes war, bereits das Ineinandergreifen von theoretischem Wissen und Materialisierung inhärent.[72] Im Sinne der Knight'schen Unterscheidung von Risiko und Unsicherheit bezog sich Letztere bei alchemistischen Projekten sowohl auf den technischen Prozess wie auf dessen ungewissen Ausgang. Zwar waren gewisse technische Grundkomponenten der Experimentation bekannt und es existierte eine Reihe kanonischer Stoffe und bekannter Wandlungsmechanismen. Allerdings waren die Tradition praktischen Wissens und seine Zusammenführung mit theoretischen Ausführungen nicht zuletzt vor dem Hintergrund der Geheimhaltung als Grundprinzip der Alchemie stets prekär.[73] Auch das vom alchemistischen *entrepreneur* handelbare Endprodukt war

S. 216–221, hier S. 218. Klopotek bezeichnet Projektemacher allerdings als eine »Frühform des Entrepreneurs«, was eine genetische Sichtweise impliziert, die von Eva Brugger zu Recht kritisiert worden ist: Brugger, Eva: Die Produktivität des Scheiterns. Das Projektemachen als ökonomische Praktik der Frühen Neuzeit. In: Füssel, Marian / Knäble, Philipp / Elsemann, Nina (Hrsg.): Wissen und Wirtschaft. Expertenkulturen und Märkte vom 13. bis 18. Jahrhundert. Göttingen 2017, S. 79–96, hier S. 85.

67 So schon in der berühmten Definition von Defoe: Essay Upon Projects, S. 33–34.

68 Vgl. Stanitzek: Der Projektmacher, S. 33.

69 O. A.: Projet. In: Encyclopédie, ou Dictionnaire raisonné des sciences, des arts et des métiers (Bd. 13). Neufchastel 1765, S. 441.

70 Brugger: Die Produktivität des Scheiterns, S. 88.

71 Vgl. Yamamoto, Koji: Taming Capitalism before its Triumph. Public Service, Distrust, and »Projecting« in Early Modern England. Oxford 2018, S. 3–5.

72 Vgl. Nummedal, Tara: Words and Works in the History of Alchemy. In: Isis 102/2 (2011), S. 330–337, hier S. 331–332. Allgemein zum dahinterstehenden Konzept »praktischen Wissens« vgl. Valleriani, Matteo: The Epistemology of Practical Knowledge. In: Valleriani, Matteo (Hrsg.): The Structures of Practical Knowledge. Cham 2017, S. 1–19, hier S. 2.

73 Vgl. Nummedal, Tara: Spuren der alchemischen Vergangenheit. Das Labor als Archiv im frühneuzeitlichen Sachsen. In: Schwarte, Ludger / Lazardzig, Jan (Hrsg.): Spuren der Avantgarde: Theatrum alchemicum. Frühe Neuzeit und Moderne im Kulturvergleich. Berlin/Boston 2017, S. 154–173, hier S. 162.

grundsätzlich unsicher, da es wiederum von der Modifikation und Neukonfiguration der bekannten Produktionskomponenten abhing. Erst das Versprechen also, auf risikoreiche Weise Unsicheres, da Einzigartiges, zu materialisieren, wurde zum handelbaren Projekt des Alchemisten.

Die haptisch-tangible Dimension des Produktionsprozesses wie des Endproduktes machte die Handelsware des alchemistischen *entrepreneurs* dabei ebenso direkt überprüfbar wie bei Rückschlägen oder Misserfolgen unmittelbar prekär. August von Polen und Sachsen jedenfalls nahm die Offerte seines Häftlings Louis de Hatzel nicht an, einen Stoff zu schaffen, der ihm die unumschränkte Herrschaft in Polen-Litauen garantierte. Außergewöhnliches hatte Hatzel als alchemistischer Unternehmer für sein Projekt dabei gar nicht gefordert – angefangen vom Aufkommen des Königs für seine Subsistenz bis hin zu den klassischen Arbeitsmaterialien. Allein, das Misstrauen in den eigenen Häftling sowie die Unsicherheit, mit Erfolg einen Stoff zu produzieren, der August die absolute Herrschaft in Polen-Litauen garantierte, schienen dann wohl doch zu groß.

4 Der steinige Weg des Weisen: Hatzels Versuche als *entrepreneur*

Auch Augusts Hauptgegner in den Auseinandersetzungen um die polnische Krone, Stanisław Leszczyński, zeigte sich mäßig begeistert von Louis de Hatzels alchemistischen Angeboten. Als patronale Empfehlung legte er Hatzel nahe, von »einer zweifelhaften und unsicheren Wissenschaft« abzusehen. Zudem könne er – trotz aller anerkennenswerten Bemühungen Hatzels – keine soliden Ergebnisse von dessen *entreprise* erkennen. Er solle sich doch besser der anderen Talente bedienen, die ihm die Natur verliehen habe, um *fortune* zu machen.[74] So recht wollte Hatzel seinerseits jedoch nicht auf die gut gemeinten Ratschläge eingehen.

Die sächsischen Häscher Louis de Hatzels hatten bei seiner Verhaftung in Offenbach eine minutiöse Liste der bei ihm gefundenen Habseligkeiten angelegt. Neben wenigen alchemistischen Druckschriften und einem Dutzend handschriftlicher Traktate, Rezepte, Bauanleitungen und Notizen, bestand die Habe Hatzels vor allem aus einem umfangreichen Bestand an Korrespondenzen.[75] Die Briefe, die Hatzel an verschiedene Höfe und Monarchen adressierte, sind dabei von dem Versuch des alchemistischen Neulings charakterisiert, prominente Geschäftsbeziehungen aufzubauen. Bezeichnenderweise

74 SHStA Dresden, Stanisław Leszczyński an Louis de Hatzel, o. D., Geheimer Rat (Geheimes Archiv) Loc. 9705/23, 4r.

75 SHStA Dresden, Specification einiger Scriptorum und Aufsäze zur Chevremontischen Untersuchungssache gehörig, Geheimer Rat (Geheimes Archiv) Loc 7206/09, 26r.–33r.

scheiterte er in dieser Hinsicht regelmäßig dann, wenn seine soziale Position gar nicht erst ausreichte, um als vertrauenswürdiger Ansprechpartner wahrgenommen zu werden. Dies war sowohl im Fall des russischen Hofes und sogar des französischen Hofes zu beobachten.[76] Die preußische Antwort auf Hatzels Angebote eines alchemistischen Projektes zweifelte ganz exemplarisch daran, mit einem Unbekannten zu verhandeln, von dem man weder »sa patrie« kenne noch wisse, »dans quel Etat il se trouve«.[77] Angesichts dieses Misstrauens nützte Louis de Hatzel auch die selbstgewählte adlige Aufwertung zum Baron de Chèvremont herzlich wenig.[78] Zwei zeitweise erfolgreiche Geschäfte vermochte er hingegen gerade dank der tatsächlichen Position seiner Familie, insbesondere seines Vaters als frisch geadeltem französischem Amtsträger und Teil der elsässischen Lokaleliten, anzubahnen.

4.1 Der kurze Weg zum Göttlichen: Hatzel und Christian von Zweibrücken-Birkenfeld

Louis de Hatzels bester und langfristigster Kunde war Christian von Zweibrücken-Birkenfeld. Ganze vier Jahre – nämlich zwischen 1727 und 1731– hielt Birkenfeld Hatzel aus, investierte in dessen Person ebenso wie in dessen alchemistische Anstrengungen. Zu trennen war beides eben kaum, denn zwischen Birkenfeld und Hatzel griff ein Patronageverhältnis, das »ein[e] klienteläre Rundumversorgung« umfasste.[79] Birkenfeld kam für Hatzels Unterhalt auf und sorgte finanziell und mit Kontaktadressen für dessen Umzug von Metz nach Frankfurt am Main.[80] In Verbindung mit dem Verkauf seiner alchemistischen Dienstleistung suchte Hatzel überdies die Protektion Birkenfelds

76 Vgl. Richter, Wilhelm Michael von: Geschichte der Medicin in Russland. Dritter Theil. Moskau 1817, S. 404–407. Obwohl Jean Gaspard de Hatzel wohl als Amtsträger auch in einigen geheimen Angelegenheiten auch mit Fleury in Kontakt stand, reichte diese Verbindung offensichtlich für eine weitere Protektion des Sohnes nicht aus, eventuell gerade auch, da der Lebenswandel von Louis durchaus bekannt war: SHStA Dresden, André Hercule Cardinal de Fleury an Louis de Hatzel, Geheimer Rat (Geheimes Archiv) 9705/23, 7r.–7v; zu Fleury und Hatzel: Muller: Diplomatie et religion, S. 169–170.

77 SHStA Dresden, Friedrich Wilhelm I. an Louis de Hatzel, Potsdam, den 6. Februar 1731, Geheimer Rat (Geheimes Archiv) Loc. 9705/23, 6r.

78 In diesem Zusammenhang lehnte auch Christian von Birkenfeld-Zweibrücken es ab, Hatzel den Kontakt zu anderen Fürsten herzustellen, die den Elsässer nicht aus seinem familiären Kontext zuordnen konnten, denn »ces Mrs trouveroient extraordinaire de leur faire de pareilles proposissions ne les connoissant pas, et mesme je crois que cela ne serviroit point à vostre avantage«. SHStA Dresden, Christian III. von Zweibrücken-Birkenfeld an Louis de Hatzel de Chèvremont, Ribeauviller, 27. Januar 1730, Geheimer Rat (Geheimes Archiv) Loc. 9705/23, 39r.–40r., hier 39r.

79 Emich, Birgit u. a.: Stand und Perspektiven der Patronageforschung. Zugleich eine Antwort auf Heiko Droste. In: Zeitschrift für Historische Forschung 32/2 (2005), S. 233–265, hier S. 242.

80 Vgl. die Briefe von Christian von Zweibrücken-Birkenfeld an Louis de Hatzel de Chèvremont aus Bouxwiller, den 4. Oktober 1729 (30r.–30v.), den 14. Oktober 1729 (31r.–31v.) und den 17. Oktober 1729 (32r.–33r.) (SHStA Dresden, Geheimer Rat [Geheimes Archiv], Loc. 9705/23).

im Konflikt mit seinem Vater. Hierbei erwartete er eine Vermittlungsleistung des Pfalzgrafen, die Letzterer auf sich zu nehmen auch zusicherte.[81] Voraussetzung für die recht lange Beziehung zwischen Birkenfeld und Hatzel war zum einen die geradezu strategisch eingesetzte Portionierung des alchemistischen Wissens, das Louis dem Pfalzgrafen – durchaus zu dessen Ungeduld und Unwillen gereichend – nur in kleinen Dosen zukommen ließ.

Im Falle des Pfalzgrafen von Zweibrücken-Birkenfeld erwies sich gleich die erste alchemistische Kontaktaufnahme Hatzels als äußerst erfolgreich. Der *entrepreneur* schickte seinem prospektiven Kunden einige, seiner Ansicht nach besonders geeignete Druckschriften zur Alchemie und zugleich eine materielle Probe seines eigenen Könnens. Hiermit war der Gegenstand der nachfolgenden Geschäftsbeziehung zumindest angebahnt: Zunächst erbot sich Hatzel, Birkenfeld tiefer in die Techniken der Alchemie einzuführen. Was dieses Angebot für Birkenfeld unter anderem attraktiv machte, war das Versprechen Hatzels, er würde dem Pfalzgrafen »un chemin plus court qu'à l'ordinaire« bieten, um »cett art Divin« zu erlernen.[82] Dazu musste der Alchemist seinem Kunden einerseits Grundkenntnisse vermitteln, wozu er ihm allgemein bekanntes Wissen in Form von Büchern und Druckschriften zusandte,[83] womit er im Übrigen sogleich seine eigene Kenntnis solcher basalen Informationen zur Schau stellen konnte. Dieses Wissen bildete andererseits nur die Folie, vor der Hatzel sein eigenes Spezial- und Geheimwissen verkaufen konnte. Den Wert und die Fachlichkeit seiner arkanen Kenntnisse wiederum demonstrierte er nicht zuletzt, indem er Birkenfeld seine alchemistischen Anweisungen auf Latein schickte – und dies zu dessen Verzweiflung, flehte der Pfalzgraf doch mehrfach, Hatzel möge ihm alles auf Französisch übersetzen, da er Latein nicht beherrsche.[84]

Die Vermittlung theoretischen und praktischen Wissens stellte allerdings nur einen Teil des alchemistischen Projektpakets dar. Wenn man der Reaktion Birkenfelds folgt, spielte es eine mindestens ebenso wichtige Rolle für die Anknüpfung der Geschäftsbeziehung, dass Hatzel gleich zu Beginn der Kontaktaufnahme einen stofflichen Beweis des eigenen Könnens präsentierte. Worum es sich hierbei handelte, wird ganz im Sinne des Geheimnisses, das den alchemistischen Diskurs konstitutiv durchzieht, niemals erwähnt.[85] Birkenfeld jedenfalls berichtet, er habe die stoffliche Probe von

81 SHStA Dresden, Christian III. von Zweibrücken-Birkenfeld an Louis de Hatzel de Chèvremont, Ribeauviller, 18. März 1729, Geheimer Rat (Geheimes Archiv) Loc. 9705/23, 12r.–13v., 13r.

82 SHStA Dresden, Christian III. von Zweibrücken-Birkenfeld an Louis de Hatzel de Chèvremont, Ribeauviller, den 2. Oktober 1727, Geheimer Rat (Geheimes Archiv) Loc. 9705/23, 10r.–11v., 11r.

83 Ebd., 10r.

84 SHStA Dresden, Christian von Zweibrücken-Birkenfeld an Louis de Hatzel, Straßburg, den 6. Juni 1729, Geheimer Rat (Geheimes Archiv) Loc. 9705/23, 16r.; Christian von Zweibrücken-Birkenfeld an Louis de Hatzel, Zabern, den 21. Juni 1729, Geheimer Rat (Geheimes Archiv) Loc. 9705/23, 18r.–18v.

85 Vgl. Ebeling, Florian: »Geheimnis« und »Geheimhaltung« in den Hermetica der Frühen Neuzeit. In: Trepp, Anne-Charlott / Lehmann, Hartmut (Hrsg.): Antike Weisheit und kulturelle Praxis. Hermetismus in der Frühen Neuzeit. Göttingen 2001, S. 63–80.

Hatzels Können, dessen »Werk«, einer genauen Prüfung unter einem Mikroskop in der Sonne unterzogen. Zur kritischen Beurteilung zog der Pfalzgraf darüber hinaus noch zwei seiner Amtsleute heran, deren verwundertes Urteil, »qu'il n'ont jamais rien vue de pareille«, ihn in seiner grundsätzlichen Bereitschaft zur Geschäftsaufnahme bestätigte.[86] Für beide Seiten handelte es sich somit um eine zunächst erfolgreiche Minimierung der Unsicherheit, die der alchemistische *entrepreneur* seinerseits durch das Übersenden einer Stoffprobe angestrebt hatte. Zwar handelte es sich nach eigener Auskunft Hatzels noch nicht um den angestrebten perfekten Endzustand des Stoffes.[87] Aber Birkenfeld als Geschäftspartner hatte im Rahmen seiner Möglichkeiten dessen Potentiale mit Hilfe möglichst exakter Untersuchung und kritischer Beratung ausgelotet und damit die Unsicherheit des Geschäftsgegenstandes zu einem abschätzbar geringen Risiko minimiert.

Nach dem recht enthusiastischen Auftakt sollte es jedoch noch rund zwei Jahre dauern, bis die Geschäftsbeziehung zwischen Birkenfeld und Hatzel konkret in Gang kam. Zunächst brachte Birkenfeld zwischen Herbst 1727 und dem Frühjahr 1729 einige materielle Vorleistungen in Form von Geschenken; schließlich trafen sich beide Protagonisten des Handels persönlich.[88] Erst nachdem auf diese Weise eine stabilisierte Klientelbeziehung aufgebaut worden war, verkündete Birkenfeld Hatzel offiziell, er akzeptiere das Angebot, »ce que vous m'offrez«.[89]

Mithin bestand die Risikominimierung für den *entrepreneur* und dessen Geschäftspartner aus zwei Komponenten: (1) aus dem Versuch, die alchemistischen Kompetenzen als theoretischen und stofflich greifbaren Wissensbestand nachzuweisen, sowie (2) aus der Etablierung einer Klientelbeziehung. Am Fall Hatzels und Birkenfelds lässt sich nachvollziehen, wie gerade diese Klientelbeziehung wiederum die Geschäftsbeziehung ebenso stark überprägte wie zugleich destabilisieren konnte. Durch sein Verhalten konterkarierte Hatzel nämlich die Schutzfunktion seines Patrons wiederholt, indem er nicht auf dessen Aufforderungen und Ratschläge einging. Insbesondere zeigt sich dies bei seiner Lebensführung. Erwartete Birkenfeld, dass sein Alchemist sich möglichst diskret verhalte, schien Hatzel sich bei allen Gelegenheiten mit dem

86 SHStA Dresden, Christian von Zweibrücken-Birkenfeld an Louis de Hatzel de Chèvremont, Ribeauviller, 2. Oktober 1727, Geheimer Rat (Geheimes Archiv) Loc. 9705/23, 10r.–11v., 10v. Man könnte ohne weiteren greifbaren Beleg lediglich spekulieren, ob es hierbei eventuell um Buntglas ging. Dies legt nicht nur die spätere alchemistische Tätigkeit Hatzels auf diesem Gebiet in Hessen nah, sondern auch die Untersuchung, die Birkenfeld der Stoffprobe Hatzels angedeihen ließ.

87 SHStA Dresden, Christian von Zweibrücken-Birkenfeld an Louis de Hatzel de Chèvremont, Ribeauviller, den 2. Oktober 1727, Geheimer Rat (Geheimes Archiv) Loc. 9705/23, 10r.–11v., hier 10v.

88 Vgl. ebd., 11v.; SHStA Dresden, Christian von Zweibrücken-Birkenfeld an Louis de Hatzel, Ribeauviller, den 18. März 1729, Geheimer Rat (Geheimes Archiv) Loc. 9705/23, 12r.–13v, hier 12r.

89 SHStA Dresden, Christian von Zweibrücken-Birkenfeld an Louis de Hatzel de Chèvremont, Ribeauviller, den 21. April 1729, Geheimer Rat (Geheimes Archiv) Loc. 9705/23, 14r.

absoluten Vertrauen zu brüsten, das ihm der Pfalzgraf entgegenbrächte.[90] Letzterer fühlte sich gar bemüßigt, Hatzel deutlich zu ermahnen, dass eben dessen mangelnde Diskretion und Bescheidenheit ihn erst in die Prekarität getrieben habe, in der er sich befinde.[91] Die Kritik Birkenfelds zielte zudem auf Hatzels Lebensstil mit hohen Repräsentationskosten, den Letzterer allem Anschein nach seiner sozialen – adligen – Rolle nach für angemessen hielt.[92] Allerdings verzichtete Birkenfeld auch nicht darauf, Hatzel seinerseits etwa einen Edelstein besetzten Silbersäbel anfertigen zu lassen, der ihm einen angemessenen gesellschaftlichen Auftritt nach der aktuellen Mode ermöglichte.[93]

Der Wunsch Christians von Birkenfeld-Zweibrücken, Louis de Hatzel möge ihm einen möglichst kurzen und verständlichen Weg zum göttlichen Geheimnis der Alchemie verschaffen,[94] ging nicht in Erfüllung. Dies konnte schon deshalb nicht in Hatzels Interesse sein, da die Aufdeckung des Geheimnisses zugleich die Erfüllung des Kontraktes und somit die Beendigung der Geschäfts- und Klientelbeziehung bedeutet hätte. Dem Fürsten kleine und stets unzureichende Portionen von Materialien und Wissen zukommen zu lassen, erwies sich in diesem Sinne als ebenso notwendig wie gefährlich. Denn das steigende Desinteresse des Kunden und Patrons an dessen eigenen alchemistischen Fortschritten[95] musste Hatzel mit Erfolgsmeldungen über sein eigenes Vorankommen bei der Vervollkommnung und Produktion der geheimen Göttlichen Sache ausbalancieren.[96] Dies vermochte er hingegen mit einigem Erfolg, der wohl nicht zuletzt durch ein weiteres persönliches Zusammentreffen mit Birkenfeld befestigt wurde.[97] Dass die Beziehung Birkenfelds und Hatzels schließ-

90 SHStA Dresden, Christian von Zweibrücken-Birkenfeld an Louis de Hatzel, Zabern, den 1. Juli 1729, Geheimer Rat (Geheimes Archiv) Loc. 9705/23, 20r.

91 Vgl. SHStA Dresden, Christian von Zweibrücken-Birkenfeld an Louis de Hatzel, Zabern, den 12. Juli 1729, Geheimer Rat (Geheimes Archiv) Loc. 9705/23, 21r.–22v., hier 21v.

92 Vgl. SHStA Dresden, Christian von Zweibrücken-Birkenfeld an Louis de Hatzel, Bouxwiller (Buchsweiler), den 17. Oktober 1729, Geheimer Rat (Geheimes Archiv) Loc. 9705/23, 32r.–33r., hier 33r.; Christian von Zweibrücken-Birkenfeld an Louis de Hatzel, Ribeauviller, den 14. Februar 1730, Geheimer Rat (Geheimes Archiv) Loc. 9705/23, 41r.

93 Vgl. SHStA Dresden, Heis an Louis de Hatzel, Straßburg, 25. Juni 1731, Geheimer Rat (Geheimes Archiv) Loc. 9705/23, 74r.–74v, hier 74v.; Heis an Louis de Hatzel, Straßburg, 29. Juni 1731, Geheimer Rat (Geheimes Archiv) Loc. 9705/23, 75r.–76r., hier 75r.

94 Vgl. SHStA Dresden, Christian von Zweibrücken-Birkenfeld an Louis de Hatzel, Ribeauviller, den 18. März 1729, Geheimer Rat (Geheimes Archiv) Loc. 9705/23, 12r.–13v., hier 13r.

95 Vgl. SHStA Dresden, Geheimer Rat (Geheimes Archiv), Loc. 9705/23: Christian von Zweibrücken-Birkenfeld an Louis de Hatzel, Bischviller, den 31. Juli 1730, 44r.–45r., hier 44v.; Gedern, den 4. Juli 1731, 77r.–78r., hier 77v.

96 Vgl. SHStA Dresden, Geheimer Rat (Geheimes Archiv), Loc. 9705/23: Christian von Zweibrücken-Birkenfeld an Louis de Hatzel, Ribeauviller, den 9. Oktober 1729, 30r.–30v.; Ribeauviller, den 14. März 1730, 56r.; Ribeauviller, den 7. April 1730, 57r.; Ribeauviller, den 3. Mai 1731, 60r.–61r., hier 60r.

97 Vgl. SHStA Dresden, Christian von Zweibrücken-Birkenfeld an Louis de Hatzel, H[anau?], den 30. Mai 1731, Geheimer Rat (Geheimes Archiv) Loc. 9705/23, 70r.

lich in einem Eklat endete, hatte in diesem Sinne zunächst noch nichts mit dem ausbleibenden greifbaren Erfolg der Alchemie zu tun. Vielmehr wurde der finale Konflikt zwischen beiden durch Vorwürfe und ein Verhalten Hatzels ausgelöst, die der Pfalzgraf von Zweibrücken-Birkenfeld als Unverschämtheit empfand.[98] Erst als die persönliche Auseinandersetzung das Vertrauen Birkenfelds zerstörte, zog er in der Konsequenz auch das alchemistische Projekt und die Kompetenzen Hatzels in Zweifel. Der Alchemist, so warf der Fürst ihm vor, habe sein Vertrauen missbraucht und seine Börse geleert. Im Gegenzug musste der Prinz enttäuscht konstatieren: »Pour tout fruit je n'ay que vos belles promesses passées.«[99]

Ökonomisch eine Beziehung zwischen Patron und Klient auf die konkrete Gegengabe als Antwort auf eine spezielle Gabe zu reduzieren, lag weniger im Erwartungshorizont solch eines Verhältnisses.[100] Entsprechend darf man im Fall von Birkenfeld und Hatzel nicht nur von einer »Kreuzung von Gaben- und Marktökonomie«,[101] sondern von deren intrinsischer Verflechtung sprechen. Wenn man davon ausgeht, dass der spezifische Markt für Alchemisten und Projektemacher sich im Kontext von Höfen und Fürsten konstituierte,[102] zwang die sozial prekäre Lage Hatzel dazu, sein unternehmerisches Angebot zwangsläufig in eine hierarchisch asymmetrische, ständische Grundkonstellation einzupassen. Folglich diente zwar das anfängliche Angebot des alchemistischen *entrepreneurs* Hatzel dazu, Kontakt zu einem Kunden aufzunehmen. Zugleich jedoch versprach die Aufnahme einer Geschäftsbeziehung, dass sich jene eben als Klientelbeziehung strukturierte. Dies schien Hatzel in seinem adligen Selbstverständnis eine durchaus nicht dauerhaft erstrebenswerte, jedoch ständisch übergangsweise akzeptable Lösung. Denn der wohl immer noch erzürnte Vater Hatzel war zuvor nicht bereit gewesen, dem verlorenen Sohn auf andere Weise zu Hilfe zu kommen. Dabei hatte Louis seinem Vater sogar in seiner Not versprochen, die Anstellung und »la Conduite d'un Cabinet« auf sich zu nehmen, bis seine problematische Situation in Frankreich geklärt sei.[103]

98 Vgl. SHStA Dresden, Christian von Zweibrücken-Birkenfeld an Louis de Hatzel, o. O., o. D., Geheimer Rat (Geheimes Archiv) Loc. 9705/23, 85r.–85v., hier 85r.

99 Ebd.

100 Vgl. Malick, Oliver: »Spiritus intus agit«. Die Patronagepolitik der Anna von Österreich 1643–1666 – Inszenierungsstrategie, Hofhaltungspraxis, Freundschaftsrhetorik. Berlin/Boston 2016, S. 333.

101 Fontaine: Protektion und Ökonomie, S. 278.

102 Vgl. Nummedal, Tara: Alchemy and Authority in the Holy Roman Empire. Chicago/London 2007, S. 73.

103 HStA Darmstadt, Louis de Hatzel an Jean Gaspard de Hatzel, Tarnowitz, den 16. Mai 1726, D4 370/1, unpaginiert.

4.2 Hessisches Glasperlenspiel: Hatzel und Ernst Ludwig von Hessen-Darmstadt

Die glückliche Nachricht erreichte Landgraf Ernst Ludwig von Hessen-Darmstadt im August 1733: Louis de Hatzel, Baron de Chèvremont, hatte das alchemistische Meisterstück der Transmutation zur Goldherstellung vollbracht: »Je me restrains a l'Honeur de vous dire, Monseigneur, qu'entre autres Choses je sais le secret [...] de fixer la Lune et de la convertir [...] dans toute sa Substance en or.«[104] Zu diesem Zeitpunkt war Hatzel dem Landgrafen schon länger kein Unbekannter mehr. Bereits sieben Jahre zuvor hatte Hatzel Kontakt mit ihm aufgenommen, als er – damals noch im Schlepptau seines alchemistischen Lehrmeisters, eines Baron de Beaufremont – im Hessischen aufgetaucht war und sich mehr schlecht als recht mit seinen Künsten zu etablieren versucht hatte.[105] Nun jedoch, einige Zeit nach seiner Entlassung aus polnisch-sächsischer Festungshaft hatte der mittlerweile selbständig agierende Hatzel also den Schlüssel zur Lösung aller hessisch-darmstädtischen Finanzprobleme gefunden. Dass Landgraf Ernst Ludwig die wahrscheinlich einmalige Chance zur kostengünstigen Goldgewinnung verpasste, lässt sich nicht zuletzt aus dem Fortgang der Korrespondenz mit Hatzel schließen. Letzterer wechselte aber nun das Register. Da die Schulden des Fürsten augenscheinlich anders nicht zu begleichen waren, legte Louis de Hatzel jetzt ein *»projet«* vor, das sich auf das Gebiet finanztechnischer Operationen vorwagte und die Begleichung landgräflicher Schulden sowie die Aufrechterhaltung von dessen Kreditwürdigkeit garantieren sollte.[106]

Die Beziehung Hatzels zu Landgraf Ernst Ludwig durchlief zwischen den Jahren 1726 und 1735 mehrere Phasen. Als Louis 1733 den seit einigen Jahren unterbrochenen Briefkontakt wiederaufnahm, geschah dies zunächst als Bittsteller. Er suchte die Protektion des Herrschers von Hessen-Darmstadt in seinem Konflikt mit den Grafen von Ysenburg, der auf seine Verhaftung durch die polnisch-sächsischen Greiftruppen 1731 in Offenbach zurückging.[107] Doch schon bald begleitete Hatzel seine Bemühungen um Schutz und Hilfe mit den eben geschilderten Angeboten, die zwischen klassisch alchemistischen Offerten und finanzieller Projektemacherei changierten. Beide Angebote schienen hingegen im Sande zu verlaufen, so dass sich die Aktivitäten Hatzels recht bald auf einen weiteren sehr aktuellen Markt im Rahmen der Alchemie verlegten. So ist es wenig verwunderlich, dass Hatzel in einem Brief an den Landgrafen diplomatisch das Scheitern eines weiteren »Projektes«, für das er als Mittelsmann aufgetreten war,

104 HStA Darmstadt, Louis de Hatzel an Ernst Ludwig von Hessen-Darmstadt, Knittlingen, den 8. August 1733, D 4 370/1, unpaginiert.

105 Dies ist aus den Briefen des Jahres 1726 nachzuvollziehen.

106 Vgl. HStA Darmstadt, Louis de Hatzel an Ernst Ludwig von Hessen-Darmstadt, Herborn, den 18. November 1733, D 4 370/1, unpaginiert; HStA Darmstadt, Louis de Hatzel an Ernst Ludwig von Hessen-Darmstadt, Herborn, den 30. November 1733, D 4 370/1, unpaginiert.

107 Vgl. Weber: Chevremont, S. 245.

erklären muss und ihm im gleichen Atemzug einen Herstellungsprozess für Goldrubinglas vorschlägt.[108]

Die Herstellung dieses Glases war, insbesondere seit der technisch erfolgreichen und ästhetisch überzeugenden Produktion durch Johannes Kunckel in der zweiten Hälfte des 17. Jahrhunderts, bis in die Mitte des 18. Jahrhunderts ein ebenso vielversprechendes wie umkämpftes Geschäft.[109] Zwar hatte Kunckel es in Brandenburg vermocht, Gläser hoher Qualität und farblicher Reinheit herzustellen. Angesichts eines technisch äußerst anspruchsvollen und fehleranfälligen Produktionsprozesses erwiesen sich jedoch Nachahmungen seines Vorgehens als sehr komplex und nicht immer erfolgreich.[110] Dabei hatte Kunckel selbst zumindest Teile seiner Glasherstellungstechniken in einem Druckwerk veröffentlicht, das bis in die Mitte des 18. Jahrhunderts mehrfach aufgelegt wurde.[111] In diesem Sinne verriet Hatzel dem Landgrafen von Hessen-Darmstadt wahrscheinlich keine allzu sensiblen Geheimnisse, wenn er ihm detaillierte Rezepte der Buntglasherstellung in Form eines »Modus auß allen Metallen fixe durchscheinende hoch gradiste Stein [...] zu machen, welche den natürlichen im Geringsten nichts nachgeben«,[112] zukommen ließ.

Die detaillierten Rezepte und ausführlichen Beschreibungen seines eigenen technischen Vorgehens unterscheiden die Briefe Hatzels an Ernst Ludwig deutlich von der Korrespondenz mit Christian von Zweibrücken-Birkenfeld. Wiederholt schilderte der Alchemist über viele Seiten die Probleme des Ofenbaus und der Temperaturkontrolle sowie Verfahrensweisen des Glasschmelzens und des Einarbeitens von Metall.[113] Dass die geheimen Arbeitsprozesse wenigstens teilweise ostentativ gelüftet wurden, diente zunächst dazu, die beständigen Bitten um Geld für die Fortsetzung der Arbeit und um Gold als Rohmaterial der Rubinglasherstellung zu rechtfertigen. Dies sollte auch die Vertrauensbasis der beiderseitigen Beziehung aufrechterhalten, die sich hier als wesentlich

108 Vgl. HStA Darmstadt, Louis de Hatzel an Ernst Ludwig von Hessen-Darmstadt, Frankfurt, den 2. Februar 1735, D 4 370/1, unpaginiert.

109 Vgl. Kerssenbrock-Krosigk, Dedo von u. a.: Ruby Glass of the Baroque Period. An Interdisciplinary Study. In: Dirksen, Dieter / Bally, Gert von (Hrsg.): Optical Technologies in the Humanities. Heidelberg 1997, S. 141–144, hier S. 141.

110 Vgl. Kerssenbrock-Krosigk, Dedo von: Friedrich III./I. und die Luxusglasherstellung in Brandenburg. In: Keisch, Christiane / Netzer, Susanne (Hrsg.): »Herrliche Künste und Manufacturen«. Fayence, Glas und Tapisserien aus der Frühzeit Brandenburg-Preußens 1680–1720. Berlin 2001, S. 96–107, hier S. 105.

111 Kunckel, Johannes: Ars Vitraria Experimentalis Oder Vollkommene Glasmacher-Kunst. Franckfurt/ Leipzig 1679; vgl. Beretta, Marco: The Alchemy of Glass Counterfeit. Imitation, and Transmutation in Ancient Glassmaking. Sagamore Beach 2009, S. 161–162.

112 HStA Darmstadt, Louis de Hatzel an Ernst Ludwig von Hessen-Darmstadt, Büdingen, den 4. Mai 1735, D 4 370/1, unpaginiert. Ab der zweiten Auflage von Kunckels Werk 1689 wurden hier auch die Rezepte zur Herstellung künstlicher Glaskristallsteine abgedruckt; vgl. Zecchin, Paolo: Il vetro rubino all'oro veneziano. In: Journal of Glass Studies 52 (2010), S. 25–33, hier S. 27, Fn. 17.

113 So in den Briefen an Ernst Ludwig von Hessen-Darmstadt aus Büdingen, vom 29. April 1735 und aus Laubersbach am 12. und 13. Mai 1735.

prekärer erwies als im Falle Birkenfelds. »J'ay une parfaite Confiance en Vous, ayès en, Monseigneur, en Moy, s'il vous plaist«[114] – doch solch eine flehentliche Bitte Hatzels an den Landgrafen reichte augenscheinlich nicht aus. Mithin flankierte der frischgebackene alchemistische Glas-*entrepreneur* seine Korrespondenz mit Paketen, die Proben seiner Arbeiten enthielten. Aber auch hierbei musste Hatzel verstärkte Anstrengungen auf sich nehmen. Dies tat er etwa, indem er versuchte, die Authentizität seines Glases durch die Signatur des Glasmachers aus der Hütte, wo er seine Unternehmung angesiedelt hatte, zu beweisen.[115]

Der alchemistische Markt Hessen-Darmstadt stellte unter Landgraf Ernst Ludwig für den *entrepreneur* Hatzel eine gewichtige Herausforderung dar. Zum einen herrschte hier große Konkurrenz. Ernst Ludwig beschäftigte eine ganze Reihe von Alchemisten, von denen sich einige erklecklichen Erfolges beim Fürsten erfreuen durften.[116] Zum anderen betrat Hatzel mit der Herstellung hochwertigen Buntglases eine Domäne, die zwar zeitgenössisch durchaus Interesse und damit eine Finanzierung und den Absatz des alchemistischen Projektes versprach. Grundsätzlich schien dabei die Ungewissheit des Geschäftes zumindest für den Abnehmer Ernst Ludwig zum berechenbaren Risiko reduziert, weil durch die zeitgenössische Glasproduktion ein gewissermaßen kodifizierter Vergleichsmaßstab vorhanden war. Allerdings erhöhten sich für den *entrepreneur* Hatzel damit zugleich die Ungewissheiten: Angesichts des schwer absehbaren Gelingens einer hochwertigen Produktion blieb für ihn selbst die Unsicherheit des Unternehmens beträchtlich – trotz allgemein bekannter Kenntnisse der Herstellungsprinzipien. Noch weitaus schwerer wogen allerdings die Hatzel'schen Schwierigkeiten angesichts einer ausgeprägten Konkurrenzsituation, das Vertrauen und damit die Finanzierung seines Projektes bei Ernst Ludwig zu sichern. Dies erwies sich als umso komplizierter, da sich sein Verhältnis zum Landgrafen erheblich von der relativ engen und exklusiven Klientelbeziehung zu Birkenfeld unterschied. Tatsächlich lässt sich konstatieren, dass zwar die erste Kontaktaufnahme zu Ernst Ludwig 1726 auf dessen – wohl eher flüchtiger – Berührung mit Jean Gaspard Hatzel aufbaute. Die Wiederaufnahme des Briefverkehrs mit dem Landgrafen 1733 war dann in erster Linie durch Bitten um Protektion und Hilfe gegen den Grafen von Ysenburg-Birstein geprägt und rückte die alchemistischen Angebote eher in den Hintergrund.[117] Dies änderte sich deutlich bis zum Beginn des

114 HStA Darmstadt, Louis de Hatzel an Ernst Ludwig von Hessen-Darmstadt, Büdingen, den 1. Mai 1735, D 4 370/1, unpaginiert.

115 HStA Darmstadt, Louis de Hatzel an Ernst Ludwig von Hessen-Darmstadt, Büdingen, den 29. April 1735, D 4 370/1, unpaginiert.

116 So zumindest der einzigen Arbeit zum Thema nach zu schließen, die auf einer Auswertung der alchemistischen Korrespondenzen im Staatsarchiv Darmstadt basiert und in ihren Analysen und Urteilen mittlerweile als durchaus problematisch gelten darf: Dieterich, Julius Bernhard: Landgraf Ernst Ludwig und die Goldmacher. In: Hessische Heimat 1 (1919), S. 15–33.

117 HStA Darmstadt, Louis de Hatzel an Ernst Ludwig von Hessen-Darmstadt, Frankfurt, den 3. Oktober 1733, D 4 370/1, unpaginiert.

Jahres 1735. Die Korrespondenz der ersten Jahreshälfte charakterisiert sich dabei durch einen Mechanismus von Bezahlung für erbrachte Leistung. Jede Bitte um Finanzierung und Rohmaterialien begleitet Hatzel in diesem Sinne mit detaillierten Beweisen seiner Arbeit. Die Vertrauensbasis zwischen dem *entrepreneur* und Ernst Ludwig wurde mithin nur zu geringen Anteilen durch eine Klientelbeziehung strukturiert. Dies führte wiederum dazu, dass Hatzel das nötige Vertrauen durch seine unternehmerische Gegenleistung herstellen musste. Dass er dies mit beschränktem Erfolg vermochte, führt ihn nicht zuletzt zu dem verzweifelten Stoßseufzer an den Landgrafen: »Monseigneur, j'admire votre Meffiance en moy.«[118]

Ob aus Louis de Hatzel ein großer Glasmacher geworden wäre, sollten seine Zeitgenossen nie erfahren. Schon im Mai 1735 nämlich ließ der Graf von Hanau einen obskuren Glasmacher festsetzen und verhören sowie dessen Materialien und Aufzeichnungen konfiszieren. Denn ein Risiko mehr hatte Hatzel nicht bedacht: Als Standort seiner Experimente hatte er sich eine Glashütte im Laubersbachtal im Spessart gewählt.[119] Trotz eines Passes, den ihm der Landgraf von Hessen-Darmstadt ausgestellt hatte, befand er sich somit im Verwaltungsbereich des Amtes Bieber, das auf Hanauer Territorium lag. Alle Argumente Hatzels, dass es sich bei dem Vorgehen gegen ihn um einen Angriff auf die hessisch-darmstädtische Autorität handelte,[120] verfingen allerdings nicht. Das prekäre Vertrauen, das Ernst Ludwig ihm gegenüber ganz offensichtlich hegte, mochte also durchaus nicht dazu ausreichen, dass der Landgraf den Alchemisten gegen die Hanauer Vorwürfe der Falschmünzerei zu verteidigen bereit gewesen wäre.[121]

5 Fazit

Als Baron de Chèvremont war Louis de Hatzel ein »entrepreneurial alchemist«,[122] ohne dass er diese Kondition nachvollziehbar als Dauerzustand anstrebte. Vor dem Hintergrund seiner problematischen persönlichen Situation im heimatlichen Elsass bot die Existenz als Alchemist ihm hingegen einen zumindest zweitweisen Ausweg, um seine

118 HStA Darmstadt, Louis de Hatzel an Ernst Ludwig von Hessen-Darmstadt, Büdingen, den 13. April 1735, D 4 370/1, unpaginiert.

119 Dabei handelte es sich um eine traditionelle Gegend zur Ansiedlung von Glashütten; vgl. Krimm, Stefan: Beobachtungen zur Standorttypologie vorindustrieller Glashütten im Spessart. In: Journal of Glass Studies 28 (1986), S. 82–97, hier S. 92–94.

120 HStA Darmstadt, Louis de Hatzel an Ernst Ludwig von Hessen-Darmstadt, Offenbach, den 31. Mai 1735, D 4 370/1, unpaginiert.

121 HStA Darmstadt, Louis de Hatzel an Ernst Ludwig von Hessen-Darmstadt, Offenbach, den 29. Mai 1735, D 4 370/1, unpaginiert. Zu der in den 1720er und 1730er Jahren aktiven Verfolgung von Falschmünzern vgl. Schneider, Konrad: Falschgeld aus Hessen-Darmstadt – Belege aus Frankfurt und Umgebung. In: Mitteilungen des Oberhessischen Geschichtsvereins 94 (2009), S. 69–90, hier S. 71–72 sowie S. 78–80.

122 Nummedal: Alchemy and Authority, S. 73.

Subsistenz und darüber hinaus seine Vorstellungen von einer standesgemäßen Existenz zu sichern. Allerdings wird deutlich, dass er innerhalb und durch seine alchemistische Unternehmung zunächst erfolglos Anstrengungen unternahm, dem Status eines *entrepreneur* zu entkommen und zu einem derjenigen höfischen Pensionsempfänger zu werden, die Cantillon ja gerade von den *entrepreneurs* differenziert hatte.

An den Kontakten mit Christian von Zweibrücken-Birkenfeld und Ernst Ludwig von Hessen-Darmstadt lassen sich nichtsdestoweniger einige systematische Beobachtungen zu solchen alchemistischen Unternehmern machen, die erhebliche Überschneidungen mit der Gruppe der Projektemacher aufwiesen. Im Fall von Zweibrücken-Birkenfeld wie im Fall von Hessen-Darmstadt lässt sich dabei die Verflechtung von quasi-monetär abgleichbaren Handelstransaktionen alchemistischer Dienstleistungen und Produkte mit Klientelbeziehungen zeigen. Die Auswirkungen dieser Verflechtungen fallen jedoch differenziert aus, so dass situativ die eine oder andere Komponente überwiegen und mithin die ökonomischen Beziehungen dominierend strukturieren kann. Dies wirkt sich folglich in beiden Fällen unterschiedlich auf das Problem aus, wie Vertrauen in die Dienstleistung bzw. das angebotene Produkt geschaffen werden kann. Die Vertrauensfrage schält sich dabei als Schlüsselproblem für den alchemistischen *entrepreneur* heraus. Dabei ist die Ungewissheit für das ökonomische Handeln des Unternehmers des 18. Jahrhunderts als historisierter Größe konstitutiv. Risiko und Unsicherheit werden zwar teilweise – besonders in Anschluss an Frank H. Knight – auch in modernen Überlegungen zum Unternehmertum als zentrale Kategorien identifiziert. Doch ist die Unsicherheit des *entrepreneurs* im zeitgenössischen Verständnis des 18. Jahrhunderts wesentlich enger mit der Gefahr von Misserfolg oder Scheitern verbunden als mit dem Generieren von Profit wie in der modernen Theoriebildung.

Ein angestrebter Profit Hatzels wiederum lässt sich im Zusammenhang mit seinen Unternehmungen – wie erwähnt – in erster Linie im Erwerb von standesgemäßer Absicherung und hierarchischem Aufstieg sehen. Inwieweit seine Geschäftspartner ein monetäres Profitstreben an ihre Investitionen in Hatzel banden, bleibt weitgehend Spekulation. Im Fall des Landgrafen Ernst Ludwig darf man die Suche nach Einnahmequellen dabei vielleicht tatsächlich als entscheidenden Grund annehmen. In Hinsicht auf den Pfalzgrafen von Zweibrücken-Birkenfeld erweist sich die Einschätzung als schwieriger. Sieht man von dem ubiquitären Problem des höfischen Zeitvertreibs ab,[123] mag hingegen auch hier die Hoffnung auf eine Förderung der zeitgenössisch in Rappoltsweiler/Ribeauvillé, also in seiner Grafschaft Rappoltstein, ansässigen Glasproduktion eine Rolle gespielt haben.[124]

123 Vgl. etwa Schirrmeister, Albert: Die gute und die schlechte Zeit der Muße. Funktionalisierungen von *oisiveté* zur Zeit Ludwigs XIV. In: Dobler, Gregor / Riedl, Peter Philipp (Hrsg.): Muße und Gesellschaft. Tübingen 2017, S. 317–334.

124 Vgl. Guilhot, Jean-Olivier / Jacquemot, Stéphanie / Thion, Pierre (Hrsg.): Verrerie de l'Est de la France, XIIIe-XVIIIe siècles. Fabrication, consommation. Dijon 2020. URL: https://books.openedition.org/artehis/1092 (letzter Zugriff: 26.2.2021).

Angesichts des hohen Grades an intrinsischen Unsicherheiten im Geschäftsmodell des alchemistischen *entrepreneurs* besaßen die Erfolge Louis de Hatzels jedenfalls ein zeitlich und materiell beschränktes Ausmaß. Von einem Scheitern Hatzels im Sinne von Erfolglosigkeit, die »für das soziale Umfeld des Scheiternden offensichtlich sein muss«,[125] kann man in den hier besprochenen Beispielen hingegen noch nicht zweifelsfrei sprechen. Dies gilt zumindest für den bescheidenen Rahmen von Hatzels Kontakten, die an das väterliche Netzwerk im Elsass anknüpften. Man darf aber durchaus spekulieren, ob sein – durchaus kontingenter – Misserfolg in Hessen-Darmstadt nicht zum angeblichen Wechsel nach London und schließlich in die Niederlande beitrug. In diesem Sinne handelte es sich letztlich um ein graduelles Scheitern im Sinne »temporärer Handlungsunfähigkeit«,[126] die dem Akteur aber durchaus zukunftsbezogene Anschlusshandlungen erlaubt.[127]

Quellen- und Literaturverzeichnis

Archivalische Quellen

Hessisches Staatsarchiv (HStA) Darmstadt, Alchimistische Korrespondenz des Landgrafen Ernst Ludwig, 1707–1739, D 4 370/1.

Sächsisches Hauptstaatsarchiv Dresden (SHStA), Geheimer Rat (Geheimes Archiv) Loc. 7206/09.

Sächsisches Hauptstaatsarchiv Dresden (SHStA), Geheimer Rat (Geheimes Archiv) Loc. 9705/20.

Sächsisches Hauptstaatsarchiv Dresden (SHStA), Geheimer Rat (Geheimes Archiv) Loc. 9705/22.

Sächsisches Hauptstaatsarchiv Dresden (SHStA), Geheimer Rat (Geheimes Archiv) Loc. 9705/23.

125 Brakensiek, Stefan / Claridge, Claudia: Editorial. Fiasko – Scheitern in der Frühen Neuzeit. In: Brakensiek/Claridge: Fiasko – Scheitern in der Frühen Neuzeit, S. 7–9.

126 Junge, Matthias: Scheitern. Ein unausgearbeitetes Konzept soziologischer Theoriebildung und ein Vorschlag zu seiner Konzeptualisierung. In: Junge, Matthias / Lechner, Götz (Hrsg.): Scheitern. Aspekte eines sozialen Phänomens, Wiesbaden 2004, S. 15–32, hier S. 16.

127 Vgl. ebd., S. 25–26.

Gedruckte Quellen

Cantillon, Richard: Essai sur la nature du commerce en général. Traduit de l'Anglois. Londres 1755.

Defoe, Daniel: An Essay Upon Projects. London 1697.

Kunckel, Johannes: Ars Vitraria Experimentalis Oder Vollkommene Glasmacher-Kunst. Franckfurt/Leipzig 1679.

O. A.: Dictionnaire géographique, historique et politique des Gaules et de la France. Bd. 6. Amsterdam 1770.

O. A: Aventurier. In: Encyclopédie, ou Dictionnaire raisonné des sciences, des arts et des métiers (Bd. 1). Paris 1751, S. 869.

O. A.: Projet. In: Encyclopédie, ou Dictionnaire raisonné des sciences, des arts et des métiers (Bd. 13). Neufchastel 1765, S. 441.

Literaturverzeichnis

Ambert, Joachim: Esquisses historiques, psychologiques et critiques de l'Armée française. Bd. 2. Saumur 1837.

Andreau, Jean: Entrepreneur et entreprise chez Montchrestien et Cantillon. In: Guery, Alain (Hrsg.): Montchrestien et Cantillon. Le commerce et l'émergence d'une pensée économique. Lyon 2011, S. 157–176.

Beretta, Marco: The Alchemy of Glass Counterfeit. Imitation, and Transmutation in Ancient Glassmaking. Sagamore Beach 2009.

Berghoff, Hartmut: Die Zähmung des entfesselten Prometheus? Die Generierung von Vertrauenskapital und die Konstruktion des Marktes im Industrialisierungs- und Globalisierungsprozess. In: Berghoff, Hartmut / Vogel, Vogel (Hrsg.): Wirtschaftsgeschichte als Kulturgeschichte. Dimensionen eines Perspektivenwechsels. Frankfurt a. M./New York 2004, S. 143–168.

Brakensiek, Stefan: Projektemacher. Zum Hintergrund ökonomischen Scheiterns in der Frühen Neuzeit. In: Brakensiek, Stefan / Claridge, Claudia (Hrsg.): Fiasko – Scheitern in der Frühen Neuzeit. Beiträge zur Kulturgeschichte des Misserfolgs. Bielefeld 2015, S. 39–58.

Brakensiek, Stefan / Claridge, Claudia: Editorial. Fiasko — Scheitern in der Frühen Neuzeit. In: Brakensiek/Claridge: Fiasko – Scheitern in der Frühen Neuzeit, S. 7–9.

Bröckling, Ulrich: Projektwelten. Anatomie einer Vergesellschaftungsform. In: Leviathan 33 (2005), S. 364–383.

Brooke, Geoffrey T. F.: Uncertainty, Profit and Entrepreunerial Action. Frank Knight's Contribution Reconsidered. In: Journal of the History of Economic Thought 32/2 (2010), S. 221–235.

Brugger, Eva: Die Produktivität des Scheiterns. Das Projektemachen als ökonomische Praktik der Frühen Neuzeit. In: Füssel, Marian / Knäble, Philipp / Elsemann, Nina (Hrsg.): Wissen und Wirtschaft. Expertenkulturen und Märkte vom 13. bis 18. Jahrhundert. Göttingen 2017, S. 79–96.

Chauvin, Pierre-Marie / Grossetti, Michel / Zalio, Pierre-Paul: Introduction. In: Chauvin, Pierre-Marie / Grossetti, Michel / Zalio, Pierre-Paul (Hrsg.): Dictionnaire sociologique de l'entrepreneuriat. Paris 2014, S. 11–32.

Cieślak, Edmund: Stanisław Leszczyński. Breslau/Warschau/Krakau 1994.

Dieterich. Julius Bernhard: Landgraf Ernst Ludwig und die Goldmacher. In: Hessische Heimat 1 (1919), S. 15–33.

Dupré, Sven: Über die Schwierigkeit der Beschreibung alchemischer Techniken. Johannes Kunckels Übersetzung der Arte vetraria von Antonio Neri. In: Alt, Peter-André u. a. (Hrsg.): Magia daemoniaca, magia naturalis, zouber. Schreibweisen von Magie und Alchemie in Mittelalter und Früher Neuzeit. Wiesbaden 2015, S. 377–392.

Ebeling, Florian: »Geheimnis« und »Geheimhaltung« in den Hermetica der Frühen Neuzeit. In: Trepp, Anne-Charlott / Lehmann, Hartmut (Hrsg.): Antike Weisheit und kulturelle Praxis. Hermetismus in der Frühen Neuzeit. Göttingen 2001, S. 63–80.

Ebner, Alexander: Schumpeterian Entrepreneurship Revisited. Historicial Specificity and the Phases of Capitalist Development. In: Journal of the History of Economic Thought 28/3 (2006), S. 315–332.

Eckert, Georg: Händler als Helden. Funktionen des Unternehmertums in der Neuzeit. In: Historische Zeitschrift 305/1 (2017), S. 37–69.

Emich, Birgit u. a.: Stand und Perspektiven der Patronageforschung. Zugleich eine Antwort auf Heiko Droste. In: Zeitschrift für Historische Forschung 32/2 (2005), S. 233–265.

Erikson, Emily / Samila, Sampsa: Networks, Institutions, and Uncertainty. Information Exchange in Early-Modern Markets. In: Journal of Economic History 78/4 (2018), S. 1034–1067.

Fontaine, Laurence: Protektion und Ökonomie. Der Markt für symbolischen Kredit am Hofe Ludwigs XIV. In: Haug, Tilman / Weber, Nadir / Windler, Christian (Hrsg.): Protegierte und Protektoren. Asymmetrische politische Beziehungen zwischen Partnerschaft und Dominanz (16. bis frühes 20. Jahrhundert). Köln/Weimar/Wien 2016, S. 261–278.

Fontaine, Laurence: L'économie morale. Pauvreté, crédit et confiance dans l'Europe préindustrielle. Paris 2008.

Gillard, Lucien: Le statut de la monnaie dans le Traité de Montchrestien et dans l'Essai de Cantillon. In: Guery: Montchrestien et Cantillon, S. 330–370.

Gorißen, Stefan: Vorindustrielle Unternehmer? Ökonomische Akteure und Betriebsformen im 18. und frühen 19. Jahrhundert. In: Jahrbuch für Wirtschaftsgeschichte 53/2 (2012), S. 39–61.

Guilhot, Jean-Olivier / Jacquemot, Stéphanie / Thion, Pierre (Hrsg.): Verrerie de l'Est de la France, XIIIe–XVIIIe siècles. Fabrication, consommation. Dijon 2020. URL: https://books.openedition.org/artehis/1092.

Hébert, Robert F./Link, Albert N.: Historical Perspectives on the Entrepreneur. In: Foundations and Trends in Entrepreneurship 2/4 (2006), S. 261–408.

Hébert, Robert F./Link, Albert N.: In search of the meaning of entrepreneurship. In: Small Business Economics 1 (1989), S. 39–49.

Jaeger, Hans: Unternehmer. In: Brunner, Otto / Conze, Werner / Koselleck, Reinhart (Hrsg.): Geschichtliche Grundbegriffe (Bd. 6). Stuttgart 1990, S. 707–732.

Joly, Bernard: À propos d'une prétendue distinction entre la chimie et l'alchimie au XVIIe siècle. Questions d'histoire et de méthode. In: Revue d'histoire des sciences 60/1 (2007), S. 167–183.

Junge, Matthias: Scheitern. Ein unausgearbeitetes Konzept soziologischer Theoriebildung und ein Vorschlag zu seiner Konzeptualisierung. In: Junge, Matthias / Lechner, Götz (Hrsg.): Scheitern. Aspekte eines sozialen Phänomens, Wiesbaden 2004, S. 15–32.

Kerssenbrock-Krosigk, Dedo von: Friedrich III./I. und die Luxusglasherstellung in Brandenburg. In: Keisch, Christiane / Netzer, Susanne (Hrsg.): »Herrliche Künste und Manufacturen«. Fayence, Glas und Tapisserien aus der Frühzeit Brandenburg-Preußens 1680–1720. Berlin 2001, S. 96–107.

Kerssenbrock-Krosigk, Dedo von u. a.: Ruby Glass of the Baroque Period. An Interdisciplinary Study. In: Dirksen, Dieter / Bally, Gert von (Hrsg.): Optical Technologies in the Humanities. Heidelberg 1997, S. 141–144.

Kessler, Oliver: Die Internationale Politische Ökonomie des Risikos. Eine Analyse am Beispiel der Diskussion um die Reformierung der Finanzmärkte. Wiesbaden 2008.

Klopotek, Felix: Projekt. In: Bröckling, Ulrich / Krasmann, Susanne / Lemke, Thomas (Hrsg.): Glossar der Gegenwart. Frankfurt a. M. 2004, S. 216–221.

Knight, Frank H.: Risk, Uncertainty and Profit. Boston/New York 1921.

Krimm, Stefan: Beobachtungen zur Standorttypologie vorindustrieller Glashütten im Spessart. In: Journal of Glass Studies 28 (1986), S. 82–97.

Kümper, Hiram: Abenteuer zwischen Ritterlichkeit, Ökonomie und Zufall. Beobachtungen zur Wort- und Konzeptgeschichte. In: Scheller, Benjamin (Hrsg.): Kulturen des Risikos im Mittelalter und in der Frühen Neuzeit. Berlin/Boston 2019, S. 33–50.

Lamouroux, Christian: L'entrepreneur, l'entreprise et l'ordre social. Cantillon, Montchrestien et la Chine médiévale. In: Guery: Montchrestien et Cantillon, S. 177–212.

Langenohl, Andreas: Prüfungen des Kapitalismus. Heroismus als Vorstellungsmodus gesellschaftlicher Rangordnungen. In: helden. heroes. héros 7/1 (2019), S. 5–17.

Langlois, Richard N.: Personal Capitalism as Charismatic Authority. The Organizational Economics of a Weberian Concept. In: Industrial and Corporate Change 7/1 (1998), S. 195–213.

Lazer, Stephen: Patronage and Seigneurial Authority in Early Modern Alsace. In: French Historical Studies 41/3 (2018), S. 495–523.
Leigh, Arthur H.: Frank H. Knight as Economic Theorist. In: Journal of Political Economy 82/3 (1974), S. 578–586.
Malick, Oliver: »Spiritus intus agit«. Die Patronagepolitik der Anna von Österreich 1643–1666 – Inszenierungsstrategie, Hofhaltungspraxis, Freundschaftsrhetorik. Berlin/Boston 2016.
Menger, Pierre-Michel: Incertitude. In: Chauvin, Pierre-Marie / Grossetti, Michel / Zalio, Pierre-Paul (Hrsg.): Dictionnaire sociologique de l'entrepreneuriat. Paris 2014, S. 321–344.
Middleton, Simon / Shaw, James E. (Hrsg.): Market Ethics and Practices, c. 1300–1850. Abington / New York 2018.
Muldrew, Craig: The Economy of Obligation. The Culture of Credit and Social Relations in Early Modern England. Basingstoke / New York 1998.
Muller, Claude: »Si Dieu le veut ainsi«. Le morne séjour du roi Stanislas Leszczinski à Wissembourg (1719–1725). In: L'Outre-Forêt 134 (2006), S. 11–18.
Muller, Claude: Diplomatie et religion en Alsace au temps du cardinal de Fleury (1726–1743). In: Revue d'Alsace 132 (2006), S. 129–173.
Naulet, Frédéric: L'artillerie française, 1665–1765. Naissance d'une arme. Paris 2002.
Nummedal, Tara: Spuren der alchemischen Vergangenheit. Das Labor als Archiv im frühneuzeitlichen Sachsen. In: Schwarte, Ludger / Lazardzig, Jan (Hrsg.): Spuren der Avantgarde: Theatrum alchemicum. Frühe Neuzeit und Moderne im Kulturvergleich. Berlin/Boston 2017, S. 154–173.
Nummedal, Tara: Words and Works in the History of Alchemy. In: Isis 102/2 (2011), S. 330–337.
Nummedal, Tara: Alchemy and Authority in the Holy Roman Empire. Chicago/London 2007.
Osterhammel, Jürgen: Spielarten der Sozialökonomik. Joseph A. Schumpeter und Max Weber. In: Mommsen, Wolfgang J. (Hrsg.): Max Weber und seine Zeitgenossen. Göttingen 1988, S. 147–195.
Picard, Ernest / Jouan, Louis: L'artillerie française au XVIIIe siècle. Paris/Nancy 1906.
Plumpe, Werner: Ökonomisches Denken und wirtschaftliche Entwicklung. Zum Zusammenhang von Wirtschaftsgeschichte und historischer Semantik der Ökonomie. In: Jahrbuch für Wirtschaftsgeschichte 50/1 (2009), S. 27–52.
Polanyi, Karl: The Great Transformation. New York 1944.
Priesner, Claus: Geschichte der Alchemie. München 2011.
Principe, Lawrence M.: A Revolution Nobody Noticed. Changes in Early Eighteenth Century Chymistry. In: Principe, Lawrence M. (Hrsg.): New Narratives in Eighteenth-Century Chemistry. Dordrecht 2007, S. 1–22.

Reviers de Mauny, François de: Le corps de l'artillerie de France, étude historique (suite). In: Revue d'artillerie 46/1 (1895), S. 35–59.
Richter, Wilhelm Michael von: Geschichte der Medicin in Russland. Dritter Theil. Moskau 1817.
Sabbagh, Gabriel: Cantillon in French and English. Two Editions by Richard Van den Berg and Antoine E. Murphy: New Facts and Hypotheses. In: Contributions to Political Economy 35/1 (2016), S. 91–126.
Safley, Thomas Max: Business Failure and Civil Scandal in Early Modern Europe. In: Business History Review 83 (2009), S. 35–60.
Scheller, Benjamin: Kulturen des Risikos im Mittelalter und in der Frühen Neuzeit. Einführende Bemerkungen. In: Scheller, Benjamin (Hrsg.): Kulturen des Risikos im Mittelalter und in der Frühen Neuzeit. Berlin/Boston 2019, S. 1–12.
Schirrmeister, Albert: Die gute und die schlechte Zeit der Muße. Funktionalisierungen von oisiveté zur Zeit Ludwigs XIV. In: Dobler, Gregor / Riedl, Peter Philipp (Hrsg.): Muße und Gesellschaft. Tübingen 2017, S. 317–334.
Schneider, Konrad: Falschgeld aus Hessen-Darmstadt – Belege aus Frankfurt und Umgebung. In: Mitteilungen des Oberhessischen Geschichtsvereins 94 (2009), S. 69–90.
Schuchard, Marsha Keith: Emanuel Swedenborg. Secret Agent on Earth and in Heaven Jacobites, Jews, and Freemasons in Early Modern Sweden. Leiden/Boston 2012.
Smith, Pamela H.: Alchemy as a Language of Mediation at the Habsburg Court. In: Isis 85/1 (1994), S. 1–25.
Stanitzek, Georg: Der Projektmacher. Projektionen auf eine »unmögliche« moderne Kategorie. In: Krajewski, Markus (Hrsg.): Projektemacher. Zur Produktion von Wissen in der Vorform des Scheiterns. Berlin 2004, S. 29–48.
Valleriani, Matteo: The Epistemology of Practical Knowledge. In: Valleriani, Matteo (Hrsg.): The Structures of Practical Knowledge. Cham 2017, S. 1–19.
Vérin, Hélène: Entrepreneurs, entreprise. Histoire d'une idée. Paris 2011.
Vogt, Jean: Encore le subdélégué Jean Hatzel. In: L'Outre-forêt 79 (1992), S. 25–26.
Vogt, Jean: Notes agraires rhénanes. In: Revue Géographique de l'Est 6/1–2 (1996), S. 53–88.
Weber, Karl von: Der Baron von Chevremont. 1730 ff. In: Weber, Karl von: Aus vier Jahrhunderten. Mittheilungen aus dem Haupt-Staatsarchive zu Dresden. Bd. 1. Leipzig 1857, S. 242–254.
Yamamoto, Koji: Taming Capitalism before its Triumph. Public Service, Distrust, and 'Projecting' in Early Modern England. Oxford 2018.
Zecchin, Paolo: Il vetro rubino all'oro veneziano. In: Journal of Glass Studies 52 (2010), S. 25–33.
Zelle, Carsten (Hrsg.): Abenteuer und Abenteurer im 18. Jahrhundert (Das Achtzehnte Jahrhundert 24/2). Göttingen 2000.

DIE UNTERNEHMERIN ERMGARD VON WEHREN (1566/67–1626)

Dieter Wunder

Abstract Die Gutsherrin Ermgard von Wehren, verwitwete Huhn zu Ellershausen, gründete 1604 auf ihrem Gut Völkershausen an der Werra (in der Landgrafschaft Hessen-Kassel, nahe Eschwege) ein Stahlunternehmen. Diese auf den ersten Blick ungewöhnlich wirkende Tätigkeit einer Niederadligen wird hier in den Zusammenhang mit dem unternehmerischen Handeln adliger Gutsherren- und Militärunternehmerfamilien im 16. und Anfang des 17. Jahrhunderts gestellt. Ziel des Beitrags ist es, unternehmerisches Handeln Niederadliger als wesentlichen Aspekt ihrer Existenzweise zu begreifen.

Keywords Gutswirtschaft, Militärunternehmer, Stahlunternehmerin, Bergbau in Hessen 16. und 17. Jahrhundert

1 Herkunft und Ehe – Gutsherren- und Militärunternehmerfamilien

Ermgard von Wehren[1] wurde 1566/1567,[2] vermutlich auf dem Wehren'schen Gut Lembach bei Homberg/Efze, als einziges Kind des hessischen Rittmeisters Friedrich von Wehren (etwa 1527–1587) und seiner braunschweigischen Ehefrau Hippolita von dem

*Den zitierten Akten fehlt öfters die Paginierung; nur zuweilen gibt es eine Nummerierung.

1 In den Akten wird sie sowohl als Ermgard (geborene) von Wehren verwitwete Huhn zu Ellershausen, Ermgard Huhn (geb. von Wehren) oder Ermgard von Wehren bezeichnet, selten als Irmgard oder Armgard. Sie unterschrieb 1592 zum Beispiel mit »Ermegarth von Weehren Casper Huen seiliger nachgelassene Weitbe« (Hauptstaatsarchiv Marburg [HStAM] 95, Nr. 2205, Bl. 6–7), 1612 z.B. mit »Ermegardt von Weeren Wittibe« (HStAM 17 e, Völkershausen, Nr. 18).

2 Das Datum ergibt sich aus der Vormundschaft über sie. Sie hatte am 15. Februar 1591 die ihr 1587 verordneten Vormünder Jost und Reinhard von Eschwege (HStAM 17 d, von Eschwege, Nr. 74; HStAM 17 d, von Wehren, Nr. 31, 19.2.1591), war also damals minderjährig (25 vollendete Jahre bis zur Mündigkeit). Jost war ihr Vetter, Reinhard ihr Schwager (siehe Übersicht 1 am Ende des Beitrags).

Knesebeck (gest. 1588) geboren.[3] Friedrich[4] und sein Bruder Wilhelm waren die Söhne Wilhelms von Wehren (gest. 1559/1560) aus der Fritzlarer Gegend, einer der wichtigeren hessischen Adligen.[5] Sie besaßen vom Vater ein kleines Gut in Lembach,[6] erbten aber 1568 das ansehnliche Rittergut Völkershausen einschließlich Wipperode (heute zu Vierbach gehörig, südwestlich von Eschwege).[7] Es handelte sich um ein fuldisches Weiberlehen.[8] Dessen Vorbesitzer, der hessische Militärunternehmer Urban von Eschwege,

---

3 Im Zuge der Genderforschung sind auch einzelne adlige Frauen der Frühen Neuzeit in den vergangenen vierzig Jahren verstärkt zum Thema der Geschichtsforschung geworden, sieht man von dem schon immer bestehenden Interesse an Herrscherinnen oder Mätressen, an Dichterinnen oder Schriftstellerinnen, Wissenschaftlerinnen oder wichtigen Personen der Reformation und des Pietismus ab. Das Leben einzelner adliger Gutsherrinnen ist nur ausnahmsweise Thema geworden. Aber schon der Schriftsteller Fontane würdigte 1863 in den Wanderungen durch die Mark Brandenburg die Frau von Friedland als ungewöhnliche Gutsherrin (Fontane, Theodor: Sämtliche Werke, Wanderungen durch die Mark Brandenburg, hrsg. Walter Keitel. Bd. 1. München 1966, S. 711–714: Zweiter Teil: Das Oderland, Cunersdorf: Frau von Friedland 1788–1803). Guttenberg, Erich Freiherr von: Einblicke in das Leben fränkischer Landedelfrauen des 16. Jahrhunderts. In: Archiv für Kulturgeschichte 14 (1919), S. 60–80, gab aus seiner Familiengeschichte Einblicke in das Leben adliger Frauen im 16. Jahrhundert. Hufschmidt, Anke: Adlige Frauen im Weserraum zwischen 1500 und 1700. Status – Rollen – Lebenspraxis (Geschichtliche Arbeiten zur westfälischen Landesforschung: Wirtschafts- und sozialgeschichtliche Gruppe 15). Münster 2001, hat wohl als erste die adligen Gutsherrinnen, hier des Weseradels, der Frühen Neuzeit erforscht. Den Alltag der verwitweten Hofmarksherrin Freifrau von Vieregg geb. von Götzengrien (gest. 1755) in Tutzing untersuchte Spiegel 1997 anhand der Rechnungsbücher 1733 bis 1745. Die Rolle der Gutsherrin und Beamtenfrau Anna Ursula von Hohenfeld geb. von Metternich in Dietz und Camberg als Ehefrau wie als Witwe analysierte Heide Wunder 2014 anhand von Briefen insbesondere 1666 bis 1675 (Wunder, Heide: «ein fleisig und gute Wirtin« – »die Stathalterin« Anna Ursula von Hohenfeld geb. von Metternich-Winneburg [gest. 1675]. In: Historisches Camberg 50 [2014], S. 12–42).

4 Im Brief Fabians von Dohna am 30. September 1587 nach dem Tod Friedrichs (Bezold, Friedrich von [Hrsg.]: Briefe des Pfalzgrafen Johann Casimir mit verwandten Schriftstücken. Bd. 3. München 1903, Brief 87) steht die Altersangabe 60 Jahre.

5 Demandt, Karl E.: Der Personenstaat der Landgrafschaft Hessen im Mittelalter. 2. Teil (Veröffentlichungen der Historischen Kommission für Hessen, Bd. 42). Marburg 1981, S. 929: Nr. 3256.

6 HStAM S, Nr. 388 Salbuch Stadt und Amt Homberg (1537), Bl. 199; Helbig, Bernhard: Das Amt Homberg an der Efze, Ursprung und Entwicklung. Marburg 1938, S. 75. Nach Buttlar-Elberberg, Rudolf von: Kollektaneen die Hessische Ritterschaft betreffend, o. O., o. J. (UB Kassel LMB Kassel, 2° Ms. Hass. 450), von Wehren Bl. 1, geht aus einer Urkunde von 1445 hervor, dass Henne von Wehren einen Hof zu Lembach besaß. Lembach war bis 1569 der wichtigste Sitz der Brüder, Friedrich nannte sich 1560 und 1562 nach ihm (vgl. etwa HStAM 3, Nr. 2123, Bl. 44–45; HStAM 17 d, von Wehren, Nr. 9; HStAM 17 e, Völkershausen [Eschwege], Nr. 4). Die Wehren verkauften Lembach an Georg von Habel (HStAM 17 e, Lembach, Nr. 2 und 3); Habel war 1573 Bürge für die Wehren (so 1573 für Wilhelm v. Wehren, siehe HStAM 340, von Eschwege, Nr. 121); er war auch Militärunternehmer.

7 HStAM Rechnung II, Kassel, Nr. 346 Türkensteuerrechnungen vom Niederfürstentum 1542–1588. Darin zu 1569: »Innahm deren zu Treysa vffm Landtage bewilligten beharlicher Türckensteuer des dritten Zieles.« Völkershausen lag im oberen Drittel der adligen Steuerzahler. – Der Allodialbesitz Urbans fiel an die Verwandten Eschwege.

8 HStAM 340, von Geyso, Nr. 386, darin: Verzeichnis etlicher Fälle der Fuldischen Gewohnheit und Lehenrechte (in später Handschrift wird dieses Verzeichnis auf 1620 datiert, tatsächlich stammt es, wie aus dem Text hervorgeht, von etwa 1595. In Punkt 8 heißt es: »Als folgends Friderich v. Wehrn vor ohngefähr 7 Jahren mit dem von Thüngen in Frankreich gezogen und daselbsten verschieden«. Da er 1587 starb und noch 1586 in Völkershausen agierte, stammt der Text also von etwa 1595); Wunder, Dieter: Der Adel im Hessen des 18. Jahrhunderts – Herrenstand und Fürstendienst. Grundlagen einer

war 1568 auf einer Reise nach Meißen kinderlos gestorben,[9] so dass das Lehen an die Söhne seiner einzigen Schwester Ermgard, der Ehefrau Wilhelms von Wehren, fiel.[10]

Das Rittergut Völkershausen bestand aus einer land- und forstwirtschaftlichen Eigenwirtschaft – von einem Meier oder Pächter bewirtschaftet – samt Schäferei, Bierbrauerei, Mühle und Ziegelei sowie größerem Streubesitz.[11] Ein wichtiger Bereich der gutsherrlichen Aktivitäten war die Handhabung der Finanzen, der Aktiv- und Passivschulden einschließlich der Pfand- und Bürgschaften.[12] Dem Gutsherrn, der zugleich Dorfherr war, hatten die Untertanen Geld- und Naturalabgaben sowie Dienste zu leisten; bei Streitigkeiten mit den Untertanen war ihm die niedere Gerichtsbarkeit ein nützliches Instrument. Die Produkte der Eigenwirtschaft und die Abgaben der Untertanen – Getreide, Wolle, Holz – wurden, soweit sie nicht dem Eigenverbrauch dienten, auf örtlichen und regionalen Märkten verkauft. Die unterschiedlichen Aufgaben – Gutswirtschaft, Vermarktung, Finanzmanagement – bedurften einer sorgfältigen Organisation. Die vielfältigen Aktivitäten des Gutsherrn zur Erzielung von Einkünften, die der standesgemäßen Lebensführung und der Sicherung seiner Herrschaft (gegebenenfalls durch Prozesse) dienten, lassen sich am besten verstehen, wenn man ihn als Unternehmer charakterisiert, allerdings mit adelsspezifischen Möglichkeiten und Grenzen,[13] denn die Besteuerung war niedrig, für die Beleihung und den Verkauf des Lehens war die Genehmigung des Lehnsherrn erforderlich und der adlige Status ließ nur adelswürdige Tätigkeiten, keine »bürgerliche Nahrung« zu.[14]

Friedrich und Wilhelm von Wehren nahmen das Gut Völkershausen 1569 in Besitz und teilten es untereinander auf.[15] Sie vergrößerten das Gut, indem sie von Bauern ihres

Sozialgeschichte des Adels in Hessen (Veröffentlichungen der Historischen Kommission für Hessen, Bd. 84). Marburg 2016, S. 105–109.

9 HStAM 17 d, von Eschwege, Nr. 75.

10 Buttlar-Elberberg, Rudolf von: Stammbuch der Althessischen Ritterschaft. Kassel 1888, Tafel Eschwege I, ist fehlerhaft. Ermgard verh. Wehren war nicht die Kusine Urban d. J. (gest. 1568), des letzten Besitzers von Völkershausen, sondern seine Schwester; siehe Thüringisches Hauptstaatsarchiv Weimar [ThHStAW], Eisenacher Archiv, Grafen u. Herren Herrschaft Völkershausen Nr. 96; HStAM 340, von Geyso, Nr. 386, darin: Verzeichnis (wie Anm. 8); HStAM 17 d, von Eschwege, Nr. 87. Zu Urban als Militärunternehmer siehe Ortloff, Friedrich: Geschichte der Grumbachischen Händel. Bd. 2. Jena 1869, S. 217.

11 HStAM 17 e, Völkershausen [Eschwege], Nr. 16: 1612.

12 Vgl. Wunder: Der Adel, S. 195–200. Grundsätzlich zur Funktion des Kredits siehe Schlumbohm, Jürgen (Hrsg.): Soziale Praxis des Kredits 16.–20. Jahrhundert (Veröffentlichungen der Historischen Kommission für Niedersachsen und Bremen, Bd. 238). Hannover 2007, S. 7–8.

13 Zum Konzept des Gutsherrn als Unternehmer siehe Wunder: Der Adel, S. 179–228.

14 Noch nach dem Preußischen Allgemeinen Landrecht (1794) § 76 sollen »Adliche […] in der Regel keine bürgerliche Nahrung und Gewerbe treiben«. Vgl. für Hessen entsprechend Kopp, Ulrich Friedrich: Handbuch zur Kenntniß der hessen-casselischen Landes-Verfassung und Rechte. Teil 1. Kassel 1796, S. 100; dazu Wunder: Der Adel, S. 67, Anm. 222.

15 HStAM 95, Nr. 2205, Bl. 1–2; HStAM 95, Nr. 2092 von Wehren. Eine Teilungsurkunde ist nicht belegt; für den unterschiedlichen Umgang mit beiden Teilen nach dem Tode Friedrichs 1587 ist aber die Teilung Voraussetzung.

Dorfes vier Siedelhöfe erwarben.[16] Auf zweien, die nahe dem Adelshof lagen, richteten sie einen zweiten Sitz für Wilhelm ein.[17] Das Gut wies zwei strukturelle Probleme auf, die beide mit einem Zuviel oder Zuwenig an Wasser zu tun hatten: Während das Land im Tal immer wieder unter Überschwemmungen durch die Werra litt, fehlte es dem Besitz auf der Höhe an Wasser.[18] Friedrich und Wilhelm von Wehren bemühten sich in der Folge dennoch um den Ausbau des Gutes. Vor allem suchten sie ihre Hude- und Holzrechte zu erweitern, so dass es seit 1570 zu Streitigkeiten mit dem Nachbarn, der Stadt Eschwege, kam. Um die eigenen Rechte besser nutzen zu können, errichtete Friedrich 1586 einen Wirtschaftshof im nahe der Stadt Eschwege gelegenen Schlierbachtal.[19]

Die Brüder Wehren waren Gutsherren und zugleich auch Militärunternehmer.[20] Der Rittmeister Wilhelm wechselte jedoch 1585 als Rat und Pfleger von Heideck (östlich von Gunzenhausen) in pfalz-neuburgische Regierungsdienste.[21] Auch sein Sohn Wolfgang, der durch Heirat das reichsritterschaftliche Gut Melsendorf (bei Schlüsselfeld in Oberfranken) erworben hatte, entschied sich für den Fürstendienst als zweite sichere Lebensgrundlage neben der Gutswirtschaft: er war (wohl) seit 1588 bambergischer Amtmann in Wachenrodt (nordwestlich von Höchstadt).[22] Friedrich von Wehren hingegen widmete sich ganz dem Kriegshandwerk. Im Mittelpunkt seiner Aktivitäten standen seine militärischen Unternehmen.[23] Im 16. Jahrhundert waren nicht wenige

16 Landsiedelhöfe sind Pachtgüter sehr unterschiedlichen Rechts (Zeitpacht, Erbpacht mit Kündigungsmöglichkeit u. a.), siehe Kopp, Ulrich Friedrich (bzw. Wittich, Carl Friedrich): Handbuch zur Kenntniß der kurhessischen Landes-Verfassung und Rechte. Teil 6. Kassel 1806, S. 203–213.

17 HStAM 49 d, Eschwege, Nr. 89 (1571 Kauf v. Wehren); HStAM 17 e, Wanfried, Nr. 51 Beleihung und Besitz des Hofes Völkershausen 1536, 1567, 1593. Der neue Adelssitz wurde auf den 1571 angekauften zwei »Siedelhöfen« von Hans Eschstruth und Claus Schnur errichtet.

18 Wunder, Dieter: Die Adelsherrschaft Völkershausen im Amt Eschwege. Gut und Gemeinde 1650–1810. In: Ebert, Jochen u. a. (Hrsg.): Schwebda – ein Adelsdorf im 17. und 18. Jahrhundert (Hessische Forschungen zur geschichtlichen Landes- und Volkskunde, Bd. 46). Kassel 2006, S. 287–364, hier S. 289–290, 302, 305–306.

19 HStAM 17 e, Völkershausen [Eschwege], Nr. 16, Bl. 26 (Relatio Hans Werners von Eschwege 1614); D. Wunder 2006, S. 305–306.

20 Bezzel, Oskar: Geschichte des Kurpfälzischen Heeres von seinen Anfängen bis zur Vereinigung von Kurpfalz und Kurbayern 1777 (Geschichte des Bayerischen Heeres, Bd. 4/1). München 1925, S. 28–40.

21 Buttlar-Elberberg: Kollektaneen, Wehren.

22 Heiratsabrede Wolf(gang)s von Wehren 8. 2. 1592 mit Amaley von Wirßberg geb. von Lauffenholz. Vgl. die Archive der Grafen und Freiherren von Seckendorff, Bd. 1 (Bayerische Archivinventare, Bd. 45), bearb. Gerhard Rechter, München 1993, Nr. 882. Ihr Vater ist Caspar von Lauffenholz zu Melsendorff, der am 14. 10. 1561 mit Barbara von Wolfskeel die Heiratsabrede trifft (Nr. 815); Caspar war 1564 tot (Nr. 823). Wolfgang wurde durch diese Ehe und das Erbe Angehöriger der fränkischen Reichsritterschaft Kanton Steigerwald. Wolf von Wehren war 1572 bis 1588 Kanoniker im Stift St. Burkard in Würzburg gewesen, 1580 hatte er in Köln studiert (Wendehorst, Alfred: Die Benediktinerabtei und das adelige Säkularkanonikerstift St. Burkard in Würzburg [Germania sacra, NF 40, Das Bistum Würzburg, Bd. 6]. Berlin 2001, S. 286: dort irrtümlich »aus fränkischem ritterschaftlichen Geschlecht«).

23 Das Verständnis dieser Tätigkeiten Adliger als militärische Unternehmer wurde wesentlich von Redlich geprägt: Redlich, Fritz: The German Military Enterpriser and his work force. A Study in European

Adlige Söldnerführer, etwa als Rittmeister einer eigenen Kompanie oder als Oberst eines von ihnen aufgestellten Regiments. Sie schlossen auf eigenes Risiko Verträge mit kriegführenden Fürsten und waren auf deren wechselhafte Zahlungsfähigkeit zur Finanzierung ihrer Söldner angewiesen. Ihre wichtigsten Aufgaben waren das Beschaffen und Organisieren von Söldnern sowie der schonende Einsatz dieses »Kapitals« auf Kriegszügen; der erwartete Gewinn – als Folge eines Sieges, mitunter auch der freigegebenen Plünderung – dürfte wichtiger gewesen sein als die Bewahrung ritterlicher Tugenden, die oft als wesentliches Kennzeichen Adliger gilt.[24] Die erzielbaren Gewinne konnten das Niveau der Gutserträge deutlich übersteigen, so dass diese Adligen ihren Besitz vermehren und sich einen repräsentativen Sitz erbauen konnten, wie die Renaissanceschlösser mancher Weseradligen zeigen.[25] Allerdings war das Risiko der Vorfinanzierung hoch – ein Scheitern konnte sich verheerend auswirken und im schlimmsten Falle zum Verlust des Gutes führen.[26]

Friedrich von Wehren nahm unter anderem 1575 am Hugenottenkrieg Johann Kasimirs von der Pfalz unter Oberst Georg von Dersch zu Viermünden (bei Frankenberg) teil. Nach dessen Tod auf dem Feldzug trat er dessen Nachfolge als Oberst an.[27] Landgraf Wilhelm IV. wollte ihn vom Kölner Kriegszug 1583 abhalten, was aber erst Kaiser Rudolf II. gelang.[28] Auch familiär war Friedrich von Wehren mit anderen Familien von Militärunternehmern verbunden. Er selbst hatte Hippolita von dem Knesebeck, die Witwe des braunschweigischen, 1553 in der Schlacht von Sievershausen gebliebenen Rittmeisters Benedikt von Alten geheiratet. Seine einzige Tochter Ermgard gab er, dem eigenen konnubialen Muster folgend,[29] 1581 seinem jungen Rittmeister Kaspar Huhn

economic and social history. Wiesbaden 1964/65, zusammengefasst für das 16. Jahrhundert, Bd. 1, S. 39–40, S. 108, Anm. 38.

24 Noch anklingend bei Conze, Eckart (Hrsg.): Kleines Lexikon des Adels. Titel, Throne, Traditionen. München 2005, S. 190: »Der Offiziersdienst war für den Adel das traditionsreichste professionelle Betätigungsfeld.«

25 Vgl. Neukirch, Albert: Renaissanceschlösser Niedersachsens, Niedersächsische Adelskultur der Renaissance. Hannover 1939.

26 Gewinner waren insbesondere einige niedersächsische Adlige: Jürgen von Holle (1513/14–1576) aus dem Fürstbistum Minden, Hilmar von Münchhausen (1512–1573) aus dem Westen des Herzogtums Braunschweig (sw. und sö. Hameln) und Christoph von Wrisberg (ca. 1510–1580) aus dem Hildesheimischen. Vgl. Neukirch: Renaissanceschlösser; Angermann, Gertrud: Der Oberst Georg von Holle 1514–1576. Ein Beitrag zur Geschichte des 16. Jahrhunderts. Minden 1968.

27 HStAM 17 d, von Dersch, Nr. 64 (Brief von Alhard Philipp von Dersch, Sohn des Georg, an die Kanzlei in Marburg 7. 2. 1609); Battenfeld, Willy: Ein Blick in die Geschichte des Schlosses im Frankenberger Stadtteil Viermünden zur Zeit derer von Dersch im 16. und 17. Jahrhundert. In: Magistrat der Stadt Frankenberg (Hrsg.): 750 Jahre Stadt Frankenberg [Eder] 1244–1994. Frankenberg 1994, S. 7–30, hier S. 10, 33.

28 HStAM 17 I, Nr. 978 1583, 1585 (2 Briefe Wilhelms), 1586, 1591; HStAM 17 d, von Wehren, Nr. 24: 20.6. und 23.7.1583 (wohl Entwürfe für die offiziellen Schreiben an den Landvogt an der Werra); Lossen, Max: Der Kölner Krieg. Geschichte des Kölner Kriegs 1582–1586. München/Leipzig 1897, S. 353, 386; nach Bezzel: Geschichte des Kurpfälzischen Heeres, S. 32–33, war Friedrich 1583 Oberstleutnant des württembergischen Obristen Heinrich von Stein.

29 Wätjen, Hans: Geschichte des Geschlechtes von Alten 1182–1982. 2. Aufl. Wolfsburg 1982, S. 58–59.

zu Ellershausen (bei Frankenberg in der damaligen Landgrafschaft Hessen-Marburg) zur Ehe.[30] Bei ihm handelte es sich um den nachgelassenen Sohn des Obersten Kaspar Huhn.[31] Die Schwester des Schwiegersohns, Elisabeth Huhn, hatte 1571 den erwähnten Oberst Georg von Dersch geehelicht.[32] Offensichtlich bildeten diese hessisch-braunschweigischen Militärunternehmer[33] ein konnubial und geschäftlich verbundenes Netzwerk. Die Zeugen des Ehepaktes Huhn-Wehren ergänzen diese Sicht um einen weiteren Aspekt:[34] die Trauzeugen Kaspar Huhns stammten aus dem nördlichen Oberhessen und den benachbarten Regionen, der Ritterschaft Mittelrhein, dem Bistum Paderborn und der Grafschaft Waldeck, Ermgards Zeugen aus dem Herzogtum Braunschweig (aus dem ihre Mutter kam), dem Herzogtum Sachsen-Eisenach und der Landgrafschaft Hessen-Kassel. Grenzüberschreitend pflegten sie verwandtschaftliche und militärunternehmerische Beziehungen (Übersicht 2).

Für einige der benannten Adligen lassen sich schon Dienste bei Markgraf Albrecht Alkibiades von Brandenburg-Kulmbach (gest. 1557) im zweiten Markgrafenkrieg in Franken und Braunschweig (1552–1554) nachweisen, zudem Verbindungen zu den Grumbach'schen Händeln,[35] insbesondere aber seit 1567 die Beteiligung an den Hugenottenkriegen unter Leitung des Pfalzgrafen Johann Kasimirs von Simmern (seit 1583 Kuradministrator der Pfalz, gest. 1592).[36] Seine Truppen hatten einen sehr schlechten

30 HStAM 255, RKG, Huen zu Ellershausen, H 194, c. Virmund u Dersch: der Vormund weist 1586 in einem Prozess darauf hin, dass Kaspar Huhn vor etwa sechs Jahren »majorenn« geworden sei. Kaspars Bruder Johann verlor auf dem Feldzug Georg von Derschs 1575 ebenfalls sein Leben (Battenfeld: Viermünden, S. 23).

31 Buttlar-Elberberg: Kollektaneen; dort Huhn unter Clauer. Der Vater war nach Buttlar Oberst. Die Mutter Juliane von Eppe heiratete in zweiter Ehe Georg von Dalwigk (vgl. Battenfeld: Viermünden, S. 25).

32 Heldmann, August: Zur Geschichte des Gerichts Viermünden und seiner Geschlechter. 3: Das Geschlecht von Dersch. In: Zeitschrift des Vereins für Hessische Geschichte und Landeskunde, NF/24 [1901]. S. 159–360, hier S. 203.

33 Romer, Hermann: Militärunternehmer. In: Historisches Lexikon der Schweiz (Version vom 10. 11. 2009), URL: https://hls-dhs-dss.ch/de/articles/024643/2009-11-10/; Asch, Ronald G.: Europäischer Adel in der Frühen Neuzeit. Köln 2008, S. 193–207, insbes. S. 196–197, 204–207.

34 Heiratskontrakt 1580 (HStAM 257, Nr. H 429): Zeugen waren Kaspar Huhn; Hans Jurgen von Bicken, Vizedom des Rheingaus (Bruder der väterlichen Großmutter und Vormund Kaspars, siehe Buttlar-Elberberg: Clauer), Herman von Rehen (Waldeck/Oberhessen), Hermann Spiegel, Johann von Hanxleden, beide Domherren zu Paderborn und Kanoniker Fritzlar zu einem Teil; Friedrich und Wilhelm von Wehren, Tönnies von Alten (Neffe der Mutter Wehren, Herzogtum Braunschweig), David von Creutzberg (Herzogtum Eisenach), Urban und Reinhard Gebrüder von Eschwege zum andern Teil.

35 Rittmeister Asmus von Stein aus dem Gefolge Herzog Johann Friedrichs von Sachsen-Gotha und Beauftragter Wilhelm von Grumbachs besuchte im Februar 1567 zwei Mal Wanfried; auch Georg von Holle wurde damals vom Amtmann in Treffurt beobachtet, ohne dass man wusste, zu wessen Gunsten er eingreifen wollte (Ortloff: Geschichte. Bd. 3, S. 548). Urban von Eschwege wurde in Listen Grumbachs als möglicher verbündeter Söldnerführer geführt (Ortloff: Geschichte. Bd. 2, S. 149, 217).

36 Über die vielen kleineren und oft erfolglosen Militärunternehmer weiß man wenig. Allein in diesem Aufsatz werden zehn von ihnen genannt: Benedikt von Alten, Georg von Dersch (Hugenottenfeldzug 1562, 1569, 1575: Heldmann: Viermünden, S. 244, 258, 268), Heinrich Wilhelm von Eschwege, Urban von Eschwege (2. Markgräflerkrieg 1552/1554: er lag vor der Plassenburg [erobert 1554]), Weigand von Gilsa,

Ruf, ebenso ihre Anführer, die aus pfälzischen und hessischen Edelleuten bestanden,[37] zum einen wegen Plünderungen und Meutereien als Folgen ausstehenden Soldes, zum andern wegen der die Bevölkerung ausbeutenden Ermattungsstrategie Johann Kasimirs.[38] Die Tricksereien, mit denen Friedrich von Wehren selbst bei kleineren Summen seinen Gläubigern auswich, passen ebenfalls in dieses Bild.[39] Dessen ungeachtet zählten Johann Kasimir beziehungsweise sein Feldherr Fabian von Dohna ihn in den 1580er Jahren zu den etwa sechs Obristen, die sie als Rückgrat der pfälzischen Soldtruppen betrachteten. Während des Hugenottenfeldzugs Johann Kasimirs von der Pfalz 1587 – Dohna gilt dem Historiker Bernard Vogler als »docile, médiocre, incapable« [40] – starben unter Fabian von Dohnas Führung Ermgards Vater Oberst Friedrich von Wehren und ihr Ehemann Rittmeister Kaspar Huhn zu Ellershausen an »Bräune« (Diphterie).[41] Der Feldzug endete mit der militärischen Niederlage Dohnas. Friedrich von Wehrens Bedeutung erhellt sich aus der Tatsache, dass Johann Kasimir seinen Tod in einem Brief an den dänischen König einen Monat später ausdrücklich als Verlust erwähnt.[42]

Der Tod sowohl von Ehemann wie Vater war für die etwa zwanzigjährige Ermgard Huhn – das einzige Kind starb wohl kurz nach der Geburt vor der für den 21. November 1582 geplanten Taufe[43] – das denkbar größte Unglück. Als Folge der hohen Schulden ihres Ehemanns und ihres Vaters hatte sie allein das Risiko der beiden Militärunternehmer zu tragen, so dass ihre Zukunft als Rittergutsbesitzerin in Frage stand.

Georg von Habel (siehe auch Anm. 6), Thüngen (Anm. 8), Christoph von Weberstett, die Brüder von Wehren, In den Akten der Wehren finden sich keine Hinweise auf den religionspolitischen Zweck der Unterstützung der Hugenotten.

37 Bezzel: Geschichte des Kurpfälzischen Heeres, S. 30.

38 Ebd., S. 490: »Von dem Gebaren der Hauptleute bei der Werbung und dem Werte der Söldner aber besitzen wir so düstere Schilderungen, daß uns der zweifellose Tiefstand der Mannszucht auf den Kriegszügen selbst nicht mehr erstaunlich erscheinen kann.« Vgl. Krüger, Peter: Die Beziehungen der rheinischen Pfalz zu Westeuropa 1576–82. Die auswärtigen Beziehungen des Pfalzgrafen Johann Casimir 1576–82. München 1964, S. 120. Zu Johann Kasimir und der pfälzischen Politik gegenüber Frankreich und den Hugenotten siehe insbes. Vogler, Bernard: Le rôle des Electeurs palatins dans les guerres de religion en France (1559–1592). In: Cahiers d'histoire Lyon 10 (1965), S. 51–85.

39 HStAM 17 d, von Wehren, Nr. 25 (Wirt Adam Schmidt zu Gudensberg 1582/83); HStAM 17 d, von Wehren, Nr. 31 (Schulden gegenüber Hans von dem Knesebeck 1581/82).

40 Vogler: Le rôle des Electeurs palatins, S. 79–80.

41 Bezold: Briefe des Pfalzgrafen Johann. Bd. 3, S. 97: Brief 87 Fabian von Dohna an Johann Kasimir von der Pfalz 30.9.1587. Mit »Bräune« wurde die Diphtherie bezeichnet. Vgl. URL: https://www.spektrum.de/lexikon/biologie/diphtherie/18474.

42 Bezold: Briefe des Pfalzgrafen Johann. Bd. 3, S. 96.

43 HStAM 17 d, von Wehren, Nr. 25: Brief Wilhelm von Wehren 18.11.1582. Dieser Sohn wird nur in dem Brief Wilhelms von Wehren genannt.

2 Ermgard von Wehren als Gutsherrin zwischen 1587 und 1604

Ermgard musste Ellershausen, das Gut ihres Ehemannes, verlassen, da sie gemäß Ehegüterrecht als kinderlose Witwe keinen Anspruch auf seine Nutzung hatte.[44] Da sie jedoch die einzige Erbin ihres Vaters war, fiel ihr dessen Gut Völkershausen (genauer gesagt die Friedrich'sche Hälfte) nach fuldischem Recht zu.[45] Ihre finanzielle Situation sei in vier Punkten charakterisiert:

1) An sich war Ermgard im Ehepakt gut abgesichert. Heiratsgut und Widerlage beliefen sich auf je 1.500 Goldgulden und damit also je etwa 1200 Reichstaler.[46] Als Witwensitz war ihr ein Haus in Frankenberg mit den erforderlichen Naturallieferungen zum Lebensunterhalt zugesagt.[47] Das junge Ehepaar hatte auf dem Gut Ellershausen gelebt,[48] das zwar eine schlechte Ertragskraft hatte,[49] aber zusammen mit Einnahmen aus dem Streubesitz für ein standesgemäßes Auskommen ausreichte.[50] Kaspar hatte sehr hohe, meist von den Vorfahren herrührende Schulden (annähernd 4.700 Reichstaler)[51] – sie könnten, neben dem Vorbild des Schwagers und Bruders,[52] der Grund für die Hinwendung zum Militär gewesen sein. Nach Kaspars Tod forderten die Gläubiger ihre Guthaben ein, so dass Kaspars Erben nicht in der Lage waren, die Zusagen

44 Das Gut fiel an die Schwester Kaspars, Elisabeth Huhn verw. von Dersch. Zum Ehevertrag siehe HStAM 257, Nr. H 429 (unnummeriert). Vgl. auch Heldmann: Viermünden, S. 269.

45 Der Onkel Wilhelm wollte ihr Erbrecht insofern einschränken, als er eine Gesamtbelehnung wünschte, was Fulda wegen des Weiberlehnrechts ablehnte (vgl. Anm. 8).

46 Umrechnung 1 Goldgulden= 75 Kreuzer, 1 Gulden = 60 Kreuzer, 1 Reichstaler = 1 ½ Gulden, siehe Jäger, Berthold: Das geistliche Fürstentum Fulda in der Frühen Neuzeit. Landesherrschaft, Landstände und fürstliche Verwaltung. Ein Beitrag zur Verfassungs- und Verwaltungsgeschichte kleiner Territorien des Alten Reiches (Schriften des Hessischen Landesamtes für geschichtliche Landeskunde 39). Marburg 1986, S. 411; sowie Zimmermann, Ludwig: Der Ökonomische Staat Landgraf Wilhelms IV. (Veröffentlichungen der Historischen Kommission für Hessen, Bd. 17/2). Bd. 2. Marburg 1934, S. 214.

47 Der Ort der Hochzeit war Völkershausen, der Umzug nach Ellershausen erfolgte am 13. Juni 1581: HStAM 330, Stadtarchiv Frankenberg, Nr. A 43 Exercitienbuch 1246, Bl. 109. Der Witwe standen neben dem Nutzgarten 20 Klafter Scheitholz zum Feuern zu, 3 Morgen Land für Kraut und Flachs, Wiesen für 4 Fuder Heu und 2 Schock Stroh, 10 Gänse, 20 Hähne/Hühner, 40 Mött (1 Mött etwa 1 Malter) Frucht partim (also ½ Roggen, ½ Hafer) (Frankenberger Maß), 1/3 der fahrenden Habe (Ehevertrag in: HStAM 257, Nr. H 429).

48 Eine Größenangabe liegt erst im Kataster von 1774 vor (HStAM, Kataster I, Ellershausen [Kr. Frankenberg] Nr. B 1, OVB § 36: 1105 Acker gegen 876 Acker des Dorfes; die gesamte Gemarkung umfasste damals 2.385 Acker).

49 »[G]eringer und schlechter Ort« (ebd., § 44).

50 Bruttogeldeinkünfte 1570/71: 786 Reichstaler (HStAM 340, Huhn zu Ellershausen, Gutsrechnung 1570/1571); unter den Ausgaben an Geld stehen 400 Reichstaler für »Pension«, also Zinsen. Die Naturalien, die die Familie Huhn selbst verbrauchte, können der Naturalrechnung entnommen werden.

51 HStAM 17 d, Huhn von Ellershausen, Nr. 9, Schuldenverzeichnis der Kanzlei in Marburg 20.3.1588: Die meisten Schulden stammten von den Huhn'schen Vorfahren, sie hatten sich seit 1522 angehäuft; Kaspar selbst nahm anscheinend nur etwa 725 Reichstaler auf, war allerdings Bürge (»habe Burge«) für 2000 Gulden (etwa 1.300 Reichstaler).

52 Vgl. Anm. 30 und 31.

der Witwenversorgung einzuhalten. Im Vertrag mit Kaspars Erbin, der Schwägerin Elisabeth Huhn, verwitwete von Dersch, aus dem Jahre 1588, den die Verwandtschaft bezeugte, musste Ermgard vorerst, bis Kaspars Nachlass, das Vermögen und die Schulden überprüft würden,[53] auf die Huhn'schen Zusagen zur Witwenversorgung verzichten. Aber ihr Heiratsgut, eine Jahresrente von 60 Reichstalern (Leibrente), war rechtlich geschützt;[54] eine Rente dieser Höhe war für das Leben einer alleinstehenden adligen Person durchaus ausreichend.[55]

2) Ermgards Bewegungsspielraum als Gutsherrin war durch die Schulden des Vaters begrenzt, die er im Wesentlichen für sein Regiment aufgenommen hatte. Er schuldete den Brüdern Reinhard und Urban von Eschwege 5.137 Reichstaler;[56] dazu kamen kleinere Schulden an Dritte über etwa 500 Reichstaler;[57] die Last des Vaters belief sich somit 1589 auf mindestens 5.600 Reichstaler. Die Zinsen auf diese Schuld betrugen jährlich wohl (zu den üblichen 5 Prozent gerechnet) 341 Reichstaler,[58] also fast die Hälfte der jährlichen Einkünfte des Gutes Völkershausen.[59]

53 Den Vertrag unterschrieben die Schwägerin Elisabeth Huhn verw. von Dersch, Obervorsteher Johann Klaur, Hermann von Rehen, Cordt Spiegel zu Desenberg, Ermgard Huhn geb. von Wehren, Tönnies von Alten, Reinhard und Jost von Eschwege, Albrecht von Alten, Johann von Dalwigk, Sohn Johann des Jüngeren (in der Buttlar'schen Stammtafel nicht zuzuordnen: Buttlar-Elberberg: Stammbuch) (HStAM 257, Nr. H 429 (unnummeriert).

54 60 Reichstaler waren die jährliche Verzinsung des ihr zustehenden Heiratsgutes zu den üblichen 5 Prozent.

55 1735 wurde in Hessen für arme adlige Frauen eine »Steuer« in Höhe von 30 Reichstalern, 1750 50 Reichstalern beschlossen, vgl. Wunder, Dieter: Arme adlige Frauen in der Frühen Neuzeit – Die »Armensteuer« der hessischen Ritterschaft. In: Bruns, Florian / Dross, Fritz / Vanja, Christina (Hrsg): Spiegel der Zeit. Leben in sozialen Einrichtungen von der Reformation bis zur Moderne: Festschrift für Christina Vanja, zugleich Historia Hospitalium. Jahrbuch der Deutschen Gesellschaft für Krankenhausgeschichte 31 (2018/19). Berlin 2020, S. 111–141, hier S. 133.

56 HStAM 95, Nr. 2205 Bl. 5–6: Die Schuld beruhte auf einem Darlehen der Brüder Reinhard und Urban von Eschwege von 1583 über 4.000 Reichstaler und einem zusätzlichen Darlehen von 1.137 Reichstalern, das die von Friedrich 1587 anerkannten Schulden betraf (HStAM 340, von Eschwege, Nr. 121 [Schuldenverzeichnis 3.6.1587]); dies war aus Ermgards Sicht der Stand von 1589 (Brief Ermgards 5.5.1589).

57 Weitere Schulden des Vaters: 100 Reichstaler an Adam Schmidt bzw. Sohn in Gudensberg (ca. 1565/1566 entstanden), 50 Goldgulden, 50 Reichstaler an Anna, Witwe Herman d. Ä. von Harstall (1580 entstanden), 100 Reichstaler an ›die Armen zu Altenmorschen' (1586 aufgenommen), 300 Gulden an »Vrien« Treuschen von Buttlers [Friedrich Georg Eitel] sel. Kinder Vormünder (1587 aufgenommen) (HStAM 17 d, von Eschwege, Nr. 5, darin: »Vorzeichnüß der Brieffe so bey mirh Lorentz Goßman hinderlegt seint Ao 1605 29. Juli«).

58 HStAM 17 d, von Wehren, Nr. 31. Ihre Vormünder Jost und Reinhard von Eschwege schrieben in einer Schuldangelegenheit Ermgards am 19. Februar 1591 an die Kanzlei in Kassel: »als die [Witwe] ohne das, wie E F vnd Herr zum Theil bewust ist, in groser Beschwerung stecket vnd mit vielen Schulden behafftett ist.«

59 Die Einkünfte des Gutes können aus seinem Verkaufswert errechnet werden. Dieser wurde damals üblicherweise mit dem Zwanzigfachen des jährlichen Ertrages berechnet. Der Verkaufswert der Wilhelm'schen Hälfte wurde, wie noch dargestellt wird, mit 15.300 Reichstaler angesetzt: 5 Prozent machen mithin 765 Reichstaler aus. Der Alten'sche Anwalt setzte 1613 den Ertrag des Ermgard'schen Gutes auf 1.250 Reichstaler fest (HStAM 17 e, Völkershausen [Eschwege] Nr. 27, N. 33).

3) Völlig erfolglos blieben die Versuche, vom pfälzischen Kurfürsten Johann Kasimir und vom französischen König Heinrich IV. den ausstehenden Sold ihres Vaters – also die notwendige Gegenfinanzierung einschließlich des Gewinns der Militärunternehmung – zu erhalten.[60] Ermgard schrieb an den Landgrafen, er möge beim französischen König zugunsten der ausstehenden Zahlungen an ihren Vater intervenieren, denn er sei »funffzigk taußentt Cronen vngefehr lautt daruber habender Briff vnnd Siegel schuldig vnd nachstendig pliebenn«.[61] In einem Prozess gegen Dersch 1622 kam Ermgard auf eine Summe von 99.868 Kronen, also 166.447 Gulden, als Rückstand für die Feldzüge von 1575 und 1587.[62]
4) Dagegen konnte Ermgard sich die fahrende Habe des Vaters aus dem Feldzug 1587[63] in Höhe von wohl 600 Reichstalern samt »Petschafft«, die sein Oberstleutnant Wigand von Gilsa aus Niederhessen an sich genommen hatte, dank wiederholter Hilfe der landgräflichen Regierung sichern. Sie wurde von der Regierung sogar 1595/1596 in dessen Güter »immittiert« – ein damals gängiger Weg, Schulden zu begleichen; noch 1609 musste die Regierung Hessen-Kassels erneut zu Ermgards Gunsten eingreifen.[64]

Zusammengefasst hatte Ermgard also ein halbes Gut, eine nennenswerte Rente und einige Einnahmen aus des Vaters Habe; dagegen standen die hohen Schulden des Vaters sowie Kosten für Prozesse, mit denen sie Ansprüche Dritter abzuwehren oder eigene

60 Nach Friedrichs Tod bat seine Witwe Hippolita (gest. 1588) am 16. Dezember 1587 Landgraf Wilhelm von Hessen-Kassel, er solle ihr zustehendes Geld vom Pfalzgrafen Johann (!) von Veldenz [vermutlich Johann Georg, gest. 1592] einfordern, der offensichtlich französische Kriegsgelder für Johann Kasimir erhalten hatte; Landgraf Wilhelm wandte sich an diesen – vergeblich (HStAM 17 d, von Wehren, Nr. 4). In ähnlicher Weise bemühte sich Ermgards Neffe, Alhard Philipp von Dersch, über Landgraf Moritz Ansprüche seines Vaters Georg von Dersch aus französischen Feldzügen über 70.000 Kronen gegen den pfälzischen Kurfürsten durchzusetzen (HStAM 17 d, von Dersch, Nr. 134; HStAM 17 d, von Dersch, Nr. 64).

61 HStAM 17 d, von Wehren, Nr. 24 (o. D., nach 1587, denn Ermgard schrieb, ihr Vater sei vor »etzlichen Jahren« im französischen Dienst gestanden).

62 HStAM 257, Nr. H 429 (unnummeriert). In der Aufstellung wird folgende Umrechnung vorgenommen: 1 Gulden = 0,6 Reichstaler. Heinrich IV. schuldete angeblich der Pfalz 1599 755.321 fl bzw. 1603 858.509 livres (Vogler: Le rôle des Electeurs palatins, S. 82).

63 Die fahrende Habe ihrer 1588 gestorbenen Mutter in unbekannter Höhe hat sie offensichtlich an sich genommen (Folgerung aus Forderungen Reinhards von Eschwege nach dem Ehegeld der Mutter in Höhe von 562 1/2 Reichstaler: HStAM 340, von Eschwege, Nr. 121; HStAM 95, Fulda, Nr. 2205 Eschwege 15./25. 5. 1606).

64 »Immittieren«: die Nutzung bis zur Abtragung der Forderungen ermöglichen. HStAM 17 d, von Wehren, Nr. 5. Schon am 4. Juli 1588 bat Ermgard die Kasseler Regierung um Unterstützung. Obwohl es mit Gilsa eine zumindest vorläufige Einigung über eine Rückzahlung von 300 Reichstalern sowie die Rückgabe des Petschaft gegeben hatte, behauptete Gilsa, was er an sich genommen habe (bares Geld und drei Pferde), sei eine Anzahlung auf ausstehenden Sold. Schließlich wurde Ermgard von der Regierung am 7. August 1592 in die Güter Gilsas immittiert – trotz Protesten seiner Frau, ihr Mann befinde sich auf einem Feldzug in Frankreich und sie wisse von nichts. Jedenfalls konnte Ermgard 1595/96 aus Gilsas »hinterlegtem Gelde« 176 Reichstaler 22 g 6 d Schulden an Reinhard von Eschwege begleichen (HStAM 340 von Eschwege, Nr. 121). Aber noch 1606 beschwerte sich Ermgard über ausstehende Gelder (HStAM 17 d, von Gilsa, Nr. 301); 1609 musste die Regierung Gilsa zur Herausgabe von Papieren auffordern (HStAM 17 d, von Gilsa, Nr. 32).

durchzusetzen versuchte. In dieser schwierigen Lage waren für die junge Gutsherrin ihre Vormünder, insbesondere ihr Schwager und Nachbar Reinhard von Eschwege, zusammen mit dem Vetter Jost von Eschwege eine Stütze. Zwar war sie als Witwe an sich rechtlich voll geschäftsfähig, aber sie war erst zwanzig Jahre alt und stand bis zur Vollendung des 25. Lebensjahres unter Vormundschaft.[65] Die Beziehungen der Adelsgeschlechter Wehren und Eschwege waren und blieben über lange Zeit eng (Übersicht 1), Heiraten und Vormundschaften untereinander waren üblich.[66] Sie waren zeitweise freundschaftlich, zeitweise konkurrierend-feindselig. Ermgards Stiefschwester Anna von Alten, wohl das einzige Kind aus der ersten Ehe ihrer Mutter Hippolita mit Benedikt von Alten,[67] lebte sicherlich bei ihrer Mutter, also zuletzt in Völkershausen, und heiratete 1576 den Sohn des oben erwähnten Reinhard von Eschwege, Reinhard (gest. 1607), auf dem Völkershausen benachbarten Rittergut Aue. Das ursprüngliche Verhältnis Ermgards und Reinhards wurde 1625 bei einer Gerichtsverhandlung vor der Kasseler Regierung vom eschwegischen Anwalt geschildert: Sie habe

> »nach deßen Absterben [ihres Ehemanns] mit ihrem Schwager vnd Schwesterman Reinhardt von Eschwege Helff vndt Trost gesucht, auch nach seinem Vermögen erlangt; auß solcher naher Schwagerschafft vndt Vertrauwen habe er sie iederzaitt Schwester geheißen vndt Vormunder, aber die Vormundschafft habe sich weitter alß mit Wortten nicht erstreckt, sey ihr niemals zum Vormund, deßen sie auch nicht bedorfttig geweßen, verordtnet vnd sey niemals einige Tutela in esse kommen, bey dißer Bewandtnuß habe der von Eschwege der Witwen, sie ihm auch hinwiederum, ir bißweilen mit Geld vndt Burgeschafft ausgeholffen, daher sie pro & contra in Rechnunge gestanden, auch Abrechnung gehaltten vndt weil Reinhardt von Eschwege dass fuldische Lehengutt Volckershaußen halb gehabt, auch dahevor bey den von Eschwege daß gantze Guth geweßen, habe Clagerin neben Reinhard von Eschwege mit einander polisciret vndt Contract aufgerichtet, wen die von Eschwege [gestr., dafür: Weren] daß jenige nemlich dz ander halbe Theill verließe vndt der von Eschwege dzselbe gebet, waz ein ander sich erbotte, dass es ihm alßdan soltte gelaßen werden«.[68]

65 Siehe Anm. 2.

66 Friedrich von Wehren und Urban von Eschwege waren Vormünder der Schwester Friedrichs, Margarete von Wehren als Witwe des Heinrich von Langenstein gen. Guntzerode (HStAM 17 d, von Eschwege, Nr. 77 Bevormundung derer von Eschwege betr 1599; HStAM 257, Samthofgericht I, Ältere Akten Bd. 3, Nr. L 25); Friedrich und Herting von Eschwege waren Vormünder von Hans Caspars Sohn Jost (HStAM 340, von Eschwege, Nr. 136). Dieser wiederum, Ermgards Vetter, wurde 1587 neben Reinhard Vormund während ihrer Minderjährigkeit (bis 1591/1592). Friedrichs Schwester Anna war mit Hans Caspar von Eschwege, einem Verwandten Urbans, verheiratet (HStAM 17 d, von Eschwege, Nr. 135: Brief des Anwalts Elisabeths von Eschwege 1583 an die Regierung Kassel). Dies bestätigen die Akten über Erbansprüche der Wehren an Jost von Eschwege (HStAM 17 d, von Eschwege, Nr. 133, Brief des Landvogts von Harstall an die Regierung in Kassel über die Anhörung Ermgards und ihres Kontrahenten Curt v. Eschwege wegen des Erbes, 29. 8. 1603). Vgl. auch Übersicht 1.

67 Wätjen: Geschichte des Geschlechtes von Alten, S. 58–59; siehe auch erster Abschnitt des Aufsatzes.

68 HStAM, Protokolle, Nr. II, Kassel, Cb 8, Bd. 7, 1625, Bl. 266.

Die Unterstützung Ermgards hatte Reinhard nicht uneigennützig übernommen; die Gutshälfte des Onkels Wilhelm (gest. 1601) und seines Sohnes Wolf(gang) (gest. 1606)[69] war, wohl seit 1586, im Pfandbesitz von Reinhards Bruder Georg von Eschwege zu Döllstädt für ein Darlehen über 8.000 Reichstaler.[70] Onkel und Vetter hatten ihren Sitz, wie bereits erwähnt, aus Hessen nach Franken verlegt und verkauften ihre Gutshälfte 1592 an die Brüder Reinhard und Urban von Eschwege, die sich mit Georg darüber geeinigt hatten, zu 15.300 Reichstalern,[71] wodurch sie ihre Schulden aus den früheren militärischen Unternehmen Wilhelms begleichen konnten. Das Gut an Ermgard zu veräußern, kam wegen ihrer Verschuldung nicht in Frage. Ermgards Lage in Völkershausen war also auch deswegen von Anfang an schwierig, weil die andere Gutshälfte pfandweise, seit 1592 auch besitzrechtlich, im Besitz der von Eschwege war; der Schwager Reinhard war Ermgards direkter Nachbar in Völkershausen geworden.[72] Dieser Kauf zusammen mit den Schulden Ermgards musste in Reinhard die Hoffnung nähren, auch die zweite Gutshälfte zu erlangen. Bereits sein Vater Reinhard von Eschwege (gest. 1574), ein Verwandter Urbans von Eschwege (gest. 1568), hatte nach dessen Tod als Vormund seiner Witwe Margarete von Boyneburg den Wehren-Brüdern das Erbe Völkershausen vergeblich streitig zu machen versucht. Völkershausen müsse wieder in den Besitz der Familie von Eschwege übergehen, »damit solche [Güter, DW] widerumb an die nachstverwantte Bludts Freundschafft hierdurch kommen vnd als darbey erhalten werden muchten.« [73] Den Anspruch auf Völkershausen gaben die von Eschwege nie auf. Reinhard erinnerte 1605 mitten im schweren Konflikt mit Ermgard an den »eschwegischen Stamm bey welchem das gantze Gutt lange Zeit gewessen«.[74]

Ermgard befand sich angesichts der dargestellten Umstände in einer sehr schwierigen Lage, die wohl eine Wiederverheiratung ausschloss. So bestand ihre Aufgabe nun darin, das Gut allein möglichst gewinnbringend zu bewirtschaften. Während ihrer

69 StAAM, Fürstentum Pfalz-Sulzbach, Geheime Registratur 2709; Handschrift: Öfelin, Sebastian: Haydeckhische Chronica 1611. Bd. 6 [Mitteilung Eva Schultheiß, Heideck], S. 131; Biedermann, Johann Gottfried: Geschlechts-Register der Reichsfrey unmittelbaren Ritterschaft Landes zu Francken löblichen Orts Rhön und Werra. Bayreuth 1749, Tafel CCCCXXIV B.

70 HStAM 17 e, Völkershausen [Eschwege], Nr. 4: Die Gutshälfte war zunächst Pfandbesitz Georgs von Eschwege als Sicherheit für einen Kredit über anfangs 8.000 Reichstaler, Wilhelm zahlte bis 1589 1.500 Reichstaler; das Gut war dann im Besitz Reinhards (Brief Wolfs und seines Bruders Heinrich Wolf von Wehren an die hessische Kanzlei 13. 5. 1589).

71 HStAM 340, von Eschwege, Nr. 50: der Sohn Wolf nannte als Verkaufsabsicht ursprünglich gegenüber Philipp Wilhelm von Cornberg: »zur Rettunge«.

72 Reinhards Sohn Hans Werner von Eschwege wohnte spätestens Ende 1606 im Wohnhaus Wilhelms von Wehren (HStAM 95 Fulda, Nr. 2205, Bl. 30–35).

73 HStAM 17 d, von Eschwege, Nr. 75 (3.8.68).

74 HStAM 95, Nr. 2205 Eschwege, Bl. 26. Aus der Akte ThHStAW, Eisenacher Archiv Grafen u. Herren, Nr. 96, pag. 28 geht hervor, dass Urban von Eschwege zu Völkershausen das Gut gern den von Eschwege zu Aue verkauft hätte, das fuldische Lehnrecht dem aber entgegenstand (Schreiben der Regierung Fulda an den Administrator Fuldas, den Deutschmeister in Mergentheim, 23. 5. 1583).

Jugend war Ermgard auf die Aufgaben einer Gutsherrin vorbereitet worden; als junge Ehefrau hatte sie ihren Ehemann wegen seiner militärischen Tätigkeit zu vertreten, wie es typisch für eine Rittergutsbesitzerin war.[75] Ermgard scheint mit dem Gut 1587 bis 1604 einigermaßen erfolgreich gewesen zu sein,[76] denn bei den Neuvermessungen anlässlich des Verkaufs ihrer Gutshälfte 1612 gab es keinen Hinweis auf irgendeine von ihr verschuldete Vernachlässigung,[77] während damals Reinhards Sohn, Hans Werner von Eschwege, sich über die Schäden am Gut infolge der neuen und auswärtigen Besitzer Adelebsen und Cornberg beim Lehnshof in Fulda beschwerte.[78] Wenn Reinhard von Eschwege 1605, als er bereits im Streit mit ihr lag, in einem Beschwerdebrief an den Lehnsherrn Fulda an ihrer Fähigkeit zur vernünftigen Bewirtschaftung zweifelte: »wie ich dan selbst, der ich mich doch ohne Ruhm auf den Ackerbaw besser als die Wittibe verstehe, auch fleißigerer Aufsicht vndt wenigere Vnkosten als sie habe«,[79] dürfte er ein verbreitetes Vorurteil gegen Frauen genutzt haben, in die auch Berechnung einfloss, beim Lehnsherrn Stimmung gegen Ermgard zu machen.

Wie Ermgard ihre Finanzen handhabte, kann hier nur beispielhaft dargestellt werden; meist ging es um kleinere Beträge. Im Jahr 1590 gab sie Reinhard einen Kredit von 300 Gulden.[80] Vor allem musste sie mit den eigenen Schulden zurechtkommen.[81] Sie mahnte ausstehende Zahlungen an. So forderte sie wiederholt die Zinsen für ein väterliches Guthaben von 100 Reichstalern auf einem Gut zu Rockstedt (im südlichen Kyffhäuserkreis) der von Ebeleben an.[82] Im Jahr 1596 verlangte sie die Rückgabe von Schafen und Vieh von der Stadt Eschwege, die ihrem Vater im Zusammenhang mit dem Hudestreit gepfändet worden waren, doch ihre Forderung wurde wegen eines anhängigen Rechtsstreits mit den von Eschwege abgeschlagen.[83] Ihre Vormünder Reinhard und Jost von Eschwege wehrten 1590 und 1593 Ansprüche der von Urff auf Zahlungen für

75 Dazu, auch ältere Literatur berücksichtigend, zusammenfassend Wunder: Der Adel, S. 179–228, besonders S. 185–188 und S. 312.

76 Für Völkershausen fehlen Wirtschaftsakten aus dem 16. und vom Anfang des 17. Jahrhunderts.

77 HStAM 17 e, Völkershausen, Nr. 10, 13, 16, 27.

78 HStAM 95, Nr. 2205, Bl. 58–59.

79 Ebd., Schreiben Reinhards vom 15./25. 4. 1605.

80 Sie gab ihm 300 Gulden gegen 15 Gulden Pension, also zu den üblichen 5 Prozent (HStAM 17 e, Völkershausen [Eschwege], Nr. 1).

81 1601 stellten die Hofgerichtsräte Johann Schwerzel und Johannes Fischer gen. Walter Ermgards Schulden gegenüber Reinhard von Eschwege fest (HStAM 340, von Eschwege, Nr. 121). Ermgard hatte kleinere Schulden selbst verursacht, so für ihren Advokaten, für das Gutachten Schwerzel/Fischer (500 Reichstaler), aber auch durch kleinere Kredite bei Adligen (ebd.; im Verzeichnis der Briefe von 1605 genannt: HStAM 17 d, von Eschwege, Nr. 5).

82 HStAM, Protokolle, Nr. II, Kassel, Cb 1, Bd. 3 1610–1620, Bl. 78b–79b 28. 4. 1612 Publ Caßell. 1610 und 1612 wird Ermgard von der hessischen Kanzlei unterstützt, dass der Inhaber seine Zinsen zu zahlen habe (HStAM 17 d, von Wehren, Nr. 13). Auch: HStAM 17 d, von Eschwege, Nr. 5, und HStAM 17 d, von Eschwege, Nr. 133 (Brief Ermgards an die hessische Regierung 13. 5. 1601).

83 HStAM 17 e, Eschwege, Nr. 157.

eine väterliche Schuld von 200 Reichstalern ab.[84] Sie selbst setzte sich 1598 gegen Ansprüche der von Romrod auf 100 Reichstaler durch.[85] Zusammen mit ihrem Vetter Wolf erhob sie 1598 Klage gegen den waldeckischen Hofmeister und Offizier Christoph von Weberstedt wegen 200 Reichstalern Schuld an den Vater 1573 und gewann sie; dennoch musste sie sich noch 1610 über ausstehende Gelder beschweren.[86] Verlorene Prozesse wurden erneut aufgerührt: So klagte sie noch 1625 gegen die Berlepsch, obwohl der Anspruch von 1585 auf einen Wiederkauf schon 1599 abgewiesen worden war; dennoch wiederholte sie die Klage in den Jahren 1608, 1615, 1621 und dann 1625.[87] Zwei kleinere Betrügereien sind bekannt: Wohl um 1600 verkaufte sie fremdem Schmuck,[88] 1606 oder früher eine »falsche« Kette[89] – das erinnert an das Verhalten ihres Vaters, wenn er Zahlungsverpflichtungen entgehen wollte. Bis etwa 1600 scheint sie Schulden teilweise beglichen zu haben; dieser Eindruck ergibt sich aus der Prüfung des Schuldenverzeichnisses 1601.[90]

Eine erwartete Erbschaft ließ kurze Zeit Hoffnungen auf eine bessere Finanzsituation aufkommen. Als der Vetter Jost von Eschwege, mainzischer Hauptmann von Duderstadt,[91] im Frühjahr 1603 starb, versuchte sie zusammen mit der fränkischen Verwandtschaft gegen den Willen der Brüder Reinhard und Urban von Eschwege einen Anteil (geschätzt auf 4.000 Gulden) an seinem Erbe zu erlangen. Bei dem daraus folgenden Prozess drehte es sich um die Frage, ob der Jost'sche Besitz in Allendorf (Haus, Güter, Anteile an der Pfannensiederei) Lehen oder Allod sei.[92]

84 HStAM 17 e, Völkershausen [Eschwege], Nr. 4; HStAM 17 d, von Wehren, Nr. 9.

85 HStAM 17 d, von Wehren, Nr. 19.

86 HStAM 17 d, von Weberstett/Weberstedt, Nr. 3; HStAM 17 d, von Boyneburg, Nr. 190; zur Person Weberstedt: HStAM 115/01, Nr. 770.

87 HStAM, Protokolle, Nr. II, Kassel Cb 8, Bd. 7 1625, 18.3.1625.

88 Sabine von Reinecker hatte Ermgard Goldschmuck geliehen (für die Ausrichtung eines Hochzeitfestes von Verwandten 1598, das wegen der Pest in Eschwege in Völkershausen stattfand: HStAM 17 d, von Wehren, Nr. 18), den diese dann versetzt hat, wohl einem Juden aus Altenburschla (HStAM 17 e, Völkershausen [Eschwege] Nr. 27, N. 20). Ein Datum der Entstehung der Schuld fehlt. Da Juda, Moses und Seligmann aus dem Amt Wanfried die Pfänder Ermgards in Besitz hatten, könnten sie die Erben oder Teilhaber des Juden aus Altenburschla sein (1611: HStAM 17 d, von Wehren, Nr. 15).

89 HStAM 17 e, Völkershausen [Eschwege], Nr. 13 (1606/7): David Finck, Bürger in Allendorf a.d. Werra, verkaufte (vor 1606, nachträglicher Bericht) für Ermgard eine Kette an einen Juden, die sich als »falsch« herausstellt; ob sie dies wusste oder selbst getäuscht wurde, wird nicht gesagt. Ermgard nahm die Kette zurück und versprach, dass Ebert von Alten dem David Finck die Summe erstatten werde – was nicht geschah. Dass Ebert von Alten herangezogen wurde, könnte seine Ursache darin haben, dass die Kette oder die Idee zu diesem Handel von ihm stammte; denkbar ist freilich auch, dass die Heranziehung Eberts Gründe im Zusammenhang des Gutsverkaufs 1604 hatte.

90 HStAM 340, von Eschwege, Nr. 121: vgl. Anm. 81.

91 Jendorff, Alexander: Verwandte, Teilhaber und Dienstleute. Herrschaftliche Funktionsträger im Erzstift Mainz 1514 bis 1647 [Untersuchungen und Materialien zur Verfassungs- und Landesgeschichte 18]. Marburg 2003, S. 300: Hauptmann Duderstadt 1596; HStAM 17 d, von Eschwege, Nr. 154: 1600.

92 HStAM 17 d, von Eschwege, Nr. 133: Landvogt Harstall an Kanzlei 29.8.1603 nach Anhörung Ermgards.

Beim Allod erbten alle Erben, bei Lehen nur die im Lehenbrief genannten, meist die männlichen Stammesvertreter. Der Streit wurde auch handgreiflich ausgetragen, so 1605, als Ermgard sich in Reichensachsen auf eine Kiste mit Urkunden setzte und von Urban gewaltsam heruntergestoßen wurde, der dann die Kiste mitnahm.[93] Die Auseinandersetzung währte bis in die 1620er Jahre, für Ermgard ist aber keine Erbschaft Josts bekannt.

Im Ergebnis gelang es Ermgard nicht, die Schulden zu mindern. Am 14. Februar 1601 stellten die Prüfer, »die gelehrten« Dr. iur. Johann Schwertzell, Hofgerichsrat, und Willichius Fischer, eine Schuld Ermgards gegenüber Reinhard in Höhe von 8.877 Reichstalern fest.[94] Diese Schulden wuchsen weiter, weil Ermgard die Zinsen nicht zahlen konnte, aber auch wegen kleinerer Beträge wie der Lehngebühren. Zieht man für die sechzehn Jahre von 1587 bis 1603 eine Bilanz der Gutsherrinnenjahre Ermgards, so war das Wesentliche: Ermgards Bemühungen, auf eigenen Füßen zu stehen, waren gescheitert.

3 Die finanzielle Vorbereitung des Stahlunternehmens Völkershausen

In dieser Situation entwickelte Ermgard den Plan, auf ihrem Hof ein Stahlunternehmen einzurichten und sich damit eine neue und aussichtsreiche Lebensgrundlage zu verschaffen. 1603 traf sie finanzielle Vereinbarungen, die nur im Hinblick auf diesen Plan verständlich sind, wenn auch in den darauf bezüglichen Akten kein Bezug zum Unternehmen hergestellt wird. Die Nachrichten zum Unternehmen selbst stammen von 1605 und später. Ermgards Vorhaben lag nicht außerhalb adliger Möglichkeiten, zumal die Gewinnung und Verwendung von Bodenprodukten, also auch das Montangewerbe, zu den adelswürdigen Tätigkeiten gehörten.[95] Am in Niederhessen des 16. Jahrhunderts verbreiteten Bergbau und den Unternehmen zur Verarbeitung der geförderten Bodenstoffe waren Adlige, darunter auch Frauen, öfters beteiligt (siehe Exkurs).

Ermgard nahm, wohl Anfang 1603,[96] einen mit dem Gut abgesicherten Kredit über 1.021 Reichstaler bei dem Waldkappeler Kaufmann und Bürgermeister Lorenz Goßmann

93 HStAM 17 d, von Eschwege, Nr. 133; HStAM 340, von Eschwege, Nr. 93. Über den gewalttätigen Vorfall in Reichensachsen beschwerten sich alle Wehren'schen Verwandten am 22. Januar 1605 bei Landgraf Moritz (HStAM 17 d, von Eschwege, Nr. 133).

94 HStAM 340, von Eschwege, Nr. 121: dort Schuldenverzeichnis. Vgl. Anm. 81.

95 Siehe Anm. 14. Vgl. auch Demel, Walter/Schraut, Sylvia: Der deutsche Adel. Lebensform und Geschichte. München 2014, S. 37: »Abbau und Verhüttung von Eisen, Kupfer, Silber, Glas usw. war ohnehin stets ein Feld des (vereinzelt sogar weiblichen) adeligen Unternehmertums.«

96 Jedenfalls vor Ostern 1603, da Goßmann seinen Anspruch vor den späteren Kredit Tastungens stellt.

(1557 – nach 1633) auf,[97] einem der wohlhabendsten hessen-kasselischen Kaufleute.[98] Nach diesem zaghaften Anfang der Finanzierung schuf sie Ostern 1603 mit einem Doppelgeschäft eine beachtliche finanzielle Basis. Sie stellte Reinhard von Eschwege eine »Obligation« in Höhe von 13.000 Reichstalern über die bis dahin aufgelaufenen Schulden aus, für die sie ihre Gutshälfte als Sicherheit gab,[99] mit einer »Pension« von jährlich 700 Reichstalern, also einem Zinssatz von knapp 5,4 Prozent statt des reichsrechtlich festgelegten Zinssatzes von fünf Prozent, was ihre schwache Schuldnerposition zeigt. Zudem sicherte sie Reinhard das Recht auf »Neherkauff« (Vorkaufsrecht) zu, in Bestätigung älterer Vereinbarungen von 1583 und 1590.[100] Ermgard koppelte diese an sich berechtigte, wenn auch finanziell überhöhte Absicherung der Gläubigerposition Reinhards daran, dass Reinhard für sie bei Georg von Tastungen (im nahen eichsfeldischen Heiligenstadt) »auf ihr sehr hoches vnd vleißiges bitten« [101] ein ungewöhnlich hohes Darlehen von 5.000 Reichstalern zum überhöhten Zinssatz von 6 Prozent aufnahm; »darfur hat er sich auch selbschuldig verschrieben«.[102] Reinhard und sein Vetter Ebert von Alten holten je 2.500 Reichstaler aus Heiligenstadt ab.[103] Offensichtlich war Reinhard bereit, ihr damit das Startkapital für das Stahlunternehmen zu beschaffen. Allerdings blieb Ermgard mit 700 Reichstalern, in denen die Zinsen für den Tastunger

97 HStAM 17 d, von Eschwege, Nr. 104. Zu Goßmann Landau, Johann Georg: Die Stadt Waldkappel. In: Zeitschrift des Vereins für Hessische Geschichte und Landeskunde 7 (1858), S. 240–308, hier S. 287–295. Goßmann war im Mai 1604 Bürgermeister.

98 HStAM 17 e, Völkershausen [Eschwege], Nr. 27, N. 47, 49, 51; HStAM, Reg. zu Kassel Recessbuch/ Protokolle Nr. II, Kassel Cb Nr. 1, Bd. 3 1610–1620: Urteil 29. 4. 1611 Goßmann c. Adelepsen. Ermgard zahlte den Kredit nicht zurück; erst 1611 konnte Goßmann erreichen, dass er in das Gut immittiert wurde, aber 1614/15 machte Hans Werner von Eschwege Schwierigkeiten (HStAM 17 d, von Eschwege, Nr. 104).

99 HStAM 340, von Eschwege, Nr. 121, N. 73: 1619/20 Darstellung der eschwegischen Anwälte im Prozess vor dem Hofgericht über Ermgards Schulden. Die Verschreibung (»meine widerkeuffliche verschreibung uber 700 RT Pension v 13.000 RT Kauffsumme«: Reinhard von Eschwege Ostern 1603) wird HStAM 17 d, von Eschwege, Nr. 5, 54 und 128 im Verzeichnis der Briefe erwähnt, die 1605 Lorenz Goßmann besaß: »ist auch hinderlegt blieben, weil zwischen beiden Parteyen Irthumb entstanden«. Die Verschreibung selbst ist nicht überliefert, nur in diesen Abschriften dargestellt.

100 HStAM 17 e, Völkershausen [Eschwege], Nr. 16, N. 26: 1583, 1590, 1603 (landgräfliche Anhörung zur Güterästimation in Wanfried 14. 7. 1612); HStAM 95, Nr. 2205, Bl. 26–28: 1605, 15./25. Mai: Reinhard an den Abt von Fulda (drei Zusicherungen des Näherkaufs, die er beilegt [sie fehlen allerdings heute in der Akte]); HStAM 17 e, Völkershausen, Nr. 27, N. 9.

101 HStAM 340, von Eschwege, Nr. 121 II (39) Verzeichnis 1601, später ergänzt. Georg von Tastungen ist gemäß der Genealogie Amands von Buseck HStAM 90 a, Nr. 262 (Sammlung Amand von Buseck N 24 Verschiedene Familien im Eichsfeld) der Sohn von Franz von Tastungen in Bernterode (gest. 1583). URL: www.tastungen.de/html/ritter.html [letzter Zugriff 03. 02. 2021].

102 Deutsches Rechtswörterbuch: »selbstschuldig, ... selbschuldig ... I als Hauptschuldner gegenüber einem Gläubiger zur Erbringung einer Leistung verpflichtet; (als Bürge) selbstschuldnerisch, dem Hauptschuldner gleichrangig, haftend.« URL: https://www.rzuser.uni-heidelberg.de/~cd2/drw/) [letzter Zugriff 19. 01. 2021]. Erst nach langen Auseinandersetzungen konnten Reinhards Söhne 1620 die Entscheidung der Kasseler Regierung erlangen, dass Ermgard zahlungspflichtig sei (HStAM 340, von Eschwege, Nr. 121: 4. »Vrthell« der Kasseler Regierung 1620).

103 HStAM 17 d, Nr. von Eschwege 74.

Kredit inbegriffen waren, bei Reinhard verschuldet; sie entsprachen etwa dem Gutsertrag.[104] Auffällig war die Teilnahme des 21-jährigen Eberts von Alten zu Wilkenburg (Herzogtum Braunschweig)[105] beim Abholen des Kredits, man muss ihn daher als Beteiligten der Vereinbarung von Ostern 1603 ansehen. Ebert von Alten, dessen Vater früh verstorben war und der der Vetter von Ermgards Stiefschwester Anna von Alten, der Ehefrau Reinhards, war, hatte enge Beziehungen nach Aue,[106] schon weil er bzw. seine Mutter der Verwandten Anna von Alten aufgrund von Ansprüchen aus deren Ehevertrag eine jährliche Pension von 75 Reichstalern (1601 belegt) zahlte.[107] Hatte Ebert 1603 gemeinsam mit Reinhard gehandelt, so trat er bald als sein Konkurrent auf, denn er bot Ermgard Ostern 1604 einen Vertrag mit besseren Konditionen an als die zwischen Ermgard und Reinhard 1603 ausgehandelten. Seine Mutter Dorothea von Holle[108] »kaufte« den Ermgard'schen Gutsanteil für angeblich 27.000 Reichstaler;[109] die Mutter »cedirte« das Gut dem Sohn und »belehnte« ihn,[110] so dass er in der Folgezeit meist allein als Akteur auftrat. Ermgard erhielt allerdings nur 13.700 Reichstaler,[111] also die Summe, die sie Reinhard 1604 aus der Obligation von 1603 einschließlich Zinsen schuldete. Eine bestätigende Urkunde des Lehnsherrn Fulda gab es nicht. Die Veränderung in Eberts Verhalten hatte offensichtlich mit seinem Verlöbnis im Dezember 1603 und der folgenden Heirat 1604 mit Gertrud von Rheden zu tun, der Tochter Ottos und Annas von

104 Obwohl die Höhe der Schuld in keiner Beziehung zum Wert der Ermgard'schen Gutshälfte stand, liegt ein solcher Bezug nahe. Die Zinsen von 700 Reichstalern entsprachen fast den durchschnittlichen Einkünften der Ermgard'schen Hälfte von Völkershausen, vgl. Anm. 59. – Die Reichspolizeiordnung von 1530, Bl. 22, sah als Zinssatz fünf Prozent vor. URL: https://de.wikisource.org/wiki/Römischer_Keyserlicher_Maiestat_Ordnung_vnd_Reformation_guter_Pollicey_im_Heyligen_Römischen_Reich [letzter Zugriff: 26.01.2021].

105 HStAM 17 e, Völkershausen [Eschwege], Nr. 27, N. 79, 3. Ebert war ein Sohn Tönnies' von Alten, eines Neffen von Ermgards Mutter Hippolita von dem Knesebeck (Wätjen: Geschichte des Geschlechtes von Alten, S. 63, 69; Deutsche Adelsgenossenschaft [Hrsg.]: Jahrbuch des deutschen Adels. Bd. 1. Berlin 1896, S. 27; MULB 2° Ms. Hass. 450 Alten); vgl. Übersicht 1. Neukirch: Renaissanceschlösser, S. 208, FN 7: Ebert von Alten scheint »nach langjährigen Schwierigkeiten um 1609 Konkurs gemacht zu haben und mußte Ende 1609 mit Gläubigern und Bürgen einen drückenden Vergleich schließen«. Nach Wätjen: Geschichte des Geschlechtes von Alten, S. 69, trat der Konkurs 1609 aufgrund eines Familienstreits um Hohensundern ein. Ebert von Alten beteiligte sich später an betrügerischen Münzstätten (1617 und später; Neukirch: Renaissanceschlösser, S. 214, FN 1). Zu Holle siehe ebd., S. 94–104, 109–111; Angermann: Oberst; auch Anm. 26.

106 Anfang 1603 fielen er und Hans Werner von Eschwege, der Sohn Reinhards und Annas von Alten, durch einen nächtlichen Überfall auf ein Gasthaus in Wanfried unangenehm auf (HStAM 17 d, von Eschwege, Nr. 93: Drangsalierung des Gasthalters Barthel Dorfheilge in Wanfried durch Hans Werner von Eschwege zur Aue und Eberhard von Alten 13.1.1603).

107 HStAM 34, von Eschwege, Nr. 180: 1575–1694, 20.6.1601.

108 Sie war die Tochter des schon erwähnten berühmten Militärunternehmers Jürgen von Holle (Anm. 26).

109 HStAM 17 e, Völkershausen [Eschwege], Nr. 27, (39) Quittung Ermgard März 1606; ebd., (79) 1617 Syndikus Stift Kaufungen: Original nicht vorgelegt.

110 Darstellung des Alten'schen Anwalts 1613 (HStAM 17 e, Völkershausen [Eschwege], Nr. 27, N. 33). Für die Pensionszusage 1606 urkunden Dorothea und ihr Sohn (ebd., N. 39).

111 HStAM 17 e, Völkershausen [Eschwege], Nr. 27, (38) und (79) sowie Reinhard in HStAM 95, Nr. 2205, Bl. 13–18.

Adelepsen.[112] Damit erwarb er den Rückhalt einflussreicher Adliger, die finanzkräftig oder zumindest fähig waren, Geld zu mobilisieren. Nur mit Hilfe seines Schwiegervaters Otto von Rehden aus hildesheimischem Adel sowie dessen Schwägern Jost und Bodo von Adelepsen (nahe Göttingen) aus braunschweigischem Adel konnte er »den Kauf« 1604 tätigen (Übersicht 3), also Ermgard das Pfandgeld Reinhards zahlen.[113] Da die 27.000 Reichstaler nie flossen, sprach Reinhard schon 1605 und dann sein Sohn Hans Werner, später aber auch das Stift Kaufungen von Betrug.[114] Reinhard bezeichnete den »Kauf« als »vermeintt« und als »widerkeufflich«;[115] er wies damit auf das tatsächliche Geschehen hin, die Zahlung der 13.700 Reichstaler und die (pfändliche) Inbesitznahme des Gutes durch Ebert.

Unmittelbar nach dem »Verkauf« wollte Ermgard ihre Schuld von 1603 (13.700 Reichstaler) gegenüber Reinhard tilgen und verlangte dafür ihre Obligation zurück. Reinhard weigerte sich begreiflicherweise, hätte die Annahme doch impliziert, den Bruch einer ihm gegebenen rechtlich verbindlichen Zusage – »Verkauf« an Ebert statt an ihn trotz Näherkaufrecht – zu akzeptieren. Daraufhin hinterlegte Ermgard das Geld noch Ostern 1604[116] bei Lorenz Goßmann, in der Hoffnung auf eine spätere Klärung. Ermgard versuchte nun vom Lehnsherrn Fulda die Genehmigung des Kredits über 13.000 Reichstaler auf das Gut Völkershausen zu erhalten; der Versuch scheiterte an Reinhard, der nur einem Verkauf an ihn zustimmen wollte.[117] Mit Hilfe der hessischen Regierung, die beide Seiten anriefen, kam es zu einem Kompromiss: im Juli 1605 nahm Reinhard 11.700 Reichstaler an;[118] immerhin hatte er damit den größten Teil seiner Kredite zurückerhalten; die restlichen 2.100 Reichstaler nahm er auf Beschluss der Regierung im Januar 1606 an.[119] Damit war Ermgard ihrer in der Obligation 1603 anerkannten Schulden ledig.

Ermgards Lage blieb trotz ihrer Vorbereitungen schwierig. Die Finanzierung war gewagt, konnte sie doch nur durch erhoffte Gewinne aus ihrem Unternehmen die hohen

112 Stammtafeln des uradelichen Geschlechts von Alten zusammengestellt nach Urkunden vom Jahre 1182 bis 1889, angefangen von Victor von Alten a. d. H. Wilkenburg (gest. 28. 11. 1886), vermehrt und hrsg. von Eberhard von Alten a. d. H. Gr. Goltern. Berlin 1889; MLUB 2° Ms. Hass. 450 Alten.

113 HStAM 17 e, Völkershausen [Eschwege], Nr. 27 M.

114 Ebd.; HStAM 17 e, Völkershausen [Eschwege], Nr. 27, N. 79: Der Syndikus legt dies im Einzelnen dar.

115 HStAM 95, Nr. 2205, Bl. 13–18: Er bezweifelte, dass Käufer und Verkäuferin einen Eid auf die Transaktion leisten könnten, »das der kauff richttig vndt kein falsch oder betrug darinnen begangen sey«.

116 HStAM 17 d, von Wehren, Nr. 24 (gemäß Bericht der Kasseler Kanzlei 1622). Goßmann bestätigte die Hinterlegung am 14. Mai 1604 (HStAM 17 d, von Eschwege, Nr. 5).

117 HStAM, Fulda 95, Nr. 2205 Eschwege, Bl. 9–10.

118 HStAM, Urk. 49, Nr. 2273 1605 Juli 17; HStAM 17 d, von Eschwege, Nr. 74. Vgl. auch HStAM 17 d, von Eschwege, Nr. 5: Bestätigung Goßmann 29. 7. 1605; HStAM, Protokolle II, Nr. Cb 2, Bd. 20: 3. 7. 1605 Entscheid der Regierung: Die tatsächliche Summe von 11.600 Reichstalern war anscheinend das vorläufige Ergebnis von Verhandlungen, da die Zinsen von 700 Reichstalern (siehe oben) überhöht waren.

119 HStAM 340, von Eschwege, Nr. 121.

Schulden begleichen. Für Ermgard brachte das Geschäft mit Ebert von Ostern 1604 weitere Vorteile gegenüber dem Geschäft mit Reinhard 1603. Sie verlor zwar aufgrund der Verpfändung die Nutzung ihres Gutes – anscheinend mit Ausnahme eines Vorbehaltsgutes, worauf noch eingegangen wird –, aber ihre Zinszahlungen an Reinhard hörten auf. Wahrscheinlich war es für Ermgard auch wichtig, dass die von Eschweges auf dem ehemaligen Gut Wilhelms in Völkerhausen nicht mehr wegen der Obligation von 1603 mit dem baldigen Erwerb ihres Guts rechnen konnten. Ebert hatte durch die Transaktion einen ersten möglichen Schritt zum Erwerb eines zusätzlichen Gutes getan, wenn er überhaupt selbstständig handelte und nicht möglichen Absichten der Verwandten seiner Frau diente.

Zwei Jahre später, zeitgleich mit dem mutmaßlichen Ende des Stahlunternehmens, wurde am 25. März 1606 von Ermgard eine neue Verkaufsurkunde über Völkershausen erstellt, wiederum zu 27.000 Reichstaler.[120] Bürgen für den Kauf 1606 waren Jost und Bodo von Adelepsen sowie ihr Verwandter Volrad von der Decken.[121] Die erneute Ausstellung einer Verkaufsurkunde ist auffällig. Sie brachte zwei Vorteile für Ermgard: Fulda stimmte trotz der Vorwürfe der Täuschung, die Reinhard schon am 25./15. April 1605 an Fulda ausführlich dargelegt hatte,[122] der Belehnung explizit zu und verstärkte damit ihre Rechtssicherheit.[123] Ermgard erhielt beträchtliche Vorbehaltsrechte, von denen 1604 nicht die Rede war und auf die später genauer eingegangen wird, die sie aber bereits 1604/05 besessen haben muss,[124] weil sie das Stahlunternehmen auf ihrem Gutsanteil errichten ließ. In einer separaten Urkunde vom 21. Juli 1606 verpflichtete sich Ebert von Alten, ihr jährlich 300 Taler aus seinen braunschweigischen Gütern bis an ihr Lebensende zu zahlen, und zwar »anstadt vnndtt von wegen dero in der Kauffverschreibung mit der Keufferin vorbehalten Güter«.[125]

Die unterschiedlichen Urkunden Eberts 1604 und 1606 könnten damit erklärt werden, dass 1604 das Gut an ihn für 13.700 Reichstaler verpfändet wurde und die Absicht eines Kaufs bestand, 1606 aber Ermgard sich für den beabsichtigten Verkauf zusätzlich durch Vorbehaltsrechte und eine Rente von jährlich 300 Reichstalern absicherte. Die Lehnsurkunde Fuldas könnte die vom Lehnsherrn gebilligte Absicht von Ermgard und

120 HStAM 17 e, Völkershausen [Eschwege], Nr. 27, N. 39; Darstellung Eberhards v. Alten vor der hessischen Regierung: HStAM 255, Nr. R 23 (9.2.1613).

121 HStAM 17 e, Völkershausen [Eschwege], Nr. 27, N. 39.

122 HStAM 95, Nr. 2205, insbes. Bl. 13–18.

123 Revers Eberhards von Alten 7.4.1606 (HStAM, Urk. 76, Nr. 5).

124 Reinhard geht davon aus (HStAM 95, Nr. 2205, insbes. Bl. 13–18).

125 HStAM 17 e, Völkershausen [Eschwege], Nr. 27, N. 10: 1606 und N 39. Ebert von Alten nannte die Vorbehaltsrechte »etzliche ansehnliche« (HStAM 17 e, Völkershausen [Eschwege], Nr. 27, N. 33); zu den Rechten siehe HStAM 17 e, Völkershausen [Eschwege], Nr. 13. Zwar ist im genannten Kaufbrief von 600 Reichstalern die Rede, tatsächlich muss es sich aber um 300 Reichstaler handeln, denn diese beansprucht Ermgard später als Kapital von 6.000 Reichstalern, so vor dem Hofgericht 9.2.1613 (HStAM, RKG 255, Nr. R 23).

Ebert darstellen, aber keine rechtlich wirksame Besitzübertragung.[126] Denkbar wäre, dass Überlegungen zur Verkaufssumme mit dem angenommenen Wert des Gutes von etwa 14.000 Reichstalern,[127] Vorbehaltsrechten von geschätzt etwa 4.000 Reichstalern und der Rente von 300 Reichstalern (als Kapital mit 6.000 Reichstaler angesetzt) zusammenhingen.[128] Die Differenz Eberts zu Reinhard ergab sich aus dem von ihm gewollten Kauf ohne Vorbehaltsrechte und der Verpfändung, die mit hohen Summen vorgetäuscht wurde.

4 Die Einrichtung des Stahlunternehmens und das Scheitern der Unternehmung

Das Startkapital zur Finanzierung des Stahlunternehmens war durch die Finanztransaktionen 1603/1604 gesichert; es war vermutlich für den Ofen und die Fachkräfte gedacht.[129] Über die Einrichtung berichtet allein ein Brief Reinhards von Eschwege an die Kanzlei des Stiftes Fulda, des Lehnsherrn von Völkershausen, vom 25./15. April 1605:

> »darbeneben kan auch ich meinen geleisteten Pflichtten nach vnangetzeigt nicht laßen, das die hunische Wittib etzliche Kunstler von Nurnberg lenger als ein halb Jahr bei sich gehabtt vndt noch, welche aus Eißen Stahl vndt die Wittiben ihrem Vorgaben vndt Ruhmen nach reich machen wollen, wie sie dann einen Ofen mitt großen Vnkost in ihren Hoff bei dem Wohnhauße machen lassen, vor 600 thaler Eißen zu Kauffungen erborget, vndt nuhemehr die Kunste zu Wergck gerichttet werden soll, dahero dan zu besorgen weill ein zeitt hero offt elff Feure gehalten worden, das die Gehöltze so noch vnuehrteilet sowohl mir vndt den meinen als der hunischen Wittiben selbst zu Schaden vndt zu Vorgeringerung des Gutts gantz vndt gahr werden verwustet werden.«[130]

Auf Reinhards Angaben basierend lässt sich die Errichtung des Unternehmens beschreiben:[131] Die Gutsherrin Huhn ließ 1604 »etzliche Künstler« aus Nürnberg kommen, die aus Eisen Stahl machen sollten. Die Vermutung liegt nahe, dass einige der Nürnber-

126 Grundsätzlich ist davon auszugehen, dass Lehnsurkunden nicht immer die realen Besitzverhältnisse darstellten, siehe Wunder: Der Adel, S. 142.

127 Reinhard schätzte es auf 12.000 Reichstaler (HStAM 95, Nr. 2205 von Eschwege, Bl. 13–18 [25./15. April 1605]).

128 Dies legen Überlegungen des Syndikus von Kaufungen 1612 nahe, der in Erörterung der Quittung Ermgards von 1605 ausführte, der verstorbene Anwalt Ermgards habe 1612 erklärt, Ebert habe nur 14.000 Reichstaler gezahlt, 2.000 Reichstaler seien für Kosten und Zinsen entrichtet worden (HStAM 17 e, Völkershausen [Eschwege], Nr. 27, N. [79] 3).

129 Siehe Anm. 76.

130 HStAM 95, von Eschwege, Nr. 2205, Bl. 13–18 (25./15. April 1605).

131 H.J. Kruscheswki (Marburg) danke ich für wichtige Hinweise.

ger in Hessen einen neuen Versuch zur Stahlproduktion wagen wollten, nachdem die vorherigen Unternehmungen in Nürnberg, begonnen 1601, wegen Qualitätsproblemen 1604 eingestellt worden waren.[132] Ermgard hatte bei ihrem Wohnhaus einen Brennofen (»mitt großen Vnkost«) erbauen lassen, – ungewöhnlich, dass nur einer eingerichtet wurde, vielleicht aus Kostengründen. Standort war der Hof auf dem ihr verbliebenen Anteil des Gutes Völkerhausen, den sie schon 1604 besessen haben muss, obwohl erst für das Jahr 1606 eine solche Zusage Eberts bekannt ist.

Die Akten geben keinen Hinweis auf das Verfahren zur Stahlproduktion; vermutlich wurde das in Nürnberg fehlgeschlagene Zementverfahren[133] – vielleicht mit Abwandlungen – erneut erprobt; dafür stand der Ofen mit elf Feuern zur Reinigung des mit dem Schmelzofen gewonnenen Erzes zur Verfügung. Da das Gutshaus direkt an der ab Wanfried schiffbaren Werra lag, stand Wasser für den Betrieb des Unternehmens zur Verfügung, vor allem zum Antrieb der Blasebälge des Ofens, weniger für den Zu- und Abtransport der Rohmaterialien, der normalerweise über die Straße erfolgte.[134]

Laut der Aussage von Reinhard wurde der Ofen unmittelbar in Betrieb genommen (»nunmehr die Kunste zu Wergck gerichttet werden soll«), also vermutlich noch im Frühjahr 1605. Seitdem (»ein zeitt hero offt«) brannten elf Feuer, also wohl seit dem Winter 1604/05 oder dem Frühjahr 1605. Das erforderliche Holz nahm Ermgard aus dem Wald des Gutes, wogegen der Miteigentümer Reinhard von Eschwege protestierte, da der Wald anders als das Gut selbst noch nicht aufgeteilt war und Reinhard wegen des Holzverbrauches Schaden am Wert des Gutes befürchtete, sicherlich nicht zu Unrecht, denn für den Schmelzofen wurde viel Holzkohle gebraucht.[135]

Das Rohmaterial Eisen, das sie wohl von dem 1600 in Kaufungen neu eingerichteten Eisenhammer Johann Webers bezog, hatte Ermgard beim ritterschaftlichen Stift Kaufungen 1605 für 600 Taler »erborgete«.[136] Das Stift Kaufungen gab ihr Michaelis 1605 für

132 Vgl. Stahlschmidt, Rainer: Die Geschichte des eisenverarbeitenden Gewerbes in Nürnberg von den 1. Nachrichten im 12.–13. Jahrhundert bis 1630. Nürnberg 1971, S. 90–91; Götschmann, Dirk: Oberpfälzer Eisen. Bergbau- und Eisengewerbe im 16. und 17. Jh. (Schriftenreihe des Bergbau- und Industriemuseums Ostbayern in Theuern, Bd. 5). Amberg 1986, S. 168.

133 Vgl. Stahlschmidt: Nürnberg, S. 91. Zum Verfahren vgl. Beck, Ludwig: Die Geschichte des Eisens in technischer und kulturgeschichtlicher Beziehung. 2. Abt.: Das 16. und 17. Jahrhundert. Braunschweig 1893/95, S. 1011–1022: Beck sieht die »Zementierung« im 17. Jahrhundert als den eigentlichen Beginn der Stahlherstellung.

134 Der Wasserweg Völkershausen – Wanfried (4 km) konnte per Floß (oder Boot) bewältigt werden. Vgl. HStAM 49 d, Eschwege, Nr. 94 Ausführliche Beschreibung, S. 9. 1804 wollte der erste bürgerliche Besitzer des Gutes, der Kaufmann Carl Philipp Huschke, in Völkershausen u. a. eine Fabrik für Tabak, Leder u. a. errichten und dabei auch den Fluss nutzen (HStAM 5, Nr. 116).

135 Dieses Argument nutzte der Anwalt seiner Söhne noch 1625: »weile die Clagerin etliche Stohlmacher [Stahlmacher] aufs Guth kommen vndt arbeitten laßen, der Eschwege sich besorget es mochte das Geholtze verderbt der Witwen auch Schade zuwachßen mahte« (HStAM, Protokolle, Nr. II, Kassel, Cb 8, Bd. 7 1625, Bl. 266).

136 HStAM 304, Nr. 834, Bl. 27–28. Dazu schon Wroz, Wilfried: Landgraf Philipp und die Montanindustrie in der Region Söhre-Kaufunger Wald. Kaufungen 2004. Weber schloss den Vertrag im November 1600.

ihren »Eysenhandel« einen Kredit von 1.000 Reichstalern in zwei Verschreibungen.[137] Es handelte sich dabei um einen der höchsten Kredite, die damals vom Stift vergeben wurden; ihr Diener Johann Menges holte 1606 Geld in Kaufungen ab,[138] vermutlich den zweiten Teil. Der Eisenkredit über 600 Reichstaler war sicherlich Teil des 1.000-Reichstaler-Kredits, da von ihm in den Kaufunger Rechnungen nicht die Rede ist. Ermgard zahlte 1606 und 1607 je 100 Reichstaler »Pension«, später nichts mehr, so dass in den Kaufunger Rechnungen eine Schuld über 900 Reichstaler ohne Zinsen gerechnet stehen blieb.[139] Das Datum des Eisenhandels (Michaelis 1605) deutet darauf hin, dass Ermgard diesen Kredit aufnahm, als sie das Eisen schon »erborget« hatte. Der Transport muss im Wesentlichen über die Landstraße Kassel – Eschwege – Thüringen/Sachsen erfolgt sein.[140]

Die Nürnberger arbeiteten laut der Quelle im April 1605 schon länger als ein halbes Jahr auf dem Gut. Als einziger wird Carl Lochner (geb. 1563, verh. 1600)[141] namentlich angeführt, über ihn ist kaum etwas bekannt. 1609 war er in Nürnberg; die hessische Kanzlei sprach ihm eine Entschädigung über 400 Gulden wegen einer Schlägerei mit Hans Werner von Eschwege zu.[142] Ermgard benannte ihn 1613 als Zeugen für eine Zusage Josts von Adelepsen für die Rente von 300 Reichstalern anlässlich des »Verkaufs«

Als Bestandteile des Eisenhammers, den er selber ohne Unterstützung des Stifts einrichtete, werden genannt: Herde, Blasebalg, Hammer, Ambosse, Zangen, Stangen. Weber war daher drei Jahre zinsfrei, erst dann wurde der jährliche Zins über 30 Reichstaler fällig, also erstmals 1604 (HStAM 304, Rechnungen Nr. 10056–10060). Über die Produktion dieses Eisenhammers und die Dauer seines Bestehens können keine Aussagen gemacht werden, da als Quelle nur Rechnungen des Stifts Kaufungen zur Verfügung stehen. Aus ihnen geht lediglich hervor, dass die Hütte dem Stift schon 1604 von den Kasseler Räten »adiuciret« worden war, dass an der Stiftshütte jahrelang gebaut wurde (seit 1601; HStAM 304, Rechnungen Nr. 10057 und folgende Jahre) und dass es 1612 einen Prozess zwischen dem Stift und Johann Weber wegen seiner Zahlungen gab (HStAM 304, Rechnungen Nr. 10068 unter »Gemeine Ausgabe«). 1615 wurde sein Hüttenzins nach wie vor als Einnahme gebucht (HStAM 304, Rechnungen Nr. 10071 1615).

137 Wunder: Adel, S. 330–339. Der hessische Niederadel trat politisch als Korporation Ritterschaft auf; dieser gehörte das Stift Kaufungen seit 1532, um eine Aussteuer für die Töchter auszuzahlen. Das Stift Kaufungen war so wohlhabend, dass es sich zu einer Kreditanstalt für den Adel und die Bevölkerung entwickelt hatte.

138 HStAM 304, Nr. 10062 (1606): Ausgabe zu Mich. 1605. Ermgards Diener wurde für den 29. Januar 1606 in Kaufungen erwähnt: »der von Wehren Diener hett mitt einem Pferdt alhier (1 fl. 2 alb) verzehrt, als er des Eysenhandels vnndt Vorstreckung Geldes halber bey den Herrn Vorstehern zu schaffen gehabt«. Über Menges ist sonst nichts bekannt.

139 HStAM 304, Nr. 10063, 10064 usw.

140 Vgl. HStAM 49 d, Kassel, Nr. 207, quadr. 207 Specialbeschreibung § 4 (1775–1776); HStAM 49 d, Eschwege, Nr. 28 Specialbeschreibung § 4 (1769).

141 Kirchenbücher Nürnberg: Taufe 21.1. St. Sebald; Heirat der Eltern Bärtel (Bartelmes) Lochner und seiner Frau Barbara Schoberin 4.12.1553 St. Sebald; Proklamation St. Sebald im KB Proklamationen St. Lorenz/St. Sebald 29.6.1600 (Kirchenbücher Nürnberg St. Sebald); Heirat mit Maria, Tochter von Friderich Hessen 20.8.1600 St. Sebald. Zwei Kinder sind belegt: 29.11.1603 Taufe Maria Sophia und 1615 NN.

142 HStAM 17 d, von Eschwege, Nr. 5.

Völkershausens 1606.[143] Er muss ein wichtiger Mitarbeiter Ermgards gewesen sein. Als Gruppe wurden »die Norinberge« im März 1606 wegen wechselseitiger Beschwerden Ermgards und Hans Werners von Eschwege, des Besitzers der einen Hälfte des Ritterguts Völkershausen (wohl seit seiner Heirat 1604),[144] bei der hessischen Kanzlei wegen nächtlicher Ruhestörungen und Bedrohungen erwähnt.[145]

Um das Unternehmen zu errichten, reiste Ermgard in den Jahren 1604 bis 1606 elf Mal nach Kassel[146] und Kaufungen. Da die Reisen nur in diesen Jahren stattfanden, ist der Zusammenhang mit dem Stahlwerk offensichtlich. Ermgard reiste mit Gefolge und übernachtete dabei jeweils im ritterschaftlichen Stift Kaufungen: 1604 drei Mal (11. Januar, 23. Juni, 25. Dezember mit Wolf von Wehren als »Beystand«), 1605 fünf Mal (15. Februar, 14. März, 11. Mai, 3. Juli, 9. Oktober) und 1606 drei Mal (14. Februar, 14. September mit Wolf von Wehren und 8. Dezember).[147] Zwei Mal wird die Kanzlei in Kassel als Ziel genannt, einmal der »Obrist« zu Kassel.[148] Bezieht man die politischen Umstände 1604 ein, so wäre die Absicht Ermgards und ihrer Mitstreiter gewesen, Stahl für die Waffenproduktion der seit 1600 in Hessen-Kassel von Landgraf Moritz von Hessen-Kassel aufgebauten Landmiliz (»Ausschuss«),[149] also für die Klingen von Waffen, zu liefern.[150]

Die Vorgeschichte des Unternehmens ist unbekannt, insbesondere wie Ermgard auf die Idee des Stahlunternehmens kam. Immerhin lassen sich Anhaltspunkte finden. Der

143 HStAM 255, Nr. R 23, Prozess Otto von Rheden c. Hans Werner von Eschwege (Aussage von 1613).

144 HStAM 340, von Eschwege, Nr. 10 (8) 26./16. 2. 1604.

145 HStAM 17 e, Völkershausen [Eschwege], Nr. 13 (1606/7), 15. 3. 1606: Ermgards Beschwerde über Bedrohungen durch »Buxen vndt tödlichen wehren«, Hans Werners Klage darüber, dass die Nürnberger »nachts mit bloßen Rappieren vnd Buxen« durchs Dorf laufen sowie »schießen des Nachts etzliche Schoß zum Fenster herauß«. In diesen Beschwerden werden Nürnberger das letzte Mal erwähnt.

146 HStAM 304, Nr. 10060–10062 sowie Nr. 948–950. Kassel wird zehn Mal genannt, einmal explizit zusätzlich, dass Ermgard »bei den Herrn Vorsteher [des Stifts von Kaufungen] zu schaffen gehabt« (14. 2. 1606). Zum 11. Januar 1604 reisen sieben Personen mit ihr, am 25. Dezember 1604 hat sie zehn Personen und acht Pferde.

147 »Tageleistung [...] Reinhard vndt Vrban von Eschwege« (8. 12. 1606).

148 Vermutlich ist der Oberst der Zeughäuser Kassel und Ziegenhain in den Jahren 1597 bis 1613, Hans Heinrich von Siegerodt, gemeint (HStAM 16 I, Nr. 1126). Siegerodt/Siegerode war auch Alchimist (Rommel, Christoph von: Geschichte von Hessen. Bd. 5. Marburg 1835, S. 465). In Frage kommt wohl nicht der Oberst der Festung Kassel, bis 1601 Steuerburg von Löwenstein, spätestens seit 1608 Asmus von Baumbach als Obrist der Festung Kassel sowie des Regiments an der Diemel (HStAM, Urk. 103, Nr. 61); vgl. Thies, Gunter: Territorialstaat und Landesverteidigung. Das Landesdefensionswerk in Hessen-Kassel unter Landgraf Moritz (1592–1627) (Quellen und Forschungen zur Hessischen Geschichte, Bd. 23). Darmstadt 1973, S. 138; 1607 wird Asmus von Baumbach in einer Urkunde Landgraf Moritz' als oberster Hofmarschall, nicht als Oberst (Hessisches Hauptstaatsarchiv Wiesbaden [HHStAW], Abt. 171, Nr. S 1019: 14. 8. 1607) bezeichnet.

149 Vgl. Rommel, Christoph von: Geschichte von Hessen. Bd. 6. Kassel 1837, S. 704–794; Thies: Territorialstaat und Landesverteidigung.

150 Vgl. Ortenburg, Georg: Waffe und Waffengebrauch im Zeitalter der Landsknechte (Heerwesen der Neuzeit Abt. 1, Bd. 1). Koblenz 1984, S. 16–26.

Exkurs zum Bergbau in Niederhessen zeigt, dass die Metallverarbeitung Niederhessens in Nürnberger Fachkreisen (Finanziers wie Fachleuten) ebenso bekannt war wie die Nürnberger Expertise in Niederhessen. Man könnte vermuten, dass Nürnberger immer wieder auf der Suche nach Investitionsmöglichkeiten waren. Allerdings unterscheidet sich Ermgards Unternehmen von den im Exkurs genannten mehrfach. Nürnberger waren für sie technische Fachleute, keine Finanziers wie sonst in Niederhessen; die Finanzierung leistete Ermgard selbst, auch mit Hilfe anderer Adliger. Ihr ging es nicht um die Verarbeitung von Kupfer, sondern um die bisher unsichere Herstellung von Stahl aus Eisen; insofern war das Unternehmen innovativ geplant. Soweit erkennbar, leitete sie das Unternehmen in Person. Es war – wohl nicht nur in Niederhessen – ohne Vorbild und blieb ohne Nachahmung.

Dabei könnten Verwandte für Ermgard eine spezifische Mittlerrolle zu den Nürnbergern gespielt haben. Zumindest Ebert von Alten und Wolf von Wehren wird man als ihre Berater annehmen müssen. Ebert meinten sicherlich Reinhards Anwälte, wenn sie später schrieben, Ermgard habe sich von »unruhigen Leuten verleiten« lassen,[151] also den braunschweigischen Verwandten, die spätestens seit dem »Verkauf« von Ermgards Gutshälfte an sie Reinhards Gegner waren. Am intensivsten jedoch waren Ermgards Beziehungen zum fränkischen Vetter, dem bambergischen Amtmann in Wachenrodt (nahe Höchstadt a. d. Aisch) Wolf(gang) von Wehren (gest. 1606), der seinen Sitz in Untermelsendorf unweit Nürnberg hatte.[152] Er war in die Ausführung des Stahlunternehmens einbezogen und zwei Mal wird er als Begleiter und »Beystand« auf den Reisen genannt.[153] Auch der ehemalige Vormund und Vetter Jost von Eschwege

151 HStAM 340, von Eschwege, Nr. 121: eschwegische Supplikation an das Reichskammergericht (o. D., 1622).

152 In Schreiben vom 12. November 1593 und 23. September 1605 wird er als Wolf von Wehren zu (Unter-)Melsendorf genannt (HStAM 17 d, von Wehren, Nr. 8). Wolf hatte Amalie von Lauffenholz geheiratet, durch die er das Lauffenholz'sche Melsendorf erlangte (Biedermann, Johann Gottfried: Geschlechts-Register der Reichs-Frey unmittelbaren Ritterschafft Landes zu Francken löblichen Orts Steigerwald. Nürnberg 1748, Steigerwald T. 1737). Die Lauffenholz sind vom 14. bis zum 16. Jahrhundert in Melsendorf bezeugt; zu ersten Ergebnissen zur Territorialgeschichte des Würzburger Hochstifts anhand der Hohen Registratur des Lorenz Fries und zur Geschichte der Burgen in Franken vgl.: Historisches Unterfranken – Datenbank zur Hohen Registratur des Lorenz Fries, Eintrag »Dornhaim« (Eintrags-Nr.: 1395), URL: http://www.historisches-unterfranken.uni-wuerzburg.de/fries/fries-results.php?stadt=3244&name=&sache=&jahr_anfang=&jahr_ende=&max_eintraege=10 [letzter Zugriff: 19. 01. 2021]. Die Lauffenholz'sche Burg stand in Obermelsendorf, einem Weiler mit der adeligen Burg, der zu Untermelsendorf gehörte. Vgl. URL: http://www.moegeldorf.de/geschichte/bauer/bauer.html [letzter Zugriff: 19. 01. 2021].

153 1604 war Wolf von Wehren ihr Rechtsbeistand in Kassel (HStAM 304, Nr. 10060 Rechnungen 1604; HStAM 304, Nr. 948 Rechnungsbelege Kaufungen 1604). Auf einer Reise von Kassel am 14. März 1605 gehörte Dorothea von Wehren, Wolfs Schwester, zur Reisegesellschaft Ermgards. Am 14. September 1606 ist Wolf von Wehren bei der Rückreise von Kassel erneut als Ermgards Begleiter erwähnt (HStAM 304, Nr. 10062 Rechnungen 1606), bald danach starb er. Aber noch 1625 werden eine Base und ein Vetter Ermgards in ihrer Begleitung auf einer Reise nach Viermünden genannt: Bei der »Base« kann es sich um Dorothea, eine ihrer zwei Schwestern, oder eine Tochter Wolfs von Wehren handeln; der Vetter kann ein Sohn Wilhelms oder Wolfs sein. Belegt ist Wolfs Sohn Adam Friedrich 1621 als

(gest. 1603) kommt für die Anbahnung von Beziehungen nach Nürnberg in Frage. Er war der Neffe Annas von Eschwege, die Sigmund Pfintzing d.J. (gest. 1572) heiratete und deren Tochter Margarethe, verheiratete Schmidmayer zu Schwarzenbruck, im Nürnberger Land (gest. 1608)[154] 1603 Ansprüche auf das Erbe Josts erhob. Intensivere Beziehungen zwischen den im Bergbau tätigen Patriziern Pfinzing und den von Eschweges sind anzunehmen (siehe Exkurs).

Das Unternehmen war offensichtlich ein Fehlschlag. Die letzten Nachrichten datieren von 1606. Ob Ermgard einer Fehleinschätzung unterlag, wenn sie glaubte, eine einzelne Gutsherrin könnte ein unerprobtes Unternehmen ohne Rückendeckung durch kräftige Kapitalgeber und Förderer entwickeln, ist nicht zu entscheiden. Weder in den Akten der Wehren und Eschweges, noch jenen der Landgrafen von Hessen wird jemals auf das Unternehmen Bezug genommen. Auch negative Bemerkungen dazu waren nicht zu finden, was wegen der ausführlichen Prozessakten erstaunlich ist; es gibt auch keine Hinweise auf eine Geringschätzung der Stahlunternehmerin.

Wahrscheinlich steht ein eigenartiges Vorkommnis, das Reinhard von Eschwege im Mai 1606 an den Lehnsherrn Fulda berichtete, in Zusammenhang mit Ermgards Situation bei der Beendigung des Stahlunternehmens. Ermgard hatte Völkershausen für vierzehn Wochen mit unbekanntem Ziel verlassen und auch einen großen Teil ihres Haushalts mitgenommen, kehrte aber dann wieder mit allem zurück.[155]

Da Reinhard unmittelbar danach im Text Ebert von Alten, den »Käufer« ihres Gutes, erwähnt, scheint es nicht ausgeschlossen, dass sie wegen bestimmter ihr aus dem »Verkauf« zustehender Rechte sich auf die »redesten Guttern« [156] Eberts begeben hatte. Ob sie eine Sitzverlegung geplant hatte, dann aber aufgab, oder eine Beschlagnahme ihrer fahrenden Habe wegen nicht gezahlter Schulden vermeiden wollte, kann aufgrund der Aktenlage nicht entschieden werden.

Herr zu Untermelsendorf (Archiv Seckendorff, Nr. 940). – Ermgards Beziehungen zur fränkischen Verwandtschaft haben offensichtlich unter deren Verkauf von halb Völkershausen 1592 nicht gelitten, wie deren unterstützende Besuche bis 1625 zeigen. 1597 kam sie aus dem Franckenland und zahlte 118 Gulden für eine Schuld (HStAM 340, von Eschwege, Nr. 121: Verzeichnis 1601).

154 Die Familie war im Textil- und Saigerhandel Nürnbergs tätig; ihre Mitglieder waren im Größeren Rat; Rudolf II. erhob sie 1585 in den Adelsstand. Vgl. Beyerstedt, Horst-Dieter: Schmidmayer von Schwarzenbruck, Familie. In Stadtlexikon Nürnberg online. URL: http://online-service2.nuernberg.de/stadtarchiv/rech.FAU?sid=A712B4AF9&dm=3&auft=1 [letzter Zugriff: 17.7.2020].

155 »vndt auch fast alles ihr Hauß- vndt Kuchengerethe, Zinwerkg, Bettwergk, Bettspan, Tisch vndt Bencke, Kisten und Kasten, Truhen vndt Laden, an welchen Stucken mehren theils meine Hausfraw noch ihre Anforderung hatt, hinwegk an andere Örtter verschafft worden.« (HStAM 95, Nr. 2205, Bl. 27).

156 Bestand 17e, Völkershausen [Eschwege], Nr. 27 (10). Gemeint sind die Güter, die Ebert durch seine Gemahlin Gertrud von Reden ererbt hatte, also Gut Thüle (vgl. Wätjen: Geschichte des Geschlechtes von Alten, S. 86).

5 Auseinandersetzungen um Ermgards Restbesitz: Prozesse und Hofdienst zwischen 1606 und 1626

Nach dem Scheitern des Stahlunternehmens nutzte die etwa 39-jährige Witwe und ehemalige Gutsbesitzerin Ermgard von Wehren die ihr verbliebenen Möglichkeiten selbstbewusst für ihre Lebensgestaltung: den Restbesitz in Völkershausen,[157] die Leibrente aus Viermünden[158] und ausstehende Guthaben.[159] Ihr Problem bestand darin, ihre Ansprüche auch jeweils durchzusetzen. Kleinere Schulden wie die an den Maler Müller in Kassel (56 Reichstaler) und die Witwe des Professors Nigidius in Marburg (94 Gulden) bezahlte sie auf Beschluss der Regierung in Kassel aus ihrer Leibrente.[160]

Die »ansehnlichen« Vorbehaltsrechte bestanden in dem Teil des Adelshofes, auf dem der Ofen erbaut worden war, sowie dem Adelswohnhaus, dem alten Völkershausen'schen Adelssitz, den ihr Vater Friedrich von Wehren 1569 eingenommen und innegehabt hatte. Ermgard hatte das Recht, außer der untersten Stube und Schlafkammer, die dem Käufer von Völkershausen gehörten, Küche und Weinpresse sowie den halben Garten neben dem Wohnhaus zur Werra zu nutzen. Sie behielt »die botmeßigkeit vber mein gesinde vnd leuthe so ich in claus marrenthals [Claus Margenthals] geweßener vnnd mir angefallenen hauß jemandts setzen wurde«.[161] 100 Schock Reisig zur Befeuerung, Zaunholz für Äcker und Weinberge und die Mühle im Dorf[162] blieben ihr ebenso wie das Haus Claus Margenthals in Völkershausen einschließlich seines Gutes (dafür verpflichtete sich Ermgard zur Zahlung der Zinsen an die Kirche). Der Wald war noch ungeteilt im Mitbesitz mit Reinhard geblieben.[163] Zudem hatte sie, wie erwähnt, die Zusage einer jährlichen Rente über 300 Reichstaler. Selbst ohne diese Rente konnte das Vorbehaltsgut zur Sicherung ihres Lebens mit Gesinde ausreichen, sofern die Schulden ein gewisses Maß nicht überschritten.

---

157 Diese Regelung dürfte mit Blick auf das Beneficium competentiae abgeschlossen worden sein (Bauder, Wilhelm: Das Beneficium Competentiae, seine Geschichte und heutige Geltung. Borna/Leipzig 1905). Die Charakterisierung »ansehnlich« wählte Eberhard von Alten 1613 (HStAM 17 e, Völkershausen [Eschwege], Nr. 27, Nr. [33]).

158 Die Leibrente wurde meist gezahlt: 1598, 1606 bis 1612, insbesondere aber seit 1620 musste sie um die Auszahlung ihrer Leibrente kämpfen (HStAM 17 d, von Dersch, Nr. 64; HStAM 17 d, Huhn, Nr. 10).

159 Zu den Forderungen an Gilsa (zuletzt 1609) siehe Abschnitt 2 und Anm. 64; zu den Forderungen an die Ebeleben (zuletzt 1612) vgl. Anm. 82. 1609 forderte die Kasseler Regierung die Stadt Gotha auf, Jeremias Popps Schulden an Ermgard zu begleichen (HStAM 17 d, von Wehren, Nr. 22).

160 HStAM 17 d, von Wehren, Nr. 15; HStAM 23 a.

161 Aus diesen Angaben ist nicht zu entnehmen, wie groß das Gesinde Ermgards war. Man wird wohl mindestens fünf annehmen können.

162 Dies ist wohl die Mühle im Dorf, die ihr Vater 1587 oder kurz vorher gekauft hatte (HStAM, RKG 255, Nr. R 23; HStAM 17 e, Völkershausen [Eschwege], Nr. 27: No 27 A 2; es muss die Untermühle sein).

163 Brief Reinhards an Fulda zum Stahlunternehmen (HStAM 95, Nr. 2205 von Eschwege, Bl. 13–18 [25./15. April 1605]).

Allerdings wurde dieses Nutzungsrecht des Vorbehaltsgutes durch das weitere Geschehen in Frage gestellt. Ebert von Alten musste mangels eigener Finanzen schon 1606 seinen Bürgen Jost von Adelepsen für 13.700 Reichstaler in das Gut »immittieren«,[164] die vorgesehene Belehnung durch Fulda fand nicht statt.[165] Der angebliche »Verkauf« erwies sich als »hypotheca onerosa« (so 1612 Ebert).[166] Wiederum handelte es sich also trotz Verkaufsurkunde nur um eine Pfandnahme. Die Rente von 300 Reichstalern wurde weder von Ebert noch von Jost von Adelepsen gezahlt, wie eine Beschwerde Ermgards 1608 an die Regierung zeigt[167] und wie Ebert von Altens Anwalt 1613 vor der Regierung in Kassel aussagte.[168] Welche Intention die Braunschweiger verfolgten, ist nicht klar: Plante Ebert schon 1603 das Geschäft von 1604? Spekulierte Jost mit dem Gut oder sann er von Anfang an auf eine (zeitweilige) Besitznahme? Möglicherweise wollte Jost von Adelepsen, der auch in der Wetterau durch seine Frau über Besitz verfügte,[169] mit Völkershausen einen Stützpunkt in Hessen erwerben, übernahm sich dabei jedoch.[170] In jedem Fall mussten er und sein Bruder Bodo das Gut bereits 1611 an den niederhessischen Adligen Philipp Wilhelm von Cornberg »verkaufen«.[171]

Da Reinhard von Eschwege (gest. 1607) sich durch den »Verkauf« 1604 betrogen sah, kämpften er und dann seine Söhne Hans Werner und Heinrich Wilhelm[172] darum,

164 HStAM 17 d, Völkershausen [Eschwege], Nr. 27, N. 33; auch HStAM 255, Nr. R 23. Ermgard und ihre Anwälte hielten an der Position ›Verkauf‹ fest, primär wohl um die Ansprüche auf den Vorbehaltsbesitz und die Rente zu rechtfertigen (HStAM 17 e, Völkershausen [Eschwege] 27 [43]; HStAM 17 e, Völkershausen [Eschwege], Nr. 9). Die braunschweigische Seite wie Kaufungen vertrat die Position, es handle sich um Verpfändung (der Kaufunger Syndikus sah jede Verpfändung eines Pfandgutes als nichtig an: HStAM 17 e, Völkershausen [Eschwege], Nr. 27, N. 79). Die Vollmacht Adelepsens für seinen Rechtsvertreter im Liquidationsprozesse von 1613 zeigt Besitzübergabe, nicht Verkauf (HStAM 17 e, Völkershausen [Eschwege], Nr. 27 [4]); vor der hessischen Kanzlei am 29. April 1612 bestätigten die Gebrüder Adelepsen und Rheden die Immission (HStAM 255, Nr. R 23).

165 HStAM 17 e, Völkershausen [Eschwege], Nr. 12 (1608): so Hans Werner von Eschwege gegenüber dem Landgrafen. Bei diesem hatte sich von Adelepsen über Hans Werners Verhalten gegenüber seinen Untertanen beschwert.

166 Der Rechtsvertreter Altens 1612 beim Aestimationsprozess: Alten habe die Rechte »an Jostenn v Adeleppschen […] hypotheca onerosa abgetreten« (HStAM 17 e, Völkershausen [Eschwege], Nr. 16).

167 Schreiben der Regierung Kassel an den Landvogt an der Werra (HStAM 17 d, von Wehren, Nr. 24).

168 HStAM 255, Nr. 23 (9.2.1613).

169 Jost von Adelepsen hatte Amalie von Stockheim aus einem mittelrheinischen Rittergeschlecht geheiratet, so dass er zeitweise Besitz in der Wetterau hatte (HStAM 90 a Fulda Fürstäbte, Nr. 248; HStAM, Urk. 76, Nr. 1 1609 Okt. 7).

170 Schon 1608 verhandelte er mit Hans Werner von Eschwege über einen Verkauf an ihn (HStAM 95, Nr. 2205, Bl. 43–46).

171 HStAM 17 e, Völkershausen [Eschwege], Nr. 27, N. 79, 5. Nach der Unterlage M ebd. haben sie Eberhard v. Alten 13.700 RT gezahlt, so auch N. 79, 6.

172 Hans Werner war zusammen mit seinen Brüdern Heinrich Wilhelm und Johann Friedrich (gest. 1616) Herr von Aue und der Hälfte von Völkershausen. Beide Brüder befanden sich in Kriegsdiensten. Heinrich Wilhelm von Eschwege war Oberst und daher selten in Aue. Nach dem Tod Hans Werners von Eschwege (1623/24) vertrat er die Familie von Eschwege zu Aue.

die ehemalige Ermgard'sche Gutshälfte erwerben zu können. Die Söhne machten aufgrund des Vertrages mit Ermgard von 1603 durch eine Klage beim hessischen Hofgericht in Marburg das Näherkaufsrecht geltend, der das Gericht 1612 stattgab.[173] Reinhards Söhne kauften jetzt die zweite Hälfte des Gutes von Cornberg.[174] Nun, als das Gut wirklich verkauft worden war, erwies sich die Grundlage des Ermgard'schen Vorbehaltsbesitzes als unsicher, wie Streitigkeiten mit Hans Werner von Eschwege seit 1612 zeigen. Bei der »ästimation« der Güter schrieb Hans Werner am 22. Juli 1612, Ermgard fordere neben der Anerkennung der Vorbehaltsrechte die Zahlung von 6.000 Reichstalern, also das Kapital statt der Rente von 300 Reichstalern; sie weigere sich, der Vermessung zuzustimmen, es sei denn, ihre Rechte würden anerkannt.[175] Diese Position, die sie bereits in der Verhandlung vor der Ästimationskommission in Wanfried am 12. Juli vertreten hatte,[176] bekräftigte sie mit einem Schreiben vom 25. August 1612.[177] Später beschwerte sie sich bei der Kanzlei in Kassel, dass Hans Werner ihrem Müller das »Grummet« auf der Wiese verbiete, woraufhin die Kanzlei Hans Werner befragte (1. Oktober 1612). Dieser bezog sich am 7. Oktober 1612 auf die ehemaligen adelepsischen und cornbergischen Meier; der adelepsische Meier führte aus, Ermgard habe ihren »Commiß« [178] zu Hannover (womit er Ebert von Alten meinte); beide Meier wussten nichts von Vorbehaltsrechten Ermgards. Hans Werner forderte von Ermgard die Urkunde, die solches beweise.[179] Er versuchte es auch mit Gewalttätigkeiten. Am 20. Mai 1614 beschwerte sich Ermgard bei der hessischen Kanzlei, dass ihre Dienerin mit Gewalt aus ihrem Anwesen geworfen worden sei, dazu Kleider und Lebensmittel. Für die Folgejahre werden keine Auseinandersetzungen überliefert, vielleicht weil Hans Werner schwerwiegende, von ihm verursachte Probleme hatte.[180]

173 HStAM, Protokolle, Nr. II Kassel, Cb 1, Bd. 3: 1610–1620, Bl. 78 b–79.

174 HStAM 17 e, Völkershausen [Eschwege], Nr. 27, insbes. Nr. M (1613). Nach 44 Jahren, dem Tode Urbans von Eschwege, war das gesamte Gut Völkershausen wie bis 1568 wieder in eschwegischem Besitz, aber diesmal in einer Hand bei der Linie der von Eschwege zu Aue.

175 HStAM 17 e, Völkershausen [Eschwege], Nr. 16, Nr. 20: Ermgard hatte gegenüber Hans Werner von Eschwege erklärt, sie »sich hatt hören lassen, sie wolle aus dem Gutte nicht, man dunsse sie dan mitt den Haren heraus oder mit Gewalt«, wenn sie nicht ihr Geld bekäme und ihre Vorbehaltsrechte nicht anerkannt würden. Bei Vilmar, August Friedrich Christian: Idiotikon von Kurhessen. Marburg/Leipzig 1868, S. 73, wird das Wort »dinsen« als »ziehen mit Kraftanstrengung« erklärt.

176 HStAM 17 e, Völkershausen [Eschwege], Nr. 16, o. N. nach Nr. 26.

177 Ebd., Nr. 24, 1.

178 Deutsches Rechtswörterbuch: »Kommiß: vor allem im 16. und 17. Jh.: der von der Bevölkerung aufzubringende Proviant für das Heer, wohl auch die gemeinsame Speisung sowie die darauf bezüglichen Vorschriften.« URL: https://www.rzuser.uni-heidelberg.de/~cd2/drw/ [letzter Zugriff 19. 01. 2021].

179 HStAM 17 e, Völkershausen [Kreis Eschwege], Nr. 18.

180 Er hatte 1615 Streit mit den Untertanen zu Völkershausen: Der Landgraf inhaftierte ihn 1616 zeitweise wegen Morddrohungen gegen seinen Schwager Hans Christoph von Harstall; Hans Werner floh 1620 nach dem Totschlag seines ehemaligen Meiers nach Sachsen-Eisenach (HStAM 17 d, von Eschwege, Nr. 97; HStAM 17 d, von Eschwege, Nr. 94; HStAM 17 d, von Eschwege, Nr. 95). Er trat in die Dienste des Grafen von Mansfeld, dann Christians von Braunschweig (HStAM 4 h, Nr. 458).

Ermgards Schreiben und Prozesse weisen sie mit Wohnsitz Völkershausen aus; sie saß noch 1621 auf diesem Vorbehaltsgut.[181]

Der Kauf des Gutes durch Hans Werner von Eschwege war für diesen nicht unproblematisch, da er im Gegensatz zu seinem Vater über wenig Finanzmittel verfügte. Er bezweifelte die Höhe der geforderten Kaufsumme und verlangte eine Güterästimation durch die Regierung. Zugleich klagte Hans Werner von Eschwege gegen Ermgard und forderte von ihr Zahlungen aufgrund ihrer früheren Verschuldung gegen seinen Vater. Daher eröffnete die Kasseler Regierung 1612 ein Liquidationsverfahren.[182] In diesem traten neben den Brüdern von Eschwege als wichtigsten ehemaligen Gläubigern der Kaufmann Goßmann auf, der für seinen Kredit von 1603 über 1.021 Reichstaler als ältestem Kredit eine Immission in das Gut verlangte und erreichte, sowie das Stift Kaufungen, das als kirchlicher Gläubiger für die Restschuld von 900 Reichstalern eine Vorzugsbehandlung beanspruchte. In sechs Urteilen von 1612 bis 1621 befasste sich die Kasseler Regierung mit den Ermgard'schen Schulden bei den von Eschweges. Die Urteile wurden 1622 von der Regierung so ausgelegt, dass Heinrich Wilhelm von Eschwege, der jüngere Bruder des abwesenden Hans Werner, Ermgard 1.756 Reichstaler zurückzahlen musste.[183] Dieses für Ermgard günstige Ergebnis war offensichtlich das Resultat der amtlichen Einschätzung des Gutes, der Ablehnung von Zinsen für die 1604 bei Goßmann hinterlegte Obligationssumme von 13.700 Reichstaler und der Korrektur der Zinsen, die auf die erlaubte Höhe von 5 Prozent herabgesetzt wurden.

Neben diesem Kampf um das Restgut und ihre Rente widmete sich die ehemalige Gutsherrin ihren Rechten aus Viermünden – die Leibrente blieb zeitweise aus.[184] Ermgard verklagte 1610 die Verwandten Dersch, dass die 1588 vereinbarte Überprüfung der Schuldenlage ihres verstorbenen Ehemannes nicht stattgefunden habe. In diesem Prozess sagte ihr Vertreter 1610, sie sei »in äussertes Armuth gerathen, dz sie sich fast Verkens vndt Spinnens ernehren muß«.[185] Der Prozess zog sich hin und war bei Ermgards Tod 1626 noch nicht beendet; die kasselische Kanzlei unterstützte Ermgard »wegen eußerster Armuth v. Notturft« (23. März 1625).[186] Angesichts der Gesamtumstände ihres Lebens dürfte diese Charakterisierung als standesgemäße Armut zu verstehen sein.[187]

181 Für 1621 belegt (HStAM, Protokolle, Nr. II, Kassel Cb 8, Bd. 6 1621, Bl. 170).

182 HStAM Protokolle, Nr. II, Kassel Cb 1, Bd. 3: 1610–1620, Bl. 78r–79r; HStAM 340 von Eschwege, Nr. 121; HStAM 17 d, Eschwege, Nr. 5.

183 HStAM 340, von Eschwege, Nr. 121 F »Memoriall«.

184 Vgl. Anm. 159.

185 HStAM 257, Nr. H 429; HStAM 17 d, Huhn von Ellershausen, Nr. 10.

186 Akten zu Auseinandersetzungen der Wehren'schen Verwandten in Franken mit den von Eschwege und Dersch über Ermgards mögliches Erbe sind bisher nicht gefunden worden.

187 Vgl. Wunder: Arme adlige Frauen.

Die problematische Lage Ermgards in Völkershausen wurde 1615 durch die überraschende Möglichkeit eines Hofdienstes unterbrochen. Eine solche Chance eröffnete sich für adlige Frauen nur selten – im Gegensatz zu adligen Männern, denen als Militär oder in der Regierung mehrere Wege offenstanden[188] –, denn sie konnten nur als junge Frauen im Hofdienst einer Fürstin tätig werden oder etwa als Witwe Hofmeisterin an einem kleinen Hof werden. Ermgard wurde mit 48/49 Jahren Hofmeisterin der Gräfin Anna Agnes von Hohenlohe-Langenburg (1568–1616), Ehefrau des Grafen Philipp Ernst von Gleichen zu Ohrdruf (1561–1619). Nach dem Urteil Mutschlers war der Hof damals, wie zum Beispiel der Schlossbau Ohrdrufs aus der zweiten Hälfte des 16. Jahrhunderts zeigt,[189] durchaus »ein respektabler Hof im Rahmen der Handlungsmöglichkeiten einer nichtfürstlich-hochadeligen Grafenfamilie«.[190] Ermgard hatte nun den kleinen Haushalt der Gräfin zu organisieren, sie übernahm damit eine für eine adlige Frau adäquate Aufgabe. Sie erhielt als jährliche Besoldung 34 Gulden 2 Groschen,[191] wohnte sicherlich im Schloss und saß an der gräflichen Tafel, ihre Kleidung wurde vom gräflichen Haushalt bezahlt; Personal stand ihr für ihren Hofdienst zur Verfügung.[192] Der Dienst endete allerdings bereits 1616, da die Gräfin starb. Die Verbindung Ermgards zu den Gleichen könnte über die Adelepsens hergestellt worden sein, denn Bodo von Adelepsen war 1611 Rat und Drost der Grafen von Gleichen in Pyrmont[193] und Jost von Adelepsen führte 1613 im Auftrag des Herzogs von Braunschweig Verhandlungen mit den Grafen von Gleichen.[194] Ermgard scheint mit ihrem Dienst dauerhaften Rückhalt bei den Gleichen erworben zu haben. 1624/25 wandte sich der Bruder Philipp Ernsts, Graf Hans Ludwig von Gleichen zu Ohrdruf (gest. 1631), auf Ermgards Bitte an den

188 Vgl. Wunder: Der Adel, S. 248–263.

189 Vgl. Mutschler, Thomas: Gleichen. In: Paravicini, Werner (Hrsg.): Höfe und Residenzen im spätmittelalterlichen Reich. Grafen und Herren. Teilband 1 (Residenzenforschung, Bd. 15,4). Ostfildern 2012, S. 490–502.

190 E-Mail Thomas Mutschlers an den Verfasser (2015).

191 Thüringer Staatsarchiv Amt Gotha [ThStAGo], Hohenlohe-Archiv, Rechnungen N. 44 a: Halbe Jahr Rechnung vber einnahme vndt Außgabe der Schösserey Ordurff von Walp. 1616 bis Mich. 1616. Der Hofprediger erhielt für zehn Monate 122 fl, der Oberamtmann (der höchste Beamte) für ein Jahr 76 Gulden.

192 Literatur zum Hofpersonal kleiner Höfe im 16./17. Jahrhundert scheint es nicht zu geben. Niederadlige als Hofmeisterinnen an fürstlichen Höfen sind z. B. aus Hessen-Kassel bekannt (die Landgräfin Juliane hatte neben zwei Hofmeistern auch zwei Hofmeisterinnen: Lemberg, Margret: Juliane Landgräfin zu Hessen [1587–1643]. Eine Kasseler und Rotenburger Fürstin aus dem Hause Nassau-Dillenburg in ihrer Zeit [Quellen und Forschungen zur Hessischen Geschichte 90]. Marburg 1994, S. 279–280), ebenso aus Hessen-Rheinfels 1568–1584 (Demandt, Karl E.: Landgraf Philipp der Jüngere von Hessen-Rheinfels, ein fürstliches Kultur- und Lebensbild aus der rheinischen Renaissance. In: Nassauische Annalen 71 [1960], S. 56–112, hier S. 94), aus Hessen-Marburg, der Grafschaft Waldeck u. a. (URL: arcinsys.hessen.de: Stichwort Hofmeisterin).

193 Niedersächsisches Landesarchiv, Hauptstaatsarchiv Hannover, F A 39 (1) Gutsarchiv Adelebsen; dazu Urkundenregesten des Adelebser Familienarchivs, Familienarchiv von Adelebsen (FAA) Urk.-Nr. 365.

194 ThStAGo, Hohenlohe-Archiv, Kanzlei N. 12: Korrespondenz zwischen Graf H. L. von Gleichen und seinem Bruder Phil. E. von Gleichen 1613–1621.

hessischen Landgrafen zugunsten ihrer ausstehenden Leibrente aus Viermünden.[195] Sie selbst lebte jedenfalls 1615 bis 1617 und wieder 1623 bis 1625 in Ohrdruf,[196] in der Zwischenzeit wohl in Völkershausen.[197] Im Januar 1626 hielt sie sich in Erfurt auf.[198] In diesem Jahr wird Ermgard das letzte Mal in Auseinandersetzungen mit Heinrich Wilhelm von Eschwege[199] sowie der Familie von Dersch[200] genannt. Sie starb, mitten im Prozess mit den Derschs, im Alter von 59/60 Jahren zwischen dem 27. November und 13. Dezember 1626;[201] ihr Begräbnisort ist unbekannt.

6 Fazit: ökonomischer Überlebenswille, Risikobereitschaft und Flexibilität im Kontext adeliger Unternehmernetzwerke

So ungewöhnlich Ermgards Wirken auf den ersten Blick erscheint, so verliert es viel von seiner Besonderheit, wenn man die Handlungskontexte (Nieder-)Adliger bedenkt: In Ermgards Verwandtschaft lässt sich eine Vielfalt adelswürdigen unternehmerischen Handelns feststellen. Die Dominanz männlicher Adliger bedeutet nicht, dass nicht auch Frauen als Gutsunternehmerinnen tätig wurden, sei es in Vertretung ihrer Ehemänner, sei es selbständig als Witwen. Adlige waren Gutsherrn, aber auch Finanzunternehmer, die mit Kreditgeschäften politischen oder ökonomischen Einfluss gewannen; besonders auffällig ist dies im hessischen Bergbau des 16. Jahrhunderts. Oft waren sie zugleich Militärunternehmer, die auf große Gewinne spekulierten. Insofern passt das

195 HStAM 17 d, von Dersch, Nr. 64; HStAM 17 I, Nr. 3026 1616. Zu den Gleichen siehe auch Krügelstein, Friedrich: Nachrichten von der Stadt Ohrdruf und deren nächsten Umgegend von der frühesten Zeit bis zum Aussterben der Grafen von Gleichen 724–1631. Ohrdruf 1795.

196 Damals hatten die kaiserlichen Truppen Hessen besetzt (Demandt, Karl E.: Geschichte des Landes Hessen. Nachdruck 2. Aufl. 1972, Kassel 1980, S. 252). Schreiben Ermgards vom August 1624, Januar, März und Mai 1625 datierend aus Ohrdruf (HStAM 17 d, von Dersch, Nr. 64). Im Hofgerichtsprozess Eschwege/Wehren wird ihr Aufenthalt am gräflichen Hof im März 1624 erwähnt (HStAM 255, E Nr. 25). Baltzer Holbein aus Ohrdruf ist an Christi Himmelfahrt 1623 Bevollmächtigter Ermgards; daher könnte sie damals in Ohrdruf gelebt haben.

197 Für 1621 belegt (HStAM, Protokolle, Nr. II, Kassel, Cb 8 Bd. 6 1621, Bl. 170); HStAM 17 d, von Dersch, Nr. 64: die Dersch führten gegenüber dem Hofgericht aus, »dann sie die Fraw ausserhalb Landes sich hin vnd wider verhellt«.

198 Ein Brief an Heinrich Wilhelm von Eschwege stammt aus Erfurt (HStAM 340, von Eschwege, Nr. 121: Januar 1626).

199 HStAM Protokolle, Nr. II, Kassel, Cb 8, Bd. 7 (1625); HStAM 340, von Eschwege, Nr. 121: Januar 1626. Heinrich Wilhelms Bruder, Hans Werner, starb 1623/24 (HStAM 17 e, Völkershausen [Eschwege], Nr. 110: 24. 3. 1623 noch lebend, tot 20. 6. 1624), Buttlar-Elberberg: Stammbuch der Althessischen Ritterschaft: das Todesdatum 1645 ist falsch.

200 HStAM 17 d, Huhn von Ellershausen, Nr. 10. Streitigkeiten von Ermgard Huhn von Ellershausen mit den Erben ihres Gatten Kaspar: Hans Philipp von Dersch wehrte sich am 12. 8. 1626 gegen eine Klage der Witwe.

201 HStAM 257, Nr. H 429. Vgl. auch Anm. 186. Todes- wie Begräbnisort Ermgards sind unbekannt.

Bild, das der Adelshistoriker Rudolf Endres in seiner Übersichtsdarstellung *Adel in der Frühen Neuzeit* (1993) vom unternehmerischen Handeln Adliger zeichnet, zum Befund für Hessen, das er mangels Forschungen nicht nennt.[202]

Dass Ermgard für die Zeit 1587 bis 1606 als Unternehmerin bezeichnet werden kann, zeigen die erhaltenen Urkunden und Akten, auch wenn spezifische Wirtschaftsakten fehlen. Die Witwe führte zunächst siebzehn Jahre die Gutswirtschaft in den vom Vater geprägten Bahnen. Als Stahlunternehmerin ging sie ab 1604 neue, ungewohnte Wege mit Umsicht, Sorgfalt und Risikofreude. Ihr Unternehmen war ohne Vorbild. Inwieweit sie Beratern mehr oder weniger vertraute, sei dahingestellt; aber sie stand in jeder Phase des Unternehmens, soweit bekannt, in der vollen Verantwortung. Dass sie scheiterte, hat sie mit vielen anderen Unternehmern gemein; möglicherweise war sie mit Zugangsmöglichkeiten zu Kapital nicht hinreichend abgesichert und die Produktionstechnik des Stahls wohl unausgereift. Aber außer der zitierten kritischen, einmaligen Einschätzung Ermgards als Gutsherrin durch Reinhard von Eschwege ist keine negative Wertung ihrer Person bekannt.[203] Die Regierung in Kassel wie die Grafen von Gleichen achteten und unterstützten sie.

Mangels Selbstaussagen kann man Ermgard nur anhand ihres Handelns charakterisieren; sie war überaus willensstark und tatkräftig. Unbeirrt von ihrem Fehlschlag 1606 klagte sie ihre verbliebenen Rechte in der Folgezeit offensiv ein, wie ihre wiederholten Forderungen an die hessische Regierungskanzlei um Unterstützung bei ausstehenden Ansprüchen (zum Beispiel Gilsa, Weberstedt, Ebeleben) zeigen, aber auch die Bitten an die Grafen von Gleichen um Unterstützung. Sie war entschlossen, die ihr zustehenden Rechte mit dem üblichen Repertoire adliger Handlungsmöglichkeiten, auch handfesten, einzufordern. Erinnert sei an ihren Versuch, Urkunden aus dem Erbe Josts von Eschwege dadurch zu sichern, dass sie sich auf den entsprechenden Kasten in Reichensachsen setzte, oder an ihre Aussage gegenüber Hans Werner, sie werde ihr Vorbehaltsgut in Völkershausen nicht aufgeben, »man dunsse sie dan mitt den Haren heraus oder mit Gewalt«.[204] Ihre Willensstärke war mit Flexibilität gepaart. So wie sie als Gutsherrin bereit war, sich auf ein Stahlunternehmen einzulassen, war sie 1615 als 48/49-jährige Witwe fähig, in gräfliche Dienste zu wechseln. Ihre aufwändigen Fahrten nach Kaufungen wie nach Viermünden (zum Beispiel 1625 während der

202 Endres, Rudolf: Adel in der Frühen Neuzeit. München 1993, S. 38–41, 43. Aufgrund der hier gemachten Ausführungen zur hessischen Eisenindustrie sei auf den Hunsrück verwiesen, wo seit dem 15. Jahrhundert, vor allem im 18. Jahrhundert, 31 Eisenwerke errichtet wurden; vgl. Braun, Hermann-Josef: Das Eisenhüttenwesen des Hunsrücks 15. bis Ende des 18. Jahrhunderts (Trierer historische Forschungen, Bd. 17). Trier 1991, S. 385–398. Das 1736 errichtete Eisenhütten- und Hammerwerk des Reichsritters Freiherr Karl Emmerich Joseph Zandt von Merl in Münchweiler (nördl. Saarland) war wohl das einzige auf einem Adelsgut (vgl. ebd., S. 221, 391).

203 Dass Reinhard ihre gutsherrliche Tätigkeit abwertete, kann, wie erläutert, nicht als Abwertung einer Frau verstanden werden (vgl. Abschnitt 2 mit Anm. 79).

204 Vgl. Anm. 175 (Vgl. Anm. 175)

Besetzung Niederhessens durch die Truppen Tillys vierspännig von Ohrdruf aus mit Base, Vetter, Diener)[205] zeugen von Standesbewusstsein und Repräsentationswillen. Das Urteil sei erlaubt, dass die Witwe Ermgard Huhn, die 39 Jahre um ihre Lebensgrundlagen kämpfte, eine bemerkenswerte Frau war.

Die Kenntnisse über sie sind allein der genaueren Erforschung der Adelsakten zum Adelsdorf Völkershausen bei Eschwege zu verdanken. Würden andere Adelsarchive systematisch erschlossen, so könnten die Vielfalt adligen unternehmerischen Engagements, von Männern und Frauen, als Grundbesitzer, gewerbliche Unternehmer, Militärunternehmer und Finanzmanager und die Verschränkung dieser Tätigkeiten deutlich werden.[206] Dieser adlige Handlungsbereich im 16. und frühen 17. Jahrhundert harrt der Erschließung und Erforschung.[207]

7 Exkurs: Bergbau im Hessen des 16. und 17. Jahrhunderts – die Rolle Nürnberger Finanziers und Fachleute sowie Adliger im Bergbau

Die Absicht Ermgards, ein Stahlunternehmen zu gründen, ist nur verständlich, wenn man sich die Bedeutung des Bergbaus und der Verarbeitung seiner Produkte im Hessen des 16. Jahrhunderts und die wichtige Rolle Nürnberger Kauf- und Fachleute dabei vergegenwärtigt. Die Bedeutung Adliger ergibt sich aus ihrer Rolle auf dem Kapitalmarkt, als Gläubiger oder als Schuldner. Zur besseren Einschätzung des Ermgard'schen Unternehmens sollen drei Aspekte näher beleuchtet werden: die Montanindustrie Niederhessens im 16. Jahrhundert, die Beteiligung Adliger sowie die Rolle Nürnberger Kaufleute. Möglicherweise lassen sich auf diesem Weg auch plausible Vermutungen zu Ermgards Beratern anstellen.

Der Bergbau und die Verarbeitung seiner Produkte für Gerätschaften, Geschirr und Waffen waren im Hessen des 16. Jahrhunderts verbreitet.[208] Zur landgräflichen Bergbaugeschichte in Hessen liegen systematische Untersuchungen vor,[209] aber keine zu

205 HStAM 17 d, von Dersch, Nr. 64.

206 Hier insbesondere deutlich an Georg von Habel, siehe Anm. 6 und 36.

207 Vgl. Wunder, Heide / Wunder, Dieter: Hessen – ein Land des Adels? Herren auf dem Lande, Landstand und Fürstendiener. In: Hedwig, Andreas (Hrsg): Adelsarchive – zentrale Quellenbestände oder Curiosa? Aktuelle Herausforderungen. Marburg 2009, S. 143–155, insbes. S. 154–155.

208 Hessen gehörte allerdings nicht zu den zentralen Gewerbegebieten des Reichs, siehe Kaufhold, Karl Heinrich: Gewerbelandschaften in der Frühen Neuzeit (1650–1800). In: Pohl, Hans (Hrsg.): Gewerbe- und Industrielandschaften vom Spätmittelalter bis ins 20. Jahrhundert. Stuttgart 1986, S. 112–202, hier S. 171–173 (Gewerbelandschaften, hier allerdings um 1800).

209 Vgl. Beck: Die Geschichte des Eisens, S. 743, 1071–1079 (insbes. Haina nach Bickell 1889); Waitz von Eschen, Friedrich Freiherr: Die Anfänge des gewerblichen Domänenstaates in Hessen unter Landgraf Philipp dem Großmütigen. In: Wunder, Heide / Vanja, Christina / Hinz, Berthold (Hrsg.): Landgraf

adligen Montanunternehmen oder adligen Beteiligungen in Niederhessen im 16. und frühen 17. Jahrhundert. Im Wesentlichen ging es in Niederhessen um Eisen- und Kupfergewinnung. Es gab drei Zentren der Eisengewinnung, anscheinend ohne Beteiligung Adliger:[210] Schmalkalden, Haina und Rommershausen in der Schwalm sowie den Reinhardswald.[211] Mittelpunkt der Messing- und Kupferverarbeitung wurde dank Landgraf Philipp von Hessen das Stift Kaufungen.[212] Der Kammerschreiber Scherer hatte dort schon 1537 eine Messinghütte errichtet, eine zweite begründete Hans Diegel aus Augsburg 1545, eine dritte der Nürnberger Messingbrenner Nicolaus Gruner 1555.[213] 1600 wurde eine Messinghütte, an der Nürnberger Handelsleute beteiligt waren, also wohl die Gruners, in einen Eisenhammer verwandelt.[214] Am Kupferbergbau, der am Bilstein (Meißnergebiet),[215] um Iba und in Richelsdorf betrieben wurde, waren Adlige, oft zusammen mit nicht-adligen Beamten und Bürgern, beteiligt, als Finanziers, aber auch als Organisatoren.

Nürnberger Kaufleute waren als Finanziers und Wissensvermittler (und vermutlich auch Organisatoren) immer wieder anzutreffen.[216] 1520 übernahm Hans Meurer aus

---

Philipp der Großmütige von Hessen und seine Residenz Kassel. Ergebnisse des interdisziplinären Symposiums der Universität Kassel zum 500. Geburtstag des Landgrafen Philipp von Hessen (17. bis 18. Juni 2004) (Veröffentlichungen der Historischen Kommission für Hessen, Bd. 24/8). Marburg 2004, S. 151–170, bes. S. 154–155. Ein mit dem des Landgrafen vergleichbares Projekt betrieb Sophia Herzogin von Mecklenburg in Wolde (Amt Wittenburg) vor 1610, als sie eine Hammermühle errichtete, vgl. Koch, Ira: Sophia von Schleswig-Holstein, Herzogin von Mecklenburg (1569–1634). In: Schattkowsky, Martina (Hrsg.): Witwenschaft in der Frühen Neuzeit. Fürstliche und adlige Witwen zwischen Fremd- und Selbstbestimmung (Schriften zur sächsischen Geschichte, Bd. 6). Leipzig 2003, S. 203–226, hier S. 220. Zum Kupferbergbau: Strube, Hans: Der Kupferbergbau im Niederfürstentum Hessen. Seine Geschichte von den Anfängen bis zum Ausbruch des Dreißigjährigen Krieges. In: Zeitschrift für hessische Geschichte und Landeskunde 87 (1978/79), S. 35–204, sehr ausführlich.

210 Vgl. auch Zimmermann, Ludwig: Der ökonomische Staat Landgraf Wilhelms IV. Bd. 2 (Veröffentlichung der Historischen Kommission für Hessen, Bd. 17/2). Marburg 1934, S. 317–319, 325–330. Merkwürdigerweise beschäftigt sich Zimmermann nicht mit dem Kupfergewerbe.

211 Waitz von Eschen: Anfänge des gewerblichen Domänenstaates in Hessen; Rommel: Geschichte von Hessen. Bd. 5, S. 680, schreibt für die Zeit Wilhelms IV. von einer Schmelzhütte bei Eschenstruth, der Eisenhütte Lippoldsberg (später Veckerhagen) sowie Eisen- und Stahlfabriken in Schmalkalden. Rommel: Geschichte von Hessen. Bd. 6, S. 657–658, nennt für Moritz, also die Zeit Ermgards, nur Schmalkalden.

212 Vgl. Wroz: Landgraf Philipp, S. 8–37.

213 Nach Grotefend, Wilhelm: Die hessischen Landgrafen und ihre Berg- und Hüttenwerke. In: Hessische Heimat 11 [1897], S. 3–5, 18–19, 30–31, wurde die erste Messinghütte 1527 errichtet; da dem Aufsatz Belege fehlen, ist die Aussage nach Strube nicht nachprüfbar. Zu den einzelnen Hütten siehe Wroz: Landgraf Philipp, S. 14–15. Zu Gruner: HStAM 55, Nr. 248. Vgl. auch Strube: Der Kupferbergbau im Niederfürstentum Hessen, S. 113.

214 HStAM, Urk. 87, Nr. 2591; HStAM 304, Nr. 834, Bl. 27–28.

215 Zum Kupferbergbau am Bilstein siehe Kollmann, Karl: Geschichte des Kupferbergbaus. In: Förderverein Besucherbergwerk »Grube Gustav« (Hrsg.): Die Grube Gustav im Bilsteiner Bergbaurevier. Meißner-Abterode 1989, S. 26–46.

216 In der Darstellung des Nürnberger Handels um 1540 von Kellenbenz, Hermann: Nürnberger Handel um 1540. In: Mitteilungen des Vereins für Geschichte der Stadt Nürnberg 50 [1960], S. 299–324, wird

Nürnberg die Kupferbergwerke zu Nentershausen und Iba, ihm gingen die Semler aus Schleusingen, ursprünglich aus Nürnberg, voraus. Meurer starb vor 1524, damals beerbten ihn Lorenz Meuer und Sebastian Lochner aus Nürnberg, die das Bergwerk 1532 an hessische Gewerke veräußerten.[217] Ihre leitende Aufgabe im Bergbau konnten die Kaufleute mit Hilfe eigener Fachleute erfüllen: Nürnberger »Kundschafter« stellten zum Beispiel 1543 für die Patrizierfamilie Pfinzing einen miserablen Zustand des Bergwerks in Bilstein fest und machten Vorschläge zum Wiederaufbau.[218]

Besonderes Interesse im Zusammenhang dieses Aufsatzes erweckt das Engagement der Nürnberger Patrizier Pfinzing, der Brüder Sigmund (1479–1554) und Martin Pfinzing (1490–1552)[219] im Gericht Bilstein seit 1543. Sigmunds Sohn Sigmund d.J. (gest. 1572) heiratete ein Jahr später – 1544 – Anna, die Tochter Josts des Älteren von Eschwege und zugleich die Schwester Hans Caspars von Eschwege. Hans Caspar verheiratete sich mit Anna von Wehren, der Schwester von Ermgards Vater Friedrich. Dieser Jost hatte 1536 vom hessischen Landgrafen eine lebenslängliche Verschreibung auf das Haus Bilstein als Entgelt für ein Darlehen über 1.600 Gulden erhalten.[220] Die Beziehung

Hessen überhaupt nicht genannt, vermutlich weil es im Vergleich zu anderen Gebieten des Nürnberger Handels zu unbedeutend war. Die wichtige Rolle von Nürnbergern in den Oberpfälzer Montangebieten beleuchtet Endres, Rolf: Nürnberger Einflüsse auf das oberpfälzische Montangebiet. In: Fleisser, Hannelore/Mahler, Fred (Hrsg.): Die Oberpfalz. Ein europäisches Eisenzentrum. 600 Jahre grosse Hammereinung (Schriftenreihe des Bergbau- und Industriemuseums Oberbayern, Bd. 12/1). Theuern 1987, S. 285–293.

217 Vgl. Strube: Kupferbergbau im Niederfürstentum Hessen, S. 60–62, 97–98, 107, 132, 151–152, 173–174. Das Gebiet um Nentershausen gehörte an sich den Baumbachs, ihre Beziehung zum Kupferbergbau bestand in Holzlieferungen; sie waren zudem die verantwortlichen Herren von Bergbaudörfern; vgl. Wetterau, Ferdinand Wilhelm: Das Gericht Tannenberg. Eine frühneuzeitliche Adelsherrschaft im hessisch-thüringischen Grenzraum vornehmlich im 16. und 17. Jahrhundert. Diss. Masch. Kassel 1997, S. 71–75 (zweite Hälfte 15./erste Hälfte 16. Jahrhundert: Kupferbergbau um Sontra und Rotenburg, bes. Nentershausen, S. 74), S. 234–242 (Ruhla, Eisenhütte im 16. Jahrhundert, S. 237; Hinweis auf Nürnberger Anfang 16. Jahrhundert, S. 73, 239, 241).

218 HStAM 3, Nr. 628, Bl. 192–193.

219 Zu den Pfinzing siehe Haller, Bertold Freiherr von: Marloffstein. In: Friederich, Christoph/Haller, Bertold Freiherr von/Jakob, Andreas (Hrsg): Erlanger Stadtlexikon. Nürnberg 2002, S. 481–482; Diefenbacher, Michael: Pfinzing von Henfenfeld. In: Neue Deutsche Biographie (Bd. 20), S. 333–334. URL: https://www.deutsche-biographie.de/pnd121306305.html#ndbcontent [letzter Zugriff 19.01.2021]. Die Pfinzing waren im Erzbergbau, vor allem im Abbau von Zinn, Kupfer und Eisen (Böhmen, Oberpfalz, Sachsen, Tirol) engagiert; »mit den Imhoff, Tucher und Welser gehörten die P. im frühen 17. Jh. zu den letzten patrizischen Fernhändlern Nürnbergs«. Martin Pfinzing war für Nürnberg 1532 und 1542 auch im Krieg gegen die Türken tätig; vgl. Hallerstein, Helmut Freiherr Haller von: Schloß und Dorf Henfenfeld (Schriftenreihe der Altnürnberger Landschaft, Bd. 35). Nürnberg 1986, S. 34.

220 HStAM K, Nr. 133, Bl. 21–22; Gundlach, Franz: Die hessischen Zentralbehörden von 1247 bis 1604. Bd. 3: Dienerbuch (Veröffentlichungen der Historischen Kommission für Hessen, Bd. 16). Marburg 1930, S. 61. Gundlach vermerkt dies in der Anmerkung 11 zu Jost v. Eschwege, identifiziert ihn aber nicht mit dem Rat Philipps (1530/1531) und Amtmann in Kaufungen 1534. Der Hinweis »d. Ä.« macht aber die Identifikation dieses Jost mit dem Vater Hans Caspars zwingend; er war 1541 tot (seine Frau war damals Witwe, siehe HStAM 340, von Eschwege, Nr. 136). Ein Bezug Josts zu Bilstein bestand schon 1520 (vgl. Buttlar-Elberberg: 1 Chronik des adligen Geschlechts derer von Eschwege).

Eschwege-Bilstein-Pfinzing ist offensichtlich, jedoch findet sich in den Akten zum Bergwerk kein Hinweis auf die von Eschwege. Am 20. Mai 1543 schlossen der Statthalter in Kassel Sigmund von Boyneburg und der Kammerschreiber Christoph Scherer[221] mit den Brüdern Pfinzing einen Vertrag zur Finanzierung des (Kupfer-)Schieferbergwerks[222] im Gericht Bilstein. Die Pfinzing gaben einen Kredit über 2.500 Reichstaler,[223] wobei die Brüder Sigmund, Martin und Seifried Pfinzing Vorschläge zum Wiederaufbau des Bergwerks machten.[224] Sie waren die Initiatoren der hessischen »Berg- und Schiefer-Ordtnung« von 1543[225] und damit mehr als Finanziers, zeitweise wurden sie bestimmend für das hessische Bergwerkswesen.[226] Die Rückzahlungsmodalitäten an die Pfinzings wurden von hessischer Seite nicht eingehalten, so dass es darüber 1548/49 zu einem intensiven Briefwechsel der Pfinzings mit der hessischen Regierung kam, zumal Landgraf Philipp für den Kredit der Pfinzings Bürge war.[227]

Die Beteiligung hessischer wie auswärtiger Adliger am Bergbau in Niederhessen belegt die Adelswürdigkeit solchen Engagements, wobei nur nähere Forschungen zeigen könnten, wieweit es sich um mehr als die Hoffnung auf Gewinne aus Finanzanlagen handelte. 1505 verlieh Wilhelm II. Bergwerke um Rückerode (südlich von Witzenhausen) unter anderem an Bodo von Oberg, 1522 tätigte Landgraf Philipp eine Bergverleihung an den Statthalter von Kassel, Karl von Miltitz, an Christian von Hanstein, Balthasar von Weitershausen sowie Sittich und Günter von Berlepsch.[228] 1538 vereinigten sich zwei Gewerkschaften im Bilsteiner Gebiet, die »Gutwillige Gesellschaft« und die »Jungfrauengewerkschaft«. Letztere hatte als Gewerkinnen »Fronica von Boneburgk, Margaretha Cramin, die Talwigin, die Spiegellin«.[229] In der »Zusammengeschlagenen Gewerkschaft« war unter den Gewerken Henning von Scholley.[230] 1538 erhielt der

221 Scherer floh im August 1543 wegen Unterschlagungen (vgl. Gundlach: Die hessischen Zentralbehörden, S. 235; insbes. Strube: Der Kupferbergbau im Niederfürstentum Hessen, S. 63–64), war aber weiterhin an hessischen Bergwerken beteiligt und ist später wieder in Hessen zu finden.

222 Die Grube Gustav diente seit 1499 (!), nicht 1497, wie Lagis besagt, dem Kupferschieferbergbau (vgl. Kollmann: Geschichte des Kupferbergbaus, S. 26).

223 HStAM, Urk. 100, Nr. 912.

224 HStAM 3, Nr. 628, Bl. 192–193.

225 Strube: Der Kupferbergbau im Niederfürstentum Hessen, S. 130–131.

226 Zur Rolle der Pfinzing in Bilstein: vgl. ebd., S. 67, 81, 116–117, 131–132, 139–140, 150, 156–157, 169.

227 HStAM 1, Nr. 2102.

228 Vgl. Strube: Der Kupferbergbau im Niederfürstentum Hessen, S. 44.

229 Kollmann: Geschichte des Kupferbergbaus, S. 29. Veronika von Boyneburg könnte die Tochter Josts von Boyneburg zu Stedfeld, eines Neffen zweiten Grades Sigmunds von Boyneburg, sein, die 1572 starb (verh. 1. 1538 Jost von Calenberg, span. Oberst, verh. 2. Bodo von Adelepsen, Statthalter Celle) (vgl. Buttlar-Elberberg: Stammbuch, T. Boyneburg III – sie ist die Einzige, die in der Stammtafel zu finden ist). Margaretha von Cramm könnte die Tochter Burkhards Cramm sein, der mindestens 1506/35 Amtmann in Trendelburg und 1550 tot war (vgl. Buttlar-Elberberg: Kollektaneen: Cramm; Gundlach: Die hessischen Zentralbehörden, S. 139); sie heiratete Widekind von Falkenberg.

230 Strube: Der Kupferbergbau im Niederfürstentum Hessen, S. 43.

schon erwähnte Sigmund von Boyneburg zu Wichmannshausen (gest. 1553)[231] die Lehen des Bilsteiner Kupferschieferbergwerks, wobei sich anscheinend privates und fürstliches Interesse verbanden.[232] Am Bilstein engagierte sich 1561 Oswald von Eck, regensburgischer Marschall, zwar nicht selbst, aber über den Strohmann Hans Zehentner von Zehendgrub.[233] Im anderen Bergbaugebiet Niederhessens, in Richelsdorf, beteiligte sich 1568/69 Balthasar von Gersdorf aus der Lausitz, jedoch versagte Wilhelm IV. ihm nach Erkundigung am sächsischen Hof die landgräfliche Zustimmung.[234] 1573 erwarben Nickel von Ebeleben, Hauptmann von Sangershausen, und Kaspar von Kutzleben Anteile an Bilstein, schieden dann aber aus, da sie das Geld nicht aufbrachten.[235] 1590 engagierten sich dort Oberst Georg von Habel zu Lützelwig (südlich von Homberg/Efze) und Georg von Bischofferode; letzterer schied 1599 aus, Habel 1601.[236] Habel errichtete 1602 mit einem Konsortium von vier Nicht-Adligen aus Homburg/Efze, Kronach, Stolberg und Penig (nordwestlich von Zwickau) mit Hilfe Nürnberger Kapitals ein Kupferbergwerk in Twiste (südlich von Arolsen/Waldeck).[237] 1596 verlieh Landgraf Ludwig IV. von Hessen-Marburg unter anderen Johann Riedesel, Erbmarschall, das Recht, in Somplar (Bromskirchen, westlich von Frankenberg) eine Schmelzhütte für Kupfer- und Silberbergbau zu errichten; später übernahm Landgraf Moritz von Hessen-Kassel diese Hütte.[238] 1599 begannen Julius und Wolf Hueter aus Nürnberg in Richelsdorf tätig zu werden; schließlich investierten sie 12.000 Gulden (»Verlagsgelder«) und übernahmen die Administration, zogen sich aber 1601 wieder zurück.[239] 1599 trat der brandenburgische Rat Hans Ernst von der Asseburg an die Spitze des Richelsdorfer Unternehmens, verkaufte

231 Sigmund von Boyneburg war Statthalter in Kassel (1537 bis 1543) und dann Landvogt an der Werra (1543–52) (vgl. Gundlach; Die hessischen Zentralbehörden, S. 32).

232 Vgl. Strube: Der Kupferbergbau im Niederfürstentum Hessen, S. 43, 63, 78–83, 100–102, 112–113, 132, 156, 165, 167–168.

233 Vgl. ebd., S, 84–85, 117.

234 Vgl. ebd., S. 69–70.

235 Vgl. ebd., S. 85–86.

236 Vgl. ebd., S. 73–74, 151.

237 Teilhaber waren neben Habel (vgl. auch Anm. 6, 36, 208): Henrich Mey Schultheiß, Homburg; Johann Bartholdt, Bürger Korbach; Hans Steinicke aus Stolberg; Daniel Stengel aus Penig (nw. Chemnitz). Steinicke war der Bevollmächtigte des Konsortiums; er ist wohl ein Sachverständiger für Bergbau gewesen und daher muss Stolberg/Harz, nicht Stollberg/Erzgebirge, sein Wohnort sein. Habel stützte sich auf einen Kredit über 2000 Gulden der Nürnberger Kaufleute, der Brüder Georg (gest. 1612) und Konrad Meindl (gest. 1603) von Hirschbach (Oberpfalz), die dort einen Hammer besaßen (HStAM 17 d, von Habel, Nr. 6). Georg Meindl ist zu den wohlhabenderen Nürnbergern zu rechnen. Er versteuerte 1579 200 Gulden und war 1573–83 als Genannter Mitglied des Äußeren Rates (vgl. Bauernfeind, Walter: Die reichsten Nürnberger Bürger 1579 und ihre Stellung in der reichsstädtischen Gesellschaft. In: Jahrbuch für fränkische Landesforschung 20 [2000], S. 200–249, hier S. 222). Die Meindl waren als Montanunternehmer auch in Böhmen (Alaun) tätig (HStAM, VdHÄ, Nr. 26, Bl. 86).

238 Vgl. Strube: Der Kupferbergbau im Niederfürstentum Hessen, S. 89, 105, 197.

239 Ebd., S. 72–73, 167–168.

seine Anteile aber 1605.[240] Auch in den Listen der Gewerkschaften des 16. Jahrhunderts werden immer wieder Adlige genannt.[241] Die Aufzählung der Adligen darf nicht darüber hinwegtäuschen, dass sie als Gewerke nur eine Minderheit waren, die nach Strube 11 Prozent ausmachte.[242] Dennoch zeigen diese Adligen, die über Kapital verfügt haben müssen, einen Aspekt unternehmerischen Handelns jenseits des gutsherrlichen Engagements auf. Auffälligerweise waren zwei dieser Adligen zugleich Militärunternehmer: Sigmund von Boyneburg im Dienst des Landgrafen von Hessen und Georg von Habel als Söldnerführer.[243] Eine Kapitalbeteiligung besonderer Art waren in Hessen die Pfannenanteile in Bad Sooden-Allendorf:[244] An sieben der 42 Pfannen (Kothen)[245] waren Adlige in den Jahren 1560 und 1620 beteiligt, so die Bischhausen, Boyneburg und Stockhausen (Mistenzeche 4. Koth), die Wildungen (Mistenzeche 13. Koth) und Buttlar (Holzmarkzeche 14. Koth), vor allem die Brüder Hans Caspar und Hans Georg von Eschwege (Mistenzeche 7. Koth, Holmarktzeche 2., 3. und 12. Koth): Jost von Eschwege d. Ä. hatte 1498 von den Dörnbergs deren Pfannenanteil (acht Achtel) zu 1.600 Gulden erstanden;[246] sie gingen später an seine Enkel Hans Caspar und Hans Georg über und gehörten 1603 zum Erbe seiner Urenkel Curt und Jost von Eschwege.[247] Niederhessische Adlige waren, wie dieser Exkurs zeigt, im 16. und 17. Jahrhundert als Teilhaber oder Teilnehmer von Bergwerken, Schmelzhütten und Salzpfannen tätig. Wenn man ein umfassendes Profil

240 Vgl. ebd., S. 70–73, 107, 167, 197.

241 Vgl. ebd., S. 193–198.

242 Vgl. ebd., S. 85.

243 Boyneburg war 1536 und 1545/1547 Musterherr (Deutsches Rechtswörterbuch: »Bevollmächtigter eines Kriegsherrn, Inspektor, der die Truppenschau vornimmt, auch den Sold für die gemusterten Soldaten bezahlt, Vorsitzender der Musterungskommission, auch ein Kreisstand [I] in dieser Funktion«) sowie 1552 Landesoberster. Habel war pfälzischer, dann kursächsischer Oberst (vgl. Buttlar-Elberberg: Kollektaneen: v. Habel; Bezold: Briefe des Pfalzgrafen Johann Casimir, S. 315, Nr. 390: 1585 einer von fünf pfälzischen Obersten auf einem geplanten Feldzug nach Frankreich; Sächs. Staatsarchiv Dresden: Bestand 10024 Geheimer Rat [Geheimes Archiv], Loc. 09129/28, 1587: Georgs von Habel und seiner geworbenen Reiter mit 500 Pferden Bekenntnisse auf zwei Monate empfangenen Marschgeldes). Zu Habel vgl. Anm. 6, 36, 208, 238.

244 Vgl. Henkel, Adolf: Die Saline Sooden a. d. W. unter den Landgrafen Philipp dem Grossmütigen und Wilhelm IV. In: Zeitschrift für hessische Geschichte und Landeskunde 41, NF 31 (1908), S. 1–67, hier S. 8–9; Loehnert, Andreas: Die Pfännerschaft von ca. 1560 und 1620. In: Verein für Heimatkunde Bad Sooden-Allendorf (Hrsg.): Bad Sooden-Allendorf. Eine Zeitreise. Bad Sooden-Allendorf 2018, S. 236–253.

245 Die Kot(he) ist das Siedehaus einer Pfanne; vgl. Kostka, Beate: Die Saline. In: ebd., S. 213–235, S. 216.

246 HStAM, Urk. 49, Nr. 1189.

247 HStAM 17 d, von Eschwege, Nr. 133. In den Akten zur Pfännerbesteuerung des 18. Jahrhunderts werden als Besitzer immer Johann Georgs und Johann Caspars von Eschwege Erben zu Aue und Reichensachsen genannt (so HStAM, Kataster I, Allendorf [Kr. Witzhausen], Nr. B 38 [1773], Nummer 56 und 57). Jost war als Mitglied des Pfännerausschusses 1585/86 an den Verhandlungen zur Verlängerung des Pachtvertrages und dessen Abschluss über die Pfannen mit Landgraf Wilhelm IV. beteiligt; vgl. Eckhardt, Wilhelm A.: Quellen zur Rechtsgeschichte der Stadt Allendorf an der Werra und des Salzwerks Sooden (Veröffentlichungen der Historischen Kommission für Hessen, Bd. 13/7). Marburg 2007, S. 305–309, 312–313, 317–318.

des Niederadels zeichnet, gehören diese Tätigkeiten zu den standesgemäßen Handlungsfeldern. Das persönliche Schicksal Ermgards von Wehren wirkt als eine Ausnahme, ihre Tätigkeit als Stahlunternehmerin aber passt zum Profil des hessischen Niederadels.

Quellen- und Literaturverzeichnis

Archivalische Quellen

Amberg

StAAM, Fürstentum Pfalz-Sulzbach, Geheime Registratur 2709; Handschrift: Öfelin, Sebastian: Haydeckhische Chronica 1611 Bd. 6 (Mitteilung Eva Schultheiß, Heideck).

Dresden

Sächsisches Hauptstaatsarchiv Dresden, Bestand 10024 Geheimer Rat (Geheimes Archiv), Loc. 09129/28, 1587.

Gotha

Thüringer Staatsarchiv Amt Gotha [ThStAGo], Hohenlohe Archiv, Kanzlei N. 12 Korrespondenz zwischen Graf H. L. von Gleichen und seinem Bruder Phil. E. von Gleichen 1613–1621.

ThStAGo, Hohenlohe Archiv, Rechnungen N. 44 a Halbe Jahr Rechnung vber einnahme vndt Außgabe der Schösserey Ordurff von Walp. 1616 bis Mich. 1616.

Hannover

Niedersächsisches Landesarchiv, Hauptstaatsarchiv Hannover, F A 39 (1) Gutsarchiv Adelebsen,[248] dort: Familienarchiv v Adelebsen (FAA) Urk. Nr. 365

Kassel

UB Kassel LMB Kassel

Buttlar-Elberberg, Rudolf von: Kollektaneen die Hessische Ritterschaft betreffend, o. O., o. J. (UB Kassel LMB Kassel 2° Ms. Hass. 450).

Buttlar-Elberberg, Rudolf von: 1 Chronik des adligen Geschlechts derer von Eschweg, o. O. 1893 (2° Ms. Hass. 360).

Marburg

Hauptstaatsarchiv Marburg [HStAM], K 133.

HStAM, Kataster I, Allendorf (Kr. Witzhausen), Nr. B 38 (1773); Ellershausen (Kr. Frankenberg), Nr. B 1.

HStAM, Protokolle Nr. II, Kassel, Cb 1, Bd. 3; Cb 2, Bd. 20; Cb 8, Bd. 6 und 7.

248 So heutige Schreibung des Ortsnamens; historisch vielfach Adelepsen für die Familie.

HStAM, Reg. zu Kassel Recessbuch/Protokolle Nr. II, Kassel Cb Nr. 1, Bd. 3.
HStAM, Rechnung II, Nr. Kassel 346 Türkensteuerrechnungen vom Niederfürstentum 1542–1588.
HStAM, Urk. 49, Nr. 1189, Nr. 2273 1605 Juli 17.
HStAM, Urk. 76, Nr. 1.
HStAM, Urk. 87, Nr. 2591.
HStAM, Urk. 100, Nr. 912.
HStAM 3, Nr. 628, Nr. 21, 23.
HStAM 4 h, Nr. 458.
HStAM 5, Nr. 116.
HStAM 17 I, Nr. 978, 1583, 1585, 1586, 1591, 3026.
HStAM 17 d, von Boyneburg, Nr. 19; von Dersch, Nr. 64, 134; von Eschwege, Nr. 5, 9, 74, 75, 77, 93, 94, 95, 97, 104, 133, 154; von Gilsa, Nr. 32, 301; von Habel, Nr. 6; Huhn von Ellershausen, Nr. 9, 10; von Wehren, Nr. 4, 5, 8, 9, 13, 15, 18, 19, 22, 24, 25, 31.
HStAM 17 e, Eschwege, Nr. 12, 27 (N. 19, N. 20, N. 39, N. 47, N. 51), 157; Lembach, Nr. 2 und 3; Völkershausen [Eschwege], Nr. 1, 4, 10, 13, 16, 18, 26, 27, 33, 110.
HStAM 49 d, Eschwege, Nr. 94; Kassel Nr. 207, quadr. 207 Specialbeschreibung § 4 (1775–1776).
HStAM 55, Nr. 248.
HStAM 90 a, Nr. 262.
HStAM 95, Nr. 2092, 2205.
HStAM 115/01, Nr. 770.
HStAM 255, Nr. E 25, H 194, H 429, R 23.
HStAM 257, Samthofgericht, I Ältere Akten Bd. 3, Nr. L 25.
HStAM 304, Rechnungen Nr. 834, 948–950, 10056–10060, 10062–10064, 10071.
HStAM 330, Stadtarchiv Frankenberg, Nr. A 43 Exercitienbuch 1246, Bl. 109.
HStAM 340, von Eschwege, Nr. 10, 50, 75, 93, 121, 121 II (39), 121 F, 133, 134, 136, 180; von Geyso, Nr. 386.
HStAM, S 388 Salbuch Stadt und Amt Homberg (1537).

Gedruckte Quellen

Die Archive der Grafen und Freiherren von Seckendorff. Bd. 1, bearb. von Gerhard Rechter (Bayerische Archivinventare 45). München 1993.
Biedermann, Johann Gottfried: Geschlechts-Register des hoch-adelichen Patriciats zu Nürnberg. Bayreuth 1748.
Biedermann, Johann Gottfried: Geschlechts-Register der Reichs-Frey unmittelbaren Ritterschafft Landes zu Francken löblichen Orts Steigerwald. Nürnberg 1748.

Biedermann, Johann Gottfried: Geschlechts-Register der Reichsfrey unmittelbaren Ritterschaft Landes zu Francken löblichen Orts Rhön und Werra. Bayreuth 1749.
Bezold, Friedrich von (Hrsg.): Briefe des Pfalzgrafen Johann Casimir mit verwandten Schriftstücken. Bd.: 1582–1586. München 1884; Bd.: 1587–1592. München 1903.
Bickell, Ludwig: Die Eisenhütten des Klosters Haina und der dafür thätige Formschneider Philipp Soldan von Frankenberg. Marburg 1889.
Buttlar-Elberberg, Rudolf von: Stammbuch der Althessischen Ritterschaft. Kassel 1888.
Deutsche Adelsgenossenschaft (Hrsg.): Jahrbuch des deutschen Adels. Bd. 1. Berlin 1896.
Fontane, Theodor: Sämtliche Werke, hrsg. von Walter Keitel. Bd. 1: Wanderungen durch die Mark Brandenburg. München 1966.
Kopp, Ulrich Friedrich: Handbuch zur Kenntniß der hessen-casselischen Landes-Verfassung und Rechte. Teil 1. Kassel 1796.
Kopp, Ulrich Friedrich (bzw. Wittich, Carl Friedrich): Handbuch zur Kenntniß der kurhessischen Landes-Verfassung und Rechte. Teil 6. Kassel 1806.
Krügelstein, Friedrich: Nachrichten von der Stadt Ohrdruf und deren nächsten Umgegend von der frühesten Zeit bis zum Aussterben der Grafen von Gleichen 724–1631. Ohrdruf 1795.

Literaturverzeichnis

Angermann, Gertrud: Der Oberst Georg von Holle 1514–1576. Ein Beitrag zur Geschichte des 16. Jahrhunderts. Minden 1968.
Asch, Ronald G.: Europäischer Adel in der Frühen Neuzeit. Köln 2008.
Battenfeld, Willy: Ein Blick in die Geschichte des Schlosses im Frankenberger Stadtteil Viermünden zur Zeit derer von Dersch im 16. und 17. Jahrhundert. In: Magistrat der Stadt Frankenberg (Hrsg.): 750 Jahre Stadt Frankenberg (Eder) 1244–1994. Frankenberg 1994, S. 7–30.
Bauder, Wilhelm: Das Beneficium Competentiae, seine Geschichte und heutige Geltung. Borna/Leipzig 1905.
Bauernfeind, Walter: Die reichsten Nürnberger Bürger 1579 und ihre Stellung in der reichsstädtischen Gesellschaft. In: Jahrbuch für fränkische Landesforschung 20 (2000), S. 200–249.
Beck, Ludwig: Die Geschichte des Eisens in technischer und kulturgeschichtlicher Beziehung. 2. Abt.: Das 16. und 17. Jahrhundert. Braunschweig 1893/95.
Bezzel, Oskar: Geschichte des Kurpfälzischen Heeres von seinen Anfängen bis zur Vereinigung von Kurpfalz und Kurbayern 1777 (Geschichte des Bayerischen Heeres, Bd. 4/1). München 1925.

Beyerstedt, Horst-Dieter: Schmidmayer von Schwarzenbruck, Familie. In Stadtlexikon Nürnberg online. URL: http://online-service2.nuernberg.de/stadtarchiv/rech.FAU?sid=A712B4AF9&dm=3&auft=1 [letzter Zugriff: 16.05.2021].

Braun, Hermann-Josef: Das Eisenhüttenwesen des Hunsrücks. 15. bis Ende 18. Jahrhundert (Trierer Historische Forschungen, Bd. 17). Trier 1991.

Conze, Eckart (Hrsg.): Kleines Lexikon des Adels. Titel, Throne, Traditionen. München 2005.

Demandt, Karl E.: Landgraf Philipp der Jüngere von Hessen-Rheinfels, ein fürstliches Kultur- und Lebensbild aus der rheinischen Renaissance. In: Nassauische Annalen 71 (1960), S. 56–112.

Demandt, Karl E.: Geschichte des Landes Hessen. Nachdruck 2. Aufl. 1972, Kassel 1980.

Demandt, Karl E.: Der Personenstaat der Landgrafschaft Hessen im Mittelalter. 2 Teile (Veröffentlichungen der Historischen Kommission für Hessen, Bd. 42). Marburg 1981.

Demel, Walter / Schraut, Sylvia: Der deutsche Adel. Lebensform und Geschichte. München 2014.

Diefenbacher, Michael: Pfinzing von Henfenfeld. In: Neue Deutsche Biographie (20), S. 333–334. URL: https://www.deutsche-biographie.de/pnd121306305.html#ndbcontent [letzter Zugriff 19.01.2021].

Deutsches Rechtswörterbuch, hrsg. von der Heidelberger Akademie der Wissenschaften. Weimar 1914–2020. URL: https://www.rzuser.uni-heidelberg.de/~cd2/drw/ [letzter Zugriff 19.01.2021].

Eckhardt, Wilhelm A.: Quellen zur Rechtsgeschichte der Stadt Allendorf an der Werra und des Salzwerks Sooden. (Veröffentlichungen der Historischen Kommission für Hessen, 13/7). Marburg 2007.

Endres, Rolf: Nürnberger Einflüsse auf das oberpfälzische Montangebiet. In: Fleisser, Hannelore / Mahler, Fred (Hrsg.): Die Oberpfalz. Ein europäisches Eisenzentrum. 600 Jahre grosse Hammereinung (Schriftenreihe des Bergbau- und Industriemuseums Oberbayern, Bd. 12/1). Theuern 1987, S. 285–293.

Endres, Rudolf: Adel in der Frühen Neuzeit. München 1993.

Giersch, Robert / Schlunk, Andreas / Haller, Bertold Freiherr von: Schwarzenbruck. In: Altnürnberger Landschaft e. V. (Hrsg.): Burgen und Herrensitze in der Nürnberger Landschaft. URL: http://www.herrensitze.com/schwarzenbruck-i.html [letzter Zugriff 30.01.2021].

Götschmann, Dirk: Oberpfälzer Eisen. Bergbau- und Eisengewerbe im 16. und 17. Jahrhundert (Schriftenreihe des Bergbau- und Industriemuseums Ostbayern in Theuern, Bd. 5). Amberg 1986.

Grotefend, Wilhelm: Die hessischen Landgrafen und ihre Berg- und Hüttenwerke. In: Hessische Heimat 11 (1897), S. 3–5, 18–19, 30–31.

Gundlach, Franz: Die hessischen Zentralbehörden von 1247 bis 1604. Bd. 3: Dienerbuch (Veröffentlichungen der Historischen Kommission für Hessen, Bd. 16). Marburg 1930.

Guttenberg, Erich Freiherr von: Einblicke in das Leben fränkischer Landedelfrauen des 16. Jahrhunderts. In: Archiv für Kulturgeschichte 14 (1919), S. 60–80.

Haller, Bertold Freiherr von: Marloffstein. In: Friederich, Christoph / Haller, Bertold Freiherr von / Jakob, Andreas (Hrsg.): Erlanger Stadtlexikon. Nürnberg 2002, S. 481–482.

Hallerstein, Helmut Freiherr Haller von: Schloß und Dorf Henfenfeld (Schriftenreihe der Altnürnberger Landschaft, Bd. 35). Nürnberg 1986.

Helbig, Bernhard: Das Amt Homberg an der Efze, Ursprung und Entwicklung. Marburg 1938.

Henkel, Adolf: Die Saline Sooden a. d. Werra unter den Landgrafen Philipp dem Grossmütigen und Wilhelm IV. In: Zeitschrift für hessische Geschichte und Landeskunde 41, NF 31 (1908), S. 1–67.

Heldmann, August: Zur Geschichte des Gerichts Viermünden und seiner Geschlechter. 3: Das Geschlecht von Dersch. In: Zeitschrift des Vereins für Hessische Geschichte und Landeskunde NF/34 (1901), S. 159–360.

Hufschmidt, Anke: Adlige Frauen im Weserraum zwischen 1500 und 1700. Status – Rollen – Lebenspraxis (Geschichtliche Arbeiten zur westfälischen Landesforschung: Wirtschafts- und sozialgeschichtliche Gruppe, Bd. 15). Münster 2001.

Jäger, Berthold: Das geistliche Fürstentum Fulda in der Frühen Neuzeit: Landesherrschaft, Landstände und fürstliche Verwaltung. Ein Beitrag zur Verfassungs- und Verwaltungsgeschichte kleiner Territorien des Alten Reiches (Schriften des Hessischen Landesamtes für geschichtliche Landeskunde, Bd. 39). Marburg 1986.

Jendorff, Alexander: Verwandte, Teilhaber und Dienstleute. Herrschaftliche Funktionsträger im Erzstift Mainz 1514 bis 1647 (Untersuchungen und Materialien zur Verfassungs- und Landesgeschichte, Bd. 18). Marburg 2003.

Kaufhold, Karl Heinrich: Gewerbelandschaften in der Frühen Neuzeit (1650–1800). In: Pohl, Hans (Hrsg.): Gewerbe- und Industrielandschaften vom Spätmittelalter bis ins 20. Jahrhundert. Stuttgart 1986, S. 112–202.

Kellenbenz, Hermann: Nürnberger Handel um 1540. In: Mitteilungen des Vereins für Geschichte der Stadt Nürnberg 50 (1960), S. 299–324.

Koch, Ira: Sophia von Schleswig-Holstein, Herzogin von Mecklenburg (1569–1634). In: Schattkowsky, Martina (Hrsg.): Witwenschaft in der Frühen Neuzeit. Fürstliche und adlige Witwen zwischen Fremd- und Selbstbestimmung (Schriften zur sächsischen Geschichte, Bd. 6). Leipzig 2003.

Kollmann, Karl: Geschichte des Kupferbergbaus. In: Förderverein Besucherbergwerk »Grube Gustav« (Hrsg.): Die Grube Gustav im Bilsteiner Bergbaurevier. Meißner-Abterode 1989, S. 26–46.

Kostka, Beate: Die Saline. In: Verein für Heimatkunde Bad Sooden-Allendorf (Hrsg.): Bad Sooden-Allendorf. Eine Zeitreise. Bad Sooden-Allendorf 2018, S. 213–235.

Krüger, Peter: Die Beziehungen der rheinischen Pfalz zu Westeuropa 1576–82. Die auswärtigen Beziehungen des Pfalzgrafen Johann Casimir 1576–82. München1964.

Landau, Johann Georg: Die Stadt Waldkappel. In: Zeitschrift des Vereins für Hessische Geschichte und Landeskunde 7 (1858), S. 240–308.

Lemberg, Margret: Juliane Landgräfin zu Hessen (1587–1643). Eine Kasseler und Rotenburger Fürstin aus dem Hause Nassau-Dillenburg in ihrer Zeit (Quellen und Forschungen zur Hessischen Geschichte, Bd. 90). Marburg 1994.

Loehnert, Andreas: Die Pfännerschaft von ca. 1560 und 1620. In: Verein für Heimatkunde Bad Sooden-Allendorf (Hrsg.): Bad Sooden-Allendorf. Eine Zeitreise. Bad Sooden-Allendorf 2018, S. 236–253.

Lossen, Max: Der Kölner Krieg. Geschichte des Kölner Kriegs 1582–1586. München/Leipzig 1897.

Mutschler, Thomas: Gleichen. In Paravicini, Werner (Hrsg.): Höfe und Residenzen im spätmittelalterlichen Reich. Grafen und Herren. Teilband 1 (Residenzenforschung, Bd. 15, 4). Ostfildern 2012, S. 490–502.

Neukirch, Albert: Renaissanceschlösser Niedersachsens. Bd. 1.2: Niedersächsische Adelskultur der Renaissance. Hannover 1939.

Ortenburg, Georg: Waffe und Waffengebrauch im Zeitalter der Landsknechte (Heerwesen der Neuzeit, Abt. I, Bd. 1). Koblenz 1984.

Ortloff, Friedrich: Geschichte der Grumbachischen Händel. Bd. 1–4. Jena 1868–1870.

Redlich, Fritz: The German Military Enterpriser and his Work Force. A Study in European Economic and Social History (Vierteljahrschrift für Sozial- und Wirtschaftsgeschichte, Bd. 47/48). Wiesbaden 1964/65.

Romer, Hermann: Militärunternehmer. In: Historisches Lexikon der Schweiz (Version vom 10.11.2009). URL: https://hls-dhs-dss.ch/de/articles/024643/2009-11-10/ [Letzter Zugriff 02.02.2021].

Rommel, Christoph von: Geschichte von Hessen. Bde. 5–6. Marburg 1835/37.

Schlumbohm, Jürgen (Hrsg.): Soziale Praxis des Kredits 16.–20. Jahrhundert (Veröffentlichungen der Historischen Kommission für Niedersachsen und Bremen, Bd. 238). Hannover 2007.

Spiegel, Beate: Adliger Alltag auf dem Land. Eine Hofmarksherrin, ihre Familie und ihre Untertanen in Tutzing um 1740 (Münchner Beiträge zur Volkskunde, Bd. 19). Münster 1997.

Stahlschmidt, Rainer: Die Geschichte des eisenverarbeitenden Gewerbes in Nürnberg von den 1. Nachrichten im 12.–13. Jahrhundert bis 1630. Nürnberg 1971.

Strube, Hans: Der Kupferbergbau im Niederfürstentum Hessen. Seine Geschichte von den Anfängen bis zum Ausbruch des Dreißigjährigen Krieges. In: Zeitschrift für hessische Geschichte und Landeskunde 87 (1978/79), S. 35–204.

Thies, Gunter: Territorialstaat und Landesverteidigung. Das Landesdefensionswerk in Hessen-Kassel unter Landgraf Moritz (1592–1627) (Quellen und Forschungen zur Hessischen Geschichte, Bd. 23). Darmstadt 1973.

Vilmar, August Friedrich Christian: Idiotikon von Kurhessen. Marburg/Leipzig 1868.

Vogler, Bernard: Le rôle des Electeurs palatins dans les guerres de religion en France (1559–1592). In: Cahiers d'histoire Lyon 10 (1965), S. 51–85.

Wätjen, Hans: Geschichte des Geschlechtes von Alten 1182–1982. 2. Aufl., Wolfsburg 1982.

Waitz von Eschen, Friedrich Freiherr: Die Anfänge des gewerblichen Domänenstaates in Hessen unter Landgraf Philipp dem Großmütigen. In: Wunder, Heide / Vanja, Christina / Hinz, Berthold (Hrsg.): Landgraf Philipp der Großmütige von Hessen und seine Residenz Kassel. Ergebnisse des interdisziplinären Symposiums der Universität Kassel zum 500. Geburtstag des Landgrafen Philipp von Hessen (17. bis 18. Juni 2004) (Veröffentlichungen der Historischen Kommission für Hessen, Bd. 24,8). Marburg 2004, S. 151–170.

Wendehorst, Alfred: Die Benediktinerabtei und das adelige Säkularkanonikerstift St. Burkard in Würzburg (Germania Sacra, NF 40, Das Bistum Würzburg, Bd. 6). Berlin 2001.

Westermann, Ekkehard: Die Unternehmensform der Saigerhandelsgesellschaft und ihre Bedeutung für den oberdeutschen Frühkapitalismus. Forschungsstand und -aufgaben. In: Mitteilungen des Vereins für Geschichte der Stadt Nürnberg 102 (2015), S. 11–31.

Wetterau, Ferdinand Wilhelm: Das Gericht Tannenberg. Eine frühneuzeitliche Adelsherrschaft im hessisch-thüringischen Grenzraum vornehmlich im 16. und 17. Jahrhundert. [Dissertation Univ. Kassel 1997].

Wroz, Winfried: Landgraf Philipp und die Montanindustrie in der Region Söhre-Kaufunger Wald. Kaufungen 2004.

Wunder, Dieter: Die Adelsherrschaft Völkershausen im Amt Eschwege. Gut und Gemeinde 1650–1810. In: Ebert, Jochen u. a. (Hrsg.): Schwebda – ein Adelsdorf im 17. und 18. Jahrhundert. Kassel 2006 (Hessische Forschungen zur geschichtlichen Landes- und Volkskunde), S. 287–364.

Wunder, Dieter: Der Adel im Hessen des 18. Jahrhunderts – Herrenstand und Fürstendienst. Grundlagen einer Sozialgeschichte des Adels in Hessen (Veröffentlichungen der Historischen Kommission für Hessen, Bd. 84). Marburg 2016.

Wunder, Dieter: Arme adlige Frauen in der Frühen Neuzeit – Die »Armensteuer« der hessischen Ritterschaft. In: Bruns, Florian / Dross, Fritz / Vanja, Christina (Hrsg): Spiegel der Zeit. Leben in sozialen Einrichtungen von der Reformation bis zur Moderne: Festschrift für Christina Vanja, zugleich: Historia Hospitalium. Jahrbuch der Deutschen Gesellschaft für Krankenhausgeschichte 31 (2018/19), Berlin 2020, S. 111–141.

Wunder, Heide: «ein fleisig und gute Wirtin« – »die Stathalterin« Anna Ursula von Hohenfeld geb. von Metternich-Winneburg (gest. 1675). In: Historisches Camberg 50 (2014), S. 12–42.

Wunder, Heide / Wunder, Dieter: Hessen – ein Land des Adels? Herren auf dem Lande, Landstand und Fürstendiener. In: Hedwig, Andreas (Hrsg): Adelsarchive – zentrale Quellenbestände oder Curiosa? Aktuelle Herausforderungen. Marburg 2009, S. 143–155.

Zimmermann, Ludwig: Der Ökonomische Staat Landgraf Wilhelms IV. Bd. 1: Der hessische Territorialstaat im Jahrhundert der Reformation (Veröffentlichung der Historischen Kommission für Hessen, 17/1). Marburg 1933.

Zimmermann, Ludwig: Der Ökonomische Staat Landgraf Wilhelms IV. Bd. 2 (Veröffentlichung der Historischen Kommission für Hessen, 17/2). Marburg 1934.

Übersicht 1.
Zur Genealogie der von Eschwege / von Wehren / von Alten 16. Jahrhundert[249]

Urban (I) v. Eschwege
erwirbt Völkershausen
erwähnt 1422/43

Urban (II) d. Ä. v. Eschwege
in Völkershausen
† 1559 oder früher,
Belehnung 1490, 1495, 1505, 1515

Johann
v. Eschwege

Tönnies
v. Alten
erwähnt
1471 / 1533

Urban (III) d. J. v. Eschwege
erwähnt 1553/1554, Belehnung 1560
† 1568
⚭ Margarete v. Boyneburg

Ermg v. Eschwege
⚭ (1525)
Wilhelm v. Wehren
tot 1540

Jost
v. Eschwege

Simon
v. Alten
† 1562

Benedict
v. Alten
† 1553
(1) ⚭

Friedrich
v. Wehren
(1527) – 1587
(2) ⚭

Hippolita v. d. Knesebeck
† 1588

Wilhelm
v. Wehren
† 1601
⚭ (1562)
Agatha
v. Wichsenstein
(1538) – 1589

Anna ⚭
v. Wehren

Hans
Caspar
Eschwege
† 1562

Anna
v. Eschwege
† 28. 2. 1562
⚭ 1544
Sigmund
Pfinzing
1513 – 1572 *

Tönnies
v. Alten
1546 – 1594
⚭ 1578
Dorothea
v. Holle

Anna
v. Alten
† 1553
⚭ 1576
Reinhard
v. Eschwege
† 1607

Ermgard
† 1626
⚭ 1581
Kaspar
Huhn
† 1587

Wolfgang
v. Wehren
(1563) – 1606
⚭ 1592
Amalie
v. Lauffen-
holz

Jost
v. Eschwege
† 1603
zu Hessel,
dann Reichen-
sachsen

Ebert
v. Alten
1582 – 1626
⚭ 1603
Gertrud
v. Reden
Tochter Ottos
und Annas
v. Adelepsen

Heinrich
Wilhelm
v. Eschwege
Oberst
tot 1652

Hans Werner
v. Eschwege
Rittm.
(1582) – (1623/24)
⚭ 1604
Ursula
v. Harstall

* Biedermann, Johann Gottfried: Geschlechts-Register des hoch-adelichen Patriciats zu Nürnberg. Bayreuth 1748, T. CCCVI. Zwar hat Buttlar-Elberberg: Stammbuch, diese Abstammung nicht übernommen, aber eine Tochter dieses Ehepaars Pfinzing erhebt als Erbin Josts (gest. 1603) Ansprüche auf sein Erbe, was nur mit der Biedermann'schen Genealogie verständlich wird.

249 Die Genealogie Eschwege ist für die erste Hälfte des 16. Jahrhunderts sehr unsicher (Buttlar-Elberberg: Stammbuch, korrigiert vom Verf. betreffend Geschwister Urban [III] und Ermgard, Marg. von Boyneburg sowie Jost und Anna verh. Pfinzing, siehe Anm. 10, 66); Genealogie Alten nach Wätjen: Geschichte des Geschlechtes von Alten; Genealogie Wehren eigene Forschungen (nach HStAM 17 d von Wehren). Im Einzelnen zu Patenschaften etc. siehe Anm. 66.

Übersicht 2.
Die militärischen Unternehmer in der Verwandtschaft Ermgards v. Wehren
(jeweils fette Schrift)

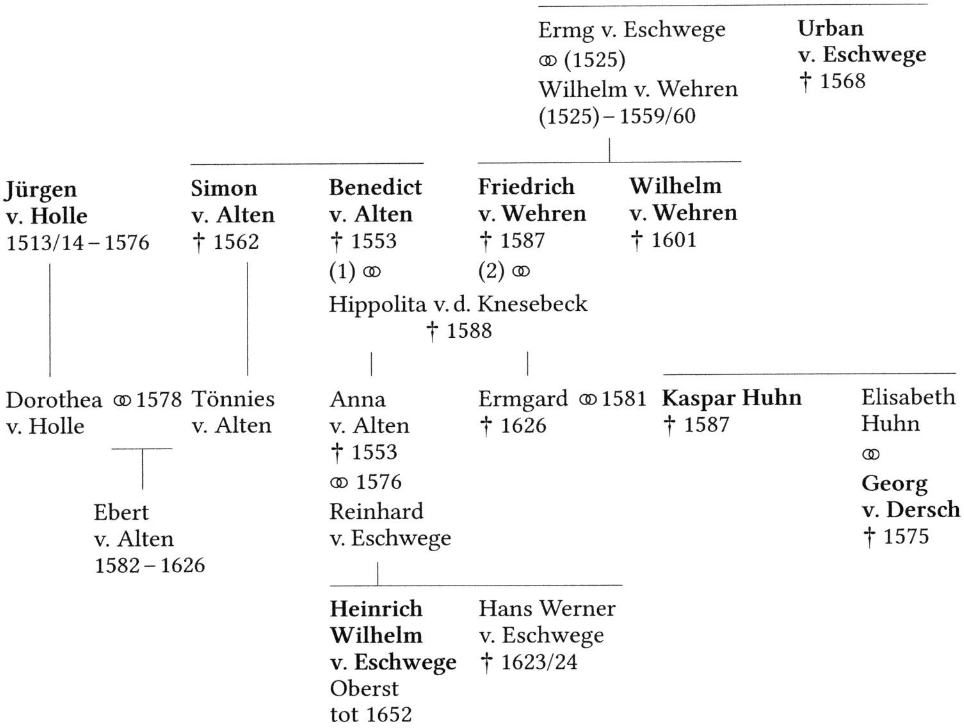

Übersicht 3.
Kreditbeziehungen in der Verwandtschaft Ermgards v. Wehren
(*Sch* Schuldner, *Gl* Gläubiger)

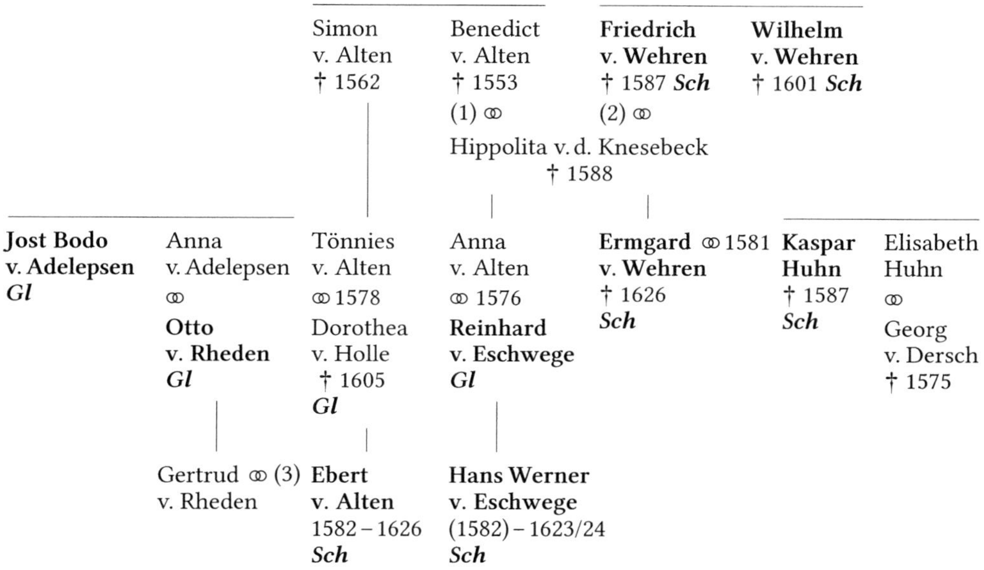

ADELIGKEIT, FERNHÄNDLER UND LUXUSWAREN IN TRANSOSMANISCHEN MOBILITÄTSDYNAMIKEN VOR 1800

Stefan Rohdewald

Abstract Der Beitrag zeigt am Beispiel von Fernhändlern und deren situativer Teilhabe an lokalen und überregionalen Formen von Adeligkeit oder insgesamt sozialen Eliten – gerade auch durch den kompetenten Zugriff auf in entsprechend kompatiblen *regimes of value* geschätzte Waren – wie gerade Angehörige von Sondergruppen, die in unterschiedlichen politischen Herrschaftsgebieten gleichermaßen vertreten waren, vor Ort und transimperial an zentralen Vergesellschaftungsprozessen mitwirkten. Mit diesem und weiteren Argumenten wird insgesamt für die Überwindung der Vorstellung weitgehend isolierter, prioritär von politischen Grenzen definierten Gesellschaften durch die Wahrnehmung migrationsgesellschaftlicher Zusammenhänge im transkontinentalen Kontext plädiert.

Keywords Adeligkeit, Fernhändler, Luxuswaren, Konsum, transosmanische Mobilitätsdynamiken, Polen-Litauen, Russland, Iran, Osmanisches Reich, Moghul-Indien

1 Einleitung

Während schon Kriegerhändler des Früh- und Hochmittelalters oft am Gefolgschaftsadel von Herrschaftsträgern teilhatten,[1] zählten Fernhändler auch während der Frühneuzeit sowie wenigstens bis ins 19. Jahrhundert in unterschiedlicher Form jeweils zu lokalen und gleichzeitig weiträumig vernetzten Eliten, die sich in konkreten Praktiken formeller oder informeller Art reproduzierten. Diese Feststellung dürfte nicht nur Gültigkeit gehabt haben für an dieser Stelle wie auch im DFG-Schwerpunktprogramm (SPP) *Transottomanica* in den Fokus der Aufmerksamkeit gerückte Mobilitätsdynamiken zwischen dem Osmanischen Reich, Polen-Litauen, Persien und Russland. In dem vorliegenden Beitrag wie im gesamten transosmanischen Forschungsverbund

1 Vgl. Heller, Klaus: Die Normannen in Osteuropa (Osteuropastudien der Hochschulen des Landes Hessen, Reihe 1: Gießener Abhandlungen zur Agrar- und Wirtschaftsforschung des europäischen Ostens). Berlin 1993; Pohl, Walter: Die Awaren. Ein Steppenvolk in Mitteleuropa 567–822 n. Chr. München 1988, S. 195–205.

werden durch Mobilität entstandene »transosmanische« soziale Handlungsfelder in und zwischen den in sich heterogenen und überregional in der *longue durée* durch viele gemeinsame »Sondergruppen« gesellschaftlich eng verzahnten Herrschaftsgebieten sichtbar gemacht. Damit stehen die gesamtgesellschaftlichen Folgen von Migration von einzelnen Angehörigen zahlreicher transimperialer sozialer Gruppen für – meist nur vermeintlich in ihrer Mehrheit dauerhaft – immobile lokale Gesellschaften und deren durch die eben nicht isoliert zu betrachtenden Migranten – nolens volens – erfolgende Transformation zu großräumigen und Grenzen von Imperien überschreitenden Migrationsgesellschaften im Zentrum des Interesses.[2] Hier wie im Schwerpunktprogramm soll mit dem gewählten Beispiel auch die Funktion des transosmanischen Fokusgebiets als Scharnierraum in noch weiträumigeren Verflechtungsdynamiken verdeutlicht werden, die gerade vermittels dieses Raumes das Mogulreich bzw. die *Indian Ocean World* und das westliche Europa verbanden.[3] Das ökonomische Kapital dieser Eliten äußerte sich in sozialen oder kulturellen Praktiken unterschiedlichster Form, so zum Beispiel im Bemühen um Ansehen an relevanten Höfen oder unter lokalen Honoratiorengesellschaften, in Praktiken materieller Kultur und des Handels mit Waren und ihres Besitzes, der Kleidung oder des Wohnens und in der Bestrebung, rechtliche Privilegien ständischer, steuerlicher oder auch kommerzieller Art zu erlangen. Die im Folgenden besprochenen Beispiele werden, auch in Abhängigkeit des sehr diversen Forschungsstandes, jeweils nur exemplarischen Einblick in unterschiedliche Konstellationen geben können. Die vorläufigen und lückenhaften, aber zumindest lokalen Befunde können dabei übergreifend und dadurch in einer kontextualisierenden Gesamtschau betrachtet werden.

Zum übergreifend relevanten Rahmen zählt die ökonomische Bedeutung des Handels. Bis 1800 wird der Fernhandel über Land in Vorderasien und insgesamt in Asien als durchaus ökonomisch wichtiger als der Handel Westeuropas betrachtet: »Asiatische« bzw. muslimische sowie armenische und jüdische Kaufleute beherrschten diesen weiterhin sehr lukrativen Handel und traten westeuropäischen Akteuren vorläufig nur unbedeutende Teile ab.[4] Entsprechend dürften in dem genannten transosmanischen Scharniergebiet bzw. in Asien auf eigene Rechnung handelnde Kaufleute beispielsweise aus Westeuropas dem Integrationsdruck in bestehende Praktiken und Netzwerke aus-

2 Zu Mobilitätsdynamiken im transosmanischen Fokus einführend: Rohdewald, Stefan / Conermann, Stephan / Fuess, Albrecht (Hrsg.): Transottomanica – Osteuropäisch-osmanisch-persische Mobilitätsdynamiken. Perspektiven und Forschungsstand (Transottomanica: Osteuropäisch-osmanisch-persische Mobilitätsdynamiken, Bd. 1). Göttingen 2019.

3 Zur *Indian Ocean World* die von Gwynn Campbell herausgegebene gleichnamige Reihe bei Palgrave. Zu Verflechtungen zwischen dem Osmanischen Reich und dem Moghulreich: Faroqhi, Suraiya: The Ottoman and Mughal Empires. Social History in the Early Modern World. London 2019.

4 Matthee, Rudolph: The Politics of Trade in Safavid Iran. Silk for Silver, 1600–1730. Cambridge 2006, S. XII, 2, 4–6; Osterhammel, Jürgen: Die Entzauberung Asiens. Europa und die asiatischen Reiche im 18. Jahrhundert. München 2000, S. 53.

gesetzt gewesen sein, soweit sich diese von den ihnen andernorts bekannten unterschieden und nicht ohnehin Kompatibilität vorlag.

Eliten werden hier sehr breit und flexibel als jeweils im Verhältnis zur Gesamtbevölkerung kleinere Akteursnetzwerke verstanden, die sowohl ökonomisch als auch politisch – und sei es nur durch den auch beschränkten Zugang zu politisch relevanten lokalen Akteuren – stärker als andere Bevölkerungsteile in die Aushandlung von Macht oder das Wissen über Macht vor Ort eingebunden waren. Für in Residenzstädten ansässige Kaufleute konnte dies von größerer Bedeutung sein als für andere.[5] Weit verbreitet war aber das Bestreben, einen solchen Zugang lokal und überregional herzustellen. Erfolgreiche Kaufleute auch außerhalb der Hauptstädte zählten in einem übergreifenden Blick jeweils zum Spektrum lokaler Honoratiorennetzwerke.[6]

Im vorliegenden Beitrag sollen überwiegend auf der Grundlage des Forschungsstandes und weniger des direkten Quellenstudiums einzelne Beispiele für Strategien und Formen behandelt werden, in denen ökonomisches Kapital in soziales oder kulturelles Kapital (Bourdieu) und auch beschränkte politische Teilhabe umgemünzt werden sollte. Dabei wird von der Annahme ausgegangen, dass sich in den Kaufleutenetzwerken, die über das Osmanische Reich oder Persien Indien mit Russland, Polen-Litauen oder dem westlichen Mittelmeerraum sowie dem westlichen Europa verbanden, Integrationsbestrebungen in lokale Ausgestaltungen ökonomischer und politischer Eliten gerade im transosmanischen Fokus verdeutlichen lassen, der das Osmanische Reich in seiner Scharnierfunktion zwischen den genannten Reichen und Räumen hervortreten lässt.

Die Zugehörigkeit zu ökonomischen und politischen Eliten manifestierte sich keineswegs nur, aber auch oder gerade im transosmanischen Fokus während der Frühneuzeit durch die Verfügbarkeit, den Zugriff auf oder die Verwendung von Luxuswaren wie Edelsteinen, Brokattextilien, wertvollen Fellen oder qualitativ hochstehenden Seidengeweben innerhalb auch dadurch definierter sozialer Räume sowie durch die teilweise formalisierte Teilhabe an elitären sozialen Formen von Honoratiorentum oder Adeligkeit. Beide Phänomene sollen im vorliegenden Beitrag als Beispiele der weiträumigen sozialen und kulturellen Kompatibilität transosmanischer Fernhandelspraktiken vor dem Hintergrund des Forschungsstandes besprochen werden. Mit dem Fokus auf Luxuswarenhändler ist neben der formalen Nobilitierung mithin auch die Rolle der

5 Zu Provinzeliten im Osmanischen Reich vgl. Anastasopoulos, Antonis (Hrsg.): Provincial Elites in the Ottoman Empire. Halcyon Days in Crete V. A Symposium Held in Rethymno, 10–12 January 2003. Rethymno 2005. Zu städtischen Eliten im östlichen Mitteleuropa: Noga, Zdzisław (Hrsg.): Elita władzy miasta Krakowa i jej związki z miastami Europy w średniowieczu i epoce nowożytnej (do połowy XVII wieku). Zbiór studiów. Kraków 2011.

6 Vgl. Zens, Robert: Provincial Powers: The Rise of Ottoman Local Notables (Ayan). In: History Studies Volume 3/3 (2011), S. 433–447, S. 443; Sadat, Deena R.: Rumeli Ayanlari: The Eighteenth Century. In: The Journal of Modern History 44/3 (1972), S. 346–363, hier S. 348, 350, 355.

Materialität der gehandelten Waren bei der Bestimmung des sozialen Prestiges dieser im christlichen Kontext meist mit adligen Eliten handelnden Kaufleute ins Zentrum der Aufmerksamkeit gerückt.[7]

Wer Edelsteine oder Seide handelte, hatte Kontakte zu oder bewegte sich in sozialen Kreisen, die diese Waren konsumierten, oder er konsumierte diese Waren selbst und zählte durch diese Verwendung – und sei sie vermittelnd – zur Elite, die sich nicht nur, jedoch auch gerade durch diesen Konsum definierte.[8] Die Kleider- oder Luxusordnungen vom Osmanischen Reich[9] über Russland bis ins östliche Europa konstituierten Sondergruppen, aus denen sich insgesamt Gesellschaft zusammensetzte. Die sich stark gleichenden Regeln bildeten zugleich die sich in den Praktiken widerspiegelnden Versuche normativer Regelungen nach Rangordnungen und Privilegien ab. Insbesondere Luxuswarenkaufleute maßen ihren Erfolg an dem Maß der Integration in die Elite, die ihre eigenen Güter wertschätzte. Wo diese Elite mit formellen Privilegien oder Briefen als Adel organisiert war, strebten gerade Fernhändler in Luxusgütern nach derselben Nobilitierung. Dergestalt etwa als Stand formalisierte Adeligkeit war in dem genannten geographischen Fokus jedoch nicht die Regel, stattdessen herrschten informelle oder nur beschränkt mit (west)europäischen Vorstellungen von Adeligkeit vergleichbare Regeln sozialer Distinktion vor. Diverse kulturelle Praktiken ermöglichten es jedoch, jeweils erforderliches hohes Sozialprestige dennoch lokal und überregional kompatibel zu erreichen und zu reproduzieren oder zu kommunizieren. Chevalier Jean Chardin (1643–1713) – ein Adliger und bis Indien und Persien reisender Kaufmann, insbesondere in Sachen Juwelen, der auch mit publizistischen Produkten Gewinn aus seinen Unternehmungen schlug – soll hier als erster Kronzeuge zur Konkretisierung dienen: Er begann in dem umfangreichen Bericht über seine Reise nach Persien ein Kapitel über den Handel mit der zusammenfassenden Erklärung, gerade weil es »im Orient« keine Adelsrechte gebe, sei der Handel angesichts seiner sozialkulturellen Stabilität und Unabhängigkeit in der lokalen Gesellschaft hoch angesehen. Andererseits seien auch die Herrscher oder ihre Agenten unmittelbar und, wie die von ihm genannten Handelswaren zeigen, gerade im Luxuswarenhandel engagiert, so dass Handel in diesem Kontext keine soziale Differenz kennzeichnete. Oft würden umgekehrt sogar Kaufleute oder ihre Handelsagenten für Diplomaten gehalten. Namentlich persische Kaufleute würden zudem

7 Jetzt: Arkadiusz Blaszczyk, Robert Born, Florian Riedler (Hrsg.): Transottoman Matters: Objects Moving through Time, Space, and Meaning. (Transottomanica: Osteuropäisch-osmanisch-persische Mobilitätsdynamiken, Bd. 4). Göttingen 2021.

8 Diese Überlegungen u. a. in Zusammenhang mit Appadurai, Arjun: Introduction: Commodities and the Politics of Value. In: Appadurai, Arjun (Hrsg.): The Social Life of Things. Commodities in Cultural Perspective. Cambridge 1986, S. 3–63.

9 Vgl. Quataert, Donald: Clothing Laws, State, and Society in the Ottoman Empire, 1720–1829. In: International Journal of Middle East Studies 29/3 (1997), S. 403–425.

ihre aus aller Welt zurückkehrenden Kommissionäre ähnlich wie Herrscher an ihren Residenzen empfangen:

> »Le *Négoce* est une Profession très honorable en Orient, comme étant la meilleure de toutes celles qui ont quelque stabilité, & dont le sort n'est pas si exposé au changement. Il ne s'en faut pas étonner: car cela ne sauroit être autrement dans des Etats, où d'un côté il n'y a point de droit de Noblesse, & par conséquent que très peu d'autorité attachée à la naissance; & où, d'un autre côté, la nature du Gouvernement étant tout-à-fait despotique & arbitraire. Cela fait qu'on estime fort le Négoce en cette partie du Monde, comme un état durable & indépendant. Une autre raison qui fait qu'on le considere, c'est que les plus grand Seigneurs l'exercent, & les Rois même. Ils ont leur Commis, comme les Marchands, & sous le même nom. Ils ont la plupart leurs Navires de marchandise, & leurs Magasins. Le Roi de Perse, par exemple, vend, & envoye aux Païs voisins, de la Soye, des Brocards, & autres riches Etoffes, des Tapis, & des Pierreries. Le nom de *Marchand*, en Orient, est un nom de grand respect, qui ne se donne pas aux gens qui tiennent boutique, ou qui trafiquent de menues denrées, ni à ceux qui n'ont point de Commerce hors du Royaume. On ne le donne qu'a ceux qui ont des Commis, ou Facteurs dans le Païs les plus éloignés: & ces gens sont quelquefois élevés aux plus hautes Charges, & d'ordinaire on en prend pour les Ambassades.«[10]

Mit dem Auftragshandel und dem Rückzug aus dem direkten Tagesgeschäft in der Marktöffentlichkeit beschrieb Chardin die Einschränkung der unmittelbaren Zugänglichkeit der Großhändler, die in seiner Darstellung auch dem performativen Aufzeigen und Herstellen sozialer Distanz zu dienen schien:

> »Ces Marchands Orientaux font tout à fait le Négoce à la grandeur. Car, outre qu'ils envoyent leur Commis par-tout, sans sortir du lieu de leur séjour, où ils se tiennent comme au coeur de leurs grandes affaires, ils n'en traitent point eux-mêmes directement. Il n'y a point de Bourse, ou de Place de change, dans les Villes. Le Négoce se fait part Courtiers; & ces gens sont les plus adroits, [...].«[11]

Der Handel an sich liege infolgedessen in der Hand von »Höflingen«, die dem Großhändler lokal und großräumig zuarbeiteten und an seinem Hof sowie den Höfen seiner Handelspartner empfangen würden. Im Kontext der zuvor zitierten Passage, der diese unmittelbar folgte, erschien dieses Verhalten in den Augen Chardins kompatibel mit Adeligkeit. Die Beschreibung der Praxis sollte dem Leser im Kontext des europäischen Verständnisses von Adeligkeit Chardins These des angeblich hohen Sozialprestiges des

---

10 Chardin, Jean: Voyages du Chevalier Chardin en Perse, et autres lieux de l'orient, nouvelle édition. Bd 3. Amsterdam 1735, S. 121. Diese Passage zitiert auch: Dale, Stephen Frederic: Indian Merchants and Eurasian Trade, 1600–1750. Cambridge 2002, S. 31.

11 Chardin: Voyages du Chevalier Chardin en Perse, S. 121.

Handels in Persien – womöglich im Gegensatz zu Europa? – verständlich machen. Diese Einschätzung des Verhältnisses zwischen Adeligkeit und Handel von Akteuren mit Zugang zu Netzwerken in dem hier vorgestellten geografischen Fokus kann durch weitere Quellen erhärtet werden. Immerhin bekräftigt Stephen Frederic Dale die Aussage Chardins mit dem Hinweis auf eine Aussage eines nordindischen Kaufmanns des 18. Jahrhunderts: Der Hindu Anand Ram »Mukhlis« – ein Khatri-Kaufmann, der aber in persischer Schriftsprache und Rechnungswesen gelehrt war [12] – hielt aus seiner – für uns transosmanisch relevanten – Perspektive sogar sehr selbstbewusst eine Überlegenheit des Handels gegenüber der Adeligkeit fest, da mit ihm anders als mit Letzterer keine Unterwerfung, sondern Herrschaft verbunden sei.[13]

2 Kaufleute und Adel in Moghul-Indien und Zentralasien

Seit dem 13. Jahrhundert waren *Multani*-Kaufleute in Indien als wichtige Geldgeber für den regionalen Adel insbesondere Dehlis bekannt.[14] Der Begriff *Multani* bezeichnete ursprünglich eine Herkunft aus der Stadt Multan im (heute pakistanischen) Punjab. In Buchara wurden indische Multani-Kaufleute seitens des Adels hochgeschätzt. Sie standen in der zweiten Hälfte des 17. Jahrhunderts unter dem Schutz des Herrschers und der lokalen adligen Elite,[15] wie aus einem Erlass eines Khans von Buchara aus der zweiten Hälfte des 17. Jahrhunderts zum Schutz von Hindu-Gemeinschaften in Städten des Khanats hervorgeht.[16] Indische bzw. Multani-Kaufleutenetzwerke reichten über Astrachan bis ins Moskauer Reich und machten dort und in Zentralasien im 17. Jahrhundert insgesamt bis zu 35.000 Personen aus; allein in Persien sollen damals 20.000 tätig gewesen sein.[17]

In Indien blieben unter der Moghulherrschaft alte, höchst beständige Strukturen des Kastenwesens bestehen, am Hof jedoch waren in Einzelfällen mit den Pathanern (Paschtunen) oder mit dem Kaufmann Nurullah Khan doch auch Kriegerhändler oder Kaufleute tätig, die unter Aurangzēb (1658–1707) in den Adelsstand aufgenommen wurden.[18] Adlige wurden in der Regel mit Bargeld entlohnt, das investiert werden musste. So waren sie häufig als Financiers des Überseefernhandels tätig, aber auch im

12 Vgl. Subrahmayan, Sanjay: Of Imârat and Tijârat. Asian Merchants and State Power in the Western Indian Ocean, 1400 to 1750. In: Comparative Studies in Society and History 37/4 (1995), S. 750–780.

13 Vgl. Dale: Indian Merchants and Eurasian Trade, S. 31.

14 Vgl. Levi, Scott: The Indian Merchant Diaspora in Early Modern Central Asia and Iran. In: Iranian Studies 32/4 (1999), S. 483–512, hier S. 511.

15 Vgl. ebd., S. 501–502.

16 Vgl. ebd., S. 501–502.

17 Vgl. ebd., S. 507.

18 Vgl. Athar, Ali: The Mughal Nobility under Aurangzeb. Bombay u. a. 1968, S. 154–155.

Binnenhandel investierten sie Teile ihres Vermögens. Insbesondere aber im Luxuswaren- und speziell im Juwelenhandel waren sie tätig. Shaista Khan etwa kaufte Edelsteine von Jean-Baptiste Tavernier (1605–1689),[19] der zu diesem Zweck im Auftrag desselben 1654 nach Westeuropa reiste.[20] Der Großmogul selbst kaufte Juwelen über adelige Mittelsmänner, namentlich mit Hilfe Shaista Khans.[21] Unter den Adligen war es verbreitet, Werkstätten (*karkhana*) mit zahlreichen Handwerkern zu führen, die Mäntel, Waffen, Möbel und andere Luxuswaren wie Juwelen- und Goldschmuck herstellten, die auch als Geschenke an andere Adlige oder den Herrscher dienen konnten.[22] Auch die Prinzen, Prinzessinnen und der Großmogul selbst unterhielten entsprechende Werkstätten.[23] Offenbar wurden die in Werkstätten von Adligen hergestellten Waren aber nicht unmittelbar verkauft, sondern für den eigenen Bedarf[24] oder als Teil von Lohnzahlungen verwendet.[25]

3 Kaufleute und Rhomäischer Adel: Phanarioten

Christine Philliou betrachtet den Aufstieg griechischsprachiger, orthodoxer Eliten Konstantinopels und insgesamt des Osmanischen Reiches seit der Mitte des 17. Jahrhunderts bis ins 19. Jahrhundert ganz im Kontext mit der gleichzeitig zu beobachtenden Festigung des muslimischen Honoratiorentums (osm. Ayan); und zwar als weitgehend loyaler und systemischer Teil der osmanischen Elitengesellschaft.[26] Oft adliger, byzantinischer

19 Grundlegend: Siebenhüner, Kim: Die Spur der Juwelen. Materielle Kultur und transkontinentale Verbindungen zwischen Indien und Europa in der Frühen Neuzeit. Köln/Weimar 2018, S. 197–221; mehrfach zu Tavernier: Osterhammel: Die Entzauberung Asiens.

20 Vgl. Athar: The Mughal Nobility, S. 156.

21 Vgl. ebd., S. 157.

22 Vgl. ebd., S. 157; Halim Khan, Sumbul: Karkhanas of a Mughal Noble. Evidence from the Amber/Jaipur Records. In: Proceedings of the Indian History Congress 52 (1991), S. 432–438, hier S. 434.

23 Vgl. Athar: The Mughal Nobility, S. 157.

24 Vgl. ebd., S. 160.

25 Vgl. Halim Khan: Karkhanas of a Mughal Noble, S. 437.

26 Vgl. Philliou, Christine: Communities on the Verge. Unraveling the Phanariot Ascendancy in Ottoman Governance. In: Comparative Studies in Society and History 51/1 (2009), S. 151–181, hier S. 153; Osipian, Alexandr: Trans-Cultural Trade in the Black Sea Region, 1250–1700. Integration of Armenian Trading Diaspora in Moldavian Principality. In: New Europe College Black Sea Link Yearbook 2012/2013, S. 113–158, hier S. 156: »Phanariotes were members of those prominent Greek (including Hellenized Vlach and Albanian) families residing in Phanar, the chief Greek quarter of Constantinople, where the Ecumenical Patriarchate is situated. Phanariotes emerged as a class of moneyed Greek merchants (they commonly claimed noble Byzantine descent) in the latter half of the 16th century and went on to exercise great influence in the administration in the Ottoman Empire's Balkan domains in the 18th century. They tended to build their houses in the Phanar quarter in order to be close to the court of the Patriarch, who under the Ottoman millet system was recognized as both the spiritual and secular head (millet-bashi) of all the Orthodox subjects (the Rum Millet, or the ›Roman nation‹) of the Empire, often acting as archontes of the Ecumenical See; thus they came to dominate the administration of the

Herkunft, konnten sie sich im Handel und in der Ausübung kirchlicher Ämter Familiennetzwerke in der Hauptstadt und in anderen Reichsteilen konsolidieren. In den tributpflichtigen Fürstentümern Moldau und Walachei wurden sie seit dem 18. Jahrhundert oft in höchste Würden als Woiwoden und Repräsentanten des Osmanischen Reichs vor Ort eingesetzt. Im Zentrum nahmen sie regelmäßig die Posten der Dragomane ein, deren Funktionen über die von Dolmetschern weit hinaus gingen und mit dem Amt eines Außenministers verglichen werden können.[27] In lokalen Beschreibungen von Honoratiorengesellschaften wurden etwa für Bukarest Christen in unterschiedlichen Gruppen als Amtsleute, Offiziere, Ärzte, Kaufleute, Lehrer etc. in einer gemeinsamen Reihe mit Hilfe osmanisch-türkischer, rumänischer und griechischer Termini repräsentiert.[28] Dort und insgesamt im Reich kombinierten sie ähnlich den muslimischen Ayan mehrere Ämter und Tätigkeiten und agierten als Kaufleute, Höflinge und lokale Herrscher.[29] Der Gebrauch bzw. der Erwerb der griechischen Sprache waren für die kaufmännische Betätigung wie für die kirchlichen Ämter unerlässlich, stand aber ganz im übergreifenden osmanischen Reichszusammenhang und nicht in einem protonationalen.[30] Mehrere adlige Familien beteiligten sich seit dem 16. Jahrhundert am Schwarzmeerhandel und am Fellhandel mit Moskau, was sie uns als transosmanisch relevant erscheinen lässt.[31] Andere Familien dieser Honoratiorennetzwerke wurden im Sinne eines osmanischen Dienstadels nach und nach Teil einer imperialen, impliziten und von der Forschung so benannten *noblesse de robe*.[32] Im Kontakt zu rhomäischen orthodoxen Würdenträgern im Osmanischen Reich schien es dem (noch) lutheranischen Kaufmannssohn Martin Gruneweg in armenischen Diensten um 1584 angebracht, sich als adlig zu inszenieren. Vor dem ökumenischen Patriarchen in Istanbul gab er sich als ruthenischer, das heißt also orthodoxer Adliger aus: »ich were ausm Köningreiche Poelen eins vornemen Reusischen Edelmans sohn und Grichischen glaubens«.[33]

Patriarchate frequently intervening in the selection of hierarchs, including the Ecumenical Patriarch of Constantinople. Many members of the Phanariot families (which had acquired great wealth and influence during the 17th century) occupied high posts of secretaries and interpreters to Ottoman officials and officers. Many had entered the ranks of Wallachian and Moldavian boyar nobility by marriage.«

27 Mit zahlreichen Hinweisen auf den umfangreichen Forschungsstand: Philliou: Communities on the Verge, S. 155.

28 Vgl. ebd., S. 169.

29 Vgl. ebd., S. 181.

30 Vgl. ebd., S. 170. Vgl. Stojanovich, Trajan: The Conquering Balkan Orthodox Merchant. In: The Journal of Economic History 20/2 (1960), S. 234–313.

31 Vgl. ebd., S. 240.

32 Konsequent diesen Terminus gebrauchend: Stojanovich: The Conquering Balkan Orthodox Merchant, S. 270, 272, 302, 311.

33 Gruneweg, Martin: Die Aufzeichnungen des Dominikaners Martin Gruneweg (1562 – ca. 1618) über seine Familie in Danzig, seine Handelsreisen in Osteuropa und sein Klosterleben in Polen, hrsg. von Almut Bues. Bd. 2. Wiesbaden 2008, S. 858.

Mehrere auch in Wien tätige hellenisierte osmanische Kaufleute wurden zu Ende des 18. Jahrhunderts im habsburgischen oder mitteleuropäischen Kontext geadelt, wie etwa die Karajan.[34] Zumindest im Kontakt mit dem westlichen Europa war auch im 19. und 20. Jahrhundert Adeligkeit für Fernhändler aus unserem Fokusgebiet attraktiv. Dies zeigten etwa die Ephrussi, die im Weizenhandel in Odessa sowie später im Erdölhandel in Baku zu Reichtum gekommen waren. Der Bankier Ignaz Ephrussi wurde 1872 in Wien geadelt.[35] Philip Pandely Argenti legte in seinem *Libro d'oro de la noblesse de Chio* 1955 umfangreich dar, dass seit zumindest 1500 Adeligkeit mit byzantinischen Wurzeln und starkem genuesischem Einfluss auf der Insel Chios korporativ wirksam war und insbesondere Kaufleute zu ihr zählten – namentlich neben natürlich den Argenti selbst auch die Familien der Rallis, die im 19. Jahrhundert ihre bestehenden Familienfirmen zu einem globalen Handelshaus ausbauten.[36] Die in Cambridge erschienene Publikation in französischer Sprache steht für die Übersetzung der Ansprüche postosmanischer Eliten (oder zumindest eines ihrer Vertreter) auf kulturelles Kapital in globale Kontexte. Allerdings sind Beispiele wie dieses in den allgemeinen Kontext des »Age of Empire« einzuordnen: von Großbritannien über Frankreich bis zum deutschen Kaiserreich war es verbreitet, Bankiers und Industrielle zu adligen: Die prominenten Beispiele der Barone de Rothschild, mit denen die Ephrussi sich dann auch verwandtschaftlich verbandelten, und die von Siemens stehen für eine größere Gruppe.

4 Transosmanische Kaufleute im Großfürstentum Litauen und im Moskauer Adel

Derartige Übersetzungen kulturellen Kapitals durch rhomäische Kaufleute des Osmanischen Reiches erwiesen sich auch im Kontakt zur Rus' sehr früh als besonders kompatibel. In den Stadtstaaten Groß Novgorod und Pskov mit gewählten Fürsten und im Ansatz im polnisch-litauischen Polock waren adlige Bojaren bis zum Ende des 15. Jahrhunderts als Kaufleute tätig und beherrschten die Stadt und ihr Umland.[37] Die Bojaren

34 Jetzt übergreifend zu den griechisch-orthodoxen Gemeinden in Wien und zu den Karajan: Ransmayr, Anna: Untertanen des Sultans oder des Kaisers.: Struktur und Organisationsformen der beiden Wiener griechischen Gemeinden von den Anfängen im 18. Jahrhundert bis 1918. Wien 2018, S. 264; der Klassiker: Stojanovich: The Conquering Balkan Orthodox Merchant, S. 298, 302.

35 Memoiren eines Familienangehörigen mit Rückblicken ins 19. und 20. Jahrhundert: Edmund De Waal. The Hare With Amber Eyes: A Hidden Inheritance. London 2011.

36 Argenti, Philip Pandely: Libro d'oro de la noblesse de Chio. Cambridge 1955.

37 Vgl. Goehrke, Carsten. Unter dem Schirm der göttlichen Weisheit. Geschichte und Lebenswelten des Stadtstaates Groß-Nowgorod. Zürich 2020; Goehrke, Carsten: Groß-Novgorod und Pskov/Pleskau. In: Hellmann, Manfred u. a. (Hrsg.): Handbuch der Geschichte Russlands. Bd. 1,1. Stuttgart 1981, S. 431–483; Rohdewald, Stefan: »Vom Polocker Venedig.« Kollektives Handeln sozialer Gruppen in einer Stadt zwischen Ost- und Mitteleuropa (Mittelalter, Frühe Neuzeit, 19. Jh. bis 1914). Stuttgart 2005, S. 101–103.

glichen insofern strukturell dem in italienischen, schweizerischen sowie süddeutschen Städten formal adligen Patriziat (unter anderem nach der Integration von im Umland [*contado*] lebenden Adligen ins Stadtbürgerrecht) oder den Ministerialen.[38] In Polock innerhalb des Großfürstentums Litauen veränderte sich die städtische Elite seit dem 15. Jahrhundert mittelbar in diesem mitteleuropäischen Rahmen und unmittelbar nach dem direkten polnischen Vorbild. Bereits mit dem dritten Statut des Großfürstentums Litauen von 1588 war für die Verletzung von Magistratsmitgliedern privilegierter Städte eine Strafe vorgeschrieben worden, die sie in die Nähe des Adels rückte.[39] So wurde der damals paritätisch besetzte katholische und unierte Magistrat von Polock als Gremium bereits zu Beginn der 1780er Jahre vom König eindeutig als »adlig« (*szlachetny*) bezeichnet.[40] Die einzelnen Magistratsmitglieder ließen sich aber erst kurz vor der ersten Teilung Polen-Litauens 1772 nachweislich so ansprechen.[41]

Im Zartum Moskau bzw. im Russländischen Reich waren Fernhändler und damit auch Luxuswarenkaufleute oft oder durchwegs durch Privilegien oder Lizenzen seitens des Hofes direkt oder indirekt bevorteilt. Dies glich strukturell den Steuerpachtsystemen in den islamisch dominierten Reichen: Im Osmanischen Reich konnten sich die nicht muslimischen Kaufleute seit dem späten 18. Jahrhundert zunehmend mit der Ersteigerung von Privilegien (*berat*) den Rechtssystemen westeuropäischer Konsulate unterstellen (*beratlı*)[42] und wurden dann als Dienstleute oder Dienstadlige des Herrschers verstanden. Die Moskauer *gosti* (althochdeutsch »Gast«) standen an der Spitze der privilegierten Kaufleute des Reiches. Der Titel wurde im 17. Jahrhundert durch den Zaren an nie mehr als dreißig Personen gleichzeitig verliehen. Ihre Häuser waren wie die des Klerus oder der Bojaren von der Steuerlast der Stadtgemeinde befreit, und sie konnten Land und Leibeigene im Umland besitzen und wurden nur durch den Zaren persönlich gerichtet. Ihr Dienst bestand im 16. Jahrhundert hauptsächlich in der Diplomatie gegenüber westeuropäischen Staaten; im 17. Jahrhundert dienten sie als Zöllner und Schenkenverwalter in den großen Zentren des Handels Moskau, Archangelsk und Astrachan, bei der Eintreibung einer Sondersteuer sowie bei der

38 Grob im Überblick vgl. Nicholas, David M: The Growth of the Medieval City. From Late Antiquity to the Early Fourteenth Centuries. 2 Bde, hier Bd. 1. New York 1997, S. 126.

39 Statut Vjalikaha knjastva Litoŭskaha 1588. Tėksty. Davednik. Kamentaryi. Ivan P. Šamjakin (Hrsg.), Minsk 1989, S. 31. Vgl. Rohdewald, Stefan: An der Ostgrenze des Patriziats. Kulturelle Praktiken bürgerlicher Eliten der ruthenischen Grenzstadt Polock und der Metropole Krakau im Vergleich. In: Noga, Zdzisław (Hrsg.): Elita władzy miasta Krakowa i jej związki z miastami Europy w średniowieczu i epoce nowożytnej (do połowy XVII wieku). Zbiór studiów, Kraków 2011, S. 233–249.

40 »imeniem szlachetnego magistratu połockiego«, Istoriko-Juridičeskie Materialy, izvlečennye iz aktovych knig gubernij Vitebskoj i Mogilevskoj, chranjaščichsja v Central'nom archive v Vitebske. Bd. 6. Vitebsk 1875, Nr. 13, 1684, S. 298.

41 Ebd., Nr. 23, 1771, S. 393.

42 Artunç, Cihan: The Protégé System and Beratlı Merchants in the Ottoman Empire. The Price of Legal Institutions (Working Paper, Department of Economics). Yale University 2012.

Ausführung von Handelsaktivitäten des staatlichen Schatzamtes. Die meisten von ihnen wohnten in Kitajgorod, der Vorstadt vor dem Kreml, unmittelbar neben Bojaren, Geistlichen und Dienstleuten des Hofs.[43] Persönliche Nähe zum Herrscher bzw. zum sozialräumlichen Herrschaftszentrum war damit für sie genauso definierend wie für den gesamten Dienstadel in der Residenzstadt.[44] Größere Werkstätten oder Manufakturen, die seitens der älteren Forschung als protoindustriell gedeutet wurden, fanden sich im 17. Jahrhundert im Besitz des Staates, der Klöster, der Bojaren und eben auch der *gosti*.[45] Während sich die Zusammensetzung der Gruppe innerhalb relativ kurzer Frist jeweils stark veränderte, ist für die mächtigsten Kaufleute eine generelle Annäherung an die soziale und rechtliche Situation der Bojaren festgehalten worden.

Tatsächlich wurde eine Annäherung an den Adel insbesondere für die *Surožane* und ihre Nachkommen beobachtet: so wurden Fernhändler genannt, die ursprünglich von Sudak (Surož) auf der Krim aus im Handel mit der Goldenen Horde, Byzanz und dem Nahen Osten sowie den italienischen Kolonien vor Ort tätig waren. Sie organisierten sich zu Ende des 14. Jahrhunderts als Verband und erhielten Privilegien, die sie den Bojaren annäherten. Für die Verbesserung ihrer Position war die Durchführung von Handelsgeschäften für die Moskauer Großfürsten und Bojaren bedeutsam. Durch Heiraten zwischen Kaufleutefamilien (Salarev, Troparev, Chovrin) und Bojarengeschlechtern erhielten erstere Erbgüter (*votčina*) im Umkreis von Moskau. Der *Surožanin* Stefan Vasil'evič und sein Sohn Grigorij Chovra siedelten im 15. Jahrhundert aus Sudak in die Moskauer Rus' über. Ein Sohn des Letzteren – Vladimir Grigror'evič Chovrin – wurde chronistisch wegen einer Kirchenstiftung von 1449/50 seinerseits auf »seinem Hof« erwähnt und dabei 1452 mit dem nur in diesem Fall belegten Doppeltitel *gost' da i boljarin velikogo knjazja* (»Fernhändler und Bojar des Großfürsten«) bedacht. Zu diesem Zeitpunkt zählte er zu den reichsten Männern des Großfürstentums.[46] Für den weiträumigen Handlungsradius des *gost-boljarin* Chovrin steht sein Tod während einer Reise zum Heiligen Grab an einem Zufluss zum Don durch die Hand von Tataren.[47] Auch nach der Einverleibung der Südostküste der Krim in den Machtbereich des Osmanischen Reichs 1475 blieben die überregionalen Kommunikationskompetenzen

43 Vgl. Bushkovitch, Paul: The Merchants of Moscow, 1580–1650. Cambridge 1980, S. 14–15.

44 Vgl. ebd.; Rüss, Hartmut: Herren und Diener. Die soziale und politische Mentalität des russischen Adels, 9.-17. Jahrhundert (Beiträge zur Geschichte Osteuropas, Bd. 17). Köln 1994. Zur Rus': Heller, Klaus: Russische Wirtschaft- und Sozialgeschichte. Bd. I.: Die Kiever und die Moskauer Periode (9.–17. Jahrhundert). Darmstadt 1987; Heller: Die Normannen in Osteuropa.

45 Bushkovitch: The Merchants of Moscow, S. 127.

46 Polnoe Sobranie Russkich Letopisej. Bd. 23. Ermolinskaja Letopis'. Sankt-Peterburg 1910, S. 154; vgl. Zimin, Aleksandr A.: Formirovanie bojarskoj aristokratii v Rossii vo votoroj polovine XV-pervoj treti XVI v. Moskva 1988, S. 155, 270–271, 280; Pervachko, Valerij B.: Gosti-Surožane. In: Voprosy istorii (1993) 5, S. 149–153. Vgl. Syroečkovskij, Boris E.: Gosti-Surožane. Moskva/Leningrad 1935.

47 Pervachko, Valerij B.: Russkie kupcy na Svjatoj Zemle. In: Vestnik cerkovnoj istorii 43–44/3–4 (2016), S. 284–301.

dieser Fernhändler und ihre Verwendung im diplomatischen Bereich wichtig: Dmitrij Vladimirovič Chovrin nahm 1491 am Empfang des Gesandten des Heiligen Römischen Reichs teil und führte 1490/91 Friedensgespräche mit dem schwedischen Gesandten. Von 1492 war er für beinahe alle Verhandlungen mit dem Großfürstentum Litauen verantwortlich. Trotz weiterer wichtiger Aufgaben wie der Verhandlungen zwischen dem Großfürstentum Litauen und dem Khanat der Krim 1508 und der Teilnahme an Tätigkeiten der Bojaren sowie auch der gelegentlichen Bezeichnung als Bojar zählte er aber bis zu seinem Tod offenbar nicht formal zu den Bojaren im engeren Sinne.[48] Angehörige der Familie nahmen somit rasch hohe Positionen am Hof ein, der zu diesem Zeitpunkt an seiner Internationalisierung arbeitete und auch andere Zuwanderer begrüßte.

Beachtlich ist, dass mit den Chovrin Kaufleute in Stellungen kamen, die nicht schlechter waren als diejenigen, die hohe Adelige rhomäischer, das heißt byzantinischer Herkunft innehatten und selbstverständlich die Anerkennung als Bojarenadlige sehr viel selbstverständlicher erreichten.[49] Ähnliche Posten und Funktionen wie die Chovrin erlangten am Hofe Ivans III. und Ivans IV. etwa die Brüder Jurij und Dmitrij Manujlovič Trachaniotov, Verwandte der Sophia Paleolog, die in ihrem Gefolge als »Diener« 1472 aus Rom in die Moskauer Rus' gelangten. Jurij war mehrfach an Gesandtschaften zum Römischen Kaiser und am Empfang von dessen Gesandtschaften in Moskau beteiligt. Von 1500 an galten er und sein Bruder als Bojaren der Großfürstin Sof'ja.[50] Als *kaznačej* bzw. Schatzmeister oder Kämmerer tätig waren sowohl Dmitrij Vladimirovič Chovrin von 1491 bis um 1510 als auch sein ältester Neffe, Petr Ivanovič Golovin (wohl schon seit 1512 bis 1519 bzw. 1527) und dessen Vetter Ivan Tret'jakov (von 1538 bis 1549).[51] Jurij Trachaniotov war um 1509 *kaznačej*; 1512 übte er dieses Amt neben Petr I. Golovin aus. 1513 bis 1522 war Jurij mit den diplomatischen Beziehungen des Großfürsten mit dem Osmanischen Reich betraut. Der Einsatz von Griechen hierzu lag sowohl in Moskau wie in Istanbul nahe.[52] Zwar waren die Trachaniotov nicht als Kaufleute tätig, ihre rasche Integration in den Moskauer Adel dürfte aber neben den Chovrin insbesondere rhomäischen Kaufleuten den Weg gewiesen haben.

Nicht nur Kaufleute im Machtbereich des Krimkhanats und den Gebieten des Osmanischen Reiches an der nördlichen Schwarzmeerküste, sondern aus dem gesamten Reich – namentlich auch aus den Tributärstaaten Walachei und Moldau – fanden

48 Vgl. Zimin, Aleksandr A.: Formirovanie bojarskoj aristokratii v Rossii vo votoroj polovine XV-pervoj treti XVI v. Moskva 1988, S. 272.

49 Vgl. Zachar'ina, N.S.: Materialy po istorii svetskoj ėmigracii iz Balkan v Rossiju v pervoj polovine XVII v. v fondach Posol'skogo prikaza. In: Florja, Boris (Hrsg.): Svjazi Rossii s narodami balkanskogo polustrova. Pervaja polovina XVII v. Moskva 1990, S. 194–203, hier S. 195–201.

50 Vgl. Zimin: Formirovanie bojarskoj aristokratii, S. 155, 270, 273–276.

51 Ebd., S. 272–273.

52 Ebd., S. 274.

den Weg nach Moskau. Unter den Einwanderern unterschieden die Behörden des Moskauer Zartums im 17. Jahrhundert unter den in den russischen Dienst übergetretenen Griechen die »Dienstleute« und die Kaufleute, wobei auch für die Kaufleute dieselben Verfahren galten wie für die Dienstleute, bis hin zur Verleihung von Eigengütern (*pomest'e*), und dies umso mehr, wenn sie ihre Zugehörigkeit zum Adel vor der osmanischen Eroberung nachweisen konnten und entsprechende Bekräftigungsschreiben mitbrachten.[53] Neben transregionalen Kaufleuten versuchten genauso lokale Kaufleute, sich und ihre Familien auch vor Ort in der Walachei zu nobilitieren. Der Kaufmann Merişescu – ein Viehhändler – erwarb vor 1800 den Titel eines *cupar* und damit die Nobilitierung als minderrangiger Bojar, ganz analog zum sehr viel weiträumiger agierenden armenischen Kaufmann Manuk Bey, der neben einem Titel als osmanischer *serdar* (1802) auch 1808 die Nobilitierung als walachischer Bojar erlangte.[54] Die Verhandlungen über die Beendigung des Russisch-Osmanischen Krieges von 1806 bis 1812 wurden mit seiner Teilhabe in einer Karawanserei in Bukarest geführt.[55]

5 Transosmanische Kaufleute im Adel Polen-Litauens

Armenische Kaufleute reisten von Sumatra bis Amsterdam, via Moskau, Archangel'sk oder Polen-Litauen und das Osmanische Reich, um Luxuswaren zu vermitteln.[56] Manche verbanden diplomatische Missionen mit dem Geschäft, auch um entsprechenden Schutz und Zollfreiheit zu genießen. Beispielsweise schickte König Sigismund II. von Polen im Jahr 1601 Sefer Muratowicz, der nicht aus einer adligen Familie zu stammen scheint, als seinen persönlichen Kaufmann und königlichen Gesandten nach Persien. Zu den aus Persien mitgebrachten Waren zählten hier speziell für den König hergestellte Teppiche, mit dem polnischen Reichsadler in der Mitte.[57]

Frühe Nobilitierungen von Armeniern im 14. und 15. Jahrhundert in Polen werden auf deren Dienste als Übersetzer für den König zurückgeführt, nicht jedoch auf kaufmännische Aktivitäten. Für deren Ausübung war es sogar unter Umständen hinderlich, adlig zu sein – abgesehen von Rechtsstreitigkeiten: ein stadtbürgerlicher Status war für

53 Zachar'ina: Materialy po istorii svetskoj ėmigracii, S. 198.

54 Vgl. Vintilă-Ghiţulescu, Constanţa: »Eating Daintily«: Food, Body and Social Status in South-Eastern Europe (Eighteenth–Early Nineteenth Centuries). Demnächst in der Zeitschrift Diyâr.

55 Vgl. Malhasyan, Silvart / Yıldız, Aysel: Bir Rahibin Kaleminden Alemdar Mustafa Paşa'nın Sarrafı Manuk Mirzayan Bey. In: Cihannüma. Tarih ve Coğrafya Araştırmaları Dergisi 3/1 (2017), S. 123–172.

56 Vgl. Aslanian, Sebouh David: From the Indian Ocean to the Mediterranean. The Global Trade Networks of Armenian Merchants from New Julfa. Berkeley 2011; Baghdiantz McCabe, Ina: The Shah's Silk for Europe's Silver. The Eurasian Silk Trade of the Julfan Armenians in Safavid Iran and India (1590–1750). Philadelphia 1999.

57 Vgl. Połczyński, Michael: The Relacyja of Sefer Muratowicz 1601–1602. Private Royal Envoy of Sigismund III Vasa to Shah 'Abbas I. In: Turkish Historical Review 5/1 (2014), S. 59–92, Anm. 35.

die Teilhabe am Handel etwa in Lemberg zweckdienlicher.[58] Dennoch können mehrere Beispiele den erfolgreichen Übergang von bereits arrivierten Kaufleuten in den Adelsstand dokumentieren. Wichtig bleibt die sich damit entwickelnde Teilhabe mehrerer wichtiger Geschlechter armenischer Herkunft an der Elite des polnisch-litauischen Gemeinwesens mit langfristiger Wirkung.[59] Im Einzelfall kann in diesem Kontext der Konsum von Waren aus dem Osmanischen Reich in einer adligen Haushaltsführung um 1600 nachgewiesen werden und auch eine Heirat eines Adligen (Kremski) mit der Tochter eines armenischen Kaufmanns (Anna Serebkowiczówna), die allerdings aus mehreren Gründen zu rechtlichen Schwierigkeiten führte.[60]

Seit der Mitte des 17. Jahrhunderts waren in Polen-Litauen als Gürtel verwendete Schärpen persischer oder osmanischer Herkunft oder Art ein wesentlicher Bestandteil der Kleidung des Adels. Wurden diese und andere Kleidungsstücke zunächst in beträchtlicher Zahl durch etwa armenische Fernhändler nach Polen-Litauen gebracht, entwickelte sich in den Produktionsregionen bald eine Exportwirtschaft, die auch kommissionierte Spezialanfertigungen – die erwähnten Teppiche – oder die Berücksichtigung von modischen Elementen zur Steigerung des Absatzes in fernen Regionen beinhaltete. Schon für die Verwendung von Kobaltblau in der mittelalterlichen chinesischen Porzellanherstellung war der Export nach Persien wichtig gewesen. Im nächsten Schritt waren es dann Konsumenten oder Kaufleute aus den Absatzregionen selbst, die sich direkt in Produktionsregionen nach Waren umsahen. Dies galt auch für polnische Adlige, die an diplomatischen Missionen teilnahmen, die schon von osmanischen Zeitgenossen als überdimensioniert betrachtet wurden. So scherzte ein Großwesir, die Begleitung eines polnisch-litauischen Gesandten sei zu klein, um Konstantinopel zu erobern, aber zu groß zu jedem anderen Zweck. Letztlich dürfte sie dem Einkauf vor Ort gedient haben.[61]

Die weitere Konsolidierung eines transregionalen *regimes of value* (Appadurai) bestand sodann in der Einrichtung von Werkstätten zur Herstellung der gewünschten Ware unmittelbar in der Absatzregion, das heißt in diesem Fall in Polen-Litauen. Ähnliche Etappen lassen sich übrigens für andere Luxuswaren nachzeichnen, etwa die Produktion von chinesischem Porzellan bzw. Porzellanimitaten in İznik und später in Portugal, den Niederlanden (Delft) und Sachsen (Meißen), aber auch in Polen-Litauen. Am besten dokumentiert ist sicherlich die Seidenstoffherstellung auf der Grundlage eigener Maulbeerbaumpflanzungen, die – beginnend mit dem Export aus China – am Ende der Entwicklung von frühindustrieller Art und Bedeutung war. Sie wurde

58 Vgl. Stopka, Krzysztof: Milites et nobiles. Ormianie a stan szlachecki Królestwa Polskiego i Wielkiego Księstwa Litewskiego od XIV do XVI wieku. In: Lehahayer 5 (2018), S. 15–106, hier S. 98.

59 Beispiele: ebd., S. 37, 56, 85–86, 98–99.

60 Beispiele: ebd., S. 81.

61 Vgl. Faroqhi, Suraiya: The Ottoman Empire and the World Around It. London 2014, S. 143.

in Venedig und Florenz ebenso von Stadtadligen wie von zahlreichen nicht-adligen Unternehmern betrieben, nachdem sie schon im 13. Jahrhundert in Lyon und Paris vorzufinden gewesen war.[62] Dorthin gelangten mehrere Seidenhändler aus dem östlichen Mittelmeerraum (mit Verbindungen bis zum Kaspischen Meer) und Oberitalien etwa als Haushälter in die Residenzen des Adels.[63] Seit dem 16. Jahrhundert wurde die Seidenbandherstellung auch in Basel betrieben, vornehmlich von Patriziern; in Zürich rückten die Seidenbandindustriellen ab 1600 nach ca. fünfzig Jahren in diesen Stand.[64] Diese Waren und insbesondere Luxuskleidung aus dem Nahen Osten oder nach nahöstlichem Vorbild wurden in den genannten Regionen und in Polen-Litauen ein markanter Teil des adeligen Habitus, ja sogar in Form einer als sarmatisch bezeichneten, dabei erfundenen Tradition – ein erstaunlicher Teil der adeligen Selbstdefinition. Anders als im Orientalismus nach Said handelte es sich dabei um eine affirmative, positiv bewertete Selbstorientalisierung, da es nicht um eine exotisierende Differenzkonstruktion gegenüber dem (Nahen) Osten ging, sondern im Gegenteil um die Konstruktion von eigener Identität und vermeintlich ursprünglicher, oft kleinadliger Zugehörigkeit in der Abgrenzung zu französischen und deutschen adligen oder elitären Kleidungspraktiken.[65]

Der Bedarf an entsprechenden Luxuswaren konsolidierte eine enge gesellschaftliche Verflechtung zahlreicher Kaufleute und Adelsfamilien im transosmanischen Fokus. Dieser Zusammenhang mit Luxuswaren ist sehr gut dokumentiert.[66] Unter den armenischen Schärpenherstellern in Polen-Litauen wurden Leon Madżarski (auch: Madjarski – der Name lässt auf eine zumindest mittelbare ungarische Herkunft schließen) – der Sohn von Jan Madżarski, der seit 1767 unter dem Schutz der Fürsten Radziwiłł in Słuck eine Schärpenmanufaktur errichtet hatte[67] – im Jahr 1790 und Jakub Paschalis im Jahr 1791 geadelt. Paschalis erhielt den Titel wegen der »Mehrung nützlichen Handwerks«, nahm

62 Vgl. Molà, Luca: The Silk Industry of Renaissance Venice. Baltimore/London 2000.

63 Vgl. Farmer, Sharon: The Silk Industries of Medieval Paris. Artisanal Migration, Technological Innovation, and Gendered Experience. Philadelphia 2017, S. 30, 38.

64 Vgl. Pfister, Ulrich: Die Zürcher Fabriques. Protoindustrielles Wachstum vom 16. zum 18. Jahrhundert. Zürich 1992, S. 150–170. Zum Niedergang der von Basler Patrizierfamilien getragenen Seidenbandindustrie (erst) im 20. Jahrhundert vgl. Wild, Roman: »Frau Mode ist launenhaft«. Überlegungen zum Niedergang der Basler Seidenbandindustrie in den 1920er Jahren. In: Köhler, Ingo / Rossfeld, Roman (Hrsg.): Pleitiers und Bankrotteure. Geschichte des ökonomischen Scheiterns vom 18. bis 20. Jahrhundert. Frankfurt/New York 2012, S. 287–316, hier S. 287–288.

65 Vgl. Uffelmann, Dirk: Importierte Dinge und imaginierte Identität. Osmanische »Sarmatica« im Polen der Aufklärung. In: Zeitschrift für Ostmitteleuropaforschung 65/2 (2016) (Themenheft: Polnisch-osmanische Verflechtungen in Kommunikation, materieller Kultur, Literatur und Wissenschaft, hrsg. von Hans-Jürgen Bömelburg / Stefan Rohdewald / Dirk Uffelmann, S. 193–214.

66 Vgl. Poskropko-Strzęciwilk, Janina: Polish Kontusz Sashes in the Collection of the Metropolitan Museum of Art. In: Biedrońska-Słotowa, Beata (Hrsg.): Crossroads of Costume and Textiles in Poland. Cracow 2005, S. 19–34.

67 Vgl. Sławińska, Joanna: Paschalis (Arutiun) Jakubowicz i trzy pasy kontuszowe w zbiorach Muzeum Uniwersytetu Jagiellońskiego. In: Lehahayer 4 (2017), S. 81–97, hier S. 81.

den Namen Jakubowicz und ein Wappen an, das ein Osterlamm (*Paschalis*) zeigte.[68] Diese Manufakturen wurden *Persiarnie* genannt,[69] was auf die Waren, aber womöglich auch auf die analoge Organisationsform der erwähnten *Karkhane*-Werkstätten verwies. Im österreichischen Teilungsgebiet konnten mehrere Familien armenischer Herkunft, die im Viehhandel mit der Moldau und Podolien reich geworden waren, zu Ende des 18. Jahrhunderts Landgüter und damit den Adelstitel erwerben oder sich polnische und moldawische Adeligkeit bestätigen lassen.[70]

6 Anstelle einer Bilanz: Adlige Fernhändler in transosmanischer Perspektive

Im engen Kontakt zu Polen-Litauen und innerhalb des Osmanischen Reiches, aber auch im Zartum Moskau sowie in den italienischen Stadtstaaten versuchten christliche Fernhändler insbesondere im Handel mit Luxuswaren nach dem Vorbild der lokalen Familien – gedacht sei im römisch-deutschen Zusammenhang an den Aufstieg der Thurn und Taxis sowie der Fugger in den Hochadel –, aber eben auch entsprechend den im transosmanischen Kontext bekannten Handlungshorizonten häufig als Adlige aufzutreten. Alternativ dazu wendeten sie ihr ökonomisches und soziales Kapital lokal adäquat an, um formal die Nobilitierung am Ursprungsort und/oder unter Umständen auch am Zielort des Handels zu erlangen. Gut aufgearbeitet ist das Beispiel der aus dem persischen Neu Dschulfa stammenden armenischen Familie Sceriman, die 1699 einen ungarischen Grafentitel sowie zur Mitte des 18. Jahrhunderts Adelstitel in mehreren Stadtstaaten Italiens erwarben. Zur (nachträglichen) Legitimierung erklärte Basilio Sceriman abenteuerlich eine adlige Herkunft der Familie, die sich auf mittelalterliche französische Kreuzfahrer in Armenien zurückführen lassen sollte.[71] Allerdings blieb ihnen der Zugang zum Adel Venedigs verwehrt.[72] Ähnlich wurden auch Mitglieder

68 Ausführlich vgl. ebd., S. 82–86; Bender, Agnieszka: Armenian Artisans and Traders of Decorative Arts in the First Polish Republic. Status of Research and Proposed Directions for Further Study. In: Series Byzantina 9 (2011) (Themenheft: Art of the Armenian Diaspora), S. 195–202, hier S. 201; Chruszczyńska, Jadwiga: Pasy kontuszowe z polskich manufaktur i pracowni w zbiorach Muzeum Narodowego w Warszawie, hrsg. vom Muzeum Narodowe w Warszawie. Warszawa 1995.

69 Peck, Amelia (Hrsg.): Interwoven Globe. The Worldwide Textile Trade, 1500–1800. New York 2013, S. 270 (im Kommentarteil zur Ausstellung).

70 Stopka, Krzysztof: Ormianie polscy – siedem wieków istnienia. Kancelaria Senatu. Warszawa 2017, S. 10.

71 Vgl. Aslanian: From the Indian Ocean to the Mediterranean, S. 150–153.

72 Vgl. Korsch, Evelyn: The Sceriman between Venice and New Julfa. An Armenian Trading Network and its Sociocultural Impacts (Seventeenth and Eighteenth Centuries). In: Christ, Georg u. a. (Hrsg.): Union in Separation. Diasporic Groups and Identities in the Eastern Mediterranean (1100–1800). Rome 2015, S. 363–378.

der aus Neu Dschulfa nach Italien gelangten Familie Mirman nobilitiert.[73] Aber auch in Russland versuchten armenische Kaufleute die Nobilitierung zu erreichen – so der Kaufmann Yovhannes Lazarean um 1780.[74]

Unter Einbeziehung des östlichen Europa erscheint folglich eine Abgrenzung der beiden ohnehin nicht separat vorzustellenden Gruppen – Adlige und Kaufleute – womöglich noch schwieriger als im nordwestlichen Kontinentaleuropa. Allerdings kann für mehrere Netzwerke und Waren eine Eingliederung westeuropäischer Kaufleute auch in den Fernhandel über Land festgehalten werden. Dies vermag ein genauerer Blick auf ein bereits eingeführtes Beispiel aufzuzeigen: Jean-Baptiste Tavernier reiste nicht nur nach Polen und über das Osmanische Reich und den Kaukasus nach Persien und Indien, sondern darauf erneut nach Polen-Litauen und nach Moskau. Dort verstarb er, ohne jenen entsprechenden Reisebericht über Russland verfasst zu haben, der am Anfang der Überlegungen zu dieser letzten Reise stand und seine desolaten Finanzen hätte verbessern sollen. Als Sohn eines hugenottischen Kaufmanns, der sich auf den Handel mit geographischen Karten spezialisiert hatte,[75] wurde Tavernier zu einem der einflussreichsten transkontinentalen Diamantenhändler seiner Zeit.[76] In seiner Teilhabe an der Intensivierung der Globalisierung des euro-asiatischen Seehandels[77] wurde auch er sehr geübt in der Anpassung an jeweilige soziale und kulturelle situative Zusammenhänge, in denen er sich bewegte und an denen er aktiv mitwirkte. Darauf verweist seine Darstellung in der Ausgabe seiner Reiseberichte von 1713 in »persischer Kleidung«, geschenkt durch den »König von Persien«. So war er in der Lage, seine langfristig ausgeübte soziale Praxis des Reisens in wirtschaftliches und soziales, ständisches Kapital zu übersetzen. 1669 erlangte er von Louis XIV. von Frankreich die Nobilitierung und mit dem Erwerb der westlich Lausannes gelegenen Herrschaft und Stadt Aubonne von der Adelsrepublik Bern und dem Grafen von Greyerz das Recht, den Titel eines Barons von Aubonne zu tragen, wo er seit der Rückkehr aus Indien 1659 lebte.[78] Sein Geschäftsmodell bestand neben dem Vertrieb seiner gedruckt publizierten Reiseberichte aus dem Diamantenhandel. Er kaufte und

73 Vgl. Aslanian: From the Indian Ocean to the Mediterranean, S. 261.

74 Vgl. Ferrari, Aldo: Nobility and Monarchy in Eighteenth Century Armenia. Preliminary Remarks to a New Study. In: Iran & the Caucasus 8/1 (2004), S. 53–63, hier S. 59.

75 Vgl. Sponberg Pedley, Mary: The Map Trade in Paris, 1650–1825. In: Imago Mundi 33 (1981), S. 33–45.

76 Vgl. Hofmeester, Karin: Les diamants, de la mine à la bague. Pour une histoire globale du travail au moyen d'un article de luxe. In: Le Mouvement social 241 (2012), S. 85–103.

77 Vgl. Scammell, Geoffrey Vaughan: European Exiles, Renegades and Outlaws and the Maritime Economy of Asia c. 1500–1750. In: Modern Asian Studies 26/4 (1992), S. 641–661; zu Bengalen: Roy, Tirthankar: Where Is Bengal? Situating an Indian Region in the Early Modern World Economy. In: Past & Present 213 (2011), S. 115–146.

78 Baghdiantz McCabe, Ina: Orientalism in Early Modern France. Eurasian Trade, Exoticism, and the Ancien Régime. Oxford/New York 2008, S. 112.

verkaufte Diamanten an Fürsten und Könige. Louis XIV. von Frankreich zählte zu seinen besten Kunden.[79]

Sein Beispiel und der vorliegende Text zeigen auf, dass der Handel im hier betrachteten transosmanischen Fokus und durch das Osmanische Reich gerade in Praktiken der flexiblen soziokulturellen Anpassung der einzelnen Akteure, in der Kompatibilität der ohnehin nicht scharf differenzierten *regimes of value* in einer situativ hergestellten, offenen sozialen Gruppe im Umgang mit Objekten sowie in der gleichzeitigen Aushandlung des sozialen Rangs und der Eliten- oder eben auch Adelszugehörigkeit begründet war. Diese Feststellung trifft aber für alle involvierten Akteure zu, die über längere Distanz und in mehreren lokalen Kontexten sozialisiert waren und gerade hierbei zentrale Funktionen bei der Herstellung überregionaler *und* lokaler Gesellschaft im Sinne einer großräumigen Migrationsgesellschaft ausübten. Auch eine Minderzahl Reisender oder dauerhaft mobiler Akteure vermochte lokale Gesellschaften insgesamt zu verändern.[80] Dieses Fazit ist an die Stelle der Vorstellung eines *clash of cultures* zwischen »Abendland« und »Orient« gerade für den hier diskutierten Bereich im transosmanischen Fokusgebiet zu setzen. Gleichermaßen unangebracht erscheint aus dieser Perspektive die immer noch oft betriebene Marginalisierung der beschriebenen Kaufleute als Ausnahmeerscheinungen oder Vertreter vermeintlich schlecht integrierter sogenannter »Diasporagruppen«, die mit Aslanian viel eher als Zirkulationsgesellschaften[81] zu betrachten sind. Für diese wie für weniger mobile Gruppen galt aber genauso, dass die Zugehörigkeit zu einer ständischen, sozialen oder/und religiösen, konfessionellen (Sonder)Gruppe in der Frühneuzeit lokal und überregional wie schon im Mittelalter weiterhin die Regel blieb.[82]

---

79 Vgl. Longino, Michèle: French Travel Writing in the Ottoman Empire: Marseilles to Constantinople. New York u.a. 2015, S. 4.

80 Vgl. Rohdewald, Stefan: Mobilität/Migration. Herstellung transosmanischer Gesellschaften durch räumliche Bewegungen. In: Rohdewald, Stefan / Conermann, Stephan / Fuess, Albrecht (Hrsg.): Transottomanica – Osteuropäisch-osmanisch-persische Mobilitätsdynamiken. Perspektiven und Forschungsstand (Transottomanica: Osteuropäisch-osmanisch-persische Mobilitätsdynamiken, Bd. 1). Göttingen 2019, S. 59–82.

81 Aslanian: From the Indian Ocean to the Mediterranean, S. 13.

82 Vgl. Zur textuellen Aushandlung von Differenz im Osmanischen Reich vgl. Rohdewald, Stefan: Beschreibungen von Uneinheitlichkeit im »Osmanischen Europa« am Beispiel von Evliya Çelebis Bericht über Albanien und Makedonien. In: Geschichte in Wissenschaft und Unterricht 68/5–6 (2017) (Themenheft »Osmanisches Europa«, hrsg. von Markus Koller), S. 265–277. Die Analyse stimmt auch ohne die anachronistische Annahme einer vermeintlich prinzipiellen Toleranz: Barkey, Karen: The Empire of Difference. The Ottomans in Comparative Perspective. Cambridge/New York 2008.

Quellen- und Literaturverzeichnis

Gedruckte Quellen

Argenti, Philip Pandely: Libro d'oro de la noblesse de Chio. Cambridge 1955.

Chardin, Jean: Voyages du Chevalier Chardin en Perse, et autres lieux de l'orient, nouvelle édition. Bd 3. Amsterdam 1735.

Gruneweg, Martin: Die Aufzeichnungen des Dominikaners Martin Gruneweg (1562 – ca. 1618) über seine Familie in Danzig, seine Handelsreisen in Osteuropa und sein Klosterleben in Polen, hrsg. von Almut Bues. 4 Bde, Wiesbaden 2008.

Istoriko-Juridičeskie Materialy, izvlečennye iz aktovych knig gubernij Vitebskoj i Mogilevskoj, chranjaščichsja v Central'nom archive v Vitebske. Bd. 6. Vitebsk 1875.

Polnoe Sobranie Russkich Letopisej. Bd. 23: Ermolinskaja Letopis'. Sankt-Peterburg 1910.

Statut Vjalikaha knjastva Litoŭskaha 1588. Tėksty. Davednik. Kamentaryi, hrsg. von Ivan P. Šamjakin. Minsk 1989.

Literaturverzeichnis

Anastasopoulos, Antonis (Hrsg.): Provincial Elites in the Ottoman Empire. Halcyon Days in Crete V. A Symposium Held in Rethymno, 10–12 January 2003. Rethymno 2005.

Appadurai, Arjun: Introduction: Commodities and the Politics of Value. In: Appadurai, Arjun (Hrsg.): The Social Life of Things. Commodities in Cultural Perspective. Cambridge 1986, S. 3–63.

Artunç, Cihan: The Protégé System and Beratlı Merchants in the Ottoman Empire. The Price of Legal Institutions (Working Paper, Department of Economics). Yale University 2012.

Aslanian, Sebouh David: From the Indian Ocean to the Mediterranean. The Global Trade Networks of Armenian Merchants from New Julfa. Berkeley 2011.

Athar, Ali: The Mughal Nobility under Aurangzeb. Bombay u. a. 1968.

Baghdiantz McCabe, Ina: The Shah's Silk for Europe's Silver. The Eurasian Silk Trade of the Julfan Armenians in Safavid Iran and India (1590–1750). Philadelphia 1999.

Baghdiantz McCabe, Ina: Orientalism in Early Modern France. Eurasian Trade, Exoticism, and the Ancien Régime. Oxford/New York 2008.

Barkey, Karen: The Empire of Difference. The Ottomans in Comparative Perspective. Cambridge/New York 2008.

Bender, Agnieszka: Armenian Artisans and Traders of Decorative Arts in the First Polish Republic. Status of Research and Proposed Directions for Further Study. In: Series Byzantina 9 (2011) (Themenheft: Art of the Armenian Diaspora), S. 195–202.

Biedrońska-Słotowa, Beata (Hrsg.): Crossroads of Costume and Textiles in Poland. Cracow 2005.

Blaszczyk, Arkadiusz / Born, Robert / Riedler, Florian (Hrsg.): Transottoman Matters: Objects Moving through Time, Space, and Meaning. (Transottomanica: Osteuropäisch-osmanisch-persische Mobilitätsdynamiken, Bd. 4). Göttingen 2021.

Bushkovitch, Paul: The Merchants of Moscow, 1580–1650. Cambridge 1980.

Chruszczyńska, Jadwiga: Pasy kontuszowe z polskich manufaktur i pracowni w zbiorach Muzeum Narodowego w Warszawie, hrsg. vom Muzeum Narodowe w Warszawie. Warszawa 1995.

Dale, Stephen Frederic: Indian Merchants and Eurasian Trade, 1600–1750. Cambridge 2002.

Farmer, Sharon: The Silk Industries of Medieval Paris. Artisanal Migration, Technological Innovation, and Gendered Experience. Philadelphia 2017.

Faroqhi, Suraiya: The Ottoman Empire and the World Around It. London 2014.

Faroqhi, Suraiya: The Ottoman and Mughal Empires. Social History in the Early Modern World. London 2019.

Faroqhi, Suraiya / Veinstein, Gilles (Hrsg.): Merchants in the Ottoman Empire. Löwen 2008.

Ferrari, Aldo: Nobility and Monarchy in Eighteenth Century Armenia. Preliminary Remarks to a New Study. In: Iran & the Caucasus 8/1 (2004), S. 53–63.

Goehrke, Carsten: Unter dem Schirm der göttlichen Weisheit. Geschichte und Lebenswelten des Stadtstaates Groß-Nowgorod. Zürich 2020.

Goehrke, Carsten: Groß-Novgorod und Pskov/Pleskau. In: Hellmann, Manfred u. a. (Hrsg.): Handbuch der Geschichte Russlands. Bd. 1,1. Stuttgart 1981, S. 431–483.

Häberlein, Mark: Die Fugger: Geschichte einer Augsburger Familie (1367–1650). Stuttgart 2006.

Halim Khan, Sumbul: Karkhanas of a Mughal Noble. Evidence from the Amber/Jaipur Records. In: Proceedings of the Indian History Congress 52 (1991), S. 432–438.

Heller, Klaus: Russische Wirtschaft- und Sozialgeschichte. Bd. 1: Die Kiever und die Moskauer Periode (9.–17. Jahrhundert). Darmstadt 1987.

Heller, Klaus: Die Normannen in Osteuropa (Osteuropastudien der Hochschulen des Landes Hessen, Reihe 1: Gießener Abhandlungen zur Agrar- und Wirtschaftsforschung des europäischen Ostens). Berlin 1993.

Hofmeester, Karin: Les diamants, de la mine à la bague. Pour une histoire globale du travail au moyen d'un article de luxe. In: Le Mouvement social 241 (2012), S. 85–103.

Korsch, Evelyn: The Sceriman between Venice and New Julfa. An Armenian Trading Network and its Sociocultural Impacts (Seventeenth and Eighteenth Centuries). In: Christ, Georg u. a. (Hrsg.): Union in Separation. Diasporic Groups and Identities in the Eastern Mediterranean (1100–1800). Rome 2015, S. 363–378.

Levi, Scott: The Indian Merchant Diaspora in Early Modern Central Asia and Iran. In: Iranian Studies 32/4 (1999), S. 483–512.

Longino, Michèle: French Travel Writing in the Ottoman Empire. Marseilles to Constantinople. New York u. a. 2015.

Malhasyan, Silvart / Yıldız, Aysel: Bir Rahibin Kaleminden Alemdar Mustafa Paşa'nın Sarrafı Manuk Mirzayan Bey. In: Cihannüma. Tarih ve Coğrafya Araştırmaları Dergisi 3/1 (2017), S. 123–172.

Matthee, Rudolph: The Politics of Trade in Safavid Iran. Silk for Silver, 1600–1730. Cambridge 2006.

Molà, Luca: The Silk Industry of Renaissance Venice. Baltimore/London 2000.

Nicholas, David M: The Growth of the Medieval City. From Late Antiquity to the Early Fourteenth Centuries. 2 Bde, New York 1997.

Noga, Zdzisław (Hrsg.): Elita władzy miasta Krakowa i jej związki z miastami Europy w średniowieczu i epoce nowożytnej (do połowy XVII wieku). Zbiór studiów. Kraków 2011.

Osipian, Alexandr: Trans-Cultural Trade in the Black Sea Region, 1250–1700. Integration of Armenian Trading Diaspora in Moldavian Principality. In: New Europe College Black Sea Link Yearbook (2012/2013), S. 113–158.

Osterhammel, Jürgen: Die Entzauberung Asiens. Europa und die asiatischen Reiche im 18. Jahrhundert. München 2000.

Peck, Amelia (Hrsg.): Interwoven Globe: The Worldwide Textile Trade, 1500–1800. New York 2013.

Pervachko, Valerij B.: Gosti-Surožane. In: Voprosy istorii (1993) 5, S. 149–153.

Pervachko, Valerij B.: Russkie kupcy na Svjatoj Zemle. In: Vestnik cerkovnoj istorii 43–44/3–4 (2016), S. 284–301.

Pfister, Ulrich: Die Zürcher Fabriques. Protoindustrielles Wachstum vom 16. zum 18. Jahrhundert. Zürich 1992.

Philliou, Christine: Communities on the Verge. Unraveling the Phanariot Ascendancy in Ottoman Governance. In: Comparative Studies in Society and History 51/1 (2009), S. 151–181.

Pohl, Walter: Die Awaren. Ein Steppenvolk in Mitteleuropa 567–822 n. Chr. München 1988.

Połczyński, Michael: The Relacyja of Sefer Muratowicz 1601–1602. Private Royal Envoy of Sigismund III Vasa to Shah 'Abbas I. In: Turkish Historical Review 5/1 (2014), S. 59–92.

Poskropko-Strzęciwilk, Janina: Polish Kontusz Sashes in the Collection of the Metropolitan Museum of Art. In: Biedrońska-Słotowa, Beata (Hrsg.): Crossroads of Costume and Textiles in Poland. Cracow 2005, S. 19–34.

Quataert, Donald: Clothing Laws, State, and Society in the Ottoman Empire, 1720–1829. In: International Journal of Middle East Studies 29/3 (1997), S. 403–425.

Ransmayr, Anna: Untertanen des Sultans oder des Kaisers. Struktur und Organisationsformen der beiden Wiener griechischen Gemeinden von den Anfängen im 18. Jahrhundert bis 1918. Wien 2018.

Rohdewald, Stefan: »Vom Polocker Venedig.« Kollektives Handeln sozialer Gruppen in einer Stadt zwischen Ost- und Mitteleuropa (Mittelalter, Frühe Neuzeit, 19. Jh. bis 1914). Stuttgart 2005 (Open Access: https://elibrary.steiner-verlag.de/book/10.25162/9783515125659).

Rohdewald, Stefan: An der Ostgrenze des Patriziats. Kulturelle Praktiken bürgerlicher Eliten der ruthenischen Grenzstadt Polock und der Metropole Krakau im Vergleich. In: Noga, Zdzisław (Hrsg.): Elita władzy miasta Krakowa i jej związki z miastami Europy w średniowieczu i epoce nowożytnej (do połowy XVII wieku). Zbiór studiów [Die politische Elite Krakaus und ihre Verbindungen mit anderen Städten Europas im Mittelalter und in der frühen Neuzeit (bis 1650). Gesammelte Studien]. Kraków 2011, S. 233–249.

Rohdewald, Stefan: Beschreibungen von Uneinheitlichkeit im »Osmanischen Europa« am Beispiel von Evliya Çelebis Bericht über Albanien und Makedonien. In: Geschichte in Wissenschaft und Unterricht 68/5–6 (2017) (Themenheft: »Osmanisches Europa«, hrsg. von Markus Koller), S. 265–277.

Rohdewald, Stefan: Mobilität/Migration: Herstellung transosmanischer Gesellschaften durch räumliche Bewegungen. In: Rohdewald/Conermann/Fuess: Transottomanica, S. 59–82.

Rohdewald, Stefan/Conermann, Stephan/Fuess, Albrecht (Hrsg.): Transottomanica – Osteuropäisch-osmanisch-persische Mobilitätsdynamiken. Perspektiven und Forschungsstand (Transottomanica: Osteuropäisch-osmanisch-persische Mobilitätsdynamiken, Bd. 1). Göttingen 2019. URL: http://dx.doi.org/10.14220/9783737008860 (Open Access).

Roy, Tirthankar: Where Is Bengal? Situating an Indian Region in the Early Modern World Economy. In: Past & Present 213 (2011), S. 115–146.

Rüss, Hartmut: Herren und Diener. Die soziale und politische Mentalität des russischen Adels, 9.-17. Jahrhundert (Beiträge zur Geschichte Osteuropas, Bd. 17). Köln 1994.

Sadat, Deena R.: Rumeli Ayanlari. The Eighteenth Century. In: The Journal of Modern History 44/3 (1972), S. 346–363.

Scammell, Geoffrey Vaughan: European Exiles, Renegades and Outlaws and the Maritime Economy of Asia c.1500–1750. In: Modern Asian Studies 26/4 (1992), S. 641–661.

Schweizerisches Nationalmuseum (Hrsg.): Indiennes. Stoff für tausend Geschichten. Basel 2019.

Siebenhüner, Kim: Die Spur der Juwelen. Materielle Kultur und transkontinentale Verbindungen zwischen Indien und Europa in der Frühen Neuzeit. Köln/Weimar 2018.

Sławińska, Joanna: Paschalis (Arutiun) Jakubowicz i trzy pasy kontuszowe w zbiorach Muzeum Uniwersytetu Jagiellońskiego. In: Lehahayer 4 (2017), S. 81–97.

Sponberg Pedley, Mary: The Map Trade in Paris, 1650–1825. In: Imago Mundi 33 (1981), S. 33–45.

Stojanovich, Trajan: The Conquering Balkan Orthodox Merchant. In: The Journal of Economic History 20/2 (1960), S. 234–313.

Stopka, Krzysztof: Ormianie polscy – siedem wieków istnienia. Kancelaria Senatu. Warszawa 2017.

Stopka, Krzysztof: Milites et nobiles. Ormianie a stan szlachecki Królestwa Polskiego i Wielkiego Księstwa Litewskiego od XIV do XVI wieku. In: Lehahayer 5 (2018), S. 15–106.

Subrahmayan, Sanjay: Of Imârat and Tijârat. Asian Merchants and State Power in the Western Indian Ocean, 1400 to 1750. In: Comparative Studies in Society and History 37/4 (1995), S. 750–780.

Syroečkovskij, Boris E.: Gosti-Surožane. Moskva/Leningrad 1935.

Uffelmann, Dirk: Importierte Dinge und imaginierte Identität. Osmanische »Sarmatica« im Polen der Aufklärung. In: Zeitschrift für Ostmitteleuropaforschung 65/2 (2016) (Polnisch-osmanische Verflechtungen in Kommunikation, materieller Kultur, Literatur und Wissenschaft, hrsg. von Hans-Jürgen Bömelburg / Stefan Rohdewald / Dirk Uffelmann), S. 193–214.

Vintilă-Ghiţulescu, Constanţa: »Eating Daintily«. Food, Body and Social Status in South-Eastern Europe (Eighteenth–Early Nineteenth Centuries). In: Diyar (im Druck).

Wild, Roman: »Frau Mode ist launenhaft«. Überlegungen zum Niedergang der Basler Seidenbandindustrie in den 1920er Jahren. In: Köhler, Ingo / Rossfeld, Roman (Hrsg.): Pleitiers und Bankrotteure. Geschichte des ökonomischen Scheiterns vom 18. bis 20. Jahrhundert. Frankfurt/New York 2012, S. 287–316.

Zachar'ina, N. S.: Materialy po istorii svetskoj ėmigracii iz Balkan v Rossiju v pervoj polovine XVII v. v fondach Posol'skogo prikaza. In: Florja, Boris (Hrsg.): Svjazi Rossii s narodami balkanskogo polustrova. Pervaja polovina XVII v. Moskva 1990, S. 194–203.

Zens, Robert: Provincial Powers. The Rise of Ottoman Local Notables (Ayan). In: History Studies Volume 3/3 (2011), S. 433–447.

Zimin, Aleksandr A.: Formirovanie bojarskoj aristokratii v Rossii vo votoroj polovine XV-pervoj treti XVI v. Moskva 1988.

WIRTSCHAFT, ADEL, RECHT UND REICH. DIE WIRTSCHAFTLICHEN BESTIMMUNGEN DER FAMILIENVERTRÄGE DER DEUTSCHEN REICHSSTÄNDE

Stephan Wendehorst

Abstract Gegenstand dieses Beitrags sind die wirtschaftlichen Bestimmungen der Familienverträge der deutschen Reichsstände. Er gliedert sich in drei Teile, erstens Forschungsstand, Fragestellung und Begriffsklärung, zweitens Klärung der empirischen Grundlage und Vorstellung ausgewählter Fallbeispiele, drittens die Frage nach der Bedeutung der wirtschaftlichen Bestimmungen der Familienverträge für Wirtschafts-, Adels-, Rechts- und Reichsgeschichte. Für die Wirtschaftsgeschichte bestätigt der Beitrag vor allem die bis zum Ende der Frühen Neuzeit andauernde Bindung von Besitz und Wirtschaft an die Grundherrschaft und einen nur zögerlichen Aufbruch in die Geldwirtschaft. Für die Adelsgeschichte unterstreicht der Beitrag die zentrale Bedeutung von Land und Leuten und den daraus erzielten Einkünften für Selbstverständnis und Ökonomie des Adels. Für die Rechts- und Reichsgeschichte arbeitet der Beitrag erstens die Rolle der Familienverträge als Steuerungsinstrument für weit über inner- oder zwischendynastische Angelegenheiten hinausgehende Materien heraus, zweitens die besondere Bedeutung dieses Genres von Verträgen im Heiligen Römischen Reich, dessen Adel in besonderem Maß Herrschaftsrechte ausübte, und drittens die Kategorisierung der Familienverträge der deutschen Reichstände als Teil des Völkerrechts.

Keywords Adel, Autonomie, Dynastie, Familienvertrag, Gleichheit, Grundherrschaft, Heiliges Römisches Reich, Land und Leute, Landesteilung, Reichsstand, Völkerrecht, Wirtschaft

1 Forschungsstand, Fragestellung und Definitionsangebot

Die Familienverträge des europäischen Adels im Allgemeinen und der deutschen Reichsstände im Besonderen gehören – Ausnahmen wie der Wittelsbachische Hausvertrag von Pavia von 1329, die Pragmatische Sanktion oder der bourbonische Pacte de Famille von 1761 bestätigen die Regel – nicht zu den von der historischen Forschung besonders intensiv untersuchten Gegenständen.[1] Drei Faktoren erscheinen kritisch

1 Ein seltenes Gegenbeispiel: Müller, Mario / Spieß, Karl-Heinz / Tresp, Uwe (Hrsg.): Erbeinungen und Erbverbrüderungen in Spätmittelalter und Früher Neuzeit. Generationsübergreifende Verträge und

für den Forschungsstand, eine sektorale Nutzung der Familienverträge, die anachronistische Rückprojektion moderner Vorstellungen auf die Frühe Neuzeit sowie eine unscharfe Begriffsbildung. Ähnlich wie die Dynastien als eigenständiger formativer Faktor der europäischen Geschichte nicht ihrem Gewicht entsprechend eigens untersucht wurden, wie Richard van Dülmen und Reinhart Koselleck angemerkt haben,[2] fehlt bis heute eine umfassende juristische Studie zur Bedeutung der zwischen diesen bzw. innerhalb dieser Dynastien geschlossenen Verträge bzw. vertragsähnlichen Konstruktionen. Die Forschung hat nur selten einzelne Familienverträge oder Gruppen davon in ihrer Gesamtheit oder über längere Zeiträume untersucht.[3] Meist wurden sie nicht an sich untersucht, sondern im Kontext anderer Fragestellungen. Das Interesse der Politik- und Verfassungsgeschichte ist auf diejenigen Familienverträge oder Teile davon beschränkt, die Landesteilungen zum Gegenstand hatten und/oder wichtige Etappen moderner Staatsbildungsprozesse und Verfassungsentwicklung darstellten. Ein besonders prominentes Beispiel ist die Pragmatische Sanktion Kaiser Karls VI. (1685–1740).[4] Die Völkerrechtsgeschichte hat die Familienverträge eher am Rande mitbehandelt, auch wenn es nicht an Hinweisen auf ihre zentrale Bedeutung für das Völkerrecht gefehlt hat. Carl Schmitt etwa hat das dynastische Familienrecht neben dem zwischenstaatlichen Recht als zweite Säule des Jus Publicum Europaeum kategorisiert.[5] Aus völkerrechtlicher Perspektive hat sich noch am umfassendsten mit Familienverträgen – unter Einschluss der Familienverträge deutscher Reichsstände – Jan Hendrik Willem Verzijl im Kontext

Strategien im europäischen Vergleich (Studien zur brandenburgischen und vergleichenden Landesgeschichte, Bd. 17). Berlin 2014.

2 Vgl. Mohnhaupt, Heinz: Die Lehre von der »Lex Fundamentalis« und die Hausgesetzgebung europäischer Dynastien. In: Ders., Historische Vergleichung im Bereich von Staat und Recht (Ius Commune, Sonderhefte, 134), Frankfurt am Main 2000 [zuerst 1982], S. 14, Fn. 46. Zu Parallelen in den muslimischen Monarchien siehe Wendehorst, Stephan, »Bruderzwist« in the House of Habsburg and the House of Hashim. In: Wendehorst, Stephan: Die Geschichte des Hl. Röm. Reichs deutscher Nation als Völkerrechtsgeschichte – History of the Holy Roman Empire of the German Nation as History of the Law of Nations. Vortrag im Rahmen der Ringvorlesung »Aus der Werkstatt: Aktuelle Forschungen zur Rechtgeschichte«, Universität Wien, Juridicum, 29. April 2021 (digital).

3 Siehe etwa Ulshöfer, Fritz: Die Hohenlohischen Hausverträge und Erbteilungen. Grundlinien einer Verfassungsgeschichte der Grafschaft Hohenlohe seit dem Spätmittelalter. Universität Tübingen Diss. Jur. 1961, Neuenstein 1960; Müller, Mario: Besiegelte Freundschaft. Die brandenburgischen Erbeinungen und Erbverbrüderungen im späten Mittelalter (Schriften zur politischen Kommunikation, Bd. 8). Göttingen 2010; Matzerath, Joseph: »dem gantzen Geschlechte zum besten«. Die Familienverträge des sächsischen Adels vom 16. Bis zum 19. Jahrhundert. In: Keller, Katrin und Matzerath, Josef (Hrsg.): Geschichte des sächsischen Adels, Köln/Weimar/Wien 1997, S. 291–319.

4 Vgl. Bidermann, Hermann Ignaz: Entstehung und Bedeutung der Pragmatischen Sanktion. In: Zeitschrift für das Privat- und öffentliche Recht der Gegenwart 2 (1875), S. 123–160, S. 217–253; Turba, Gustav: Die Grundlagen der pragmatischen Sanktion, Bd. 1: Ungarn, Bd. 2: Die Hausgesetze. Leipzig/Wien 1911 (Wiener staatswissenschaftliche Studien Bde. 10/2 u. 11/1). Leipzig/Wien 1911/12; Turba, Gustav (Hrsg.): Die pragmatische Sanktion. Authentische Texte samt Erläuterungen und Übersetzungen. Wien 1913.

5 Vgl. Schmitt, Carl: Der Nomos der Erde im Völkerrecht des Jus Publicum Europaeum. 4. Aufl., Berlin 1997, S. 208.

historischer Formen des Erwerbs und Verlustes von Land auseinandergesetzt.[6] Er hat auch bereits in den 70er Jahren des vergangenen Jahrhunderts prognostiziert, dass die arabischen – man kann ergänzen islamischen – Monarchien eine neue Verdichtungszone dieses Vertragstyps bilden werden.[7] Unter den Mitgliedstaaten des Golfkooperationsrats und Malaysias und den sie regierenden Dynastien ist die Doppelung der internationalen Beziehungen und des internationalen Rechts auf staatlicher und dynastischer Ebene Realität geworden. Neben der Politik- und Verfassungsgeschichte sowie der Völkerrechtsgeschichte hat die Adelsforschung Familienverträge vielfach herangezogen.[8] Zusammenfassend lässt sich der Forschungsstand so charakterisieren: Während dynastische Familienverträge an sich bislang kein Gegenstand einer umfassenden Untersuchung gewesen sind, wurden Teilaspekte von verschiedenen historischen Teildisziplinen als Quelle herangezogen und untersucht. Diese sektorale Auseinandersetzung hat nicht nur dazu geführt, dass Familienverträge als eigenständiges Genre von Verträgen aus dem Blick geraten sind, sondern auch die Bandbreite der Gegenstände, die diese Verträge neben dynastischen und Landesangelegenheiten auch regelten, darunter Politik, Religion, Justiz, Militär und Wirtschaft.

Ziel dieses Beitrages ist es, mit den wirtschaftlichen Bestimmungen von Familienverträgen einen Aspekt dieses Vertragstyps anhand einer begrenzten Zahl von Fallbeispielen auf sein Potential für Wirtschafts-, Adels-, Rechts- und Reichsgeschichte hin zu untersuchen.

Die relative Randständigkeit der dynastischen Familienverträge als eigenständiger Forschungsgegenstand dürfte auch auf die im deutschen Fall besonders große begriffliche Differenzierung zurückzuführen sein. Während im Französischen mit *pacte de famille* und im Englischen mit *family treaty* oder *family pact* rein sprachlich ein generisches Bewusstsein für die dynastischen Familienverträge als eigenständige Gattung von Verträgen besteht, herrscht im Deutschen Sprachverwirrung. Diese ist auf wenigstens zwei Ursachen zurückzuführen, die zeitgenössische Vielfalt der Bezeichnungen und die nur an Teilmengen bzw. Teilaspekten der Familienverträge orientierten Begriffsbildungen der modernen Rechts- und Geschichtswissenschaften. Johann Jakob Moser verwendet bzw. zitiert alleine auf zwei Seiten seiner Abhandlung über

6 Vgl. Verzijl, Jan Hendrik Willem: International Law in Historical Perspective. Teil 3: State Territory (Nova et Vetera Iuris Gentium). Leiden 1970, S. 297–345.

7 Vgl. ebd.

8 Siehe beispielsweise aus jüngerer Zeit: Puppel, Pauline: Die Regentin. Die vormundschaftliche Herrschaft in Hessen 1500–1700 (Geschichte und Geschlechter, Bd. 43). Univ. Kassel Diss. Phil. 2003, Frankfurt a. M. 2004; Helfferich, Tryntje: The Iron Princess. Amalia Elisabeth and the Thirty Years War. Cambridge/MA 2013, S. 16–40; Westphal, Siegrid: Das dynastische Selbstverständnis der Ernestiner im Spiegel ihrer Hausverträge. In: Walther, Helmuth. G. u. a. (Hrsg.): Die Ernestiner. Politik, Kultur und gesellschaftlicher Wandel. Köln/Weimar/Wien 2016, S. 33–54; Pieper, Lennart: Einheit im Konflikt: Dynastiebildung in den Grafenhäusern Lippe und Waldeck in Spätmittelalter und Früher Neuzeit (Norm und Struktur, Bd. 49). Göttingen 2019, S. 45.

das *Staats-Recht des hoch-fürstlichen Hauses Anhalt* die Begriffe »Familien-Verträge«, »Erb-Einigung«, »Pactum-Successorium«, »Familien-Pactum«, »Vergleich wegen der Vermählungen« und »Ehe-Pacten«,[9] an anderen Stellen in dieser Abhandlung auch »Pactum Domus«, »Erbvertrag«, »Erbvergleich«, »Erb-Pactum«. Weiters treffen wir auf »Hausgesetz«, »Erbvergleichung«, »Erbvereinigungen«, »Erbeinung«, »Erbverein«, »Erb-Verbrüderung«, »Pactum gentilitium«, »Pactum confraternitatis«, »Erbunion«, »Unions-Pactum«, »Haereditaria Unio«, »Erb-Theilungs-Vergleich«, »Erb-Theilungs-Tractat«, »Hausgesetz«, »Geschlechts- und Hausgesetze« und »Hausvertrag«.[10] Für weitere Unklarheit sorgt der Umstand, dass es sich bei Erbunionen zwar meistens, aber nicht notwendig um dynastische Familienverträge handelte, wie etwa die 1463 von dem Erzbischof und Kurfürsten von Köln mit dem Domkapitel und den Ständen geschlossene Erbunion demonstriert.[11] Der Kurfürst von Brandenburg schloss eine Erbverbrüderung mit den böhmischen Ständen, einem nicht-dynastischen Vertragspartner,[12] die Habsburger und der Kaiser schlossen Erbunionen mit den Eidgenossen und der Republik Rätien, ebenfalls nicht-dynastischen Vertragspartnern,[13] sowie mit

9 Moser, Johann Jacob: Staats-Recht des hoch-fürstlichen Hauses Anhalt, Leipzig und Frankfurt: Fuchs, Spring, 1740, wieder abgedruckt in: Moser, Johann Jacob, Die heutige besondere Staats-Verfassung der Stände des Teutschen Reichs, oder Sammlung des besonderen Staats-Rechts aller einzelnen Stände des Röm. Reichs. Erster Band, Darinnen enthalten, Nach der allgemeinen Einleitung ... I. Das Churfürstl. Erz-Stift Trier, wie auch die gefürsteten Abtey Prümm und Abtey St. Maximin, II. Das Fürstl. Haus Anhalt, wie auch die Abtey Gernode, Graffschaft Holzapffel und Herrschaft Jever, III. Die Abtey Baindt, Ferner IIII. Die Stadt Aachen und V. die Stadt Zell am Hammersbach. Leipzig 1745, S. 17–19.

10 Zu Einordnungsschwierigkeiten und zur begrifflichen Vielfalt siehe Moser, Johann Jacob: Teutsches Staats-Recht. 23. Theil. Darinnen von dem Herkommen in denen Häusern derer weltlichen Reichs-Stände in Ansehung derer Familien- und Haus-Verträgen, derer Familien Streitigkeiten und Austräge ... und endlich ihrer Schulden, besonders deren, die nicht auf dem Lande hafften, gehandelt wird. Leipzig/Ebersdorf 1746, Buch 3, Kap. 124, § 7, S. 7; Moser, Johann Jacob: Persönliches Staats-Recht derer Teutschen Reichs-Stände. Teil 1, 11, 1). Franckfurt/Leipzig 1775, Kap. 13, § 23, S. 1013.

11 Haereditaria Unio Rhenanae Patriae Archi-Diocesis Colonensis, quae Anno Christi 1463 erecta, & postmodum Anno 1550. ab Archi-Episcopo & Electore ADOLPHO cum Capitulo Metropolitano, & reliquis Statibus Comitum, Nobilium & Civitatum ad publicam utilitatem stabiliter renovata & à Successoribus Archiepiscopis confirmata fuit. Accedit Declaratio Electoris JOSEPHI CLEMENTIS, quod Pecuniae subsidiariae presenti bello ab Ordinibus pro communi Bono suppeditatae nullatenus in consequentiam contra Libertates & Privilegia eorum trahi debeant. Dat. Bonnae Anno 1694. In: Dumont, 4,3, III, 12. Mai 1550, S. 4–10.

12 Revers Friedrichs Hertzogen zu Lignitz Ihro Röm. Kayserl. Majest. Ferdinando gegeben; daß selbter zu Folge des sub dato Breßlau den 18then May 1546. Jahrs ergangenen Kön. Urthels/ sich von der zwischen denen Ständen der Cron Boheimb/ und Joachim Churfürsten zur Brandenburg aufgerichteten Erb-Verbrüderung entziehen/ die Unterthane solche nicht schwere lasse wolle/ sondern nach Absterben seiner/ dessen Fürstenthumb Land und Leuthe an benannte Kayserl. Majest. fallen sollen. Geben zu Prag den Sonnabend nach Allerheyligen Tage 1549. In: Dumont, 4,2, CCXIX. 3. Nov. 1549, S. 351–352.

13 Ewige Vereinigung und Verständniß zwischen Herzog Sigmund von Österreich vor sich und seine Erben/ und den Eydgenoßen der Städte und Länder Zürich/ Bern/ Lucern/ Ury und Solothurn/ daß kein theil den andern bekriegen/ noch von andern aus ihren Landen bekriegen lassen wolle/ sondern vielmehr einander besonders die Eydgenoßen dem Hertzog auch in der Graffschafft Tyrol in nöthigen fall helffen sollen. Zürich den Montag nach Sankt Gallen 1477. In: Dumont, 3,2, XI. 20. Oct. 1477, S. 14–15.

dem Haus Braunschweig-Lüneburg, zwar einem dynastischen Vertragspartner, aber zur Regelung von Gegenständen, bei denen es sich nur eingeschränkt um Familienangelegenheiten handelte.[14]

Die zeitgenössische Rechtslehre war sich zwar der großen Bedeutung der Familienverträge bewusst, durchdrang den Gegenstand jedoch nicht systematisch. In seiner Besprechung der Dissertationsschrift »De unionibus hereditariis in Germania per iuris manuarii aevum usatis« merkte der Staats- und Völkerrechtler Johann Ludwig Klüber (1762–1837), bekannt als der Herausgeber der offiziösen Sammlung der Akten des Wiener Kongresses, an: »Die Lehre von Erbvereinigungen verdiente allerdings eine eigene Bearbeitung, da sie von den wenigsten Staatsrechtsschriftstellern berührt worden ist.«[15] Jacob Carl Spener (1684–1730) wollte sie im neunten seines auf sechzehn Bände konzipierten Staatsrechts erörtern, war aber nicht mehr dazu gekommen.[16] In Klübers Besprechung scheint auch durch, warum die Familienverträge an der Schwelle zum 19. Jahrhundert keinen prominenten Platz in der Diskussion des öffentlichen Rechts einnahmen, zählte er sie doch zu »Einrichtungen und Verbindungen, welche der verwirrte Zustand unsers Teutschland im Mittelalter veranlasste«.[17] Aus der Perspektive des zunehmend auf den Territorialstaat fokussierten öffentlichen Rechts waren Familienverträge, die ins öffentliche Recht einschlugen, Fehlentwicklung und Auslaufmodell.

Die moderne Rechts- wie Geschichtswissenschaft hat den dynastischen Familienvertrag unter den Vorzeichen von Landesteilung, Thronfolgerecht und Hausgesetz untersucht und damit aus dem größeren frühneuzeitlichen Zusammenhang herausgelöst oder ohne weitere Reflexion an den zeitgenössischen Begrifflichkeiten festgehalten.[18]

14 Ewiges Unions-Pactum zwischen dem Ertz-Hertzoglichen Hause Oesterreich und dem Churfürstl. Hause Braunschweig und Lüneburg geschlossen/ darinnen sie einander mit einer gewissen huelffe zu succurieren/ Chur-Hannover der Cron Boeheim voellige Resitution in das Exercitium der Ihr competirender Jurium Electoralium, mit ihren suffragiis zu secundiren/ und bey der Wahl eines Roemischen Kaysers und Koenigs sein Suffragium keinem anderen/ als dem Primogenito der Ertz-Herzoglichen Linie zu geben verspricht; Wien den 22. Martii 1692. Mit einem separaten Articul/ wodurch Hertzog Ernst-Augustus von Braunschweig denen Chatholischen erlaubt/ zu Hannover und Zell eine Kirche und Schule bauen zu können. Geben Wien den 22. Martii 1692. In: Dumont, 7,2, CXLVI, 22. Mars 1692, S. 307–310.

15 Klüber, Johann Ludwig: Besprechung der Disputation De unionibus hereditariis in Germania per iuris manuarii aevum usatis von Johann Daniel Kind und Ernst Friedrich Adam Frh. von Manteufel. In: Klüber, Johann Ludwig: Kleine Juristische Bibliothek oder ausführliche Nachrichten von neuen kleineren juristischen vornehmlich akademischen Schriften mit unparteyischer Prüfung derjenigen. Bd. 1/1. Stück. 2. Aufl., Erlangen 1786, S. 1–12, hier S. 11.

16 Spener, Jacob Carl: Teutsches Ius Publicum oder des Heil. Römisch-Teutschen Reichs vollständige Staats-Rechts-Lehre. Bde 1–7. Franckfurt am Main/Leipzig 1723–1733 [mehr nicht erschienen].

17 Klüber: Besprechung der Disputation, S. 1.

18 Vgl. Hirsch, Erhard: Generationsübergreifende Verträge reichsfürstlicher Dynastien vom 14. bis zum 16. Jahrhundert (Studien zur brandenburgischen und vergleichenden Landesgeschichte, 10). Berlin 2013; Müller: Besiegelte Freundschaft; Müller/Spieß/Tresp (Hrsg.): Erbeinungen und Erbverbrüderungen.

Zur Bezeichnung der Verträge, bei denen es mit unterschiedlichen Schwerpunktsetzungen materiell regelmäßig im Kern, aber nicht notwendigerweise ausschließlich, um gegenseitige generationenübergreifende Schutzbündnisse, Besitzteilungen und Erbfolgeregelungen zwischen oder innerhalb adeliger Familien geht, verwendet dieser Beitrag den Begriff des Familien- oder dynastischen Familienvertrags. Diese Begriffswahl hat den Vorzug, dass sie die größte Bandbreite der oben genannten Verträge abdeckt, auf adelige Vertragspartner als notwendiges Kriterium verweist, im Englischen wie Französischen unmittelbare Pendants besitzt und im Einklang mit der Begriffsbildung eines prominenten Exponenten des öffentlichen Rechts wie Moser steht. Dieser hatte in seinem *Teutschen Staatsrecht* noch eher deskriptiv und additiv von »denen Theilungen in denen Häusern derer weltlichen Reichs-Stände«,[19] von »dem Herkommen in denen Häusern derer weltlichen Reichs-Stände in Ansehung derer Familien- und Haus-Verträgen, derer Familien Streitigkeiten und Austräge«,[20] oder von »der Materie von dem Herkommen in denen Häusern derer weltlichen Reichs-Stände in Ansehung derer Testamenten, Codicillen und anderer elterlicher Dispositionen«[21] gesprochen, bevor er im *Neuen Teutschen Staatsrecht* die systematischeren Begriffe »Persönliches Staats-Recht derer Teutschen Reichs-Stände«[22] und »Familien-Staats-Recht derer Teutschen Reichsstände«[23] benutzte.

Folgende Definition wird vorgeschlagen: Familienverträge sind Verträge, die hauptsächlich zur gegenseitigen Unterstützung und/oder zur Regelung der Erbfolge, aber auch zu anderen Zwecken, die ins öffentliche Recht einschlagen, zwischen den Angehörigen einer oder mehrerer adeliger Familien als Vertragspartnern geschlossen werden. Familienverträge nicht-regierender Adelshäuser oder Bürgerlicher sind zwar

19 Moser, Johann Jacob: Teutsches Staats-Recht. 14. Theil. Darinnen von dem Herkommen in denen Chur-Fürst-Fürst- und Gräflichen Häusern in Ansehung der Versorgung derer nachgebohrenen Herrn, etc. von ihrer Abfindung überhaupt, ihrer Person, Familie und Bedienten, ihrer und der regierenden Herrn Verhalt gegen einander, ihrer Abfindung mit Land- und Leuten oder Geld, ihres unterhalts Vermehr- oder Verminderung, der Erb-Folge in ihren Portionen und Deputaten, wie auch ihrer Begräbniß, Erbschafft, Schulden, etc. und endlich von denen Theilungen in denen Häusern derer weltlichen Reichs-Stände gehandelt wird. Leipzig/Ebersdorf 1744; Moser, Johann Jacob: Teutsches Staats-Recht. 15. Theil. Darinnen der Rest von denen Theilungen vorgetragen und dann ferner von dem Herkommen in denen Häusern derer weltlichen Reichs-Stände in Ansehung der gemeinschaftlichen Regierung, wie auch derer in Gemeinschaft behaltenen einzelnen Stücke, nicht weniger von der Collateral-Succession und endlich des Verzichts derer Töchter gehandelt wird. Leipzig/Ebersdorf 1744, Buch 3, Kap. 76: Von denen Theilungen in denen Häusern derer weltlichen Reichs-Ständen, Sectio II, S. 1–95.

20 Moser: Teutsches Staats-Recht. 23. Theil, Buch 3, Kap. 124, S. 1–182.

21 Moser: Teutsches Staats-Recht. 25. Theil, Darinnen der Rest der Materie von dem Herkommen in denen Häusern derer weltlichen Reichs-Stände in Ansehung derer Testamenten, Codicillen und anderer elterlicher Dispositionen ... wie auch von Gemahlinnen oder Witwen Verlassenschafft anzutreffen seynd. Leipzig/Ebersdorf 1746.

22 Moser: Persönliches Staats-Recht. Teil 1; Moser, Johann Jacob: Persönliches Staats-Recht derer Teutschen Reichs-Stände. Teil 2 (Neues Teutsches Staats-Recht, 11, 2). Franckfurt/Leipzig 1775.

23 Moser: Familien-Staats-Recht derer Teutschen Reichsstände. 2 Teile (Neues Teutsches Staatsrecht, 12,1–2);. Franckfurt/Leipzig 1775.

Familienverträge im weiteren Sinn, fallen aber nicht unter diese Definition. Da Heiratsverträge vielfach den Verzicht auf Erbansprüche beinhalteten, zählen sie nur eingeschränkt zu den Familienverträgen. Herrschertestamente hingegen können der Sache nach zu den Familienverträgen gezählt werden, da Erblasser und Erbe Adelige waren, der Gegenstand des Testaments das Erbe war und sie vielfach zusätzlich durch Verträge und andere Rechtsinstitute bestätigt wurden.

2 Empirische Quellengrundlage – Fallbeispiele

2.1 Empirische Quellengrundlage im Allgemeinen

Bevor die wirtschaftlichen Bestimmungen der Familienverträge auf mögliche Erkenntnisse für die Wirtschafts-, Adels-, Rechts- und Reichsgeschichte hin untersucht werden, zunächst kurz allgemeine Informationen zur Quellenlage sowie ausführlicher einige konkrete Bespiele. Bei dynastischen Familienverträgen handelt es sich nicht um eine exklusive und entsprechend seltene Gattung von Verträgen. Die der Habsburger und der Bourbonen bilden nur die Spitze des Eisbergs. Familienverträge begleiteten die Geschichte des Adels (und im weiteren Sinn später auch anderer sozialer Gruppen) bis in die Gegenwart. In der Vormoderne waren sie auf allen Ebenen der Adelsgesellschaft anzutreffen. Die frühesten Beispiele, die in der frühen Neuzeit noch diskutiert wurden, sind die der Merowinger aus dem 6. Jahrhundert.[24] Ihren Schwerpunkt hatten dynastische Familienverträge in der Frühen Neuzeit im Heiligen Römischen Reich, aufgrund der landesherrlichen Rechte, die der reichsunmittelbare Adel dort besaß. Die Zahl der Adelshäuser, deren Familienverträge Moser in seinen autoritativen Kommentierungen des deutschen Staatsrechts auflistet, vom Haus Österreich an der Spitze über Bayern und Pfalz, Sachsen, Brandenburg, Bayreuth, Onolzbach und Hohenzollern, Braunschweig, Anhalt, Baden, Hessen, Holstein, Mecklenburg, Württemberg, Nassau, Ostfriesland, Schwarzenberg, Bentheim, Castell, Erbach, Fugger, Giech, Hanau, Hohenems, Hohenlohe, Königseck, Leinigen, Limburg, Lippe, Löwenstein, Mannsfeld, Öttingen, Ortenburg, Reichserbtruchsessen, Reuß, Salm und Rheingrafen, Schönburg, Schwarzburg, Solms, Stollberg, Velen, Waldeck, Wied, Wittgenstein bis hin zu Ysenburg, vermittelt einen Eindruck von der Breite dieser Sparte des öffentlichen Rechts.[25]

24 Pactum Pacifcationis & Partitionis inter GUNTCHRAMNUM & CHILDEBERTUM Reges Francorum, atque BRUNCHILDAM Reginam in Comitiis Andelavensibus quo eis placet juxta certam pactionem olim factam Regnum in duas partes inter se hereditario jure dividere, nec non Reginae BRUNICHILDI civitatem CARDUCUM quam primum cedere compluresque alias post GUNTCHRAMNI Transitum in dominationem ejusdem Reginae reverti debere. Actum die 4. Calendis Anno 26. Regni Domni GUNTCHRAMNI Regis, Domni CHILDEBERTI vero duodecimo anno. In: Dumont, Supplement, 2,1. 28 Novembre 587, S. 5–6.

25 Moser: Teutsches Staats-Recht. 23. Theil, Buch 3, Kap. 124, §§ 3–100, S. 4–149.

Der Umstand, dass im Heiligen Römischen Reich im Unterschied zu anderen Ländern nicht nur das Reichsoberhaupt, sondern mit dem reichsunmittelbaren Adel auch große Teile der Adelsgesellschaft landesherrliche Rechte ausübten, erklärt nicht nur, warum die Familienverträge insbesondere dort ins öffentliche Recht einschlugen, sondern auch warum sie vergleichsweise einfach zugänglich sind. Ohne eine exakte Quantifizierung vornehmen zu können, kann zumindest summarisch darauf hingewiesen werden, dass die verschiedenen Sammlungen des öffentlichen Rechts, wie sie Christian Lünig für das deutsche Staatsrecht,[26] Jean Dumont für das Völkerrecht,[27] und Johann Jacob Moser für das Staatsrecht einzelner Reichsstände, zum Beispiel Anhalt,[28] zusammengetragen haben, zahllose Familienverträge enthalten. Daneben gibt es Sammlungen, die ausschließlich Familienverträge enthalten.[29] Auch ein jüngst vorgenommener Versuch, das positive Völkerrecht der Frühen Neuzeit in seiner Vielgestaltigkeit jenseits des frühmodernen Staats zu rekonstruieren, enthält zahlreiche Familienverträge.[30] Die gedruckt vorliegenden Familienverträge stellen ihrerseits nur einen Ausschnitt der in Archiven überlieferten Familienverträge dar.

---

26 Lünig, Johann Christian: Teutsches Reichsarchiv, in welchem zu finden I. Desselben Grund-Gesetze und Ordnungen ... II. Die merckwürdigsten Recesse, Concordata, Verleiche, Verträge, ... III. Jetzt höchst- hoch- und wohlermeldter Chur-Fürsten ... Privilegia und Freyheiten, auch andere Diplomata, ... welche zu Erläuterung des Teutschen Reichs-Staats nützlich und nöthig sind. Aus denen berühmtesten Scribenten, raren Manuscriptis, und durch kostbare Correspondenz zusammengetragen, Bde. 1–24. Leipzig 1710–1722, S. 1–24.

27 Dumont, Jean (Hrsg): Corps universel diplomatique du droit des gens, contentant un recueil des traitez d'alliance, de paix, de trève, de neutralité, de commerce, d'échange, de Protection et de Garantie, de toutes les Conventions, transactions, Pactes, Concordates et autres Contrats qui ont été faits en Europe, depuis le Règne de l'Empereur Charlemagne jusque à présent, avec les Capitulations impériales et royales, les Sentences Arbitrales dans les Causes importantes; les Déclarations de guerre, les Contrats de Mariage de Grands Princes, leurs Testament, Donations, Renonciations, & Protestations; les Investitures des grands Fiefs; les Erections des grandes Dignités, celle des grandes Compagnies de Commerce et en général de tous les Titres, sous quelque nom qu'on les désigne, qui peuvent servir à fonder ou justifier les droits et les intérêrets des princes et états de l'Europe. Le tout tiré en partie des Archives de la très Auguste Maison d'Autriche et en partie de celles de quelques Princes et Etats; comme aussi des Protocolles de quelques grands Ministres; des Manuscrits de la Bibliothèque Royale de Berlin; des meilleures Collections, qui ont déjà paru tant en Allemagne qu'en France, en Angleterre, en Hollande et ailleurs; sur tout des Actes de Rymer et enfin le plus estimés, soit en Histoire, en Politique ou on droit; par M. J. Dumont Baron de Carelscroon, Ecuier, Conseiller et historiographe de Sa Majesté Impériale et Catholique. Bd. 1, Teil 1 – Bd. 8, Teil 2. Amsterdam/Den Haag 1726–1731; Dumont, Jean / Rousset de Missy, Jean (Hrsg.): Supplement au corps universel diplomatique du droit des gens, contentant un recueil des traitez d'alliance, de paix, de trève, de neutralité, de commerce, d'échange, de Protection et de Garantie, de toutes les transactions, Pactes, Concordates et autres Contrats, Capitulations impériales et royales, Donations, Renonciations, Testamens, Investitures et en général de tous les Titres, sous quelque nom qu'on les désigne, qui ont échapé aux prémieres recherches de Mr. Du Mont. Continué jusqu'à présent par Mr. Rousset, Membre des Académies des Sciences de St. Petersbourg & de Berlin. Bd. 1, Teil 1 – Bd. 2, Teil 2. Amsterdam/Den Haag 1739.

28 Moser: Staats-Recht des hoch-fürstlichen Hauses, Kap. 2, S. 17–110.

29 Schulze-Gävernitz, Hermann Johann Friedrich von (Hrsg.): Die Hausgesetze der regierenden deutschen Fürstenhäuser. Bde. 1–3. Jena 1862–1883.

30 Wendehorst, Stephan: Die Geschichte des Hl. Röm. Reichs deutscher Nation als Völkerrechtsgeschichte. Unveröff. Ms 2019.

2.2 Fallbeispiele

Die Beispiele, die als empirische Quellengrundlage für diesen Beitrag ausgewählt wurden, liegen sämtlich gedruckt vor bzw. sind online zugänglich. Sie betreffen die Häuser Österreich, Waldeck, Anhalt, Braunschweig-Lüneburg, Oldenburg, Nassau-Oranien, Sachsen, Henneberg und Ysenburg-Büdingen. Den Beginn macht das Testament König Ferdinand I. In Bezug auf Waldeck werden herangezogen: der Abschied und die Erbeinigung von 1575 sowie die Errichtung des Paragiums Waldeck-Bergheim 1695,[31] in Bezug auf Anhalt der Erbteilungsvergleich von 1413, der Erbteilungstraktat von 1603, der damit in Verbindung stehende »Reiterirte Erbvertrag« sowie der Neben-Abschied von 1606 und der Teilungsrezess von 1798,[32] in Bezug auf Braunschweig-Lüneburg der Erb-Vertrag von 1665 sowie das »Unions-Pactum« mit dem Haus Österreich,[33] in

31 Abschied zwischen denen Grafen Daniel/ Günthern/ und Heinrichen von Waldeck über Graf Philipps Seel. nachgelassenen Antheil an der Graffschafft Waldeck beschlossen; Worinn sie eins werden, daß Graff Danieli das halbe Hauß und Ambt Waldeck/ Graff Günthern aber das Ambt und Hauß Wildungen/ und Graff Heinrichen das halbe Hauß und Ambt Rhoden/ sambt dem Hoff Billinghausen/ erblich verbleiben/ dabey auch dem letzten nach Tödtl. hintritt eines derer ersten ohne Erben das Ambt Waldeck oder Wildungen vorbehalten seyn/ die nutzungen aber der Aembtern zwischen besagtem Graff Heinrich und dem überbleibenden vertheilet werden sollen. Geben zu Waldeck Sonnabends nach Heyl. Drei Königen den 8, Januarii 1575. In Dumont, 5,1, CXVI, 8 Janv. 1575, S. 233–234; House Laws of Waldeck-Pyrmont. URL: https://www.heraldica.org/topics/royalty/HGWaldeck.htm [letzter Zugriff: 30.05. 2021].

32 Erb-Theilungs-Vergleich zwischen den fünf Herren Brüdern/ WOLDEMAR, GEORG, JOHANN, SIGMUND, und ALBRECHT, allseits Fürsten zu ANHALT; worinn sie die bißhero mit gesambter Hand besessene Land/ und Gueter untereinander vertheylen. Geschehen am Oster-Tag im Jahr 1413. In: Dumont, Supplement, 2,2, CLXXXVI. 23. Avril 1413, S. 332–333; Erb-Theilungs-Tractat zwischen denen Fürsten zu Anhalt JOHANN-GEORG, CHRISTIAN, AUGUST, RUDOLPH und LUDWIG; Worinnen dieselbe ihre Fürstenthumb und Lande in 4. Theile voneinander sezen/ und weilen ihrer fünffe/ sich mit dem jüngsten/ nemlich Fürst AUGUSTO abfinden und vergleichen, Geschehen zu Dessau, den 2. Julii 1603. In: Dumont, Supplement, 3,1, CIII, 2. Juli 1603, S. 253–257; Bey-Abschied zwischen GEORG, CHRISTIAN, AUGUST, RUDOLPH und LUDWIG allerseits Fürsten zu Anhalt/ worinnen sie zu Bestättigung des Anno 1603 errichteten Vertrags und glücklicher Continuierung des Geist- und Weltlichen Regiments verschiedener Puncten und Mitteln sich verglichen. Geschehen Dessau den 7. August 1606. In: Dumont, Supplement, 3,1, CVIII, 7. Augusti. 1606, S. 264–265; Der zwischen den drei regierenden Hochfürstlichen Häusern zu Anhalt über die Theilung des Antheils Anhalt Zerbst geschlossene Rezess vom 27. Mai, 5. u. 10. Juni 1798. In: Schulze-Gävernitz, Hermann Johann Friedrich von (Hrsg.): Die Hausgesetze der regierenden deutschen Fürstenhäuser. Bde 1–3. Jena 1862–1883, S. 117–128.

33 Erb-Vertrag zwischen Georg Wilhelm/ und Johann Fridrich Gebrüderen/ und Hertzogen zu Braunschweig-Luneburg/ durch Verordnete von Ludwig dem XIV. König in Frankreich/Maximilian Erzbischoffen zu Cölln/Friedrich Wilhelm Churfürsten zu Brandeburg/ Carl König in Schweden/ Commissarien geschlossen; worin die/ zwischen denenselben Occcasione Successionis, in denen/ vom Christian Ludwig Hertzogen von Braunschweig erledigten Fürstenthumben und Herrschafften/ entstandene Mißhelligkeiten beygelegt/obbmeldte Fürstenthumb und Graffschafften unter sie vertheilet werden/ auch dabey zur ewigen Einigkeit derselben die Succession, Vermög dieser Landes-Theilung/ bey dero absteigenden Manns-Stamme/ zu verbleiben abgeredet/ und bey diesen Vertrag festzubleiben beschlossen wird. Geben zu Hildesheimb, den 2. September 1665. In: Dumont, 6,3, XXIII, 2. Sept. 1665, S. 44–46; Ewiges Unions-Pactum 1692.

Bezug auf Oldenburg der Erbteilungsvertrag von 1490,[34] in Bezug auf Nassau-Oranien der Erbverein von 1783,[35] in Bezug auf Sachsen und Henneberg die Erbverbrüderung von 1554[36] und in Bezug auf Ysenburg-Büdingen die Erbeinigung von 1517.[37]

2.2.1 Österreich

In seinem Testament von 1554 bestimmte Kaiser Ferdinand I. (1503–1564), damals noch römischer König, eine Teilung zwischen seinen Söhnen sowie ein Verfahren zur Überprüfung der angestrebten Gleichheit zwischen diesen Teilen:

> »Wann nun aber [...] obbemeldte drey Thail von wegen ihrer gülten und jährlichen Nutzungen ungleich seyn werden [...] bestimmte König Ferdinand, dass seine Söhne [...] ihre verständige/schiedliche und friedliebende Räth in gleicher Anzahl/ und nemblich jeder drey seiner Räth [...] mit volkommenen gewalt/ alle obbmeldte unsre Fürstenthumben/ Marggraffschafften/ Land-Graffschafften/ Herrschafften/ Stuk und Gütter/ jährlich Gült- und Nutzungen ehrbarlich und fleyßig zu erkunden/ wie dann daßelbig bey unserm Hoff/ Nieder- und Ober-Österreichischen Cammeren richtig wolbefunden mag werden/ und darauf die Thail nach genugsamer Erwägung und austhailung der Schulden und jährlichen Zinß und gülten wie obstehet/ und dann der bevorstehenden Nutzungen und Einkommen gegen einander auf das gleichest anzu ordnen und zu machen/ damit welcher Thail an seiner jährlichen Nutzung und

34 Erb-Theilung zwischen JOHANNES König in Dännemarck eines/ und FRIDERICH dessen Bruder/ Hertzogen zu Schleßwig-Holstein anderen theils/ wodurch die Länder Schleßwig/Holstein und Stormarn in zwey theile getheilet/ nemlich den Gottorffischen und Segebergischen/ wovon den Gottorffischen Hertzog FRIDERICH erwehlet/ und also der Segebergische König JOHANSEN verblieben. Gottorff am Tage Laurentii des Martyrers 1490. In: Dumont, 3,2, CXXXIX. 10. Août 1490, S. 251–254.

35 Neuer Naussauischer Erbverein vom 30. Juni 1783. Abgedruckt in: d'Lëtzebuerger Land, 05.08.2011. URL: http://www.land.lu/page/article/670/4670/DEU/index.html [letzter Zugriff 26.01.2021].

36 Erbverbrüderung zwischen Johann Friedrich, Johann Wilhelm und Johann Friedrich Herzögen zu Sachsen und Wilhem/ und Johann Friedrich den Jüngern/ allerseits Hertzogen zu Sachsen eines/ dann auch Wilhelm/ Georg Ernst/ und Boppo Vatern und Söhnen/ Graffen zu Henneberg andern Theils; Wodurch die letztren bewilligen/ dasz/ im fall sie ohne männlichen Erben mit Todt abgehen solten/ besagte Hertzogen in der gantzen Graffschaft Henneberg sucediren/ dahingegen besagte Hertzogen/ 130470 gulden obbenanter Graffen Schulden auf sich zunehmen und diesselbe zwanzig jahr zu verpensoniren versprechen. Geschehen zu Kahla den 1. Septembr. 1554. Sambt inserirten Consens in obiger Erbeinigung Augusti Churfürsts zu Sachszen/ und Philipps Landgrafen zu Hessen. Geben wie oben. In: Dumont, 4,3, XXXIII, 1. Sept. 1554, S. 74–77.

37 Erb-einigung und Vertrag zwischen denen Grafen Philipp/ Diether/ und Johann zu Ysenburg und Budingen/ durch Unterhandlung derer Grafen Thomas von Reineck/ Philipp zu Solms/ Eberhard zu Königstein/ und Wolff von Schönburg zu erhalt- und Consolidirung all ihrer Graff- und Herschafften/ auch Nahmens und Stammens aufgerichtet zu Mayntz am Mittwoch nach Batholomaei 1517. Benebst der Confirmation Ihro Römisch-Kayserlichen Mayestät MAXIMILIANI I. Geben Augspurg den 12. Septembris 1518. Wie auch Ihro Kayserlichen Mayestät MAXIMILIANI II. Renovir- und Bestättigungsbrieff über obbmelte Erbeinigung in favorem derer Graffen Philipp Georg/ Ludwig/ Wolff und Heinrichs zu Ysenburg ertheilet. Geben Speyer den 20. Julii 1570. In: Dumont, 4,1, CXVIII, 26. Août 1517, S. 258–263.

> Einkommen beßer seyn wird/ daß von demselbigen soviel abgezogen und dem oder den andern/ so schwehrer befunden werden/ so viel Gülte und Nutzung zugelegt werde/ damit wolbemeldte unsere geliebte Söhne/ von unseren und unsers Löblichen Hauß Österreichs Landen/ so viel die jährliche Gülten und Nutzungen antrifft/ gleiche Thail und Nutzungen empfahen und haben [...]«.[38]

Die Formulierung »auf das gleichest« bringt paradigmatisch das wichtigste Ziel, das ein Großteil der Teilungsverträge verfolgte, die möglichste »Gleichstellung« der Begünstigten oder, wie es zeitgenössisch auch vielfach hieß, die *Peraequation* oder *Exaequatio,* zum Ausdruck.[39] Die zitierte Passage verweist auch auf die Mittel, die Abstellung von Räten durch die Begünstigten und die Bestandsaufnahme von Einkünften und Lasten der Teile oder Portionen durch diese.

2.2.2 *Waldeck*

Nach dem Tod Graf Philipp IV. von Waldeck (1493–1574) verständigten sich die Erben auf eine vorläufige sowie auf ein Verfahren für die endgültige Aufteilung des Besitzes:

> »Was aber die endliche Theilung und fernere brüderliche und vetterliche Vergleichung, Collation und Einschiessung des vetterlichen und altvetterlichen Nachlaß/ sowohl an vorberührten Aemptern/ wie auch andern Häusern/ Städten/ Dörffern/ Clöstern/ Zinsen/ Renthen/ Zehenden/ Meyerhöfen/ und allen andern anlangt/ dieweil dieselbige nicht wohl zu treffen/ es seyen dann zuvörderst eines jeden Ampts/ Stade und Closters Einkünfften/ und darin fallender Nutzung wie auch hinwieder dero darauf stehender Beschwerunge gewisse Anschlage gemacht: so ist vor gut angesehen/ und auch von allen Theilen einmütiglich und wohlbedächtlich gewilliget/ versprochen und zugesagt/ daß ein jeder Gräflich Theil/ ein/ zwo/ oder mehr Persohnen/ welches in ihren Gn. jeders Gefallen stehen soll/ denen die Gelegenheit der Aempter und Graffschafften Waldecken bewußt/ und der Rechnung erfahren/ deputiren und verordnen/ welche gewisse Anschläge eines jeden Ampts und Gerichts/ von ettliche gewissen/ nemblich dreyen/ sechs oder neun/ woferne mans haben kann/ Jahren hero machen/ auch die darauf stehende Beschwerten eigentlich uffzeichnen/ und wann dieselben Anschläge und Verzeichnuß gemacht/ daß alsdann/ nach Ausweisung derselben/ die Theilung uffs bequemste vorgenommen/ und einem jeden nach Gelegenheit und Befindung der Nutzung/ ab- und zugesetzet/ und also allenthalben Gleichheit troffen werde [...]«.[40]

---

38 Testament Kaysers FERDINANDI I, damahls noch Römischen Königs/ wodurch er anfangs seine Land und Leuthe unter seine drey Herren Söhne theilet/ Geben Wien den 25. Februarii 1554. In: Dumont, Supplement, 3,2, LIV, 25. Fevrier 1554, S. 134–140, hier S. 137.

39 Moser: Teutsches Staats-Recht. 15. Theil, Buch 3, Kap. 76, §§ 31–39, S. 41–45.

40 Abschied zwischen denen Grafen Daniel/ Günthern/ und Heinrichen von Waldeck über Graf Philipps Seel 1575; Ferner Erb-Vertrag und Einigung zwischen Daniel/ Heinrich/ und Günthern Grafen zu Waldeck/ wegen noch übrig Graff Philipps Seel. unvertheilt hinterlassenen Antheils an der Graffschaft Waldeck/

Zusammen mit dem Vergleich soll zwischen den Grafen » [...] als dann auch ein Erbliche und ewige Erbeinigung und Vertrag [...] ihnen allerseits/ wie auch der Graffschafft Waldecken zum besten uffgerichtet werden«.[41] Der Abschied vom 8. Januar 1575 sah als Grundlage für die Landesteilung vor, von jedem Amt und Gericht nach Möglichkeit für einen Zeitraum von drei, sechs oder neun Jahren ein Verzeichnis der Einnahmen und der darauf liegenden Lasten anzufertigen. Neben einem Verfahren, einen Überblick über Einnahmen und Ausgaben zu gewinnen, enthielt der Abschied weitere wirtschaftlich relevante Bestimmungen: Ausgleichszahlungen, Bedienung der Schulden, die in diesem Fall in einen Nebenabschied ausgelagert wurden, Ausstattung weiblicher Verwandter, Gemeinschaftsaufgaben und ein Veräußerungsverbot: »Damit auch dieser Ort Landes/ dem gantzen Stamm Waldeck zum besten/ umb soviel besser bey einander erhalten [...]«.[42] Nachdem Graf Christian Ludwig von Waldeck (1635–1706) die gesamte Grafschaft wieder in einer Hand vereinigt hatte, führte er 1685 bzw. 1687 die Primogenitur ein. Am 30. September 1695 richtete er für den jeweils zweitgeborenen Sohn (secundogenitus) unbeschadet der landesherrlichen Rechte der Hauptlinie das Paragium Waldeck-Bergheim mit den Dörfern Bergheim, Königshagen und Wellen ein.[43] Das »pactum primogeniturae waldeccense« von 1685 wurde mit den Ergänzungen am 22. August 1697 von Kaiser Leopold I. (1640–1705) bestätigt. Grundsätzlich bedeutete dies die Einheit der Grafschaft bei Abfindung der nachgeborenen Söhne durch Apanagen. Der Zweck der auf den ersten Blick die Einführung der Primogenitur konterkarierenden Errichtung des Paragiums bestand darin, eine weitere Linie so auszustatten, dass sie standesgemäß heiraten und im Bedarfsfall zur Fortführung des Hauses beitragen konnte. Das Paragium war explizit an Willen und Fähigkeit des zunächst begünstigten Zweitgeborenen geknüpft, eine Ehe einzugehen:

> »da auch sich begeben mögte, daß Unser Erste und Aelteste Secundo genitus zum Heyrathen keine Lust trüge, noch sich vermählen wolte oder könnte, so solle alsdann der nächst-folgende und so fürter an seine Stelle tretten, und einfolgends also auch an seiner Statt über das ordinaire Deputat der 2000. Rthl. obgedachtes augment der anderweiten

wodurch dem ersten das Ambt und Stadt Numberg/ die Dörfer Netze und Brunghausen/ sambt dem Closter Netze/ Graff Heinrichen aber die halbe Herrschafft Itter, nebst denen Clöstern Werba und Obern Ensa/ und Graff Günthern das Closter und Haus Hohenschied/ nebst gewissen Victualien aus der Stadt Freyenhagen/ wie auch ie helffte der Erb-zinsen aus der Stadt Wildungen zukommen/ und dann ferners deren ersterer Regierender Herr verbleibet/ ansonsten auch wegen der Reichs-Steuern und Väterl. Schulden verabredet worden. So geschehen Waldeck den Montag nach Palmarum 1575. In: Dumont, 5,1, CXVIII, 18 Mars 1575, S. 235–237, hier S. 234.

41 Ebd.

42 Ebd., S. 237.

43 Zum Rechtsinstitut des Paragiums, deutsch »Erbteilung« oder »Erbportion«, im Unterschied zu Apanage und Landesteilung: Schilter, Johann: De paragio et apanagio, succincta expositio. Straßburg 1701.

2000. Rthl. und jährlichen Zinsen, Genusses des Capitals der 6000. Rthl. wie auch des Sitzes zu Bergheim samt Zubehörde zu obigem Behuff zu empfangen, und vollkommlich zu geniessen haben.«[44]

An Einkünften waren dem Zweitgeborenen 4000 Reichstaler, das heißt die doppelte Summe einer Apanage, sowie die Zinserträge eines Kapitals in Höhe von 6000 Reichstalern zugewiesen.

2.2.3 Anhalt

Die Vielzahl der anhaltischen Familienverträge und der daraus resultierenden Verfahren vor dem kaiserlichen Reichshofrat scheint selbst den unermüdlichen Moser überfordert zu haben: »Die erste Theilung des Hoch-Fürstlichen Hauses Anhalt geschahe [...] unter Fürst Heinrichs I. drey Söhnen [...]. Der folgenden Theilungen bis auf A. 1603 seynd allzuvile, darhero ich nur einige der hauptsächlichsten berühren will.«[45] Bei der Wiedergabe der Vertragspartner des Erbteilungsvergleichs von 1413 ist ihm ein Fehler unterlaufen.[46] Verschiedentlich kann er keine Auskunft über den Verlauf der zahlreichen Prozesse geben, die vor dem Reichshofrat über die Auslegung anhaltischer Familienverträge geführt wurden.

Der anhaltische Erbteilungsvergleich von 1413 war in erster Line Landesteilung und Erbfolgeregelung. Einen indirekten Einblick in die wirtschaftlichen Verhältnisse vermittelt die Aufzählung von Herrschaften und dinglichen wie personalen Herrschaftsrechten. Fürst Albrecht wählte etwa

»zu seinem Antheil die Herrschafften, Schlösser, Stätte, Weichbilder, Mannschafften, Burger, Lehen, geistlich oder weltlich, die auf der Zerbstischen Seite der Elbe in der Herrschafft Anhalt gelegen seynd, als Zerbst, Anhalt, Lindau, Hundelaufft, Coßwig und Roßlau mit allen und jeglichen ihren Würden, Lehen, Freyheiten, Mannschafften, Diensten, Renten, Zöllen, Geleiten, Pächten, Gülten, Nuzen, zu vollen Gerichten, ungerichten und aller Zugehörung, benannt und unbenannt, wie man das besondere benennen mag, nichts ausgezogen, dabey sich aber seine Agnaten, auf Abgang seiner Linie, den Rückfall fürbehielten.«[47]

---

44 Pactum primogeniturae waldeccense, 12. Juni 1685, mit kaiserlicher Bestätigung, 22. August 1697, Christian Ludwig Graf zu Waldeck, 31. September 1695. URL: https://www.heraldica.org/topics/royalty/HGWaldeck.htm [letzter Zugriff: 26.01.2021].

45 Moser: Staats-Recht des hoch-fürstlichen Hauses, § 53, S. 59.

46 Ebd., § 54. Korrekt bei Dumont: Erb-Theilungs-Vergleich zwischen den fünf Herren Brüdern/ WOLDEMAR, GEORG, JOHANN, SIGMUND, und ALBRECHT, allseits Fürsten zu ANHALT; worinn sie die bißhero mit gesambter Hand besessene Land/ und Gueter untereinander vertheylen. Geschehen am Oster-Tag im Jahr 1413. In: Dumont, Supplement, 2,2, CLXXXVI. 23. Avril 1413, S. 332–333.

47 Moser: Staats-Recht des hoch-fürstlichen Hauses, § 54, S. 59–60.

Nur vereinzelt, hinsichtlich Jagd und Fischfang, enthält der Vergleich auch detailliertere wirtschaftlich relevante Bestimmungen. Den Vertragsparteien stand die Jagd in den Besitzungen der jeweils anderen zu. Genauer war der Fischfang geregelt:

> »Die Landesteilung von 1413 sah vor, daß ein Fürst in des anderen Seen sollte fischen dörffen, wann und wo er wollte. Ferner: wann in Fürst Woldemars und seiner Gebrüdere Antheil zwischen Fastnacht und Pfingsten Lachsen gefangen würden, sollten wechselweise sie allemal den ersten und Fürst Albrecht den andern haben, biß dieser 18. Lachse bekommen; dagegen er denen andern Fürsten von denen auf dem Rathaus zu Zerbst stehenden Gülden 10. Schock Groschen geben solle. Der Lachs-Fang zu Dessau, ingleichen der Welsen, Stöhren, Schollen, und Lampreten, nicht weniger der Biber, im Zerbstischen auch der Forellen, stehen alleine der Landesherrschaft zu.«[48]

Bei den wirtschaftlichen Bestimmungen des Erbteilungstraktats zwischen Johann-Georg, Christian, August, Rudolph und Ludwig von Anhalt von 1603, des damit in Verbindung stehenden Neben-Abschieds und der Verträge von 1606 und 1607[49] handelt es sich in vieler Hinsicht um die für Familienverträge typischen Regelungen: Aufteilung des Landes nach Ämtern und anderen Herrschafts- und Verwaltungseinheiten unter den Berechtigten, finanzielle Ausgleichszahlungen, Versorgung der Witwen, Frauen und Töchter der Fürsten sowie Spezifizierung der Finanzierung der Gesamtangelegenheiten. Fürst Johann Georg (1567–1618), der das Land bis dahin auch im Namen seiner Brüder bzw. Halbbrüder Christian I. Fürst von Anhalt-Bernburg (1568–1630), Ludwig I. Fürst von Anhalt-Köthen (1579–1650), Rudolf Fürst von Anhalt-Zerbst (1576–1621) und August Fürst von Anhalt-Plötzkau (1575–1653) alleine regiert hatte, wurde Senior und erhielt

> »die Herrschafften, Stätte, Ämter Dessau, beneben dem Hause Lippene und desselbigen Zubehörungen, desgleichen die beyde Städtlein Raguhn und Jeßnitz, Wörlitz, Sondersleben, Freyleben, samt dem Grönischen Weinberge zu Plötzkau, mit allen und jeglichen Ihren Obrigkeiten, Gerichten, Lehenschafften, Ritterdiensten, Mannschafften und Diensten, Unterthanen und Verwandten, Regalien, Würden, Herrlichkeiten, Zollen, Brücken-Geleiten, Elb-Geleiten, Gerechtigkeiten, Nuzungen, Städten, Schlössern, Marckten, Dörffern, Schäffereyen, Jagden, Fischeryen, Seen, Teichen, Teich-Stätten, Mühlen, Mühl-Stätten, Äckern, Wiesen, Holzungen, Zinsen, und allen andern und jeglichen gegenwärtigen und zukünfftigen Nuzungen und Geniessungen, wie dieselbige bißanhero zu diesen Ämtern gebraucht und forders genutzet werden können, nichts davon ausgeschlossen.«[50]

48 Ebd., Kap. 9, § 69, S. 189.

49 Erb-Theilungs-Tractat zwischen denen Fürsten zu Anhalt, 1603, Teilungsrezeß: § 57, S. 60–65.

50 Moser: Staats-Recht des hoch-fürstlichen Hauses, § 57, S. 62.

Die Anteile Christians von Anhalt-Bernburg, Ludwigs von Anhalt-Köthen und Rudolfs von Anhalt-Zerbst wurden in vergleichbarer Weise festgelegt. An Ausgleichszahlungen hatte Anhalt-Dessau an Anhalt-Zerbst jährlich 761 Reichstaler, Anhalt-Köthen an Anhalt-Zerbst 2739 Reichstaler zu leisten.

Ungeteilt blieben die »Berckwercke an Gold, Silber, Kupfer, Kohlen und Salzwerck [...] das Salpeterwerck, die Action der Hädler-Hölzer, die Landsteuern, insonderheit zu Ausstattung der Fürstl. Fräulein, Item den Berg und Alte Hauß Anhalt, das Interesse an der Rechtfertigung der Ascanischen Sachen und allen anderen noch schwebenden Rechtfertigungen.«[51] Erbhuldigung, Archiv, Stipendien und das Schuldenwesen waren weitere Angelegenheiten des Gesamthauses.

Die Anhaltische Erbteilung von 1603 war insofern eine Besonderheit, als es insgesamt fünf Berechtigte gab, Anhalt schlussendlich aber nur in vier Teile geteilt wurde. Die Konstellation, »daß das zu vertheilende Lande sich nicht füglich in so vile Theile, als derer Interessente seyend, trennen lässet«,[52] trat 1467 auch in Hessen auf – die Schiedsrichter sprachen sich nur für die beiden ältesten Brüder als regierende Fürsten aus, während der dritte mit Unterhalt auf Lebenszeit abzufinden war. 1517 waren in Ysenburg, 1613 in Wied jeweils drei Grafen vorhanden. Da das Land nur in zwei Teile geteilt werden konnte, musste der dritte mit Geld abgefertigt werden. 1538 wurde Waldeck zweigeteilt, wobei die zwei ältesten die eine, die drei jüngeren Brüder die andere Hälfte erhielten.

In Anhalt hatten die fünf Fürsten 1603 zunächst ihre Räte beauftragt, zwei alternative Pläne auszuarbeiten, von denen einer eine Aufteilung auf vier, der andere auf fünf Brüder vorsehen sollte. Da Fürst Augustus auf die Zuweisung eines eigenen Landesteils verzichtete und eine Teilung durch fünf ohnehin unzweckmäßig erschien, wurde die Teilung in Anhalt-Dessau, Anhalt-Bernburg, Anhalt-Köthen und Anhalt-Zerbst vorgenommen. Für Augustus musste unter Berücksichtigung des Grundsatzes der innerfamiliären Gleichbehandlung eine anderweitige Lösung gefunden werden: »Weil aber der Herrn Brüdere fünffe seyn, sollte Einer [...] mit etlichen Land-Gütern und paar Geld, nach Proportion und Gleichheit gegen denen anderen abgefunden werden [...].«[53] Folge dieser Konstellation war, dass das Land nicht nur, wie dies typischerweise der Fall war, nach Ämtern bzw. anderen Herrschafts- und Verwaltungseinheiten in möglichst gleiche Portionen geteilt wurde, sondern parallel dazu eine Gesamtbewertung des Landes in Geld vorgenommen werden musste, um den fünften Bruder finanziell gleichstellen zu können. Jeder der fünf Anteile wurde mit 300.000 Reichstalern bei einer Verzinsung von sechs Prozent veranschlagt. Während vier der Brüder konventionell von den Einkünften lebten, die ihnen aus Grund- und anderen Herrschaftsrechten zustanden, sollte der fünfte Bruder vom Zinsertrag seines kapitalisierten Anteils in Höhe von 18.000 Reichstalern

51 Ebd., S. 64.

52 Moser: Teutsches Staats-Recht. 15. Theil, Buch 3, Kap. 76, §§ 28–29, S. 40–41.

53 Moser: Staats-Recht des hoch-fürstlichen Hauses, § 57, S. 60.

pro Jahr leben. Da die Auszahlung an Augustus misslang, wurde er am Ende unbeschadet der bernburgischen Landesherrschaft mit dem Amt Plötzkau abgefertigt.

Neben dem üblichen Verbot, Besitzanteile zu veräußern oder zu verpfänden, regelte der Teilungsvertrag von 1603 auch das Schuldenwesen: »Vom Schulden-machen heißt es in der Erb-Theilung de A. 1603.« Die Vertragspartner verpflichten sich,

> »daß wir keine, weder heimliche, noch offentliche Schuld mehr machen, noch etwas jetzt oder künfftig aufnehmen, oder aufzunehmen gestatten, oder Uns zu Bürgschafft und Siegelung, es wäre dann bey Unsern nächsten und lieben Bluts-Verwandten, die wir gegen genugsame Versicherung nicht lassen könnten, vertiefen noch verstecken wollen, sondern Uns für dem allen ganz getreulich und fleißig hüten, und dahin einzig trachten, wie neben der göttlichen Wahrheit, der gemeine Nuz befördert, und Unsere arme Unterthanen in Gedeyen und Glück zu nehmen und erhalten werden möchten. Da aber Gott einen unverhoffentlichen Fall über Unser Einen verhengen würde, daß er nothdringlich etwas aufnehmen mueste, so soll er ohne Vorbewust der anderen Herrn Gebrüdere über fünff tausend Thaler aufznehmen nicht Macht haben. Sollte es aber ein mehrers seyn, soll solches jederzeit mit Ersuchung, Wissen und Willen und Beliebung der andern Gebrüder, und andern Gestalt nicht geschehen.«[54]

Grundsätzlich verpflichteten sich die Brüder, keine Schulden mehr zu machen. Ein Kredit bis zu einer Höhe von 5000 Reichstalern konnte im Ausnahmefall ohne Absprache, Kredite über höhere Summen nur mit Zustimmung der Vertragspartner aufgenommen werden. Nach dem Aussterben der Linie Anhalt-Zerbst, verständigten sich die verbliebenen Linien im Teilungsrezess von 1798 auf die Aufteilung des Anteils von Anhalt-Zerbst.[55]

Die wirtschaftlichen Bestimmungen der anhaltischen Familienverträge dienten in mehreren Auseinandersetzungen, die zwischen den anhaltischen Fürsten sowie zwischen Fürsten und Untertanen vor dem Reichshofrat geführt wurden, als Entscheidungsgrundlage. Nach der Erbteilung von 1603 war die Veräußerung und Verpfändung von Landesanteilen verboten bzw. nur im Ausnahmefall und unter Auflagen gestattet.[56] 1725 beschwerte sich Fürst Viktor II. Friedrich von Anhalt-Bernburg (1700–1765) über Fürst Lebrecht von Anhalt-Bernburg-Schaumburg-Hoym (1669–1727) beim Reichshofrat, dass dieser »contra Pacta conventa & Jus Primogeniturae auctoritatae Caesarea corroboratum eine Veräußerung einiger demselben afficierten Güter und Stücke vorhätte«.[57] Der Reichshofrat untersagte daraufhin den Verkauf.

---

54 Ebd., § 90, S. 96.

55 Der zwischen den drei regierenden Hochfürstlichen Häusern zu Anhalt über die Theilung des Antheils Anhalt Zerbst geschlossene Rezess vom 27. Mai, 5. u. 10. Juni 1798. In: Schulze-Gävernitz: Die Hausgesetze, S. 117–128.

56 Moser: Staats-Recht des hoch-fürstlichen Hauses, § 91, S. 96.

57 Ebd., § 93, S. 96.

Als Anhalt-Köthen damit begann, seine Untertanen, die ihr Getreide bislang in Anhalt-Dessau hatten mahlen lassen, anzuhalten, Mühlen in Anhalt-Köthen zu nutzen, führte dies zum Konflikt mit Anhalt-Dessau. Anhalt-Dessau bat den Kaiser daher darum, die Untertanen Anhalt-Köthens wieder dem dessauischen Mühlenzwang zu unterwerfen, »mithin alles in den Stand, wie mehrberührte Familien-Rezesse es gesetzt wissen wollen, herzustellen«.[58]

Der Vergleich von 1606 räumte den jeweils anderen anhaltischen Linien ein Vorkaufsrecht für Brennholz, Getreide und andere Waren, die der Befriedigung von Grundbedürfnissen dienten, ein.[59] 1728 klagte Anhalt-Köthen gegen Anhalt-Dessau vor dem kaiserlichen Reichshofrat wegen vertragswidrigen Vorenthaltens von Brennholz.[60]

Die wirtschaftlichen Regelungen der Familienverträge dienten auch anhaltischen Untertanen als Rechtsgrundlage, um den Reichshofrat gegen ihre Fürsten anzurufen. 1726 klagten Rat und Bierbrauer von Bernburg gegen die Fürsten von Anhalt-Bernburg und Anhalt-Köthen, »daß sie contra Pacta Domus, die Landes-Ordnung und verschiedentlich errichtete Verträge in dem Brau- und Schanck-Recht in denen Ämtern Weersdorf und Nienburg beeinträchtigt würden«.[61] Seine Entscheidung begründete der Reichshofrat auch mit den Pacta Domus. 1727 klagten die Landstädte Jeßnitz und Ragune (Raguhn) gegen ihren Landesherren »in puncto prohibiti commercii«.[62] 1723 klagte die dessauische Stadt Sandersleben gegen Anhalt-Köthen wegen des Versuchs, ihre Untertanen einem Bierhefemonopol zu unterwerfen, zu Lasten der Herstellung von »Gößе oder Bierhöfen« in Sandersleben.[63]

2.2.4 *Braunschweig-Lüneburg*

Der Erb-Vertrag zwischen den Herzögen Georg Wilhelm (1624–1705) und Johann Friedrich von Braunschweig-Lüneburg (1625–1679) von 1665 war durch die Vermittlung König Ludwigs XIV. von Frankreich (1638–1715), Maximilian Heinrichs von Bayern, Kurfürst von Köln (1621–1688), Friedrich Wilhelms, Kurfürst von Brandenburg (1620–1688) und König Karl XI. von Schweden (1655–1697) zustande gekommen. Er lässt erkennen, dass die Aufrichtung des Erb-Vertrags die Auswertung der Amts- und Kammerregister über mehrere Jahre voraussetzte.[64] Deutlich tritt auch

58 Ebd., Kap. 9, § 70, S. 190.

59 Ebd., § 72, S. 190.

60 Ebd., § 73, S. 190.

61 Ebd., Kap. 10, § 51, S. 217.

62 Ebd., § 49, S. 216.

63 Ebd., § 50, S. 260.

64 Erb-Vertrag zwischen Georg Wilhelm/ und Johann Fridrich Gebrüderen/ und Hertzogen zu Braunschweig-Luneburg/ durch Verordnete von Ludwig dem XIV. König in Frankreich/Maximilian Erzbischoffen zu Cölln/Friedrich Wilhelm Churfürsten zu Brandeburg/ Carl König in Schweden/ Commissarien geschlossen, den 2. September 1665. In: Dumont, 6,3, XXIII, 2. Sept. 1665, S. 44–46.

die Gleichstellung, *Exaequatio*, die Herstellung der Gleichheit als Ziel des Erb-Vertrags und damit die Korrektur des Testaments Herzog Georgs von Braunschweig-Lüneburg (1582–1641) hervor:

> »Nachdemmal sich aber jedoch ob der von Uns beyderseits beliebter/ von Unsern Cammer-Räthen und Cameralen beschehen fleißigen perlustrir- und Überlegung derer von den letzten neuen Jahren so wohl in Zell- als Calenbergischen Antheil hinc inde extradirten Amts- und Cammer-Registern klärlich ergeben/ daß in Anno 1646. In des [...] Herrn Vaters [...] hinterlassenen Testament pro fundamento gesetzte exaequatio und gleiche Theilung der Fürstenthümer/ Graf- und Herrschaften nicht allerdings erreichet/ sondern darunter eine ziemliche inaequalitaet befunden worden ... So haben wir dahero vor nöthig erachtet/ alles auf eine anderweite billigmäßige Gleichheit zu setzen.«[65]

Der Maßstab für die Herstellung der Gleichheit waren die Einkünfte der Landesteile.

2.2.5 Oldenburg

Die Erbteilung von 1490 war die erste einer Serie von Teilungen der Herzogtümer Schleswig und Holstein in einen königlich dänischen und zumindest einen weiteren herzoglichen Anteil. Da die Landesteilungen bewusst nicht dem Prinzip der Kontiguität folgten, waren die herrschaftlichen Einkünfte entsprechend komplex geregelt.[66]

2.2.6 Nassau-Oranien

Der nassauische Erbverein vom Juni 1783, bestätigt durch Kaiser Joseph II. am 20. September 1786, enthält allgemeine Bestimmungen zur Unveräußerlichkeit des Besitzes des Gesamthauses und zur Versorgung von Witwen und Töchtern, aber keine weiteren wirtschaftlichen Ausführungen.[67]

2.2.7 Sachsen

Der Vertrag von Kahla sah den Anfall der Grafschaft Henneberg nach dem Aussterben der Henneberger im Mannesstamm an die Herzöge von Sachsen vor. Im Gegenzug verpflichteten sich diese, die von den Henneberger Grafen aufgehäuften Schulden zu begleichen und sie für zwanzig Jahre zu »verpensoniren«.[68]

65 Ebd., S. 45.

66 Erb-Theilung zwischen JOHANNES König in Dännemarck [...]/ und FRIDERICH dessen Bruder, 1490.

67 Nassauischer Erbverein 1783.

68 Erbverbrüderung zwischen Johann Friedrich, Johann Wilhelm und Johann Friedrich Herzögen zu Sachsen und Wilhem/ und Johann Friedrich den Jüngern 1554.

2.2.8 *Ysenburg-Büdingen*

Die Erbeinigung zwischen den Grafen Philipp, Diether und Johann zu Ysenburg und Büdingen, bestätigt durch den Kaiser 1518 und 1570, enthält keine in wirtschaftlicher Hinsicht direkt relevanten Bestimmungen.[69]

3 Schlussfolgerungen

Welche Rückschlüsse erlauben diese Beispiele für die Wirtschafts-, Adels-, Rechts- und Reichsgeschichte? Bevor diesen Fragen im Einzelnen nachgegangen wird, ist nochmals zu betonen, dass der Hauptzweck von dynastischen Familienverträgen in Erbregelung und gegenseitiger Unterstützung bestand, während Wirtschaft, Religion und andere Materien entweder eine Rolle bei der Erfüllung des Hauptzwecks spielten oder zu den Gegenständen zählten, die auch, aber nicht notwendig, durch Familienverträge geregelt werden konnten. Je nach historischem Teilgebiet können vorläufige Beobachtungen gemacht, weiterführende Fragen gestellt und auch abschließende Ergebnisse präsentiert werden.

3.1 Wirtschaftsgeschichte

Rückschlüsse für die Wirtschaftsgeschichte erlauben vor allem Familienverträge, die Landesteilungen zum Gegenstand hatten. Während andere Familienverträge vielfach keine oder nur summarische bzw. indirekte Informationen zur Wirtschaft enthalten, können Teilungsverträge wirtschaftshistorisch in verschiedener Hinsicht aufschlussreich sein. Wenigstens vier Aspekte können unterschieden werden: erstens, unmittelbar wirtschaftshistorisch und darüber hinaus verwertbare Informationen, zweitens, Einblicke in die Art und Weise herrschaftlicher Informationsgewinnung, drittens, Barometer für gesamtwirtschaftliche Veränderungen und viertens, die Bedeutung der Wirtschaft als Maßstab politischer Entscheidungen.

Erstens, was Detailinformationen, die nicht nur für die Wirtschaftsgeschichte, sondern auch für Umwelt-, Sozial- und andere Teileschichten bedeutsam sein können, angeht, bestätigen die oben vorgestellten Fallbeispiele Mosers Faustregel: Je bedeutender die Teilungsmasse, desto geringer die Detailbestimmungen:

> »Je grösser die Massa dividenda ist, je weniger pflegt darauf gesehen zu werden und je weniger ist es möglich, darauf zu sehen, daß ein Theil dem anderen nach allen einzeln Regalien oder Einkünfften ec. gleich seye, und es würde sich einer lächerlich und

69 Erb-einigung und Vertrag zwischen denen Grafen Philipp/ Diether/ und Johann zu Ysenburg und Budingen.

> prostituiert haben, wann er z. E. bey der Theilung unter Kayser Ferdinands I. Söhnen auf eine Peraequation der Jagden, oder der Frucht-Wein- und Geld-Gefälle, ec. hätte tringen wollen, wie resp. bey denen Häusern Schwartzburg, Baaden, ec. geschehen ist.«[70]

Die Teilungen Anhalts, Sachsens ernestinischer Linie und Schleswigs und Holsteins zwischen der königlich dänischen und der herzoglich gottorfischen Linie aus dem Haus Oldenburg zeigen: Je kleinteiliger die Teilung, desto mehr Detailinformationen. Dies bedeutet jedoch nicht, dass weniger bedeutende Verteilungsmassen notwendigerweise ein Mehr an wirtschaftshistorisch interessanten Erkenntnissen lieferten.

Bei den wirtschaftshistorisch unmittelbar verwertbaren Informationen sind beiläufig bereitgestellte sinnvollerweise von regelmäßig erhobenen Informationen zu unterscheiden. Die Schilderung der Fischvielfalt, darunter der von Kaiser Maximilian I. geschätzten, heute beinahe ausgestorbenen Lampreten oder Fluss- bzw. Bachneunaugen,[71] und des Lachsaufkommens oder die Erwähnung des Weinbergs bei Plötzkau in den anhaltischen Teilungsverträgen von 1413 und 1603 zählen zu den beiläufig bereitgestellten Detailinformationen, die bei der Auswertung von Familienverträgen anfallen. Ob der Erkenntnismehrwert auf punktuelle Einblicke in die Geschichte von Fauna, Flora, Wirtschafts- und Agrarverhältnissen beschränkt bleibt, hängt davon ab, ob weitere Informationsquellen identifiziert werden können, wie etwa im Fall des Weinbergs von Plötzkau.[72] Neben der Kategorie der eventuell für weitere Fragestellungen anschlussfähigen Zufallsfunde enthalten Familienverträge auch erwartbare, regelmäßig wiederkehrende Informationen. Dazu zählt insbesondere die Ausstattung von Witwen, regierenden Fürstinnen, Töchtern und Minderjährigen. Bei Teilungsverträgen wurde teilweise auch die materielle Ausstattung der Institutionen und Aufgaben spezifiziert, die in der Verantwortung des Gesamthauses verblieben, etwa für höhere Schulen, Stipendien, milde Stiftungen, Anwalts- und Prozesskosten sowie insbesondere Schuldentilgung. Die Apanagen und Ausstattungen nicht-regierender Dynasten vermitteln eine sehr konkrete Vorstellung der wirtschaftlichen Rahmenbedingungen ihrer Existenz. Da Familienverträge mit großer Regelmäßigkeit diesbezügliche wirtschaftlichen Bestimmungen enthalten, bieten sie eine Grundlage für synchrone und/oder diachrone Vergleiche. Während die finanzielle Ausstattung von Familienangehörigen in Teilungsverträgen vielfach exakt spezifiziert ist, gilt dies

70 Moser: Teutsches Staats-Recht. 15. Theil, Buch 3, Kap. 76, § 37, S. 44.

71 Das Tiroler Fischereibuch Maximilians I.: Codex Vindobonensis 7962. Bd. 1: Text (Einleitung, Transkription und Übersetzung). Graz/Wien/Köln 1967.

72 Pütter, Johann Stephan: Deductio prima in Sachen der Anhalt-Cöthnischen Ritterschaft gegen des Herrn Fürsten zu Anhalt-Cöthen Hochfürstl. Durchlaucht puncto collectarum sine consensu ordinum provincialium impositarum, atque imunitatis bonorum equestrium violatae. In: Pütter: Johann Stephan: Auserlesene Rechts-Fälle aus allen Theilen der in Teutschland üblichen Rechtsgelehrsamkeit in Deductionen, rechtlichen Bedenken, Relationen und Urtheilen, theils in der Göttingischen Juristen-Facultät, theils in eignem Namen ausgearbeitet. Teil 3. Göttingen 1767, S. 525–639.

nicht für weitere, gesamtwirtschaftlich wichtigere Größen, die die Voraussetzung oder einen Regelungsgegenstand von Teilungsverträgen darstellten, Schuldenwesen und Einkünfte (und Lasten) von Ämtern und anderen Herrschafts- und Verwaltungseinheiten oder auch einzelne Herrschaftsrechte wie Zölle. Teilungsverträge vermitteln hier weniger konkrete Zahlen als einen tiefgehenden Einblick in die Grundsätze und Verfahren, wie Einkünfte (und Lasten) bestimmt wurden und wie mit Schulden umgegangen wurde, was uns zum nächsten wirtschaftshistorisch relevanten Aspekt der Teilungsverträge führt.

Zweitens, Gewinnung, Speicherung und Verarbeitung von Informationen über die wirtschaftlichen Verhältnisse von Land und Leuten. Die für Landesteilungen notwendigen Informationen über die wirtschaftlichen Verhältnisse waren nicht automatisch abrufbar, sondern mussten jeweils neu beschafft werden. Landesteilungen machten daher regelmäßig eine Inventur notwendig. Noch der anhaltische Teilungsrezess von 1798 beruhte auf einer eigens zu diesem Zweck eingesetzten Kommission.[73] Die Bestandaufnahme beruhte auf der Auswertung der Aufzeichnungen der Kammern als wirtschaftlichen Zentralbehörden sowie der Ämter und anderen Verwaltungseinheiten. Mit der Wissensgewinnung betraut waren herrschaftliche Räte. Abgestellt wurde teils auf den Ertrag der Ämter (und anderer Herrschafts- und Verwaltungseinheiten) insgesamt, teils auf bestimmte Spezies wie Geld, Feldfrüchte, Wein oder Holz. Bei der Wissensgewinnung kann zwischen zwei Konstellationen differenziert werden, Vorfeld und Überprüfung. Die anhaltischen Landesteilungen von 1603 und 1798 sind Beispiele für Inventuren vor der Teilung. Der Braunschweigisch-Lüneburgische Erbvertrag von 1665 ist ein Beispiel für eine Bestandsaufnahme nach der Teilung mit dem Ziel einer Nachbesserung. Vielfach stipulierten Teilungsverträge explizit einen Korrekturmodus.

Waren Teilungen endemisch wie im ernestinischen Sachsen, konnte auf die im Zuge früherer Teilungen durchgeführten Erhebungen, die »Portions-Bücher«, zurückgegriffen werden. 1634 verständigten sich Altenburg und Weimar darauf »so vil müglich und thunlich, nach den alten Portions-Büchern reguliren«.[74] In der im Jahr 1641 in der Sachsen-Gothaischen Hauptlinie erfolgten Teilung heißt es:

> »Zum 22sten ist war Anfangs deßwegen, daß man bey jetziger hochgefährlichen Kriegs-Unruhe keine eigentliche Erkundigung der Aemter Beschaffenheit einziehen können, sondern man die Theilung nur auf die alte Anschläge in den Portions-Büchern de Annis 1572 und 1603. Richten müssen, künfftige Peraequation auf die Einkünnfften und Lehen-Leute vorbehalten, auch darneben Commission: ob die zu obgesetzten dreyen Landes-Portionen geschlagene Aemter nach dem Anschlag einander gleich? Angeordnet; dieweil

73 Der zwischen den drei regierenden Hochfürstlichen Häusern zu Anhalt über die Theilung des Antheils Anhalt Zerbst geschlossene Rezess vom 27. Mai, 5. u. 10. Juni 1798. In: Schulze-Gävernitz: Die Hausgesetze, S. 117–128.

74 Moser: Teutsches Staats-Recht. 15. Theil, Buch 3, Kap. 76, § 4, S. 5.

> Wir aber allerseits befunden, daß daraus grosse Weitläuffigkeit und Ungelegenheit entstehen würde, haben Wir beedes solche Peraequation und Commission auf gewisse verglichene Maasse fallen lassen.«[75]

Die Auszüge lassen nicht nur eine gewisse Routine bei der Durchführung von Teilungen erkennen, sondern auch, dass die Einkünfte gerade in Kriegszeiten eher überschlagsmäßig bestimmt als exakt berechnet wurden. So reizvoll die Untersuchung der »Portionsanschläge«[76] als Anstoß für die noch nicht geschriebene frühneuzeitliche Vorgeschichte der Wirtschafts- und Steuerprognosen sein mag,[77] Moser warnt vor übergroßen Erwartungen an die Berechenbarkeit der Wirtschaftskraft eines Landes bzw. Landesteils. Zu viel hänge von der Qualität des Regenten und von Zufällen ab: »Und wer wollte alles so genau ausecken ... Und doch haben wir schon Proben gehabt da werden noch mehrere bekommen, da grosse Herrn, oder ihre Räthe und Diener, sonderlich allzueyferige Cameralisten, manchamalen zu der Herrn eigenen Schaden, die Sache so weit treiben.«[78] Für den Fall von Krieg, Brand und Unwetter und anderer unkalkulierbarer Risiken sahen Familienverträge vielfach Ausnahmen vor.[79]

Da die Familienverträge häufig von den Landständen, dem Kaiser, dem Lehensherrn und/oder anderen Garantiemächten bestätigt wurden, waren sie nicht nur der Auslöser für die Gewinnung von Informationen über die wirtschaftlichen Verhältnisse des Landes, sondern dienten auch als Speicher der so gewonnenen Erkenntnisse. Die Frage, ob und wie der Kaiser die Informationen über die wirtschaftlichen Verhältnisse von Reichsständen, die diese automatisch bereitstellten, wenn sie ihre Hausverträge zur Bestätigung vorlegten, nutzte, muss hier offenbleiben. Festgehalten werden kann jedoch, dass die wirtschaftlichen Bestimmungen der Familienverträge neben den kaiserlichen Debit- und sonstigen Kommissionen, der Rechtsprechung des Reichshofrats und den vom Kaiser bestätigten Münzunionen eine weitere Quelle waren, aus denen der kaiserliche Reichshofrat umfangreiche wie verlässliche Kenntnisse der Wirtschaftsverhältnisse im Reich gewinnen konnte.

Drittens, die Familienverträge als Indikator für wirtschaftliche Veränderungen: An den wirtschaftlichen Bestimmungen der Familienverträge lässt sich die langanhaltende grundsätzliche Bindung von Besitz und Wirtschaft an die Grundherrschaft und der langsame Aufbruch in die Geldwirtschaft ablesen. Die Teilungsverträge basierten

---

75 Ebd., § 45, S. 50.

76 Ebd., Buch 3, Kap. 76, § 4, S. 7, 20.

77 Vgl. Antholz, Birger: Geschichte der quantitativen Konjunkturprognose-Evaluation in Deutschland. In: Vierteljahreshefte zur Wirtschaftsforschung 75 (2006), S. 12–33; Morgenstern, Oskar: Wirtschaftsprognose. Eine Untersuchung ihrer Voraussetzungen und Möglichkeiten. Wien 1928.

78 Moser: Teutsches Staats-Recht. 15. Theil, Buch 3, Kap. 76, § 39, S. 45.

79 Zum Beispiel: Erbverbrüderung zwischen Johann Friedrich, Johann Wilhelm und Johann Friedrich Herzögen zu Sachsen und Wilhelm und Johann Friedrich den Jüngern 1554, S. 75.

typischerweise auf der Aufteilung von Ämtern und anderen Herrschafts- und Verwaltungseinheiten. Der Maßstab für Besitz waren in erster Linie die Einkünfte und Lasten, die mit Grundherrschaft und anderen Herrschaftsrechten verbunden waren. Kapitalisiert waren Sonder- und Korrekturmaßnahmen sowie verschiedentlich Aufwendungen für Gesamtangelegenheiten: Abfindungen, Aussteuer, bereits in den Teilungsverträgen fixierte Ausgleichszahlungen sowie Ausgleichszahlungen, die für den Eventualfall vorgesehen waren, sollte die Teilung keine annähernd gleichen Einkünfte zur Folge haben. In der Hochschätzung von Gütern und Gefällen und der entsprechenden Geringschätzung des Geldes sah Moser eine Konstante, die immer dann greifbar wurde, wenn Teilungen Ausgleiche notwendig machten:

> »Überhaupt ist zu bemercken, daß gemeiniglich der, so den Ueberschuß hat, gerne den anderen mit Geld, entweder an einem Capital, oder an einer jährlich abzugebenden Summ, oder an gewissen Geld-Gefällen, abfinden möchte; der, so den Mangel leidet aber gemeiniglich solches nicht annehmen will, weil anderer geringerer Gründe zu geschweigen, das Geld immer einerley bleibt, ja die pretia rerum darneben immer höher steigen, auch grosse Capialien gar beschwerlich sicher unterzubringen und vil grösserer Gefahr, verlohren zu gehen, unterworffen seynd als Güter und Gefälle, sondern auch Land und Leute, ec. successive immer höher genutzet werden können.«[80]

In Anlehnung an Bourdieu lässt sich auf der Grundlage der Familienverträge für ein habituelles, stark praktisch bestimmtes, wenig theoriegeleitetes Wirtschaften des Adels argumentieren;[81] gegen Bourdieu bieten die Familienverträge wenig Anhaltspunkte für ein virtuoses Wechseln zwischen verschiedenen Kapitalsorten.[82] Letzteres war auf Ausnahmen beschränkt und selten erfolgreich. Der Versuch, 1603 in Anhalt eine Landesteilung auf der Grundlage von vier Teilen Land und Leute und einem Teil Kapital durchzuführen, scheiterte. Erfolgreich war der kompromisslose Austausch von Kapitalsorten, Land und Leute gegen ein Mix aus Schuldenübernahme und Leibrente zwischen den Herzögen von Sachsen und den Grafen von Henneberg im Vertrag von Kahla 1554.[83]

80 Moser: Teutsches Staats-Recht. 15. Theil, Buch 3, Kap. 76, § 40, S. 45.

81 Bourdieu, Pierre: Sozialer Sinn. Kritik der theoretischen Vernunft, übersetzt von Günter Seib, Frankfurt am Main 1987 [zuerst: Le Sens pratique, Paris 1980].

82 Bourdieu, Pierre: »Ökonomisches Kapital - Kulturelles Kapital - Soziales Kapital«. In: Bourdieu, Pierre: Die verborgenen Mechanismen der Macht (Schriften zu Politik & Kultur, 1), Hamburg 2015, S. 49–79.

83 Erbverbrüderung zwischen Johann Friedrich, Johann Wilhelm und Johann Friedrich Herzögen zu Sachsen und Wilhem/ und Johann Friedrich den Jüngern/ allerseits Hertzogen zu Sachsen eines/ dann auch Wilhelm/ Georg Ernst/ und Boppo Vatern und Söhnen/ Graffen zu Henneberg andern Theils; Wodurch die letztren bewilligen/ dasz/ im fall sie ohne männlichen Erben mit Todt abgehen solten/ besagte Hertzogen in der gantzen Graffschaft Henneberg sucediren/ dahingegen besagte Hertzogen/ 130470 gulden obbenanter Graffen Schulden auf sich zunehmen und diesselbe zwanzig jahr zu verpensoniren versprechen. Geschehen zu Kahla den 1. Septembr. 1554. Sambt inserirten Consens in

Angesichts des absehbaren Aussterbens der Henneberger im Mannesstamm hatte sich das adelige Hauptmotiv für das Festhalten an Land und Leuten erledigt.

Einblicke in das Verhältnis von Verharrung und Veränderung der wirtschaftlichen Verhältnisse vermitteln nicht nur die wirtschaftlichen Bestimmungen von Familienverträgen an sich, sondern auch die auf ihrer Grundlage geführten Prozesse vor den Reichsgerichten, insbesondere dem Reichshofrat. Die relative Geringschätzung des Geldes wurde durch die Judikatur gestützt. Stand einem Vertragspartner eine »Vergleichung in Land und Leuten« zu, erlaubte die Judikatur der Reichsgerichte keine dauerhaften Ersatzleistungen in Geld.[84] Die Prozesse, die anhaltische Fürsten gegeneinander in Wien um Vorkaufsrechte für Brennholz und Mühlenzwang führten, zeigen einerseits, wie lange wirtschaftliche Tätigkeit durch Herrschaftsrechte reguliert war, und andererseits, dass dies im 18. Jahrhundert zunehmend in Frage gestellt wurde. Familienverträge sahen häufig ein Vorkaufsrecht für Brennholz, Getreide und andere Güter des täglichen Bedarfs für die jeweils anderen an der Teilung beteiligten Dynasten vor. Dieser Verpflichtung versuchten sich die Vertragsparteien, die über entsprechende Überschüsse verfügten, zunehmend zu entziehen, was zu Prozessen vor dem Reichshofrat führte. Ebenfalls gerichtlich ausgetragen wurden Konflikte, die sich aus dem Mühlenzwang ergaben.

Auf die wirtschaftlichen Bestimmungen von Familienverträgen beriefen sich nicht nur die anhaltischen Fürsten in ihren Prozessen untereinander, sondern auch anhaltische Untertanen, die gegen ihren oder andere anhaltische Fürsten vor dem Reichshofrat klagten. Untertanen klagten typischerweise gegen die Einführung staatlicher Monopole oder Quasimonopole.

Die wirtschaftlichen Bestimmungen von Familienverträgen zeigen auch, wie unvollkommen, gerade in kleineren Häusern, die Trennung zwischen dem Besitz des Staates und des Hauses blieb. Einer der Gründe für die vergleichsweise hohen Abfindungen, die kleinere hochadelige Häuser wie Lippe oder Waldeck nach der Abschaffung der Monarchie 1918 erhielten, scheint darin bestanden zu haben, dass als Bemessungsgrundlage der noch unvollständig differenzierte Gesamtbesitz herangezogen wurde.[85]

Viertens, auch wenn die Teilungsverträge und ihre Umsetzung eine anhaltende Präferenz für liegende Güter und regelmäßige Gefälle erkennen lassen, sind zwei Trends unverkennbar. Erstens, mit den Einkünften avanciert eine primär wirtschaftliche Größe zum entscheidenden Maßstab für dynastische Teilungen. Titel, Schlösser, Vassallen

---

obiger Erbeinigung Augusti Churfürsts zu Sachszen/ und Philipps Landgrafen zu Hessen. Geben wie oben. In: Dumont, 4,3, XXXIII, 1. Sept. 1554, S. 74–77.

84 Ebd., S. 46; Moser, Johann Jacob: Teutsches Staats-Recht. 12. Theil. Darinnen von derer catholischen geistlichen Reichs-Stände Pallio, Annaten, Regierungs-Antritt … so dann von denen weltlichen Reichs-Ständen gehandelt wird. Leipzig/Ebersdorf 1744, S. 486.

85 Vgl. Endres, Max: Handbuch der Forstpolitik mit besonderer Berücksichtigung der Gesetzgebung und Statistik. 2. Aufl., Berlin: 1922 [zuerst 1905].

treten als Faktoren, die bei Teilungen zu berücksichtigen sind, zurück. Zweitens, bei den Einkünften wird zunehmend auf die Gesamteinkünfte eines Landes bzw. eines Amtes abgestellt: »so wird z. E. an einigen Orten bloß auf den Cameral- oder Aemter-Ertrag gesehen, z. E. in denen Sächsischen Portions-Büchern de An. 1572«. Und »wann einer z. E. 4000 fl. Portions-mäßig bekommen solle und er bekommt sie, so muss er zufriedseyn, wann es auch z. E. fast lauter Frucht-Gefälle, Erb-Zinse, Berg-Zehenden, u. s. w. wären und er wenige oder keine Jagden, Weinwachs, schiff- oder floßreiche Ströhme, u. s. w. hätte«.[86]

3.2 Adelsgeschichte

In den Familienverträgen besaß der Adel ein Instrument zur grundsätzlich autonomen Regelung interner, aber, soweit er dazu als Reichsstand berechtigt war, auch anderer Gegenstände. In der Gestaltung und Umsetzung ihrer wirtschaftlichen Bestimmungen spiegeln sich wenigstens drei für die Adelsgesellschaft zentrale Herausforderungen: der Ausgleich erstens zwischen den Interessen des Gesamthauses und des einzelnen Adeligen, zweitens zwischen adeliger Autonomie und Fremdbestimmung bzw. Beteiligung Externer und drittens zwischen Hierarchie und Gleichheit innerhalb des Adels als Kollektiv. Die Antworten auf die erste Herausforderung lauteten Primogenitur und Abfindung oder Teilung. Wie die Errichtung des Paragiums Waldeck-Bergheim unmittelbar nach der Einführung der Primogenitur zeigt, war diese aus adeliger Perspektive nicht Selbstzweck, sondern konnte unter Umständen Regelungen Platz machen, die für den Fortbestand der Dynastie als zweckmäßiger betrachtet wurden.

Die Antworten auf die zweite Herausforderung bewegten sich auf einer Skala zwischen autonomer Normsetzung und –handhabung und unterschiedlichen Formen der Anerkennung und Mitwirkung durch Kaiser, benachbarten Adel, Landstände und Räte.

Die Ausrichtung der wirtschaftlichen Bestimmungen von Familienverträgen auf Land und Leute konnte die Ursache für die wechselseitige Stützung adeliger Autonomie und der Interessen des Landes, wie sie durch die Stände repräsentiert wurden, sein. Die generationsübergreifende Verknüpfung des jeweiligen Hauses mit Land und Leuten, die in den Familienverträgen vielfach greifbar wird, hat mit Veräußerungs- und Verpfändungsverbot, Einschränkung und Kontrolle der Neuaufnahme von Schulden, Verpflichtung zur Solidarität im Allgemeinen wie zur gegenseitigen Unterstützung zur Bewältigung von Kriegsfolgen, Missernten und Umweltkatastrophen im Besonderen zur Verfestigung von Maximen beigetragen, die langfristiges wirtschaftliches Handeln voraussetzen. Unbeschadet zahlloser Beispiele für genau gegenteiliges adeliges Verhalten waren Familienverträge Ausdruck und Vehikel von Grundsätzen, die, modern

86 Moser: Teutsches Staats-Recht. 15. Theil, Buch 3, Kap. 76, § 38, S. 44.

gesprochen, unter Nachhaltigkeit subsumiert und Attraktivität wie Transfer dieser Form des Wirtschaftens auch jenseits der Welt des Adels erklären können.[87]

Umgekehrt konnte die Fixierung auf Land und Leute als Grundlage adeligen Selbstverständnisses nicht nur drückende Mehrbelastungen für die Untertanen zur Folge haben, sondern sich auch als ruinös für den Adel selbst erweisen. Waren Teilungen strittig, konnten die Prozessskosten den Wert des Streitgegenstandes um ein Vielfaches übersteigen, war ein bloßer »*Taler*« schnell um einen »*Dukaten*« erkauft, von der Bindung von Ressourcen für die Dauer der Prozesse – die Auseinandersetzungen in der Sukzessionssache Sachsen-Coburg-Eisenberg-Römhild um Stadt und Amt Coburg dauerten mehr als fünfzig Jahre – ganz zu schweigen.[88] Kaiserliche Debitkommissionen, häufig eingesetzt wegen Überschuldung infolge von Landesteilung, beschränkten bzw. beseitigten die Autonomie des betroffenes Hauses.

Die Handhabung der wirtschaftlichen Bestimmungen von Familienverträgen spiegelte nicht nur das ambivalente Verhältnis der auf Wahrung und Ausbau autonomer Handlungsspielräume bedachten Adelshäuser zu den Landständen, sondern auch zu Kaiser, Reich, benachbarten Dynasten und den eigenen Räten. Ein Beispiel für Interessenidentität zwischen Fürsten, herrschaftlichen Räten, Vertretern der Landstände, den Reichsständen und dem Kaiser ist die Diskussion des als vorbildlich geltenden anhaltischen Schuldenwesens auf dem Reichstag von 1656. Für die Vorbereitung umd Umsetzung von Familienverträgen waren die Räte unerlässlich. Die Finalisierung des anhaltischen Teilungsvertrages von 1603 unter Ausschluss der Räte ist dagegen ein Beispiel für das Bemühen um die Bewahrung fürstlicher Autonomie. In der Schlussverhandlung der komplexen Materie manifestierte sich, so der Tenor des Vertragstexts selbst sowie dessen Kommentierung durch Moser, eine auf Überlegenheit, familiärer Einigkeit und Vertrauen beruhende Sphäre des Handelns regierender Fürsten, aus der die Räte, die sich aus dem landsässigen Adel und dem Bürgertum rekrutierten und nicht zur Familie gehörten, ausgeschlossen waren.[89] Umgekehrt konnten Familienverträge, die standardmäßig dem Gemeinwohl verpflichtet und vielfach von den Landständen bestätigt waren, Räten bei Konflikten mit den Fürsten eine Basis für unabhängiges Handeln bieten.

Familienverträge enthielten typischerweise Klauseln, die die Vertragspartner im Konfliktfall zu gütlicher Einigung aufriefen. Für den Fall, dass unter den Vertragspartnern keine Verständigung möglich war, setzte ein Modell der Konfliktlösung auf

87 Siehe etwa die Hausgesetze der Familien Rothschild oder Brenninkmeijer sowie die Würdigung des adligen nachhaltigen Wirtschaftens durch den Ministerpräsidenten von Baden-Württemberg: Kretschmann dankt dem Adel für den Erhalt von Kulturdenkmälern, 16. 05. 2017. ULR: https://www.focus.de/regional/stuttgart/regierung-kretschmann-dankt-dem-adel-fuer-den-erhalt-von-kulturdenkmaelern_id_7142245.html [letzter Zugriff: 30. 05. 2021].

88 Moser: Familien-Staats-Recht derer Teutschen Reichsstände. Teil 1 (Neues Teutsches Staatsrecht, 12,1). Franckfurt/Leipzig 1775, Kap. 4, § 12, S. 534.

89 Erb-Theilungs-Tractat zwischen denen Fürsten zu Anhalt, 2. 7. 1603, S. 253–257.

ein bereits im Vertrag festgelegtes Schiedsverfahren. Im Unterschied zu dieser auf die eigene Familie und deren Räte (bzw. von diesen bestimmte Personen) beschränkte Konfliktregelung setzte ein alternatives Modell auf eine multilaterale Absicherung der Familienverträge durch Landstände, Kaiser, Lehensherrn und/oder andere externe Garantiemächte, verbunden mit einer Externalisierung des für Konfliktlösung kompetenten Forums. Im Verlauf des 18. Jahrhunderts trat die interne Konfliktlösung hinter der externen, insbesondere durch den kaiserlichen Reichshofrat, zurück. Dort wo Teilungen Alltagsgeschäft waren, wie in Anhalt und dem Ernestinischen Sachsen, wurden die Dienste des kaiserlichen Reichshofrats routinemäßig in Anspruch genommen.[90] Das Konfliktpotential war besonders groß, wenn die Teilungen in das Ermessen der Berechtigten gestellt war: »wo es aber auf den guten Willen derer Erbs-Interessenten ankommt, wird es insgemein auf das schärffste genommen und zuweilen alles so genau gesucht, daß es sich manche Privati zur Schande rechnen würden.«[91]

Gleichheit als zentrales internes Prinzip der Adelsgesellschaft bringen die Familienverträge in zweifacher Hinsicht zum Ausdruck. Unbeschadet hierarchischer Binnendifferenzierungen sind Familienverträge für den Adel insgesamt charakteristisch. In der juristischen Literatur wird das Haus Österreich in dieser Hinsicht wie das Haus Ysenburg behandelt.[92] In der Fallgruppe der Teilungsverträge kommt der Wirtschaft eine zentrale Bedeutung zu. Im Regel- und Zweifelsfall war bei Teilungen von der Gleichheit auszugehen. Grundsätzlich stand es jedoch im Ermessen des Erblassers oder der Vertragsparteien davon abzuweichen: »Zuweilen gibt es es bey denen Theilungen auch ungleiche Portiones.«[93] In der Nassau-Katzenellenbogischen Erbvereinigung war es dem Vater ausdrücklich vorbehalten, »unter seinen Söhnen ungleiche Theile« machen zu können.[94] Der Maßstab für die Landesteilung auf der Grundlage des Prinzips der Gleichheit unter den männlichen Familienmitgliedern war wirtschaftlich. Die Teilungsverträge unterstreichen die Bedeutung von Gleichheit als zentrales internes Prinzip der Adelsgesellschaft, innerhalb der Familie und mit Abstrichen zwischen den Familien. Entsprechend häufig sind Verweise auf Gleichheit in den Teilungsverträgen. Im anhaltischen Teilungsvertrag von 1603 steht gleich zu Anfang der Ausspruch: »nichts zuträglicheres und ersprießlicheres dem gemeinen Nutz/ als wohlgeordneter Friede und Einigkeit/ ja Gleichheit in Sachen«.[95]

90 Zu den thüringischen Territorien: Westphal, Siegrid: Kaiserliche Rechtsprechung und Herrschaftliche Stabilisierung. Reichsgerichtsbarkeit in den thüringischen Territorialstaaten 1648–1806 (Quellen und Forschungen zur höchsten Gerichtsbarkeit im alten Reich, 43). Köln 2002.

91 Moser: Teutsches Staats-Recht. 15. Theil, Buch 3, Kap. 76, § 33, S. 41–42.

92 Ebd., 23. Theil, Buch 3, Kap. 124, §§ 3–100, S. 4–149.

93 Ebd., 15. Theil, Buch 3, Kap. 76, § 27, S. 39.

94 Ebd. S. 40.

95 Erb-Theilungs-Tractat zwischen denen Fürsten zu Anhalt, 2.7.1603, S. 253–257.

3.3 Rechts- und Reichsgeschichte

Die vormodernen Familienverträge waren weit mehr als die rechtliche Regelung interner Angelegenheiten adeliger Familien, wie es die Begriffe des »Privatfürstenrechts«, der »Hausverträge« oder der »Hausgesetze« suggerieren. Sie machten einen Teil des europäischen und einen erheblichen Teil des deutschen öffentlichen Rechts aus. Auch wenn sie Teil der Masse des öffentlichen Rechts des Heiligen Römischen Reichs konstituierten,[96] sind sie vom Reichsstaatsrecht, das seine Quelle in dem Zusammenspiel von Kaiser und Reichsständen hatte, zu trennen. Trotz zahlreicher Berührungspunkte mit dem territorialen Staatsrecht – aufgrund der Bestätigung durch die Stände, wo dies vorgesehen war – und dem Reichsrecht – aufgrund der Bestätigung durch den Kaiser –, handelte es sich bei den Familienverträgen grundsätzlich um von den souveränen und halbsouveränen weltlichen Reichsständen als Dynasten autonom gesetztes Recht. Während Moser sich mit einer dogmatischen Einordnung bedeckt hält, bezieht Carl Heinrich von Römer als Exponent des Deutschen Völkerrechts eine eindeutige Position. Die Handlungen, die ins öffentliche Recht einschlagen, welche Landesherren jenseits, aber in Konformität mit den Fundamentalgesetzen des Reichs vornehmen, nehmen sie in Analogie zu Völkerrechtssubjekten vor:

> »Aber wenn sie solche landesherrliche Handlungen vornehmen, worinnen sie durch die Reichsgrundgesetze nicht eingeschränkt sind; so sind sie deshalb nicht blos in Absicht auswärtiger Staaten, sondern selbst in Absicht aller übrigen teutschen Landesherren eben so zu betrachten, als wenn sie Regenten freyer Völker wären.«[97]

Dynastische Familienverträge, die öffentliches Recht setzen, fallen daher nach Römer und anderen Exponenten des frühneuzeitlichen Völkerrechts wie Jean Dumont unter das Völkerrecht:

> »Überdies gehören aber auch noch hierher die besonderen Verbindungen der teutschen Landesherren, welche einzelne Häuser miteinander abgeschlossen haben, und theils gemeinschaftliche Vertheidigung ihrer Lande oder wechselseitige Erbfolge betreffen. Jene nennt man Erbeinungen, diese Erbverbrüderungen. [...] Mehrere Beyspiele davon liefert die Reichsgeschichte, in welcher wir auch noch verschiedene andere Arten von solchen Verbindungen der Reichsfürsten und selbst der Reichskreise antreffen, deren Verbindlichkeiten nicht sowohl nach dem teutschen Staatsrechte als vielmehr nach dem Völkerrechte zu beurtheilen sind.«[98]

96 Zur Einordnung der Familienverträge in das öffentliche Recht des Heiligen Römischen Reichs siehe Wendehorst, Stephan (Hrsg.): Positive Early Modern Law of Nations. Gießen/Wien 2019.

97 Römer, Carl Heinrich von: Das Völkerrecht der Teutschen. Als Lehrbuch bearbeitet. Halle1789, 1. Abth., § 16, S. 61.

98 Ebd., 2. Abth., 4. Kap., § 4, S. 103.

Die wirtschaftlichen Bestimmungen der Familienverträge – das Gleiche gilt für deren Religion, Justiz oder Militär betreffende Bestimmungen – unterstreichen, dass Familienverträge nicht nur zur Regelung familiärer Angelegenheiten dienten, sondern eine eigenständige Quelle des öffentlichen Rechts im Heiligen Römischen Reich deutscher Nation darstellten.

Quellen- und Literaturverzeichnis

Familienverträge in chronologischer Reihenfolge

Pactum Pacifcationis & Partitionis inter GUNTCHRAMNUM & CHILDEBERTUM Reges Francorum, atque BRUNCHILDAM Reginam in Comitiis Andelavensibus quo eis placet juxta certam pactionem olim factam Regnum in duas partes inter se hereditario jure dividere, nec non Reginae BRUNICHILDI civitatem CARDUCUM quam primum cedere compluresque alias post GUNTCHRAMNI Transitum in dominationem ejusdem Reginae reverti debere. Actum die 4. Calendis Anno 26. Regni Domni GUNTCHRAMNI Regis, Domni CHILDEBERTI vero duodecimo anno. In: Dumont, Supplement 2,1. 28 Novembre 587, S. 5–6.

Erb-Theilungs-Vergleich zwischen den fünf Herren Brüdern/ WOLDEMAR, GEORG, JOHANN, SIGMUND, und ALBRECHT, allseits Fürsten zu ANHALT; worinn sie die bißhero mit gesambter Hand besessene Land/ und Gueter untereinander vertheylen. Geschehen am Oster-Tag im Jahr 1413. In: Dumont, Supplement, 2,2, CLXXXVI. 23. Avril 1413, S. 332–333.

Ewige Vereinigung und Verständniß zwischen Herzog Sigmund von Österreich vor sich und seine Erben/ und den Eydgenoßen der Städte und Länder Zürich/ Bern/ Lucern/ Ury und Solothurn/ daß kein theil den andern bekriegen/ noch von andern aus ihren Landen bekriegen lassen wolle/ sondern vielmehr einander besonders die Eydgenoßen dem Hertzog auch in der Graffschafft Tyrol in nöthigen fall helffen sollen. Zürich den Montag nach Sankt Gallen 1477. In: Dumont, 3,2, XI. 20. Oct. 1477, S. 14–15.

Erb-Theilung zwischen JOHANNES König in Dännemarck eines/ und FRIDERICH dessen Bruder/ Hertzogen zu Schleßwig-Holstein anderen theils/ wodurch die Länder Schleßwig/Holstein und Stormarn in zwey theile getheilet/ nemlich den Gottorffischen und Segebergischen/ wovon den Gottorffischen Hertzog FRIDERICH erwehlet/ und also der Segebergische König JOHANSEN verblieben. Gottorff am Tage Laurentii des Martyrers 1490. In: Dumont, 3,2, CXXXIX. 10. Août 1490, S. 251–254.

Erb-einigung und Vertrag zwischen denen Grafen Philipp/ Diether/ und Johann zu Ysenburg und Budingen/ durch Unterhandlung derer Grafen Thomas von

Reineck/ Philipp zu Solms/ Eberhard zu Königstein/ und Wolff von Schönburg zu erhalt- und Consolidirung all ihrer Graff- und Herschafften/ auch Nahmens und Stammens aufgerichtet zu Mayntz am Mittwoch nach Batholomaei 1517. Benebst der Confirmation Ihro Römisch-Kayserlichen Mayestät MAXIMILIANI I. Geben Augspurg den 12. Septembris 1518. Wie auch Ihro Kayserlichen Mayestät MAXIMILIANI II. Renovir- und Bestättigungsbrieff über obbmelte Erbeinigung in favorem derer Graffen Philipp Georg/ Ludwig/ Wolff und Heinrichs zu Ysenburg ertheilet. Geben Speyer den 20. Julii 1570. In: Dumont, 4,1, CXVIII, 26. Août 1517, S. 258–263.

Revers Friedrichs Hertzogen zu Lignitz Ihro Röm. Kayserl. Majest. Ferdinando gegeben; daß selbter zu Folge des sub dato Breßlau den 18then May 1546. Jahrs ergangenen Kön. Urthels/ sich von der zwischen denen Ständen der Cron Boheimb/ und Joachim Churfürsten zur Brandenburg aufgerichteten Erb-Verbrüderung entziehen/ die Unterthane solche nicht schwere lasse wolle/ sondern nach Absterben seiner/ dessen Fürstenthumb Land und Leuthe an benannte Kayserl. Majest. fallen sollen. Geben zu Prag den Sonnabend nach Allerheyligen Tage 1549. In: Dumont, 4,2, CCXIX. 3. Nov. 1549, S. 351–352.

Haereditaria Unio Rhenanae Patriae Archi-Diocesis Colonensis, quae Anno Christi 1463 erecta, & postmodum Anno 1550. ab Archi-Episcopo & Electore ADOLPHO cum Capitulo Metropolitano, & reliquis Statibus Comitum, Nobilium & Civitatum ad publicam utilitatem stabiliter renovata & à Successoribus Archiepiscopis confirmata fuit. Accedit Declaratio Electoris JOSEPHI CLEMENTIS, quod Pecuniae subsidiariae presenti bello ab Ordinibus pro communi Bono suppeditatae nullatenus in consequentiam contra Libertates & Privilegia eorum trahi debeant. Dat. Bonnae Anno 1694. In: Dumont, 4,3, III, 12. Mai 1550, S. 4–10.

Testament Kaysers FERDINANDI I, damahls noch Römischen Königs/ wodurch er anfangs seine Land und Leuthe unter seine drey Herren Söhne theilet/ Geben Wien den 25. Februarii 1554. In: Dumont, Supplement, 3,2, LIV, 25. Fevrier 1554, S. 134–140.

Erbverbrüderung zwischen Johann Friedrich, Johann Wilhelm und Johann Friedrich Herzögen zu Sachsen und Wilhelm/ und Johann Friedrich den Jüngern/ allerseits Hertzogen zu Sachsen eines/ dann auch Wilhelm/ Georg Ernst/ und Boppo Vatern und Söhnen/ Graffen zu Henneberg andern Theils; Wodurch die letztren bewilligen/ dasz/ im fall sie ohne männlichen Erben mit Todt abgehen solten/ besagte Hertzogen in der gantzen Graffschaft Henneberg sucediren/ dahingegen besagte Hertzogen/ 130470 gulden obbenanter Graffen Schulden auf sich zunehmen und diesselbe zwanzig jahr zu verpensoniren versprechen. Geschehen zu Kahla den 1. Septembr. 1554. Sambt inserirten Consens in obiger Erbeinigung Augusti Churfürsts zu Sachszen/ und Philipps Landgrafen zu Hessen. Geben wie oben. In: Dumont, 4,3, XXXIII, 1. Sept. 1554, S. 74–77.

Brüderlicher Vergleich und Erbeinigung zwischen Wilhelm/ Ludwig/ Philipp den Jüngern/ und Georg Land-Graffen zu Hessen zu beschützung dero Land undt Leuthen/ erhaltung beständiger Einigkeit/ und/ daß nach eines Tödtl. Hintritt ohne männl. Leibes-Erben/ die andern in dessen Verlassenschafft sammentl. succediren sollen. Geschehen Ziegenhein den 28. May 1568. In: Dumont, 5,1, LXXX, 1568, S. 164–169.

Abschied zwischen denen Grafen Daniel/ Günthern/ und Heinrichen von Waldeck über Graf Philipps Seel. nachgelassenen Antheil an der Graffschafft Waldeck beschlossen; Worinn sie eins werden, daß Graff Danieli das halbe Hauß und Ambt Waldeck/ Graff Günthern aber das Ambt und Hauß Wildungen/ und Graff Heinrichen das halbe Hauß und Ambt Rhoden/ sambt dem Hoff Billinghausen/ erblich verbleiben/ dabey auch dem letzten nach Tödtl. hintritt eines derer ersten ohne Erben das Ambt Waldeck oder Wildungen vorbehalten seyn/ die nutzungen aber der Aembtern zwischen besagtem Graff Heinrich und dem überbleibenden vertheilet werden sollen. Geben zu Waldeck Sonnabends nach Heyl. Drei Königen den 8, Januarii 1575. In Dumont, 5,1, CXVI, 8 Janv. 1575, S. 233–234.

Ferner Erb-Vertrag und Einigung zwischen Daniel/ Heinrich/ und Günthern Grafen zu Waldeck/ wegen noch übrig Graff Philipps Seel. unvertheilt hinterlassenen Antheils an der Graffschaft Waldeck/ wodurch dem ersten das Ambt und Stadt Numberg/ die Dörfer Netze und Brunghausen/ sambt dem Closter Netze/ Graff Heinrichen aber die halbe Herrschafft Itter, nebst denen Clöstern Werba und Obern Ensa/ und Graff Günthern das Closter und Haus Hohenschied/ nebst gewissen Victualien aus der Stadt Freyenhagen/ wie auch ie helffte der Erbzinsen aus der Stadt Wildungen zukommen/ und dann ferners deren ersterer Regierender Herr verbleibet/ ansonsten auch wegen der Reichs-Steuern und Väterl. Schulden verabredet worden. So geschehen Waldeck den Montag nach Palmarum 1575. In: Dumont, 5,1, CXVIII, 18 Mars 1575, S. 235–237.

Erb-Theilungs-Tractat zwischen denen Fürsten zu Anhalt JOHANN-GEORG, CHRISTIAN, AUGUST, RUDOLPH und LUDWIG; Worinnen dieselbe ihre Fürstenthumb und Lande in 4. Theile voneinander sezen/ und weilen ihrer fünffe/ sich mit dem jüngsten/ nemlich Fürst AUGUSTO abfinden und vergleichen, Geschehen zu Dessau, den 2. Julii 1603. In: Dumont, Supplement, 3,1, CIII, 2. Juli 1603, S. 253–257.

Reiterirter Erbvertrag zwischen JOHANN, GEORG, CHRISTIAN, AUGUST, RUDOLPH und LUDWIG allerseits Fürsten zu Anhalt wodurch der den 30. Junii 1603. Zwischen Ihnen errichtete Erb-Vertrag bestättiget/ und dan wegen Possess-Ergreifung der darinn ergangenen Theilung verglichen wird/ geschehen zu Dessau den 18. May 1606. Nebst der Notul des Eydes so die Unterthanen bey der Huldigung thun sollen. In: Dumont, Supplement, 3,1, CVII, 18. Maji 1606, S. 263–264.

Bey-Abschied zwischen GEORG, CHRISTIAN, AUGUST, RUDOLPH und LUDWIG allerseits Fürsten zu Anhalt/ worinnen sie zu Bestättigung des Anno 1603 errichteten Vertrags und glücklicher Continuierung des Geist- und Weltlichen Regiments verschiedener Puncten und Mitteln sich verglichen. Geschehen Dessau den 7. August 1606. In: Dumont, Supplement, 3,1, CVIII, 7. Augusti. 1606, S. 264–265.

Haubt-Accord oder gütliche Vergleichung zwischen Landgraf Wilhelm zu Hessen-Kassel und Landgraf George zu Hessen-Darmstadt/ durch interposition Landgraf Philipps zu Hessen/ aufgericht/ worinnen ein Teil sowohl als der andere auf viele gegen einander habende praetentiones, vornehmlich der von Kassel vor sich und die ganze kasselische Linie auf das Fürstentum Ober-Hessen renunciret; auch einen Anteil an Stadt und Amt Amtsstadt an Darmstadt cediret. Geben zu Darmstadt am 24. September 1627 mit Kaisers Ferdinand II. Confirmation, geben auf Schloss zu Prag den 1. Februar 1628. In: Dumont, 5,2, CCLXXXVI, 1627, S. 524–532.

Erb-Vertrag zwischen Georg Wilhelm/ und Johann Fridrich Gebrüderen/ und Hertzogen zu Braunschweig-Luneburg/ durch Verordnete von Ludwig dem XIV. König in Frankreich/Maximilian Erzbischoffen zu Cölln/Friedrich Wilhelm Churfürsten zu Brandeburg/ Carl König in Schweden/ Commissarien geschlossen; worin die/ zwischen denenselben Occcasione Successionis, in denen/ vom Christian Ludwig Hertzogen von Braunschweig erledigten Fürstenthumben und Herrschafften/ entstandene Mißhelligkeiten beygelegt/ obbmeldte Fürstenthumb und Graffschafften unter sie vertheilet werden/ auch dabey zur ewigen Einigkeit derselben die Succession, Vermög dieser Landes-Theilung/ bey dero absteigenden Manns-Stamme/ zu verbleiben abgeredet/ und bey diesen Vertrag festzubleiben beschlossen wird. Geben zu Hildesheimb, den 2. September 1665. In: Dumont, 6,3, XXIII, 2. Sept. 1665, S. 44–46.

Ewiges Unions-Pactum zwischen dem Ertz-Hertzoglichen Hause Oesterreich und dem Churfürstl. Hause Braunschweig und Lüneburg geschlossen/ darinnen sie einander mit einer gewissen huelffe zu succurieren/ Chur-Hannover der Cron Boeheim voellige Resitution in das Exercitium der Ihr competirender Jurium Electoralium, mit ihren suffragiis zu secundiren/ und bey der Wahl eines Roemischen Kaysers und Koenigs sein Suffragium keinem anderen/ als dem Primogenito der Ertz-Herzoglichen Linie zu geben verspricht; Wien den 22. Martii 1692. Mit einem separaten Articul/ wodurch Hertzog Ernst-Augustus von Braunschweig denen Chatholischen erlaubt/ zu Hannover und Zell eine Kirche und Schule bauen zu können. Geben Wien den 22. Martii 1692. In: Dumont, 7,2, CXLVI, 22. Mars 1692, S. 307–310.

Tractat zwischen Ihro Kayserl. Maj. JOSEPHO und Brittannischer Köngl. Majestl. ANNA eines/ und einer Löbl. Rhaetischen Republic andern Theils/ wegen des

Durchmarchsches der Kayßerl. und Hoher Aliirter Trouppen durch das Pundtner Land. Chur den 13, Martii Anno 1707. In: Dumont, Supplement, 3,2, XLIV, 13. Mars 1707, S. 55–56.

Nassauischer Erbverein 1783. In: Schulze-Gävernitz, Hermann Johann Friedrich von (Hrsg.): Die Hausgesetze der regierenden deutschen Fürstenhäuser. Bde 1–3. Jena 1862–1883, S. 117–128.

Der zwischen den drei regierenden Hochfürstlichen Häusern zu Anhalt über die Theilung des Antheils Anhalt Zerbst geschlossene Rezess vom 27. Mai, 5. u. 10. Juni 1798. In: Schulze-Gävernitz: Die Hausgesetze, S. 117–128.

Gedruckte Quellen

Das Tiroler Fischereibuch Maximilians I.: Codex Vindobonensis 7962. Bd. 1: Text (Einleitung, Transkription und Übersetzung). Graz/Wien/Köln 1967.

Dumont, Jean (Hrsg): Corps universel diplomatique du droit des gens, contentant un recueil des traitez d'alliance, de paix, de trève, de neutralité, de commerce, d'échange, de Protection et de Garantie, de toutes les Conventions, transactions, Pactes, Concordates et autres Contrats qui ont été faits en Europe, depuis le Règne de l'Empereur Charlemagne jusque à présent, avec les Capitulations impériales et royales, les Sentences Arbitrales dans les Causes importantes; les Déclarations de guerre, les Contrats de Mariage de Grands Princes, leurs Testament, Donations, Renonciations, & Protestations; les Investitures des grands Fiefs; les Erections des grandes Dignités, celle des grandes Compagnies de Commerce et en général de tous les Titres, sous quelque nom qu'on les désigne, qui peuvent servir à fonder ou justifier les droits et les intérêrets des princes et états de l'Europe. Le tout tiré en partie des Archives de la très Auguste Maison d'Autriche et en partie de celles de quelques Princes et Etats; comme aussi des Protocolles de quelques grands Ministres; des Manuscrits de la Bibliothèque Royale de Berlin; des meilleures Collections, qui ont déjà paru tant en Allemagne qu'en France, en Angleterre, en Hollande et ailleurs; sur tout des Actes de Rymer et enfin le plus estimés, soit en Histoire, en Politique ou on droit; par M. J. Dumont Baron de Carelscroon, Ecuier, Conseiller et historiographe de Sa Majesté Impériale et Catholique. Bd. 1, Teil 1 – Bd. 8, Teil 2. Amsterdam/Den Haag 1726–1731.

Dumont, Jean/Rousset de Missy, Jean (Hrsg.): Supplement au corps universel diplomatique du droit des gens, contentant un recueil des traitez d'alliance, de paix, de trève, de neutralité, de commerce, d'échange, de Protection et de Garantie, de toutes les transactions, Pactes, Concordates et autres Contrats, Capitulations impériales et royales, Donations, Renonciations, Testamens, Investitures et en général de tous les Titres, sous quelque nom qu'on les désigne, qui ont échapé aux prémieres recherches de Mr. Du Mont. Continué jusqu'à présent par Mr. Rousset, Membre des Académies des Sciences de St. Petersbourg & de Berlin. Bd. 1, Teil 1 – Bd. 2, Teil 2. Amsterdam/Den Haag 1739.

House Laws of Waldeck-Pyrmont. URL: https://www.heraldica.org/topics/royalty/HGWaldeck.htm. [letzter Zugriff: 30.05. 2021].

Klüber, Johann Ludwig: Besprechung der Disputation De unionibus hereditariis in Germania per iuris manuarii aevum usatis von Johann Daniel Kind und Ernst Friedrich Adam Frh. von Manteufel. In: Klüber, Johann Ludwig: Kleine Juristische Bibliothek oder ausführliche Nachrichten von neuen kleineren juristischen vornehmlich akademischen Schriften mit unparteyischer Prüfung derjenigen. Bd. 1/1. Stück. 2. Aufl., Erlangen 1786, S. 1–12.

Lünig, Johann Christian: Teutsches Reichsarchiv, in welchem zu finden I. Desselben Grund-Gesetze und Ordnungen ... II. Die merckwürdigsten Recesse, Concordata, Verleiche, Verträge, ... III. Jetzt höchst- hoch- und wohlermeldter Chur-Fürsten ... Privilegia und Freyheiten, auch andere Diplomata, ... welche zu Erläuterung des Teutschen Reichs-Staats nützlich und nöthig sind. Aus denen berühmtesten Scribenten, raren Manuscriptis, und durch kostbare Correspondenz zusammengetragen. Bde. 1–24. Leipzig 1710–1722.

Moser, Johann Jacob: Persönliches Staats-Recht derer Teutschen Reichs-Stände. 2 Teile (Neues Teutsches Staats-Recht, 11, 1–2). Franckfurt/Leipzig 1775.Moser, Johann Jacob: Familien-Staats-Recht derer Teutschen Reichsstände. 2 Teile (Neues Teutsches Staatsrecht, 12, 1–2). Franckfurt und Leipzig 1775.

Moser, Johann Jacob: Staats-Recht des hoch-fürstlichen Hauses Anhalt, Leipzig und Frankfurt: Fuchs, Spring, 1740, wieder abgedruckt in: Moser, Johann Jacob: Die heutige besondere Staats-Verfassung der Stände des Teutschen Reichs, oder Sammlung des besonderen Staats-Rechts aller einzelnen Stände des Röm. Reichs. Erster Band, Darinnen enthalten, Nach der allgemeinen Einleitung ... I. Das Churfürstl. Erz-Stift Trier, wie auch die gefürsteten Abtey Prümm und Abtey St. Maximin, II. Das Fürstl. Haus Anhalt, wie auch die Abtey Gernode, Graffschaft Holzapffel und Herrschaft Jever, III. Die Abtey Baindt, Ferner IIII. Die Stadt Aachen und V. die Stadt Zell am Hammersbach. Leipzig 1745.

Moser, Johann Jacob: Teutsches Staats-Recht. 12. Theil. Darinnen von derer catholischen geistlichen Reichs-Stände Pallio, Annaten, Regierungs-Antritt ... so dann von denen weltlichen Reichs-Ständen gehandelt wird. Leipzig/Ebersdorf 1744.

Moser, Johann Jacob: Teutsches Staats-Recht. 14. Theil. Darinnen von dem Herkommen in denen Chur-Fürst-Fürst- und Gräflichen Häusern in Ansehung der Versorgung derer nachgebohrenen Herrn, etc. von ihrer Abfindung überhaupt, ihrer Person, Familie und Bedienten, ihrer und der regierenden Herrn Verhalt gegen einander, ihrer Abfindung mit Land- und Leuten oder Geld, ihres unterhalts Vermehr- oder Verminderung, der Erb-Folge in ihren Portionen und Deputaten, wie auch ihrer Begräbniß, Erbschafft, Schulden, etc. und endlich von denen Theilungen in denen Häusern derer weltlichen Reichs-Stände gehandelt wird. Leipzig/Ebersdorf 1744.

Moser, Johann Jacob: Teutsches Staats-Recht, 15. Theil. Darinnen der Rest von denen Theilungen vorgetragen und dann ferner von dem Herkommen in denen Häusern derer weltlichen Reichs-Stände in Ansehung der gemeinschaftlichen Regierung, wie auch derer in Gemeinschaft behaltenen einzelnen Stücke, nicht weniger von der Collateral-Succession und endlich des Verzichts derer Töchter gehandelt wird. Leipzig/Ebersdorf 1744.

Moser, Johann Jacob: Teutsches Staats-Recht, 23. Theil. Darinnen von dem Herkommen in denen Häusern derer weltlichen Reichs-Stände in Ansehung derer Familien- und Haus-Verträgen, derer Familien Streitigkeiten und Austräge ... und endlich ihrer Schulden, besonders deren, die nicht auf dem Lande hafften, gehandelt wird, Leipzig/Ebersdorf 1746.

Moser, Johann Jacob: Teutsches Staats-Recht. 25. Theil. Darinnen der Rest der Materie von dem Herkommen in denen Häusern derer weltlichen Reichs-Stände in Ansehung derer Testamenten, Codicillen und anderer elterlicher Dispositionen ... wie auch von Gemahlinnen oder Witwen Verlassenschafft anzutreffen seynd. Leipzig/Ebersdorf 1746.

Moser, Johann Jacob: Teutsches Staats-Recht. 26. Theil. Darinnen, nebst dem Rest der Materie von der Gemahlinnen und Wittwen Verlassenschafft ... anzutreffen seynd. Leipzig/Ebersdorf 1746.

Neuer Naussauischer Erbverein vom 30. Juni 1783, abgedruckt in: d'Lëtzebuerger Land, 05.08.2011. URL: http://www.land.lu/page/article/670/4670/DEU/index.html [letzter Zugriff: 30.05. 2021].

Pactum primogeniturae waldeccense, 12. Juni 1685, mit kaiserlicher Bestätigung, 22. August 1697, Christian Ludwig Graf zu Waldeck, 31. September 1695. URL: https://www.heraldica.org/topics/royalty/HGWaldeck.htm [letzter Zugriff: 26.01.2021].

Pütter, Johann Stephan: Deductio prima in Sachen der Anhalt-Cöthnischen Ritterschaft gegen des Herrn Fürsten zu Anhalt-Cöthen Hochfürstl. Durchlaucht puncto collectarum sine consensu ordinum provincialium impositarum, atque imunitatis bonorum equestrium violatae. In: Pütter, Johann Stephan: Auserlesene Rechts-Fälle aus allen Theilen der in Teutschland üblichen Rechtsgelehrsamkeit in Deductionen, rechtlichen Bedenken, Relationen und Urtheilen, theils in der Göttingischen Juristen-Facultät, theils in eignem Namen ausgearbeitet. Teil 3. Göttingen 1767, S. 525–639.

Römer, Carl Heinrich von: Das Völkerrecht der Teutschen. Als Lehrbuch bearbeitet. Halle 1789.

Schilter, Johann: De paragio et apanagio, succincta expositio. Straßburg 1701.

Schulze-Gävernitz, Hermann Johann Friedrich von (Hrsg.): Die Hausgesetze der regierenden deutschen Fürstenhäuser. Bde 1–3. Jena 1862–1883.

Spener, Jacob Carl: Teutsches Ius Publicum oder des Heil. Römisch-Teutschen Reichs vollständige Staats-Rechts-Lehre. Bde 1–7. Franckfurt am Main/Leipzig 1723–1733 [mehr nicht erschienen].

Weisthum der Gesetze, Ordnungen und Vorschriften, welche in die Nassauische Teutsche Länder, Ottoische Linie, von den ältesten Zeiten bis hierhin ergangen sind, hrsg. von August Friedemann Ruehle von Lilienstern. Teil 2. Hadamar 1803.

Literaturverzeichnis

Antholz, Birger: Geschichte der quantitativen Konjunkturprognose-Evaluation in Deutschland. In: Vierteljahreshefte zur Wirtschaftsforschung 75 (2006), S. 12–33.

Bidermann, Hermann Ignaz: Entstehung und Bedeutung der Pragmatischen Sanktion. In: Zeitschrift für das Privat- und öffentliche Recht der Gegenwart 2 (1875), S. 123–160, S. 217–253.

Bourdieu, Pierre: Sozialer Sinn. Kritik der theoretischen Vernunft, übersetzt von Günter Seib, Frankfurt am Main 1987 [zuerst: Le Sens pratique, Paris 1980].

Bourdieu, Pierre: »Ökonomisches Kapital – Kulturelles Kapital – Soziales Kapital«. In: Bourdieu, Pierre: Die verborgenen Mechanismen der Macht (Schriften zu Politik & Kultur, 1), Hamburg 2015, S. 49–79.

Endres, Max: Handbuch der Forstpolitik mit besonderer Berücksichtigung der Gesetzgebung und Statistik. 2. Aufl., Berlin 1922 [zuerst 1905].

Helfferich, Tryntje: The Iron Princess. Amalia Elisabeth and the Thirty Years War. Cambridge/MA 2013.

Hirsch, Erhard: Generationsübergreifende Verträge reichsfürstlicher Dynastien vom 14. bis zum 16. Jahrhundert (Studien zur brandenburgischen und vergleichenden Landesgeschichte, 10). Berlin 2013.

Kretschmann dankt dem Adel für den Erhalt von Kulturdenkmälern, 16. 05. 2017. ULR: https://www.focus.de/regional/stuttgart/regierung-kretschmann-dankt-dem-adel-fuer-den-erhalt-von-kulturdenkmaelern_id_7142245.html [letzter Zugriff: 30. 05. 2021].

Matzerath, Josef: »dem gantzen Geschlechte zum besten«. Die Familienverträge des sächsischen Adels vom 16. bis zum 19. Jahrhundert. In: Keller, Katrin und Matzerath, Josef (Hrsg.): Geschichte des sächsischen Adels, Köln/Weimar/Wien 1997, S. 291–319.

Mohnhaupt, Heinz: Die Lehre von der »Lex Fundamentalis« und die Hausgesetzgebung europäischer Dynastien. In: Ders., Historische Vergleichung im Bereich von Staat und Recht (Ius Commune, Sonderhefte, 134), Frankfurt am Main 2000 [zuerst 1982], S. 1–33.

Morgenstern, Oskar: Wirtschaftsprognose. Eine Untersuchung ihrer Voraussetzungen und Möglichkeiten. Wien 1928.

Müller, Mario: Besiegelte Freundschaft. Die brandenburgischen Erbeinungen und Erbverbrüderungen im späten Mittelalter, (Schriften zur politischen Kommunikation, Bd. 8). Göttingen 2010.

Müller, Mario / Spieß, Karl-Heinz / Tresp, Uwe (Hrsg.): Erbeinungen und Erbverbrüderungen in Spätmittelalter und Früher Neuzeit. Generationsübergreifende Verträge und Strategien im europäischen Vergleich (Studien zur brandenburgischen und vergleichenden Landesgeschichte Bd. 17). Berlin 2014.

Pieper, Lennart: Einheit im Konflikt. Dynastiebildung in den Grafenhäusern Lippe und Waldeck in Spätmittelalter und Früher Neuzeit (Norm und Struktur, Bd. 49). Göttingen 2019.

Puppel, Pauline: Die Regentin. Die vormundschaftliche Herrschaft in Hessen 1500–1700 (Geschichte und Geschlechter, Bd. 43). Univ. Kassel Diss. Phil. 2003, Frankfurt a. M. 2004.

Schmitt, Carl: Der Nomos der Erde im Völkerrecht des Jus Publicum Europaeum. 4. Aufl., Berlin 1997.

Turba, Gustav: Die Grundlagen der pragmatischen Sanktion, Bd. 1: Ungarn, Bd. 2: Die Hausgesetze (Wiener staatswissenschaftliche Studien Bd. 10/2 u. 11/1). Leipzig/Wien 1911/12.

Turba, Gustav (Hrsg.): Die pragmatische Sanktion. Authentische Texte samt Erläuterungen und Übersetzungen. Wien 1913.

Ulshöfer, Fritz: Die Hohenlohischen Hausverträge und Erbteilungen. Grundlinien einer Verfassungsgeschichte der Grafschaft Hohenlohe seit dem Spätmittelalter. Universität Tübingen Diss. Jur. 1961, Neuenstein 1960.

Verzijl, Jan Hendrik Willem: International Law in Historical Perspective. Teil 3: State Territory (Nova et Vetera Iuris Gentium). Leiden 1970.

Wendehorst, Stephan: Die Geschichte des Heiligen Römischen Reichs deutscher Nation als Völkerrechtsgeschichte – History of the Holy Roman Empire of the German Nation as History of the Law of Nations. Unveröff. Vortrag, Ringvorlesung Aus der Werkstatt: Aktuelle Forschungen zur Rechtgeschichte, Universität Wien, Juridicum, 29. April 2021, digital.

Wendehorst, Stephan (Hrsg.): Positive Early Modern Law of Nations. Gießen/Wien 2019.

Westphal, Siegrid: Kaiserliche Rechtsprechung und Herrschaftliche Stabilisierung: Reichsgerichtsbarkeit in den thüringischen Territorialstaaten 1648–1806 (Quellen und Forschungen zur höchsten Gerichtsbarkeit im alten Reich 43). Köln 2002.

Westphal, Siegrid: Das dynastische Selbstverständnis der Ernestiner im Spiegel ihrer Hausverträge. In: Walther, Helmuth. G. u. a. (Hrsg.): Die Ernestiner. Politik, Kultur und gesellschaftlicher Wandel. Köln/Weimar/Wien 2016, S. 33–54.

MILITÄRISCHES UNTERNEHMERTUM

ADLIGE KROATENOBRISTEN ALS MILITÄRUNTERNEHMER. FALLSTUDIEN AUS DEM DREISSIGJÄHRIGEN KRIEG

Michael Weise

Abstract Der Beitrag untersucht anhand der Kroatenobristen Georg Zrinski, Marcus Corpes und Lucas Hrastovacky den Zusammenhang zwischen Adel und Militärunternehmertum im Dreißigjährigen Krieg. Dabei wird zunächst der von Fritz Redlich entwickelte Typus des *Military Enterpriser* in Verbindung mit Joseph Schumpeters Definition des Unternehmers gebracht, um herauszuarbeiten, welchen Anforderungen diese »führenden Männer« gerecht zu werden hatten. Anschließend wird am Beispiel der drei Söldnerführer dargestellt, ob und in welcher Weise diese Spezialisten für den Kleinen Krieg erfolgreich als Militärunternehmer auftraten, welche Rolle ihr jeweiliger Stand dabei spielte und welche Mittel und Methoden für ihren unternehmerischen (Miss-)Erfolg ausschlaggebend waren. Hierfür spielte auch die Person Wallensteins eine wichtige Rolle, denn der Aufstieg der leichten Kavallerie zu einer strategisch bedeutsamen Waffengattung im kaiserlichen Heer ging zuvorderst auf die enorme Wertschätzung des Generalissimus für die Kroaten zurück.

Keywords Adel, Corpes, Dreißigjähriger Krieg, Hrastovacky, Kriegsökonomie, Kroatien, kroatische Söldner, Militärunternehmer, Wallenstein, Zrinski

1 Perspektivenwechsel

Der Dreißigjährige Krieg führte viele Exoten von der europäischen Peripherie auf die zentraleuropäischen Kriegsschauplätze, so dass sich »fremde« Kriegergruppen hier ein »regelrechte[s] Stelldichein« gaben.[1] In den Reihen des kaiserlichen Heeres und der Armee der Katholischen Liga waren es in erster Linie die kroatischen Söldner, die als fremd und somit tendenziell als furchteinflößend und bedrohlich wahrgenommen wurden. In aller Regel wurden die Kroaten für den Dienst in der leichten Kavallerie rekrutiert – einer hochmobilen Waffengattung, deren Hauptbetätigungsfeld der

1 Carl, Horst: Exotische Gewaltgemeinschaften. Krieger von der europäischen Peripherie im 17. Jahrhundert. In: Rogger, Philippe / Hitz, Benjamin (Hrsg.): Söldnerlandschaften. Frühneuzeitliche Gewaltmärkte im Vergleich (Zeitschrift für Historische Forschung, Beiheft, Bd. 49). Berlin 2014, S. 157–180, hier S. 160.

sogenannte Kleine Krieg darstellte.[2] Spuren dieser spezifisch »kroatischen« Beteiligung am Dreißigjährigen Krieg lassen sich bei genauerem Hinsehen vielerorts noch heute finden: etwa in Form von Straßennamen, Gedenktafeln, Gebäuden, topographischen Bezeichnungen, Ehrengräbern oder auch als Formation bei Reenactments des Dreißigjährigen Krieges (vgl. Abb. 1–4).

Die selbstironische Beschreibung der Reenactment-Gruppe des »Altdorfer Kroaten Haufens« gibt dabei das tradierte Bild der kroatischen Söldner in geradezu exemplarischer Weise wieder:

> »Sveta Marija sa nama [Heilige Maria mit uns]
> Wer wir sind: Mörder, Brandstifter, Lösegelderpresser, Halsabschneider und unerschrockene Söldner; Merkmale: Berüchtigt durch Grausamkeiten und Plünderungen, greifen bei Schlachten den feindlichen Troß an und sorgen damit beim Feind für Unruhe. Bis heute in der Geschichte unvergessen. […]«[3]

Tatsächlich scheint ein kursorischer Blick in einschlägige Quellensammlungen diese wenig schmeichelhafte Charakterisierung zu bestätigen, findet sich hier doch eine Vielzahl an Berichten über von »Kroaten«[4] begangene Plünderungen, Brandstiftungen, Gewaltexzesse etc.[5] Weitet man den Blick indes, so lassen sich je nach Bestand bzw.

2 Zum Kleinen Krieg werden alle Kampfhandlungen und militärischen Tätigkeiten gezählt, die sich außerhalb geschlossener Gefechtsformationen sowie geschlossener Lager und Befestigungen abspielten. Zu den typischen Gefechtshandlungen dieser speziellen Kriegsform gehörten die Feindaufklärung, die Geländeerkundung sowie die Sicherung von Lagern und Märschen. Dabei kam es häufig zu Handstreichen, Hinterhalten und Überfällen – den originären Gewaltsituationen des Kleinen Kriegs. Vgl. dazu Rink, Martin: Art. Kleiner Krieg. In: Enzyklopädie der Neuzeit (Bd. 6), hrsg. von Friedrich Jaeger. Stuttgart/Weimar 2007, Sp. 776–778.

3 Eintrag zu den Kroaten auf der Website der Wallenstein Festspiele Altdorf. URL: https://wallensteinfestspiel.de/festspiele/lagerleben/kroaten/ [letzter Zugriff: 30.05.2020].

4 Zum Begriff der »Kroaten« und dem damit verbundenen Problem vermeintlich ethnischer Eindeutigkeit bzw. Homogenität vgl. Carl: Exotische Gewaltgemeinschaften, S. 173, 179; Weise, Michael: Grausame Opfer? Kroatische Söldner und ihre unterschiedlichen Rollen im Dreißigjährigen Krieg. In: Batelka, Philipp / Weise, Michael / Zehnle, Stephanie (Hrsg.): Zwischen Tätern und Opfern. Gewaltbeziehungen und Gewaltgemeinschaften. Göttingen 2017, S. 127–148, hier S. 132–134; Weise, Michael: Mobilität, Geschwindigkeit und Gewalt – die kroatischen Reiter in Brandenburg und Sachsen. In: Asche, Matthias / Kollenberg, Marco / Zeiger, Antje (Hrsg.): Halb Europa in Brandenburg. Der Dreißigjährige Krieg und seine Folgen. Berlin 2020, S. 80–94, hier S. 82–84.

5 Das gilt – aus nachvollziehbaren Gründen – insbesondere für Chroniken, Einträge in Kirchenbüchern und andere Opferberichte, die häufig in lokal- bzw. regionalgeschichtlichen Editionen abgedruckt sind. Vgl. dazu exemplarisch: Langguth, Johannes: Das Leben des thüringischen Pfarrers Johannes Langguth. Von ihm selbst aufgezeichnet. Nach einer Handschrift aus dem Jahre 1665, hrsg. von Reinhard Buchwald. Leipzig 1907, S. 29, 36, 53; Kühn, Hugo (Hrsg.): Quellen und quellenmäßige Berichte aus Thüringen zur Belebung und Ergänzung des Geschichtsunterrichts. Für die Zeit vom 30jährigen Kriege bis zum Jahre 1815. Langensalza 1910, S. 5–6, 29–31, 34, 64, 69; Herrmann, Fritz (Hrsg.): Aus tiefer Not. Hessische Briefe und Berichte aus der Zeit des Dreißigjährigen Krieges. Erste Hälfte (Hessische Volksbücher, Bd. 26/27). Friedberg 1916, S. 139–140, 147–150; Bentele, Günther (Hrsg.): Protokolle einer Katastrophe.

Abbildung 1. „Dem unbekannten Kroaten 1631", Gedenkstein zwischen Uebigau und Wahrenbrück (Landeskreis Elbe-Elster). Gestiftet durch den Bürgermeister der Stadt Wahrenbrück und den Wanderwegemeister des Kreises Herzberg im Jahr 1990.

Abbildung 2. „‚Zum Hirsch'", Gedenktafel an der Fassade des gleichnamigen ehemaligen Gasthofs (Marktplatz 6, Memmingen), die unter anderem an die Nutzung des Gebäudes als Quartier für den Kroatengeneral Goan Lodovico Isolani erinnert.

Abbildung 3. Abbildung des Kroatenhofs in Nürtingen auf einer Ansichtskarte (um 1910).

Abbildung 4. Wandbeschriftung zur Geschichte der „Waffenstadt“ Suhl (Untere Kirchgasse, Suhl), die an den Kroaten-Einfall am Gallustag (16. Oktober) 1634 erinnert.

Provenienz auch signifikant anderslautende Berichte finden.[6] Als ein Beispiel hierfür kann das oben abgebildete Kroatengrab bei Uebigau gelten. Der Gedenkstein erinnert an einen jungen kroatischen Offizier, der sich 1631 im südbrandenburgischen Uebigau gegen seine eigenen Leute gestellt hatte, als diese das örtliche Hospital plündern wollten, nachdem sie zuvor in der völlig verlassenen Stadt keinerlei Beute gemacht hatten. Die raubgierigen Söldner ließen sich von ihrem Vorhaben jedoch nicht abbringen und überwältigten den gewissenhaften Soldaten, der kurz darauf an den Folgen der Misshandlungen starb. An der Stelle, an der die Bürger der Stadt später seine Leiche fanden, errichteten sie ihm zu Ehren ein Denkmal.[7] Auch wenn sich dieses Ereignis aus den zeitgenössischen Quellen nicht zweifelsfrei nachweisen lässt, so liefert es dennoch ein Indiz für die Breite und Vielfalt an Handlungsoptionen, die auch kroatischen Söldnern und ihren Regimentsführern (Obristen) zur Verfügung standen. Es erscheint daher nicht nur angemessen, sondern geradezu angeraten, die bisher dominierende Perspektive auf die Kroaten als Inbegriff »aller nur erdenklichen Scheußlichkeiten«[8] im Dreißigjährigen Krieg zu überwinden und sie stattdessen als (überwiegend) zweckrational handelnde Kriegsspezialisten zu begreifen und dementsprechend zu analysieren.[9]

Die adligen Kroatenobristen bieten in diesem Zusammenhang einen besonders lohnenden Untersuchungsgegenstand, da sich an ihnen – so die These dieses Beitrags – exemplarisch zeigen lässt, ob und wie der Einsatz von Gewalt unter zweckrational-temporalen Prämissen gesteuert wurde, welche Karriere- respektive

Zwei Bietigheimer Chroniken aus dem Dreißigjährigen Krieg (Schriftenreihe des Archivs der Stadt Bietigheim-Bissingen, Bd. 1). 2., überarb. Aufl., Bietigheim-Bissingen 1998, S. 183, 193, 200.

6 Hier sind vor allem der Bestand der *Alten Feldakten* im Kriegsarchiv Wien, die *Kriegsakten* im Haus-, Hof- und Staatsarchiv Wien sowie die Bestände *RA Clam-Gallasové* und *RA Piccolominiové* in den tschechischen Staatsarchiven Děčín und Zámrsk einschlägig. Aus diesen Akten lässt sich die Sicht der kaiserlichen Militärführung auf ihre Kroaten-Einheiten ableiten, die überwiegend pragmatisch, bisweilen jedoch auch durchaus wohlwollend und positiv ausfiel (siehe Abschnitt 3.2).

7 Vgl. Schindler, Erich: Grab des Kroaten. In: LR Magazin – Wochenendbeilage der Lausitzer Rundschau, 25.05.1990, S. 6. Der aus dem Nachbarort Bad Liebenwerda stammende Autor und Heimatforscher Matthäus Karl Fitzkow hat eine literarische Fassung dieses Ereignisses publiziert, vgl. Fitzkow, Matthäus Karl: Der »Tote Kroat« von Uebigau. In: Heimatkalender Kreis Bad Liebenwerda 1965/1966, S. 57–59. In einer früheren Version der Geschichte erzählt Fitzkow das Ende noch geradezu entgegengesetzt. Demnach fanden die Einwohner Uebigaus einen erschlagenen Kroaten auf der Straße, dessen Leiche sie im Zorn »über die erlittene Bitternis« nicht begruben, sondern mit seinem »Leibgurt an die Zweige eines Kiefernbaumes« hängten, »den Vögeln zum Fraß«, Fitzkow, Matthäus Karl: Der »Tote Kroat« von Uebigau. In: Die Schwarze Elster Nr. 463 (1934), S. 862–863. Zu den Kroaten in Uebigau und Wahrenbrück vgl. Raack, Martin: Uebigau, die Stadt an der Heerstraße. Ein geschichtlicher Rückblick. Minden 1935, S. 52–54.

8 Kroener, Bernhard R.: »Kriegsgurgeln, Freireuter und Merodebrüder«. Der Soldat des Dreißigjährigen Krieges. Täter und Opfer. In: Wette, Wolfram (Hrsg.): Der Krieg des kleinen Mannes. Eine Militärgeschichte von unten. München/Zürich 1992, S. 51–67, hier S. 63.

9 Zur situativ angepassten Gewaltanwendung und -vermeidung der kroatischen Söldner vgl. Weise, Michael: Gewaltprofis und Kriegsprofiteure. Kroatische Söldner als Gewaltunternehmer im Dreißigjährigen Krieg. In: Geschichte in Wissenschaft und Unterricht 68/5–6 (2017), S. 278–291.

Aufstiegsmöglichkeiten sich hieraus für den Adel bzw. den Aufstieg in den Adelsrang ergaben und wo die Grenzen dieser Kriegsökonomie lagen. Selbstredend möchte dieser methodische Ansatz die ausgeübte Gewalt weder verharmlosen noch rechtfertigen, sondern vielmehr deren fallweise auch exzessiven Gebrauch in seinen jeweiligen Kontext einordnen und damit dem historischen Verständnis zugänglich machen. Bevor anhand von drei Fallstudien diese Fragen untersucht werden, wird zunächst das dafür grundlegende Konzept des frühneuzeitlichen Militärunternehmers diskutiert und die damit eng verknüpfte Rolle des (kroatischen) Adels eruiert.

2 Militärunternehmertum und (kroatischer) Adel

1956 veröffentlichte der deutsch-amerikanische Wirtschaftshistoriker Fritz Redlich einen Aufsatz, in dem er sein Arbeitsvorhaben zur Erforschung des *militärischen Unternehmers* umriss, aus dem schließlich sein zweibändiges Standardwerk *The German Military Enterpriser and his Work Force* (1964/65) hervorging.[10] Bereits zu diesem frühen Zeitpunkt stellte Redlich fest:

> »[T]he military enterpriser, as we meet him at least the 15th century on [sic], represented a personal union of officer and enterpriser, because he himself on a business basis organized the necessary wherewithall [sic] of warfare, especially bodies of troops. The military enterpriser was a man who himself or through a 'locum tenens' led the troops which he had raised for profit's sake.«[11]

In dieser Charakterisierung des *Military Enterpriser*, dessen Tätigkeit nun nicht mehr »Dienst, sondern Geschäft« war,[12] lässt sich eine gewisse Anschlussfähigkeit an die allgemeine Definition des Unternehmers von Joseph A. Schumpeter sehen, der darin seinerseits nicht nur auf die Bedeutung »führender Männer« in Wirtschaft, Politik und Wissenschaft hinwies, sondern auch auf deren Notwendigkeit für die erfolgreiche Leitung militärischer Aktionen aufmerksam machte. Diese »führenden Männer« wiederum stellen nach Schumpeter den Prototyp des Unternehmers dar, wie ihn der Nationalökonom unter dem entsprechenden Lemma in der 4. Auflage des

10 Vgl. Redlich, Fritz: The German Military Enterpriser and his Work Force. A Study in European Economic and Social History (Vierteljahrschrift für Sozial- und Wirtschaftsgeschichte, Beihefte, Bde. 47/48). 2 Bde. Wiesbaden 1964/65.

11 Redlich, Fritz: The Military Enterpriser. A neglected Area of Research. In: Explorations in Entrepreneurial History 8/4 (1955/56), S. 252–256, hier S. 253.

12 Schmidt, Georg: Voraussetzung oder Legitimation? Kriegsdienst und Adel im Dreißigjährigen Krieg. In: Oexle, Otto Gerhard / Paravicini, Werner (Hrsg.): Nobilitas. Funktion und Repräsentation des Adels in Alteuropa (Veröffentlichungen des Max-Planck-Instituts für Geschichte, Bd. 133). Göttingen 1997, S. 431–451, hier S. 437.

Handwörterbuchs der Staatswissenschaften beschrieb.[13] Die dort angeführte Aufgabentypologie, die nach Schumpeter den Kern der Unternehmerfunktion darstellt,[14] lässt sich *cum grano salis* auf den frühmodernen Militärunternehmer übertragen:[15] So hat Redlich etwa die »Erschließung neuer Bezugsquellen« instruktiv beschrieben,[16] für die »Erschließung neuer Absatzmärkte« ist der Dreißigjährige Krieg selbst – als erster europäischer Konflikt, der im großen Umfang Söldner aus ganz Europa auf engstem Raum zusammenführte[17] – ein geradezu mustergültiges Beispiel, und für die »Erzeugung und Durchsetzung neuer Produkte oder neuer Qualitäten von Produkten« kann man exemplarisch nachgerade die kroatischen Reiter als gefragte Anbieter spezieller Fertigkeiten für den Kleinen Krieg nennen.[18]

Als besonders prädestiniert für die Übernahme solcher Führungspositionen bzw. in der Diktion Schumpeters »Unternehmerfunktionen« galt im *Ancien Régime* der Adel, dem neben kriegerischen Tugenden auch soziale Kompetenz und Autorität zugeschrieben wurde.[19] Dem entsprach auch das »Selbstbild als Kriegerstand«, das »zum Kernbestand der kollektiven Identität des männlichen Adels« zählte.[20] Zwar wurde schon in der Frühphase des Dreißigjährigen Krieges vereinzelt darauf hingewiesen, dass allein die Zugehörigkeit zum Adel noch keine ausreichende Qualifikation für ein

13 Vgl. Schumpeter, Joseph A.: Art. Unternehmer. In: Handwörterbuch der Staatswissenschaften (Bd. 8), hrsg. von Ludwig Elster/Adolf Weber/Friedrich Wieser. 4., gänzlich umgearb. Aufl., Jena 1928, S. 476–487. Die bis in die Gegenwart anhaltende Prägekraft von Schumpeters Unternehmer-Definition lässt sich exemplarisch an dem entsprechenden Lemma im *Wörterbuch der Wirtschaft* (12. Aufl.) nachvollziehen, das dessen Aufgabentypologie explizit übernimmt, vgl. dazu: Grüske, Karl-Dieter/Recktenwald, Horst Claus: Wörterbuch der Wirtschaft. 12., neu gestaltete u. erw. Aufl., Stuttgart 1995, S. 631–632.

14 Vgl. Schumpeter: Art. Unternehmer, S. 483.

15 Vgl. dazu auch das Lemma »entrepreneurship« im *New Palgrave Dictionary of Economics* (2. Aufl.), in dem das Autorenduo die Anführer der frühneuzeitlichen Söldnerarmeen ebenfalls explizit als offenkundige *entrepreneurs* anführt, Baumol, William J./Schilling, Melissa A.: Art. entrepreneurship. In: The New Palgrave Dictionary of Economics (Bd. 2), hrsg. von Steven N. Durlauf/Lawrence E. Blume. 2. Aufl., Basingstoke 2008, S. 874–879, hier S. 876. In seinem Artikel zum »Unternehmer« in der *Enzyklopädie der Neuzeit* bezweifelt Stefan Gorißen dagegen, dass sich die Söldnerführer des 16. und 17. Jahrhunderts als »Leiter eines Unternehmens« verstehen lassen, ohne dies argumentativ jedoch überzeugend zu belegen, Gorißen, Stefan: Art. Unternehmer. In: Enzyklopädie der Neuzeit (Bd. 13), hrsg. von Friedrich Jaeger. Stuttgart/Weimar 2011, Sp. 1083–1089, hier Sp. 1083.

16 Vgl. Redlich: The German Military Enterpriser and his Work Force, S. 56–59.

17 Vgl. Kroener: »Kriegsgurgeln, Freireuter und Merodebrüder«, S. 59.

18 Vgl. Carl: Exotische Gewaltgemeinschaften, S. 176; Weise: Gewaltprofis und Kriegsprofiteure, S. 282.

19 Vgl. Schmidt: Voraussetzung oder Legitimation? S. 447; Asch, Ronald G.: Ständische Stellung und Selbstverständnis des Adels im 17. und 18. Jahrhundert. In: Asch, Ronald G. (Hrsg.): Der europäische Adel im Ancien Régime. Von der Krise der ständischen Monarchien bis zur Revolution (ca. 1600–1789). Köln u. a. 2001, S. 3–45, hier S. 14; Kaiser, Michael: »Ist er vom Adel? Ja. Id satis videtur«. Adlige Standesqualität und militärische Leistung als Karrierefaktoren in der Epoche des Dreißigjährigen Krieges. In: Bosbach, Franz/Robbins, Keith/Urbach, Karina (Hrsg.): Geburt oder Leistung? Elitenbildung im deutsch-britischen Vergleich (Prinz-Albert-Studien, Bd. 21). München 2003, S. 73–90, hier S. 85.

20 Sikora, Michael: Der Adel in der Frühen Neuzeit. Darmstadt 2009, S. 55.

Kriegsamt darstelle,[21] doch änderte dies wenig an der tatsächlichen Bestallungspraxis. Schließlich brachte der Adel das mit seinem Stand verbundene Sozialprestige *sui generis* mit und besaß kraft seines Status »die Legitimation zur Herrschaft und den Anspruch auf Gehorsam«.[22] Auch die von Kurfürst Maximilian I. von Bayern (1573–1651) mehrfach angemahnten militärischen Grundtugenden *Valor, Vigilanz, Diligenz, Dapfferkeit [und] Dexteritet*[23] gehörten zum klassischen adligen Portfolio. Hinzu kam eine bislang kaum beachtete Eigenschaft, die ebenfalls »adelstypisch« war: seine (tendenzielle) Mehrsprachigkeit,[24] die ihn insbesondere für die Führung der im Laufe des Krieges landsmannschaftlich zunehmend heterogen zusammengesetzten Regimenter qualifizierte. Dies gilt gerade auch für die Kroatenregimenter, die spätestens seit 1631/32, als ihre Zahl immer weiter anstieg, vermehrt auch Nicht-Kroaten in ihre Reihen aufnahmen.[25]

Die Inhaber kroatischer Regimenter selbst stammten ebenfalls nicht ausschließlich aus Kroatien, was seine Ursache nicht zuletzt darin haben dürfte, dass die mächtigsten Dynastien des Landes nur sehr eingeschränkt in diesem Konflikt aktiv wurden. Die beiden »einflussreichsten Familien« des kroatischen Hochadels, Zrinski und Frankopan, die jeweils mehrfach das Amt des Banus (Vizekönigs) von Kroatien innehatten,[26] beteiligten sich nur in der Früh- und Endphase selbst am Dreißigjährigen Krieg, in der dazwischen liegenden Zeit waren es indes überwiegend Abkömmlinge weniger hochrangiger Adelsgeschlechter, die als Militärunternehmer aktiv wurden. Für sie stellte der Kriegsdienst eine der wenigen verbliebenen Einnahmemöglichkeiten dar, nachdem weite Teile des kroatischen Niederadels ihren Grundbesitz im Laufe des 16. Jahrhunderts durch die osmanischen Eroberungen verloren hatten. Viele von ihnen siedelten daraufhin über die Kupa nach Binnenkroatien über, während sich andere dafür entschieden, in den Dienst des Sultans zu treten.[27]

21 Vgl. Discurß Daß ein schändlicher Mißbrauch sey / wann man in Bestellung der Kriegsämpter nur darauff sehe: Ob einer vom Adel gebohren seye oder nicht? (Der XXXIV. Tractat). In: Lundorp, Michael Casper: Acta Publica […], Tomus II. Frankfurt a. M. 1629, S. 928–929, hier S. 929.

22 Schmidt: Voraussetzung oder Legitimation?, S. 447.

23 Kaiser: »Ist er vom Adel? Ja. Id satis videtur«, S. 86.

24 Vgl. Glück, Helmut / Häberlein, Mark / Flurschütz da Cruz, Andreas: Einleitung. Adel und Fremdsprachen in der Frühen Neuzeit. In: Glück, Helmut / Häberlein, Mark / Flurschütz da Cruz, Andreas (Hrsg.): Adel und Mehrsprachigkeit in der Frühen Neuzeit. Ziele, Formen und Praktiken des Erwerbs und Gebrauchs von Fremdsprachen (Wolfenbütteler Forschungen, Bd. 155). Wiesbaden 2019, S. 7–15, hier S. 9.

25 Vgl. Weise: Grausame Opfer?, S. 133; Weise, Michael: Die kaiserlichen Kroaten im Dreißigjährigen Krieg. In: Rebitsch, Robert / Höbelt, Lothar / Schmidl, Erwin A. (Hrsg.): Vor 400 Jahren. Der Dreißigjährige Krieg (Innsbrucker Historische Studien, Bd. 32). Innsbruck 2019, S. 107–115, hier S. 113.

26 Fischer, Wladimir: Sprache und soziale Identität im frühneuzeitlichen Binnenkroatien. In: Frühneuzeit-Info 12/1 (2001), S. 53–69, hier S. 56.

27 Vgl. ebd., S. 56–57.

Neben Kroatisch (bzw. Kajkavisch und/oder Čakavisch[28]) beherrschten viele dieser Adligen zumindest auch Latein und Deutsch,[29] was nicht nur für die Binnenkommunikation innerhalb des eigenen Regiments wichtig war, sondern ebenso für die Korrespondenz mit der kaiserlichen (bzw. ligistischen) Militärführung. Denn auch wenn die Kroaten-Einheiten in der (militärgeschichtlichen) Forschungsliteratur immer wieder unter dem Label »irreguläre Einheiten« rubriziert wurden (und werden)[30] – womit die wirkmächtige Vorstellung »semi-autonome[r] Gewaltakteure« evoziert wurde,[31] die der Aufsicht und dem Zugriff ihres Dienstherrn weitgehend entzogen waren –, so lässt sich in einschlägigen Quellen nicht nur eine intensive Korrespondenz zwischen einzelnen Kroatenobristen und ihren Vorgesetzten nachverfolgen, sondern auch eine genaue Beurteilung und Sanktion respektive Gratifikation ihrer Handlungen.[32] Anhand der folgenden drei Fallbeispiele soll nicht zuletzt auch dieser Aspekt illustriert werden.

3 Kriegsökonomie der Kroatenobristen

3.1 Georg (Juraj) Zrinski (1599–1626)

Zu einem der ersten Obristen, die im Auftrag des habsburgischen Kaisers kroatische Reiter auf den mitteleuropäischen Kriegsschauplatz führten, gehörte Graf Georg

28 Beim Kajkavischen handelt es sich um den in den kroatischen Kerngebieten im Nordwesten sowie in Zagreb gesprochenen Dialekt. Im Küstenland wurde dagegen der čakavische Dialekt gesprochen, auf dem wiederum das kroatische Kirchenslawisch beruhte. Vgl. Fischer: Sprache und soziale Identität im frühneuzeitlichen Binnenkroatien, S. 55.

29 Vgl. ebd., S. 65; Horbec, Ivana / Matasović, Maja: Latein als »national«, Deutsch als kosmopolitisch? Die Mehrsprachigkeit des kroatischen Adels als Voraussetzung seiner politischen und sozialen Tätigkeit. In: Glück/Häberlein/Flurschütz da Cruz (Hrsg.): Adel und Mehrsprachigkeit in der Frühen Neuzeit, S. 145–162.

30 Vgl. etwa: Wrede, Alphons Freiherr von: Geschichte der K. und K. Wehrmacht. Die Regimenter, Corps, Branchen und Anstalten von 1618 bis Ende des 19. Jahrhunderts. Bd. III. Wien 1901, S. 8, 11, 79–80; Hummelberger, Walter: Der Dreissigjährige Krieg und die Entstehung des kaiserlichen Heeres. In: Führlinger, Herbert (Hrsg.): Unser Heer. 300 Jahre österreichisches Soldatentum in Krieg und Frieden. Wien/München/Zürich 1963, S. 1–48, hier S. 25; Mann, Golo: Wallenstein. 3. Aufl., Frankfurt a. M. 1971, S. 797; Engerisser, Peter / Hrnčiřík, Pavel: Nördlingen 1634. Die Schlacht bei Nördlingen – Wendepunkt des Dreißigjährigen Krieges. Weißenstadt 2009, S. 117.

31 Der Begriff geht auf den Göttinger Militärhistoriker Marian Füssel zurück, der ihn in Bezug auf Kosaken und Kalmücken in die Forschungsdiskussion einbrachte, vgl. Füssel, Marian: Die Aasgeier des Schlachtfeldes. Kosaken und Kalmücken als russische Irreguläre während des Siebenjährigen Krieges. In: Förster, Stig / Jansen, Christian / Kronenbitter, Günther (Hrsg.): Rückkehr der Condottieri? Krieg und Militär zwischen staatlichem Monopol und Privatisierung: Von der Antike bis zur Gegenwart (Krieg in der Geschichte, Bd. 57). Paderborn u. a. 2010, S. 141–152, hier S. 146.

32 Vgl. etwa die Schreiben von bzw. an den »Kroaten-General« Goan Lodovico Isolani: Österreichisches Staatsarchiv/Kriegsarchiv [OeStA/KA] Alte Feldakten (AFA) 49, 51, 56, 60, 65, 66, 76, 77, 80, 81 und die Korrespondenz von Octavio Piccolomini mit verschiedenen Kroatenobristen: Staatsarchiv [StA] Zámrsk RA Piccolominiové, Nr. 17745, 17756–17760, 17802–17819, 17833–17844, 17910–17927, 17934–17951.

Zrinski, der im Februar 1621 500 Söldner angeworben hatte, die an der niederösterreichischen Grenze eingesetzt wurden. Der gerade einmal 22 Jahre alte hochadlige Söldnerführer entstammte dem Geschlecht der »mächtigsten Feudalherren und Magnaten in Kroatien« und amtierte seit 1622 als kroatischer Banus.[33] Damit war der drittwichtigste Würdenträger des Königreichs Ungarn (nach dem Palatin und dem Landesrichter)[34] persönlich als Militärunternehmer in den Dreißigjährigen Krieg involviert, wofür er nicht nur die notwendigen finanziellen Ressourcen mitbrachte, sondern auch das ebenso dienliche herrschaftlich-dynastische Netzwerk. Dieses reichte weit über die Grenzen Kroatiens hinaus, denn als Banus war Georg Zrinski (bzw. ungar. Zrinyi) kraft seines Amtes auch Teil der ungarischen Aristokratie,[35] ferner zählte seine Familie seit den Zeiten von Nikolaus IV. Šubić Zrinski (um 1508–1566) – dem »Helden von Szigetvár« – zur »supranationalen Elite der Habsburgermonarchie«.[36] Unter diesen Voraussetzungen konnte er ohne größere Umstände ausreichend Rekruten für seine Einheit anwerben, wobei sich gleichzeitig die Anzahl der benötigten Männer zu diesem Zeitpunkt noch recht überschaubar gestaltete.

33 Brajković, Vlasta: Katalog der Wappen-, Wappenbrief- und Genealogiesammlung, hrsg. vom Kroatischen Historischen Museum. Zagreb 1995, S. 109.

34 Vgl. Varga, Szabolcs: Die Stellung Kroatiens innerhalb des Königreiches Ungarn in der Frühen Neuzeit. In: Spannenberger, Norbert / Varga, Szabolcs (Hrsg.): Ein Raum im Wandel. Die osmanisch-habsburgische Grenzregion vom 16. bis zum 18. Jahrhundert (Forschungen zur Geschichte und Kultur des östlichen Mitteleuropa, Bd. 44). Stuttgart 2014, S. 53–74, hier S. 58.

35 Vgl. ebd., S. 59. Varga macht zudem darauf aufmerksam, dass »der ungarische Adel [...] eine juristische Kategorie dar[stellte], in der die ethnische Herkunft seiner Mitglieder keine Rolle spielte« (ebd.). Umgekehrt war auch der kroatische Adel ethnisch keineswegs homogen, ihm gehörten z. B. auch die aus der Steiermark stammenden »deutschen« Fürsten Celjski (von Cilli) an. Kohäsionsstiftend wirkte vor allem das römisch-katholische Bekenntnis, das von den kroatischen Ständen 1608 als verbindlich festgelegt wurde. Vgl. Fischer: Sprache und soziale Identität im frühneuzeitlichen Binnenkroatien, S. 57. Joachim Bahlcke datiert den Beschluss des *Sabor* dagegen bereits auf das Jahr 1604, vgl. Bahlcke, Joachim: Außenpolitik und kollektive Identitätsbildung: Kroatien und Innerösterreich im historischen Vergleich. In: Bahlcke, Joachim / Strohmeyer, Arno (Hrsg.): Konfessionalisierung in Ostmitteleuropa. Wirkungen des religiösen Wandels im 16. und 17. Jahrhundert in Staat, Gesellschaft und Kultur (Forschungen zur Geschichte und Kultur des östlichen Mitteleuropa, Bd. 7). Stuttgart 1999, S. 193–210, hier S. 201. Nicht betroffen von dieser konfessionellen Festlegung war das Gebiet der Militärgrenze, deren Bewohnern neben persönlicher Freiheit und freiem Grundbesitz auch die freie Ausübung ihres Glaubens garantiert war, vgl. Kaser, Karl: Freier Bauer und Soldat. Die Militarisierung der agrarischen Gesellschaft an der kroatisch-slawonischen Militärgrenze (1535–1881) (Zur Kunde Südosteuropas, Bd. II/22). Wien/Köln/Weimar 1997, S. 80–85, 133–152; Roth, Harald / Schmitt, Oliver Jens: Im Zeichen imperialer Herrschaft. Das christlich beherrschte Südosteuropa in der Frühen Neuzeit. In: Clewing, Konrad / Schmitt, Oliver Jens (Hrsg.): Geschichte Südosteuropas. Vom frühen Mittelalter bis zur Gegenwart. Regensburg 2011, S. 296–335, hier S. 301.

36 Pálffy, Géza: Verschiedene Loyalitäten in einer Familie. Das kroatisch-ungarische Geschlecht Zrinski/Zrinyi in der »supranationalen« Aristokratie der Habsburgermonarchie im 16. und 17. Jahrhundert. In: Kühlmann, Wilhelm / Tüskés, Gábor (Hrsg.): Milita et Litterae. Die beiden Nikolaus Zrinyi und Europa (Frühe Neuzeit. Studien und Dokumente zur deutschen Literatur und Kultur im europäischen Kontext, Bd. 141). Tübingen 2009, S. 11–32, hier S. 18, 21.

Zwar wurden diese frühen kroatischen Kavallerieeinheiten noch regelmäßig zum Ende des Jahres wieder abgedankt (Zrinskis Einheit 1622), doch der aufstrebende kaiserliche Generalwachtmeister Albrecht von Wallenstein erkannte bereits in dieser Phase des Kriegs den speziellen militär- und versorgungstaktischen Nutzen der leichten Reiterei und förderte deren Anwerbung und Einsatz fortan nachdrücklich.[37] Davon profitierte nicht zuletzt Georg Zrinski, dem auf explizite Anweisung Wallensteins das Oberkommando über die gesamte leichte Kavallerie übertragen wurde.[38] Dieser Aufstieg in der militärischen Hierarchie bedeutete für den kroatischen Grafen einen erheblichen Prestigegewinn, der seine monetären Renditechancen wohl deutlich übertraf. Als Sprössling einer hochadligen Dynastie stellte der Krieg für ihn ein ebenso klassisches wie standesgemäßes Betätigungsfeld dar, auf dem nicht ausschließlich ökonomische Motive eine Rolle spielten, sondern mindestens ebenso sehr die Aussicht, das eigene soziale bzw. symbolische Kapital zu erhöhen. Zwar war Adel *per se* »immer auch das symbolische Kapital, auf das jeder Offizier angewiesen war«,[39] um in der Armee Karriere machen zu können, umgekehrt strebten die adligen Obristen aber danach, einen militärischen Rang einzunehmen, der ihrem Stand entsprach oder womöglich sogar eine Standeserhöhung versprach.[40] Zrinski war dies mit dem Amt des Oberbefehlshabers der leichten Reiterei eindrucksvoll gelungen.

Zusammen mit zwei weiteren Kroatenobristen – Franz Orehóczy und Goan Lodovico (Johann Ludwig) Isolani – beteiligte sich Zrinski nach der Schlacht von Dessau (25. April 1626) an der Verfolgung Ernsts von Mansfeld, der die Reste seiner Streitmacht in Ungarn mit den Truppen des siebenbürgischen Fürsten Gábor Bethlen vereinigen wollte.[41] Wallenstein verfolgte Mansfeld mit dem Gros der Kavallerie und seinen

37 Vgl. Weise: Grausame Opfer?, S. 133; Weise: Die kaiserlichen Kroaten im Dreißigjährigen Krieg, S. 107–108, 112–113.

38 Vgl. Albrecht von Wallenstein an Karl von Harrach, Halberstadt 7. Januar 1626. In: Tadra, Ferdinand (Hrsg.): Briefe Albrechts von Waldstein an Karl von Harrach (1625–1627). Nach den eigenhändigen Originalen des Gräflich Harrach'schen Archivs in Wien nebst einer Einleitung: Albrecht von Waldstein seit der Schlacht auf dem weissen Berge bis zu seiner Erhebung zum Herzog und Obercommandanten der kaiserlichen Armee (1620–1625) (Fontes Rerum Austriacarum. 2. Abt. Diplomataria et Acta, Bd. 41, 2. Hälfte). Wien 1879, S. 315–316.

39 Kaiser: »Ist er vom Adel? Ja. Id satis videtur«, S. 89.

40 So folgte etwa der Ernennung Wallensteins zum »Capo« aller kaiserlichen Truppen im Frühjahr 1625 seine Erhöhung zum Herzog von Friedland auf dem Fuße. Damit stand Wallenstein gleich doppelt über Johann T'Serclaes Graf von Tilly, dem Heerführer der verbündeten Katholischen Liga, der als Generalleutnant »nur« als Stellvertreter Maximilians I. von Bayern fungierte. Der zweifache Rangunterschied war mitursächlich für die immer wieder aufkeimenden Konflikte zwischen Wallenstein und Tilly bei den politisch angeordneten, gemeinsamen militärischen Operationen, vgl. Mann: Wallenstein, S. 386–388; Münkler, Herfried: Der Dreißigjährige Krieg. Europäische Katastrophe, deutsches Trauma 1618–1648. 3. Aufl., Berlin 2017, S. 260, 275.

41 OeStA/KA AFA 50 (1624–1627), Konvolut 1, Protokollbuch; Ballagi, Aladár: Wallenstein's Kroatische Arkebusiere, 1623–1626. Aus unbenützten, archivalischen Quellen. Budapest 1884, S. 16; Wrede: Geschichte der K. und K. Wehrmacht, S. 755. In der Forschungsliteratur des 19. Jahrhunderts wurde dagegen noch vermutet, Zrinski sei erst in Ungarn zum Wallenstein'schen Heer gestoßen, vgl. Heilmann,

»gefürchteten Kroaten« in einem 800 Kilometer langen Parallelmarsch über Brandenburg und Schlesien bis nach Oberungarn.[42] Am 30. September 1626 standen sich die Armeen Wallensteins und Bethlens dann bei Drégelypalánk (ca. 70 km nördlich von Budapest) kampfbereit gegenüber, doch kam es nicht zur erwarteten Schlacht, da sich beide Heerführer in letzter Sekunde auf eine Waffenruhe einigten. Darüber zeigte sich insbesondere Georg Zrinski äußerst erbost, da er die Chance vertan sah, dem Gegner eine endgültige Niederlage beizubringen. Ein Sieg über Bethlen wäre nicht nur militärstrategisch von richtungsweisender Bedeutung gewesen, sondern hätte gleichzeitig einen hohen Reputationsgewinn für ihn und die anderen Regimentsführer bedeutet. Zrinski hielt mit seinem Unmut nicht hinterm Berg, sondern kritisierte die Kriegführung Wallensteins grundlegend und scharf. Das wiederum erzürnte den Generalissimus so sehr, dass er drohte, den renitenten Offizier am nächsten Baum aufzuknüpfen.[43] Wenig später, im Dezember 1626, starb der Kroatenobrist völlig überraschend im Alter von nur 27 Jahren. Der heftige Disput mit Wallenstein nährte die Gerüchte, Zrinski sei einem Giftanschlag des Friedländers zum Opfer gefallen. Bis heute ist umstritten, ob der kroatische Fürst einer Krankheit erlag oder ermordet wurde.[44] Mit dieser letztlich tragisch fehlgeschlagenen Kriegsunternehmung endete das Engagement der beiden führenden Dynastien des kroatischen Hochadels auf dem mitteleuropäischen Kriegsschauplatz vorerst (die Kroaten-Einheiten von Nikolaus Frankopan waren bereits Ende 1624 abgedankt worden). Die finanziellen und persönlichen Investitionen des jungen Zrinski-Grafen hatten sich nicht ausgezahlt und blieben zunächst ohne Fortsetzung.

Erst in der letzten Phase des Krieges tauchten Vertreter der Familie Zrinski wieder als Militärunternehmer auf. Nikolaus (Nikola) VII. Zrinski, der Sohn Georg Zrinskis, trat 1642 in den kaiserlichen Kriegsdienst ein, im darauffolgenden Jahr übernahm auch sein Bruder Peter (Petar) ein Kroatenregiment. Nikolaus wurde 1646 in Anerkennung seiner militärischen Dienste zum Generalfeldwachtmeister der sich neu formierenden habsburgischen Armee ernannt, womit er der erste ungarisch-kroatische Aristokrat war, der diesen Generaltitel tragen durfte. Seine Beteiligung am Dreißigjährigen Krieg sowie in den Kämpfen gegen das Osmanische Reich hatte ihm die Chance geboten, sich als führungsstarker und erfolgreicher Kriegsunternehmer zu profilieren. Und sein

Johann: Kriegsgeschichte von Bayern, Franken, Pfalz und Schwaben von 1506 bis 1651. Bd. II: Kriegsgeschichte und Kriegswesen 1598–1651. 1. Abtheilung: Kriegsgeschichte von 1598–1634. München 1868, S. 209.

42 Krüssmann, Walter: Ernst von Mansfeld. Grafensohn, Söldnerführer, Kriegsunternehmer gegen Habsburg im Dreißigjährigen Krieg (Historische Forschungen, Bd. 94). Berlin 2010, S. 594.

43 Vgl. Ballagi: Wallenstein's Kroatische Arkebusiere, S. 22–23.

44 Vgl. Heilmann: Kriegsgeschichte, S. 209; Ballagi: Wallenstein's Kroatische Arkebusiere, S. 22–23; Bauer, Ernest: Glanz und Tragik der Kroaten. Ausgewählte Kapitel der kroatischen Kriegsgeschichte. Wien/München 1969, S. 34; Brajković: Katalog der Wappen-, Wappenbrief- und Genealogiesammlung, S. 109–110.

diesbezügliches Engagement zahlte sich in monetärer wie auch in sozialer Hinsicht aus: Bereits ein Jahr später wurde er – wie einst sein Vater – zum Banus von Kroatien ernannt (1647–1664), sein Nachfolger im Amt war sein Bruder Peter (1665/68–1670).[45]

3.2 Marcus Corpes (gest. 1638)

Während Georg Zrinski und sein Schicksal vor allem in der kroatischen Historiographie nachhaltigen Widerhall fanden, hinterließ Marcus Corpes, dem die zweite Fallstudie gewidmet ist, vorrangig in der deutschen Erinnerungskultur seine Spuren. Der Grund hierfür liegt nicht zuletzt in einer Episode im XV. Kapitel des II. Buchs des Romans *Der abenteuerliche Simplicissimus Teutsch* (1668/69) von Hans Jakob Christoffel von Grimmelshausens. Hier erzählt der weltberühmte Gelnhauser Barockdichter,[46] wie der Romanheld Simplicius von einem streifenden Trupp Kroaten entführt wird und anschließend mit ihnen umherziehen muss. Den Anführer dieser Raubtruppe, Marcus Corpes, beschreibt Simplicius wie folgt:

> »Bei diesem Herrn [Marcus Corpes, MW] kam mir alles widerwärtig und fast spanisch vor: die hanauische Schleckerbißlein hatten sich in schwarzes Brot und mager Rindfleisch, oder wanns wohl abgieng, in ein Stück gestohlnen Speck verändert; Wein und Bier war mir zu Wasser worden, und ich mußte anstatt des Betts bei den Pferden in der Streu vorliebnemmen; [...] Mein Herr hatte kein Weib (wie dann diese Art Krieger keine Weiber mitzuführen pflegen) keinen Page, keinen Kammerdiener, keinen Koch [...] und schämte er sich selbst nicht, ein Roß zu satteln, oder demselben Futter fürzuschütten; er schlief allezeit auf Stroh oder auf der bloßen Erd, und bedeckte sich mit seinem Belzrock; daher sahe man oft die Müllerflöhe auf seinen Kleidern herumwandern, deren er sich im geringsten nicht schämet, sondern noch darzu lachte, wenn ihm jemand eine herab lase; er trug kurze Haupthaar und einen breiten Schweizerbart, welches ihm wohl zustatten kam, weil er sich selbst in Baurenkleider zu verstellen und darin auf Kundschaft auszugehen pflegte.«[47]

45 Vgl. Wrede: Geschichte der K. und K. Wehrmacht, S. 753, 776, 778; Bauer: Glanz und Tragik der Kroaten, S. 36; Stoy, Manfred: Zrinski, Nikola Graf. In: Biographisches Lexikon zur Geschichte Südosteuropas (Bd. 4), hrsg. von Bernath, Mathias / Nehring, Karl (Südosteuropäische Arbeiten, Bd. 75/IV). München 1981, S. 504–505, hier S. 504; Stoy, Manfred: Zrinski, Petar Graf. In: Biographisches Lexikon zur Geschichte Südosteuropas (Bd. 4), hrsg. von Mathias Bernath / Karl Nehring (Südosteuropäische Arbeiten, Bd. 75/IV). München 1981, S. 505–506, hier S. 505; Brajković: Katalog der Wappen-, Wappenbrief- und Genealogiesammlung, S. 110; Pálffy: Verschiedene Loyalitäten in einer Familie, S. 25–26.

46 Vgl. Boehncke, Heiner / Sarkowicz, Hans: Grimmelshausen. Leben und Schreiben. Vom Musketier zum Weltautor. Frankfurt a. M. 2011, S. 7.

47 Grimmelshausen, Hans Jacob Christoph zu: Der abenteuerliche Simplicissimus Teutsch. Nachwort von Volker Meid. Stuttgart 2008, S. 174–175.

Der Obrist Corpes wird hier als unzivilisierter Barbar charakterisiert, dem es kulturell wie kulinarisch an jeglichem Niveau mangelt. Zudem verfügt er offenbar über keinerlei angebrachtes Standesbewusstsein, sondern übernimmt eigenhändig – mangels entsprechenden Personals – sogar niedere Knechtdienste. Auch ansonsten fällt die Beschreibung des Kroatenobristen und seiner Reiter überwiegend, wenn auch nicht ausschließlich, negativ aus. Simplicius berichtet, wie die Söldner die Bauern verderben, ihre Frauen, Mägde und Töchter schänden und auch ihn selbst immer wieder gewalttätig misshandeln. Immerhin gibt der Romanheld an, dass Corpes von den »seinen und andern, die ihn kenneten, geehrt, geliebt und geförchtet« wurde,[48] doch das pejorativ-exotisierende Gesamturteil, von dem der *Simplicissimus*-Herausgeber Volker Meid zu wissen glaubt, dass es den »wirklichen Charakter des Obristen« träfe,[49] erfährt dadurch keine wirkliche Korrektur. Tatsächlich werden einige Aspekte der literarischen Darstellung Grimmelshausens durch ähnlich lautende historische Quellenaussagen gedeckt. So liegt etwa aus dem oberfränkischen Dorf Ahornberg (Landkreis Hof) ein Bericht aus dem März 1633 vor, nachdem Corpes und seine Reiter den Ort überfielen, ausplünderten und anschließend in Brand steckten. Unter den Dorfbewohnern richteten sie ein regelrechtes Massaker an, dem 65 Menschen zum Opfer fielen.[50] Klagen ähnlichen Inhalts wurden auch aus dem oberhessischen Raum vorgebracht:

> »Waß gestaldt der Croatische Obrister Corpeß, mitt bey sich habenden Croaten, Soldaten zue Fuß und etlich Tausendt Fuldischen Bawren den 25. 7bris [1634] jüngst alhier fur Eysenbach kommen und feindtlich zue attaquiren sich understanden, auch ohne geachtett alles durch damals von den herrn anhero verordnete lebendige Salva Guarde [...] 2500 Rthlr. nicht allein erpreßett, sondern auch damals unndt die volgende zeitt über von Soldaten undt Bawren viele unßere arme Underthanen erbärmlich niedergemacht, [...] theils ufm Todt unndt sonstett ubel verwundett, geprügeldt, geknebelt gebunden und gefangen beyde Geist und Weldtliche weggeführett, so sich zue 80. 60. 50. 40. 20. Rthlar rantioniren müßen, ettliche gebäw [sic] eingeäschert, eine große zahl derselben und underschiedliche dörffer gantz ausgeplündertt, zerschlagen unndt verwüstett, viel Tausendt stück viehe weggetrieben, deßen zwar ein theil wieder mitt geldt redimiret, und solches von ettlichen zum dritten mahl hernacher aber nicht destoweniger bey großer herde wieder weggeraubett worden, unndt ist der schade mitt viel viel Tausenden nicht zuebezahlen, auch das Elend, Jammer unndt gefahr nicht wohl zue beschreiben.«[51]

48 Ebd., S. 175.

49 Ebd., S. 739.

50 Vgl. Engerisser, Peter: Von Kronach nach Nördlingen. Der Dreißigjährige Krieg in Franken, Oberschwaben und der Oberpfalz 1631–1635. 2., überarb., verb. u. erw. Aufl., Weißenstadt 2007, S. 173–174.

51 [Johann XII. Riedesel?] an den Präsidenten, Vizekanzler und die Räte zu Marburg, Eisenbach 7. November 1634, Hessisches Staatsarchiv [HStA] Darmstadt Best. F 27 A Nr. 28/16. Zu den *raids* der Kroaten auf

Dieses Schreiben schildert eindrücklich, welche Gewalt die kroatischen Söldner gegenüber der Zivilbevölkerung ausübten, welche Schäden sie anrichteten und welch tiefgreifende Verunsicherung bei den Menschen dadurch ausgelöst wurde. Der Name »Corpes« (bzw. in anderen Schreibweisen »Corpus«, »Korpus« oder auch »Corpitz«) scheint dabei selbst zu einem wahrhaft furchteinflößenden Begriff avanciert zu sein. So drohte der Kroatenobrist Daniel Beygott den sächsischen Amtsuntertanen in Augustusburg im August 1633 damit, dass sie »mit dem Corpes heimgesucht« würden, sollten sie ihre Kontribution nicht widerstandslos leisten wollen.[52] Die Gier nach Beute führte mitunter dazu, dass Corpes und seine Söldner ihre eigentlichen Dienstpflichten vergaßen, die vorrangig in der Feindaufklärung sowie dessen ständiger Beunruhigung und Störung bestanden. Aus diesem Grund rügte der kaiserliche Feldmarschallleutnant Melchior von Hatzfeldt den Obristen Corpes im Oktober 1633 harsch und mahnte ihn, seine Ehre und Reputation nicht durch ständiges Plündern und gleichzeitige Vernachlässigung seiner Aufgaben aufs Spiel zu setzen.[53]

Der oben zitierte Quellenauszug bietet aber auch Anhaltspunkte dafür, die Kroaten als professionelle Kriegsunternehmer zu betrachten, die nicht ausschließlich mordend und plündernd durchs Land zogen, sondern eine aus ihrer Sicht hocheffiziente Beuteökonomie betrieben. Die Logik dieser einseitigen Kriegswirtschaft zeigt sich beispielsweise darin, dass die Söldner das geraubte Vieh teilweise, sofern es nicht zur eigenen Verpflegung diente, wieder an ihre einstigen Besitzer zurückverkauften und das mitunter auch mehrfach, wodurch eine sprudelnde Einnahmequelle generiert wurde. Des Weiteren zeigt sich hier, dass die Kroaten bei passender Gelegenheit auch mit der lokalen Bevölkerung kooperierten, in diesem Fall mit den fuldischen Bauern. Diese verfügten als Ortsansässige über das Wissen, wo lukrative Beutemöglichkeiten bestanden, die fremden Reiter brachten die militärisch-logistische Ausstattung mit, um diese zu nutzen.[54]

Für das wohl austarierte Wechselspiel zwischen exzessiver Plünderung und gewaltlosem Warenhandel kam der Person des Obristen eine zentrale Rolle zu. So gebot etwa Corpes dem allzu zügellosen Rauben seiner Söldner mitunter auch persönlich Einhalt, so geschehen in Hof, wo der »obrist Corpus selbst ein mandat ausgehen [ließ], dass nichts von den vieh noch andere waaren jemand von den croaten abkaufen sollte«.[55]

dem Gebiet der Riedesel zu Eisenbach vgl. Zschaeck, Fritz: Die Riedesel zu Eisenbach. Bd. 4: Vom Tode Konrads II. bis zum Vertrag mit Hessen-Darmstadt, 1593–1713. Gießen 1957, S. 98–100.

52 Daniel Beygott an das Amt Augustusburg, Chemnitz 28. August 1633, abgedruckt bei: Droysen, Gustav: Holcks Einfall in Sachsen im Jahre 1633. In: Neues Archiv für Sächsische Geschichte und Alterthumskunde 1/1 (1880), S. 14–183, hier S. 56.

53 Vgl. Krebs, Julius: Aus dem Leben des kaiserlichen Feldmarschalls Grafen Melchior von Hatzfeldt 1632–1636. Im Namen des Vereins für Geschichte Schlesiens hrsg. von Ernst Maetschke. Breslau 1926, S. 194, Anm. 71.

54 Vgl. dazu Weise: Gewaltprofis und Kriegsprofiteure, S. 288–289.

55 Kluge, Arnd (Hrsg.): Die Hofer Chronik 1633–1643. 55. Bericht des Nordoberfränkischen Vereins für Natur-, Geschichts- und Landeskunde. Hof 2006, S. 48.

Insbesondere zu den Bauern aus dem Fuldaer und Hersfelder Gebiet pflegte Corpes ein ausgesprochen gutes und kooperatives Verhältnis. Wenn möglich ließ er deren Äcker und Felder vor feindlichen Soldaten beschützen, und als er bei seinem Einzug in Fulda am 3. Oktober 1634 eine erbeutete Fahne Bernhards von Sachsen-Weimar mit sich führte, jubelten ihm die anwesenden Bauern begeistert zu.[56] Corpes gelang es, seine Beuteökonomie insofern nachhaltig zu organisieren, als er den Plünderungen seiner eigenen Männer notfalls eigenhändig Grenzen setzte, womit er zumindest mitunter die völlige Zerstörung der Lebensgrundlage der betroffenen Bevölkerung verhinderte. Zudem unterschied Corpes offensichtlich klar zwischen Beute- und Quartiersräumen, was sich wiederum direkt auf die Anwendung bzw. den Verzicht von Gewaltmitteln auswirkte. Folglich lässt sich auch ohne weiteres nachvollziehen, warum der Kroatenobrist vielerorts als die Personifikation von Grausamkeit und Zerstörung galt, während ihm in manch anderem Gebiet ein geradezu euphorischer Empfang bereitet wurde.

Eine ähnlich hohe, wenngleich in aller Regel weniger ausgelassen geäußerte Wertschätzung wurde Corpes von seinen Dienstherren zuteil. Dieses Ansehen lag zuvorderst in seiner besonderen Befähigung für den Kleinen Krieg begründet. Immer wieder gelang es Corpes und seinen Reitern, kleinere feindliche Einheiten zu überfallen bzw. aus dem von ihnen bewachten Gebiet zu verjagen. In vielen Fällen konnte der Obrist feindliche Soldaten gefangen nehmen und ihnen Informationen über geplante Operationen, Truppenstärken, Nachschublinien, Quartiersorte etc. abpressen.[57] Gleichzeitig war Corpes umstandslos bereit, feindliche Territorien mit einer regelrechten Zerstörungswelle zu überziehen, wenn er dazu einen entsprechenden Befehl erhielt. 1632 betraute ihn Wallenstein mit einem solchen Diversionsauftrag für Sachsen, um Kurfürst Johann Georg I. auf diese Weise zu zwingen, seine Truppen aus Schlesien abzuziehen. Um seiner Absicht unmissverständlichen Nachdruck zu verleihen, gab er Corpes die Order, das Kurfürstentum Sachsen »mit Feuer undt Schwerdt, soviel menschlich undt möglich, [zu] verdilgen undt niemandt [zu] schonen«.[58] Dass auf den Kroatenobristen in dieser Hinsicht Verlass sei, bestätigte Feldmarschall Heinrich von Holk, wenn er Wallenstein versicherte: »Corpus wirdt morgen vor dreßden ans thor aufs übelst haußen.«[59]

56 Vgl. die »Chronik Gangolf Hartung's«, abgedruckt in: Programm mit welchem zu der öffentlichen Prüfung und Schlußfeierlichkeit des Kurfürstlichen Gymnasiums zu Fulda auf den 23. und 24. März ergebenst einladet der Stellvertreter des Gymnasialdirectors Dr. Karl Weismann. Fulda 1869, S. 4–42, hier S. 38–39; Marcus Corpes an Octavio Piccolomini, Hersfeld 24. Januar 1635, StA Zámrsk RA Piccolominiové, Nr. 17802.

57 Vgl. etwa: Matthias Gallas an Wallenstein, 26. Oktober 1633, in: Hallwich, Hermann: Wallenstein's Ende. Ungedruckte Briefe und Acten. Bd. 2. Leipzig 1879, S. 38; Gallas an Wallenstein, 27. Oktober 1633, in: ebd., S. 39; Isolani an Piccolomini, Mansbach, 18. April, ebs. 3. Mai, 13. Mai, 17.[?] Mai 1635, StA Zámrsk RA Piccolominiové, Nr. 17939, 17942, 17944, 17946; Ferdinand III. an Ferdinand II., 2. Juni 1634, OeStA/KA AFA 74 (1634) VI, Bl. 3, ferner AFA 77 (1634) XI, ad 79; AFA 78 (1634) XII, Bl. ad 11a.

58 Oberst Eustachi Löser an Kurfürst Johann Georg von Sachsen, Freiberg 5. September 1632, Hauptstaatsarchiv [HStA] Dresden 10024 Geheimer Rat (Geheimes Archiv) Loc. 9244/01, Bl. 118.

59 Heinrich von Holk an Wallenstein, Plauen 24. August 1632, OeStA/KA AFA 64 (1632) VIII, Bl. ad 80.

Corpes wurde den in ihn gesetzten Erwartungen vollauf gerecht und zog eine Schneise der Verwüstung vom Erzgebirge bis ins Vogtland, wobei er und seine Männer über 1500 Menschen töteten, wie er offenbar mit einigem Stolz berichtete.[60] Ferner bewies der Kroatenobrist auch in mehreren Schlachten des Dreißigjährigen Krieges seinen Wert bzw. den Nutzen der leichten Kavallerie für den Großen Krieg.

Im April 1635 erhielt Marcus Corpes, der bereits seit 1623 in habsburgischen Diensten stand, schließlich Anerkennung von höchster Stelle für die Vielzahl seiner militärischen Leistungen: Kaiser Ferdinand II. erhob ihn in den Freiherrenstand und verlieh ihm zugleich das Recht, ein Wappen zu tragen.

In der Begründung für die »Wappenverbesserung« führt Ferdinand unter anderem das »tapfere und männliche Gemüt« Corpes' an, seine Verdienste im Krieg »wider den Erbfeindt Christlichen Nahmens, den Türckhen«, im Kampf gegen Gabor Bethlen, in den Schlachten von Lützen und Nördlingen sowie allgemein im Kampf gegen den dänischen und den schwedischen König. Daneben honorierte der Kaiser auch Corpes' Loyalität zum Hause Habsburg, die dieser im Zusammenhang mit der angeblichen Verschwörung Wallensteins gegen die *Casa de Austria* bewiesen hätte.[61] Corpes hatte zwar, wie so viele andere Obristen auch, die beiden Pilsener Schlüsse unterzeichnet und damit seine Ergebenheit gegenüber Wallenstein dokumentiert, im entscheidenden Moment schlug er sich dann aber doch auf die kaiserliche, ergo auf die siegreiche Seite. Darin kann man durchaus ein Moment zweckrationalen Kalküls erkennen, das die persönliche Verbundenheit zum einstigen Förderer Wallenstein überwog. Auf diese Weise gelang Corpes allem Anschein nach ein spektakulärer Aufstieg, denn nach derzeitigem Kenntnisstand entstammte er einer einfachen Handwerkerfamilie und hatte vor seiner militärischen Karriere als Schmied oder Schneider gearbeitet.[62] Der Kriegsdienst bot ihm, wie beispielsweise auch Jan von Werth (1591–1652), Georg von Derfflinger (1606–1695) oder Gil de Haes (1597–1657), ungeahnte Aufstiegschancen, die der »geborne [...] Crabat [Kroate, MW]«[63] eindrucksvoll zu nutzen verstand. Analog zur Nobilitierung Werths wurde offenbar auch im Falle Corpes' auf die Fiktion zurückgegriffen, dass es sich bei dessen Adelspatent lediglich um eine Bestätigung bzw. eben Verbesserung des

60 Vgl. Schmidt, Tobias: Chronica Cycnea oder Beschreibung Der sehr alten / Loblichen / und Churfürstlichen Stadt Zwickaw [...]. Zwickau 1656, S. 520. Zu den Kroaten in Sachsen vgl. Weise: Mobilität, Geschwindigkeit und Gewalt – die kroatischen Reiter in Brandenburg und Sachsen, S. 80–94.

61 Österreichisches Staatsarchiv/Allgemeines Verwaltungsarchiv [OeStA/AVA] Reichsadelsakten (Adel RAA) 70.46.

62 Vgl. Ellrodt, Anton Christian David: Gefrees mit seinem im kirchlichen Verbande stehenden Umgebungen [...], hrsg. von Christoph Karl Anton Heinrich Ellrodt. Bayreuth 1832, S. 138, Anm.; Schmidt: Chronica Cycnea, S. 520.

63 Schmidt: Chronica Cycnea, S. 520. Die Korrektheit dieser Aussage ließ sich bislang nicht durch andere Quellenzeugnisse verifizieren. Bis auf Weiteres muss die kroatische Herkunft von Marcus Corpes daher als unsicher gelten, zumal sich im Kroatischen Staatsarchiv Zagreb bislang keinerlei Hinweis auf eine kroatische Familie namens Corpes finden ließ.

»alt Rittermäßigen Wappen[s]« handle, der Kroatenobrist also durch seine militärischen Leistungen seine ständische Qualität bewiesen habe.[64] Ungeachtet dieser normerhaltenden Präsumtion kann Corpes folglich zu den wenigen Ausnahmefällen gezählt werden, denen ein Aufstieg von »ganz unten« bis in den Adelsrang glückte.

Corpes diente in der Folge weiterhin dem »hochlöblichen Hauß Österreich«,[65] bis er am 9. Juli 1638 in der Nähe von Benfeld (Elsass) bei einem Überfall durch den in französischen Diensten stehenden General Georg Christoph von Taupadel erstochen wurde,[66] angeblich auf einem Geldkasten sitzend, »woraus er sich in Eile möglichst versehen wollte«.[67]

3.3 Lucas Hrastovacky (gest. 1633)

Die letzte, kurze Fallstudie ist dem kroatischen Adligen Lucas Hrastovacky gewidmet, der in manchen Quellen auch unter dem Namen »Lukatsch/Lukacs« firmiert.[68] Er trat erstmals 1628 als Obrist in kaiserliche Dienste, doch war sein erster Einsatz als Militärunternehmer nicht von Erfolg gekrönt: Ende des Jahres wurde er der Obristenwürde entkleidet, da sein Regiment innerhalb der kurzen Zeit seines Bestehens durch zahlreiche »zügellose Ausschreitungen« von sich reden gemacht hatte.[69] Als Ursache hierfür sah Wallenstein die unzureichende Regimentsführung durch Hrastovacky an, dessen Abdankung er selbst dekretierte.[70] Die kroatischen Reiter genossen hingegen weiterhin die besondere Wertschätzung des Friedländers, wie das folgende Zitat belegt:

64 OeStA/AVA Adel RAA 70.46, Bl. 6. Zur Argumentation bei der Nobilitierung Jan von Werths vgl. Kaiser: »Ist er vom Adel? Ja. Id satis videtur«, S. 90.

65 Marcus Corpes an Ferdinand II., 30. April 1634, OeStA/AVA Adel RAA 70.46, Bl. 15.

66 OeStA/KA AFA 101 (1638) VII, Bl. 9; vgl. Leupold, E.: Journal der Armee des Herzogs Bernhard von Sachsen-Weimar aus den Jahren 1637 und 1638. In: Basler Zeitschrift für Geschichte und Altertumskunde 11 (1912), S. 253–362, hier S. 331–332.

67 Ellrodt: Gefrees mit seinem im kirchlichen Verbande stehenden Umgebungen, S. 138, Anm.

68 Dass es sich bei Lucas Hrastovacky zweifelsfrei um einen kroatischen Adligen handelt, hat das Kroatische Staatsarchiv Zagreb auf Anfrage des Verfassers bestätigt (Schreiben vom 18. Oktober 2019). Die Quellenlage zu dieser Adelsfamilie stellt sich insgesamt dürftig dar, immerhin lässt sich jedoch nachweisen, dass die Hrastovacky über Grundbesitz bei Karlovac und Sisak verfügten und mehrere Mitglieder der Dynastie hohe Ämter in der Verwaltung des Zagreber Bischofs innehatten. Für die entsprechenden Auskünfte danke ich Herrn Oberarchivar Damir Stanić und Frau Maja Pajnić, Leiterin der Abteilung für Alte und Militärakten, vom Staatsarchiv Zagreb.

69 Ballagi: Wallenstein's Kroatische Arkebusiere, S. 38. Die Absetzung Hrastovackys wird auch bei Redlich kurz thematisiert, vgl. Redlich: The German Military Enterpriser and his Work Force, S. 436, Anm. 6.

70 Vgl. Wallenstein an Rombaldo Graf Collalto, vor Krempe 16. November 1628. In: Chlumecky, Peter von (Hrsg.): Die Regesten oder die chronologischen Verzeichnisse der Urkunden in den Archiven zu Iglau, Trebitsch, Triesch, Groß-Bitesch, Groß-Meseritsch und Pirnitz sammt den noch ungedruckten Briefen von Kaiser Ferdinand des Zweiten, Albrechts von Waldstein und Romboalds Grafen von Collalto. Bd. II. Brünn 1856, S. 81.

»Auch die vbrigen 5 Comp. so nach bleiben werden die nehme der herr bruder zu seiner quardi alle die so nitt von der Crabatischen raza seindt die thue er weck vndt behalte nur Crabaten [...] Den Lucas lasse er sein person abdancken 5 Comp. vnter den Isolano thun also das der Isolano in allein 14. Comp. behelt die eine aber vndt die beste die will ich zu meiner quardi gebrauchen.«[71]

Eine zweite Chance erhielt Lucas Hrastovacky dann im Frühjahr 1631, als er erneut eine Bestallung zur Errichtung zunächst einer Kompanie erhielt. Allerdings war der kroatische Obrist in diesem Fall nur die Notlösung, denn der eigentlich dafür vorgesehene Offizier war erkrankt und fiel daher kurzfristig aus.[72] Im Laufe des Jahres wuchs Hrastovackys Einheit auf sechs Kompanien an, die dann auch in der Ersten Schlacht von Breitenfeld (17. September 1631) mitkämpften, wobei sie jedoch fast vollständig aufgerieben wurden. Anfang des Jahres 1632 wurde das drastisch dezimierte Regiment aufgelöst, doch nur drei Monate später erhielt Hrastovacky ein neues Patent zur Anwerbung von 1000 »kroatischen« Pferden.[73] Den Hintergrund für diesen Vorgang bildete die abermalige Ernennung Wallensteins zum obersten Befehlshaber der kaiserlichen Armee. Unter dessen Ägide nahm die Anzahl der Kroatenregimenter signifikant zu, wie dieser Statistik zu entnehmen ist (vgl. Diagramm 1).

Dem neu angeworbenen Regiment Hrastovackys gelang es gemeinsam mit den anderen Kroatenregimentern, die sächsischen Garnisonen aus Böhmen zu vertreiben. Doch als die kursächsische Armee im Gefecht bei Steinau (29. August 1632) wieder die Oberhand gewann, flohen die Truppen von Peter Losy und Lucas Hrastovacky aus Steinau und zogen sich in ihr befestigtes Lager zurück, allerdings nicht ohne die Stadt zuvor noch in Brand zu stecken.[74] Von dort aus wurde Hrastovacky in die Gegend um Zittau beordert. Bereits kurze Zeit später beschwerte sich der in der Stadt einquartierte Obrist Martin Maximilian Freiherr von der Goltz bei Wallenstein über die »verübten exorbitantien« der kroatischen Söldner, die die Dörfer im Umland permanent plünderten und so »gäntzlich ruinir[t]en«.[75] Daraufhin zitierte der

71 Ebd.

72 Vgl. Gerhard von Questenberg an Wallenstein, 23. April 1631, OeStA/KA AFA 54 (1631) IV, Bl. 47.

73 Vgl. Übersicht über die Regimenter zu Fuß und Ross, OeStA/KA AFA 61 (1632) (IV) ad 186; Rudolf von Teuffenbach (Tiefenbach) an Wallenstein, 2. Januar 1632, OeStA/KA AFA HR Reg I 14 (Registratur 1633–1634) 1/16; Bestallung für Peter Losy, Marco Corpes, Franz Bathyani, Lorenz Blaskovick, Lucas Hrastovacky, Veit Baron Dornberg, Peter Keglevich, Daniel Beygott, Peter Forgach, 5. April 1632, OeStA/KA AFA 61 (1632) (IV) Bl. 215; Ferdinand II. an die Obersten der Krawaten: Kaiserlicher Regiments Bestellungsbrief (Losy, Corpes, Blaskowitz, Hrastowsky, Veit-Dornberg, Keglovich, Beygott, Forgatsch, Batthiani), 16. April 1632, OeStA/KA AFA HR Reg I 14 (Registratur 1633–1634) 4/215.

74 Vgl. Sennewald, Roland: Das kursächsische Heer im Dreißigjährigen Krieg 1618–1648. Berlin 2013, S. 139.

75 Wallenstein an Martin Maximilian von der Goltz, Prag 15. März 1633. In: Hallwich, Hermann: Wallenstein's Ende. Ungedruckte Briefe und Acten. Bd. 1. Leipzig 1879, S. 184; Wallenstein an Lucas Hrastowacky, Prag 15. März 1633, in: ebd., S. 185.

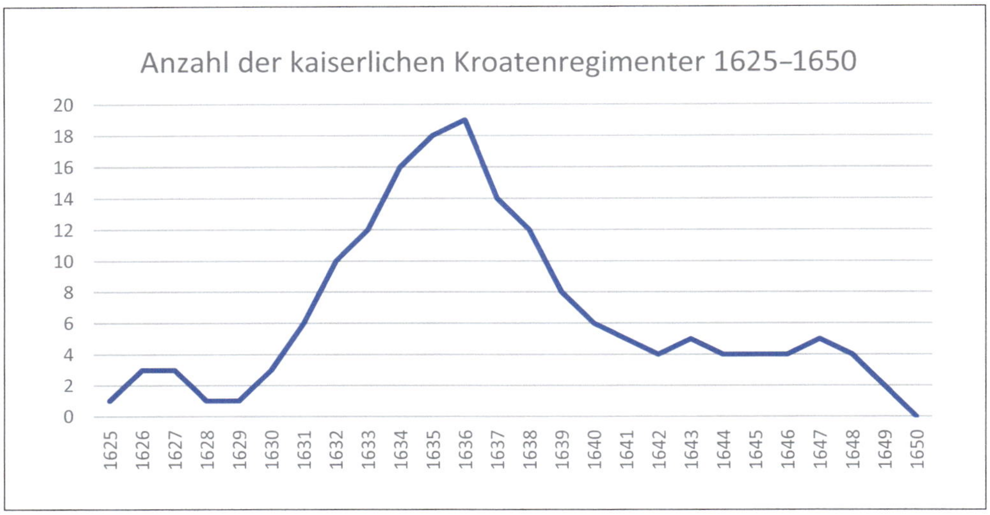

Diagramm 1. Die Zahlen zu den Regimentsstärken beruhen auf den entsprechenden Angaben bei Wrede 1901, S. 754–784; Tessin 1986, S. 18–28, 32; Toegel 1977, S. 391–392, 403–404, 416, 437, 453.

Generalissimus Hrastovacky persönlich zu sich, damit dieser ihm Rede und Antwort stehe. Der einmal mehr in die Bredouille geratene Kroatenobrist befolgte diesen Befehl indes nicht und verwies auf eine schwere Beinverletzung, die eine solche Reise unmöglich mache. Zur Rechtfertigung für die Gewaltexzesse seiner Soldaten führte Hrastovacky zwei Erklärungsansätze an: Zum einen müssten seine Reiter, um ihrem Auftrag des »Battiren[s] der Strassen« ordnungsgemäß nachzukommen, äußerst weite Wegstrecken bewältigen, für die der Futtervorrat schlichtweg nicht ausreiche. Daher seien die Söldner gezwungen, das nötige Futter für ihre Pferde aus den zittauischen Dörfern zu akquirieren. Zum anderen sei die allgemeine Versorgungslage seines Regiments derart desaströs, dass ständiger Hunger herrsche und ein Teil der Pferde »auß mangl der Fourage« bereits »umbgefallen« sei. Schuld daran sei der ihm zugewiesene Quartiersort Gabel, denn dieser sei von anderen Söldnertruppen schon so vollständig ausgeplündert worden, dass keinerlei Lebensmittel oder Wertsachen mehr vorhanden seien.[76] Hrastovacky bat Wallenstein um die Zuweisung eines neuen Quartiers, doch bevor sich dieser darum bzw. um die angedrohten Disziplinarmaßnahmen kümmern konnte, verstarb der widerspenstige Kroatenobrist. Sein Regiment übergab Wallenstein dem bisherigen Obristleutnanten Hans Karl Przichowsky von Przichowitz.[77]

76 Hrastowacky an Wallenstein, Gabel 21. März 1633, in: ebd., S. 209–211.

77 Vgl. ebd., S. 210, 211, Anm. 1.

4 Schlussbetrachtung

Die vorgestellten Fallstudien haben schlaglichtartig anhand der drei adligen Kroatenobristen Georg Zrinski, Marcus Corpes und Lucas Hrastovacky exemplifiziert, wie unterschiedlich sich die einzelnen Karrierewege gestalten konnten: der Magnat Zrinski trug wesentlich dazu bei, den Nutzen der bis dato schlecht beleumundeten leichten Reiterei eindrucksvoll vorzuführen, was ihm einen raschen Aufstieg in der Militärhierarchie einbrachte, und der – in Schumpeters Worten gesprochen – »Durchsetzung neuer Produkte oder neuer Qualitäten«[78] erheblichen Vorschub leistete. Dem aus einfachsten Verhältnissen stammenden Corpes gelang es, seine Kroaten-Einheiten als vielseitig einsetzbare Gewaltspezialisten innerhalb des kaiserlichen Heeres zu etablieren, die angeordnete Gewaltexzesse ebenso bereitwillig erledigten wie sie es verstanden, ihre Quartiersorte und die dortige (Land-)Wirtschaft zu schützen. Ihre als spezifisch *kroatisch* wahrgenommene Art der Gewaltausübung lässt sich dabei in einem sehr abstrakten Sinn als eine »neue (Produktions)Methode« verstehen, mittels der sie »neue[] Bezugsquellen« erschlossen.[79] Hrastovacky schließlich muss im Zusammenhang dieser Untersuchung als ein gescheiterter Militärunternehmer gelten, der es nicht verstand, sein Handeln respektive das Agieren seiner Söldner auf mittel- und längerfristige Erträge auszurichten, sondern stets auf den unmittelbaren Erlös aus war.

Wie erfolgreich die jeweilige Laufbahn der hier vorgestellten Kroatenobristen verlief, hing also fundamental damit zusammen, wie kompetent diese Militärunternehmer in der »in eine Vielzahl von Teilwirtschaften« fragmentierten Geschäftsführung ihres Regiments agierten.[80] Ferner lässt sich eine gewisse Korrelation mit dem militärischen Werdegang Wallensteins feststellen, der der leichten Kavallerie in der kaiserlichen Armee zum Durchbruch verhalf. Das gilt *in persona* für Zrinski, Corpes und Hrastovacky sowie im besonderen Maße für Goan Lodovico Isolani – dem zweifellos berühmtesten Protagonisten der kroatischen Reiterei im Dreißigjährigen Krieg, dem (als einzigem aller Kroatenobristen) bereits einige kleinere biographische Studien gewidmet wurden.[81] In diesem Beitrag stehen hingegen bewusst bislang weniger und zum Teil wohl auch kaum bekannte Kroatenobristen im Fokus. Der erwähnte Zusammenhang zwischen dem Avancement der leichten Kavallerie samt ihren Obristen und der

78 Schumpeter: Unternehmer, S. 483.

79 Ebd.

80 Krüssmann: Ernst von Mansfeld, S. 246.

81 Vgl. Hallwich, Hermann: Art. Isolano, Johann Ludwig Graf. In: Allgemeine Deutsche Biographie (Bd. 14). Leipzig 1881, S. 637–640; Lorentzen, Theodor: Der edelmütige Isolani oder Der Croateneinfall in Schleusingen im Jahre 1634. Eine sagengeschichtliche Studie. Schleusingen 1936; Bücheler, Heinrich: Goan Lodovico Isolano. Reiter für vier Kaiser. In: Bücheler, Heinrich: Von Pappenheim zu Piccolomini. Sechs Gestalten aus Wallensteins Lager. Sigmaringen 1994, S. 103–121.

Vita Wallensteins war allerdings mitnichten absolut, denn der Tod des Herzogs von Friedland bedeutete keinesfalls das Ende oder auch nur den Niedergang der kroatischen Reiter. Vielmehr erreichten sie ihren quantitativen Höhepunkt im Jahr 1636, zwei Jahre nach der Ermordung Wallensteins.[82]

Das Engagement von Georg Zrinski zeigt einmal mehr, dass der Krieg auch im 17. Jahrhundert ein standesgemäßes Betätigungsfeld des (Hoch-)Adels darstellte, jedoch – und das lässt sich exemplarisch am Fall Corpes nachvollziehen – mitnichten eine exklusive Sphäre dieses Standes war. Wer über das notwendige Startkapital und ein funktionierendes Netzwerk zur Anwerbung gut ausgebildeter Gewaltspezialisten verfügte, dem bot die Führung eines Regiments lukrative Renditechancen (sowohl in Bezug auf das ökonomische wie auch auf das soziale Kapital), die indes – wie im Falle des jungen Zrinski-Grafen – ebenso plötzlich dahin sein konnten. Die im Verlauf des Dreißigjährigen Krieges zunehmende Wertschätzung der leichten Reiterei lässt sich auch an der Entwicklung ihrer Besoldung ablesen: Bis 1625 erhielten die leichten Kavalleristen keinen festen Sold, ihr Auskommen hing dementsprechend vorrangig von einträglichen Plünderungszügen und profitabler Kriegsbeute ab. Am Ende des Krieges stand den Kroatenobristen dagegen ein monatlicher Sold von 450 Floren zu – und damit genauso viel wie den Obristen der anderen Waffengattungen (Kürassiere, Arkebusiere und Dragoner).[83]

Die dem Adel traditionell zugeschriebene Eignung und Befähigung für Führungsaufgaben bzw. als »führende Männer« lässt sich in den präsentierten Beispielen hingegen nur teilweise feststellen. Die verschiedenen Engagements Hrastovackys etwa zeichnen eher das Bild eines profitgierigen Söldnerführers, der auch vor dem Einsatz extremer Gewalt nicht zurückschreckte, wenn er sich davon unmittelbar reiche Beute versprach. An seiner Person werden zugleich die Grenzen dieser kurzfristigen Kriegsökonomie erkennbar, die in diesem konkreten Fall von der eigenen Militärführung gezogen wurden.

Zwar überschritt auch der Obrist Marcus Corpes diese Grenzen immer wieder, jedoch verstand er es, den Gewalteinsatz deutlich zweckrationaler und nachhaltiger zu gestalten, seine Intensität situativ gezielt zu steuern, und daneben auch auf Kooperationen mit den lokalen Machthabern sowie der Zivilbevölkerung zu setzen. Seine Erhebung in den Freiherrenstand demonstriert zudem, dass ausgerechnet der Akteur mit der niedrigsten Standesqualität als Militärunternehmer der erfolgreichste der drei Kroatenobristen war. In den Augen und in der Erinnerung der Zivilbevölkerung waren und blieben Corpes und Konsorten dagegen zumeist ausschließlich raubgierige Barbaren. Die Aufgabe der Historiographie ist es hingegen, ein differenziertes und

82 Vgl. Diagramm 1; Wrede: Geschichte der K. und K. Wehrmacht, Beilage zu S. 12.

83 Vgl. Weise: Die kaiserlichen Kroaten im Dreißigjährigen Krieg, S. 109–110; Winterliche Verpflegungs Ordinanz im Marggraffthumb Mähren, 1. März 1647, OeStA/KA ZSt HKR SR Norm Militärimpressen 1 (1–70), Nr. 46.

multiperspektivisches Bild zu zeichnen. Vor diesem Hintergrund ermöglicht die Analyse des (Gewalt-)Handelns der kroatischen Reiter und insbesondere ihrer Anführer aus militärunternehmerischer Perspektive neue, fruchtbare Einsichten in die Geschichte der adligen Söldnerführer des Dreißigjährigen Krieges.

Quellen- und Literaturverzeichnis

Archivalische Quellen

Darmstadt
Hessisches Staatsarchiv [HStA] Darmstadt Bestand F 27 A Nr. 28/16

Dresden
Hauptstaatsarchiv [HStA] Dresden 10024 Geheimer Rat (Geheimes Archiv) Loc. 9244/01

Wien
Österreichisches Staatsarchiv/Allgemeines Verwaltungsarchiv [OeStA/AVA] Reichsadelsakten (Adel RAA) 70.46
Österreichisches Staatsarchiv/Kriegsarchiv [OeStA/KA] AFA (Alte Feldakten) 49, 50, 51, 54, 56, 60, 61, 64, 65, 66, 74, 76–78, 80, 81, 101; HR Reg I 14 (Registratur 1633–1634) 1/16, 4/215; ZSt HKR SR Norm Militärimpressen 1 (1–70)

Zámrsk
Staatsarchiv [StA] Zámrsk RA Piccolominiové, Nr. 17745, 17756–17760, 17802–17819, 17833–17844, 17910–17927, 17934–17951

Gedruckte Quellen und Editionen

Bentele, Günther (Hrsg.): Protokolle einer Katastrophe. Zwei Bietigheimer Chroniken aus dem Dreißigjährigen Krieg (Schriftenreihe des Archivs der Stadt Bietigheim-Bissingen, Bd. 1). 2., überarb. Aufl., Bietigheim-Bissingen 1998.
Chlumecky, Peter von (Hrsg.): Die Regesten oder die chronologischen Verzeichnisse der Urkunden in den Archiven zu Iglau, Trebitsch, Triesch, Groß-Bitesch, Groß-Meseritsch und Pirnitz sammt den noch ungedruckten Briefen von Kaiser Ferdinand des Zweiten, Albrechts von Waldstein und Romboalds Grafen von Collalto. Brünn 1856.

Die Chronik Gangolf Hartung's. In: Programm mit welchem zu der öffentlichen Prüfung und Schlußfeierlichkeit des Kurfürstlichen Gymnasiums zu Fulda auf den 23. und 24. März ergebenst einladet der Stellvertreter des Gymnasialdirectors Dr. Karl Weismann. Fulda 1869, S. 4–42.

Discurß Daß ein schändlicher Mißbrauch sey / wann man in Bestellung der Kriegsämpter nur darauff sehe: Ob einer vom Adel gebohren seye oder nicht? (Der XXXIV. Tractat). In: Lundorp, Michael Casper: Acta Publica [...]. Tomus II. Frankfurt a. M. 1629, S. 928–929.

Grimmelshausen, Hans Jacob Christoph zu: Der abenteuerliche Simplicissimus Teutsch. Nachwort von Volker Meid. Stuttgart 2008 [zuerst 1668/69].

Hallwich, Hermann: Wallenstein's Ende. Ungedruckte Briefe und Acten. Bd. 1 und 2. Leipzig 1879.

Herrmann, Fritz (Hrsg.): Aus tiefer Not. Hessische Briefe und Berichte aus der Zeit des Dreißigjährigen Krieges. Erste Hälfte (Hessische Volksbücher, Bd. 26/27). Friedberg 1916.

Kluge, Arnd (Hrsg.): Die Hofer Chronik 1633–1643. 55. Bericht des Nordoberfränkischen Vereins für Natur-, Geschichts- und Landeskunde. Hof 2006.

Kühn, Hugo (Hrsg.): Quellen und quellenmäßige Berichte aus Thüringen zur Belebung und Ergänzung des Geschichtsunterrichts. Für die Zeit vom 30jährigen Kriege bis zum Jahre 1815. Langensalza 1910.

Langguth, Johannes: Das Leben des thüringischen Pfarrers Johannes Langguth. Von ihm selbst aufgezeichnet. Nach einer Handschrift aus dem Jahre 1665, hrsg. von Reinhard Buchwald. Leipzig 1907.

Leupold, E.: Journal der Armee des Herzogs Bernhard von Sachsen-Weimar aus den Jahren 1637 und 1638. In: Basler Zeitschrift für Geschichte und Altertumskunde 11 (1912), S. 253–362.

Schmidt, Tobias: Chronica Cycnea oder Beschreibung Der sehr alten / Loblichen / und Churfürstlichen Stadt Zwickaw [...]. Zwickau 1656.

Tadra, Ferdinand (Hrsg.): Briefe Albrechts von Waldstein an Karl von Harrach (1625–1627). Nach den eigenhändigen Originalen des Gräflich Harrach'schen Archivs in Wien nebst einer Einleitung: Albrecht von Waldstein seit der Schlacht auf dem weissen Berge bis zu seiner Erhebung zum Herzog und Obercommandanten der kaiserlichen Armee (1620–1625) (Fontes Rerum Austriacarum. 2. Abt. Diplomataria et Acta, Bd. 41, 2. Hälfte). Wien 1879.

Toegel, Miroslav (Hrsg.): Documenta Bohemica Bellum Tricennale Illustrantia. Tomus V. Prag 1977.

Literaturverzeichnis

Asch, Ronald G.: Ständische Stellung und Selbstverständnis des Adels im 17. und 18. Jahrhundert. In: Asch, Ronald G. (Hrsg.): Der europäische Adel im Ancien Régime. Von der Krise der ständischen Monarchien bis zur Revolution (ca. 1600–1789). Köln u. a. 2001, S. 3–45.

Bahlcke, Joachim: Außenpolitik und kollektive Identitätsbildung: Kroatien und Innerösterreich im historischen Vergleich. In: Bahlcke, Joachim / Strohmeyer, Arno (Hrsg.): Konfessionalisierung in Ostmitteleuropa. Wirkungen des religiösen Wandels im 16. und 17. Jahrhundert in Staat, Gesellschaft und Kultur (Forschungen zur Geschichte und Kultur des östlichen Mitteleuropa, Bd. 7). Stuttgart 1999, S. 193–210.

Ballagi, Aladár: Wallenstein's Kroatische Arkebusiere, 1623–1626. Aus unbenützten, archivalischen Quellen. Budapest 1884.

Bauer, Ernest: Glanz und Tragik der Kroaten. Ausgewählte Kapitel der kroatischen Kriegsgeschichte. Wien/München 1969.

Baumol, William J./Schilling, Melissa A.: Entrepreneurship. In: The New Palgrave Dictionary of Economics (Bd. 2), hrsg. von Steven N. Durlauf / Lawrence E. Blume. 2. Aufl., Basingstoke 2008, S. 874–879.

Boehncke, Heiner / Sarkowicz, Hans: Grimmelshausen. Leben und Schreiben. Vom Musketier zum Weltautor. Frankfurt a. M. 2011.

Brajković, Vlasta: Katalog der Wappen-, Wappenbrief- und Genealogiesammlung, hrsg. vom Kroatischen Historischen Museum. Zagreb 1995.

Bücheler, Heinrich: Goan Lodovico Isolano. Reiter für vier Kaiser. In: Bücheler, Heinrich: Von Pappenheim zu Piccolomini. Sechs Gestalten aus Wallensteins Lager. Sigmaringen 1994, S. 103–121.

Carl, Horst: Exotische Gewaltgemeinschaften. Krieger von der europäischen Peripherie im 17. Jahrhundert. In: Rogger, Philippe / Hitz, Benjamin (Hrsg.): Söldnerlandschaften. Frühneuzeitliche Gewaltmärkte im Vergleich (Zeitschrift für Historische Forschung, Beiheft, Bd. 49). Berlin 2014, S. 157–180.

Droysen, Gustav: Holcks Einfall in Sachsen im Jahre 1633. In: Neues Archiv für Sächsische Geschichte und Alterthumskunde 1/1 (1880), S. 14–183.

Ellrodt, Anton Christian David: Gefrees mit seinem im kirchlichen Verbande stehenden Umgebungen […], hrsg. von Christoph Karl Anton Heinrich Ellrodt. Bayreuth 1832.

Engerisser, Peter: Von Kronach nach Nördlingen. Der Dreißigjährige Krieg in Franken, Oberschwaben und der Oberpfalz 1631–1635. 2., überarb., verb. u. erw. Aufl., Weißenstadt 2007.

Engerisser, Peter / Hrnčiřík, Pavel: Nördlingen 1634. Die Schlacht bei Nördlingen – Wendepunkt des Dreißigjährigen Krieges. Weißenstadt 2009.

Fischer, Wladimir: Sprache und soziale Identität im frühneuzeitlichen Binnenkroatien. In: Frühneuzeit-Info 12/1 (2001), S. 53–69.

Fitzkow, Matthäus Karl: Der »Tote Kroat« von Uebigau. In: Die Schwarze Elster Nr. 463 (1934), S. 862–863.

Fitzkow, Matthäus Karl: Der »Tote Kroat« von Uebigau. In: Heimatkalender Kreis Bad Liebenwerda 1965/1966, S. 57–59.

Füssel, Marian: Die Aasgeier des Schlachtfeldes. Kosaken und Kalmücken als russische Irreguläre während des Siebenjährigen Krieges. In: Förster, Stig / Jansen, Christian / Kronenbitter, Günther (Hrsg.): Rückkehr der Condottieri? Krieg und Militär zwischen staatlichem Monopol und Privatisierung: Von der Antike bis zur Gegenwart (Krieg in der Geschichte, Bd. 57). Paderborn u. a. 2010, S. 141–152.

Glück, Helmut / Häberlein, Mark / Flurschütz da Cruz, Andreas: Einleitung. Adel und Fremdsprachen in der Frühen Neuzeit. In: Glück, Helmut / Häberlein, Mark / Flurschütz da Cruz, Andreas (Hrsg.): Adel und Mehrsprachigkeit in der Frühen Neuzeit. Ziele, Formen und Praktiken des Erwerbs und Gebrauchs von Fremdsprachen (Wolfenbütteler Forschungen, Bd. 155). Wiesbaden 2019, S. 7–15.

Gorißen, Stefan: Art. Unternehmer. In: Enzyklopädie der Neuzeit (Bd. 13), hrsg. von Friedrich Jaeger. Stuttgart/Weimar 2011, Sp. 1083–1089.

Grüske, Karl-Dieter / Recktenwald, Horst Claus: Wörterbuch der Wirtschaft. 12., neu gestaltete u. erw. Aufl., Stuttgart 1995.

Hallwich, Hermann: Art. Isolano, Johann Ludwig Graf. In: Allgemeine Deutsche Biographie (Bd. 14). Leipzig 1881, S. 637–640.

Heilmann, Johann: Kriegsgeschichte von Bayern, Franken, Pfalz und Schwaben von 1506 bis 1651. Bd. II: Kriegsgeschichte und Kriegswesen 1598–1651. 1. Abtheilung: Kriegsgeschichte von 1598–1634. München 1868.

Horbec, Ivana / Matasović, Maja: Latein als »national«, Deutsch als kosmopolitisch? Die Mehrsprachigkeit des kroatischen Adels als Voraussetzung seiner politischen und sozialen Tätigkeit. In: Glück, Helmut / Häberlein, Mark / Flurschütz da Cruz, Andreas (Hrsg.): Adel und Mehrsprachigkeit in der Frühen Neuzeit. Ziele, Formen und Praktiken des Erwerbs und Gebrauchs von Fremdsprachen (Wolfenbütteler Forschungen, Bd. 155). Wiesbaden 2019, S. 145–162.

Hummelberger, Walter: Der Dreissigjährige Krieg und die Entstehung des kaiserlichen Heeres. In: Führlinger, Herbert (Hrsg.): Unser Heer. 300 Jahre österreichisches Soldatentum in Krieg und Frieden. Wien/München/Zürich 1963, S. 1–48.

Kaiser, Michael: »Ist er vom Adel? Ja. Id satis videtur«. Adlige Standesqualität und militärische Leistung als Karrierefaktoren in der Epoche des Dreißigjährigen Krieges. In: Bosbach, Franz / Robbins, Keith / Urbach, Karina (Hrsg.): Geburt oder Leistung? Elitenbildung im deutsch-britischen Vergleich (Prinz-Albert-Studien, Bd. 21). München 2003, S. 73–90.

Kaser, Karl: Freier Bauer und Soldat. Die Militarisierung der agrarischen Gesellschaft an der kroatisch-slawonischen Militärgrenze (1535–1881) (Zur Kunde Südosteuropas, Bd. II/22). Wien/Köln/Weimar 1997.

Krebs, Julius: Aus dem Leben des kaiserlichen Feldmarschalls Grafen Melchior von Hatzfeldt 1632–1636. Im Namen des Vereins für Geschichte Schlesiens hrsg. von Ernst Maetschke. Breslau 1926.

Kroener, Bernhard R.: »Kriegsgurgeln, Freireuter und Merodebrüder«. Der Soldat des Dreißigjährigen Krieges. Täter und Opfer. In: Wette, Wolfram (Hrsg.): Der Krieg des kleinen Mannes. Eine Militärgeschichte von unten. München/Zürich 1992, S. 51–67.

Krüssmann, Walter: Ernst von Mansfeld. Grafensohn, Söldnerführer, Kriegsunternehmer gegen Habsburg im Dreißigjährigen Krieg (Historische Forschungen, Bd. 94). Berlin 2010.

Lorentzen, Theodor: Der edelmütige Isolani oder Der Croateneinfall in Schleusingen im Jahre 1634. Eine sagengeschichtliche Studie. Schleusingen 1936.

Mann, Golo: Wallenstein. 3. Aufl., Frankfurt a. M. 1971.

Münkler, Herfried: Der Dreißigjährige Krieg. Europäische Katastrophe, deutsches Trauma 1618–1648. 3. Aufl., Berlin 2017.

Pálffy, Géza: Verschiedene Loyalitäten in einer Familie. Das kroatisch-ungarische Geschlecht Zrinski/Zrinyi in der »supranationalen« Aristokratie der Habsburgermonarchie im 16. und 17. Jahrhundert. In: Kühlmann, Wilhelm / Tüskés, Gábor (Hrsg.): Milita et Litterae. Die beiden Nikolaus Zrinyi und Europa (Frühe Neuzeit. Studien und Dokumente zur deutschen Literatur und Kultur im europäischen Kontext, Bd. 141). Tübingen 2009, S. 11–32.

Raack, Martin: Uebigau, die Stadt an der Heerstraße. Ein geschichtlicher Rückblick. Minden 1935.

Redlich, Fritz: The Military Enterpriser. A neglected Area of Research. In: Explorations in Entrepreneurial History 8/4 (1955/56), S. 252–256.

Redlich, Fritz: The German Military Enterpriser and his Work Force. A Study in European Economic and Social History (Vierteljahrschrift für Sozial- und Wirtschaftsgeschichte, Beihefte, Bde. 47/48). 2 Bde. Wiesbaden 1964/65.

Rink, Martin: Art. Kleiner Krieg. In: Enzyklopädie der Neuzeit (Bd. 6), hrsg. von Friedrich Jaeger. Stuttgart/Weimar 2007, Sp. 776–778.

Roth, Harald / Schmitt, Oliver Jens: Im Zeichen imperialer Herrschaft. Das christlich beherrschte Südosteuropa in der Frühen Neuzeit. In: Clewing, Konrad / Schmitt, Oliver Jens (Hrsg.): Geschichte Südosteuropas. Vom frühen Mittelalter bis zur Gegenwart. Regensburg 2011, S. 296–335.

Schindler, Erich: Grab des Kroaten. In: LR Magazin – Wochenendbeilage der Lausitzer Rundschau, 25. 05. 1990, S. 6.

Schmidt, Georg: Voraussetzung oder Legitimation? Kriegsdienst und Adel im Dreißigjährigen Krieg. In: Oexle, Otto Gerhard / Paravicini, Werner (Hrsg.): Nobilitas. Funktion und Repräsentation des Adels in Alteuropa (Veröffentlichungen des Max-Planck-Instituts für Geschichte, Bd. 133). Göttingen 1997, S. 431–451.

Schumpeter, Joseph A.: Art. Unternehmer. In: Handwörterbuch der Staatswissenschaften (Bd. 8), hrsg. von Ludwig Elster / Adolf Weber / Friedrich Wieser. 4., gänzlich umgearb. Aufl., Jena 1928, S. 476–487.

Sennewald, Roland: Das kursächsische Heer im Dreißigjährigen Krieg 1618–1648. Berlin 2013.

Sikora, Michael: Der Adel in der Frühen Neuzeit. Darmstadt 2009.

Stoy, Manfred: Zrinski, Nikola Graf. In: Biographisches Lexikon zur Geschichte Südosteuropas (Bd. 4), hrsg. von Mathias Bernath / Karl Nehring (Südosteuropäische Arbeiten, Bd. 75/IV). München 1981, S. 504–505.

Stoy, Manfred: Zrinski, Petar Graf. In: Biographisches Lexikon zur Geschichte Südosteuropas (Bd. 4), hrsg. von Mathias Bernath / Karl Nehring (Südosteuropäische Arbeiten, Bd. 75/IV). München 1981, S. 505–506.

Tessin, Georg: Die Regimenter der europäischen Staaten im Ancien Regime des XVI. bis XVIII. Jahrhunderts. Teil 1: Die Stammlisten. Osnabrück 1986.

Varga, Szabolcs: Die Stellung Kroatiens innerhalb des Königreiches Ungarn in der Frühen Neuzeit. In: Spannenberger, Norbert / Varga, Szabolcs (Hrsg.): Ein Raum im Wandel. Die osmanisch-habsburgische Grenzregion vom 16. bis zum 18. Jahrhundert (Forschungen zur Geschichte und Kultur des östlichen Mitteleuropa, Bd. 44). Stuttgart 2014, S. 53–74.

Wallenstein Festspiele Altdorf. URL: https://wallensteinfestspiele.de/festspiele/lagerleben/kroaten/ [letzter Zugriff: 30.05.2020].

Weise, Michael: Grausame Opfer? Kroatische Söldner und ihre unterschiedlichen Rollen im Dreißigjährigen Krieg. In: Batelka, Philipp / Weise, Michael / Zehnle, Stephanie (Hrsg.): Zwischen Tätern und Opfern. Gewaltbeziehungen und Gewaltgemeinschaften. Göttingen 2017, S. 127–148.

Weise, Michael: Gewaltprofis und Kriegsprofiteure. Kroatische Söldner als Gewaltunternehmer im Dreißigjährigen Krieg. In: Geschichte in Wissenschaft und Unterricht 68/5–6 (2017), S. 278–291.

Weise, Michael: Die kaiserlichen Kroaten im Dreißigjährigen Krieg. In: Rebitsch, Robert / Höbelt, Lothar / Schmidl, Erwin A. (Hrsg.): Vor 400 Jahren. Der Dreißigjährige Krieg (Innsbrucker Historische Studien, Bd. 32). Innsbruck 2019, S. 107–115.

Weise, Michael: Mobilität, Geschwindigkeit und Gewalt – die kroatischen Reiter in Brandenburg und Sachsen. In: Asche, Matthias / Kollenberg, Marco / Zeiger, Antje (Hrsg.): Halb Europa in Brandenburg. Der Dreißigjährige Krieg und seine Folgen. Berlin 2020, S. 80–94.

Wrede, Alphons Freiherr von: Geschichte der K. und K. Wehrmacht. Die Regimenter, Corps, Branchen und Anstalten von 1618 bis Ende des 19. Jahrhunderts. Bd. III. Wien 1901.
Zschaeck, Fritz: Die Riedesel zu Eisenbach. Bd. 4: Vom Tode Konrads II. bis zum Vertrag mit Hessen-Darmstadt, 1593–1713. Gießen 1957.

Abbildungsnachweise

Abb. 1 Foto: Michael Seifert
Abb. 2 Foto: Reinhard Baumann
Abb. 3 Bildnachweis: Stadtarchiv Nürtingen
Abb. 4 Foto: Lisa Weise

VERSICHERHEITLICHUNG UND REICHSFÜRSTLICHES MILITÄRUNTERNEHMERTUM. ZUM VERHÄLTNIS VON KAISER, REICH UND ARMIERTEN IM PFÄLZISCHEN KRIEG (1688–1697)

Christoph Kampmann

Abstract Ausgangspunkt des Beitrags ist das im Rahmen der politikwissenschaftlichen *Critical Security Studies* entwickelte Konzept der »Versicherheitlichung« (*Securitization*), das vom Marburg-Gießener Sonderforschungsbereich/Transregio (SFB-TRR) 138 »Dynamiken der Sicherheit« aufgegriffen und weiterentwickelt worden ist. Im ursprünglichen Sinn wird darunter eine kommunikative Strategie staatlicher Akteure verstanden, unter Verweis auf eine existentielle Sicherheitsbedrohung eine Überschreitung rechtlicher Normen zu legitimieren und durchzusetzen.

Zentrale These des Beitrags ist, dass eine solche Versicherheitlichung im letzten Drittel des 17. Jahrhunderts wesentlich zur Entstehung einer neuen Gruppe militärunternehmerisch tätiger Reichsfürsten beigetragen hat. Als sogenannte Armierte gingen sie dazu über, größere Stehende Armeen zu unterhalten, wodurch sich ihre Fürstentümer zuweilen zu regelrechten Söldnerstaaten (*mercenary states*) entwickelten. Ein Faktor, der diese Praxis anfangs wesentlich begünstigte, war die mit dem Reichsrecht unvereinbare willkürliche kaiserliche Zuweisung von Truppenquartieren im Reich an die Armierten während der Reichskriege mit Ludwig XIV. Dieser Rechtsbruch wurde zunächst hingenommen, weil gerade zu Beginn des Pfälzischen Kriegs (1688–1697) die existentielle Gefährdung des Reichs durch die Aggression Ludwigs XIV. beschworen wurde – ein Vorgang, der als erfolgreiche Versicherheitlichung bezeichnet werden kann.

Keywords Heiliges Römisches Reich, Reichsfürsten, Römisch-deutsches Kaisertum, Politische Kommunikation, Ludwig XIV., Leopold I.

1 Einleitung

Der erste Begriff im Titel dieses Beitrags mag irritierend wirken, handelt es sich doch um eine sperrige Formulierung, die überdies zu Missverständnissen führen kann. Versicherheitlichung ist der Versuch einer deutschen Übersetzung des Begriffs *Securitization*, der auf ein wichtiges Konzept der sogenannten *Critical Security Studies* innerhalb der Politikwissenschaften verweist. *Securitization* bezeichnet im ursprünglichen, inzwischen vielfältig weiterentwickelten und intensiv diskutierten Sinn der politikwissenschaftlichen *Copenhagen School* die kommunikative Beschwörung einer existentiellen Sicherheitsbedrohung durch politische (staatliche) Akteure, mit dem Ziel, üblicherweise gültige Regularien und Normen außer Kraft zu setzen und dem normalen politischen Raum zu entziehen.[1]

Versicherheitlichung steht nicht zufällig am Anfang meines Beitrags in diesem Band, weil sie den Konzeptionskern des SFB-TRR »Dynamiken der Sicherheit« ausmacht, der seit 2014 in Marburg und Gießen angesiedelt ist und in dem Horst Carl von Beginn an eine tragende Rolle eingenommen hat.[2]

Im Laufe der gemeinsamen Forschungsarbeit dieses Verbundes konnte in verschiedenen Zusammenhängen gezeigt werden, dass sich dieser (ursprünglich aus aktuellen politischen Bezügen erwachsene) Ansatz der Versicherheitlichung vorzüglich eignet, um historische Entwicklungen, auch aus weiter zurückliegenden Epochen wie der Frühen Neuzeit, besser zu verstehen und zu erklären.[3] Darum geht es auch an dieser Stelle: Dieser Beitrag verbindet Versicherheitlichung mit der Rahmenthematik dieses Teils des Tagungsbandes, nämlich dem adligen Militärunternehmertum in der Frühen Neuzeit, wobei sich die folgende Ausführung auf einen speziellen Aspekt dieses adligen Unternehmertums – das fürstliche Kriegsunternehmertum im Heiligen Römischen Reich deutscher Nation in der zweiten Hälfte des 17. Jahrhunderts – konzentriert.

Im Mittelpunkt der folgenden Darlegungen steht die Beobachtung, dass seit den letzten Jahrzehnten des 17. Jahrhunderts neben die traditionelle Rangabstufung der Reichsfürsten eine neue Art von reichsfürstlicher Hierarchie trat, jene zwischen sogenannten Armierten, die Stehende Heere unterhielten, und der großen Gruppe der Nicht-Armierten unter den Reichsständen, die dazu nicht willens bzw. in der Lage waren. Diese Kluft zwischen Armierten und Nicht-Armierten wurde im ausgehenden

1 Vgl. die prägnante Definition von Buzan, Barry / Waever, Ole / de Wilde, Jaap: Security. A New Framework of Analysis. London 1998, S. 24–25: »... when a securitizing actor uses a rhetoric of existential threat and thereby takes an issue out of what under those conditions is 'normal politics', we have a case of securitization.«

2 Vgl. zur Konzeption des SFB-TRR 138 Carl, Horst / Babel, Rainer / Kampmann, Christoph: Einleitung. Sicherheitsprobleme im 16. und 17. Jahrhundert. Bedrohungen, Ambivalenzen, Konzepte im französisch-deutschen Vergleich. In: Carl, Horst / Babel, Rainer / Kampmann, Christoph (Hrsg.): Sicherheitsprobleme im 16. und 17. Jahrhundert. Bedrohungen, Konzepte, Ambivalenzen/ Problèmes de sécurité aux XVIe et XVIIe siècles. Menaces, Concepts, Ambivalences. Baden-Baden 2019, S. 9–26, bes. S. 9–12; vgl. zur Weiterentwicklung des Versicherheitlichungskonzepts im Rahmen des SFB Kampmann, Christoph / Carl, Horst: Historische Sicherheitsforschung und die Sicherheit des Friedens. In: Dingel, Irene u. a. (Hrsg.): Handbuch Frieden im Europa der Frühen Neuzeit. Berlin 2020, jeweils mit weiterer Literatur.

3 Vgl. dazu die Beiträge u. a. von Peter H. Wilson, Christoph Kampmann, Christian Wenzel, Ulrich Niggemann, Rebecca Valerius und Horst Carl in: Carl/Babel/Kampmann: Sicherheitsprobleme im 16. und 17. Jahrhundert. Daneben seien die Beiträge in dem Band von Kampmann, Christoph / Marciniak, Angela / Meteling, Wencke (Hrsg.): »Security turns its eye exclusively to the future«. Zum Verhältnis von Sicherheit und Zukunft in der Geschichte (Politiken der Sicherheit/Politics of Security, Bd. 13). Baden-Baden 2018, genannt. Sehr eindrücklich vermag dies auch die Darstellung von Füssel, Marian: Der Preis des Ruhms. Eine Weltgeschichte des Siebenjährigen Krieges, 1756–1763. München 2019, zusammenfassend S. 505–507, zu zeigen.

17. Jahrhundert durch die Praxis willkürlicher kaiserlicher Quartier- und Mittelzuweisungen (»Assignationen«) vertieft, durch die anerkannte Normen der Reichsverfassung, insbesondere zentrale Bestimmungen des Westfälischen Friedens von 1648, verletzt wurden. Dass diese Übertretung und Nichtachtung bislang unbestritten gültiger rechtlicher Regelungen in entscheidenden Phasen, etwa bei Ausbruch des Pfälzischen Kriegs 1688/89, trotz des hohen Ansehens des Westfälischen Friedens im Reich hingenommen wurde, lag an der wirkungsvollen Beschwörung einer fundamentalen Sicherheitsbedrohung des Reichs. Das war also, in der skizzierten Begrifflichkeit der *Security Studies*, einer »erfolgreichen Versicherheitlichung« geschuldet.

Diese abstrakt und thesenartig formulierten Überlegungen werden im Folgenden näher erläutert und begründet, und zwar in drei Schritten:

1) Im ersten Schritt ist ein kurzer Blick auf die Genese dieser neuen Gruppe der armierten Reichsfürsten zu werfen – eine Entwicklung, die auf dem militärunternehmerischen Engagement der Armierten basierte. Dies galt gerade für die kleineren bzw. mindermächtigen unter den Armierten, was exemplarisch am Beispiel der Landgrafschaft Hessen-Kassel illustriert werden soll.
2) Im zweiten Schritt geht es um das erwähnte, reichsrechtlich nicht unproblematische Instrument der sogenannten kaiserlichen Assignationen zu Beginn des Pfälzischen Kriegs 1688/89, die für die Herausbildung dieser Schicht von Armierten erhebliche Bedeutung erlangen sollten.
3) Darauf aufbauend wird im letzten Schritt zu zeigen sein, dass diese Assignationen bzw. deren Akzeptanz im Reich nur im Kontext einer Entwicklung verstanden werden kann, die als Versicherheitlichung bezeichnet werden darf.

2 Reichsfürstliches Militärunternehmertum und Armierte Fürsten

In einer 1987 erstmals erschienenen Monographie bezeichnet der amerikanische Historiker Charles Ingrao die Landgrafschaft Hessen-Kassel in der Mitte des 18. Jahrhunderts als *mercenary state*, als einen »Söldnerstaat«.[4] Diese Formulierung ist sicher zugespitzt, trifft den historischen Sachverhalt aber gleichwohl recht passgenau: Die Entwicklung Hessen-Kassels war seit dem ausgehenden 17. Jahrhundert wesentlich davon geprägt, dass der Landgraf selbst zum Kriegsunternehmer geworden war, der Truppen in beträchtlicher Größenordnung anwarb, unterhielt und auf dem Wege sogenannter Subsidienverträge an zahlungswillige und zahlungskräftige Abnehmer vermietete.[5]

4 Ingrao, Charles: The Hessian Mercenary State. Ideas, Institutions and Reform under Frederick II (1760–1785). New York 1987.

5 Vgl. dazu Gräf, Holger Thomas: Ce corps de troupes fait notre Pérou. Die Subsidienverträge der Landgrafen von Hessen-Kassel im Überblick. In: Gräf, Holger Thomas u. a. (Hrsg.): Die »Hessians« im Amerikanischen Unabhängigkeitskrieg (1776–1783). Neue Quellen, neue Medien, neue Forschungen

Dieser *Hessian Mercenary State* des 18. Jahrhunderts stand am Ende einer Entwicklung, die in der zweiten Hälfte des 17. Jahrhunderts, seit den 1670er Jahren, ihren Ausgang genommen hatte und keineswegs nur die Landgrafschaft Hessen-Kassel betraf. Die bis dahin, gerade im Dreißigjährigen Krieg, verbreitete Praxis, Krieg durch private Söldnerunternehmer in fürstlichem Auftrag führen zu lassen, wurde im römisch-deutschen Reich zugunsten der Aufstellung und dauerhaften Unterhaltung von Armeen durch verschiedene Reichsfürsten aufgegeben. Zu nennen sind hier der Kaiser beziehungsweise Österreich, Kursachsen, Braunschweig-Lüneburg, Bayern, Kurbrandenburg und Hessen-Kassel, die solche Armeen in nennenswertem Umfang aufstellten.[6] Durchaus charakteristisch für den Verlauf dieser Entwicklung, auch in quantitativer Hinsicht, ist das Beispiel Hessen-Kassels und seines Aufstiegs zum armierten Stand: Unmittelbar nach Ende des Dreißigjährigen Kriegs hatte die Landgrafschaft Hessen-Kassel nach Abdankung der Söldnerarmeen nicht mehr als 500 Soldaten unter Waffen. Auch nach dem Jüngsten Reichsabschied von 1654, der überhaupt erst die Voraussetzungen zur Finanzierung solcher Armeen schuf,[7] wuchs der Umfang des landgräflichen Stehenden Heers noch in sehr bescheidenem Umfang. Erst seit den späten 1670er Jahren war dann ein deutlich forcierter Aufbau eines eigenen Heers zu beobachten; zu Beginn des Pfälzischen Kriegs (1688–1697) hatte die Truppenstärke schon einen Umfang von mehr als 5000 Mann erreicht, um gut ein Jahrzehnt später, zu Beginn des Spanischen Erbfolgekriegs (1701–1714), dann die Zahl von über 10.000 ständig unter Waffen gehaltenen Soldaten zu überschreiten,[8] und dies bei einer geschätzten Gesamtbevölkerung der Landgrafschaft von etwa 200.000 Einwohnern. Damit hatte sich die Landgrafschaft schrittweise zu einem der »militarisiertesten Staatswesen Europas« entwickelt.[9]

Über die Ursachen dieser Entwicklung hat die einschlägige Forschung – soweit zu sehen ist – noch keinen endgültigen Konsens erzielen können. Hier stehen

(Veröffentlichungen der Historischen Kommission für Hessen 80). Marburg 2014, S. 41–57; Kampmann, Christoph: Zwang zum »Soldatenhandel«? Hessen-Kassel und die Spielräume reichsfürstlicher Politik im 17. und 18. Jahrhundert. In: ebd., S. 22–39.

6 Vgl. zusammenfassend Papke, Günther: Von der Miliz zum Stehenden Heer. Wehrwesen im Absolutismus. In: Militärgeschichtliches Forschungsamt (Hrsg.): Deutsche Militärgeschichte. Bd. 1. Herrsching 1983, S. 92–93, und Pröve, Ralf: Art. Stehendes Heer. In: Enzyklopädie der Neuzeit (Bd. 12), hrsg. von Friedrich Jäger. Stuttgart 2010, S. 949–952.

7 Vgl. ebd., S. 952.

8 Vgl. Hollenberg, Günter: Einleitung. In: Hollenberg, Günter (Hrsg.): Hessen-Kasselische Landtagsabschiede. Marburg 1989, S. XXXIII.

9 So Duchhardt, Heinz: Balance of Power und Pentarchie. Internationale Beziehungen 1700–1785. Paderborn u. a. 1997, S. 214. Auffällig ist, dass sich diese quantitativen Steigerungen zunächst, in den letzten drei Jahrzehnten des 17. Jahrhunderts, vor allem in Kriegszeiten vollzogen, während die Landgrafen dann seit den 1720er Jahren dazu übergingen, auch in Friedenszeiten eine umfangreiche Stehende Armee zu unterhalten; vgl. Gräf, Holger Thomas: Das Militär Landgraf Carls – eine »stehengebliebene Söldnerarmee«? In: Gräf, Holger Thomas / Kampmann, Christoph / Küster, Bernd (Hrsg.): Landgraf Carl (1654 – 1730). Fürstliches Planen und Handeln zwischen Innovation und Tradition. Marburg 2017, S. 87–97, hier S. 94.

unterschiedliche Erklärungsansätze nebeneinander.[10] Traditionell wurde in der Historiographie auf die traumatischen Erfahrungen des Dreißigjährigen Kriegs verwiesen, als verschiedene Reichsterritorien erleben mussten, was es bedeutete, der Besetzung durch privat geführte Söldnerarmeen ziemlich wehrlos ausgeliefert zu sein.[11] Das mag eine Rolle gespielt haben, wenn auch vielleicht keine so zentrale, wie früher angenommen worden ist. Wichtiger war wohl die Tatsache, dass die Reichsfürsten nur auf diesem Weg – durch die Aufstellung nennenswerter eigener Streitkräfte – zu ernstzunehmenden außenpolitischen Akteuren aufsteigen, also nur so das *Ius Foederis*, das Recht auf eigenständige Bündnis- und Außenpolitik, das ihnen im Westfälischen Frieden zuerkannt worden war, tatsächlich wahrnehmen konnten.[12] Damit hing ein anderer Punkt untrennbar zusammen: Die Unterhaltung größerer Stehender Heere nahm in der reichsfürstlichen Selbstdarstellung – nicht zuletzt gegenüber anderen Fürsten – einen zentralen Platz ein.[13]

Je umfangreicher die jeweiligen Stehenden Heere wurden, desto schwerer wogen die Belastungen, die sie für die betreffenden Reichsfürstentümer mit sich brachten – gerade für die kleineren unter ihnen, die hier angesichts ihrer begrenzten wirtschaftlichen und demographischen Ressourcen vor massiven Herausforderungen standen. Eine Möglichkeit, hier Abhilfe zu schaffen, war militärunternehmerisches Handeln, konkret die Vermietung eigener Truppen an zahlungskräftige Abnehmer. Auch hier ist das Verhalten der Landgrafschaft Hessen-Kassel charakteristisch: Die Reihe der sogenannten »Subsidienverträge«, die de facto Truppenvermietungsverträge waren, beginnt Ende der 1670er Jahre, also in der Zeit, als mit dem energischen Aufbau eines Stehenden Heers begonnen worden war, und wird dann über das gesamte 18. Jahrhundert fortgeführt, um schließlich zu einer der zentralen Einnahmequellen des Landgrafen zu werden. Am Ende dieser Entwicklung war das ökonomische Interesse ein Hauptzweck für die Unterhaltung eines Stehenden Heers geworden.[14] Aufschlussreich ist im Rahmen der Gesamtthematik des adligen Militärunternehmertums, wie von

10 Vgl. Pröve: Stehendes Heer, S. 952.

11 Vgl. ebd.

12 Vgl. dazu Kampmann: Zwang zum »Soldatenhandel«?

13 Vgl. Rudolph, Harriet: Heer und Herrschaftsrepräsentation. Militärische Dimensionen der Selbstinszenierung bei Herrscherbesuchen (1550–1800). In: Müller, Matthias / Hahn, Peter-Michael (Hrsg.): Zeichen und Medien des Militärischen am Fürstenhof im frühneuzeitlichen Europa. Berlin 2017, S. 53–72; Gräf: Das Militär Landgraf Carls, S. 94–95.

14 Gräf: Die Subsidienverträge der Landgrafen von Hessen-Kassel. Zu einer breiteren öffentlichen Kritik an der Vermietungspraxis kam es erst seit den 1770er Jahren, also ein Jahrhundert nach Beginn der Praxis; vgl. Braun, Christine: Soldaten zu verkaufen? Zur Diskussion über die Subsidienpolitik deutscher Fürsten in der gebildeten deutschsprachigen Öffentlichkeit Ende des 18. Jahrhunderts. In: Gräf u. a. (Hrsg.): Die »Hessians« im Amerikanischen Unabhängigkeitskrieg, S. 187–201. Siehe auch im Vergleich der zeitgenössischen deutschen zur entsprechenden englischen Reaktion Braun, Christine: Die Entstehung des Mythos vom Soldatenhandel 1776–1813. Europäische Öffentlichkeit und der »hessische Soldatenverkauf« nach Amerika am Ende des 18. Jahrhunderts. Darmstadt/Marburg 2018.

Seiten der Geschichtsschreibung über diese Praxis geurteilt wurde. Aus Sicht mancher Historiker war die Grenze des ethisch Vertretbaren beim Aufbau und der Vermietung Stehender Armeen offenbar dann überschritten, wenn sich die Truppenvermietung, die ursprünglich aus (offensichtlich akzeptablen!) genuin militärisch-politischen Motiven erfolgt sei, zum »Selbstzweck fürstlichen Unternehmertums gesteigert« hatte, wie noch eine historische Darstellung von 2007 formuliert hat.[15] Hier wirken offenbar ältere, nationalstaatlich geprägte Stereotype fort, die unter Rückprojektion von Vorstellungen des 19. und 20. Jahrhunderts auf die Frühe Neuzeit jedem ökonomischem Kalkül im Zusammenhang mit Militär und Kriegsdienst kritisch gegenüberstehen.[16]

Für unseren Zusammenhang ist wichtig, dass sich durch das Engagement verschiedener Reichsfürsten eine neue fürstliche Hierarchie jenseits der traditionellen Rangordnung herausbildete. Auf der einen Seite standen seit den 1670er Jahren die armierten Fürsten, die dank ihrer Armeen innerhalb wie außerhalb des Reichs als ernstzunehmende außenpolitische Akteure auftreten konnten.[17] Auf der anderen Seite befand sich die Gruppe jener Reichsfürsten bzw. Territorien, die sich dies nicht leisten konnten und wollten. Es überrascht nicht, dass diese neue informelle Hierarchie im Reich bald zu Verwerfungen und neuartigen Rivalitäten führte.

Im Zusammenhang mit der wachsenden Bedrohung des Reichs durch die expansive Politik Ludwigs XIV. seit den 1670er Jahren verschärften sich die Gegensätze zwischen beiden Gruppen nicht zuletzt deshalb, weil Armierte und Nicht-Armierte sehr unterschiedliche Konzepte zur Errichtung einer Kriegsverfassung des Reichs vertraten. Die Armierten bevorzugten ein Modell des Militärwesens im Reich, in dem die Reichsarmee im Wesentlichen aus Truppen der Armierten bestehen würde, die dann die Nicht-Armierten mitzufinanzieren hätten. Dagegen favorisierten Kaiser und die Nicht-Armierten eine Reichskriegsverfassung, die auf einer aus Kreiskontingenten gebildeten Reichsarmee beruhte.[18] Letzteres wurde 1681 auch vom Reichstag beschlossen – ein deutlicher Erfolg der nicht-armierten Fürsten, der aber keine volle Wirkung entfaltete,

15 So in einer bezeichnenden Wendung des Historikers Philippi, Hans: Die Landgrafschaft Hessen-Kassel 1648–1806. Marburg 2007, S. 84, in einer Gegenüberstellung des aus Philippis Sicht legitimen Handelns Landgraf Carls und des nicht mehr vertretbaren, da ökonomisch motivierten Landgraf Friedrichs II. bei der Unterhaltung einer Stehenden Armee.

16 Zur historiographischen Tradition, in der Philippi stand, vgl. Jendorff, Alexander: Blut, Boden und Beamte – die Rezeption des »zweiten Herkules« in der Historiographie des 19. und 20. Jahrhunderts. In: Gräf/Kampmann/Küster (Hrsg.): Landgraf Carl, S. 364–376. Zu den grundsätzlichen nationalstaatlich geprägten Vorbehalten gegen Waffendienst für Geld und zum Gelderwerb – im Gegensatz zu ideellen Motiven – Rink, Martin: Art. Söldner. In: Enzyklopädie der Neuzeit (Bd. 12), hrsg. von Friedrich Jäger. Stuttgart 2010, S. 174–184, hier S. 182.

17 Das grundlegende Werk zu den Armierten insgesamt ist nach wie vor jenes von Fester, Richard: Die armierten Stände und die Reichskriegsverfassung (1681–1697). Frankfurt a. M. 1886.

18 Vgl. Aretin, Karl Otmar von: Das Alte Reich 1648–1806. Bd. 1: Föderalistische oder hierarchische Ordnung (1648–1684). 2. Aufl., Stuttgart 1997, S. 288. Plassmann, Max: Krieg und Defension am Oberrhein. Die Vorderen Reichskreise und Markgraf Ludwig Wilhelm von Baden (1693–1706). Berlin 2000, S. 33.

weil die »Defensionalverfassung« von 1681 nur in Ansätzen verwirklicht wurde: Eine auf Kreiskontingenten basierende Reichsarmee, die wirklich effektiv zur Verteidigung des Reichs herangezogen werden konnte, entstand in den 1680er Jahren nicht.[19] Dies sollte in der Anfangsphase des 1688 ausgebrochenen Pfälzischen Kriegs schwerwiegende Folgen haben.

3 Der Pfälzische Krieg (1688–1697) und die Praxis der Assignationen

Nachdem sich seit Mitte der 1680er Jahre das Verhältnis zwischen dem Reich und Frankreich schrittweise verschlechtert hatte, kam es im Sommer 1688 aufgrund verschiedener Konflikte, insbesondere der Auseinandersetzung um das Kölner Erzstift, zum offenen Bruch. Im September 1688 veröffentlichte Ludwig XIV. ein an das Reich gerichtetes Ultimatum und ließ zugleich französische Truppen ins Reich einrücken.[20]

Der *Roi Soleil* rechnete bei Kriegsbeginn offenbar mit einem kurzen Kriegszug und der raschen Erfüllung seiner Forderungen, weil das Reich ihm keinen nennenswerten Widerstand würde entgegensetzen können. Der Großteil der kaiserlichen Armee befand sich trotz großer Erfolge der Heiligen Liga gegen das Osmanische Reich in den vorausgegangenen Jahren zum großen Teil noch auf dem ungarischen Kriegsschauplatz – ein Ende des Krieges im Südosten war nicht absehbar und zu diesem Zeitpunkt weder von Wien noch von Konstantinopel erwünscht.[21] Die Beschlüsse zur Errichtung einer wirkungsvollen, auf der Basis der Kreise errichteten »Reichsdefensionalordnung« waren – wie erwähnt – nicht wirkungsvoll umgesetzt worden. Daher waren es wie schon im vorausgegangenen Holländischen Krieg (1672–1679) die Armierten, denen die Schlüsselrolle bei der Abwehr der französischen Truppen zufiel.

Vier von ihnen reagierten auch rasch auf die durch den französischen Einmarsch entstandene Lage. Im Oktober 1688 schlossen sie sich im sogenannten »Magdeburger Konzert« zusammen, in dem sie vereinbarten, ihre Armeen zum Schutz des Reichs nach Westen in Bewegung zu setzen.[22] Schon in diesem Vertrag äußerten die Armierten die

19 Zu diesen Reformansätzen vgl. Burkhardt, Johannes: Vollendung und Neuorientierung des frühmodernen Reichs 1648–1763. 10. Auflage., Stuttgart 2006, S. 116–122, mit sorgfältiger Diskussion der unterschiedlichen Interpretationsansätze dieser Militärreform. Kernpunkt dieses großangelegten Reformunternehmens war es, dass die zehn Reichskreise jeweils selbstverantwortlich Reichstruppen aufzustellen und zu unterhalten hatten.

20 Vgl. zu den Ursachen und zum Beginn des Konflikts Aretin, Karl Otmar von: Das Alte Reich 1648–1806. Bd. 2: Kaisertradition und österreichische Großmachtpolitik (1684–1745). 2. Aufl., Stuttgart 2005, S. 25–29.

21 Vgl. zum Verlauf des sog. Großen Türkenkriegs 1683 bis 1699 Hochedlinger, Michael: Austria's Wars of Emergence 1683–1797. London 2003, S. 153–173.

22 Vgl. den Geheimen Vergleich zwischen Kursachsen, Kurbrandenburg, Braunschweig-Lüneburg und Hessen-Kassel, 12. Oktober 1688. In: Kurbrandenburgs Staatsverträge von 1601 bis 1700: nach den

Erwartung, dass die Reichsterritorien, die ihre Truppen auf dem Weg nach Westen zu durchqueren hätten, für deren Unterhalt sorgen würden.[23] Im Frankfurter Quartiersrezess von November 1688 wurde dies auch konkret umgesetzt, indem die Armierten sich auf eine Aufteilung der Truppenquartiere im Reich zu verständigen versuchten.[24]

Doch allein durch vertragliche Absprache der Armierten untereinander – das wurde bald klar – war das Problem der Truppeneinquartierung und -finanzierung nicht zu lösen. Einerseits fehlte jede rechtliche Legitimation und auch jedes konkrete Regelwerk zur Umsetzung dieser Maßnahmen, was schon im Winter 1688/89 auf Kreisebene zu heftigen Konflikten um die Finanzierung der einquartierten Truppen der Armierten führte.[25] Andererseits zeichnete sich rasch ab, dass die Armierten auch untereinander bei der Jagd nach den leistungsfähigsten Einquartierungsterritorien heftig aneinandergerieten.[26] Nach längeren Verhandlungen, in denen unterschiedliche Modelle diskutiert wurden,[27] kamen die Armierten schließlich untereinander und mit der Wiener Regierung überein,[28] dem Kaiser die Verteilung der Quartiere und der von den Reichsständen aufzubringenden Mittel zu übertragen. Der kaiserlichen Regierung solle künftig allein obliegen, den Armierten Quartiere wie Geldmittel zuzuweisen, sie ihnen – wie es in zeitgenössischer, bereits im Dreißigjährigen Krieg verwendeter Terminologie hieß – zu »assignieren«.[29] Die kaiserlichen Assignationen hatten damit Gestalt angenommen,

---

Originalen des Königl. Geh. Staats-Archivs, bearb. von Theodor Moerner. Berlin 1867, S. 772–776. Vgl. dazu auch Aretin: Das Alte Reich 1648–1806. Bd. 2, S. 29–30, 54.

23 Vgl. den Geheimen Vergleich zwischen Kursachsen, Kurbrandenburg, Braunschweig-Lüneburg und Hessen-Kassel, 12. Oktober 1688, Artikel 6, S. 773.

24 Vgl. Wunder, Bernd: Frankreich, Württemberg und der Schwäbische Kreis während der Auseinandersetzungen über die Reunionen (1679–1697). Ein Beitrag zur Deutschlandpolitik Ludwigs XIV. Stuttgart 1971, S. 129; Plassmann: Krieg und Defension am Oberrhein, S. 127; Fester: Die armierten Stände und die Reichskriegsverfassung, S. 82.

25 Zu den heftigen Auseinandersetzungen im Januar 1689 im Fränkischen Kreis um die Finanzierung der kursächsischen Truppen vgl. Plassmann: Krieg und Defension am Oberrhein, S. 127–128.

26 Zu den schon im November 1688 zwischen den Armierten ausbrechenden Quartierstreitigkeiten vgl. Fester: Die armierten Stände und die Reichskriegsverfassung, S. 72–73.

27 Der Beschluss des Kurfürstenrats, in dem ja auch auf die Interessen Nicht-Armierter Rücksicht zu nehmen war, vom 31. Januar 1689 formulierte dies – wenn ich richtig sehe – noch vorsichtiger und konsensueller; vgl. Fester: Die armierten Stände und die Reichskriegsverfassung, S. 80. Die Armierten untereinander waren in dieser Hinsicht eindeutiger; ebd., S. 82. Vgl. auch Aretin: Das Alte Reich 1648–1806. Bd. 2, S. 30-31.

28 Zunächst hatten die Armierten beabsichtigt, sich untereinander zu verständigen, dem Kaiser das Ergebnis ihrer Beratungen nur mitzuteilen, bis schließlich festgelegt wurde, dass dem Kaiser die Entscheidung vorbehalten sein solle; vgl. Fester: Die armierten Stände und die Reichskriegsverfassung, S. 71–85.

29 Zahlreiche Belege für eine entsprechende Begrifflichkeit (Zuwendung von [Finanz-]Mitteln an einquartierte Truppen) finden sich in den Acta Pacis Westphalicae; z. B. das Protokoll des Städterrats Osnabrück vom 26. Juni 1648 zu den Verhandlungen über die summarischen *Assignationes* und ihre Höhe an das schwedische Militär, durch die anderweitige Kontributionen abgelöst werden sollten; vgl. Acta Pacis Westphalicae Serie III A 6. Die Beratungen der Städtekurie Osnabrück 1645–1649, bearb. von Günter Buchstab. Münster 1981, Nr. 156, S. 784–789.

freilich ohne dass damit zusammenhängende Rechtsfragen und Ausführungsbestimmungen in irgendeiner Weise geklärt worden waren. Im Prinzip war sogar offengeblieben, ob die Armierten ihre Stehenden Heere formaliter nun dem Reich als Ganzem, dem Kaiser oder lediglich dem Haus Österreich als Hilfstruppen zur Verfügung stellten.[30]

Diese Weichenstellungen prägten die Kriegsführung in der Anfangsphase des Pfälzischen Kriegs, wobei es bemerkenswerte Parallelen zum Dreißigjährigen Krieg gab. Auf der einen Seite waren die Reichsstände den vom Kaiser recht willkürlich auferlegten Quartier- und Mittelzuweisungen an die Truppen der Armierten wehr- und schutzlos ausgeliefert, also an Truppen, die nicht selten bei ihrem Erscheinen Angst und Schrecken unter der Zivilbevölkerung verbreiteten.[31] Als Beispiel sei der Einmarsch hessen-kasselischer Truppen in das Territorium der Landgrafschaft Hessen-Darmstadt im Frühjahr 1689 genannt, durch den ausstehende finanzielle Assignationen mit Waffengewalt eingetrieben werden sollten. Aus Furcht vor dem rücksichtslosen Auftreten dieser Truppen, die Reminiszenzen an den Hessenkrieg 1645 bis 1648 geweckt haben dürften, flohen zahlreiche Einwohner aus dem Darmstädtischen in benachbarte Territorien.[32]

Auf der anderen Seite gingen die französischen Truppen im Frühjahr 1689 in einigen Regionen im Bereich der Vorderen Reichskreise zu einer Kriegsführung der »verbrannten Erde« über, zweifellos vor allem, um mögliche Quartiergebiete der Armierten abzuschneiden beziehungsweise logistisch »unbrauchbar« zu machen.[33] Schon ein wohlinformierter und scharfsinniger Beobachter wie der brandenburgische Botschafter in Paris, Ézéchiel Spanheim, erkannte, dass es der französischen Regierung und insbesondere Kriegsminister Louvois bei der Strategie der verbrannten Erde vor allem darum zu tun war, die Vergabe von Truppenquartieren an die armierten Fürsten im Reich zu erschweren.[34] Auch diese – für die Zivilbevölkerung natürlich

30 Vgl. Fester: Die armierten Stände und die Reichskriegsverfassung, S. 83. Es ist also fraglich, ob die Truppen der Armierten ohne weiteres als »Reichsarmee« bezeichnet werden können, wie es beispielsweise Aretin: Das Alte Reich 1648–1806. Bd. 2, S. 31, tut. Zu den administrativen Problemen, vor die der Kaiserhof durch die Assignationen gestellt wurde und die zu endlosen Klagen führten, ebd., S. 30–31; Fester, Die armierten Stände und die Reichskriegsverfassung, S. 84, spricht im Zusammenhang mit dem Ringen der reichsfürstlichen Kriegsunternehmer um Assignationen in einer bezeichnenden Wendung (vgl. Anm. 15) vom Kaiserhof als »Schauplatz widerwärtigen Feilschens«.

31 Vgl. dazu ebd., S. 91–92, mit Verweis auf die zahlreichen Klageschreiben. Zu den bald in den sechs Vorderen Reichskreisen wegen ihrer mangelhaften Disziplin und ihres Finanzgebarens »gehassten und gefürchteten« Truppen der Armierten vgl. auch Dommayer, Katherina: Die Politik des Kurfürsten von Mainz während der Friedensverhandlungen von Rijswijk 1696–1697. Phil. Diss. mss., Wien 1941, S. 9.

32 Zu diesen Vorgängen vgl. Philippi, Hans: Landgraf Karl von Hessen-Kassel. Marburg 1976, S. 126.

33 Vgl. zu der vor allem seit Frühjahr 1689 in der Pfalz einsetzenden französischen Kriegsführung der »verbrannten Erde« Braubach, Max: Vom Westfälischen Frieden zur Französischen Revolution. Stuttgart 1983, S. 76–82. Es war die zeitgenössische Einschätzung, dass es der französischen Regierung, insbesondere Kriegsminister Louvois, bei der Strategie der verbrannten Erde vor allem darum zu tun war, den Armierten Truppenquartiere abzuschneiden.

34 Vgl. Relation de la Cour de France par Ézéchiel Spanheim, hrsg. von Charles Schefer. Paris 1882, S. 311. Zu Spanheim vgl. Externbrink, Sven: Diplomatie und République des Lettres. Ezechiel

katastrophale – Strategie der Vernichtung möglicher Quartiergebiete des Feindes war aus dem Dreißigjährigen Krieg nur zu bekannt.[35]

Für unseren Zusammenhang ist entscheidend, dass die Praxis der kaiserlichen Assignationen dazu beitrug, die Kluft zwischen den Armierten und den Nicht-Armierten zu verfestigen. Denn indem die Territorien der Nicht-Armierten durch kaiserlichen Befehl dazu verpflichtet wurden, die Armeen der Armierten – nicht selten bis zur Grenze ihrer wirtschaftlichen Leistungsfähigkeit und darüber hinaus – aufzunehmen und zu versorgen, wurden ihre eigenen Möglichkeiten, selbst Truppen (etwa auf Kreisebene) aufzustellen, erheblich eingeschränkt, wenn nicht gar gänzlich beseitigt. Die Position der Nicht-Armierten als weitgehend unbewaffnete, auf den extrem kostspieligen Schutz durch andere Reichsfürsten angewiesene Territorien drohte auf Dauer gestellt zu werden.[36] Das Protektionsverhältnis, das die Armierten über die übrigen Reichsstände ausübten, konnte auch hier zu einer Form des dauerhaften Herrschaftsverhältnisses werden – eine in der Frühen Neuzeit nicht unbekannte Entwicklung.[37]

Schon zeitgenössisch wurde im Reich der Verdacht geäußert, dass die Armierten bei den Einquartierungen und Finanzforderungen an die übrigen Reichsstände, gerade in ihrer unmittelbaren territorialen Nachbarschaft, eigentlich das Ziel verfolgten, diese dauerhaft zu entwaffnen, um so eine regionale Hegemonialposition erringen und zementieren zu können. Entsprechenden Vorwürfen von Seiten von Mitständen sah sich beispielsweise der Landgraf von Hessen-Kassel ausgesetzt – Vorwürfe, die umso glaubwürdiger waren, als der Landgraf sich offenbar tatsächlich entsprechend geäußert hatte.[38]

Spanheim (1629–1710). In: Francia. Forschungen zur Westeuropäischen Geschichte 34/2 (2007), S. 25–59.

35 Zur Kriegsstrategie im Dreißigjährigen Krieg, die »eher als ein Ringen auf dem Schlachtfeld eines um ergiebige und strategisch günstige Landstriche« gewesen ist und zu der auch die Verheerung ganzer Landschaften gehörte, vgl. zusammenfassend Gotthard, Axel: Der Dreißigjährige Krieg. Eine Einführung. Köln u. a. 2016, S. 168–169; Arndt, Johannes: Der Dreißigjährige Krieg. 1618–1648. Stuttgart 2009, S. 178–179. Dies wiederholte sich nun. Zu der lange Zeit von nationaler und antifranzösischer Empörung geprägten Betrachtung der – zweifellos verheerenden – kriegerischen Strategie der französischen Armeen, die eine angemessene Einordnung der Zerstörungspolitik verhindert hat, vgl. Meumann, Markus: Rezension von Roland Vetter: »Kein Stein soll auf dem andern bleiben«. Mannheims Untergang während des Pfälzischen Erbfolgekrieges im Spiegel französischer Kriegsberichte. Heidelberg/Ubstadt-Weiher/Basel 2002. In: sehepunkte 4 (2004), Nr. 2, 15. 02. 2004, URL: http://www.sehepunkte.de/2004/02/2454.html [letzter Zugriff: 26. 01. 2021].

36 Vgl. Plassmann: Krieg und Defension am Oberrhein, S. 128–129; Aretin: Das Alte Reich 1648–1806. Bd. 2, S. 31.

37 Dazu vgl. Haug, Tilmann / Weber, Nadir / Windler, Christian: Einleitung. In: Haug, Tilmann / Weber, Nadir / Windler, Christian (Hrsg.): Protegierte und Protektoren. Asymmetrische politische Beziehungen zwischen Partnerschaft und Dominanz (16. bis frühes 20. Jahrhundert). Köln/Weimar/Wien 2016, S. 9–27, bes. S. 16–18.

38 So hatte sich Landgraf Carl offenbar in dem Sinne gegenüber dem Kurfürsten von Sachsen geäußert, dass es ihm darum zu tun sei, »alle oberrheinischen Stände zu entwaffnen, um sie nach seinem Gutdünken zu beherrschen«, der dies weitergab. Der seinem Protagonisten, Landgraf Carl, stets wohlwollend

Vor diesem Hintergrund ist es bemerkenswert, dass die Assignationspraxis nicht sofort zu massiven Protesten der Betroffenen im Reich und vor allem beim Immerwährenden Reichstag führte. Die Reichsstände nahmen in den ersten Jahren des Pfälzischen Kriegs offensichtlich recht widerstandslos hin, dass der Kaiser aus eigener Machtvollkommenheit Einquartierungsgebiete verteilte und den Reichsständen Kontributionslasten aufbürdete, ohne Rücksprache mit den betroffenen Reichsständen zu nehmen und sie bzw. den Reichstag um Zustimmung zu bitten. Dies erstaunt umso mehr, als diese Assignationen dem Wortlaut und dem Sinn des Westfälischen Friedens – konkret dem Sinn des berühmten Artikels »Gaudeant« (VIII, 2) des Osnabrücker Friedensinstruments – diametral widersprachen und diesen flagrant verletzten. Demnach war eindeutig verboten, dass es im Reich noch einmal zu Truppeneinquartierungen, Kontributionsleistungen, Besatzungen und Ähnlichem ohne ausdrückliche Zustimmung der Stände kommen dürfe.[39] Dahinter stand natürlich die traumatische Erfahrung der willkürlichen Einquartierungspraxis des Dreißigjährigen Kriegs. Kaiser Leopold I. hatte dies sogar zehn Jahre nach dem Friedensschluss in seiner Wahlkapitulation von 1658 noch einmal ausdrücklich und feierlich bestätigt.[40] Trotz dieser völlig unzweideutigen Regelungen haben die Reichsstände die Verletzung ihrer Libertät 1688/89 hingenommen. Diese Entwicklung ist nur vor dem Hintergrund der politischen Lage im Reich – konkreter: der Versicherheitlichung – in der Anfangsphase des Pfälzischen Kriegs zu verstehen.

---

gegenüberstehende Biograph Philippi stellt auch nicht in Abrede, dass solche Bemerkungen seitens Carls gefallen seien, versucht sie aber damit zu rechtfertigen, dass Carl während seiner Begegnungen mit dem sächsischen Kurfürsten betrunken gewesen sei; Philippi: Landgraf Karl von Hessen-Kassel, S. 134–135. Einer solchen individuellen Apologetik bedarf es freilich nicht, lag doch die dauerhafte Etablierung der Armierten als militärischer Führungsschicht durchaus in der Logik der Assignationen.

39 Instrumentum Pacis Osnabrugensis (IPO) VIII, § 2: »Ohne jede Einschränkung sollen sie das Stimmrecht bei allen Beratungen über Reichsgeschäfte haben, namentlich, wenn Gesetze zu erlassen oder auszulegen, Kriege zu beschließen, Abgaben vorzuschreiben, Werbungen oder Einquartierungen von Soldaten zu veranlassen, neue Befestigungen innerhalb des Herrschaftsgebietes der Stände im Namen des Reiches zu errichten oder alte mit Besatzungen zu versehen, Frieden oder Bündnisse zu schließen oder andere derartige Geschäfte zu erledigen sind; nichts von diesen Angelegenheiten soll künftig jemals geschehen, ohne daß die auf dem Reichstag versammelten Reichsstände freiwillig zugestimmt und ihre Einwilligung gegeben haben [nisi de comitiali liberoque omnium imperii statuum suffragio et consensu].« Instrumentum Pacis Osnabrugensis, übers. von Arno Buschmann. In: Die Westfälischen Friedensverträge vom 24. Oktober 1648. Texte und Übersetzungen (Acta Pacis Westphalicae. Supplementa electronica 1). 2004. URL: http://www.pax-westphalica.de/ipmipo/pdf/o_1984dt-busch.pdf [letzter Zugriff: 16. 1. 2021].

40 Art. XIII der Wahlkapitulation Kaiser Leopolds I. vom 18. Juli 1658, in: Die Wahlkapitulationen der römischen Kaiser und Könige 1519–1792, hrsg. von Wolfgang Burgdorf. Göttingen 2015, S. 187–230, hier S. 201: »jedoch sollen undt wollen Wir weeder in wehrendem solchen Krieg, noch auch sonsten in der Churfürsten, Fürsten und Stenden Landt und Gebieth keine Vestungen vom newen anlegen oder bawen, noch auch zerfallene oder alte widerumb ernewern, viel weniger andern solches gestatten oder zuelassen, auch keinen Standt mit Einquartirungen, wider die Reichs Constitutiones, belegen.«

4 Politische Kommunikation und Versicherheitlichung im Pfälzischen Krieg

Am 12. November 1688 wandte sich der kaiserliche Prinzipalkommissar beim Regensburger Reichstag, Markgraf Hermann von Baden, mit der eindringlichen Bitte an die Reichsstände, die Beratungen über Abwehrmaßnahmen gegen Frankreich keinesfalls zu verzögern. Die düstere Lage, in der das Reich sich nach dem Einmarsch der französischen Truppen befinde, verbiete dies kategorisch. Es sei doch offenkundig, dass die französische Krone dabei sei, den Krieg so rasch wie möglich tief in das Reich hineinzutragen. Sie habe »allschon, wegen nicht gefundenen Widerstands, beynahe die gantze 4 Rheinische Churfürstenthümer, nebenst sovielen anderen Herrschafften und Städten, übergewältiget«. Niemand solle sich Illusionen darüber machen, dass es das Ziel Frankreichs sei, »das völlige Reich übern Hauffen zu werffen, und unter Ihr Joch zu bringen, oder doch gäntzlich zu verheeren und zum Steinhauffen zu machen«.[41]

Der kaiserliche Mahnruf an den Reichstag war Teil einer im Herbst 1688 eingeleiteten, in dieser Form beispiellosen Propagandakampagne des Kaiserhofs mit dem Ziel, so vielen Reichsangehörigen wie möglich die existentielle Gefahr vor Augen zu führen, in die das Reich durch den Angriff Frankreichs geraten sei. Adressaten waren die Reichsgremien, insbesondere der Immerwährende Reichstag von Regensburg, aber darüber hinaus auch die gesamte Reichsöffentlichkeit. Immer wieder wurden dabei die gleichen Bilder und rhetorischen Muster bemüht. Der Angriff der französischen Krone sei an Infamie kaum zu überbieten, weil er ohne jede Vorwarnung in tiefem Frieden erfolgt sei. Überdies habe er das Reich in einem denkbar ungünstigen Augenblick getroffen, befinde sich doch das Reich in einem erbitterten Abwehrkampf gegen die Osmanen, der alle kaiserlichen Kräfte binde. Frankreich führe einen grausamen Vernichtungskrieg und dies alles mit dem Ziel, um dadurch »dem Christen-Erbfeind, dem Türcken, Lufft zu machen«.[42] Der französische König, die französische Regierung und das französische Militär seien damit nicht nur als Feinde des Reichs, sondern auch der ganzen Christenheit zu betrachten und daher künftig genauso zu behandeln wie die Türken selbst.[43] Im

41 Kaiserliches Commissionsdekret vom 12. November 1688. In: Vollständige Sammlung [...] aller Reichsschlüsse [...], hrsg. von Johann Josef Pachner von Eggenstorff. Bd. 2. Regensburg 1740, Nr. 482, S. 646–647, Zitat 647.

42 Vgl. z. B. Kaiserliches Avocatorial-Mandat gegen Frankreich vom 11. Dezember 1688, im Druck verbreitet und dem Reichstag mitgeteilt im Commissions-Decret vom 8. Januar 1689. In: ebd., Nr. 485, S. 651–653, hier S. 651, mit der eindringlich vorgetragenen Anklage, dass Frankreich »an vielen Orten mit Sengen und Brennen, auch anderen Grausamkeiten unchristlich verfahre, und, mit einem Wort, alles thue, was zu Verheer= und Unterdrückung des Reichs gereichen, und der Christen Erb=Feind, dem Türcken, Lufft machen kann«.

43 Vgl. Kaiserliche Resolution und Approbation des Reichs=Gutachtens, 4. März 1689. In ebda., S. 661 f., hier 661: »mithin diese Cron [Frankreich] wohl verdienet, dass Sie anjetzo nicht minder als im Jahr 1544 zu Speyer durch einen einhelligen reichs-Schluss geschehen, für einen offenbahren Feind nicht allein des Reichs/sondern der Christenheit, nicht anderst als der Türck selbsten geachtet werde«.

Mittelpunkt all dieser Appelle stand die Beschwörung der existentiellen Bedrohung, in die das Reich durch den »Doppelangriff« von Ost und West geraten sei. Wenn Kaiser und Reichsstände nicht bedingungslos zusammenstünden, sei das Reich verloren.[44]

Die entscheidenden Weichen für diese Kampagne – gerade gegenüber Reichstag und Reichsständen – waren von der kaiserlichen Regierung bereits kurz nach dem Einmarsch der französischen Truppen in intensiven internen Beratungen gestellt worden. Die Lagebeurteilung fiel dabei keineswegs so düster aus wie in der öffentlichen Kommunikation mit dem Reichstag. In dem nun im Westen des Reichs ausgebrochenen Krieg könne es gelingen – so die Einschätzung der Geheimen Konferenz, des höchsten Beratungsgremiums am Kaiserhof –, Frankreich seine territorialen Zugewinne seit dem Westfälischen Frieden wieder zu entreißen. Die Expedition Wilhelm von Oraniens nach England gebe Anlass zur Hoffnung, neue Bündnispartner im Kampf gegen Ludwig XIV. zu gewinnen. Überdies sei zu erwarten, dass Frankreich diesmal kaum auf Unterstützung aus dem Reich rechnen dürfe. Dies war aus Sicht der Geheimräte entscheidend: Alles komme nun darauf an, die Geschlossenheit im Reich zu wahren und den Reichstag zu entsprechenden eindeutigen Beschlüssen zu bewegen. Wenn das gelinge, stünden die Chancen für den Kaiser insgesamt gut.[45]

Entsprechend setzte die kaiserliche Regierung alles daran, diese Geschlossenheit im Reich zu sichern. In diesem Kontext sind die genannten propagandistischen Bemühungen zu sehen. Dazu gehörte auch, dass die kaiserliche Regierung allen Reichsständen, auch höchstrangigen, bei selbst leisen Zeichen von Unzuverlässigkeit oder Schwäche gegenüber Frankreich schärfste Konsequenzen androhte und sie reichsöffentlich bloßstellte. Dies bekam der Kurfürst von Mainz zu spüren, der nach Ansicht des Kaiserhofs seine Residenzstadt Mainz allzu eilfertig der französischen Armee überlassen hatte. Daraufhin drohte der Kaiser dem Mainzer offen damit, ihm das Reichstagsdirektorium, das er seit Jahrhunderten innehatte, zu entziehen – eine Demütigung sondergleichen.[46] Vor diesem Hintergrund ist auch zu sehen, dass der Kaiser durch den Reichstag ein eigenes Kriegsmanifest gegen Frankreich beschließen und verkünden ließ. Angesichts der grausamen Aggression Frankreichs und der furchterregenden Lage des Reichs, die

---

44 Insgesamt zur antifranzösischen Publizistik in dieser Phase des Pfälzischen Kriegs mit ihrer Beschwörung der existentiellen Bedrohung durch den »perhorreszierten« französischen König vgl. Wrede, Martin: Das Reich und seine Feinde. Politische Feindbilder in der reichspatriotischen Publizistik zwischen Westfälischem Frieden und Siebenjährigem Krieg. Mainz 2004, S. 477–483, ebenso Bosbach, Franz: Der französische Erbfeind. Zu einem deutschen Feindbild im Zeitalter Ludwigs XIV. In: Bosbach, Franz (Hrsg.): Feindbilder. Die Darstellung des Gegners in der politischen Publizistik des Mittelalters und der Neuzeit. Köln/Weimar/Wien 1992, S. 117–139.

45 Vgl. das Protokoll der Sitzung des höchsten Ratsgremiums am Kaiserhof, der Geheimen Konferenz, vom 27. November 1688, Haus-, Hof- und Staatsarchiv Wien, Vorträge 5d, fol. 488–497.

46 Vgl. zu dem Vorgang mit Quellenbelegen Kampmann, Christoph: Ein Neues Modell von Sicherheit. Traditionsbruch und Neuerung als Instrument kaiserlicher Reichspolitik 1688/89. In: Kampmann, Christoph u.a. (Hrsg.): Neue Modelle im Alten Europa. Traditionsbruch und Innovation als Herausforderung in der Frühen Neuzeit. Köln 2012, S. 213–233, hier S. 214–220.

auch hier noch einmal ausgebreitet wurde, formulierte dieses Manifest schärfste Strafandrohungen für alle Reichsangehörigen, die irgendwelche Verbindungen mit dem Feind aufrechterhielten oder auch nur in Neutralität verharrten. Eine solch scharfe Kriegserklärung des gesamten Reichs war sowohl der Form als auch dem Inhalt nach ohne Beispiel.[47]

Insgesamt verfehlte die Kommunikationsstrategie des Kaiserhofs in den ersten Jahren des Pfälzischen Kriegs ihre Wirkung nicht, wozu freilich die französische Kriegsführung der »verbrannten Erde« ihren Teil beitrug. So gelang es nun weit besser als in den vorangegangenen Kriegen gegen Ludwig XIV., die Geschlossenheit der Reichsstände zu wahren. Eine irgendwie geartete »Dritte Partei« entstand nach Kriegsausbruch nicht.[48] Ein weiteres Indiz für den Erfolg der Kommunikationsstrategie war, dass es dem Kaiser gelang, neuartige, für die Libertät der Stände potentiell bedrohliche Maßnahmen durchzusetzen, ohne dass sich dagegen ernstzunehmende Opposition regte. Ein Beispiel dafür ist die Wahl des elfjährigen Kaisersohns Joseph zum römischen König und Nachfolger im Kaisertum im Januar 1690. Die Wahl eines Kindes zum römischen König hatten die Kurfürsten bislang wohlweislich abgelehnt. Nun wurde sie vom Kaiser mit Hinweis auf die existentielle Gefährdung der Sicherheit des Reichs und dem Schreckszenario einer möglichen Nachfolge der Bourbonen im Kaiseramt (!) durchgesetzt.[49]

In diesem Kontext ist die Reaktion – bzw. präziser: die Nichtreaktion – der Reichsstände auf die Assignationen seit 1688/89 zu sehen. Jeder förmliche Protest am Reichstag, jede Formation nennenswerter Opposition am Reichstag unter Verweis auf die angestammte fürstliche Libertät hätte in der entstandenen Lage als Schwächung des Reichs, als Schüren innerer Unordnung im Angesicht existentieller Gefährdung, mithin als Form des Verrats gedeutet werden können. Welche Folgen ein solches Fehlverhalten, ein solches Ausbrechen aus der Einheitsfront haben konnte, hatte das Schicksal des Kurfürsten von Mainz den Reichsständen eindrücklich vor Augen gestellt. In einer solchen Stimmungslage war kein offener Widerspruch zu erwarten, selbst gegen empfindliche Einschränkungen der Libertät durch Kaiser und Armierte, die eigentlich einen

47 Vgl. Reichsschluss vom 14. Februar 1689. In: Vollständige Sammlung [...] aller Reichsschlüsse [...], Nr. 486, S. 654–656, in Verbindung mit der Kommunikation des Kriegsmanifestes, ebd., Nr. 499, S. 673–676. Vgl. dazu Kampmann: Ein Neues Modell von Sicherheit, S. 220–222; Wrede: Das Reich und seine Feinde, S. 477–478.

48 Vgl. Hochedlinger: Austria's Wars of Emergence, S. 168–170. Zu den entsprechenden Versuchen im vorausgegangenen Holländischen Krieg vgl. Decker, Klaus-Peter: Frankreich und die Reichsstände 1672–1675. Die Ansätze zur Bildung einer »Dritten Partei« in den Anfangsjahren des Holländischen Kriegs. Bonn 1981.

49 Vgl. Kampmann: Ein Neues Modell von Sicherheit, S. 222–227. Für die Beschwörung der existentiellen Sicherheitsgefährdung des Reichs im Zusammenhang mit dieser Wahl und des Horrorszenarios einer möglichen Wahl des Dauphin zum römischen König vgl. die kaiserliche Proposition zum Augsburger Wahltag vom 12. Dezember 1689, Haus-, Hof- und Staatsarchiv Wien, Reichskanzlei, Wahl und Krönungsakten 22, fol. 1–11 (Druck in: Theatri Europaei Continuati Dreyzehender Theil [...], Frankfurt a.M. 1698, S. 1122–1126).

flagranten Bruch des Westfälischen Friedens und der kaiserlichen Wahlkapitulation bedeuteten. Die Verängstigung und Einschüchterung der Reichsstände hatte ihr Ziel erreicht. In der Sprache der *Critical Security Studies* kann durchaus von einer erfolgreichen Versicherheitlichung gesprochen werden.

5 Fazit

Seit den 1670er Jahren entfalteten verschiedene Reichsfürsten ein in dieser Form neuartiges Engagement als Militärunternehmer, an dessen Ende die Entstehung regelrechter militärunternehmerischer Fürstenstaaten – *mercenary states* – stand. Das war eine kleine, aber wichtige Facette unternehmerischen Handelns des Hochadels in der Frühen Neuzeit. Die Herausbildung dieser Schicht von reichsfürstlichen Militärunternehmern, den Armierten, wurde entschieden befördert durch die kriegerische Einquartierungspraxis in der Zeit der Kriege Ludwigs XIV., die eigentlich mit dem rechtlichen Herkommen unvereinbar war, aber in der Anfangsphase des Pfälzischen Kriegs angesichts erfolgreicher Beschwörung der existentiellen Gefährdung des Reichs von den betroffenen Reichsständen hingenommen wurde.

Prozesse der Versicherheitlichung haben so entscheidend zur Herausbildung einer neuen Schicht fürstlicher Militärunternehmer im Heiligen Römischen Reich deutscher Nation beigetragen.

Quellen- und Literaturverzeichnis

Archivalische Quellen

Wien

Haus-, Hof- und Staatsarchiv, Vorträge 5d, fol. 488–497

Gedruckte Quellen

Acta Pacis Westphalicae Serie III A 6. Die Beratungen der Städtekurie Osnabrück 1645–1649, bearb. von Günter Buchstab. Münster 1981.

Instrumentum Pacis Osnabrugensis, übers. von Arno Buschmann. In: Die Westfälischen Friedensverträge vom 24. Oktober 1648. Texte und Übersetzungen (Acta Pacis Westphalicae. Supplementa electronica 1). 2004. URL: http://www.pax-westphalica.de/ipmipo/pdf/o_1984dt-busch.pdf [letzter Zugriff: 16.1.2021].

Kurbrandenburgs Staatsverträge von 1601 bis 1700: nach den Originalen des Königl. Geh. Staats-Archivs, bearb. von Theodor Moerner. Berlin 1867.
Relation de la Cour de France par Ézéchiel Spanheim, ed. von Charles Schefer. Paris 1882.
Vollständige Sammlung [...] aller Reichsschlüsse [...], hrsg. von Johann Josef Pachner von Eggenstorff. Bd. 2. Regensburg 1740.
Theatrum Europaeum. Bd. 13. Frankfurt a. M. 1698.
Die Wahlkapitulationen der römischen Kaiser und Könige 1519–1792, hrsg. von Wolfgang Burgdorf. Göttingen 2015.

Literaturverzeichnis

Aretin, Karl Otmar von: Das Alte Reich 1648–1806. Bd. 1: Föderalistische oder hierarchische Ordnung (1648–1684). 2. Aufl., Stuttgart 1997.
Aretin, Karl Otmar von: Das Alte Reich 1648–1806. Bd. 2: Kaisertradition und österreichische Großmachtpolitik (1684–1745). 2. Aufl., Stuttgart 2005.
Arndt, Johannes: Der Dreißigjährige Krieg. 1618–1648. Stuttgart 2009.
Bosbach, Franz: Der französische Erbfeind. Zu einem deutschen Feindbild im Zeitalter Ludwigs XIV. In: Franz Bosbach (Hrsg.): Feindbilder. Die Darstellung des Gegners in der politischen Publizistik des Mittelalters und der Neuzeit. Köln/Weimar/Wien 1992, S. 117–139.
Braubach, Max: Vom Westfälischen Frieden zur Französischen Revolution. Stuttgart 1983.
Braun, Christine: Soldaten zu verkaufen? Zur Diskussion über die Subsidienpolitik deutscher Fürsten in der gebildeten deutschsprachigen Öffentlichkeit Ende des 18. Jahrhunderts. In: Gräf, Holger Thomas u. a. (Hrsg.): Die »Hessians« im Amerikanischen Unabhängigkeitskrieg (1776–1783). Neue Quellen, neue Medien, neue Forschungen (Veröffentlichungen der Historischen Kommission für Hessen 80). Marburg 2014, S. 187–201.
Braun, Christine: Die Entstehung des Mythos vom Soldatenhandel 1776–1813. Europäische Öffentlichkeit und der »hessische Soldatenverkauf« nach Amerika am Ende des 18. Jahrhunderts. Darmstadt/Marburg 2018.
Burkhardt, Johannes: Vollendung und Neuorientierung des frühmodernen Reichs 1648–1763 (Gebhardt. Handbuch der deutschen Geschichte, Bd. 11). 10. Auflage., Stuttgart 2006.
Buzan, Barry / Waever, Ole / de Wilde, Jaap: Security. A New Framework of Analysis. London 1998.
Carl, Horst / Babel, Rainer / Kampmann, Christoph: Einleitung. Sicherheitsprobleme im 16. und 17. Jahrhundert. Bedrohungen, Ambivalenzen, Konzepte im

französisch-deutschen Vergleich. In: Carl/Babel/Kampmann (Hrsg.): Sicherheitsprobleme im 16. und 17. Jahrhundert, S. 9–26.

Carl, Horst / Babel, Rainer / Kampmann, Christoph (Hrsg.): Sicherheitsprobleme im 16. und 17. Jahrhundert. Bedrohungen, Konzepte, Ambivalenzen/Problèmes de sécurité aux XVIe et XVIIe siècles. Menaces, Concepts, Ambivalences. Baden-Baden 2019.

Decker, Klaus-Peter: Frankreich und die Reichsstände 1672–1675. Die Ansätze zur Bildung einer »Dritten Partei« in den Anfangsjahren des Holländischen Kriegs. Bonn 1981.

Dommayer, Katherina: Die Politik des Kurfürsten von Mainz während der Friedensverhandlungen von Rijswijk 1696–1697(). Phil. Diss. mss., Wien 1941.

Duchhardt, Heinz: Balance of Power und Pentarchie. Internationale Beziehungen 1700–1785 (Handbuch der Geschichte der Internationalen Beziehungen 4). Paderborn u. a. 1997.

Externbrink, Sven: Diplomatie und République des Lettres. Ezechiel Spanheim (1629–1710). In: Francia. Forschungen zur Westeuropäischen Geschichte 34/2 (2007), S. 25–59.

Fester, Richard: Die armierten Stände und die Reichskriegsverfassung (1681–1697). Frankfurt a. M. 1886.

Füssel, Marian: Der Preis des Ruhms. Eine Weltgeschichte des Siebenjährigen Krieges, 1756–1763. München 2019.

Gotthard, Axel: Der Dreißigjährige Krieg. Eine Einführung. Köln u. a. 2016.

Gräf, Holger Thomas: Ce corps de troupes fait notre Pérou. Die Subsidienverträge der Landgrafen von Hessel-Kassel im Überblick. In: Gräf, Holger Thomas u. a. (Hrsg.): Die »Hessians« im Amerikanischen Unabhängigkeitskrieg (1776–1783). Neue Quellen, neue Medien, neue Forschungen (Veröffentlichungen der Historischen Kommission für Hessen 80). Marburg 2014, S. 41–57.

Gräf, Holger Thomas: Das Militär Landgraf Carls – eine »stehengebliebene Söldnerarmee«? In: Gräf, Holger Thomas / Kampmann, Christoph / Küster, Bernd (Hrsg.): Landgraf Carl (1654–1730). Fürstliches Planen und Handeln zwischen Innovation und Tradition. Marburg 2017, S. 87–97.

Haug, Tilmann / Weber, Nadir / Windler, Christian: Einleitung. In: Haug, Tilmann / Weber, Nadir / Windler, Christian (Hrsg.): Protegierte und Protektoren. Asymmetrische politische Beziehungen zwischen Partnerschaft und Dominanz (16. bis frühes 20. Jahrhundert). Köln/Weimar/Wien 2016, S. 9–27.

Hochedlinger, Michael: Austria's Wars of Emergence 1683–1797. London 2003.

Hollenberg, Günter: Einleitung. In: Günter Hollenberg (Hrsg.): Hessen-Kasselische Landtagsabschiede (Vorgeschichte und Geschichte des Parlamentarismus in Hessen 5). Marburg 1989, S. XXXIII.

Ingrao, Charles: The Hessian Mercenary State. Ideas, Institutions and Reform under Frederick II (1760–1785). New York 1987.

Jendorff, Alexander: Blut, Boden und Beamte – die Rezeption des »zweiten Herkules« in der Historiographie des 19. und 20. Jahrhunderts. In: Gräf/Kampmann/Küster (Hrsg.): Landgraf Carl, S. 364–376.

Kampmann, Christoph / Carl, Horst: Historische Sicherheitsforschung und die Sicherheit des Friedens. In: Dingel, Irene u. a. (Hrsg.): Handbuch Frieden im Europa der Frühen Neuzeit. Berlin 2020.

Kampmann, Christoph / Marciniak, Angela / Meteling, Wencke (Hrsg.): »Security turns its eye exclusively to the future«. Zum Verhältnis von Sicherheit und Zukunft in der Geschichte (Politiken der Sicherheit/Politics of Security, Bd. 13). Baden-Baden 2018.

Kampmann, Christoph: Ein Neues Modell von Sicherheit. Traditionsbruch und Neuerung als Instrument kaiserlicher Reichspolitik 1688/89. In: Kampmann, Christoph u. a. (Hrsg.): Neue Modelle im Alten Europa. Traditionsbruch und Innovation als Herausforderung in der Frühen Neuzeit. Köln 2012, S. 213–233.

Kampmann, Christoph: Zwang zum »Soldatenhandel«? Hessen-Kassel und die Spielräume reichsfürstlicher Politik im 17. und 18. Jahrhundert. In: Gräf, Holger Thomas u. a. (Hrsg.): Die »Hessians« im Amerikanischen Unabhängigkeitskrieg (1776–1783). Neue Quellen, neue Medien, neue Forschungen (Veröffentlichungen der Historischen Kommission für Hessen 80). Marburg 2014, S. 22–39.

Meumann, Markus: Rezension von Roland Vetter: »Kein Stein soll auf dem andern bleiben«. Mannheims Untergang während des Pfälzischen Erbfolgekrieges im Spiegel französischer Kriegsberichte. Heidelberg/Ubstadt-Weiher/Basel 2002. In: sehepunkte 4 (2004), Nr. 2, 15.02.2004, URL: http://www.sehepunkte.de/2004/02/2454.html [letzter Zugriff: 26.01.2021].

Papke, Günther: Von der Miliz zum Stehenden Heer. Wehrwesen im Absolutismus. In: Militärgeschichtliches Forschungsamt (Hrsg.): Deutsche Militärgeschichte. Bd. 1. Herrsching 1983, S. 92–93.

Philippi, Hans: Landgraf Karl von Hessen-Kassel. Marburg 1976.

Philippi, Hans: Die Landgrafschaft Hessen-Kassel 1648–1806. Marburg 2007.

Plassmann, Max: Krieg und Defension am Oberrhein. Die Vorderen Reichskreise und Markgraf Ludwig Wilhelm von Baden (1693–1706). Berlin 2000.

Pröve, Ralf: Art. Stehendes Heer. In: Enzyklopädie der Neuzeit (Bd. 12), hrsg. von Friedrich Jäger. Stuttgart 2010, S. 949–952.

Rink, Martin: Art. Söldner. In: Enzyklopädie der Neuzeit (Bd. 12), hrsg. von Friedrich Jäger. Stuttgart 2010, S. 174–184.

Rudolph, Harriet: Heer und Herrschaftsrepräsentation. Militärische Dimensionen der Selbstinszenierung bei Herrscherbesuchen (1550–1800). In: Müller, Matthias / Hahn, Peter-Michael (Hrsg.): Zeichen und Medien des Militärischen am Fürstenhof im frühneuzeitlichen Europa. Berlin 2017, S. 53–72.

Wrede, Martin: Das Reich und seine Feinde. Politische Feindbilder in der reichspatriotischen Publizistik zwischen Westfälischem Frieden und Siebenjährigem Krieg. Mainz 2004.

Wunder, Bernd: Frankreich, Württemberg und der Schwäbische Kreis während der Auseinandersetzungen über die Reunionen (1679–1697). Ein Beitrag zur Deutschlandpolitik Ludwigs XIV. Stuttgart 1971.

HANDEL, INVESTITIONEN INS LAND UND ANDERE RISIKOUNTERNEHMUNGEN

DER MARCHESE IM MATSCH. ADELIGE WASSERBAUUNTERNEHMER IM KIRCHENSTAAT

Birgit Emich

Abstract Der Beitrag behandelt eines der größten privaten Entwässerungsunternehmen in der Po-Ebene des 17. Jahrhunderts: die *Bonificazione Bentivoglio.* Das Beispiel dieses Unternehmens und seines Betreibers, des Ferrareser Adligen Enzo Bentivoglio, zeigt, dass sich im Kirchenstaat adliger Status und Lebensstil, finanzielle Reserven, Einfluss vor Ort, Dienst für die Kirche und die klienteläre Vernetzung mit der Papstfamilie zu einem Gemisch verbanden, das über unternehmerischen Erfolg ebenso entschied wie über Karrieren. In welchem Verhältnis diese Zutaten jeweils standen und wie sich dynamisierende Faktoren (wie die Patronage) zu eher statischen (wie dem Adel) verhielten, wäre für eine Unternehmensgeschichte im Land der Kirche näher zu untersuchen. Es steht aber zu vermuten, dass die ökonomische und soziale Erstarrung des Kirchenstaats im 17. und vor allem 18. Jahrhundert mit dieser spezifischen Mischung zu tun haben dürfte.

Keywords Bonifikation, Kirchenstaat, Wasserbau

Der Marchese im Matsch, mit dem sich der folgende Beitrag aus der Gattung des Geburtstags-Essays befasst, heißt Enzo Bentivoglio.[1] Er stammte aus der Stadt Ferrara unweit der Mündung des Po, die 1598 an den Kirchenstaat gefallen war und fortan unter der Herrschaft Roms stand. Nicht wenige Ferraresen zogen ihre Vorteile aus dem Wechsel unter das Regiment der Päpste und aus deren Bemühen, die Gunst der neuen Untertanen zu gewinnen. Aber niemand verstand es besser als dieser Marchese, seine Unternehmungen auch und gerade unter den neuen Bedingungen voranzubringen. Ob es um Geld ging oder um Macht, um Kunst, Kredite und Karrieren – in vielen Fragen, die zwischen Rom und Ferrara im frühen 17. Jahrhundert verhandelt wurden, hatte Enzo seine Hände im Spiel. Und da seine Familie dem italienischen Hochadel entstammte,

1 Der Text wird weitgehend in der am 12. Oktober 2019 in Gießen vorgetragenen Form wiedergegeben. Er folgt den thematischen Vorgaben der Veranstalter und versteht sich als eine erste, eher impressionistische Annäherung an das Feld der Unternehmensgeschichte im Kirchenstaat. Empirisch basiert er auf den Befunden meiner Archivstudien zur Integration Ferraras in den Kirchenstaat (vgl. Emich, Birgit: Territoriale Integration in der Frühen Neuzeit. Ferrara und der Kirchenstaat. Köln/Weimar/Wien 2005, v. a. S. 527–544), die hier aber neu geordnet und auf die Frage nach Unternehmern und Unternehmungen abgeklopft werden. Für die dennoch zahlreichen Selbstzitate bitte ich um Nachsicht.

darf Enzo Bentivoglio als Inbegriff eines adligen Unternehmers im Kirchenstaat gelten. Am Beispiel eines seiner Unternehmen im engeren Sinne – also einer auf Gewinn ausgerichteten ökonomischen Initiative – möchte ich zu klären versuchen, welche Rolle der adlige Status des Unternehmers, aber auch andere Faktoren für ökonomische Erfolge oder auch Misserfolge im Land der Kirche gespielt haben könnten. Zu diesem Zweck werde ich erstens nach der Entstehung des Unternehmens und den Motiven der Beteiligten fragen, zweitens nach der Finanzierung des Vorhabens und drittens nach dem Erfolg der ganzen Sache. Entstehung, Finanzierung und Erfolg möchte ich für das wohl größte Abenteuer meines Helden behandeln: für die *Bonificazione Bentivoglio*, ein Entwässerungsunternehmen, das Teile der stets vom Hochwasser gefährdeten Po-Ebene rund um Ferrara trockenlegen und die so gewonnenen Flächen agrarisch nutzbar machen sollte.[2]

Solche Bonifikationen gab es in der Po-Ebene immer wieder. Tatsächlich gehörte die Sorge um den Schutz des Landes vor den Überschwemmungen des Po und seiner Nebenflüsse zu den Hauptaufgaben der Landesherren. Die Herzöge aus dem Hause Este hatten sich dieser Aufgabe gestellt, und die Päpste, die nach dem Aussterben der Este im Jahr 1598 das Herzogtum als heimgefallenes Lehen betrachteten und die Herrschaft in Ferrara übernahmen, mussten sich ebenfalls mit den Untiefen des Wasserbaus befassen.[3] Zu unterscheiden ist hierbei die offizielle Wasserbaupolitik des Kirchenstaates von privaten Unternehmungen. Die offizielle römische Politik in der Wasserfrage war ein schwieriges Geschäft: Eine Lösung für die gesamte Po-Ebene hätte einen Masterplan vorausgesetzt, der wiederum die Interessen gleich dreier Provinzen unter päpstlicher Herrschaft berühren musste. Da allerdings der Vorteil der einen Provinz regelmäßig zu Lasten der Nachbarregionen ging, stieß jeder Eingriff in das sensible hydrologische System entweder in Bologna oder in Ravenna oder aber in Ferrara auf erbitterten Widerstand.Auch die privaten Bonifikationen griffen in das sensible hydrologische

2 Zur *Bonificazione Bentivoglio* vgl. Bellini, Giuseppe: Cenni storici intorno la bonificazione Bentivoglio e mozione agli abitanti del Villaggio di S. Pietro. Mantua 1863; Bonazzi Passerini, Graziella: La bonifica Bentivoglio 1608–1612. Tesi di Laurea. Bologna 1966; Zucchini, Mario: Bonifica Padana. Rovigo 1968; Cazzola, Franco: Bonifiche e investimenti fondiari. In: Berselli, Aldo (Hrsg.): Storia della Emilia Romagna. Bd. 2: L'età moderna. Bologna 1977, S. 209–228, hier S. 224–226; Lugaresi, Luigi: La »Bonificazione Bentivoglio« nella »Traspadana Ferrarese« (1609–1614). In: Archivio Veneto Serie V 76 (1986), S. 5–50. Zusätzliche Informationen auch und gerade über das Zustandekommen der *Bonificazione Bentivoglio* bieten die Dokumente der Apostolischen Kammer im Archivio di Stato di Roma (ASR) und vor allem die Korrespondenzen und Rechnungsunterlagen der Papstfamilie Borghese in Archivio Segreto Vaticano (ASV), nunmehr Archivio Apostolico Vaticano (AAV), Fondo Borghese (FB) und Archivio Borghese (AB), die die genannten Autoren nicht berücksichtigt haben. Zur Geschichte der *Traspadana ferrarese* bis zu Enzos Bonifikation vgl. Lugaresi: La »Bonificazione Bentivoglio«, S. 5–22, und Zucchini: Bonifica Padana, S. 11–21.

3 Allgemein zu den hydrologischen Herausforderungen der Po-Ebene und den Bonifikationen vor und nach 1598: Visser Travagli, Anna Maria / Vighi, Giorgio (Hrsg.): Terre ed acque. Le bonifiche ferraresi nel Delta del Po. Ferrara 1989. Zur Wasserpolitik im Kirchenstaat vgl. ausführlich Emich: Territoriale Integration, Kap. III.

System ein. Sie bedurften daher ebenso der Genehmigung Roms. Aber da sie sich geographisch auf eine der beteiligten Provinzen konzentrierten, spielten sich die Konflikte um diese Unternehmungen meist auch innerhalb der Verwaltungsbezirke ab. Hierstanden sich also nicht die Interessen der drei Legationen gegenüber, sondern die Vorstellungen und Ansprüche der Bewohner ein und derselben Provinz.

Dies gilt auch für die *Bonificazione Bentivoglio.* Ihr Areal umfasste ausschließlich Land innerhalb der Legation Ferrara. An Widerstand vor Ort mangelte es jedoch nicht. Das bekam auch der Kardinallegat Spinola zu spüren.[4] Dessen Dienstsitz – das ehemalige Schloss der Este mitten in der Stadt Ferrara – wurde im Mai 1609 von etwa 200 aufgebrachten Gegnern des Projekts regelrecht gestürmt. Wutbürger, so könnte man meinen, gab es also schon damals. Zutreffender wäre es allerdings, von Wut-Adligen zu reden, denn mindestens die Spitzen der Bewegung stammten aus den höchsten Rängen der Ferrareser Nobilität.[5]

Was war geschehen? Kaum ein Jahr zuvor hatte die für Pachtverträge dieser Art zuständige Apostolische Kammer eine Ausschreibung veröffentlicht, in der es um die Entwässerung der im Westen der Legation gelegenen *Traspadana ferrarese* ging.[6] Dieses von den Territorien Mantuas und Venedigs begrenzte Gebiet mit seinen ca. 20.000 Hektar sollte also in fruchtbares Ackerland verwandelt werden. Aus der Sicht der Kammer bot ein solches Unternehmen nur Vorteile: Durch die Trockenlegung des

4 Der Kardinallegat war der Verwaltungschef der Legation Ferrara, der mehrmals wöchentlich nach Rom zu berichten hatte und von dort seine Anweisungen empfing. Sein Ansprechpartner war formal der Kardinalnepot, d. h. der Neffe des regierenden Papstes, der offiziell dem Staatssekretariat vorstand und in dieser Rolle die Amtskorrespondenz mit Ferrara zu führen hatte. Diese Korresponz gehört zu den zentralen Quellenbeständen für unser Thema.

5 Am 9. Mai 1609 schrieb Spinola über Enzos Bonifikationspläne an Borghese: »questo e negotio che havera molte difficoltà, per l'oppositione de molti che se ne dolgono pur troppo gravemente non solo per il danno che dubitano di riceverne ma per la qualità de capitoli che sono parsi straordinariamente avantaggiosi per il bonificatore« (Archivio Apostolico Vaticano, FB II 318, 189). Am 16. Mai 1609 berichtete Spinola über die »mille oppositioni et difficoltà, et questi Interessati che ogni giorno crescono et sono una buona parte della Città« (ebd., 160v), und am 23. Mai ergänzte er: »et veramente ogni giorno più si sentono quà doglianze et oppositione à questa impresa« (ebd., 202v). Rondoni, ein in der Regel zuverlässiger Chronist, berichtet vom Sturm auf den Sitz des Legaten durch zweihundert Ferraresen, »et di questi ne furono capi il Marchese Francesco Villa, il Marchese Aloiso Bevilacqua, Hippolito Giliolo, li Sacrati et altri, il qual Cardinale rispose che era ordine di Nostro Signore à che li fu risposto che quando il Papa fosse informato delle loro ragioni sapevano di certo, che non havrebbe proceduto più oltre, disse però il Cardinale che dovessero andare da qui avanti a negotiar questo fatto ad uno per Villa, et non in tutti«. Überdies beschwerte sich Spinola bei dem »Capitano di Castello, che havesse lasciato entrare tanta gente, et che si deve guardare da qui avanti, poiche haverebbe proceduto con lui rigorosamente« (Rondoni, Claudio: Cronaca dalli 29. Gennaio 1598 a tutto li 28. Giugno 1614. Biblioteca Comunale Ariostea, Ferrara, Manoscritti Classe Prima 536 [Original] und Biblioteca Comunale Ariostea, Ferrara, Collezione Antonelli 250 [Kopie von 1783, nach der aus technischen Gründen zitiert wird], S. 262). Den Vorfall meldete Spinola im Übrigen nicht nach Rom.

6 Zitiert ist die Ausschreibung in einem Breve vom 15. Februar 1610, das den Vertrag zwischen der Kammer und Enzo bestätigte und detailliert berichtete, wie es zu dieser Vereinbarung gekommen war (Archivio Apostolico Vaticano, Sec. Brev. 452, 173–193, v. a. 173–175).

in weiten Teilen sumpfigen Gebietes werde die Luft gesünder, die landwirtschaftliche Nutzfläche im Interesse aller Landbesitzer erweitert und die Getreideversorgung des gesamten Kirchenstaats erleichtert – dies konnten die Ferraresen dem Aushang vom 26. März 1608 entnehmen, in dem die Kammer potentielle Investoren aufforderte, ihre Bewerbung um die Verpachtung der Bonifizierungsrechte einzureichen. Die Regelungen der Ausschreibung klangen verlockend: Wer bereit war, Kosten und Risiken eines solchen Unternehmens zu tragen, konnte nach Belieben über die im zu entwässernden Gebiet gelegenen Ländereien verfügen, frei über den Bau von Kanälen, Straßen und Brücken bestimmen und nach Abschluss der Arbeiten die Hälfte der neu gewonnenen Ackerfläche für sich beanspruchen. Den bisherigen Eigentümern der bonifizierten Zonen stand es zwar frei, den Unternehmer in klingender Münze auszuzahlen und auf diese Weise ihr eigenes Land zurückzukaufen. Einzelne Maßnahmen oder gar das gesamte Projekt zu verhindern ließ ihnen das Regelwerk jedoch keine Möglichkeit. Die staatliche Autorität, die eine solche Verfügungsgewalt über fremden Besitz erst möglich machte, war indes nicht der einzige Beitrag der Apostolischen Kammer zu dem geplanten Unternehmen. So winkte dem *Bonificatore* für die ersten zwanzig Jahre seiner Tätigkeit eine Befreiung von allen Abgaben staatlicher wie kommunaler Art, und wenn er zur Finanzierung seines Projektes Kredite an den römischen *Monti* – das heißt am Kapitalmarkt – benötigte, sollte er diese erhalten.

Dass auf die Ausschreibung vom 26. März 1608 lediglich eine Bewerbung einging, dürfte mithin kaum an den Vertragsbedingungen gelegen haben: Mehr als umfassende Vollmachten, steuerliche Vorteile, Darlehen in unbegrenzter Höhe und die Aussicht auf üppige Gewinne hätte die Kammer nicht bieten können. Tatsächlich mangelte es den Ferraresen keineswegs an Interesse, wohl aber an Risikobereitschaft und vor allem am Kapital, das zur Finanzierung eines solchen staatlich geförderten Privatunternehmens notwendig war. Allein Enzo Bentivoglio sah sich imstande, mit der Bonifikation der *Traspadana ferrarese* ein Projekt in Angriff zu nehmen, dessen Kosten auf 300.000 römische *Scudi* geschätzt wurden. So kam es am 3. März 1609 zum Abschluss des entsprechenden Vertrages zwischen Enzo und der Kammer.[7]

In Ferrara hingegen formierte sich der Widerstand: Die einen fürchteten um ihren Landbesitz in den benachbarten Regionen, zu deren Schaden ein Scheitern des schwierigen Bonifikationsprojekts zweifellos sein würde, die anderen waren nicht gewillt, ihre bereits nutzbaren Anbauflächen in der *Traspadana ferrarese* für Enzos hydrologische Experimente aufs Spiel zu setzen. Den Bentivoglio gehörte zwar ein Viertel des Gebietes, das der *Bonificatore* mit Kanälen zu durchziehen gedachte, doch drei Viertel des betroffenen Areals waren im Besitz von Gemeinden, Abteien und einer ganzen Reihe privater Eigentümer. Unter diesen fanden sich zahlreiche Familien des Ferrareser

7 Zum Inhalt vgl. Archivio Apostolico Vaticano, Sec. Brev. 452, 173–193, v.a. 173–175. Das Vertragsexemplar der Apostolischen Kammer findet sich in Archivio di Stato di Roma, Congregazione delle Acque, Acque 284, Fasc. A: Legazione di Ferrara. Bonifica Bentivoglio.

Adels, die den Kampf mit ihrem Landsmann und Standesgenossen Enzo aufzunehmen bereit waren – mit dem Sturm auf den Verwaltungssitz als Höhepunkt der Protestbewegung. Auch der Magistrat der Stadt Ferrara schlug sich auf die Seite der Gegner und bat Papst Paul V. in einem Schreiben vom 11. März 1609, das bebaute Ackerland nicht den Gefahren einer solch kostspieligen und riskanten Bonifikation auszusetzen. Ob diese Eingabe den Papst je erreichte, ist jedoch zweifelhaft. Der Botschafter der Stadt an der Kurie wenigstens dürfte sie kaum präsentiert haben, denn der hieß Enzo Bentivoglio und stand nicht in dem Ruf, seine eigenen Interessen den Landsleuten zuliebe zu vernachlässigen.[8]

Im Gegenteil: Es spricht einiges für die Annahme, dass sich Enzo aus einem einzigen Grund überhaupt hatte zum Botschafter seiner Stadt an der Kurie wählen lassen: um dort in aller Ruhe das Geschäft einzufädeln, das mit dem Vertrag vom März 1609 zum Abschluss kam.[9] So begann er nach der Aufnahme seiner Dienstgeschäfte als Diplomat umgehend, sein Bonifikationsprojekt voranzutreiben. Als das in trockenen Tüchern war, legte er das Botschafteramt ebenso umgehend nieder. Tatsächlich hatte sich Enzo in Vorgesprächen mit der Kammer die Bestimmungen des Pachtvertrags eigenhändig auf den Leib geschneidert.[10] Dass er der einzige Bieter war, lag sicher auch an der Finanzkraft der Bentivoglio, die als ehemalige Stadtherren von Bologna über weite Besitzungen und als Marchesi – also Markgrafen – über territoriale Herrschaftsgewalt verfügten. Es lag aber auch an Enzos Einfluss auf die Vertragsgestaltung. Dieser Einfluss wurzelte in den guten Kontakten seiner Familie zur Kurie im Allgemeinen und zur regierenden Papstfamilie – den Borghese – im Speziellen. Enzo selbst hatte seine Machtposition vor Ort schon des Öfteren genutzt, um der römischen Herrschaft am Po zur Geltung zu verhelfen, sein Bruder Guido Bentivoglio diente der Kurie als Nuntius in Flandern. Vor allem aber wussten die Brüder Bentivoglio den Kardinalnepoten auf ihrer

8 Zu Enzos Ruf als rücksichtslosem Unternehmer vgl. Rondoni: Cronaca, S. 262, wonach die Auseinandersetzungen von 1609 dem *Bonificatore* »poca riputatione« eingebracht hätten, sowie Ubaldinis ausführlichen Bericht über die Schäden der Anlieger in der Bonifikation, die Enzo »l'odio pubblico, non che di essi, ma della Città« (Ubaldini, Cesare: Storia di Ferrara 1597–1633, Biblioteca Comunale Ariostea, Ferrara, Collezione Antonelli 264, S. 76) eingebracht hätten. Dass sich der amtierende Botschafter in Ferrara aufhielt, aber weiterhin sein Gehalt bezog, war nicht geeignet, Enzos Ansehen zu bessern. So schrieb der Sekretär der Stadt Ottavio Magnanini im März 1611 an Enzo, der vor Ort in Trecenta weilte, um die Arbeiten an der Bonifikation zu überwachen: »La servitù mia vuole, che confidentemente io faccia sapere a V. S. Ill.ma quelle mormorazioni, che s'odono in pregiuditio della riputazione sua. Più volte m'è venuto all'orrecchie, che pare strano alla Città, ch'ella non pure si trattenghi tanto qui, e non vada ad esercitar la carica; ma eziandio che riscuota dal Comune le provisioni come Ambasciatore«. Auch für die Schäden an der Bonifikation bekam Enzo laut Magnanini sein Fett ab: »qui in somma si dicono due cose: presto e male, e chi meno spende piu spende« (Archivio di Stato di Ferrara, Archivi di Famiglie e di Persone, Archivio Bentivoglio, Corrispondenza 378/II, 192).

9 Zu Enzos Wahl zum Botschafter vgl. Emich: Territoriale Integration, S. 962–982, zu seiner Konzentration auf die Bonifikation auch während der Amtszeit v. a. ebd., S. 979–982, sowie die warnenden Hinweise des Stadtsekretärs in der vorherigen Anmerkung.

10 Diese Vorgeschichte geht ebenfalls aus dem Bericht im zitierten Breve vom 15. Februar 1610 (Archivio Apostolico Vaticano, Sec. Brev. 452, 173–193) hervor, vgl. Anm. 6.

Seite, den Papstneffen also, der die Patronagepolitik der regierenden Familie managte und – wir sind in der Hochphase des römischen Nepotismus –für die Bereicherung der Dynastie zu sorgen hatte. So bedienten beide Brüder die Sammelleidenschaft des Nepoten nach Kräften: Nuntius Guido besorgte in Brüssel kostbare Tapisserien, Enzo räumte derweil die Kirchen seiner Heimatstadt leer, um Kardinal Borghese und die von ihm gegründete Galleria Borghese mit den Hauptwerken der Ferrareser Malerei zu erfreuen.[11] Ein weiterer Aspekt gesellte sich zum Dienst für die Kurie und den persönlichen Gefallen gegenüber dem Papstneffen: In einer geheimen Zusatzvereinbarung zum Vertrag zwischen Enzo und der Kammer versprach der Unternehmer der Papstfamilie einen Teil seiner Gewinne. Die Borghese waren mithin stille Teilhaber nicht an den Risiken, wohl aber am Ertrag des Unternehmens.[12]

11 Vgl. Merola, Alberto: Guido Bentivoglio. In: Dizionario biografico degli Italiani (Bd. 8.). Rom 1966, S. 634–638, sowie Bentivoglio, Guido: Memorie e lettere, hrsg. von Costantino Panigada. Bari 1934. Zu seinem Einsatz als Kunstlieferant vgl. Southorn, Janet: Power and Display in the 17th Century. The Arts and their Patrons in Modena and Ferrara. New York 1988, S. 89–90. Enzos Kunstlieferungen nach Rom standen schon am Beginn seiner engen Beziehungen zu Kardinal Borghese. Ende 1607 war es Enzo gelungen, dem Nepoten das noch heute in der Galleria Borghese zu bewundernde Gemälde *I Santi Cosma e Damiano* zu beschaffen, das Dosso Dossi laut Della Pergola, Paola: Die Galleria Borghese in Rom. 6. Aufl., Rom 1962, S. 19, eigens für das Hospital S. Anna in Ferrara gemalt hatte. Beteiligt an diesem Coup waren der Chef des Magistrats, dessen Wahl Enzo zuvor maßgeblich unterstützt hatte, der Ferrareser Vizelegat Massimi, der Borghese ebenfalls nahestand, sowie die Familie Nappi aus Ancona, die als Steuerpächter in Ferrara Fuß gefasst hatte und in Enzos Bonifikation eine Rolle spielen sollte (s. u.). Vgl. die entsprechende Korrespondenz in Archivio Apostolico Vaticano, FB I 929: 803, 883vf.; Archivio di Stato di Ferrara, Archivi di Famiglie e di Persone, Archivio Bentivoglio, Corrispondenza 9/42: 739, 791; 9/43: 40v, 46, 157v; Archivio Apostolico Vaticano, FB III 43 AB: 11, 13; Archivio Apostolico Vaticano, FB II 434,30. Gut untersucht ist Enzos wohl größter Coup in Sachen Kunsttransfer: die Überführung der bis 1598 im Camerino d'Alabastro des Ferrareser Castello untergebrachten Dossi-Gemälde nach Rom, vgl. z. B. Hope, Charles: Les Camerini d'Alabastro. In: Une Renaissance singulière. La cour des Este à Ferrare. Katalog zur Ausstellung Brüssel 3. Oktober 2003 – 11. Januar 2004. Gent 2003, S. 278–288. Zur Präsenz Ferrareser Malerei in den Nepoten-Galerien vgl. etwa die wunderbaren Abbildungen der Werke von Dosso Dossi, Garofalo, Mazzolino, Ortolano und Scarsellino in: Coliva, Anna (Hrsg.): Museo e Galleria Borghese. Rom 1994.

12 Die Gewinnbeteiligung der Borghese findet in den Beiträgen zur *Bonificazione Bentivoglio* erstaunlicherweise keine Erwähnung, ist aber eindeutig belegt im Vertrag zwischen Enzo und seinem Geschäftspartner Alessandro Nappi vom 24. September 1609 (Archivio di Stato di Roma, Camerale III (Miscellanea camerale per luoghi) Ferrara 1113, 410–413), in dem unter Punkt 3 die Rede ist von »quello ch'è stato promesso per li atti del Bulgarino dal predetto Signore Enzo a Roma all'Ecc.mo Signore Giovanni Battista Borghese« (ebd., 411). Der offizielle Anteilseigner auf Seiten der Papstfamilie war also der Papstbruder Giovanni Battista Borghese. Nach dessen Tod im Dezember 1609 firmierte sein Sohn Marc Antonio Borghese, der Principe di Sulmona, als Anteilseigner. Da aber auch dessen Konten von der Güterverwaltung der Borghese im heutigen Archivio Borghese geführt wurden und der päpstliche Apparat zur Eintreibung der Schulden zur Verfügung stand (vgl. Anm. 26), hatte Enzo in dieser Sache weit mehr als mit dem Papstverwandten im Laienstand mit dem Kardinalnepoten zu tun. Dass den Ferraresen weder die Beteiligung der Borghese noch die zentrale Rolle des Kardinalnepoten verborgen geblieben war, belegt die Notiz bei Rondoni, Cronaca, S. 262: »Considerando Entio Bentivoglio, che il bonificare alcune Valli di Melara, et altri terreni circonvicini li sarebbe tornato di molto utile per un'entrata al'anno di 18 milascuti procurò in Roma con promettere al Cardinale Borghese nepote del Papa una bona parte di dette Valli, et anco il terzo delli terreni bonificati quando li effettuasse la predetta bonificatione«.

Vor diesem Hintergrund kann es nicht verwundern, dass sich Bentivoglio in der gesamten Amtszeit Pauls V. der Unterstützung Roms sicher sein konnte. Ebenso klar sollte geworden sein, welche Rolle der adlige Status des Unternehmers bei der Entstehung seines Unternehmens spielte: Ohne Adel wäre das nicht gegangen, Adel allein reichte aber keineswegs aus. Seiner Zugehörigkeit zur Ferrareser Oberschicht verdankte Enzo das Kapital, aber auch und vor allem den Einfluss vor Ort, den er brauchte, um die Interessen Roms in der Provinz durchzusetzen. Als lokaler Magnat konnte er in die Rolle des Brokers schlüpfen, der seine Netzwerke den neuen Landesherren zur Verfügung stellte. Zudem setzte das Amt des Botschafters entsprechenden Adel voraus – die Provinz Ferrara sollte an der Kurie ja standesgemäß vertreten sein. Adliger Status war also unverzichtbar, um überhaupt die Chance zu erhalten, im Geflecht zwischen Rom und Ferrara eine hervorgehobene Rolle zu spielen. Wer diese Chance aber beim Schopfe packen und sich die Rückendeckung Roms auch gegen die eigenen Standesgenossen sichern wollte, musste mehr bieten als Adel: treue Dienste als Klient und – zumindest, wenn es um Geschäfte ging – die Beteiligung der Papstfamilie an den Gewinnen.

Ähnlich verwoben präsentieren sich die persönlichen Motivlagen des Marchese. Einerseits trat er in die Fußstapfen seines Vaters Cornelio, der eine herausragende Rolle am Hofe der Este gespielt und ebenfalls eine Bonifikation (im Gebiet von Reggio, seit 1598 zu Modena gehörig) unternommen hatte.[13] Familientradition dürfte also ebenfalls eine Rolle gespielt haben. Dass Enzo an alten Glanz anknüpfen und die Ideale des höfischen Adels in die neue Zeit retten wollte, zeigte er übrigens auch mit anderen Aktivitäten: Er veranstaltete Ritterturniere, gab Gedichte und Kompositionen in Auftrag, ließ ein Theater bauen, trat mitunter selbst auf, unterhielt eine ganze Gruppe von Musikern und Musikerinnen in seinem Haushalt, förderte mit Girolamo Frescobaldi einen der aufstrebenden Komponisten seiner Zeit, stiftete auch Kirchen und nutzte selbst sein Bonifikationsunternehmen, um sich mit Schleusen und Kanälen namens Bentivoglio ein bleibendes Denkmal zu setzen.[14] Andererseits ging es ihm ganz offensichtlich auch um ökonomische Gewinne.

13 Zu Cornelios Bonifikation im Gebiet von Reggio, die ihm 1567 zunächst die Verleihung des dortigen Lehens Gualtieri durch Herzog Alfonso II. und mit dem Abschluss der Bonifizierungsarbeiten 1576 auch die Erhebung dieses Lehens zum Marchesato einbrachte, vgl. Cazzola: Bonifiche e investimenti fondiari, S. 222–223. Cornelio war mithin durch sein Entwässerungsunternehmen nicht nur sehr reich geworden, sondern auch als Marchese in die höchsten Ränge des Adels aufgestiegen. Der Titel blieb der Familie erhalten; Enzo selbst übernahm ihn nach dem Tod seines Stiefbruders Ippolito im Jahr 1619. 1634 tauschte er Gualtieri gegen das Marchesato Scandiano ein, vgl. Frabetti, Alessandra: L'Aleotti e i Bentivoglio. In: Il Carrobbio 9 (1983), S. 198–208, hier S. 206, Anm. 2 und 9.

14 Anstatt alle Kräfte auf das Projekt in der *Traspadana* zu konzentrieren, verpflichtete er sich 1612 zusätzlich, den Kapuzinern eine Kirche zu errichten und die Hälfte der Kosten für den Bau eines neuen Theaters zu übernehmen, vgl. Southorn: Power and Display, S. 79–80. Zu Enzos Rolle als Impresario vgl. die bei Frabetti: L'Aleotti e i Bentivoglio, S. 207, Anm. 40, genannten Berichte über seine Aufführungen von 1610 und 1612. Ausführlich zur Musik und den Musikern in Enzos Umfeld vgl. Fabris, Dinko: Mecenati e musici. Documenti sul patronato artistico dei Bentivoglio di Ferrara nell'epoca di Monteverdi (1585–1645). Lucca 1999; sowie Hammond, Frederick: Girolamo Frescobaldi. An Extended Biography, updated 01/2020.

Dass er zu solchen Investitionen bereit war, ist nach meinem Eindruck zwar maßgeblich seiner Spielernatur zuzuschreiben.[15] Dass er auf diesem Wege aber auch das Vermögen des Hauses mehren wollte, gibt seine Korrespondenz durchaus zu erkennen.[16]

Zunächst schien die Rechnung aufzugehen. Innerhalb weniger Jahre entstanden in der *Traspadana ferrarese* zwei voneinander unabhängige Entwässerungssysteme. Eines davon – die *Bonificazione di Melara e Bergantino* – unterstand keineswegs Enzo, sondern seinen größten Widersachern: 1609 hatte er zur Beruhigung der Lage den Familien Villa und Romei zugestehen müssen, das Land in ihrem Besitz auf eigene Rechnung zu entwässern. Der restliche Teil des Areals bildete hingegen die *Bonificazione*

URL: http://girolamofrescobaldi.com [letzter Zugriff 14.01.2021], Kap. 6: Rome, 1608–1615: Casa Bentivoglio. Unter 6.2 heißt es dort über Enzo: »His activities as an ideator and organizer of musico-dramatic-equestrian spectacles, especially the Parma wedding celebrations of 1628 where Frescobaldi sought employment, reveal him as a leading *corago* or theatrical impresario and director of seventeenth-century Italy, whose passion for elaborate chivalric combats was equalled only by his passion for actresses and singers.«

15 Der Ferrareser Chronist Claudio Rondoni charakterisierte ihn folgendermaßen: »Entio Bentivoglio: Di spirito, d'ingegno, di richezza grande da riuscire in ogni negotio, et impresa, largo spenditore, privo alle volte di moneta, uso antico della sua famiglia«, zitiert nach Hammond: Girolamo Frescobaldi, 6.3. Vgl. auch das Urteil über Enzo bei Southorn: Power and Display, S. 87.

16 Zu spüren bekam dies etwa Enzos Geschäftspartner Alessandro Nappi, der hier nicht näher berücksichtigt werden konnte, gleichwohl aber eine wichtige Rolle sowohl in der päpstlichen Zoll- und Steuerverwaltung in Ferrara als auch in Enzos Bonifikation spielte. So heißt es unter Punkt 1 des Vertrags in Archivio di Stato di Roma, Camerale III (Miscellanea camerale per luoghi) Ferrara 1113, 410–413, von Anfang an habe »esso Signore Enzo trattato, et stabilito tutto questo negotio con interesse, e partecipatione del Signore Alessandro Nappi« (ebd., 410v). Nappi war an der Bonifikation mit neun der insgesamt 24 Karat, in die Enzo sein Goldstück aufgeteilt hatte, beteiligt. Nappi sollte nach Abschluss der Arbeiten über ein Drittel der Gewinne für sich beanspruchen können, bis dahin jedoch seinem Anteil gemäß für die Finanzierung des Unternehmens aufkommen und die entsprechenden Risiken tragen. So hatte Alessandro, dessen Vater Giovanni Nappi an den neun *carati* seines Sohnes beteiligt war, für einen Teil der Kredite zu bürgen, die Enzo in ihrem Namen an den römischen *Monti* aufnahm, 9/24 der Zinsen zu zahlen und überdies – schließlich verfügte er über ein Bankhaus in Ferrara – das geliehene Geld von der Hauptstadt an den Po zu transferieren (vgl. die Capitoli des Vertrages ebd.). Nappis Unterschrift unter dem Vertrag vom 24. September 1609 war noch nicht getrocknet, als ihn sein Geschäftspartner bereits in die Pflicht nahm: Noch am gleichen Tag forderte Enzo ihn auf, für den von Paul V. bewilligten Kredit über 500 *Luoghi* des Monte Sisto zu bürgen und die 50.000 römischen Scudi aus dieser Anleihe in Ferrara bereitzustellen (vgl. die Beilage zum Vertrag vom gleichen Tage ebd.,). Da dies nicht der letzte Gang zu den *Monti* bleiben sollte, brachten die neun Karat der Familie Nappi zunächst nichts als Schulden. Und auch mittelfristig dürften die Nappi ihr Engagement bereut haben. Da sie zwar dem klientelären Netzwerk um Kardinal Borghese und Enzo Bentivoglio angehörten, aber aus dem niederen städtischen Adel stammten, hatten die Nappi dem ökonomischen Fiasko der Bonifikation (s. u.) weder adligen Status noch gesellschaftlichen Einfluss entgegenzusetzen. Zum Verhängnis wurde der Händlerfamilie aus Ancona dabei weniger die Schuldenlast, die sie geringer zu halten vermochte als der spendable Enzo. Als das eigentliche Problem der sozialen Aufsteiger entpuppte sich die Wechselwirkung von Geld und Gunst, die sich in den unterkühlten Zahlungsaufforderungen Borgheses an den lokalen Magnaten Enzo zunächst nur andeutete, für die rangniederen Nappi aber sofort fatale Folgen haben sollte: Alessandro Nappi verlor mit dem Vertrauen der Borghese in seine Eignung als Geschäftspartner auch die Pachtverträge mit der Apostolischen Kammer, sein Bruder Francesco Nappi, dem die römischen Gazetten bereits den roten Kardinalshut vorausgesagt hatten (*Avvisi* vom 10. Januar 1610, Biblioteca Apostolica Vaticana, Fondo Urbinate, Urb. lat. 1077,19), musste seine Hoffnungen auf eine steile kirchliche Karriere beenden, vgl. Emich: Territoriale Integration, S. 544–547.

Bentivoglio. Der Erfolg der Unternehmungen hätte unterschiedlicher nicht sein können. Während es den Villa und den Romei nicht gelingen wollte, den hydrologischen Zustand ihres mit 3300 Hektar weit kleineren Abschnitts zu verbessern, verwandelte die *Bonificazione Bentivoglio* in der Nachbarschaft ein kaum nutzbares und dünn besiedeltes Sumpfgebiet von 11.500 Hektar binnen weniger Jahre in eine der fruchtbarsten Zonen der Legation. Bald schon, so vermerkten die Chronisten, vermochten die Kirchen im Gebiet der Bonifikation die zahlreich herbeiströmenden neuen Bewohner nicht mehr zu fassen. In technischer Hinsicht war Enzos Unternehmen also ein großer Erfolg.[17] Auch hier spielten Bentivoglios Kontakte nach Rom eine nicht unwesentliche Rolle. Anders als die Familien Villa und Romei durfte sich Enzo den wohl führenden Hydrologen seiner Zeit ausleihen: Als Chefingenieur der *Bonificazione Bentivoglio* firmierte der Architekt, Kartograph und Wasserbauer Giovanni Battista Aleotti, und da dieser Allround-Könner ansonsten in den Diensten Roms stand, haben die Borghese wohl auch bei dieser Personalie mitgemischt.[18]

Doch während in der *Traspadana Ferrarese* das Wasser verschwand, bekam der Marchese nasse Füße. In finanzieller Hinsicht nämlich ging Enzo mit seinem Unternehmen baden. Laut einer Zwischenbilanz von 1618 hatte die Bonifikation nicht nur die 300.000 *Scudi* verschlungen, von denen man bereits vor Beginn der Arbeiten ausgegangen war, sondern über 600.000 *Scudi*.[19] Zum Vergleich: Die im gleichen Zeitraum, aber auf Staatskosten errichtete päpstliche Festung in der Grenzstadt Ferrara hatte kaum mehr gekostet.[20] Die Apostolische Kammer konnte eine solche Summe dank ihrer Steuereinnahmen aufbringen. Einem privaten Investor war das allerdings nicht möglich. Daher blieb Enzo nichts anderes übrig als die Aufnahme von Krediten. Auch hier erwies sich die Unterstützung der Papstfamilie als essentiell: Kleinere Kredite konnte man bei Bankhäusern, Städten oder auch Privatleuten aufnehmen, und Enzo nahm alles, was er kriegen konnte.[21] Für Großkredite bedurfte es allerdings der Zulassung zu den *Monti*,

17 Zur bonifizierten Fläche vgl. Lugaresi: La »Bonificazione Bentivoglio«, S. 34–35. Den Erfolg der *Bonificazione Bentivoglio* beschreibt Alberto Penna im Kommentar zu den Karten 34 a und b in seinem Atlante del Ferrarese von 1663: »Di questi terreni si possono raccontare miracoli in riguardo alla loro fertilità poiche si tratta, che sù principij, che furono bonificati, tal seminato di formento rendeva venti, e più sementi, e tale di formentoni ne rendeva cinquanta, e più. [...]. La bontà, e fertilità di questo paese, prolifica così, & alletta tanto li vicini à venire ad habitarlo, che è stupore come si popola, ne saprei che miglior testimonio addurre, che rappresentare, che le chiese si sono rese così incapaci del popolo, che bisogna di presente ampliarle« (Penna, Alberto: Atlante del Ferrarese. Una raccolta cartografica del Seicento, hrsg. von Massimo Rossi (Istituto di Studi Rinascimentali Ferrara, Testi). Ferrara 1991, S. 141). Vgl. auch Southorn: Power and Display, S. 80.

18 Zu Aleotti vgl. Scherf, Gregor: Giovanni Battista Aleotti (1546–1636). »Architetto mathematico« der Este und der Päpste in Ferrara. Marburg 1998. Zur Zusammenarbeit Aleottis mit den Bentivoglio bei diesem wie bei zahlreichen anderen Projekten vgl. Frabetti: L'Aleotti e i Bentivoglio.

19 Vgl. Lugaresi: La »Bonificazione Bentivoglio«, S. 35–36.

20 Zu den Kosten der Festung vgl. Emich: Territoriale Integration, S. 459–465.

21 Zu den städtischen *Monti di Pietà* vgl. Lugaresi: La »Bonificazione Bentivoglio«, S. 41 sowie S. 42, Anm.115 mit der Aufzählung weiterer Gläubiger der Bentivoglio. Unter den Geldgebern, die der Anfang

das heißt zum römischen Kapitalmarkt. Vom Gelingen seines Vorhabens überzeugt, hatte Enzo kein Risiko gescheut und Paul V. immer wieder um Zugang zu den Anleihen gebeten, die die Papstfinanz mit Bergen von frischem Geld (*Monti* = [Geld-]Berge) versorgten.[22] So problemlos, wie im Vertrag von 1609 verheißen, war der Griff in die Kassen der *Monti* zwar nicht gewesen. Doch nicht zuletzt mit der Hilfe des Kardinalnepoten, dem die Forderungen seiner Familie wichtiger gewesen sein dürften als die Chancen der *Montisti* – also der Anleihekäufer –, ihr Geld jemals wiederzusehen, hatte Enzo bis zum Ende des Borghese-Pontifikats römische Kredite in Höhe von 285.000 *Scudi* auf seine Schultern geladen. Damit aber war der finanzielle Ruin besiegelt. Denn obwohl sich Paul V. zur Reduzierung der Zinsen von sechs auf fünf Prozent bereitfand und die Ernteerträge im bonifizierten Gebiet alle Erwartungen übertrafen, ließ sich der Zinsendienst für eine solche Summe nicht mehr mit den eigenen Einnahmen bestreiten.[23] Die Aufnahme weiterer Kredite war unumgänglich, der Teufelskreis von wachsendem Zinsendruck und Neuverschuldung betreten und das Ende absehbar. 1621 musste der frischgebackene Kardinal Guido Bentivoglio feststellen, dass er ohne das anlässlich seiner Promotion überreichte Geldgeschenk der Stadt Ferrara dem Überbringer des roten

---

1621 nach Rom zurückgekehrte und nun dem Drängen der Gläubiger ausgesetzte Guido Bentivoglio in seinen Schreiben an Enzo erwähnte, finden sich z. B. der Ferrareser Conte Montecuccoli, aber auch der mit den Borghese verwandte Marchese Lante (vgl. Archivio di Stato di Ferrara, Archivi di Famiglie e di Persone, Archivio Bentivoglio, Corrispondenza: 281,60, 10. Juli 1621, vgl. auch ebd., 39, 12. Juni 1621). Kein Wunder, dass Guido heftig über »il credito […] si grosso« klagte (ebd., 281,135).

22 Zu den Schulden der Bentivoglio an den römischen *Monti* vgl. Lugaresi: La »Bonificazione Bentivoglio«, S. 41–46. Mit welchen Mitteln Enzo die Zulassungen erreichte, ist ein Thema für sich. Hier mag der Hinweis auf die Bandbreite der einschlägigen Korrespondenz genügen. Briefe, die die *Monti* behandeln, finden sich unter anderem im Schriftverkehr zwischen Enzo und Borghese (typisch z. B. Borgheses Mitteilung vom 13. November 1610 [Archivio di Stato di Ferrara, Archivi di Famiglie e di Persone, Archivio Bentivoglio, Corrispondenza 278,195], mit dem üblichen »affetto ho abbracciato il negotio dell'augumento del Monte ch'ella disegna fare per dar' fine alla sua Bonificatione; et ancorche si siano incontrate quelle difficultà che lei si può imaginare, s'è compiaciuto nondimeno Nostro Signore di gratificarle in parte, come intenderà dal Landinelli Agente suo«; oder Borgheses Versicherung vom 3. Dezember 1614 [ebd., 10/57,285]: »L'uffitio per la gratia d'entrare nel Monte l'ho fatto volontieri per il desidero che tengo di servir sempre V. S. in ogni occasione«); in der Korrespondenz zwischen Enzo und Giacomo Serra, der als päpstlicher Schatzmeister und späterer Ferrareser Legat für Bentivoglio doppelt wichtig war (z. B. Serra an Enzo in ebd., 9/55,124; 9/55+,966; 10/57: 64, 123, 150, 154, 165, 212, 245, 297); ebenso im Schriftwechsel zwischen dem Nuntius Guido Bentivoglio und Borghese (z. B. Archivio Apostolico Vaticano, FB II 420,60). Landinelli, Enzos römischer Agent, wird in fast jedem dieser Schreiben erwähnt, weil er die Briefe seines Herrn in Rom übergab und die Verhandlungen für ihn führte. Entsprechende Berichte Landinellis an Enzo finden sich z. B. in Archivio di Stato di Ferrara, Archivi di Famiglie e di Persone, Archivio Bentivoglio, Corrispondenza 10/67: 87v, 162, 238.

23 Zu der Zinsreduktion von 1619 vgl. Lugaresi: La »Bonificazione Bentivoglio«, S. 42. Zu den unerwartet guten Ernten in der Bonifikation und den entsprechend hohen Einnahmen vgl. die bewundernde Beschreibung Alberto Pennas (zit. in Anm. 17) sowie die Bemerkung Guidos in einem Schreiben an Enzo vom 21. Juli 1621: »Io non mi sarei imaginato mai, che l'entrata di quest'anno della Bonification di sopra fosse stata per ascendere ad una somma così grande […] Bisogna ringratiar Dio del tutto« (Archivio di Stato di Ferrara, Archivi di Famiglie e di Persone, Archivio Bentivoglio, Corrispondenza 281,71).

Hutes noch nicht einmal die übliche kleine Spende hätte zukommen lassen können.[24] 1630 zeigte die vorübergehende Beschlagnahme ihrer den *Montisti* verpfändeten Güter den Bentivoglio, wie weit es mit ihnen gekommen war. 1639 erfolgte mit der Errichtung des Monte Bentivoglio ein letzter, zum Scheitern verurteilter Umschuldungsversuch. 1766 schließlich endeten die über ein Jahrhundert ergebnislos geführten Verhandlungen zwischen den Parteien mit der Übernahme der mit Hypotheken belasteten Besitzungen der Bentivoglio durch die *Montisti*: Die Bentivoglio waren bankrott.[25]

Dieses bittere Ende musste Enzo selbst nicht mehr erleben. Doch schon zu seinen Lebzeiten begann sich die Verquickung des Unternehmens mit den Interessen der Papstfamilie zu rächen: Selbst kleinere Rückstände drohten, Enzos Ansehen bei den Borghese zu schaden und deren Hilfsbereitschaft zu verringern. Die Papstfamilie musste er auszahlen, egal wie leer die Kassen waren – die zunächst so nützlichen Wechselwirkungen zwischen ökonomischen und klientelären Beziehungen wurden langsam zu einem Strick um Enzos Hals.[26]

Enzo selbst schien das allerdings wenig zu stören: Weder die Klagen seines Bruders Guido über die ausbleibenden Überweisungen, die den Nuntius in Brüssel zwangen, sein Tafelsilber zu versetzen,[27] noch die galoppierende Verschuldung an den römischen

---

24 Nachdem Guido seinen Bruder Enzo am 3. Juli 1621 um Geld gebeten hatte, um die üblichen 1.000 *Scudi* zahlen zu können (vgl. Archivio di Stato di Ferrara, Archivi di Famiglie e di Persone, Archivio Bentivoglio, Corrispondenza 281,55), kündigte er am 10. Juli 1621 an, das »donativo, c'ha risoluto la città di fare al Signore Cardinale Sacrati, et a mealla Camera Pontificia per il solito donativo della Beretta« weiterzugeben (ebd., 63v).

25 Um wenigstens einen Teil des Geldes zu retten, sollten diese Güter versteigert werden, doch angesichts der aufgelaufenen Schulden konnte dies nicht mehr sein als ein Tropfen auf dem heißen Stein. Der eigentliche Kredit war zwar nur auf 384.780 *Scudi* angewachsen, doch die nicht bezahlten Zinsen hatten die schier unglaubliche Höhe von 1.095.939 *Scudi* erreicht, und da der Verkauf der Bentivoglio-Güter lediglich ca. 600.000 Scudi einbrachte, mussten die *Montisti* nahezu 900.000 *Scudi* abschreiben. Zu diesen Zahlen vgl. Lugaresi: La »Bonificazione Bentivoglio«, S. 43–46, und Southorn: Power and Display, S. 86. 1733 war es den Bentivoglio zwar gelungen, in einer Vereinbarung mit den *Montisti* einige ihrer Güter von den Hypotheken zu befreien. Das Gebiet der Bonifikation konnten sie jedoch nicht retten, vgl. Lugaresi: La »Bonificazione Bentivoglio«, S. 44–45.

26 Eintreiben ließ Borghese die Summen, die Enzo dem Principe di Sulmona schuldete, auch über den Ferrareser Legaten. So schrieb er am 5. Juli 1617 an den Ferrareser Verwaltungschef Serra: »Non havendo sin'hora il Signore Enzo Bentivoglio pagati i cinquemila scudi che per conto della sua Bonificatione egli deve al Signore Prencipe di Sulmona, io prendo confidenza di pregar V. S. I. a voler compiacersi d'haver per raccomandata l'esattione di questa somma, et interporre in buona maniera i suoi uffici, perche si conseguisca la dovuta sodisfattione« (Archivio Apostolico Vaticano, FB II 401,488v). Enzo beeilte sich zu zahlen und versicherte dem Nepoten noch am 8. April 1620, er wolle »con l'entrate pagar il debito poiche e così noto ch'ella mi tien per suo servitore« (Archivio Apostolico Vaticano, FB III 3,3, 78).

27 Vgl. das Schreiben Guidos an Enzo vom 2. August 1614, abgedruckt in Bentivoglio, Guido: Memorie e lettere, hrsg. von Costantino Panigada. Bari 1934, S. 431–432, hier S. 431: »Signor fratello. Finalmente Vostra signoria ha voluto lasciar passare l'anno intiero senza avermi mandato danari. Lodato Dio! Non so che mi dire, se non aver pazienza. Ancorché confesso che questa è una pazienza che mi passa l'anima, veggendomi ridotto ad esser favola, si può dire, di questa corte, e mi trovo accorato in maniera dal disgusto che se potessi non esser mai capitato qua mi terrei per molto contento. Ora io mi trovo con ventisei mila fiorini di debiti almeno, che fanno piú di dieci mila filippi, impegnati quasi tutti gli argenti,

Monti konnte Enzo davon abhalten, das schon lange geliehene Geld mit beiden Händen auszugeben. Was störte es ihn, am Monte Sisto mit knapp 300.000 *Scudi* in der Kreide zu stehen, wenn sich eine günstige Gelegenheit bot, den früheren Palast der Borghese gegenüber der päpstlichen Residenz auf dem Quirinal günstig (nämlich für schlappe 55.000 *Scudi*) zu erwerben?[28] Hand in Hand sorgten die Verpflichtungen als Klient und die Anforderungen eines adligen Lebensstils dafür, dass Marchese Enzo immer tiefer in den Schulden versank. Langfristig war es allerdings genau diese Mischung aus adligem Status und klientelärer Vernetzung, die die Bentivoglio so lange vor dem endgültigen Ruin bewahrte. Mit seinen weitgestreuten Besitzungen verfügte das Adelsgeschlecht über ausreichende Ressourcen, um Kreditgeber zu finden und den endgültigen Verlust seiner verpfändeten Güter länger als 150 Jahre hinauszuzögern. Dank ihres Einflusses als lokale Magnaten in Ferrara kamen die Bentivoglio nicht nur für die Borghese, sondern auch für andere Papstfamilien als Klienten und Broker in Frage. Da die Indienstnahme als verlängerter Arm der Zentrale stets auch mit Karrierechancen in der kirchlichen Hierarchie belohnt wurde, war die Vertretung der Familie an der Kurie dauerhaft gewährleistet: Der ehemalige Nuntius Guido Bentivoglio residierte als Kardinal über zwei Jahrzehnte am päpstlichen Hof (und galt 1644 sogar als *papabile*), und noch 1719 erhielt mit Enzos Urenkel Cornelio ein weiterer Bentivoglio den roten Hut.[29]

Am Ende überwogen aber doch die roten Zahlen. Damit komme ich zu einer kurzen Bilanz. Ob es um die Motivlage des Unternehmers oder das Zustandekommen des Unternehmens geht, ob um die Vergabe von Ingenieuren oder Krediten, ob schließlich um die Vermeidung des Abstiegs oder doch um dessen Verzögerung: Im Kirchenstaat verbanden sich adliger Status und Lebensstil, finanzielle Reserven, Einfluss vor Ort, Dienst für die Kirche und die klienteläre Vernetzung mit der Papstfamilie zu einem Gemisch, das über Karrieren und Unternehmen entschied. In welchem Verhältnis diese Zutaten jeweils standen und wie sich dynamisierende Faktoren (wie die Patronage) zu eher statischen (wie dem Adel) verhielten, wäre für eine Unternehmensgeschichte im Land der Kirche näher zu untersuchen. Aber schon mein kurzer Ausflug in die Po-Ebene deutet an, dass die ökonomische und soziale Erstarrung des Kirchenstaats im 17. und vor allem 18. Jahrhundert mit dieser spezifischen Mischung zu tun haben dürfte.

Das gilt im übrigen auch für die Papstfamilien, die bei diesen Unternehmungen mitkassiert haben. Eine ganze Reihe der großen Nepotendynastien aus dem 17. Jahrhundert

malissimo in ordine di tutte le cose, con la famiglia che avanza lunghi salari, e che ha sopportate ormai tante lunghezze che non so come non m'abbiano abbandonato giá un pezzo fa.«

28 Etwa die gleiche Summe soll er bis zu seinem Tod im November 1639 in den Ausbau des Palastes investiert haben; vgl. Southorn: Power and Display, S. 82–83.

29 Dass Guido kurz vor seinem Tod am 7. September 1644 als *papabile* galt, berichtet Merola: Guido Bentivoglio, S. 638. Zu Cornelio vgl. Weber, Christoph: Senatus Divinus. Verborgene Strukturen im Kardinalskollegium der frühen Neuzeit (1500–1800) (Beiträge zur Kirchen- und Kulturgeschichte, Bd. 2). Frankfurt a. M. u. a. 1996, S. 495, Nr. 618, sowie den Stammbaum der Bentivoglio bei Southorn: Power and Display, S. 76.

hat es vestanden, sich noch länger als die Bentivoglio – nämlich bis ins 19. Jahrhundert – zu halten. Dann aber mussten viele von ihnen ebenfalls das Tafelsilber verkaufen, und nicht wenige boten auch ihr Archiv feil. Auf diese Weise gelangten die umfangreichen Bestände, die die Borghese aus den Amtstuben ihrer Regierungszeit mitgenommen hatten, wieder zurück in den Vatikan.[30] Ebenso ist die Güterverwaltung der einstigen Papstfamilie im Vatikanischen Archiv gelandet. Zum Glück, möchte man sagen. Denn sonst wäre womöglich nicht nur mein Marchese im Matsch gelandet, sondern die ganze Geschichte irgendwo spurlos versunken.

Quellen- und Literaturverzeichnis

Archivalische Quellen

Ferrara

Archivio di Stato di Ferrara, Archivi di Famiglie e di Persone, Archivio Bentivoglio, Corrispondenza:
9/42, 9/43, 9/55, 9/55+, 10/57, 10/67, 278, 281, 378/II, 192.
Biblioteca Comunale Ariostea, Ferrara [handschriftliche Manuskripte]:
Rondoni, Claudio: Cronaca dalli 29. Gennaio 1598 a tutto li 28. Giugno 1614, Manoscritti Classe Prima 536 (Original), Collezione Antonelli 250 (Kopie von 1783, nach der aus technischen Gründen zitiert wird).
Ubaldini, Cesare: Storia di Ferrara 1597–1633, Collezione Antonelli 264.

Rom

Archivio di Stato di Roma, Congregazione delle Acque:
Acque 284, Fasc. A: Legazione di Ferrara. Bonifica Bentivoglio.
Archivio di Stato di Roma, Camerale III (Miscellanea camerale per luoghi)
Ferrara 1113, 410–413.
Archivio Segreto Vaticano (jetzt: Archivio Apostolico Vaticano), Fondo Borghese:
FB I 929.
FB II 318, 401, 420, 434.
FB III 3,3, 43AB.

30 Vgl. Venditti, Gianni: Archivi di famiglia, fondi e carte personali in Archivio Segreto: materiali per una possibile guida Religiosa Archivorum Custodia. In: IV Centenario della fondazione dell'Archivio Segreto Vaticano (1612–2012). Atti del Convegno di Studi, Città del Vaticano 17–18 aprile 2012. Città del Vaticano 2015, S. 469–497, hier S. 472, sowie allgemein Gualdo, Germano: Archivi di famiglie romane nell'Archivio Vaticano. In: Archivio della Società Romana di Storia Patria 104 (1981), S. 148–158.

Archivio Segreto Vaticano (jetzt: Archivio Apostolico Vaticano), Segreteria dei Brevi: Sec. Brev. 452

Biblioteca Apostolica Vaticana, Fondo Urbinate, Urbinates latini: Urb. lat. 1077.

Gedruckte Quellen

Bentivoglio, Guido: Memorie e lettere, hrsg. von Costantino Panigada. Bari 1934.

Literaturverzeichnis

Bellini, Giuseppe: Cenni storici intorno la bonificazione Bentivoglio e mozione agli abitanti del Villaggio di S. Pietro. Mantua 1863.

Bonazzi Passerini, Graziella: La bonifica Bentivoglio 1608–1612. Tesi di Laurea. Bologna 1966.

Cazzola, Franco: Bonifiche e investimenti fondiari. In: Berselli, Aldo (Hrsg.): Storia della Emilia Romagna. Bd. 2: L'età moderna. Bologna 1977, S. 209–228.

Coliva, Anna (Hrsg.): Museo e Galleria Borghese. Rom 1994.

Della Pergola, Paola: Die Galleria Borghese in Rom. 6. Aufl., Rom 1962.

Emich, Birgit: Territoriale Integration in der Frühen Neuzeit. Ferrara und der Kirchenstaat. Köln/Weimar/Wien 2005.

Fabris, Dinko: Mecenati e musici. Documenti sul patronato artistico dei Bentivoglio di Ferrara nell'epoca di Monteverdi (1585–1645). Lucca 1999.

Frabetti, Alessandra: L'Aleotti e i Bentivoglio. In: Il Carrobbio 9 (1983), S. 198–208.

Gualdo, Germano: Archivi di famiglie romane nell'Archivio Vaticano. In: Archivio della Società Romana di Storia Patria 104 (1981), S. 148–158.

Hammond, Frederick: Girolamo Frescobaldi. An Extended Biography, updated 01/2020. URL: http://girolamofrescobaldi.com [letzter Zugriff 14.01.2021].

Hope, Charles: Les Camerini d'Alabastro. In: Une Renaissance singulière. La cour des Este à Ferrare. Katalog zur Ausstellung Brüssel 3. Oktober 2003 – 11. Januar 2004. Gent 2003, S. 278–288.

Lugaresi, Luigi: La »Bonificazione Bentivoglio« nella »Traspadana Ferrarese« (1609–1614). In: Archivio Veneto Serie V 76 (1986), S. 5–50.

Merola, Alberto: Guido Bentivoglio. In: Dizionario biografico degli Italiani (Bd. 8.). Rom 1966, S. 634–638.

Penna, Alberto: Atlante del Ferrarese. Una raccolta cartografica del Seicento, hrsg. von Massimo Rossi (Istituto di Studi Rinascimentali Ferrara. Testi). Ferrara 1991.

Scherf, Gregor: Giovanni Battista Aleotti (1546–1636). »Architetto mathematico« der Este und der Päpste in Ferrara. Marburg 1998.

Southorn, Janet: Power and Display in the 17th Century: The Arts and their Patrons in Modena and Ferrara. New York 1988.

Venditti, Gianni: Archivi di famiglia, fondi e carte personali in Archivio Segreto: materiali per una possibile guida Religiosa Archivorum Custodia. In: IV Centenario della fondazione dell'Archivio Segreto Vaticano (1612–2012). Atti del Convegno di Studi, Città del Vaticano 17–18 aprile 2012. Città del Vaticano 2015, S. 469–497.

Visser Travagli, Anna Maria / Vighi, Giorgio (Hrsg.): Terre ed acque. Le bonifiche ferraresi nel Delta del Po. Ferrara 1989.

Weber, Christoph: Senatus Divinus. Verborgene Strukturen im Kardinalskollegium der frühen Neuzeit (1500–1800) (Beiträge zur Kirchen- und Kulturgeschichte, Bd. 2). Frankfurt u. a. 1996.

Zucchini, Mario: Bonifica Padana. Rovigo 1968.

EIN FÜRST SUCHT SEIN GLÜCK – DIE KLASSENLOTTERIE UNTER WILHELM HEINRICH VON SACHSEN-EISENACH (1691–1741)

Siegrid Westphal

Abstract Im 18. Jahrhundert versuchten immer mehr Fürsten des römisch-deutschen Reiches, ihre verschuldeten Territorien mit Hilfe der Einrichtung von unterschiedlichen Formen von Lotterien zu sanieren. Einer davon war Wilhelm Heinrich von Sachsen-Eisenach, der mit seiner Klassenlotterie die Bevölkerung durch eine Reihe von Zwangsmaßnahmen zur Beförderung des Loskaufs so sehr gegen sich aufbrachte, dass er die Lotterie wieder einstellen musste und damit letztlich wirtschaftlich scheiterte.

Keywords Herzogtum Sachsen-Eisenach, Glücksspiel, Lotterie, Carl Herrmann, Christian von Geusau, Johann Adam Sartorius

1 Einleitung

In Johann Georg Krünitz' *Ökonomisch-technologischer Enzyklopädie* aus dem Jahr 1801 widmet sich ein ausführlicher Artikel der Lotterie.[1] Darin wird auch über die Frage reflektiert, ob diese Form des Glücksspiels eher nützlich oder nachteilig für den Staat sei. Insbesondere mit Blick auf die Veränderungen in der zweiten Hälfte des 18. Jahrhunderts, in der das Zahlenlotto von Italien aus seinen Siegeszug in ganz Europa antrat,[2] kommt der Autor zu dem Schluss, »daß man die Lotterien nach und nach ganz wie eine Finanzsache, oder wie eine Contribution zu betrachten anfing, die man für den Staat benutzen zu müssen glaubte, und man errichtete daher an vielen Orten Lotterien, um mit dem Ueberschusse derselben Staatsschulden zu tilgen, oder allerley andere Anstalten zu treffen, zu denen die Staatscasse sonst keine Mittel aufzubringen wußte«.[3] Im Anschluss werden Befürworter der Lotterie zitiert, die in der Provision, die

1 Art. Lotterie. In: Oekonomisch-technologische Encyklopädie, oder allgemeines System der Staats- Stadt- Haus- und Landwirthschaft und der Kunstgeschichte (Bd. 81), hg. von Johann Georg Krünitz / Heinrich Gustav Flörke. Berlin 1801, S. 14–136.

2 Vgl. Zollinger, Manfred: Wetten auf die Genueser Lotterie. Eine kulturelle Geographie der Lotto-Expansion (17.–18. Jahrhundert). In: Ludica 17–18 (2011–2012), S. 65–88.

3 Art. Lotterie. In: Oekonomisch-technologische Encyklopädie, S. 94.

beim Kauf der Lose anfiel, eine Abgabe sahen, »welche jeder freywillig und zwar mit Lust und freudigem Herzen seinem Landesherrn« zahle, wodurch den Untertanen die unangenehme Notwendigkeit erspart bleibe, mit höheren Abgaben belastet zu werden.[4]

Lotterien sind Glücksspiele, die bis heute zwei unterschiedliche Formen besitzen. Die ältere ist die Zahlenlotterie, bei der man aus den Zahlen zwischen 1 bis 90 mehrere Zahlen auswählt und unter Einzahlung einer beliebig hohen Summe darauf wettet, dass diese Zahlen bei der Ziehung gezogen werden. Bei der Klassenlotterie werden Lose mit Nummern erworben in der Hoffnung, dass diese bei zeitlich getrennten Sonderziehungen (Klassen) gezogen werden. Die Einrichtung von Lotterien im Verlauf der Frühen Neuzeit durch die Landesherrn stellte jedoch keineswegs eine Garantie dar, um risikofrei aus den Schulden zu geraten. Auch die Untertanen waren durchaus nicht immer begeistert davon, wie sich am Beispiel von Sachsen-Eisenach in der ersten Hälfte des 18. Jahrhunderts zeigt. Hier führte die aus der Finanznot geborene Idee einer Klassenlotterie zu immer drastischeren Maßnahmen des Landesherrn, die dem Glücksspiel zum wirtschaftlichen Erfolg verhelfen sollten, letzten Endes aber in einem politischen Fiasko endeten.

2 Territoriale Rahmenbedingungen

Herzog Wilhelm Heinrich (1691–1741) übernahm nach dem Tod seines Vaters Johann Wilhelm 1729 die Regierungsgeschäfte im Herzogtum Sachsen-Eisenach und setzte dort die Politik seines Vorgängers fort.[5] Wenig ist über ihn bekannt, und auch die Forschung hat sich bisher nicht eingehender mit ihm beschäftigt. Betont wird in der älteren Forschung jedoch immer wieder seine Leidenschaft für die Jagd und das Militär. Nicht »Bauwut« und Musikpflege wie bei seinem Vater, sondern »militärisches Gepränge« habe das Hofleben geprägt.[6] Angesichts der hohen Schuldenlast, die er von seinem Vater erbte, war seine zwölfjährige Regierungstätigkeit von permanenter Finanznot gezeichnet.[7] Zunächst bemühte er sich um höhere Zuwendungen und Steuererhebungen durch den Landtag, der Schulden für den Landesherrn machen musste. Dann verfiel er auf die Idee einer Handwerkssteuer sowie hoher Gebühren für die Erneuerung aller Privilegien und Konzessionen, die er selbst anordnete.[8] Auch die Aufnahme weiterer Kredite brachte keine Erleichterung, zumal der Herzog ein eigenes, kostenintensives Infanterieregiment, das Eisenachische Regiment, aufstellte, das er gegen

4 Ebd.

5 Vgl. Huschke, Wolfgang: Politische Geschichte von 1572–1775. In: Patze, Hans / Schlesinger, Walter (Hrsg): Geschichte Thüringens. Bd. 5,1,1 (Mitteldeutsche Forschungen, Bd. 48). Köln 1982, S. 347–353, hier S. 348.

6 Ebd., S. 353.

7 Vgl. ebd., S. 348.

8 Vgl. ebd.

Subsidienzahlungen unter anderen dem Kaiser überließ, der seinen Zahlungsverpflichtungen allerdings kaum nachkam. Bis zu Wilhelm Heinrichs Tod im Jahr 1741 stieg die Schuldenlast auf 728.567 Taler an.[9]

3 Die Einrichtung der Lotterie

Die landesgeschichtliche Forschung kennt bisher weder »wirtschaftspolitisch zukunftsträchtige [...] Betätigung[en] Wilhelm Heinrichs und seiner Behörden« noch hatte sie die Lotterie im Blick.[10] Diverse Lotterien waren seit dem späten Mittelalter in Europa als Finanzierungsinstrumente bekannt und dienten unterschiedlichsten Zwecken,[11] wobei schon frühzeitig der »Rückbau von Kapital und Zinsen der Staatsschuld« in den Fokus geriet.[12] Lotterien konnten auf zwei Wegen etabliert werden: Zum einen finden sich – wie beispielsweise in Kursachsen – Lotterien, die vom Landesherrn bzw. seiner Regierung geführt wurden;[13] zum anderen war die Praxis weit verbreitet, das Glücksspiel an Privatpersonen zu verpachten bzw. diese zu privilegieren, was das finanzielle Risiko für den Landesherrn vermeintlich reduzierte. Gut erforscht ist hier beispielsweise die Zahlenlotterie in den österreichisch-habsburgischen Gebieten, die vor allem von Italienern betrieben wurde, die über das komplexe mathematische Wissen verfügten und als Entrepreneure ganze Wirtschaftsimperien aufbauten.[14]

9 Vgl. ebd., S. 349.

10 Ebd., S. 349–350.

11 Vgl. Paul, Wolfgang: Erspieltes Glück – 500 Jahre Geschichte der Lotterien und des Lottos. Berlin 1978; Ullmann, Hans-Peter: Der Staat, die Spieler und das Glück. Lotterien im Deutschland des 18. und 19. Jahrhunderts (Vortrag, geh. im Hause d. Historischen Kommission zu Berlin am 14. Febr. 1990). Berlin 1991; Ullmann, Hans-Peter: Staat und Schulden. Öffentliche Finanzen in Deutschland seit dem 18. Jahrhundert, hrsg. von Hartmut Berghoff/Till van Rahden. Göttingen 2009; Houtmann-de Smedt, Helma: North-West Europe under the Spell of Lotteries and Lotto in the Eighteenth and Nineteenth Centuries. In: Bauer, Günther G. (Hrsg.): Lotto und Lotterie (Homo ludens – Der spielende Mensch, Bd. 7). München/Salzburg 1997, S. 69–100; Zollinger, Manfred: Geschichte des Glücksspiels – vom 17. Jahrhundert bis zum Zweiten Weltkrieg. Wien/Köln/Weimar 1997; Zollinger, Manfred: Der Geist der Spekulation im Spiel – Aufschwung und Krise der Lotterien im 18. und 19. Jahrhundert. In: Schädler, Ulrich/Strouhal, Ernst (Hrsg.): Spiel und Bürgerlichkeit – Passagen des Spiels. Wien 2010, S. 131–154.

12 Zollinger, Manfred: Organisierter Zufall – Lotterieunternehmer im 18. Jahrhundert. In: Resch, Andreas/Stiefel, Dieter (Hrsg.): Unternehmertum im Spannungsfeld von Politik und Gesellschaft – unternehmerische Aktivitäten in historischer Perspektive (Veröffentlichungen der Österreichischen Gesellschaft für Unternehmensgeschichte, Bd. 28). Wien/Berlin/Münster 2010. S. 11–36, hier S. 12.

13 Vgl. Zahn, Albert: Geschichte und Statistik der Lotterien im Königreich Sachsen. Leipzig 1901; Oehme, Walter: Die sächsische Landeslotterie. Dresden 1926; Molzahn, Ulf: Lotterien in Sachsen – wissenschaftliche Studie zum 285jährigen Bestehen sächsischer Landeslotterien. Leipzig 1998; Heinker, Helge-Heinz: Hoher Einsatz und großer Gewinn für Sachsen – ein historisches Panorama zum 300. Geburtstag der Lotterien in Sachsen. Leipzig 2013.

14 Vgl. Schmidt, Gabriele: Zahlenlotto und Klassenlotterie in der Habsburgermonarchie 1751–1918 – Reformen und Widerstände. Wien 2008; Zollinger, Manfred: »Verkauf der Hoffnung« – Das Zahlenlotto in Österreich bis zu seiner Verstaatlichung 1787: wirtschafts- und finanzpolitische Aspekte. In: Strejcek,

Bei allen Formen der Lotterie ging es jedoch vorrangig darum, das finanzielle Risiko bei dem Geschäft mit dem Glück und dem Zufall zu minimieren. Dies zeigt sich auch bei der von Herzog Wilhelm Heinrich von Sachsen-Eisenach 1736 eingerichteten Klassenlotterie, bei der ein Los, »je nach der vom Spieler gewählten Klasse, an mehreren konsekutiven Ziehungen mit von Mal zu Mal steigenden Chancen auf immer wertvollere Gewinne« teilnehmen konnte.[15]

Die Initiative zur Einrichtung einer Klassenlotterie ging vermutlich von dem Ingenieur Carl Herrmann aus, über den kaum etwas bekannt ist. Er stammte aus Altenburg, hatte dort die obrigkeitliche Durchführung einer Klassenlotterie kennengelernt und verfügte offenbar über mathematisches Wissen. Er war mit Herzog Wilhelm Heinrich in Kontakt gekommen, als dieser ihn und seinen Bruder mit der Kopie einer Landkarte von fünf Ämtern seines Herrschaftsterritoriums beauftragte.[16] Im Anschluss daran bemühte sich Herrmann offenbar, den Herzog für die Klassenlotterie zu gewinnen, indem er ihm einen ausgearbeiteten Plan mit sieben Ziehungen und den dabei zu erwartenden Einnahmen und Kosten vorlegte.[17] Erfahrungen mit der Durchführung von Klassenlotterien besaß er vermutlich nicht, so dass er kaum als Experte bezeichnet werden kann. Klassenlotterien waren jedoch weniger komplex als Zahlenlotterien und kamen ohne stochastische Berechnungen aus. Dafür bargen sie ein größeres Risiko des Scheiterns. Herrmanns Lotterieplan scheint jedoch für die damaligen Regierungsmitglieder, zum Beispiel den Landrentmeister Ebel, und den Herzog so erfolgversprechend gewesen zu sein, dass sie dem Plan und der Durchführung zustimmten.[18]

Da nur wenige vergleichbare Daten vorhanden sind, lässt sich schwer einschätzen, ob die von Herrmann vorgesehenen Preise für ein Los bei den einzelnen Ziehungen sehr hoch waren. Grundsätzlich geht die Forschung jedoch davon aus, dass die Lose bei Klassenlotterien mehr kosteten als bei den späteren Zahlenlotterien. Deshalb teilte sich häufig eine Gruppe von Personen ein Los. Da die Glücksspiele von jeher

---

Gerhard (Hrsg.): Lotto und andere Glücksspiele. Rechtlich, ökonomisch, historisch und im Lichte der Weltliteratur betrachtet. Wien 2003, S. 127–150; Zollinger, Manfred: Glücksspiel der Massen – Hoffnung der Armen? Lottopatent Maria Theresias für Ottavio Cataldi von 1751. In: Heppner, Harald / Kernbauer, Alois / Reisinger, Nikolaus (Hrsg): In der Vergangenheit viel Neues. Spuren aus dem 18. Jahrhundert ins Heute. Wien 2004, S. 181–186; Zollinger: Organisierter Zufall.

15 Brakensiek, Stefan: Unsicherer Ausgang? Die Geschäftsmodelle von Lotterieunternehmen im 18. Jahrhundert. In: Brakensiek, Stefan u. a. (Hrsg.): Möglichkeitserwartungen. Zur Pluralität von Zukunftserwartungen und Handlungsoptionen in der Geschichte. Frankfurt a. M./New York 2018, S. 1–30, hier S. 8; vgl. Schönbein, Sabine: Das Millionenspiel mit Tradition. Die Geschichte der Klassenlotterie. Norderstedt 2008.

16 Landesarchiv Thüringen – Thüringer Hauptstaatsarchiv (LATh – ThHStA) Weimar, Eisenacher Archiv, Polizeisachen Nr. 40, Schreiben von Carl Herrmann aus Erfurt vom 19. Mai 1740 an Herzog Wilhelm Heinrich in Eisenach, nicht foliert.

17 LATh – ThHStA Weimar, Eisenacher Archiv, Polizeisachen Nr. 59, Schreiben von Carl Herrmann aus Weimar vom 10. Mai 1748 an den Landesherrn, nicht foliert.

18 LATh – ThHStA Weimar, Eisenacher Archiv, Polizeisachen 40, Bericht über die Lotterie vom 26. August 1741 im Auftrag des neuen Landesherrn Herzog Ernst-August von Sachsen-Weimar-Eisenach, nicht foliert.

aus religiös-ethischen Gründen in der Kritik standen, sollte der Eindruck vermieden werden, dass die durchführende Instanz wirtschaftlich davon profitieren könnte. Deshalb wurden die Klassenlotterien in der Regel damit begründet, dass sie einem sozialen Zweck bzw. dem Gemeinen Nutzen dienen sollten.[19] Ein Kaufanreiz wurde dadurch geschaffen, dass jedes Los einen Gewinn erzielen sollte. Die erste in Deutschland veranstaltete Klassenlotterie wurde 1697 in Leipzig durchgeführt und hatte beispielweise die Errichtung eines Waisenhauses zum Ziel.[20] Die erste Landeslotterie (Klassenlotterien, die vom Landesherrn auf Landesebene veranstaltet wurden) in Kursachsen sollte dagegen in erster Linie dem Abbau von Landeschulden dienen und bestand »aus 10 000 Losen, wovon jedes 100 Thaler kostete, und aus 10 000 Gewinnen«.[21] Im Idealfall sollte jeder mindestens seine Einlage zurückerhalten, allerdings erfolgte die Auszahlung der Gewinne über zwanzig Jahre verteilt, die jedoch verzinst wurden.

Im Vergleich zu Kursachsen muten die Preise und Erlöse einzelner Lose der Klassenlotterie in Sachsen-Eisenach rund zwanzig Jahre später relativ niedrig an. Insgesamt wurden 12.000 Lose aufgelegt und damit also 2000 mehr als in Kursachsen. Bei der ersten Klasse sollte ein Los einen Dritteltaler Einlage kosten, bei der zweiten Klasse zwei Dritteltaler und bei jeder weiteren Klasse jeweils einen Dritteltaler mehr, bis hin zu zwei und ein Dritteltaler bei der siebten und höchsten Klasse. Insgesamt sollten in allen sieben Klassen 73.500 Taler Einlage eingenommen und die gleiche Summe wieder als Gewinne ausgezahlt werden. In der ersten Klasse gab es mit 12.000 Losen die meisten, in der siebten Klasse nur noch 5.500 Lose, aber mit den höchsten Gewinnen.[22]

Auf dieser Basis erhielt Herrmann am 1. April 1736 das herzogliche Patent, die Lotterie in den Städten Eisenach und Jena sowie in allen fürstlichen Landen und vor allem außerhalb des Herzogtums zu betreiben.[23] Nach kameralistischer Manier wurde Wert darauf gelegt, dass die Lose in erster Linie im sogenannten Ausland verkauft werden sollten, um Kapital ins Land zu ziehen.[24]

Herrmann wurde das Patent mit der Begründung gewährt, dass es im Interesse des Herzogs, aber auch des Gemeinen Besten sei; eine typische Formulierung, um der öffentlichen, religiös-ethisch basierten Kritik an der Einrichtung von Lotterien zu begegnen. Der Titel lautete »Fürstl. Sächß. Privilegirte Lotterie zu Eisenach und Jena«.[25]

19 Vgl. Brakensiek: Unsicherer Ausgang?, S. 4.

20 Vgl. Zahn: Geschichte und Statistik der Lotterien im Königreich Sachsen, S. 28.

21 Ebd., S. 39.

22 LATh – ThHStA Weimar, Eisenacher Archiv, Polizeisachen Nr. 40, Bericht über die Lotterie vom 26. August 1741 im Auftrag des neuen Landesherrn Herzog Ernst-August von Sachsen-Weimar-Eisenach, nicht foliert.

23 LATh – ThHStA Weimar, Eisenacher Archiv, Polizeisachen Nr. 59, Schreiben von Carl Herrmann aus Weimar vom 10. Mai 1748 an den Landesherrn, Anlage A, nicht foliert.

24 Vgl. Zollinger: Der Geist der Spekulation im Spiel, S. 135.

25 Ebd.

Hermann wurden die Direktion, Administration, Verlosung und das sonstige Lotteriegeschäft übertragen.

Dass der Landesherr das unternehmerische Risiko für sich minimieren wollte, wird an Paragraph 4 und Paragraph 5 des Patents deutlich. Als Kollekteure sollten begüterte Kaufleute dienen, die durch ihr Vermögen Vertrauen schaffen und die Menschen zu Einlagen bewegen sollten. Keinesfalls gedachte der Herzog, mit seinem eigenen Vermögen oder den Landeseinkünften für die Auszahlung der Gewinne zu garantieren. Zudem sollte das Lotteriegeschäft strikt von der Landesherrschaft getrennt werden, denn keiner der Beamten oder Bediensteten sollte zur Einnahme des Geldes abgeordnet werden, mit der Begründung, dass »denen Interessenten, und auswärtigen Kauffleuthen, kein Anstoß, wegen der Geld-Einlage, und der nöthigen Correspondenz in Weg geleget, und die Lotterie dadurch, weiln es ein freyes Werck, verhindert werde«.[26]

Für die Verleihung des Patents erhielt der Herzog 6.000 Taler in drei Raten sowie von jedem verkauften Los einen Anteil. Die Kollekteure sollten für 100 verkaufte Lose fünf Taler erhalten, Herrmann sollte den Überschuss abzüglich der 6.000 Taler für den Landesherrn und seiner Reisekosten behalten.[27] An die schließlich erwirtschafteten 9.053 Talern Überschuss war nach Beendigung der Lotterie noch eine Forderung Herrmanns von 1.491 Talern offen, die jedoch nicht mehr beglichen wurde.[28]

4 Widerstand und herzogliche Zwangsmaßnahmen

Von Beginn an zeigten sich beim Verkauf der Lotterielose große Schwierigkeiten. Weder außerhalb noch innerhalb der fürstlichen Lande fanden sich genügend Abnehmer, was die gesamte Lotterie gefährdete. Für den Herzog ging es jedoch um mehr als das Risiko eines unternehmerischen Scheiterns. Er fürchtete vor allem den Vertrauensverlust bei auswärtigen Geldgebern. Der ganze Kredit des Landes bei den Ausländern hänge vom Erfolg des Lotterieprojekts ab, äußerte er gegenüber dem Oberaufseher von Jena, Christian von Geusau (1687–1769).[29] Daher musste aus seiner Sicht die Lotterie um jeden Preis zustande kommen.

Der Herzog änderte nun seine Strategie und schaltete sich als Landesherr in das Lotteriegeschäft ein. Durch verschiedene Mandate, die von Wilhelm Heinrich auf Veranlassung des Lotteriedirektors Herrmann an die fürstlichen Beamten und Diener erlassen wurden, sollte der Absatz der überzähligen Lose zunächst obrigkeitlich

26 Ebd.

27 Vgl. ebd.

28 Vgl. ebd.

29 LATh – ThHStA Weimar, Eisenacher Archiv, Polizeisachen Nr. 35, Schreiben der Rentkammer vom 5. November 1737 aus Eisenach an Christian von Geusau, Oberaufseher in Jena, f. 1v.

angeregt und schließlich sogar erzwungen werden. Dies war im Übrigen nichts Ungewöhnliches, wie ein Blick auf die erste kursächsische Landeslotterie zeigt.[30] Nachdem sich dort schlechte Absatzzahlen der Lose gezeigt hatten und die Ziehung deshalb verschoben werden musste, sollten Landesdiener, die über 200 Taler Besoldung verdienten, Mitglieder der Zünfte und Innungen, Advokaten, Mitglieder der Universität, Parteien von Gerichtsprozessen und Juden dazu angehalten werden, Lose zu übernehmen. Diese Maßnahmen scheinen dann auch zum Erfolg geführt zu haben, denn die erste Ziehung fand rund ein Jahr nach Ankündigung der Landeslotterie im März 1714 statt.[31]

In Sachsen-Eisenach erging im Juli 1736 über die fürstliche Rentkammer an den Hofrat und Amtmann Vockerode zu Jena der Befehl, dass alle Landesdiener und Beamte an der Lotterie teilnehmen und eine Anzahl Lose übernehmen müssten.[32] Außerdem sollten sie auch die ihnen unterstellten Amtsuntertanen zum Kauf von Losen motivieren sowie ihre auswärtigen Freunde und Bekannten dazu überreden. So sollte Vockerode 300 Lose vertreiben, indem er alle Schultheißen und Vorsteher sowie andere wichtige Gemeindemitglieder zu sich bestellen und ihnen die Lotterie erklären und verständlich machen sollte. Jeder sollte dann eine Anzahl der 300 Lose übernehmen, so zumindest die Wunschvorstellung des Landesherrn. Vockerode sollte dann dem Landesherrn berichten, ob seine Untertanen die Maßnahmen umsetzen würden. Der Stadt Jena wurde befohlen, 1.000 bis 1.200 Lose zu übernehmen.[33] Für die Universität waren 1.200 bis 1.500 Lose vorgesehen.[34]

Trotz aller Bemühungen musste Vockerode im August 1736 nach Eisenach berichten, dass die Gemeinden – obwohl er ihnen die Lotterie genau erläutert habe – erklärten, dass sich niemand auf dieses Spiel einlassen wolle. Sie waren nicht einmal dazu bereit, einige Lose zu übernehmen, »massen jeziger Zeit ein ieder Landmann gnug zuthun hätte, wann er die publica onera richtig abführen wolle«.[35] Auf die Drohung hin, dass ihnen die Übernahme der Lose befohlen werden könnte, hätten sie geantwortet, dass sie nichts tun würden als das, was sie tun müssten. Hinzu komme außerdem die Furcht, es könnten diejenigen, die Lust hätten, »ein neues und ihnen ungewöhnliches Negotium zu entriren, von den andern ausgelachet werden«.[36] Des Weiteren führte der Lotteriedirektor Herrmann an, dass der Grund der Ablehnung der Lotterie zudem in einer

30 Vgl. Zahn: Geschichte und Statistik der Lotterien im Königreich Sachsen, S. 41–43.

31 Vgl. ebd., S. 43.

32 LATh – ThHStA Weimar, Eisenacher Archiv, Polizeisachen Nr. 31, Schreiben der fürstlichen Rentkammer aus Eisenach an den Hofrat und Amtmann Vockerode zu Jena vom 26. Juli 1736, f. 1r.

33 Ebd., f. 3r.

34 Ebd., Schreiben der Rentkammer aus Eisenach an die Universität Jena vom 16. Juli 1736, f. 25r–26r.

35 Ebd., Schreiben des Amtmanns Vockerode zu Jena an die Rentkammer in Eisenach vom 21. August 1736, f. 16r.

36 Ebd., f. 16r.

»geheime[n] Caprice« und strafbarem Misstrauen liege, in der irrigen Meinung, dass jeder Loskäufer um seinen Dritteltaler betrogen werde.[37]

Nach den Beamten, Amtleuten und den Städten sowie der Universität geriet die Geistlichkeit ins Visier mit dem Argument, dass die Lotterie ja auf das gemeine Beste abziele. Jeder Konsistorialrat sollte sechzehn bis zwanzig Lose, jeder Adjunkt sechs und jeder Geistliche vier Lose abnehmen, die Schuldiener je nach ihren finanziellen Möglichkeiten Teile eines Loses kaufen. Falls sich jemand weigerte, sollte Vockerode Bericht erstatten. Die Kosten für den Bericht sollten dann von denen eingetrieben werden, die sich weigerten, Lose abzunehmen.[38] Es wundert daher nicht, dass sich gerade diese Gruppe gegenüber dem Landesherrn auf die ethisch-theologischen Vorbehalte gegenüber dem Glücksspiel berief und darauf verwies, dass ihnen das göttliche und natürliche Gesetz verbiete, »dasienige, so man zur höchsten Nothdurfft durch saure Arbeiten verdienet, auf einen ungewißen Ausgang eines Glücks-Zugs zu verwenden, und bey wiedrigem Verhängnis hernach in Ermangelung der täglichen Subsistenz nothzuleiden«.[39] Sie appellierten an die Barmherzigkeit des Landesherrn und baten ihn, sie vom Kauf der Lose zu befreien, damit sie nicht genötigt würden, sich zu versündigen und ihre Gewissen zu belasten. Das Argument der Versündigung gegenüber Gott spielte offenbar aus Sicht der theologisch geprägten Kirchendiener noch eine gewichtige Rolle, auch wenn später im Zusammenhang mit dem Zahlenlotto eher die gesellschaftliche und moralische Kritik bei den Gegnern des Glücksspiels überwog.[40]

Es blieb jedoch nicht bei diesen Äußerungen. Im Dezember 1736 berichtete Herrmann der Rentkammer, ihm sei zugetragen worden, dass der bekannte Aufwiegler Leidolff aus Jenaprießnitz, »welcher immer die Dorffschafften suchet aufzubringen, damit er seinen Nutzen davon habe, [...] im Nahmen der Dorffschafften ratione der Lotterie nach Eisenach« kommen wolle.[41] Seine Absicht sei es, sich von den Bauern die Reise bezahlen zu lassen und die Lotterie zu vernichten. Herrmann empfahl daher die Verhaftung des Störenfrieds. Da zudem die Bauern bisher kein einziges Los in Güte angenommen hätten, ebenso wie die Universität Jena, welche die Lotterie bei den

37 Ebd., Pro Memoria Carl Herrmanns an die Rentkammer in Eisenach, o. D., f. 35r–36r.

38 Ebd., Schreiben der Rentkammer aus Eisenach an dem Amtmann Vockerode zu Jena vom 14. November 1736, f. 20v.

39 LATh – ThHStA Weimar, Eisenacher Archiv, Polizeisachen 37, Schreiben einer Gruppe von Lehrern aus Jena an den Landesherrn vom 15. März 1737, nicht foliert.

40 Vgl. Saurer, Edith: Straße, Schmuggel, Lottospiel. Materielle Kultur und Staat in Niederösterreich, Böhmen und Lombardei-Venetien im frühen 19. Jahrhundert (Veröffentlichungen des Max-Planck-Instituts für Geschichte 90). Göttingen 1989, S. 301–306; Weber, Wolfgang: Zwischen gesellschaftlichem Ideal und politischem Interesse. Das Zahlenlotto in der Einschätzung des deutschen Bürgertums im späten 18. Jahrhundert und frühen 19. Jahrhundert. In: Archiv für Kulturgeschichte 69 (1987), S. 116–149, hier S. 130–132.

41 LATh – ThHStA Weimar, Eisenacher Archiv, Polizeisachen Nr. 31, Pro Memoria Carl Herrmanns vom 10. Dezember 1736 an die Rentkammer in Eisenach, f. 91r,.

Untertanen vielmehr verdächtig mache, sollten die Lose durch erhebliche Zwangsmittel an den Mann gebracht werden. Dabei verwies er auf die Altenburger Klassenlotterie, wo sich bereits Ähnliches abgespielt zu haben schien.[42]

Die Reaktion des Herzogs folgte unmittelbar. In einem Schreiben an seine Räte und Getreuen vom 23. Januar 1737 äußerte Wilhelm Heinrich sein Unverständnis darüber, dass einige der Untertanen in Städten und Dörfern »einen straffbahren Wiederwillen gegen ein so unschuldiges und im teutschen Reiche, auch andern auswärtigen Provinzen übliches Werck blicken laßen«.[43] Jeder Untertan sollte sich doch eigentlich »vermöge seiner gegen … [ihn] habenden unterthänigsten Devotion« zum Kauf von Losen bereit erklären und dadurch das Werk befördern.[44] Da dies aber nicht geschehen sei, sei er bewogen worden, eine personenbezogene Zuteilung der noch übrigen Lose, eine sogenannte Repartition, auf der Basis der jeweiligen Vermögen vorzunehmen. Entschuldigungen wollte er nicht gelten lassen, die Ungehorsamen sollten durch »diensame remonstrationes« zum Kauf angehalten werden.[45] Bei seinen eigenen Beamten ging er sogar so weit, dass die Gelder für die Lose vom Gehalt einbehalten werden sollten. Dies war im Vergleich mit dem kursächsischen Beispiel, bei dem die Landesdiener mit einem Verdienst über 200 Talern angehalten werden sollten, ein Los zu kaufen, eine deutliche schärfere Maßnahmen.

Insbesondere der Hofrat Vockerode aus Jena scheint erheblichen Druck auf die Jenaer Amtsuntertanen in den Dörfern ausgeübt zu haben. Offenbar gelang es ihm auf diese Weise, einen Großteil der Lose an den Mann zu bringen, so dass die Ziehung der ersten Klasse am 1. Mai 1737 stattfinden konnte. Auch die nächsten drei Klassen wurden im Verlauf des Jahres 1737 ausgelost.

Bald stellte sich jedoch ein neues gravierendes Problem ein, denn die Lose waren zwar verkauft worden, allerdings die meisten von ihnen auf Kredit des Loskäufers beim Verkäufer, so dass die Gewinne, die aus den Einlagen hätten genommen werden müssen, nicht bezahlt werden konnten. Die fünfte Klasse wurde aus diesen Gründen zunächst nicht gezogen. Daher musste der Herzog im November 1737 an den Jenaer Oberaufseher Christian von Geusau ein neues Mandat erlassen, in dem er nachdrücklich zur Eintreibung der Schulden aufrief unter Verweis darauf, dass der Kredit des ganzen Landes bei den Ausländern davon abhänge. Deshalb sollte er alle dienlichen Mittel anwenden. Wenn einer nicht zahlen konnte, sollte ihm eine Frist von allenfalls vierzehn Tagen eingeräumt werden.[46] Der Herzog, der sowieso schon eine große Schuldenlast

42 Ebd., f. 92v.

43 LATh – ThHStA Weimar, Eisenacher Archiv, Polizeisachen Nr. 33, Schreiben des Herzogs Wilhelm Heinrich vom 23. Januar 1737 aus Eisenach an seine Räte und Getreuen, nicht foliert.

44 Ebd.

45 Ebd.

46 LATh – ThHStA Weimar, Eisenacher Archiv, Polizeisachen Nr. 35, Schreiben der Rentkammer aus Eisenach vom 5. November 1737 an Christian von Geusau, Oberaufseher in Jena, f. 1r–2r,.

zu tragen hatte, befürchtete außerhalb des eigenen Landes in Zukunft keine weiteren Gelder erhalten zu können, wenn offensichtlich wurde, wie groß die Finanznot im Land war.

Das Lotterieunternehmen war demnach zwar aufgrund des obrigkeitlich verordneten Beteiligungszwangs erfolgreich, führte jedoch offenkundig aufgrund der ihm inhärenten, weil notwendigen Kreditierungspraxis sowohl die Untertanen als auch die Landesobrigkeit in den fiskalischen Ruin. So finden sich für die Folgezeit in den Akten zahlreiche Bittschreiben und Protokolle der Verhöre der einzelnen Gemeindevertreter, aus denen hervorgeht, in welche Not die Lotterie das Land geführt hatte.[47] Die Gemeindevertreter aus Löbstedt verwiesen beispielsweise gegenüber von Geusau darauf, dass sie noch nicht einmal wüssten, wie sie die ordentlichen Steuern und Zinsen zahlen sollten.[48] Sie hätten dennoch auf Druck des Amtmannes Vockerode unverhältnismäßig viele Lose übernehmen müssen.[49] Da er ihnen zudem unter Androhung von Strafe verboten hatte, sich über die Repartition der Lose zu beschweren, befanden sich die Gemeindevertreter in einer Zwangslage und klagten gegenüber von Geusau ihr Leid, der auf Befehl des Herzogs die bei der Repartition aufgetretenen Probleme untersuchen und die Untertanen zur Bezahlung der Lose bringen sollte. Als Vorschlag unterbreiteten die Gemeinden, dass die Repartition nicht auf jeden Einzelnen, sondern auf das gesamte Dorf übertragen werden sollte.

Christian von Geusau musste im Dezember 1737 offenbaren, dass es ihm trotz aller Maßnahmen nicht gelungen sei, die Einlagen in bar zu erhalten. Für die Dörfer sei es einfach nicht möglich, die Gelder aufzubringen oder zu borgen. Er könne bezeugen, dass »viele Gemeinden sich vergeblich um Credit und Aufnahme einiger Gelder hierzu grose Mühe gegeben«.[50] Gleichzeitig warnte er seinen Dienstherrn davor, die Gelder durch weitergehende Zwangsmaßnahmen einzutreiben. Dies sei »von solchen gefährlichen Folgerungen, das darzu unterthänigst anzurathen, wegen schwerer Verantwordtung, mich niemahlen entschliesen könnte«.[51] Christian von Geusau warnte also seinen Dienstherrn nachdrücklich vor weiteren Zwangsmaßnahmen. Nicht zuletzt deshalb und aufgrund des zahlreichen Widerstands gegen die Lotterie sah sich der Herzog gezwungen einzulenken. Da er aber um den Kredit des Landes und sein eigenes Ansehen fürchtete, befahl er im Januar 1738, die fünfte Klasse so schnell wie möglich zu ziehen.[52] Er erklärte sich aber bereit, diejenigen Lose, die liegen geblieben waren, sowohl mit

47 Ebd., f. 3r–71v.

48 Ebd., Protokoll der Vernehmung der Löbstedter Gemeindevertreter vom 18. November 1737, f. 36v–37v.

49 Ebd., f. 37r.

50 LATh – ThHStA Weimar, Eisenacher Archiv, Polizeisachen Nr. 33, Schreiben Christian von Geusaus aus Jena vom 4. Dezember 1737 an den Herzog, nicht foliert.

51 Ebd.

52 LATh – ThHStA Weimar, Eisenacher Archiv, Polizeisachen Nr. 35, Befehl des Herzogs Wilhelm Heinrich vom 13. Januar 1738 aus Eisenach an den Oberaufseher von Geusau, f. 116.

den Gewinnen als auch den Verlusten zu übernehmen.[53] Die Quelle sagt jedoch nichts darüber aus, aus welchen Mitteln der Fürst das Geld dafür nehmen wollte. Die letzten beiden Klassen wurden offenbar noch im Verlauf des Jahres 1738 gezogen, aber die negativen Erfahrungen, die der Herzog mit seiner Lotterie hatte machen müssen, führten dann im Mai 1739 zur völligen Einstellung des Lotteriegeschäfts.[54] Als Schuldiger wurde Herrmann benannt, da er nicht in der Lage gewesen sei, die Lose außerhalb des Herzogtums zu verkaufen. Er sollte alles abwickeln und wurde in Ungnaden entlassen.

5 Das Scheitern der Unternehmung

Damit war das Thema aber noch lange nicht erledigt. Die Eisenacher Rentkammer wurde regelrecht mit Schreiben überschwemmt, in denen die Kollekteure, Amtleute oder Gewinner der Lotterie um Unterstützung nachsuchten. Der Eisenacher Kaufmann Johann Adam Sartorius, der als Kollekteur der Lotterie tätig gewesen war, schrieb beispielsweise im März 1740 an die Rentkammer, dass es jedem bekannt sei, in welchem Zustand sich die Lotterie befinde, »nehmlich daß noch gar viele sind deren Einlage, weilen Sie ihnen creditirt worden rückständig, folglich denen Gewinnern das ihrige, so ihnen zu komt nicht kan gereichet werden«.[55]. Anlass seines Schreibens war, dass diejenigen, die in der Lotterie gewonnen hatten, aber ihre Gewinne nicht erhalten konnten, die Schuld den Kollekteuren gaben, bei denen sie ihre Lose gekauft hatten. Er verwies dagegen darauf, dass es nicht in ihrer Macht stehe, die Rückstände zu bezahlen, sondern vielmehr der Landesherr dies tun müsse. Herzog Wilhelm Heinrich verstarb jedoch 1741 ohne männlichen Erben und hinterließ die Lotterieproblematik seinem Nachfolger Ernst August (1688–1748) aus der weimarischen Linie der Ernestiner, der mit der Materie nicht vertraut war. Die anhaltenden Klagen und Bittschreiben von verschiedenster Seite bewogen ihn dazu, den neuen Direktor der Eisenacher Rentkammer, Friedrich Moritz von Lilienheim, mit einem Bericht über die Lotterie zu beauftragen. Dieser wurde am 26. August 1741 erstellt und gibt aus der rückschauenden Perspektive Einblicke in die Schwierigkeiten des Lotteriegeschäfts.[56] Auch hier wird als Grund für das Scheitern der Lotterie darauf verwiesen, dass es Herrmann nicht gelungen sei, die Lose außerhalb Sachsen-Eisenachs zu verkaufen, wodurch der Herzog genötigt worden sei, einige Tausend übrige Lose bei den Landesdienern und Untertanen zu verteilen. Auf die Frage, wohin die eingenommenen Gelder geflossen seien, heißt es im Bericht, »sothane

53 Ebd.

54 LATh – ThHStA Weimar, Eisenacher Archiv, Polizeisachen 37, Schreiben des Herzogs Wilhelm Heinrich vom 27. Mai 1739 an den Lotteriedirektor Herrmann in Jena, nicht foliert.

55 LATh – ThHStA Weimar, Eisenacher Archiv, Polizeisachen Nr. 40, Schreiben von Johann Adam Sartorius aus Eisenach vom 21. März 1740 an die Rentkammer in Eisenach, nicht foliert.

56 Ebd., Bericht des Rentmeisters an den Landesherrn Ernst August vom 26. August 1641.

Gelder, wie albereit mit denen hfstl. Befehlen und erhaltenen Quittungen dargethan, und sonsten jedermann alhier bekandt, zur fstl. Scatoul, und zwar an den L. R. M. [Landrentmeister] Ebeln, welcher alle herrschaftl. Scatoul-Gelder eingenommen, geliefert worden«.[57] Obwohl also die Lotterie offiziell dem Gemeinen Besten dienen sollte, waren die Einnahmen in die Privatschatulle des Landesherrn geflossen. Allerdings konnte er nicht davon profitieren. Denn zum einen hatte er erhebliche Zwangsmaßnahmen anwenden müssen, um die Lose zu verteilen. Als dies nicht gelang, blieb ihm zum anderen nichts anderes übrig, als die überzähligen Lose selbst zu übernehmen, damit die Ziehungen überhaupt stattfinden konnten. Die Folgen der gescheiterten Lotterie waren noch Jahre später zu spüren. 1748 wurde sogar eine Untersuchungskommission eingesetzt, um die Verwicklungen des Lotteriegeschäfts aufzuklären.[58]

Das ursprünglich »freie Werk« der Lotterie, in das der Landesherr nicht involviert sein wollte, weil er das finanzielle Risiko für sich minimieren wollte, geriet aufgrund der mangelnden Resonanz sehr schnell in landesherrliche Verantwortung. Da der Herzog befürchtete, dass das Scheitern der Lotterie seinen Kredit bei auswärtigen Geldgebern kosten könnte, sah er nur noch die Möglichkeit, Zwangsmaßnahmen anzuordnen, um die eigenen Bediensteten und Untertanen zum Loskauf zu nötigen. Der flächendeckende Widerstand und die Geldnöte seiner Untertanen zwangen ihn jedoch zur Einstellung der Lotterie. Der Versuch des Landesherrn, das finanzielle Risiko zu minimieren, mündete damit letztlich in einem politischen und finanziellen Offenbarungseid, insofern sich zeigte, wie gering der fiskalisch-unternehmerische Spielraum des Herzogs realiter war.

Quellen- und Literaturverzeichnis

Archivalische Quellen

Landesarchiv Thüringen – Thüringer Hauptstaatsarchiv (LATh – ThHStA) Weimar, Eisenacher Archiv, Polizeisachen Nr. 31, Nr. 33, Nr. 35, Nr. 37, Nr. 40, Nr. 59.

Gedruckte Quellen

Art. Lotterie. In: Oekonomisch-technologische Encyklopädie, oder allgemeines System der Staats- Stadt- Haus- und Landwirthschaft und der Kunstgeschichte (Bd. 81), hg. von Johann Georg Krünitz / Heinrich Gustav Flörke. Berlin 1801, S. 14–136.

57 Ebd.

58 LATh – ThHStA Weimar, Eisenacher Archiv, Polizeisachen Nr. 59, nicht foliert.

Literaturverzeichnis

Brakensiek, Stefan: Unsicherer Ausgang? Die Geschäftsmodelle von Lotterieunternehmen im 18. Jahrhundert. In: Brakensiek, Stefan u. a. (Hrsg.): Möglichkeitserwartungen. Zur Pluralität von Zukunftserwartungen und Handlungsoptionen in der Geschichte. Frankfurt a. M./New York 2018, S. 1–30.

Heinker, Helge-Heinz: Hoher Einsatz und großer Gewinn für Sachsen – ein historisches Panorama zum 300. Geburtstag der Lotterien in Sachsen. Leipzig 2013.

Houtmann-de Smedt, Helma: North-West Europe under the spell of lotteries and lotto in the eighteenth and nineteenth centuries. In: Bauer, Günther G. (Hrsg.): Lotto und Lotterie (Homo ludens – Der spielende Mensch, Bd. 7). München/Salzburg 1997, S. 69–100.

Huschke, Wolfgang: Politische Geschichte von 1572 –1775. Die Ernestiner. In: Patze, Hans / Walter Schlesinger, Walter (Hrsg): Geschichte Thüringens. Bd. 5,1,1 (Mitteldeutsche Forschungen, Bd. 48). Köln 1982, S. 1–551.

Molzahn, Ulf: Lotterien in Sachsen – wissenschaftliche Studie zum 285jährigen Bestehen sächsischer Landeslotterien. Leipzig 1998.

Oehme, Walter: Die sächsische Landeslotterie. Dresden 1926.

Paul, Wolfgang: Erspieltes Glück – 500 Jahre Geschichte der Lotterien und des Lottos. Berlin 1978.

Saurer, Edith: Straße, Schmuggel, Lottospiel. Materielle Kultur und Staat in Niederösterreich, Böhmen und Lombardei-Venetien im frühen 19. Jahrhundert (Veröffentlichungen des Max-Planck-Instituts für Geschichte 90). Göttingen 1989.

Schmidt, Gabriele: Zahlenlotto und Klassenlotterie in der Habsburgermonarchie 1751–1918 – Reformen und Widerstände. Wien 2008.

Schönbein, Sabine: Das Millionenspiel mit Tradition. Die Geschichte der Klassenlotterie. Norderstedt 2008.

Ullmann, Hans-Peter: Der Staat, die Spieler und das Glück. Lotterien im Deutschland des 18. und 19. Jahrhunderts (Vortrag, geh. im Hause d. Historischen Kommission zu Berlin am 14. Febr. 1990). Berlin 1991.

Ullmann, Hans-Peter: Staat und Schulden. Öffentliche Finanzen in Deutschland seit dem 18. Jahrhundert, hrsg. von Hartmut Berghoff / Till van Rahden. Göttingen 2009.

Weber, Wolfgang: Zwischen gesellschaftlichem Ideal und politischem Interesse. Das Zahlenlotto in der Einschätzung des deutschen Bürgertums im späten 18. Jahrhundert und frühen 19. Jahrhundert. In: Archiv für Kulturgeschichte 69 (1987), S. 116–149.

Zahn, Albert: Geschichte und Statistik der Lotterien im Königreich Sachsen. Leipzig 1901.

Zollinger, Manfred: Geschichte des Glücksspiels – vom 17. Jahrhundert bis zum Zweiten Weltkrieg. Wien/Köln/Weimar 1997.

Zollinger, Manfred: »Verkauf der Hoffnung« – Das Zahlenlotto in Österreich bis zu seiner Verstaatlichung 1787: wirtschafts- und finanzpolitische Aspekte. In: Strejcek, Gerhard (Hrsg.): Lotto und andere Glücksspiele. Rechtlich, ökonomisch, historisch und im Lichte der Weltliteratur betrachtet. Wien 2003, S. 127–150.
Zollinger, Manfred: Glücksspiel der Massen – Hoffnung der Armen? Lottopatent Maria Theresias für Ottavio Cataldi von 1751. In: Heppner, Harald / Kernbauer, Alois / Reisinger, Nikolaus (Hrsg): In der Vergangenheit viel Neues. Spuren aus dem 18. Jahrhundert ins Heute. Wien 2004, S. 181–186.
Zollinger, Manfred: Der Geist der Spekulation im Spiel – Aufschwung und Krise der Lotterien im 18. und 19. Jahrhundert. In: Schädler, Ulrich / Strouhal, Ernst (Hrsg.): Spiel und Bürgerlichkeit – Passagen des Spiels I. Wien 2010, S. 131–154.
Zollinger, Manfred: Organisierter Zufall – Lotterieunternehmer im 18. Jahrhundert. In: Resch, Andreas / Stiefel, Dieter (Hrsg.): Unternehmertum im Spannungsfeld von Politik und Gesellschaft – unternehmerische Aktivitäten in historischer Perspektive (Veröffentlichungen der Österreichischen Gesellschaft für Unternehmensgeschichte, Bd. 28). Wien/Berlin/Münster 2010, S. 11–36.
Zollinger, Manfred: Wetten auf die Genueser Lotterie. Eine kulturelle Geographie der Lotto-Expansion (17.–18. Jahrhundert). In: Ludica 17–18 (2011–2012), S. 65–88.

DAS GESAMTHAUS LÖWENSTEIN-WERTHEIM UND DIE REICHSSTADT FRANKFURT IM KONFLIKT ÜBER MARKTMACHT UND MARKTGESTALTUNG AUF DER FRANKFURTER MESSE

Anette Baumann

Abstract Vorliegender Aufsatz beschreibt den Versuch des Gesamthauses Löwenstein-Wertheim, mit Hilfe der Versteigerung der Lizenz für ein eigenes Messschiff und der Aufstellung einer Waage im Laufe des 18. Jahrhunderts Gewinn aus der Frankfurter Messe zu ziehen. Der Frankfurter Rat fürchtete um seine Autorität und hinderte die Wertheimer Messschiffer mit Gewalt an ihren Geschäften. Löwenstein-Wertheim klagte deshalb vor dem Reichskammergericht. Die Richter sprachen zwar ein Mandat gegen den Rat der Stadt Frankfurt aus, Frankfurt ließ sich davon aber nicht beeindrucken. Der Rat setzt weiterhin vor Ort auf Gewalt und nutzte im Prozess alle Möglichkeiten, um das Verfahren in die Länge zu ziehen. Als Beweismittel führte Frankfurt auch eine Stadtansicht an, die zeigen sollte, dass der Anlegeplatz der Wertheimer Messschiffer gänzlich ungeeignet für Geschäfte und die Aufstellung einer Waage sei. Letztlich endete das Verfahren mit einem Vergleich.

Keywords Reichskammergericht, Frankfurter Messe, Gesamthaus Löwenstein-Wertheim

1 Einleitung

Im Frühjahr des Jahres 1787 waren die zahlreichen Besucher der Frankfurter Messe Zeugen eines besonderen Spektakels, das einer der anwesenden Schiffer anschaulich schilderte: Vier Soldaten mit »aufgepflanzten Bajonetten«, ein Mann, der eine Kette trug, die Ordonanz und ein Rentdiener der Stadt Frankfurt marschierten gemeinsam vom Römer durch das Metzgertor zu den Anlegestellen der Messschiffe am Main. Ein Menschenauflauf, der immer größer wurde, begleitete sie und beobachtete aufmerksam das Geschehen. Derweilen steuerte die städtische Obrigkeit zielsicher auf den Liegeplatz des Wertheimer Messschiffes zu und bestieg das Schiff. Während der Kettenträger die Kette sorgfältig auf dem Schiff niederlegte und die Soldaten wachsam bei ihm und der Kette ausharrten, begaben sich Ordonanz und Rentdiener in das Innere des Schiffes. Eine Zeit des Wartens begann. Schließlich kehrten die beiden Frankfurter Ordnungshüter aus dem Inneren des Schiffes zurück, befahlen dem Kettenträger und den Soldaten sie zu begleiten und verschwanden unverrichteter Dinge in der Stadt. Später stellte sich heraus, dass der Wertheimer Messschiffer der Frankfurter Obrigkeit eine Strafgebühr entrichtet hatte, um dem drohenden Arrest des Schiffes zu entgehen.[1]

Das war nicht der erste Versuch des Frankfurter Rates, die Wertheimer Schiffer an ihren Messegeschäften zu hindern. Bereits 1773 hatte der reichsstädtische Magistrat – also die politische Vertretung des kaiserlich privilegierten Marktmonopolisten, in deren Reihen eine große Gruppe von Akteuren mit adeligem Selbstverständnis saßen – den Messschiffer Georg Nikolaus Müller auf den Römer einbestellt und ihm befohlen, seinen Wein nur noch an Wertheimer Messebesucher, aber nicht an Frankfurter und Fremde zu verkaufen. Auch sollte er eine Waage, die er zum Messen von Waren errichtet hatte, nicht mehr aufstellen dürfen.[2] Da der Schiffer auf das Wort des Gesamthauses Löwenstein-Wertheim und dessen Lizenz vertraute, hatte sich Müller jedoch in den folgenden Jahren nicht – und so auch nicht 1787 – an die Vorgaben des Rates gehalten. Deshalb hatte der Frankfurter Magistrat Wachen aufstellen lassen, die den Zugang auf das Schiff und den Abgang vom Schiff genau kontrollierten und die Waage zerstörten.[3] Das Geschehen wiederholte sich bei den folgenden Messen, obwohl sowohl der Schiffer als auch das Gesamthaus Löwenstein-Wertheim bereits ab 1773 dagegen regelmäßig heftig protestierten. Der Konflikt landete denn auch sehr schnell vor dem Reichskammergericht, wo er unmittelbar darauf verhandelt wurde.

Das Vorgehen Frankfurts gegen das Löwenstein-Wertheimer Messschiff war offen aggressiv und stand im Gegensatz zu der sonst üblichen Ordnungspolitik, die Übertretungen und Konflikte eher geschmeidig zu regeln versuchte. Im Folgenden soll deshalb untersucht werden, was die Stadt Frankfurt zu diesen drastischen Schritten bewog, wie Löwenstein-Wertheim darauf reagierte, vor allem aber wie die Streitparteien vor – und neben! – dem Reichskammergericht agierten. Hierzu werden die Ausgangsinteressen und Voraussetzungen der Streitparteien, die dem Konflikt zugrunde lagen und die das Agieren der Parteien in diesem Fall bestimmten, geschildert. Die Frage nach den Interessen und Strategien bedingt auch den Blick auf die von den Parteien eingesetzten Methoden und Kapitalsorten. Darüber hinaus lohnt es sich, den Fokus auf adeliges Unternehmertum zu richten, um etwas über die zivilrechtliche Dimension adeligen Unternehmertums zu erfahren. Gerade die Problematik der juristischen Konsequenzen und Fallstricke kann so besser aufgegriffen werden. Außerdem gelingt es mit dieser Vorgehensweise, auch die Schwierigkeiten der Abhängigkeit adeligen Wirtschaftshandelns von den realen – und durchaus widerrechtlichen – Marktbedingungen zu thematisieren.

1 Institut für Stadtgeschichte [ISG] Frankfurt Reichskammergericht, Nr. 1016 Akten-Nr. 1554, Nr. 12. Zeugenaussage Bauer, 1774.

2 ISG Frankfurt Reichskammergericht Nr. 1016 Akten-Nr. 1554, Nr. 12, 20. Juli 1787.

3 Ebd.

2 Die Familie Löwenstein-Wertheim: auf der Suche nach neuen Profitmöglichkeiten im kondominatorischen Herrschafts- und Betriebsmanagement

Die Grafen von Löwenstein-Wertheim zählten gegen Ende des 18. Jahrhunderts zu den mindermächtigen Reichsständen im Heiligen Römischen Reich.[4] 1611 hatte sich das Haus aus religiösen Gründen in zwei Linien gespalten. Die katholisch gebliebene Linie des Hauses nannte sich seitdem Löwenstein-Rochefort, während die evangelische Linie nun den Zusatz Virneburg führte.[5] Das Kondominium über die im gemeinsamen Besitz verbleibende Grafschaft Wertheim wurde dabei kollegial organisiert. Es hielt aber nur wenige Jahre.[6] 1711 gelang es der Rocheforter Linie einen Fürstentitel zu erwerben[7] sowie das prestigeträchtige Amt des Kammerrichters am Reichskammergericht in Wetzlar zu erhalten.[8] Die Familien unterschieden sich aber nicht nur durch unterschiedliche Religionszugehörigkeit, einen unterschiedlichen adeligen Rang und unterschiedliches Prestige, sondern auch in der Regelung der Erbfolge. Während die Rocheforter Linie die Primogenitur einführte,[9] erbten die Virneburger zu allen Teilen gleich. Das bedeutete in der zweiten Hälfte des 18. Jahrhunderts, dass insgesamt fünf Virneburger Linien mit fünf unterschiedlichen Regierungen existierten. Eine Art »symbolische Selbstbehauptung« der Kondominatsherren in Form einer Verwaltungsexplosion folgte.[10] Erst 1796 vereinigten sich die Virneburger in zwei Hauptlinien.[11] Da die gräflich-virneburgischen Linien zudem untereinander stark zerstritten waren, bedurfte es einer reichshofrätlichen Kommission, die unter anderen von dem Reichshofrat und Frankfurter Heinrich Christian von Senckenberg

4 Vgl. Stockert, Harald: Adel im Übergang. Die Fürsten und Grafen von Löwenstein-Wertheim zwischen Landesherrschaft und Standesherrschaft 1780–1850 (Veröffentlichungen der Kommission für geschichtliche Landeskunde in Baden-Württemberg, Reihe B. Forschungen, 144. Bd.). Stuttgart 2000, S. 3.

5 Vgl. Ebd., S. 3.

6 Vgl. Jendorff, Alexander: Condominium. Typen, Funktionsweisen und Entwicklungspotentiale von Herrschaftsgemeinschaften in Alteuropa anhand hessischer und thüringischer Beispiele (Historische Kommission für Hessen 72). Marburg 2010, S. 52.

7 Österreichisches Staatsarchiv [ÖStA] Allgemeines Verwaltungsarchiv [AVA], Adelsarchiv Löwenstein-Wertheim 3. April 1711. Siehe auch Ehmer, Hermann: Geschichte der Grafschaft Wertheim. Wertheim 1989, S. 191–192.

8 Vgl. Löwenich, Maria von: Amt und Prestige. Die Kammerrichter in der ständischen Gesellschaft (1711–1806) (Quellen und Forschungen zur Höchsten Gerichtsbarkeit im Alten Reich, Bd. 72). Köln/Weimar/Wien 2019, S. 73.

9 Vgl. Stockert: Adel im Übergang, S. 22.

10 Meier, Robert: Souverän und doch geteilt: Kondominate. Eine Annäherung an eine typische Sonderform des Alten Reiches am Beispiel der Grafschaft Wertheim. In: Zeitschrift für neuere Rechtsgeschichte 24 (2002), S. 253–272, hier S. 258.

11 Vgl. Stockert: Adel im Übergang, S. 46.

geleitet wurde,[12] um die Regierung aufrechtzuerhalten. Ihre Aufgabe war es, die fünf lebenden Grafen der gräflichen Linie zu »vergleichen« und die Untertanen dazu anzuhalten, sich der »Administration und Regierung« des gräflichen Hauses zu unterwerfen.[13] Gleichzeitig galt es, die großen Schulden des Gesamthauses in den Griff zu bekommen und den zum Teil gewaltsam ausgetragenen Streit der katholischen und evangelischen Linien um Religion und Rang zu beenden. Allerdings mit zweifelhaftem Erfolg: Noch 1803 verlangte der virneburgische Teil beim Kaiser eine Standeserhöhung. Dieser schlug den Wunsch auf Bitten des Reichshofkanzlers Franz de Paula Gundaker von Colloredo ab, da er einen zu starken Einfluss des evangelischen Teiles der Löwensteiner Linie befürchtete.[14]

Als einzige gemeinschaftliche Besitzung war bei der Teilung zwischen den einzelnen Linien die Grafschaft Wertheim verblieben.[15] Sie war politisch am bedeutsamsten und am größten. Die Grafschaft lag am Mündungsgebiet der Tauber und griff bis zum südlichen Spessart und dem benachbarten Odenwald aus. Wertheim war das einzige größere Gebiet am Untermain. Nachbarn waren das Erzbistum Mainz und der Bischof von Würzburg sowie verschiedene Klöster und zahlreiche mehr oder minder kleine Reichsritterschaften.[16] In der Grafschaft selbst fungierte die Stadt Wertheim als Residenz und Regierungsstadt. Sie hatte Standortvorteile, da die Tauber, die in Wertheim in den Main mündete, einen natürlichen Hafen bildete. Er diente nicht nur zur Verschiffung für Getreide- und Weinfrachten, sondern auch zur Personenbeförderung.[17] So transportierte der kurkölnische und markgräflich-brandenburgische Schiffsmeister Georg Nikolaus Müller nicht nur regelmäßig den Kurfürsten von Köln und Meister des Deutschen Ordens,[18] sondern auch die Markgrafen von Bayreuth.[19] In seinen Tagebüchern erwähnt Müller zudem den Grafen von Harrach, die Fürsten und Grafen von Löwenstein-Wertheim, einen Graf Trautmannsdorf und den Reichskammergerichtspräsidenten von Thüngen als Passagiere.[20] Dabei übernachteten die

12 Moser, Johann Jakob: Teutsches Staats-Recht. Leipzig/Ebersdorf , Bd. 15, 1744, S. 367. Zu Heinrich Christian von Senckenberg u. a. Dölemeyer, Barbara: Frankfurter Juristen im 17. und 18. Jahrhundert. Frankfurt a. M. 1993, S. 188–189; sowie von Gschließer, Oswald von: Der Reichshofrat. Wien 1942, S. 432–433.

13 Moser: Teutsches Staats-Recht, S. 366–367.

14 ÖStA AVA Adelsarchiv Löwenstein Wertheim 1803, und ÖStA Haus-, Hof- und Staatsarchiv [HHStA] Wien, Reichstaxamt 22-Remissionen Löwenstein, 2. Mai 1803.

15 Vgl. Stockert: Adel im Übergang, S. 29 und S. 40.

16 Vgl. ebd., S. 29.

17 Vgl. Ehmer: Geschichte der Grafschaft Wertheim, S. 216–217.

18 Staatsarchiv Wertheim [StAWt] S HV J 155, Schiffstagebuch Georg Nikolaus Müller, August 1739, S. 32. Siehe auch Ehmer: Geschichte der Grafschaft Wertheim, S. 217.

19 StAWt S HV J 155, Schiffstagebuch Georg Nikolaus Müller, Januar 1742, S. 46.

20 Ebd., S V 10 T 172, Schiffstagebuch Georg Nikolaus Müller, Juni 1785. Trautmannsdorf lässt sich mit zwei Kutschen und elf Personen nach Frankfurt bringen.

hochgestellten Persönlichkeiten zeitweise im Haus des Schiffers, der wohl auch eine Art Gastwirtschaft betrieb. Diese Fahrten bestanden oft aus einem Konvoi von bis zu zehn Schiffen und führten vorwiegend nach Bonn. Manchmal reisten sie aber auch bis nach Rotterdam.

3 Die Frankfurter Messschifffahrt: ein gräflich-wertheimischer Unternehmenszweig und seine Unwägbarkeiten

Eine weitere Einkommensquelle für die Schiffer und für das Gesamthaus Löwenstein-Wertheim – wie auch für Aschaffenburger, Mainzer und Miltenberger Schiffer[21] – war die Frankfurter Messschifffahrt.[22] Hierfür pachtete ein lokal ansässiger Wertheimer Schiffer von dem Gesamthaus Löwenstein-Wertheim ein Schiff, das während der Messe den Main hinunterfuhr, um Wertheimer Kaufleute zu transportieren, die dort ihre Geschäfte machen wollten. Der Schiffspächter übernahm demnach die transportlogistischen Dienstleistungen für die Anbieter von Wertheimer Produkten, vornehmlich Wertheimer Wein. Eine Zunftordnung für die Fischer und Schiffer war erstmals 1696 durch Graf Eucharius Casimir erlassen und 1754 von dem Gesamthaus erneuert worden.[23] Die neue Ordnung teilte die Schiffe in zwei Klassen ein. Zur ersten Klasse gehörten nur die Schiffe der beiden Brüder Georg Nikolaus und Philipp Christoph Müller. Hinzu kam die Festlegung von Taxen für eine bestimmte Route. So betrug die einfache Taxe von Wertheim nach Frankfurt 32 Gulden.[24]

Mindestens ein Wertheimer Schiff, das bereits 1692 an die 100 Zentner Wein laden konnte,[25] fuhr seit dem Ende des 17. Jahrhunderts regelmäßig zur Frühjahrs- und Herbstmesse nach Frankfurt.[26] Außerdem durfte der Löwenstein-Wertheimer Messschifffahrer während der Dauer der Messe eine Waage aufstellen,[27] um die auf der Messe zu verkaufenden Güter wiegen zu können. Hierfür war eine Gebühr fällig. Die Waage stand direkt am Mainufer zwischen Metzger- und Fischertor.

21 Vgl. Dietz, Alexander: Frankfurter Handelsgeschichte. Bd. 1. Unveränderter Nachdruck der Ausgabe von 1910, Glashütten im Taunus 1970, S. 333.

22 Für die Frankfurter Messschifffahrt im Allgemeinen gilt immer noch die Bemerkung von Alexander Dietz, dass sich nur mühsam ein Bild gewinnen lässt. Vgl. ebd., S. 88.

23 Vgl. Emlein, Friedrich: Die Wertheimer Fischer- und Schifferzunft. In: Wertheimer Jahrbuch 1922, S. 31–65, hier S. 41.

24 Vgl. ebd., S. 43.

25 Vgl. Dietz: Frankfurter Handelsgeschichte, S. 302.

26 Vgl. Lerner, Franz: Weinhandel und Messe. In: Koch, Rainer (Hrsg.): Brücke zwischen den Völkern. Zur Geschichte der Frankfurter Messe. Bd. 2. Frankfurt a.M. 1991, S. 246–252, hier S. 247. Frankfurt war Hauptumschlagplatz für Wein. Der Weinmarkt fand am Fahrtor statt.

27 In Frankfurt durften nur Rohprodukte verkauft werden. Ware, bei der es auf das Gewicht ankam, durfte nicht ungewogen verkauft werden. Vgl. Dietz: Frankfurter Handelsgeschichte, S. 348.

Die Lizenz zur Führung des Schiffes und der Ausübung der damit verbundenen Rechte versteigerte das Gesamthaus Löwenstein-Wertheim bzw. seine Administration jeweils für einen Zeitraum von zwölf Jahren. 1746 – die kaiserliche Kommission hatte gerade dafür gesorgt, dass die Grafschaft Wertheim wieder halbwegs regierbar war – ersteigerte Michael Müller das Messschiff und pachtete es auf zwölf Jahre.[28] Bei dieser Gelegenheit wurde der jährliche Pachtbetrag von 162 Gulden auf 241 Gulden erhöht.[29] Das bedeutete eine Steigerung von fast fünfzig Prozent. Dabei handelte es sich um eine stattliche Summe, die zwar die Schulden des Hauses Löwenstein-Wertheim nicht allzu sehr verringert haben dürfte, aber Löwenstein-Wertheim wollte unbedingt auf dem Frankfurter Markt mit eigenen Waren präsent sein. Müller kam dabei wohl nicht auf seine Kosten, denn er beklagte für die Pachtzeit die schleppenden Geschäfte und bezifferte gegenüber Löwenstein-Wertheim einen Verlust von 100 Gulden pro Jahr.[30] Als Grund hierfür nannte er unter anderem, dass in Mainz alle zwei Jahre eine Messe abgehalten würde, die vor allem die Pfälzer, Mainzer und Hunsrücker der Frankfurter Messe vorzögen. Die Situation besserte sich jedoch spürbar in den Jahren danach, denn die Frankfurter Messe hatte während des Siebenjährigen Krieges von der durch die Kriegshandlungen arg gebeutelten Leipziger Messe nichts zu befürchten.[31] Der Aufschwung hielt sich sogar trotz der fünfjährigen Besetzung Frankfurts durch die Franzosen.

1770 trug die Ersteigerung des Wertheimer Schiffes diesem Wirtschaftsaufschwung Rechnung. Georg Friedrich Müller erwarb die Lizenz für das Messschiff jetzt zum Preis von 400 Gulden jährlich,[32] eine erneute Preissteigerung von mehr als fünfzig Prozent. Müller konnte jedoch aushandeln, dass er von dem Kontrakt zurücktreten könne, wenn er das volle Weinschankrecht nicht erhalten würde bzw. keine Waage aufstellen dürfe. 1773 kam es dann tatsächlich zu den Ordnungsmaßnahmen des Frankfurter Magistrats in Form der Aufstellung einer Wache vor dem Schiff und dem damit einhergehenden Verbot bzw. den genannten Einschränkungen der Wirtschaftsaktivitäten. Müller trat deshalb alsbald von dem Vertrag zurück. Dem Gesamthaus Löwenstein-Wertheim gelang es anschließend nur mit Mühe, zur folgenden Messe 1774 die Lizenz für das Schiff für 84 Gulden jährlich – also weniger

28 ISG Frankfurt Reichskammergericht Nr. 1016 Akten-Nr. 1554, Q 4f. 14r, 1774.

29 Ebd., Q 16, f. 134v, 1774.

30 Ebd., Q 31, Lit. T, 1781.

31 Dies war insofern bedeutsam, weil Frankfurt am Main zu Beginn des 18. Jahrhunderts von der Leipziger Konkurrenz überholt worden war. Vgl. Denzel, Markus A.: Das System der Messen in Europa. Rückgrat des Handels, des Zahlungsverkehrs und der Kommunikation (9. bis 19. Jahrhundert). In: Denzel, Markus A. (Hrsg.): Europäische Messegeschichte 9.–19. Jahrhundert. Köln/Weimar/Wien 2018, S. 369–431, hier S. 410.

32 ISG Frankfurt Reichskammergericht Nr. 1016 Akten-Nr. 1554, Q 16, f. 135v.

als ein Viertel der von Müller gezahlten Summe – an den Schiffer Bauer zu versteigern.[33] Gleichzeitig klagte das Gesamthaus vor dem Reichskammergericht gegen die Reichsstadt Frankfurt wegen des Rechts auf freien Ausschank seines Weines an alle auswärtigen und einheimischen Messebesucher sowie des Rechts, eine Waage am Mainufer aufstellen zu dürfen. Erleichtert bzw. überhaupt erst ermöglicht wurde dieses Vorgehen des Wertheimer Gesamthauses durch die Bemühungen der kaiserlichen Kommission. Sie hatten erste Früchte getragen, insofern die verfeindeten Kondominatsherren sich gerade wieder miteinander angefreundet und konfessionelle Vorbehalte vorerst jedenfalls in den Hintergrund gestellt hatten. Das Reichskammergericht reagierte auf die Klage des Hauses Wertheim prompt und sprach im gleichen Jahr ein Mandat – also eine Art einstweilige Verfügung – gegen die Stadt Frankfurt aus.[34] In den Augen des Gerichts hatte Löwenstein-Wertheim das Recht, Wein an alle fremden und einheimischen Messebesucher auszuschenken und eine Waage am Mainufer aufzustellen. Doch Frankfurt ignorierte den Richterspruch. Ein Tauziehen zwischen dem Adelshaus und der Reichsstadt begann. Löwenstein-Wertheim musste weitere Verluste seines Geschäftes in Kauf nehmen. Als 1782 Frankfurt nicht nur mit aufgestellten Wachen das Geschäft des Pächters schädigte, sondern zudem Strafgeld erhob, stockte die Versteigerung und Verpachtung des Schiffes in den folgenden Jahren beinahe vollständig. Nur mit äußersten Mühen gelang es den Wertheimern, das Schiff im Jahr 1786 für jährlich 37,5 Gulden zu versteigern.[35] Die Auktion erbrachte demnach nur noch etwa ein Zehntel des vormaligen Höchstwertes. Das Vorgehen des Frankfurter Rates machte den Gewinn des Hauses von Löwenstein-Wertheim aus diesem Geschäft quasi zunichte. 1787 ereignete sich zudem das eingangs berichtete Geschehen um den Arrest des Schiffes, was die Auseinandersetzung nicht beruhigte, sondern die Fronten weiter verhärtete.[36] Aus Sicht der Wertheimer war dabei offenkundig, dass die Reichsstädter am längeren Hebel saßen, weil sie auf Zeit spielen konnten: Die Frankfurter waren weniger am unmittelbaren Nutzen, sondern an der langfristig lukrativen Wahrung ihrer Rechts- und damit Wirtschaftsposition orientiert, während ihre Wertheimer Kontrahenten sowohl ihre Rechtsposition behaupten als auch ihre Kosten- und Einnahmesituation verbessern mussten, also auf unmittelbaren »betriebswirtschaftlichen« Profit aus ihren obrigkeitlichen Rechten hofften. Dem Gesamthaus musste daher an einer zügigen Klärung der Angelegenheit gelegen sein.

33 Ebd.

34 ISG Frankfurt Reichskammergericht Nr. 1016 Akten-Nr. 1554, Spezialprotokoll, 1774.

35 Ebd., Nr. 5.

36 ISG Frankfurt Reichskammergericht Nr. 1016 Akten-Nr. 1554, Spezialprotokoll, Nr. 12, 20. Juli 1787.

4 Der Streitschlichtungsversuch: das Profitmaximierungsspiel mit den unterschiedlichen Kapitalsorten auf dem Feld des Rechts

Betrachtet man die Akten des Reichskammergerichtsprozesses etwas näher, so wird klar, dass Verhandlungen zwischen der Reichsstadt Frankfurt und dem Gesamthaus Löwenstein-Wertheim auf verschiedenen Ebenen stattfanden. Das war nicht ungewöhnlich, sondern vielmehr die Regel bei frühneuzeitlichen Konfliktfällen. Meist lassen sich hierzu jedoch keine Akten mehr finden. So auch in unserem Fall. Indizien für Streit auf mehreren Ebenen sind jedoch die verbalen Auseinandersetzungen der Prozessvertreter der beiden Parteien, die sich in den öffentlichen Sitzungen des Gerichts nichts schenkten. Das sogenannte Spezialprotokoll, das den Akten üblicherweise vorangelegt wurde, informiert detailliert darüber.[37] Dabei erwies sich der Frankfurter Prozessvertreter – der Prokurator Friedrich Caspar Hofmann – als ein gewiefter Anwalt, der sich zudem bestens in den Frankfurter Interna auskannte, schon weil sein Cousin ersten Grades als Syndikus der Reichsstadt amtierte.[38] Hofmann kam es vor allem darauf an, auf Zeit zu spielen, wohlwissend, dass die gegnerische Partei aus fiskalisch-»betriebswirtschaftlichen« Gründen diese weit weniger hatte. Dazu war jedes Mittel recht. Dies bemerkte auch die gegnerische Partei, die sich in der öffentlichen Sitzung des Gerichts massiv darüber beschwerte. So bemängelte der löwenstein-wertheimische Prozessvertreter Johann Paul Besserer 1781,[39] dass nun seit bereits sechs Jahren ständig substanzlose Prorogationen angestrengt würden, um den Prozess in die Länge zu ziehen.[40] Tatsächlich war Hofmann um keine Ausrede verlegen. So erklärte er wegen der verspäteten Stellungnahme zu dem Reichskammergerichtsmandat, dass er leider nicht hätte reagieren können, da das Frankfurter Collegium Syndicorum zwei Mitglieder verloren hätte. Dies habe bewirkt, dass der Geschäftsgang doch sehr zurückgegangen sei, da »es mindestens ein dreiviertel Jahr dauere, bis die neue Stelle besetzt werden könne«.[41]

37 Ebd., Spezialprotokoll.

38 Vgl. Baumann, Anette: Anwälte am Reichskammergericht. Die Prokuratorendynastie Hofmann in Wetzlar 1693–1806) (Schriftenreihe der Gesellschaft für Reichskammergerichtsforschung, Heft 28). Wetzlar 2001.

39 Bemerkenswert in diesem Zusammenhang ist, dass die Familien Besserer und Hofmann miteinander verschwägert waren. Vgl. Baumann, Anette: Advokaten und Prokuratoren. Anwälte am Reichskammergericht (1690–1806) (Quellen und Forschungen zur Höchsten Gerichtsbarkeit im Alten Reich, Bd. 51). Köln/Weimar/Wien 2006, S. 138.

40 ISG Frankfurt Reichskammergericht Nr. 1016 Akten-Nr. 1554, Spezialprotokoll Eintrag zum 1. Juni 1781. Zuvor hatte Besserer bereits einen Verlust von 1200 Gulden für Löwenstein-Wertheim beklagt.

41 Ebd., Q 33 § 1, 1. Juni 1781.

Wertheim beharrte in dem gesamten Prozessverlauf auf seine vom Reichskammergericht bereits zugestandenen Rechte. Frankfurt dagegen ignorierte den Richterspruch und behinderte die Wertheimer Messschiffer weiter massiv. Die Tatsache, dass Wertheim seit mindestens 1687 an alle Kunden Wein ausschenkte und verkaufte sowie eine Waage betrieb,[42] ließ sich zwar durch Frankfurt bestreiten, aber Löwenstein-Wertheim konnte leicht das Gegenteil beweisen. Hofmann war dies natürlich klar. Er musste zu raffinierteren Mitteln greifen, um das bereits verhängte Mandat in das Gegenteil zu verkehren oder zumindest abzumildern bzw. den Prozess weiter hinauszögern. Denn sein Ziel war es, auf anderen Verhandlungsebenen erfolgreich zu sein. Hofmann, der auch so bedeutende Reichsstände wie den preußischen König und Kurpfalz vertrat, aber auch ein enger Freund des europaweiten Verfechters der jüdischen Emanzipation Christian Konrad Wilhelm von Dohm war,[43] griff deshalb auf das Mittel des visualisierten Beweises zurück. Er bediente sich einer besonderen Frankfurter Stadtansicht, um den Richtern die vermeintliche Unsinnigkeit der Forderungen Löwenstein-Wertheims deutlich zu machen und die Argumentation der Grafen ins Lächerliche zu ziehen. Eine Analyse jenes Beweismittels, das der Frankfurter Prozessvertreter vor Gericht verwendete und das noch den Akten beiliegt,[44] lässt deutlich werden, worauf sein Handeln abzielte.

Die von Hofmann vorgelegte schwarz-weiße Federzeichnung zeigt eine Ansicht Frankfurts vom südlichen Mainufer aus (siehe Abb. 1). Der dargestellte Abschnitt reicht vom Metzger Tor im Westen bis zum Fischertor und der Mainbrücke mit dem Brückenturm im Osten. Den Vordergrund bildet der Main. Im Hintergrund sind Häuser, Hausdächer und der Dom mit seinem markanten Turm erkennbar. Am Mainufer stehen Messeverkaufsstände – so genannte Schirne – sowie zwei Bäume, von denen einer mit dem roten Buchstaben e gekennzeichnet ist. Auch andere Gebäude sind mit roten Buchstaben markiert. Direkt vor dem Baum befindet sich ein einziges Schiff. Es trägt den Buchstaben d. Die Legende am unteren Bildrand erklärt, dass es sich hier um »das Wehrtheimer Messschiff in der gewöhnlichen Anlandungsgegend« handle. Auch wird in der Ansicht vermerkt, dass der Durchgang zum Fischertor während der Messe gesperrt sei. Maßstab und Angaben zur Himmelsrichtung fehlen. Sie scheinen in den Augen des Zeichners und der Frankfurter Prozesspartei nicht notwendig gewesen zu sein.

42 Ebd., Q 14f. 60v, 24. Nov.1774. Siehe auch ISG Frankfurt Rechnereiakten vor 1816, Nr. 402, f. 4r, 1687.

43 Vgl. Baumann, Anette: Advokaten und Prokuratoren, S. 61–65, vor allem S. 62 und S. 65. Zu Dohm Dambacher, Ilsegret: Christian Wilhelm von Dohm. Ein Beitrag zur Geschichte des preußischen aufgeklärten Beamtentums und seine Reformbestrebungen am Ausgang des 18. Jahrhunderts. Frankfurt a. M./ Berlin 1974; Carl, Horst: Die Aachener Mäkelei 1786–1792. Konfliktregelungsmechanismen im Alten Reich. In: Zeitschrift des Aachener Geschichtsvereins 92 (1985), S. 103–187; Nève, Paul L.: Die Lütticher Revolution 1789 vor dem Reichskammergericht (Schriftenreihe der Gesellschaft für Reichskammergerichtsforschung, Heft 8). Wetzlar 1989. Wüller, Heike: Systemkrise als Handlungschance. Christian Wilhelm von Dohm und die Lütticher Revolution von 1789 (Quellen und Forschungen zur Brandenburgischen und Preußischen Geschichte 26). Berlin 2004.

44 ISG Frankfurt Reichskammergericht Nr. 1016 Akten-Nr. 1554.

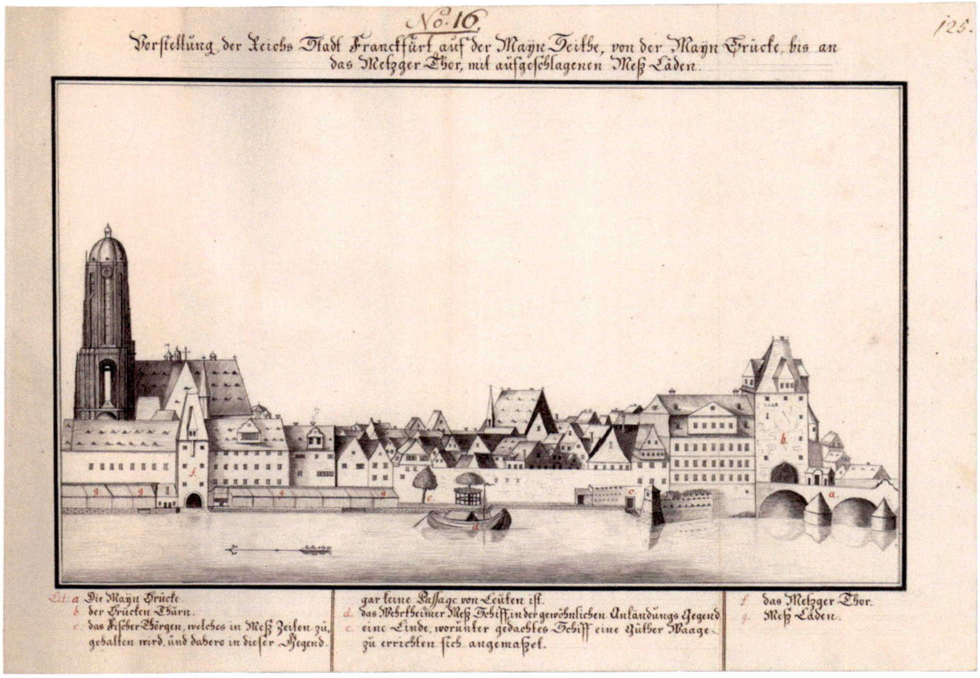

Abbildung 1. Stadtansicht von Frankfurt, ISG Frankfurt, Reichskammergericht Nr. 1016 Akten-Nr. 1554; Tuschezeichnung, Zeichner unbekannt, ca. 24 × 38 cm, ca. 1775.

Die Stadtansicht diente Hofmann dazu, zu beweisen, dass die Aufstellung der Waage durch die Wertheimer an diesem Ort nutzlos sei und kein Gewinn brächte, da sich keine Messebesucher dorthin verirrten:

> »Der vorgegebene Besitz dieser offentlichen Waag=aufstellung ist also nicht nur von aller rechtlichen Vermuthung und Wahrscheinlichkeit völlig entfernet, sondern auch an sich falsch und ungeändert; wäre aber auch […] an dem abgesonderten Ort, wo das Wertheimer Meßschiff anländet und welchen der sub Nummero 16 beigehende Riß darstellet, nicht unmöglich, […], was würde wohl ein solches heimliches Vernehmen, […] vor einen Besitz würcken können.«[45]

Diese Art der Darstellung des Frankfurter Mainufers und die Ausführungen Hofmanns ließen keinen anderen Schluss zu, als dass Löwenstein-Wertheim hier auf ein Recht beharrte, das keine ökonomische Bedeutung zu besitzen schien. Die Visualisierung des Raumes wurde zum Beweis seiner tatsächlichen Nutzung oder Nichtnutzung bzw. zu seiner Missbewirtschaftung. Hofmann verließ das juristische Feld fast völlig, indem

45 ISG Frankfurt Reichskammergericht Nr. 1016 Akten-Nr. 1554, Q 14 f. 77rf, 24. Nov.1774.

er an entscheidender Stelle betriebs- bzw. markt-wirtschaftliche Argumente ins Feld führte:

> »Und wer wollt wohl Syndici Herren P. [Frankfurter Räte] zutrauen, daß dieselbe die Pflichten, womit sie über die Gerechtsame der Stadt zu wachen verbunden sind, so weit außer Augen sezen würde, allein dem Wertheimer Schiffer, wenn deßfalls zu einer Zeit ein Bericht oder Anzeige eingekommen wäre, ein solches Recht oder Besitz einzuräumen, welches die Gerechtsame der Stadt äußerst beschränken würde.«[46]

Diese Argumentation war in doppelter Hinsicht bemerkenswert: Zum einen weil damit vor dem Reichskammergericht nicht die Frage der Rechtskonformität des Wertheimer Handelns, sondern dessen ökonomischer Rationalität zur Debatte gestellt wurde, zum anderen weil Hofmann schlicht an der belegbaren Faktenlage vorbei argumentierte. Denn selbst die reichsstädtischen Akten wiesen das Gegenteil aus. So erwies ein Frankfurter Ratsdokument von 1654, dass neben dem Wertheimer Schiff zu Messezeiten 24 weitere Schiffe in einer bestimmten Reihenfolge dicht gedrängt am Mainufer ankerten.[47] Die eingangs erzählte Zeugenaussage des Würzburger Messschiffers, die mit der Schilderung eines Menschenauflaufes im starken Kontrast zu der von Hofmann eingereichten menschenleeren Zeichnung steht, lässt darauf schließen, dass sich daran auch im 18. Jahrhundert nichts Wesentliches geändert hatte. Das Würzburger Schiff hatte nur ein weiteres Schiff weit entfernt seine Anlegestelle. Bezeichnenderweise ignorierte der Prozessvertreter des Gesamthauses Löwenstein-Wertheim die Zeichnung in seiner Stellungnahme komplett und verwies stattdessen auf die Zeugenaussage des Würzburger Schiffers und damit eben auf drei wesentliche Dinge: Das Wertheimer Schiff lag nicht an einer einsamen Stelle am Main. Vielmehr wimmelte es dort von Menschen und außerdem hatte der Frankfurter Rat mit einer gewalttätigen Handlung wertheimische Rechte beschnitten.

Hofmanns Prozessstrategie war in methodischer Hinsicht – mit Blick auf die Einführung einer Augenscheinkarte als Beweismittel – keineswegs unüblich, sondern Teil einer seit dem 16. Jahrhundert begonnenen Professionalisierung, die sich immer mehr vom Zeugenbeweis ab- und dem Sachbeweis zuwandte. Eine Visualisierung von Raum zum Beweis von Nutzungsformen war demnach im 18. Jahrhundert am Reichskammergericht keine neue Darstellungsart. In einem Prozess aus dem Jahr 1750 ging es zum Beispiel darum zu beweisen, dass ein Haus den Charakter eines Rittergutes bzw. Schlosses besitze und kein einfacher Bauernhof sei.

46 Ebd.

47 ISG Frankfurt Rechnereiakten vor 1816, Nr. 402 f. 2r, 1654.

Abbildung 2. Ansicht des Rittergutes Aschbach, BayHStA München, Kartensammlung 860 III; Kupferstich, Joh. Jakob Schwarz, Joh. Seb. Leitner, 1744/1755.

Der Vordergrund des Kupferstiches (Abb. 2) zeigt eine ländliche Idylle mit Heuwagen, Schnitter und Schnitterin, Hunden und Viehherde.[48] Im Mittelgrund erhebt sich ein reich dekorierter Bau mit elf Fensterachsen und einem erhöhten verzierten Giebel. Vor dem Schloss ist ein Brunnen umgeben von Bauern, aber auch eine prächtige Kutsche mit höfisch gekleideten Personen zu sehen. Dem Schloss ist ein dreiflügeliger Wirtschaftsbau vorgelagert. Die Visualisierung des Raumes wird hier vorgenommen, um eine bestimmte Qualität von Eigentum – nämlich die eines adeligen Rittergutes – aufzuzeigen. Das unterstreicht auch die Unterschrift: »Das frey-eigene Ritterguth und Schloß Aschbach. La Seigneurie d'Aschbach près d'Uffenheim«. Hinzu kommt das freiherrliche Wappen, das die Verbindung der Person des Eigentümers mit dem Eigentum selbst eindrücklich herstellt und keinen anderen Schluss zulässt, als dass es sich bei dem abgebildeten Gebäude um ein freies Rittergut handeln muss.

Das Aschbacher Fallbeispiel war keinesfalls singulär. Die Wertheimer Kondomini selbst nutzten 1794 eine solchen Typus der Augenscheinkarte als Beweismittel, als die Bürger ihrer »Hauptstadt« gegen ein Urteil ihrer Regierung in Kleinheubach an das Reichskammergericht appellierten (Abb. 3). Die Wertheimer Bürger hatten die Stadt Wertheim zwingen wollen, eine Straße zu finanzieren, die durch das Hochwasser der Tauber zerstört worden war.[49]

48 Bayerisches Hauptstaatsarchiv [BayHStA] München, Kartensammlung 860 III. Die dazugehörige Akte befindet sich in BayHStA München, Bestand Reichskammergericht, Nr. 6909.

49 Generallandesarchiv [GLA] Karlsruhe Plansammlung J-B Wertheim 2. Die dazu gehörige Akte befindet sich in GLA Karlsruhe, Bestand 71, Nr. 3325.

Die Visualisierungsstrategie des Wertheimer Rates zielte darauf zu definieren – und so zu beweisen –, dass ein Weg »privat« sei. Dabei blickt der Betrachter von einer leichten Erhöhung auf das Städtchen Wertheim, das direkt an der Taubermündung in den Main liegt. Oberhalb der Stadt ist das Wertheimer Schloss sichtbar. Dahinter schließen sich Weinberge und ein Wäldchen an. Vor der befestigten Stadt liegen Wiesen und kleine Gärten zum Teil mit eleganten Gartenpavillons versehen. Ein Fußweg, der an Tauber und Main entlangführt, wird lebhaft genutzt. Spaziergänger und auch ein Hund tummeln sich dort. Die Spaziergänger, die sich auf dem vermeintlichen »Hauptweg« befinden, und die Unebenheit des Weges selbst sollten beweisen, dass es sich hier nur um einen Weg zum privaten Nutzen handeln könne. Der Stecher selbst sitzt mit einem Frack bekleidet auf dem bloßen Boden und hält einen Zeichenstift in der Hand. Der Stich zeigt zudem auf der Unterseite das Wappen der Wertheimer und nennt dazu den Namen des Herstellers. Der Stich gibt uns gleichzeitig eine Vorstellung davon, wie die Stadt Wertheim gegen Ende des 18. Jahrhunderts ausgesehen hat und schafft so eine Verbindung zu dem geschilderten Prozess.

Aber kommen wir zu unserem ursprünglichen Fall zurück: Der Wertheimer Anwalt ignorierte die Beweisstrategie der Frankfurter. Die Tatsache, dass sich die Wertheimer Prozesspartei dagegen auf die Frankfurter Prolongierungsstrategie einließ, mochte auch einer simplen betriebswirtschaftlichen Rechnung entsprungen sein.

Abbildung 3. Ansicht der Stadt Wertheim, GLA Karlsruhe, Plansammlung J-B Wertheim 2., Kupferstich, J. G. H. Kahl 1783.

Denn wenn auch die Pachtverluste des Hauses Löwenstein-Wertheim in Prozentpunkten ausgedrückt beträchtlich waren, so war der absolute Betrag an sich in Relation zur drückenden Schuldenlast eher unerheblich. So scheint es den Kondomini am Ende nur vordergründig um Gewinn gegangen zu sein, sondern um Ehre und Teilhabe an städtischen Rechten. Wertheim wollte das Frankfurter Stadtrecht beschneiden und nicht anerkennen, dass der Wertheimer Schiffer nur »*denen Wertheimer Leuten Speiß- und Trank*« geben dürfe.[50] Aber nur um die Wahrung ihrer ständischen Ehre und die Eindämmung Frankfurter Rechtsextensionen konnte es den Wertheimern dann doch nicht gehen. Denn das hätte ja auch den Gewinn bzw. Umsatz des Schiffes weiter erheblich geschmälert und darüber hinaus die Frage aufgeworfen, inwiefern die Kondomini als Obrigkeit in der Grafschaft die heimische Wirtschaft zu schützen und zu fördern in der Lage waren. Das heißt, an diesem Streit hingen zwei Fragen von grundsätzlicher Bedeutung: die Frage nach dem genuin betriebswirtschaftlichen Profit und die Frage nach dem Profit der kondominatorischen Herrschaftsökonomie. Beide Fragen tangierten letztlich – und viel entscheidender – die übergeordnete Schwierigkeit des ökonomischen Überlebens der Grafschaft und damit dynastieökonomische Problematiken, die beinahe alle unterschiedlichen Kapitalsorten berührten.

Vorerst aber schleppte sich der Prozess ganz nach Wunsch der Frankfurter weiter. Am 16. September 1788 allerdings verkündete der Frankfurter Prozessvertreter Hofmann in der öffentlichen Sitzung des Gerichts plötzlich, die Streitparteien führten Vergleichsverhandlungen.[51] Der Wertheimer Anwalt Johann Georg Carl Vergenius – Nachfolger von Dr. Johann Paul Besserer – war verblüfft. Er musste vor allen Anwesenden zugeben, dass er davon nichts wisse.[52] Ob es sich dabei um eine taktische Maßnahme Hofmanns oder aber um mangelnde Kommunikation zwischen Anwalt und Mandant auf Löwensteinisch-Wertheimer Seite handelte, kann auf Grund der Quellenlage nicht beurteilt werden. Wieder aufgeflammte Streitigkeiten unter den Kondominatsherren und gegenseitige Blockierungsmaßnahmen lassen aber auf Kommunikationsdefizite schließen. Jedenfalls lassen sich die Aussagen Vergenius' so deuten, denn er sagt:

> »Allenfalls mögten eine Regierung zu Wertheim in separato gethan und geschrieben haben, was sie wollten, so kann solches dem hohem Sammt Hauß Löwenstein Wertheim nicht präjudiciren, denn in der Gemeinschaft zu Wertheim fallen die regulae societatis weg, und sind nichts weniger als anwendbar, maßen eine hohe Linie einmalen schuldig ist, dasjenige zu erkennen, und sich darnach zu richten wozu die andern ohne ihr Wissen und ausdrücklichen Beitritt sich verbindelich gemacht haben. Nur was beide hohe

50 ISG Frankfurt Reichskammergericht Nr. 1016 Akten-Nr. 1554, Q 14 f. 60v, 24. 11. 1774. Hervorhebung im Original.

51 Ebd. Siehe Spezialprotokoll mit dem Eintrag vom 16. September 1788.

52 Ebd. Siehe Spezialprotokoll mit dem Eintrag vom 24. September 1788.

> Linien die Fürstliche sowohl als gräflich oder dero Regierungen nach vorhergegangen communication coniunctim beschließen und thun, verbindet das hohe fürstliche und gräfliche Sammt Hauß Löwenstein-Wertheim.«[53]

Die Frankfurter Strategie war demnach aufgegangen, wenn auch nicht so wie angedacht. Der Prozessgegner war gespalten, seine Strategie durchkreuzt, weil er sie aufgrund divergierender Interessen nicht mehr hatte durchhalten können. Am 25. Oktober 1790 meldete Hofmann denn auch, dass die Sache verglichen sei.[54] Der Gegenanwalt bestätigte dies auf Rückfragen des Gerichts. Der Bitte des Gerichts, den Vergleichsvertrag den Akten beizulegen, kam Hofmann aber nicht nach, weshalb nicht nachvollzogen werden kann, wie der Vergleich konkret aussah. Festzuhalten bleibt allerdings, dass Löwenstein-Wertheim auf ganzer Linie vorgeführt worden war.

5 Fazit: freies Marktgeschehen und unfreie Marktgestaltung durch Dritte als unkalkulierbare Variable adeligen Unternehmertums

Das Gesamthaus Löwenstein-Wertheim hatte als Verpächter von Messschifflizenzen keinen oder doch nur beschränkten Erfolg. Dies resultierte keineswegs aus unternehmerischer Unfähigkeit, sondern aus der internen Zerstrittenheit und der Abhängigkeit von dem zentralen Anbieter der logistischen und Marktinfrastruktur in Gestalt der Reichsstadt Frankfurt, deren Magistratselite nur eines kannte: das Geschäft. Sie organisierte die entscheidenden »Vermarktungsplattformen«, also jene Messen, deren Rahmenbedingungen sie auf der Basis ihrer kaiserlichen Privilegien, aber gewiss nicht immer gemäß dieser Rechte exklusiv »ausgestaltete«. Der Beherrschung des Marktes durch das Instrument des Rechts und dessen konkreter Ausübung durch die Reichsstadt hatten andere Anbieter und übergeordnete Rechtskontrolleure nichts entgegenzusetzen, weil sie zu einer konzertierten Aktion gegen den regionalen Monopolisten nicht in der Lage waren. Der Extension der Privilegien durch die Reichsstadt war offenkundig angesichts der allgemeinen Marktbedingungen weder ein Reichsstand noch eine Reichinstitution gewachsen. Der Reichsstand und das Reichskammergericht wurden durch Frankfurt im Streit um die Ausübung der Messerechte schlicht nicht ernst genommen. Das erteilte Mandat des Reichskammergerichts wurde durch Frankfurt einfach übergangen und der Prokurator der Löwenstein-Wertheimer in den öffentlichen Sitzungen des Gerichts regelrecht vorgeführt. Die vermeintlichen alten Rechte der Löwenstein-Wertheimer spielten für die Reichsstadt keine Rolle. Mehr noch: Die Frankfurter Vertreter argumentierten

53 Zit. nach Meier: Souverän und doch geteilt, S. 266. Siehe auch den Hinweis in ISG Frankfurt Reichskammergericht Nr. 1016 Akten-Nr. 1554, Q 30 Triplik.

54 ISG Frankfurt Reichskammergericht Nr. 1016 Akten-Nr. 1554, siehe Spezialprotokoll vom 25. Oktober 1790.

vor Gericht gar nicht mehr juristisch, sondern gleichsam markt- bzw. monopolradikal, wenn sie der Wertheimer Forderung nach Rechtskonformität des Marktgeschehens – also der Einhaltung von gesetzlichen Regeln – eine brutale, zudem rechts- und faktenwidrige Bewirtschaftungsrationalität entgegensetzten, die unter Ausnutzung der lokalen Bedingungen einseitig die Interessen der Stadt und ihrer »Interessenten« bediente. Der Frankfurter Magistrat und sein Prozessvertreter arbeiteten folgerichtig mit einem visualisierten Beweis zur Raumnutzung, dem allseits bewährten Mittel der Zeitverzögerung sowie einzelnen gezielten obrigkeitlichen Maßnahmen, um den Reichsstand mürbe zu machen. Schließlich musste sich Wertheim – trotz Erreichung eines Mandats des Reichskammergerichts – mit einem Vergleich zufriedengeben.

6 Quellen- und Literaturverzeichnis

Archivalische Quellen

Frankfurt
Institut für Stadtgeschichte [ISG]
Rechnereiakten vor 1816
Reichskammergericht, Nr. 1016 Akten-Nr. 1554

Karlsruhe
Generallandesarchiv [LGA]
Plansammlung J-B Wertheim 2
Bestand 71, Nr. 3325

München
Bayerisches Hauptstaatsarchiv [BayHStA]
Kartensammlung 860 III.
Bestand Reichskammergericht, Nr. 6909

Wertheim
Staatsarchiv Wertheim [StAWt]
S HV J 155, Schiffstagebuch Georg Nikolaus Müller,
S V 10 T 172, Schiffstagebuch Georg Nikolaus Müller (Sohn).

Wien
Österreichisches Staatsarchiv [ÖStA]
Allgemeines Verwaltungsarchiv [AVA], Adelsarchiv Löwenstein-Wertheim
Haus-, Hof-, und Staatsarchiv (HHStA], Reichstaxamt 22

Gedruckte Quellen

Moser, Johann Jakob: Teutsches Staats-Recht. Bd. 15, Leipzig/Ebersdorf 1744.

Literaturverzeichnis

Baumann, Anette: Anwälte am Reichskammergericht. Die Prokuratorendynastie Hofmann in Wetzlar 1693–1806) (Schriftenreihe der Gesellschaft für Reichskammergerichtsforschung, Heft 28). Wetzlar 2001.

Baumann, Anette: Advokaten und Prokuratoren. Anwälte am Reichskammergericht (1690–1806) (Quellen und Forschungen zur Höchsten Gerichtsbarkeit im Alten Reich, Bd. 51). Köln/Weimar/Wien 2006.

Carl, Horst: Die Aachener Mäkelei 1786–1792. Konfliktregelungsmechanismen im Alten Reich. In: Zeitschrift des Aachener Geschichtsvereins 92 (1985), S. 103–187.

Dambacher, Ilsegret: Christian Wilhelm von Dohm. Ein Beitrag zur Geschichte des preußischen aufgeklärten Beamtentums und seine Reformbestrebungen am Ausgang des 18. Jahrhunderts. Frankfurt a. M./Berlin 1974.

Denzel, Markus A.: Das System der Messen in Europa – Rückgrat des Handels, des Zahlungsverkehrs und der Kommunikation (9. bis 19. Jahrhundert). In: Denzel, Markus A. (Hrsg.): Europäische Messegeschichte 9.–19. Jahrhundert. Köln/Weimar/Wien 2018, S. 369–431.

Dietz, Alexander: Frankfurter Handelsgeschichte. Bd. 1. Unveränderter Nachdruck der Ausgabe von 1910, Glashütten im Taunus 1970.

Dietz, Alexander: Frankfurter Handelsgeschichte. Bd. 2. Unveränderter Nachdruck der Ausgabe von 1921, Glashütten im Taunus 1970.

Dölemeyer, Barbara: Frankfurter Juristen im 17. und 18. Jahrhundert. Frankfurt a. M. 1993.

Ehmer, Hermann: Geschichte der Grafschaft Wertheim. Wertheim 1989.

Emlein, Friedrich: Die Wertheimer Fischer- und Schifferzunft. In: Wertheimer Jahrbuch 1922, S. 31–65.

Gschließer, Oswald von: Der Reichshofrat. Wien 1942.

Jendorff, Alexander: Condominium. Typen, Funktionsweisen und Entwicklungspotentiale von Herrschaftsgemeinschaften in Alteuropa an Hand hessischer und thüringischer Beispiele (Historische Kommission für Hessen, Bd. 72). Marburg 2010.

Lerner, Franz: Weinhandel und Messe. In: Koch, Rainer (Hrsg.): Brücke zwischen den Völkern. Zur Geschichte der Frankfurter Messe. Bd. 2, hrsg. von Patricia Stahl. Frankfurt a. M. 1991, S. 246–252.

Löwenich, Maria von: Amt und Prestige. Die Kammerrichter in der ständischen Gesellschaft (1711–1806) (Quellen und Forschungen zur Höchsten Gerichtsbarkeit im Alten Reich, Bd. 72). Köln/Weimar/Wien 2019.

Meier, Robert: Souverän und doch geteilt: Kondominate. Eine Annäherung an eine typische Sonderform des Alten Reiches am Beispiel der Grafschaft Wertheim. In: Zeitschrift für neuere Rechtsgeschichte 24 (2002), S. 253–272.
Nève, Paul L.: Die Lütticher Revolution 1789 vor dem Reichskammergericht (Schriftenreihe der Gesellschaft für Reichskammergerichtsforschung, Heft 8). Wetzlar 1989.
Stockert, Harald: Adel im Übergang. Die Fürsten und Grafen von Löwenstein-Wertheim zwischen Landesherrschaft und Standesherrschaft 1780–1850 (Veröffentlichungen der Kommission für geschichtliche Landeskunde in Baden-Württemberg, Reihe B. Forschungen, 144. Bd.). Stuttgart 2000.
Wüller, Heike: Systemkrise als Handlungschance. Christian Wilhelm von Dohm und die Lütticher Revolution von 1789 (Quellen und Forschungen zur Brandenburgischen und Preußischen Geschichte Band 26). Berlin 2004.

Abbildungsnachweise

Abb. 1 Stadtansicht von Frankfurt, Institut für Stadtgeschichte Frankfurt am Main, Reichskammergericht Nr. 1016 Akten-Nr. 1554
Abb. 2 Ansicht des Rittergutes Aschbach, Bayerisches Hauptstaatsarchiv München, Kartensammlung 860 III
Abb. 3 Ansicht der Stadt Wertheim, Generallandesarchiv Karlsruhe, Plansammlung J-B Wertheim 2

ADLIG, GEISTLICH, WEIBLICH – UND UNTERNEHMERIN? DIE ESSENER FÜRSTÄBTISSIN MARIA KUNIGUNDE VON SACHSEN

Bettina Braun

Abstract Maria Kunigunde von Sachsen, die letzte Fürstäbtissin von Essen, gilt als eines der raren Beispiele für adlige Unternehmerinnen. In dem Beitrag werden ihre Aktivitäten insbesondere auf dem Gebiet der Eisenverhüttung vorgestellt und problematisiert, ob es sich dabei um klassische landesherrliche Wirtschaftsförderung oder privatwirtschaftliches Unternehmertum handelte. In einem zweiten Schritt wird aufgezeigt, wie die Rezeption der unternehmerischen Tätigkeit Maria Kunigundes in den letzten hundert Jahren den Wandel des Frauenbildes widerspiegelt.

Keywords weibliches Unternehmertum, Hüttenindustrie, adlige Frauen

Die Erkenntnis, dass Frauen in der Frühen Neuzeit durchaus politische Herrschaft ausübten, dass regierende Frauen also keineswegs erst eine Erscheinung des 20. Jahrhunderts waren, scheint sich wenigstens in der Wissenschaft allmählich durchzusetzen.[1] Unternehmerinnen scheinen hingegen weiterhin als ein Kennzeichen der Moderne zu gelten. Das ist insofern erstaunlich, als die Forschung der

1 Zur Herrschaft von Frauen ist in den vergangenen Jahren intensiv geforscht worden. Siehe dazu, statt zahlreicher Einzelhinweise, die einführenden Darstellungen und Sammelbände Wunder, Heide: Herrschaft und öffentliches Handeln von Frauen in der Gesellschaft der Frühen Neuzeit. In: Gerhard, Ute (Hrsg.): Frauen in der Geschichte des Rechts. Von der Frühen Neuzeit bis zur Gegenwart. München 1997, S. 27–54; Jansen, Sharon L.: The Monstrous Regiment of Women. Female Rulers in Early Modern Europe. New York 2002; Campbell Orr, Clarissa (Hrsg.): Queenship in Europe, 1669–1815. The Role of the Consort. Cambridge 2004; Puppel, Pauline: Gynaecocratie. Herrschaft hochadeliger Frauen in der Frühen Neuzeit. In: Engel, Gisela / Wunder, Heide (Hrsg.): Geschlechterstreit am Beginn der europäischen Moderne. Die Querelle des Femmes (Kulturwissenschaftliche gender studies, Bd. 7). Königstein 2004, S. 152–167; Keller, Katrin: Gynäkokratie. Zu politischen Handlungsmöglichkeiten von Frauen in der höfischen Gesellschaft der Frühen Neuzeit. In: zeitenblicke 8 (2009), Nr. 2, URL: http://www.zeitenblicke.de/2009/2/keller/index.html [letzter Zugriff: 28.03.2020]; Schnettger, Matthias: Weibliche Herrschaft in der Frühen Neuzeit. Einige Beobachtungen aus verfassungs- und politikgeschichtlicher Sicht. In: zeitenblicke 8 (2009), Nr. 2. URL: http://www.zeitenblicke.de/2009/2/schnettger [letzter Zugriff: 28.03.2020]. Levin, Carol / Meyer, Alycia: Women and Political Power. In: Poska, Allyson M. (Hrsg.): The Ashgate Research Companion to Women and Gender in Early Modern Europe. Farnham u. a. 2013, S. 341–357; Keller, Katrin: Frauen und dynastische Herrschaft: Eine Einführung. In: Braun, Bettina / Keller, Katrin / Schnettger, Matthias (Hrsg.): Nur die Frau des Kaisers? Kaiserinnen in der Frühen Neuzeit (Veröffentlichungen des Instituts für Österreichische Geschichtsforschung, Bd. 64). Köln/Weimar/Wien 2016, S. 13–26.

letzten Jahre herausgearbeitet hat, dass Frauen in der Wirtschaft durchaus eine Rolle spielten, dass sie selbstverständlich an den Betrieben ihrer Männer partizipierten, ja, dass sie, vor allem als Witwen, vielfach und selbstverständlich unternehmerisch tätig waren – wenn auch üblicherweise in eher kleinerem Rahmen.[2] Das galt freilich für Männer in gleicher Weise, auch sie waren zumeist Kleinunternehmer. Daneben gab es in der Frühindustrialisierung aber auch Unternehmerinnen, die zum Beispiel Glas- oder Eisenhütten mit mehreren Produktionsstandorten und Dutzenden oder gar Hunderten von Arbeitern leiteten und besaßen.[3] Ähnlich wie die politische Teilhabe von Frauen wurde auch ihre unternehmerische Tätigkeit im 19. Jahrhundert stark eingeschränkt, was der Annahme Vorschub geleistet haben dürfte, dass es Frauen als Unternehmerinnen früher nicht gegeben habe. Noch in den 1950er Jahren hielt mancher sie für eine vorübergehende, durch den Ausfall der Männer während des Krieges verursachte Erscheinung.[4] Trifft also für die Frühe Neuzeit die Annahme von der unternehmerischen Abstinenz schon für Frauen im Allgemeinen nicht zu, so noch weniger für adlige Frauen. Denn adlige Frauen nahmen selbstverständlich Aufgaben im ökonomischen Bereich wahr, wie beispielsweise die Verwaltung des Hofs.[5] Adlige Witwen wiederum bewirtschafteten ohnehin eigenständig ihr Wittum. Ob man diese adligen und fürstlichen Frauen deshalb als Unternehmerinnen im eigentlichen Sinne bezeichnen kann, sei dahingestellt.[6] Aber gewisse ökonomische Grundkenntnisse wurden ihnen offenbar zugetraut und waren ihnen auch vermittelt worden.

---

2 Auch hier nur einige wenige Hinweise auf Publikationen mit Überblickscharakter: Wunder, Heide: Er ist die Sonn', sie ist der Mond. Frauen in der Frühen Neuzeit. München 1992, S. 89–154; Labouvie, Eva: Frühneuzeitliche Unternehmerinnen. Frauen in Bergbau, in der Eisen- und Glashüttenindustrie. In: Labouvie, Eva (Hrsg.): Ökonomien des Lebens. Zum Wirtschaften der Geschlechter in Geschichte und Gegenwart. Münster 2004, S. 135–162; Lanza, Janine M.: Women and Work. In: Poska, Allyson M. (Hrsg.): The Ashgate Research Companion to Women and Gender in Early Modern Europe. Farnham u. a. 2013, S. 279–296; Simonton, Deborah u. a. (Hrsg.), Female Agency in the Urban Economy. Gender in European Towns, 1640–1830. New York u. a. 2013.

3 Labouvie: Frühneuzeitliche Unternehmerinnen, passim.

4 So der Präsident des Bundesverbandes der Deutschen Industrie Fritz Berg, der Mitte der 1950er Jahre Unternehmerinnen für eine »Übergangserscheinung nach den Wirren der Kriegsjahre« hielt. Verband deutscher Unternehmerinnen (Hrsg.): Blick zurück – Blick nach vorn. 60 Jahre Verband deutscher Unternehmerinnen. o. O. 2014, S. 14. Zur Diskrepanz zwischen dem durchaus beträchtlichen quantitativen Anteil von Frauen in der Leitung von Unternehmen im 20. Jahrhundert (ca. 25 Prozent) und ihrer öffentlichen Nicht-Wahrnehmung bzw. Darstellung als Ausnahmen, die die Geschlechterordnung störten, ausführlich Eifert, Christiane: Deutsche Unternehmerinnen im 20. Jahrhundert. München 2011.

5 So verwaltete beispielsweise Kurfürstin Anna von Sachsen das Vorwerk, ein landwirtschaftliches Gut, und leitete die kurfürstlichen Kammergüter; vgl. Keller, Katrin: Kurfürstin Anna von Sachsen 1532–1585. Regensburg 2010, S. 114–120.

6 Eine Diskussion des Unternehmer- bzw. Entrepreneur-Begriffs kann an dieser Stelle nicht geleistet werden. Der Tagung lag jedenfalls ein sehr weitgefasster Begriff zugrunde, der ganz unterschiedliche Facetten unternehmerischer Tätigkeit einschloss.

Sucht man gezielt nach frühneuzeitlichen adligen Unternehmerinnen in einem engeren Sinn, wird häufig ein Name genannt: Maria Kunigunde von Sachsen, die letzte Fürstäbtissin von Essen. An ihrem Beispiel soll deshalb im Folgenden die Frage nach weiblichem Unternehmertum und seiner Rezeption gestellt werden.[7] Zunächst soll in einem Überblick aufgezeigt werden, was heute als gesicherte Erkenntnis über die ökonomischen Aktivitäten Maria Kunigundes gelten kann, und gefragt werden, inwieweit dieses Engagement als unternehmerische Tätigkeit einzuordnen ist. In einem zweiten Schritt ist dann zu klären, wie die Forschung und populäre Darstellungen diese Aktivitäten bewertet haben.

Maria Kunigunde war die jüngste Tochter des Kurfürsten von Sachsen und Königs von Polen, Friedrich August II.[8] Im Alter von 35 Jahren wurde sie 1776 Fürstäbtissin von Essen und von Thorn. Zu diesem Zeitpunkt lebte sie bereits seit mehreren Jahren am Hof ihres Bruders, des Trierer Kurfürsten und Erzbischofs sowie Augsburger Fürstbischofs Clemens Wenzeslaus.[9] An dessen Hof in Koblenz nahm sie die Rolle der »First Lady« ein.[10] Dabei blieb es auch in den kommenden Jahrzehnten, bis die Geschwister nach der französischen Eroberung linksrheinischer Gebiete 1794 nach Augsburg übersiedelten.[11] Nach dem Tod ihres Bruders 1812 zog sich Maria Kunigunde an den sächsischen Hof nach Dresden zurück, wo sie 1825 starb. Fürstäbtissin war sie zu diesem

7 Einige Beispiele auch bei Labouvie: Frühneuzeitliche Unternehmerinnen. Für diese unbekannteren Frauen lässt sich aber die Frage nach der Rezeption nicht klären.

8 Eine neuere Biographie fehlt. Zu ihrer Vita siehe deshalb nach wie vor: Ascherfeld, Milly: Maria Kunigunde von Sachsen, die letzte Fürstäbtissin des Stiftes Essen (1776–1802). In: Beiträge zur Geschichte von Stadt und Stift Essen 47 (1930), S. 1–119; Schröder, Ferdinand: Maria Kunigunde von Sachsen, die letzte Aebtissin von Essen. In: Beiträge zur Geschichte von Stadt und Stift Essen 29 (1907), S. 1–47. Eine knappe Zusammenfassung über ihre Zeit als Fürstäbtissin von Essen bei Küppers-Braun, Ute: Frauen des hohen Adels im kaiserlich-freiweltlichen Damenstift Essen (1605–1803). Eine Verfassungs- und Sozialstudie; zugleich ein Beitrag zur Geschichte der Stifte Thorn, Elten, Vreden und St. Ursula in Köln (Quellen und Studien/Institut für Kirchengeschichtliche Forschung des Bistums Essen, Bd. 8). Münster 1997, S. 165–178.

9 Clemens Wenzeslaus von Sachsen, 1739–1812: 1763–1768 Fürstbischof von Freising und Regensburg, ab 1768 Kurfürst und Erzbischof von Trier sowie Fürstbischof von Augsburg. Auch zu ihm fehlt eine neuere Biographie, da Raab, Heribert: Clemens Wenzeslaus von Sachsen und seine Zeit (1739–1812). Bd. 1: Dynastie, Kirche und Reich im 18. Jahrhundert. Freiburg i. Br. 1962, den Kampf um die verschiedenen Bistümer behandelt, während die Regierungstätigkeit in einem – nie erschienenen – zweiten Band dargestellt werden sollte. Ein knapper Überblick bei Gatz, Erwin: Klemens Wenzeslaus, Herzog von Sachsen. In: Gatz, Erwin (Hrsg): Die Bischöfe der deutschsprachigen Länder 1785/1803–1945. Berlin 1983, S. 388–391.

10 Zum Verhältnis der Geschwister: Puppel, Pauline: »Mon mari« – »Ma chère femme«. Fürstäbtissin Maria Kunigunde von Essen und Erzbischof Clemens Wenzeslaus von Trier. In: Koblenzer Beiträge zur Geschichte und Kultur 15/16 (2005/2006), S. 43–66.

11 Nach der französischen Eroberung von Mainz im Oktober 1792 waren Clemens Wenzeslaus und Maria Kunigunde erstmals aus Koblenz geflohen, und zwar zunächst nach Münster und von dort aus nach Augsburg. Im Jahre 1793 kehrten sie nach Koblenz zurück, das sie aber 1794 nach der erneuten Wende der Kriegslage endgültig verließen. Auf der ersten Flucht wurde der Trierer Domschatz nach Münster verbracht. Bei dieser Gelegenheit suchte Maria Kunigunde letztmalig ihr Stift Essen auf; vgl. Ascherfeld: Maria Kunigunde von Sachsen, S. 100.

Zeitpunkt längst nicht mehr, da die Säkularisation 1803 dem Essener Stift und damit ihrer Herrschaft ein Ende bereitet hatte. Aber auch während ihrer Regierungszeit war sie nur äußerst sporadisch in Essen gewesen, sondern hatte zumeist von Koblenz aus regiert.

Das nur wenige Quadratkilometer große Stift Essen[12] grenzte mit seinem westlichsten Zipfel an das preußische Herzogtum Kleve, nördlich von Essen lag das kurkölnische Vest Recklinghausen. Dort wurde im Jahre 1753 eine Eisenhütte gegründet, und zwar von einem adligen Unternehmer, nämlich dem Münsteraner Domherrn Franz Ferdinand Freiherr von Wenge.[13] Diese Gründung der Hütte St. Antony im heutigen Oberhausen gilt als Geburtsstunde der Hüttenindustrie im Ruhrgebiet. Das war damals freilich noch nicht absehbar, denn die Hütte blieb fast bis zum Tod ihres Gründers im Jahre 1788 ein Zuschussbetrieb.[14] Dennoch galt die Eisenverhüttung als zukunftsträchtig, und andere taten es Wenge nach. Am Elpenbach, an dem St. Antony lag, aber auf preußischem Gebiet, wurde 1781 eine weitere Hütte mit dem Namen »Gute Hoffnung« gegründet. Die beiden Hütten konkurrierten mithin um das Wasser desselben Baches, wobei die Hütte St. Antony allerdings im Vorteil war, weil sie weiter oben am Bachlauf lag.[15]

Im benachbarten Essen hatte man 1783 ebenfalls Eisenstein gefunden, dessen Ausbeutung gegen eine jährliche Gebühr der St. Antony-Hütte überlassen wurde.[16] Im Jahre 1789 entdeckte der Essener Hofgärtner weitere Eisensteinvorkommen. Nun dachte man in der Essener Regierung daran, diese Vorkommen selbst auszubeuten. Zunächst ließ man prüfen, ob der Eisengehalt des Eisensteins ausreichte, damit sich ein Abbau lohnte. An dieser Stelle kam nun Maria Kunigunde ins Spiel. Denn der Eisenstein von den beiden Essener Fundorten wurde ins trierische Sayn geschickt und durch den kurtrierischen

12 Laut Ascherfeld: Maria Kunigunde von Sachsen, S. 41, eine Fläche von 1,5 Quadratmeilen (= 3,88 Quadratkilometer).

13 Vgl. Schmidt, Martin: Freiherr Franz von Wenge: Ein Domkapitular gründet die erste Hütte im Ruhrgebiet. In: St. Antony – Die Wiege der Ruhrindustrie. Ein »Wirtschaftskrimi« um die erste Eisenhütte im Revier. Begleitbuch zur Ausstellung in der St. Antony-Hütte. Münster 2008, S. 13–16.

14 Zu den Anfangsjahren von St. Antony vgl. Zeppenfeld, Burkhard: Auf moorgrundigem Boden – oder: Wie westfälische Schinken die Hüttenindustrie des Ruhrgebiets begründeten. In: St. Antony – Die Wiege der Ruhrindustrie, S. 35–40, und Zeppenfeld, Burkhard: Pleiten, Flucht und schlechter Guss – Der lange Weg zur Rentabilität. In: St. Antony – Die Wiege der Ruhrindustrie, S. 41–50.

15 Vgl. Schmidt, Martin: Johann Eberhard Pfandhöfer – Gründer der Hütte Gute Hoffnung und schillernde Persönlichkeit. In: St. Antony – Die Wiege der Ruhrindustrie, S. 16–19, hier S. 19.

16 Conclusum Maria Kunigundes betr. Suchung des Eisensteins in Essen, Ehrenbreitstein, 22. Februar 1783, Landesarchiv Nordrhein-Westfalen, Abteilung Rheinland [LA NRW R], Stift Essen, Akten 840, fol. 3r–v; Ascherfeld: Maria Kunigunde von Sachsen, S. 67; vgl. Grevel, Wilhelm: Geschichte der Gründung und ersten Entwickelung der Gutehoffnungshütte in Sterkrade. In: Beiträge zur Geschichte von Stadt und Stift Essen 2 (1881), S. 3–18, hier S. 11; Reininghaus, Wilfried: Waren die Essener Fürstäbtissinnen frühneuzeitliche Unternehmerinnen? Steinkohlenbergbau und Eisenhütten als Aktionsfelder. In: Schilp, Thomas (Hrsg.): Frauen bauen Europa. Internationale Verflechtungen des Frauenstifts Essen (Essener Forschungen zum Frauenstift, Bd. 9). Essen 2011, S. 413–433, hier S. 428.

Hütteninspektor geprüft.[17] Die Essener Fürstäbtissin nutzte also die Spezialisten im Dienst ihres Bruders, um herauszufinden, ob der Abbau des Erzes in Essen profitabel sein könnte. Die Prüfung ergab einen Eisengehalt von 34 bzw. 53 Prozent, was der Hütteninspektor für ausreichend hielt, um eine Hütte zu betreiben.[18] Im Frühjahr 1790 gründete ein Konsortium von vier Betreibern die Hütte Neu-Essen. Direktor der neuen Hütte wurde Gottlob Jacobi, der Sohn des Sayner Hütteninspektors. Allerdings verfügten wohl nicht alle Betreiber über genügend Kapital für die notwendigen Investitionen. Denn noch im Gründungsjahr 1790 beteiligte sich Maria Kunigunde mit einem Viertel an der Hütte.[19] Bis zum Jahre 1794 übernahm die Fürstäbtissin auch die Anteile der drei anderen Gesellschafter und war nun alleinige Besitzerin der Hütte Neu-Essen.[20] Im Jahr darauf erwarb sie auch die Hütte St. Antony von den Erben des Freiherrn von Wenge.[21] Zu diesem Zeitpunkt war die Fürstäbtissin schon vor den siegreichen französischen Truppen nach Augsburg geflohen – dass dies ein Abschied für immer sein sollte, konnte freilich noch niemand ahnen. Beide Hütten wurden von Gottlob Jacobi[22] geleitet, wobei der Schwerpunkt des Betriebs in St. Antony lag.[23] Im Jahre 1799 verkaufte Maria Kunigunde ihrem Hüttendirektor ein Viertel der beiden Hütten.[24]

Diese äußeren Daten der Besitzgeschichte der beiden Hütten sind unstrittig und seit Langem bekannt. Weniger klar ist jedoch, ob Maria Kunigunde bei dem Kauf der Hütten als Privatperson oder als Landesherrin handelte. War sie also eine Unternehmerin oder »eine Landesherrin mit einem Blick für eine sinnvolle Industriepolitik«, wie Wilfried Reininghaus formulierte?[25] Interessanterweise wurde die Frage privates Unternehmertum oder landesherrliches Engagement bereits im Zusammenhang mit der Gründung der Hütte im Jahre 1789 explizit diskutiert. Als Maria Kunigunde am 22. April 1789 der

17 Vgl. Marfording, Birthe: Maria Kunigunde von Sachsen. Eine Power-Frau mit Weitblick. In: St. Antony – Die Wiege der Ruhrindustrie, S. 20–23, hier S. 22.

18 Gutachten Heinrich Jacobis, Sayner Hütte, 21. April 1789, LA NRW R, Stift Essen, Akten 840, fol. 22r–24r, hier fol. 23v.

19 Sie übernahm den Anteil ihres Kanzleidirektors Johann Jakob Schmitz; Zeppenfeld, Burkhard: Konkurrenz verdirbt das Geschäft – die Gründung der Hütten Gute Hoffnung und Neu-Essen als Nachbarn von St. Antony. In: St. Antony – Die Wiege der Ruhrindustrie, S. 51–57, hier S. 56–57.

20 Vgl. ebd., S. 57.

21 Vgl. Marfording: Maria Kunigunde von Sachsen, S. 22.

22 Vgl. Herzog, Bodo: Gottlob Jacobi (1770–1823). In: Rheinische Vierteljahrsblätter 40 (1976), S. 176–198; Weber-Brosamer, Bernhard: Gottlob Jacobi – Ein Techniker mit Durchsetzungsvermögen. In: St. Antony – Die Wiege der Ruhrindustrie, S. 23–25.

23 1803 wurde Neu-Essen ganz stillgelegt; vgl. Zeppenfeld, Burkhard: Mit Gebetbuch und Pistole – Ein Wirtschaftskrimi der frühindustriellen »Globalisierung«. In: St. Antony – Die Wiege der Ruhrindustrie, S. 67–73, hier S. 69.

24 Vgl. Dupke, Thomas: Das wirtschaftliche Engagement des Abtes von Werden und der Fürstäbtissin von Essen. Alte und neuere Akteure. In: Hermans, Baldur (Hrsg.): Ein gewalttätiges Friedensgeschäft. Die Säkularisation im Ruhrgebiet. Vorgeschichte und Folgen. Mülheim an der Ruhr 2004, S. 159–179, hier S. 172; Zeppenfeld: Mit Gebetbuch und Pistole, S. 69.

25 Reininghaus: Waren die Essener Fürstäbtissinnen frühneuzeitliche Unternehmerinnen?, S. 433.

Essener Regierung die Stellungnahme des Sayner Hüttendirektors über die Qualität des Eisensteins zuschickte und um ein Kameralgutachten bat, wie diese Entdeckung genutzt werden könnte, fragte sie abschließend, »ob dabei nicht allenfalls ein Entrepreneur zu suchen wäre«.[26] Diese Frage griff der Essener Kanzleidirektor Johann Jakob Schmitz in seinem Vortrag wenige Tage später auf und führte aus,

> »dass I. K. H. zweckmäßiger handelten, das Werk an privaten in Entreprise zu geben als selbst zu treiben. Dermalen halt ich dieses zumal für besser, indem noch Unkosten und risico bevorstehen, welche ein privat-Entreprenneur eher als ein Landesherr mit Vorteil überwinden wird.«[27]

Dieser Auffassung schloss sich die Fürstäbtissin an und beauftragte am 1. Mai 1789 die Regierung, »einen Entrepreneur ausfündig zu machen«.[28] Allerdings entsprach das Konsortium, das dann im Frühjahr 1790 die Hütte gründete, nicht gerade dem Idealbild freien Unternehmertums, handelte es sich doch bei drei der vier Teilhaber um landesherrliche Essener bzw. Trierer Beamte.[29] Dennoch ist angesichts der Diskussion im Vorfeld davon auszugehen, dass die Hütte Neu-Essen als private und nicht als landesherrliche Gründung anzusehen ist.[30] Daraus folgt, dass auch die Übernahme eines Viertels der Hütte durch Maria Kunigunde ein halbes Jahr später als privates Engagement der Äbtissin einzuschätzen ist.[31] Eindeutiger ist die Frage beim Kauf der Hütte St. Antony zu beantworten. Da St. Antony auf kurkölnischem Gebiet lag, agierte Maria Kunigunde in diesem Fall also sicherlich als Privatperson.[32] Dafür, dass es sich um ein

26 Maria Kunigunde an die Regierung in Essen, Koblenz, 22. April 1789, LA NRW R, Stift Essen, Akten 840, fol. 21r. Zitiert auch bei Dupke: Das wirtschaftliche Engagement des Abtes von Werden und der Fürstäbtissin von Essen, S. 170.

27 Vortrag von Johann Jakob Schmitz über die Benutzungsart des im Hochstift Essen entdeckten und geprüften Eisensteins, ad § 155 Protocollum Camerale vom 25. April 1789, LA NRW R, Stift Essen, Akten 840, fol. 27r–34r, hier fol. 32v.

28 Resolution Maria Kunigundes ad Protocollum Camerale §§ 171, Thorn, 1. Mai 1789, LA NRW R, Stift Essen, Akten 840, fol. 63r.

29 Die vier Teilhaber waren der Essener Kanzleidirektor Johann Jakob Schmitz, der Essener Hofgärtner Heinrich Ferdinand Langer, der kurtrierische Hof- und Regierungsrat Karl Franz Ludwig Radermacher sowie der arenbergische Hütteninspektor Theo Werner; vgl. Grevel: Geschichte der Gründung und ersten Entwickelung der Gutehoffnungshütte in Sterkrade, S. 13; Dupke: Das wirtschaftliche Engagement des Abtes von Werden und der Fürstäbtissin von Essen, S. 170.

30 Anders Reininghaus, der argumentiert, dass die Hütte zwar »nach außen« und »scheinbar ein Privatunternehmen« gewesen sei. »Tatsächlich aber war sie durch das Mitwirken hoher Beamter des Stifts und der Kanzlei sowie der Fürstin quasi ein fiskalisches Unternehmen.« Reininghaus: Waren die Essener Fürstäbtissinnen frühneuzeitliche Unternehmerinnen?, S. 430.

31 Maria Kunigunde an die Regierung in Essen, Koblenz, 26. Dezember 1790, LA NRW R, Stift Essen, Akten 840, fol. 102r; gedr. bei Dupke: Das wirtschaftliche Engagement des Abtes von Werden und der Fürstäbtissin von Essen, S. 170.

32 So auch Reininghaus: Waren die Essener Fürstäbtissinnen frühneuzeitliche Unternehmerinnen?, S. 432.

privates Engagement der Fürstäbtissin handelte, spricht auch die Tatsache, dass die Rechnungslegung für die beiden Hütten durch die fürstliche Kabinettskasse erfolgte, die das Privatvermögen Maria Kunigundes verwaltete.[33]

Auch wenn Maria Kunigunde sich als Privatperson an den Hütten beteiligte, ist damit noch nichts darüber ausgesagt, welchen Anteil sie an den Geschäften nahm, inwieweit sie also selbst unternehmerische Entscheidungen traf. Dass sie die Details der Betriebsleitung Jacobi überließ, dürfte sicher sein und ist auch nicht weiter erstaunlich, zumal die Fürstäbtissin zu Beginn ihres Engagements nur selten und bald schon überhaupt nicht mehr in Essen war. Ob sie aber nur eine stille Teilhaberin war, die im fernen Koblenz und später in Augsburg einfach den Gewinn einstrich, oder ob sie mit ihrem Hüttendirektor wenigstens die großen Linien der Geschäftspolitik absprach und sich nach dem Gang der Geschäfte erkundigte, ist nicht geklärt und dürfte sich angesichts der Quellenlage auch kaum klären lassen.[34]

Übrigens sind noch auf einem zweiten Feld ökonomische Aktivitäten Maria Kunigundes bekannt. Als Preußen eine Chaussee von der preußischen Grafschaft Mark ins preußische Wesel bauen wollte, führte die günstigste Trasse durch das Stift Essen. Die Landstände weigerten sich aber, Geld für die Chaussee zu bewilligen. Deshalb finanzierte Maria Kunigunde den Bau der Chaussee vom märkischen Gebiet über Steele und Essen aus ihrem Privatvermögen und kassierte demzufolge auch den jährlichen Gewinn von 1.700 Reichstalern.[35]

Die Frage, ob Maria Kunigunde in diesen Fällen als private Unternehmerin oder als Landesherrin gehandelt habe, ist keineswegs nur eine abstrakt-akademische, sondern sie gewann nach der Säkularisation unmittelbare rechtliche und daraus folgend finanzielle Bedeutung. Bereits im Sommer 1802 war das Stift von preußischen Truppen besetzt worden. Infolge der Säkularisation 1803 verlor Maria Kunigunde endgültig ihre Landesherrschaft, das Stift Essen wurde Teil der preußischen Entschädigungsmasse. Als Entschädigung erhielt die Fürstäbtissin von Preußen eine jährliche Zahlung in Höhe ihrer bisherigen landesherrlichen Einnahmen zugestanden.[36] Separat musste anschließend geklärt werden, ob die Eigentumsrechte an der Chaussee und den Hütten Maria Kunigunde als Privatperson oder als Landesherrin zukamen. Im letzteren Fall wäre der Besitz Teil der Säkularisationsmasse gewesen, die Ansprüche der Fürstäbtissin wären also mit der von Preußen zugesagten Entschädigung abgegolten gewesen.

33 Vgl. Dupke: Das wirtschaftliche Engagement des Abtes von Werden und der Fürstäbtissin von Essen, S. 171.

34 Zur schlechten Quellenlage knapp ebd., S. 177, Anm. 21. Auch ansonsten ist die Herrschaft der letzten Essener Fürstäbtissin kaum erforscht, über ein paar allgemeine Aussagen, die stets aufs Neue wiederholt werden, gehen die Angaben nicht hinaus.

35 Vgl. Marfording: Maria Kunigunde von Sachsen, S. 21.

36 Vgl. Ascherfeld: Maria Kunigunde von Sachsen, S. 114; Marfording: Maria Kunigunde von Sachsen, S. 22.

In Bezug auf die Chaussee gelang es rasch, die Verhältnisse zu klären. Preußen erkannte an, dass Maria Kunigunde den Kauf mit ihrem Privatvermögen finanziert hatte und kaufte ihr die Chaussee für 45.000 Berliner Taler ab.[37] Größere Schwierigkeiten bereitete hingegen die Ermittlung der Rechtslage in Bezug auf die beiden Hütten St. Antony und Neu-Essen. Maria Kunigunde hatte die ihr gehörenden drei Viertel der Hütten 1805 an die Gebrüder Haniel verkauft, was sie selbstverständlich nur durfte, wenn die Anteile ihr Privatbesitz waren.[38] Die preußischen Behörden kamen nach einer längeren Diskussion zu dem Schluss, dass der Verkauf rechtmäßig gewesen sei, dass Maria Kunigunde also als Privatperson gehandelt habe.[39] Dabei wurde nicht zwischen den beiden Hütten differenziert, obwohl Maria Kunigunde ja nur im Falle Neu-Essens die Landesherrin gewesen war. Die beiden Hütten wurden übrigens im Jahre 1808 mit der Hütte Gute Hoffnung fusioniert, die dem Gesamtunternehmen den Namen gab.

Sichtet man nun die Literatur über Maria Kunigunde sowie über die Anfänge der Eisenhütten im Ruhrgebiet, so stellt sich heraus, dass die Rolle der Fürstäbtissin ganz unterschiedlich eingeschätzt wird. Allerdings resultieren diese unterschiedlichen Wertungen weniger aus einem unterschiedlichen Forschungsstand, sondern spiegeln – auf der im Wesentlichen gleichen Faktenbasis – ein unterschiedliches Frauenbild und den jeweiligen Zeitgeist wider. In der Biographie Ferdinand Schröders über Maria Kunigunde aus dem Jahre 1907 erscheint ihre Regierungstätigkeit als eine Imitation dessen, was sie in Kurtrier bei ihrem Bruder beobachtet hatte. Ausdrücklich heißt es: »Hier [in Trier, B. B.] lernte sie die kurfürstlichen Eisenhütten kennen und wurde dadurch veranlaßt, in ihrem Stifte ebenfalls der Eisenindustrie das Interesse zuzuwenden.«[40] Zwar wird immerhin Maria Kunigundes »eigene[] Initiative« betont, aber diese bestand eben darin, das Vorbild des Bruders nachzuahmen.[41] Auch in der 1930 erschienenen Biographie Maria Kunigundes von Milly Ascherfeld wird die Vorbildfunktion Kurtriers und damit des Bruders betont.[42] Ausführlich wird an dieser Stelle auch darauf eingegangen, dass Maria Kunigunde die Hütte in die Hand privater Entrepreneure legen wollte. Missverständlich ist hingegen die Einschätzung der Beteiligung Maria Kunigundes an der Hütte als »landesherrliche Privatunternehmung«. Erst die nachfolgende Erklärung,

37 Vgl. Körholz, Frank: Die Säkularisation und Organisation in den preußischen Entschädigungsländern Essen, Werden und Elten, 1802–1806 (Münstersche Beiträge zur Geschichtsforschung, Bd. 26, NF 14). Münster 1907, S. 45; auch Marfording: Maria Kunigunde von Sachsen, S. 22.

38 Vgl. Dupke: Das wirtschaftliche Engagement des Abtes von Werden und der Fürstäbtissin von Essen, S. 173; Zeppenfeld: Mit Gebetbuch und Pistole, S. 70–71.

39 Vgl. Reininghaus: Waren die Essener Fürstäbtissinnen frühneuzeitliche Unternehmerinnen?, S. 432.

40 Schröder: Maria Kunigunde von Sachsen, S. 31.

41 Ebd. Dies wird beispielsweise auch für die Verminderung der Feiertage behauptet, ungeachtet der Tatsache, dass eine solche damals in den allermeisten katholischen Territorien durchgeführt wurde.

42 Vgl. Ascherfeld: Maria Kunigunde von Sachsen, S. 67–68.

dass die Hütte »keine Angelegenheit des Staates« gewesen sei,[43] macht deutlich, dass der Fokus auf dem Privatunternehmen lag. Ansonsten aber wird das Handeln Maria Kunigundes nicht näher qualifiziert.

Im Jahre 1989 aber wurde dann unvermittelt die Unternehmerin Maria Kunigunde geboren. In einem Artikel über »Unternehmerinnen an Rhein und Ruhr vor 200 Jahren – Unternehmerinnen machen Industriegeschichte« werden fünf erfolgreiche Unternehmerinnen aus der Zeit um 1800 vorgestellt.[44] Ausgangspunkt für den Artikel sind die Feststellung eines wachsenden Einflusses von Frauen in der Berufs- und Arbeitswelt und die Beobachtung, dass »erst wenige Frauen leitende Positionen in deutschen Unternehmen« bekleideten. Deshalb fragt die Autorin, ob »weibliche Führungskräfte in der Wirtschaft erst eine Erscheinung des 20. Jahrhunderts sind«, eine Frage, die mit Hilfe der fünf Beispiele verneint wird. Nicht ganz zufällig sind vier der fünf Frauen bürgerliche Witwen, darunter zwei Witwen Krupp und eine Witwe Haniel. Maria Kunigunde ist die einzige Adlige, und auch wenn sie hier als fortschrittliche Regentin eingeschätzt wird, »die vom rein verwaltenden Denken zum wirtschaftlichen Wagnis übergeht«,[45] klingt zwischen den Zeilen an, dass sie doch zumindest eine andere Art von Unternehmerin als ihre bürgerlichen »Kolleginnen« war. Allein schon das Wagnis, das die Frauen eingingen, war doch sehr unterschiedlich groß: Für die bürgerlichen Witwen stand die Existenz des Betriebes und damit der Familie auf dem Spiel, Maria Kunigunde riskierte höchstens den Verlust eines, vermutlich eher kleinen Teils ihres Vermögens. Noch weiter geht ein Ausstellungskatalog zur Geschichte der Hütte St. Antony aus dem Jahre 2008. Nun ist Maria Kunigunde zur »ersten Unternehmerin und Pionierin der werdenden Ruhrindustrie« geworden, »eine für ihre Zeit moderne Frau mit Weitblick«,[46] was doch eine deutliche Verzeichnung sein dürfte.[47]

Differenzierter fiel hingegen das Urteil in einem Band über die Säkularisation im Ruhrgebiet aus dem Jahre 2004 aus, in dem das Etikett »Industriepionierin« ausdrücklich in Frage gestellt wird. Dagegen wird betont, dass Maria Kunigunde geschäftliche Risiken eher scheute, was »eine unternehmerische Tätigkeit großen Stils unterband«.[48] Zudem wird darauf hingewiesen, dass Maria Kunigunde die unternehmerischen Entscheidungen im engeren Sinne in die Hände eines Fachmanns, ihres Hüttendirektors Jacobi, gelegt hatte.

---

43 Ebd., S. 68.

44 Sieh-Burens, Katharina: Unternehmerinnen an Rhein und Ruhr vor 200 Jahren – Unternehmerinnen machen Industriegeschichte. In: Der Arbeitgeber 1989, S. 339–340.

45 Ebd., S. 340.

46 Marfording: Maria Kunigunde von Sachsen, S. 22 bzw. 20.

47 Ähnlich Küppers-Braun, Ute: Macht in Frauenhand. 1000 Jahre Herrschaft adliger Frauen in Essen. Essen 2002, S. 109: Maria Kunigunde sei »aktiv unter den Pionieren der Industrialisierung zu finden« gewesen.

48 Dupke: Das wirtschaftliche Engagement des Abtes von Werden und der Fürstäbtissin von Essen, S. 174.

Zusammenfassend lässt sich feststellen, dass vieles dafür spricht, dass Maria Kunigunde die Investitionen in die Eisenhütten und auch in die Chaussee mit ihrem privaten Geld tätigte. Insofern handelte sie als Unternehmerin auf eigene Rechnung. Sie war aber nicht wie die bürgerlichen Witwen eine Unternehmerin, die unternehmerische Entscheidungen fällte, sondern eher eine Frau auf der Suche nach einer Gewinn abwerfenden Investition. Ganz selbstverständlich war ihr und ihrer Umgebung aber, dass eine Frau mit eigenem Geld über dieses auch nach eigenem Gutdünken verfügen konnte. Insofern nahm sie mit einer Selbstverständlichkeit am Wirtschaftsleben teil, die das ausgehende 20. Jahrhundert erst wieder entdecken musste.

Quellen-und Literaturverzeichnis

Archivalische Quellen

Landesarchiv Nordrhein-Westfalen, Abteilung Rheinland [LA NRW R], Stift Essen, Akten 840

Literaturverzeichnis

Ascherfeld, Milly: Maria Kunigunde von Sachsen, die letzte Fürstäbtissin des Stiftes Essen (1776–1802). In: Beiträge zur Geschichte von Stadt und Stift Essen 47 (1930), S. 1–119.

Campbell Orr, Clarissa (Hrsg.): Queenship in Europe, 1669–1815. The Role of the Consort. Cambridge 2004.

Dupke, Thomas: Das wirtschaftliche Engagement des Abtes von Werden und der Fürstäbtissin von Essen. Alte und neuere Akteure. In: Hermans, Baldur (Hrsg.): Ein gewalttätiges Friedensgeschäft. Die Säkularisation im Ruhrgebiet. Vorgeschichte und Folgen. Mülheim an der Ruhr 2004, S. 159–179.

Eifert, Christiane: Deutsche Unternehmerinnen im 20. Jahrhundert. München 2011.

Gatz, Erwin: Klemens Wenzeslaus, Herzog von Sachsen. In: Gatz, Erwin (Hrsg): Die Bischöfe der deutschsprachigen Länder 1785/1803–1945. Berlin 1983, S. 388–391.

Grevel, Wilhelm: Geschichte der Gründung und ersten Entwickelung der Gutehoffnungshütte in Sterkrade. In: Beiträge zur Geschichte von Stadt und Stift Essen 2 (1881), S. 3–18.

Herzog, Bodo: Gottlob Jacobi (1770–1823). In: Rheinische Vierteljahrsblätter 40 (1976), S. 176–198.

Jansen, Sharon L.: The Monstrous Regiment of Women. Female Rulers in Early Modern Europe. New York 2002.

Keller, Katrin: Gynäkokratie. Zu politischen Handlungsmöglichkeiten von Frauen in der höfischen Gesellschaft der Frühen Neuzeit. In: zeitenblicke 8 (2009), Nr. 2. URL: http://www.zeitenblicke.de/2009/2/keller/index.html [letzter Zugriff: 28.03.2020].

Keller, Katrin: Kurfürstin Anna von Sachsen 1532–1585. Regensburg 2010.

Keller, Katrin: Frauen und dynastische Herrschaft: Eine Einführung. In: Braun, Bettina / Keller, Katrin / Schnettger, Matthias (Hrsg.): Nur die Frau des Kaisers? Kaiserinnen in der Frühen Neuzeit (Veröffentlichungen des Instituts für Österreichische Geschichtsforschung, Bd. 64). Köln/Weimar/Wien 2016, S. 13–26.

Körholz, Franz: Die Säkularisation und Organisation in den preußischen Entschädigungsländern Essen, Werden und Elten, 1802–1806 (Münstersche Beiträge zur Geschichtsforschung, Bd. 26, NF 14). Münster 1907.

Küppers-Braun, Ute: Frauen des hohen Adels im kaiserlich-freiweltlichen Damenstift Essen (1605–1803). Eine Verfassungs- und Sozialstudie; zugleich ein Beitrag zur Geschichte der Stifte Thorn, Elten, Vreden und St. Ursula in Köln (Quellen und Studien/Institut für Kirchengeschichtliche Forschung des Bistums Essen, Bd. 8). Münster 1997.

Küppers-Braun, Ute: Macht in Frauenhand. 1000 Jahre Herrschaft adliger Frauen in Essen. Essen 2002.

Labouvie, Eva: Frühneuzeitliche Unternehmerinnen. Frauen in Bergbau, in der Eisen- und Glashüttenindustrie. In: Labouvie, Eva (Hrsg.): Ökonomien des Lebens. Zum Wirtschaften der Geschlechter in Geschichte und Gegenwart. Münster 2004, S. 135–162.

Lanza, Janine M.: Women and Work. In: Poska, Allyson M. u. a. (Hrsg.): The Ashgate Research Companion to Women and Gender in Early Modern Europe. Farnham u. a. 2013, S. 279–296.

Levin, Carol / Meyer, Alycia: Women and Political Power. In: Poska, Allyson M. (Hrsg.): The Ashgate Research Companion to Women and Gender in Early Modern Europe. Farnham u. a. 2013, S. 341–357.

Marfording, Birthe: Maria Kunigunde von Sachsen. Eine Power-Frau mit Weitblick. In: St. Antony – Die Wiege der Ruhrindustrie, S. 20–23.

Puppel, Pauline: Gynaecocratie. Herrschaft hochadeliger Frauen in der Frühen Neuzeit. In: Engel, Gisela / Wunder, Heide (Hrsg.): Geschlechterstreit am Beginn der europäischen Moderne. Die Querelle des Femmes (Kulturwissenschaftliche gender studies, Bd. 7). Königstein 2004, S. 152–167.

Puppel, Pauline: »Mon mari« – »Ma chère femme«. Fürstäbtissin Maria Kunigunde von Essen und Erzbischof Clemens Wenzeslaus von Trier. In: Koblenzer Beiträge zur Geschichte und Kultur 15/16 (2005/2006), S. 43–66.

Raab, Heribert: Clemens Wenzeslaus von Sachsen und seine Zeit (1739–1812). Bd. 1: Dynastie, Kirche und Reich im 18. Jahrhundert. Freiburg i. Br. 1962.

Reininghaus, Wilfried: Waren die Essener Fürstäbtissinnen frühneuzeitliche Unternehmerinnen? Steinkohlenbergbau und Eisenhütten als Aktionsfelder. In: Schilp,

Thomas (Hrsg.): Frauen bauen Europa. Internationale Verflechtungen des Frauenstifts Essen (Essener Forschungen zum Frauenstift, Bd. 9). Essen 2011, S. 413–433.

Schmidt, Martin: Freiherr Franz von Wenge: Ein Domkapitular gründet die erste Hütte im Ruhrgebiet. In: St. Antony – Die Wiege der Ruhrindustrie, S. 13–16.

Schmidt, Martin: Johann Eberhard Pfandhöfer – Gründer der Hütte Gute Hoffnung und schillernde Persönlichkeit. In: St. Antony – Die Wiege der Ruhrindustrie, S. 16–19.

Schnettger, Matthias: Weibliche Herrschaft in der Frühen Neuzeit. Einige Beobachtungen aus verfassungs- und politikgeschichtlicher Sicht. In: Keller, Katrin (Hrsg.): Gynäkokratie. Zu politischen Handlungsmöglichkeiten von Frauen in der höfischen Gesellschaft der Frühen Neuzeit. In: zeitenblicke 8 (2009), Nr. 2. URL: http://www.zeitenblicke.de/2009/2/schnettger [letzter Zugriff: 28.03.2020].

Schröder, Ferdinand: Maria Kunigunde von Sachsen, die letzte Aebtissin von Essen. In: Beiträge zur Geschichte von Stadt und Stift Essen 29 (1907), S. 1–47.

Sieh-Burens, Katharina: Unternehmerinnen an Rhein und Ruhr vor 200 Jahren – Unternehmerinnen machen Industriegeschichte. In: Der Arbeitgeber 1989, S. 339–340.

Simonton, Deborah u.a. (Hrsg.): Female Agency in the Urban Economy. Gender in European Towns, 1640–1830. New York u.a. 2013.

St. Antony – Die Wiege der Ruhrindustrie. Ein »Wirtschaftskrimi« um die erste Eisenhütte im Revier. Begleitbuch zur Ausstellung in der St. Antony Hütte, Münster 2008.

Verband deutscher Unternehmerinnen (Hrsg.): Blick zurück – Blick nach vorn. 60 Jahre Verband deutscher Unternehmerinnen. o.O. 2014.

Weber-Brosamer, Bernhard: Gottlob Jacobi – Ein Techniker mit Durchsetzungsvermögen. In: St. Antony – Die Wiege der Ruhrindustrie. S. 23–25.

Wunder, Heide: Er ist die Sonn', sie ist der Mond. Frauen in der Frühen Neuzeit. München 1992.

Wunder, Heide: Herrschaft und öffentliches Handeln von Frauen in der Gesellschaft der Frühen Neuzeit. In: Gerhard, Ute (Hrsg.): Frauen in der Geschichte des Rechts. Von der Frühen Neuzeit bis zur Gegenwart. München 1997, S. 27–54.

Zeppenfeld, Burkhard: Auf moorgrundigem Boden – oder: Wie westfälische Schinken die Hüttenindustrie des Ruhrgebiets begründeten. In: St. Antony – Die Wiege der Ruhrindustrie, S. 35–40.

Zeppenfeld, Burkhard: Pleiten, Flucht und schlechter Guss – Der lange Weg zur Rentabilität. In: St. Antony – Die Wiege der Ruhrindustrie, S. 41–50.

Zeppenfeld, Burkhard: Konkurrenz verdirbt das Geschäft – die Gründung der Hütten Gute Hoffnung und Neu-Essen als Nachbarn von St. Antony. In: St. Antony – Die Wiege der Ruhrindustrie, S. 51–57.

Zeppenfeld, Burkhard: Mit Gebetbuch und Pistole – Ein Wirtschaftskrimi der frühindustriellen »Globalisierung«. In: St. Antony – Die Wiege der Ruhrindustrie, S. 67–73.

»KÖNIGE VON SCHLARAFFENLAND« ODER VISIONÄRE ENTREPRENEURE? HOCHADELIGE KOLONIALISIERUNGSPROJEKTE IM ALTEN REICH DES 17. JAHRHUNDERTS UND IHRE BEDINGUNGEN

Alexander Jendorff

Abstract Adeliges Entrepreneurship schlug sich auch in Kolonialunternehmungen nieder, wie sie in der zweiten Hälfte der Frühen Neuzeit unter den Reichsfürsten vermehrt betrieben wurden. Am Beispiel des Guayana-Projekts des Grafen Friedrich Casimir von Hanau lassen sich neben den Motiven und Bedingungen insbesondere die Kontexte eines solchen Hochrisiko-Investments aufzeigen. Sie weisen aus, dass der Idee, in Südamerika »Hanauisch-Indien« zu gründen, nicht hochfliegende Visionen, sondern durchdachte Entwicklungskonzepte auf der Höhe der Zeit zugrunde lagen. Sie scheiterten an zu geringem Investitionskapital, vor allem aber an zu wenig innerterritorialem Vertrauen und insbesondere an innerdynastischem Misstrauen und Zwist, weniger jedoch an professioneller Vermarktung; und so wurde aus einem agilen, wenn auch vielleicht überambitionierten Grafen der allseits verspottete »König vom Schlaraffenland«.

Keywords Becher, Hanau, Wien, Kolonialunternehmungen, Brasilien, Guayana

1 Einführung

Im Jahre 1752 bemerkte der in Frankfurt geborene Jurist Johann Michael von Loën (1694–1776), Holland sei das »Emporium totius Europae«, denn seine »Kaufleute sind Fürsten. Alles ist in Holland der Handlung ergeben«.[1] Diese auf den ersten Blick rein ökonomische Feststellung war Teil seiner umfangreichen Monographie *Der Adel*, die sich kritisch mit der Herkunft, dem Profil und der Entwicklung des Standes auseinandersetzte. Der aus einer niederländischen Kaufmannsfamilie stammende Loën arbeitete darin die Macht des Geldes und dessen Effekte auf den Adel heraus und verwies dabei auf die selbstverständliche Konsequenz, dass ein Adelstitel käuflich erworben werden

1 Loën, Johann Michael von: Der Adel. Ulm 1752, S. 125–126. Zu Loëns Biographie und Wirken vgl. Büchel, Christiane: Johann Michael von Loen im Wandel der Zeiten. Eine kleine Forschungsgeschichte. In: Das achtzehnte Jahrhundert 16/1 (1992), S. 13–37; Elschenbroich, Adalbert: Loën, Johann Michael von. In: Neue Deutsche Biographie (15). 1987, S. 47–49.

könne. Konsequenterweise rechtfertigte er in Ablehnung von exklusiven Kriterien wie Rang, Ahnen oder Urkunden die Adeligkeit jener Kaufleute, die selbst nobel seien, weil sie aufgrund ihrer *virtus* – definiert als Wissen, Fertigkeit, Lebensführung und Verdienst – eine adelige Haltung, Ansehen und Erfolg vorzuweisen hätten.[2] Entscheidend seien nämlich die Aktivität und der Wagemut eines Menschen, um Reichtum zu generieren, der seinerseits für ein adeliges Auskommen essentiell sei. Damit führte Loën jene Gedanken fort, die er bereits zehn Jahre zuvor in seiner Schrift *Der Kaufmanns=Adel* gerade gegen die Repräsentanten traditioneller Adeligkeitsdefinitionen profiliert hatte, und baute sie ironisch-kritisch aus.

Loëns Ausführungen bieten einen herausragenden, wenn auch zweifellos nicht exzeptionellen Beleg für das Ausmaß, in dem spätestens im 18. Jahrhundert traditionelle Adelskonzeptionen öffentlich ins Wanken gekommen waren. Loëns Argumentationsstruktur bewies darüber hinaus, dass mittlerweile – dem Erhalt traditioneller Adeligkeitskonzepte zum Trotz – ein regelrechter Paradigmenwechsel stattgefunden hatte, insofern zum einen Adelskonzepte aus historischen Entwicklungsprozessen abgeleitet und damit anthropogen verstanden wurden und sie zum anderen innerhalb solcher Prozesse als Teil ökonomischer Strukturveränderungen begriffen wurden. Daher kam Loën auch zu dem Schluss, Entrepreneurship an sich sei keineswegs schädlich für den Adel, noch nicht einmal für den Hochadel – schließlich würden ja Fürsten auch ihre Soldaten verkaufen –, auch wenn es eventuell nicht immer geziemend, aber notwendig sei.[3] Kurz gesagt: sozial-ständisch gesehen *zero profit without risk*, dabei ohne Moos nix los.

Vor der Folie dieses Paradigmenwechsels wird die Geschichte des Grafen Friedrich Casimir von Hanau (-Lichtenberg und -Münzenberg) (1623–1685, reg. 1641/1647–1685) und seines Projektes, in Guayana eine Kolonie – Hanauisch-Indien am Orinoko-Strom – zu gründen, darzustellen sein. Das Vorhaben bildete jene historischen Realitäten ab, die Loën zu seinen kritischen Auffassungen führten, obwohl oder gerade weil der Graf unternehmerisch hochambitioniert war, das Projekt dagegen zwar spektakulär, jedoch keineswegs glücklich verlief. Das Hanauer Beispiel war zudem kein Einzelfall. Es zählte vielmehr zu einer Gruppe derartiger Projekte und Projektversuche. Zu nennen wäre hierfür der 1681 begonnene Versuch des Kurfürsten Friedrich Wilhelm von Brandenburg (reg. 1640–1688), von Ostfriesland aus an der afrikanischen Goldküste und in Senegambien brandenburgische Kolonien zu errichten.[4] Obwohl ambitioniert und nicht

2 Vgl. Loën: Der Adel, S. 71–72 (zum *virtus*-Diskurs), mit den entsprechenden einschlägigen Bemerkungen. Zu Loën und seiner Position im zeitgenössischen Diskurs vgl. Stollberg-Rilinger, Barbara: Handelsgeist und Adelsethos. Zur Diskussion um das Handelsverbot für den deutschen Adel vom 16. bis zum 18. Jahrhundert. In: Zeitschrift für Historische Forschung 15 (1988), S. 273–309, hier S. 294–298.

3 Vgl. Loën, Johann Michael von: Der Kaufmanns=Adel, untersucht von einem unpartheyischen Rechtsgelehrten, Franckfurt am Mayn 1742, S. 13 und 19.

4 Vgl. Heyden, Ulrich von der: Roter Adler an Afrikas Küste. Die brandenburgisch-preußische Kolonie Großfriedrichsburg an der westafrikanischen Küste. Berlin 1993.

von Anfang an zum Scheitern verurteilt, verkaufte sein Enkel das Projekt 1717/20 an die niederländische Westindien-Kompanie (WIC). Zu nennen wären auch die Unternehmungen des Herzogs Jakob von Kurland (reg. 1642–1682), dessen 1643 begonnene Kolonialprojekte in Gambia sowie Trinidad und Tobago nach 1690 scheiterten.[5]

An dieser Stelle soll nicht eine (weitere) das vermeintliche ökonomische Unvermögen des Adels illustrierende Darstellung stehen, sondern die Analyse von dessen Bedingungen. Dies erscheint schon allein deshalb sinnvoll, weil sich bisherige Darstellungen vornehmlich auf die 1669 gedruckten Werbe- und Rechtfertigungsschriften eines Akteurs – Johann Joachim Bechers –, kaum aber auf archivalisch greifbares Hintergrundmaterial aus dem gräflich-hanauischen Archiv stützen. Bechers Ausführungen besaßen allerdings offen instrumentellen Charakter. Sie heranzuziehen ist keineswegs falsch; sie müssen jedoch ihrerseits eingeordnet werden und können nur bedingt für den an dieser Stelle interessierenden Aspekt dienen. Neben einer kurzen Ereignisschilderung werden daher vornehmlich die Begleitfaktoren – die Rahmenbedingungen, die beteiligten Akteure und die Verarbeitung des Geschehens – untersucht, um nachzuvollziehen, warum bestimmte Entscheidungen getroffen wurden und sich bestimmte Entwicklungen vollzogen.

2 Das Fallbeispiel: Friedrich Casimir von Hanau und das Kolonialprojekt Hanauisch-Indien aus dem Jahr 1669

Im Frühjahr 1669 traf ein gewisser Dr. Johann Joachim Becher (1625/35–1682) aus München kommend in Frankfurt mit dem Grafen Friedrich Casimir von Hanau zusammen. Es ist nicht bekannt, ob Becher seine Ideen zur Gewinnung einer Kolonie in Südamerika sofort vorstellte oder ob dies erst bei seiner Ankunft in der Residenzstadt des Grafen erfolgte. Jedenfalls sollte dieses erste Treffen der Beginn eines mutigen, großen, waghalsigen Kolonialunternehmens mit rasantem und erfolglosem Ausgang werden, infolgedessen der Graf seine Regentschaft faktisch verlor und dafür den Spotttitel eines »Königs vom Schlaraffenland« erntete.[6] Becher erhielt schnell eine Ratsbestallung bei

5 Vgl. Mattiesen, Otto Heinz: Die Kolonial- und Überseepolitik der kurländischen Herzöge im 17. und 18. Jahrhundert (Schriftenreihe der Auslandsdeutschen 6). Stuttgart 1940.

6 Zum Folgenden, sofern nicht anders belegt, vgl. Bott, Gerhard: Graf Friedrich Casimir von Hanau (1623–1685). Der »König vom Schlaraffenland« und seine Kunstschätze, hrsg. von den Städtischen Museen Hanau. Hanau 2015, S. 40–53; Dietrich, Reinhard: »... wegen geführten großen Staats, aber schlechter Zahlung der Schulden ...« – Zur finanziellen Lage der Grafschaft Hanau im 17. Jahrhundert. In: Hanauer Geschichtsblätter 31 (1993), S. 123–147; Dietrich, Reinhard: Die Landes-Verfaßung in dem Hanauischen. Die Stellung der Herren und Grafen von Hanau-Münzenberg aufgrund archivalischer Quellen (Hanauer Geschichtsblätter 34). Hanau 1996, S. 129–140; Hahnzog, Ferdinand: Die Kalkulation von »Neu-Teutschland« oder »Hanauisch-Indien«. In: Hanauer Geschichtsblätter 17 (1960), S. 93–114; Hahnzog, Ferdinand: Das Hanauer »tolle Jahr« 1669 und die »Negation« des hessischen Amtmanns Heinrich Ludwig Wolff zu Hohenschildt am Hanauer Grafenhofe im Januar 1670. In: Hanauer Geschichtsblätter 20 (1965), S. 147–171; Hahnzog, Ferdinand: Hanauisch-Indien einst und jetzt.

Hofe und unterbreitete dem Grafen umgehend seine Pläne, für deren Umsetzung er bereits Ende Juni nach Amsterdam geschickt wurde, um mit der WIC einen Vertrag auszuarbeiten. Hierzu wurde er finanziell bestens ausgestattet, um mit Mittelsmännern, Helfern und Entscheidern auf der Basis der Reziprozität verhandeln zu können. Schon auf seiner Anreise kam er mit ihm gut bekannten Personen zusammen, die an den wichtigen Höfen des Reiches mit Europa- und Kolonialfragen vertraut waren. Damit war das Hanauer Projekt natürlich alles andere als geheim, sondern zu diesem Zeitpunkt bereits ein – wenn auch zweifellos eher nachrangiger – Teil des damaligen mächte- und kolonialpolitischen Ränkespiels zwischen Wien, Paris, London und Den Haag geworden, bei dem es auch um die koloniale Vorherrschaft an der nordwestlichen Atlantikküste Südamerikas ging. Insbesondere zwischen London und Den Haag war es zwei Jahre zuvor zu militärischen Auseinandersetzungen um die zeitgenössisch auch als Surinam bekannte Region gekommen. Dabei hatten die aus der Provinz Zeeland stammenden Niederländer 1667 die englischen Kolonisten vertrieben und standen nun vor der Aufgabe, das riesige Gebiet zu sichern und zu entwickeln.

In Amsterdam ein- und mit seinen Mittelsmännern zusammengetroffen, konzipierte Becher binnen zwei Wochen zusammen mit den Repräsentanten der WIC einen Vertragsentwurf, wonach der Hanauer Graf von dem niederländischen Konsortium in dem von diesem beherrschten Teil Guayanas ein Lehen im Umfang von annähernd 97.000 Quadratkilometern – mehr als die sechzigfache Größe der Grafschaft Hanau (ca. 1.600 Quadratkilometer) – nach freier Wahl zwischen dem Amazonas im Süden und dem Orinoko im Norden erhielt; die Beteiligten dachten allem Anschein nach in jeder Hinsicht großzügig!

Hierfür sah der Vertrag vom 28. Juli 1669 vor, dass die gräfliche Seite nach Verlehnung des Gebietes binnen zwölf Jahren eine Siedlung zu errichten hatte, die in mindestens sechs Meilen Entfernung zu den Niederländern situiert sein musste. Das Lehen war erblich und wurde mit allen Rechten übertragen inklusive des Rechts auf Unterverlehnung gegen Recognition der WIC. Die Siedler sollten neben der Religionsfreiheit auch Gewerbefreiheit, Zunftfreiheit und Monopolverbot erhalten. Sie mussten sehr geringe Zölle und eine Profitsteuer in Höhe von zwölf Prozent an die WIC und den Lehensmann nebst seinen Subvasallen zahlen. Der Graf anerkannte das absolute Transport- und das Sklavenmonopol der WIC sowie die Verortung des Generalkontors in Amsterdam. Die Verteidigung zu Lande war Aufgabe der Lehenleute, zur See WIC-Sache. Die Übergabe der Kolonie an den Grafen sollte bei Eintreffen der ersten hanauischen Siedler erfolgen. Damit einhergehend musste der Graf akzeptieren, dass er als Lehnsherr der bereits gegründeten sogenannten Aperwake-Gesellschaft figurierte, die in einem Teil seines zukünftigen Kolonialreiches montanunternehmerisch aktiv sein wollte.[7]

Hanau 1959; Volberg, Heinrich: Deutsche Kolonialbestrebungen in Südamerika nach dem Dreißigjährigen Kriege insbesondere die Bemühungen von Johann Joachim Becher. Köln/Wien 1977.

7 Die Bezeichnung der Gesellschaft stellte die Entsprechung des im Französischen namensgebenden Grenzflusses Approuague dar.

Nach dem Vertragstext diente die Kolonie Hanauisch-Indien ausschließlich kommerziellen Zwecken. Sollte der Graf wirklich zivilisatorisch-missionarische Ziele verfolgt haben, entsprachen diese nicht den Intentionen Bechers; und schon so war die Realisierung schwierig. Denn wieder in Hanau angekommen, musste der Projekteur des Unternehmens feststellen, dass sein Herr zwischenzeitlich 9.000 Reichstaler für die Aufstockung seines Kunst- und Naturalienkabinetts ausgegeben hatte und sich dafür gegen die Verpfändung des Amts Rodheim vor der Höhe beim undurchsichtigen Landgrafen Georg Christian von Hessen-Homburg (1626–1677, reg. 1669–1671/73) – ein katholischer Konvertit, der in spanischen Solddiensten zu Geld, nicht aber zu selbständiger Herrschaft gekommen war[8] – verschuldet hatte. Waren vorher die Spielräume eng gewesen, waren sie nun offenkundig nicht mehr vorhanden. Die gräfliche Regierung besaß weder siedlungswillige Kolonisten noch die vereinbarten Investitionsmittel noch die notwendige finanzielle Durchhaltefähigkeit – und dies bei einer kalkulierten Investitionssumme von 300.000 Reichstalern für die ersten sechs Aufbaujahre!

Vorerst aber wurde die Rückkehr Bechers gefeiert. Er selbst erhielt neben Geschenken als ostentative Anerkennung seiner Verdienste am 16. September 1669 ein südamerikanisches Unterlehen nach eigener Wahl, erblich, mit allen weltlichen und geistlichen Freiheiten inklusive eigener Jurisdiktion verliehen. Zusammen mit ihm erhielt auch Gerard Goris – ein ehemaliger Guayana-Siedler mit guten Ortskenntnissen, den Becher in Amsterdam im Kontext der Vertragsverhandlungen kennengelernt und mitgebracht hatte – ein solches Unterlehen;[9] beide schlossen sich im Oktober 1669 zu einer Interessengemeinschaft zusammen, wobei sie beabsichtigten, das Unterlehen der Aperwake-Gesellschaft zu übernehmen, weil sie es für gewinnträchtig hielten. Trotz offenkundiger Finanzierungsprobleme wurde im Oktober der gräfliche Rat Johann Georg Seifert (1639–1723) nach Amsterdam zur Übergabe der Vertragsurkunden sowie zur finanziellen Belohnung zahlreicher Unterstützer gesandt, der sich bei seiner Ankunft mit einem Protestschreiben der Agnaten und einem üblen Pamphlet konfrontiert sah, das die Rechtmäßigkeit und Seriosität des Unternehmens angriff.[10] Seifert schloss das Geschäft dennoch auftragsgemäß ab und kehrte mit »erstaunlichen« Präsenten der WIC zurück: zahlreichen Schmuckstücken und einem afrikanischen Sklaven, der als »angolanischer Mohr« bekannt wurde und in die historiographische Überlieferung Eingang fand.[11] Das Vertragsgeschenk der WIC verfehlte seine Wirkung nicht, war

8 Vgl. Hintereicher, Margarete: Georg Christian von Hessen-Homburg (1626–1677). Offizier, Diplomat und Regent in den Jahrzehnten nach dem Dreißigjährigen Krieg (Quellen und Forschungen zur hessischen Geschichte 58). Darmstadt 1985, S. 176–207, besonders S. 180–186.

9 Vgl. Volberg: Deutsche Kolonialbestrebungen, S. 161–165.

10 Die (profranzösisch gesinnten) Agnaten befürchteten den Verlust von Erbansprüchen, während die üble Nachrede von einem der vorherigen Favoriten – dem Hofrat Bengt Skytte – des regierenden Grafen ausging, der sich von Becher und dessen Kolonialprojekt in seinen eigenen Interessen ausmanövriert fühlte; vgl. Hahnzog: Hanauisch-Indien, S. 27–28; Volberg: Deutsche Kolonialbestrebungen, S. 175.

11 Vgl. Hahnzog: Hanauisch-Indien, S. 27.

doch der Beweis erbracht, welche geradezu sensationellen Zukunftshoffnungen man sich in Hanau machen durfte – auch wenn alles andere ungeklärt blieb.

Doch die Zeit drängte, die Nachfragen wurden kritischer, die Befürchtungen der alarmierten Agnaten nahmen zu. Denn die Finanzierungsnot des Grafen war nur allzu offensichtlich. Die hauseigenen Barmittel und Kreditressourcen waren ungenügend, eine Gesellschaftsgründung stand nicht im Raum, anderes Fremdkapital konnte nicht besorgt werden. Der Graf bemühte sich vergebens in Frankfurter Finanz- und Handelskreisen sowie am kaiserlichen Hofe um Investoren, von denen jedoch bezeichnenderweise keiner namentlich benannt werden kann. Becher selbst veröffentlichte im August/September einen *Gründlichen Bericht*, mit dem er für das Projekt am Handels- und Medienplatz Frankfurt warb. Doch all das brachte keine Wende; das Projekt hing in der Luft. Schließlich reiste Becher gen München ab. In dieser Situation versuchte der Grafenbruder Johann Philipp (1626–1669) im November 1669, den Landesherrn in dessen Abwesenheit und unter Zustimmung der Gräfin(-Witwe), der calvinischen Hanauer Bürgerschaft und der ebenfalls indirekt beteiligten (calvinischen) landgräflich-hessischen Regierung in Kassel abzusetzen. Die Opposition setzte sich aber in der Regierung nicht durch. Der Graf antwortete mit einem fiskalischen Strafgericht – schließlich mussten Ausgaben finanziert werden – und beugte sich erst einer Kompromisslösung, als die Kasseler Regierung im Februar 1670 unter Androhung von Truppeneinsatz ultimativ intervenierte. Eine kaiserliche Kommission setzte im gleichen Jahr faktisch eine Zwangsverwaltung ein.[12] Alle auswärtigen Räte des Grafen wurden entlassen, die Agnaten erhielten Zugriff auf die Regierungsgeschäfte und mit Johann Georg Seifert (Seyfried) wurde ein altgedienter, katholischer, 1673 nobilitierter Rat als Regierungs- und Kammerpräsident eingesetzt, der eine strikte Entschuldungspolitik betrieb. Das erwies sich als schwierig, weil die Regierungspraxis im Umgang mit dem Grafen – nicht zuletzt bei der Bewertung und Aufgabe des Kolonialprojektes – kompliziert war. Für das Kolonialprojekt bedeutete dieser Vorgang ein Ende auf Raten, weil sich niemand mehr darum kümmerte bzw. kümmern konnte. 1672 bot die Regierung schließlich das Gebiet dem englischen König zum Verkauf an, scheiterte jedoch am Desinteresse in Westminster, das einen dauerhaften Ausgleich mit Den Haag anstrebte. Weitere Versuche gab es nicht, wohl auch wegen des Ausbruchs des Französisch-Niederländischen Krieges im gleichen Jahr. Folglich blieb das Projekt in Südamerika ohne Effekte, der Grafschaft Hanau verblieben die übernommenen hohen Schulden sowie die Reise- und Präsentekosten, aber kein unmittelbarer Verlust aus der (nicht erfolgten) Realisierung des Projekts.

12 Vgl. Dietrich: Die Landes-Verfaßung, S. 130–139, 150–152; Hahnzog: Hanauisch-Indien, S. 28–29 und 32; Bott: Graf Friedrich Casimir von Hanau, S. 160.

3 Faktorenanalyse, oder: Zwielicht im Dschungel der konkurrierenden Interessen

3.1 Intervenierende Bezugssysteme: Territorium und Familie

Friedrich Casimir hatte seine Herrschaft in der Grafschaft Hanau-Lichtenberg mitten im Dreißigjährigen Krieg angetreten. Bei Regierungsübernahme 1641 war er noch minderjährig und stand unter Vormundschaft, die erst sechs Jahre später beendet wurde. Als 1642 auch die Grafschaft Hanau-Münzenberg auf dem Erbweg anfiel, wurden die Hanauer Linien erstmals wieder seit 1458 in einer Hand vereinigt.[13] Der junge Graf kam in den Münzenberger Landesteil nur unter erschwerten Bedingungen; und unter denselben litt seine gesamte Regierung. Er wurde letztlich stets als Fremder wahrgenommen. Dies wurde nur leidlich dadurch abgeschwächt, dass er 1647 die zwanzig Jahre ältere, reformierte Gräfin-Witwe – Sibylle Christine von Anhalt-Dessau (1603–1686) – ehelichte, was angesichts des vorgerückten Alters der Dame eine Erbfolge in direkter Linie biologisch beinahe unmöglich erscheinen ließ. Das allgemeine Misstrauen resultierte aus dem konfessionellen Argwohn der reformierten Bevölkerungsmehrheit gegenüber der lutherischen Minderheit. Dieses Misstrauen seitens der alten Elite aus adeligen wie nicht-adeligen Kreisen – seien es die Bürger von Alt- und Neu-Hanau, seien es die agnatischen Verwandten – wurde durch forsch-ungeschickte Aktionen des jungen Grafen genährt: Friedrich Casimir wechselte einen Teil der Regierungsfunktionäre aus und bestallte nicht-adelige, auswärtige, lutherische Räte, darunter die Gelehrten- und Rechtsikone Johann Michael Moscherosch (1601–1669).[14] Darüber hinaus förderte er die Ansiedlung von Lutheranern, eröffnete 1658 ein drittes, lutherisches Konsistorium und schloss nach Streitigkeiten zwischen den Konfessionsgruppen eines der beiden reformierten Konsistorien. Dies führte zu anhaltenden Unruhen, die erst auf Intervention des Reichshofrates und unter Einschaltung der konfessionspolitischen ›Paten‹ des Reiches (Kurpfalz, Kursachsen, Kurbrandenburg, Württemberg) nebst beiden hessischen Landgrafschaften mit dem Hanauer Religionsrezess vom 26. August 1670 überwunden wurden.[15] In dem Rezess wurden die Rechte der Reformierten vollumfänglich garantiert, während die Lutheraner völlige Gleichberechtigung erlangten.

13 Zum Folgenden vgl. Schmidt, Georg: Der Wetterauer Grafenverein. Organisation und Politik einer Reichskorporation zwischen Reformation und Westfälischem Frieden (Veröffentlichungen der Historischen Kommission für Hessen 52). Marburg 1989, S. 556–564; Löwenstein, Uta: Grafschaft Hanau. In: Speitkamp, Winfried (Hrsg.): Handbuch der hessischen Geschichte. Bd. 3: Ritter, Grafen und Fürsten – weltliche Herrschaften im hessischen Raum ca. 900–1806 (Veröffentlichungen der Historischen Kommission für Hessen 63/3). Marburg 2014, S. 196–230; Dietrich: Die Landes-Verfaßung, S. 130–140.

14 Zu Moscherosch vgl. Harms, Wolfgang: Moscherosch, Johann Michael. In: Neue Deutsche Biographie (18). 1997, S. 166–168; Schäfer, Walter E.: Johann Michael Moscherosch. Staatsmann, Satiriker und Pädagoge im Barockzeitalter. München 1982.

15 Vgl. Dietrich: Die Landes-Verfaßung, S. 135–137.

Der Hanauer Religionsvergleich sicherte damit das Überleben der lutherischen Teile der Dynastie und den Zusammenhalt, der auch territorialökonomisch absolut notwendig war. Denn der finanzielle Rahmen des jungen Landesherrn war von vornherein eng gesteckt: Er hatte mit der Herrschaft auch die kriegsbedingt hohe Schuldenlast geerbt; diese und die Notwendigkeit des Wiederaufbaus nebst dem Bedarf an entsprechender Herrschaftsrepräsentation schränkten die weiteren Handlungsspielräume merklich ein. Zudem konnte der Friedrich Casimir finanziell nicht über alle Landesteile frei verfügen: Johann Philipp – der spätere Putschist, verheiratet mit der Schwester der Dessauerin – hatte das münzenbergische Amt Babenhausen sowie weitere lichtenbergischen Ämter als Apanage erhalten; die jüngere Schwester wurde ebenfalls apanagiert; der jüngste Bruder Johann Reinhard II. (1628–1666) erhielt das badische Hanauerland. Seine Frau – Anna Magdalena von Pfalz-Zweibrücken-Birkenfeld-Bischweiler (1640–1693) – setzte im Religionsrezess von 1670 die Erbfolge ihrer Söhne nach dem Tode Friedrich Casimirs durch. Sie wurden die letzten Regenten der Grafschaft, die 1736 von Hessen-Kassel übernommen wurde, nachdem die Landgrafschaft sich schon 1643 die Anwartschaft auf das Erbe hatte zusichern lassen.

Bis dahin hatte der Graf trotz der strukturellen Engpässe eine beeindruckende Wirtschaftsförderungs-, Modernisierungs- und Investitionspolitik betrieben. Auf dem Wissenschafts- und Bildungssektor hatte er das Ziel verfolgt, mit einer Akademie der Wissenschaften und Künste – pompös *Sophopolis* genannt –, mit dem Abschluss der Gründung einer Hohen Landesschule sowie der Gründung eines lutherischen Gymnasiums in Hanau 1680 weit über die Grenzen der Grafschaft ausstrahlende Bildungsinstitutionen zu schaffen. Darüber hinaus investierte Friedrich Casimir gezielt in langfristig angelegte Wirtschaftsprojekte und gründete und privilegierte 1661 eine der ersten Fayencen-Manufakturen in Deutschland. Auch die *Sophopolis* war als wirtschaftspolitisches Projekt angelegt, das auf »ausländische« Studenten und Dozenten zielte, die die Konsumnachfrage anregen sollten.[16] Die immensen Anschubkosten für das Kunst- und Naturalienkabinett, das an die *Sophopolis* angelehnt war, stießen auf die massive Kritik der Verwandten. Das merkantilistisch angelegte Kolonialkonzept passte sich demnach mehrfach in die ambitionierten, dabei stets kritisch beäugten Bemühungen des Grafen ein, sein Territorium zu entwickeln: Es resultierte aus den Anstrengungen um Konsolidierung des Fiskus und Belebung der Wirtschaft; es war hochrisikoreich, aber ohne heimische Expertise und Erfahrung projektiert; und es war kaum mit den anderen Initiativen harmonisiert, dafür mit extrem hohen, kaum überschaubaren Kosten verbunden. Kurzum: Der Hanauer an sich und die adelige Verwandtschaft jedenfalls konnten in den Plänen des Grafen und seines Beraters nichts Gutes erkennen, sondern nur eine Bedrohung sehen.

16 Vgl. Bott: Graf Friedrich Casimir von Hanau, S. 74–79.

3.2 Dynastische Komponenten und politische Interferenzen: Wohl oder Wehe?

Die Modernisierungsideen, Pläne und Projekte Friedrich Casimirs standen unter einem prägend-belastenden Faktor: dem innerdynastischen Argwohn und den materiellen Ängsten der Agnaten, die die gesamte Regierungszeit hindurch nicht abgebaut werden konnten und die auch das Kolonialprojekt schließlich beendeten. Der Graf schaffte es einfach nicht, seinen Verwandten die Furcht vor dem immensen Risiko und insbesondere vor dem finanziellen Ruin zu nehmen. Seine Aktionen bestärkten sie vielmehr darin, insbesondere die Veräußerung der zur Rede stehenden Ämter Dorheim und Rodheim sowie der Saline Nauheim. Man munkelte gar, er erwäge, den Lichtenberger Teil an den katholischen Herzog von Lothringen zu verpfänden, hierfür zu konvertieren und die Regierung dem Landgrafen Christian Georg zu übertragen, während er selbst sein westindisches Tropenreich persönlich inspizieren würde.[17] Das waren unerhörte Nachrichten, und dies umso mehr, als bereits in dem – unter anderem von Kurmainz vermittelten – Familienpakt des Jahres 1659/68 die Geschwister ihre Ansprüche vertraglich abgesichert hatten, wodurch Friedrich Casimir ausdrücklich auf ungenehmigte Gebietsveräußerungen verzichten musste. Davon war auch die Kasseler Dynastie tangiert, insofern sich die Landgräfin Amalie Elisabeth (1602–1651) – Tochter des bedeutenden Philipp Ludwig II. von Hanau-Münzenberg (reg. 1580/1596/1608–1612) und Kasseler Vormundschaftsregentin zwischen 1537 und 1651 – die landgräfliche Unterstützung im Krieg und ihre eigenen Ansprüche an Hanau durch eine Erbanwartschaft hatte vergelten lassen. Sie war spätestens seit dem Putschversuch im November 1669 alarmiert und wurde durch die Versicherungen Friedrich Casimirs nicht beruhigt, eher in ihren Befürchtungen von den Verwandten – insbesondere der Dessauerin – bestätigt.

Was Kassel nicht einschätzen konnte, war die Ambivalenz in der Haltung der Agnaten. Sie hatten nämlich zunächst nicht gegen die Kolonialpläne protestiert. Erst als deren Finanzierung zu scheitern drohte, wurden sie rebellisch; aber auch dabei handelte es sich um ein vorgeschobenes Argument, weil sich die Kosten des Kolonialprojekts eher im Rahmen der in Hanau üblichen Ausgaben bewegten.[18] Doch die Rechnung der Agnaten war simpel: Trotz horrender Schulden hatte man unter den bisherigen Bedingungen sein Auskommen, also gab es aus ihrer Sicht keine Not, ein fernes, nicht steuerbares Wagnis mit großen Investitionskosten und Risiko des Totalausfalls einzugehen. Doch

17 Vgl. ebd., S. 45.

18 Anders und im Gegensatz zur gängigen Interpretation formuliert: Das Kolonialprojekt brachte das familienpolitische »Fass zum Überlaufen«, nicht die Kosten des Projekts an sich. Denn das Tropenimperium stellte die Spitze des gräflichen Ideen-Eisbergs dar, obwohl die Ausgaben hierfür andere Etatposten nicht wesentlich überstiegen (wie der Etatansatz für das Jahr 1671 auswies), wohl aber die von Becher errechnete Summe (300.000 Reichstaler auf sechs Jahre) vor dem Hintergrund der bereits aufgelaufenen Schulden horrend zu sein schien; vgl. Dietrich: Grafschaft Hanau, S. 138–139 und S. 142–143.

war die Aussicht auf neuen Reichtum selbstverständlich lockend; also intervenierte man zunächst nicht. Dieses Verhalten war erklärlich, denn die Ideen Friedrich Casimirs waren zunächst einmal so abwegig nicht. Seine Kavalierstour hatte ihn – wie zeitgenössisch üblich – auch in die Niederlande geführt. Er war dort mit der niederländischen Wirtschafts- und Wissensgesellschaft in Kontakt gekommen. Zudem wusste er – wie auch seine Verwandten – zweifellos um einen nicht minder bedeutsamen, wenn auch eher fernen Verwandten, der in brasilianischen Eroberungs- und Kolonialprojekten der WIC äußerst erfolgreich gewesen war: Graf Johann Moritz von Nassau-Siegen (1604–1679) – »der Brasilianer« –, dessen 1647 gedruckte, 1659 ins Deutsche übersetzte *Historia Brasiliae* ebenso wie die zahlreichen westindischen Landschaftsansichten des in brasilianischen Angelegenheiten bestens unterrichteten Malers Frans Post (1612–1680) in den Elitekreisen des Rhein-Main-Gebiets kursierten.[19] Der Nassauer hatte die WIC in Brasilien sieben Jahre lang zu einer neuen Blüte geführt, war zwar im Streit, aber ehrenvoll, reich und am Ende Recht behaltend ausgeschieden. Erst mit seinem Abgang 1644 geriet das Projekt in endgültige Schieflage. Er konnte zweifellos als Vorbild dienen, und zwar nicht nur im Hinblick auf finanziellen Profit, sondern auch und insbesondere hinsichtlich des ungeheuren Prestigegewinns: *splendor* winkte einer angeschlagenen Adelsdynastie, deren Spross das wagte, was kein Regent des Reiches vor ihm – mal abgesehen vom »Brasilianer« – zu wagen gewagt, sondern allenfalls projektiert hatte! Da konnte man schon mal darüber hinwegsehen, dass die brasilianische Konjunktur vorbei, die WIC durchaus ein problematischer Geschäftspartner und die Finanzlage durchaus lückenhaft waren.

Als regierender Graf war der Brasilianer auch Mitglied des Wetterauer Grafenvereins, in dem der Hanauer Graf keine unbedeutende Rolle spielte, insofern er die Kuriatstimme des Wetterauer Grafenvereins auf den Reichstagen führte.[20] Damit war er in die Reichspolitik involviert und dies bedeutete durchaus die Nähe zu Kurmainz, zum Kaiser und zu Hessen-Darmstadt, die Friedrich Casimir bewusst suchte, nachdem seine Vorgänger diese gemieden hatten. Im September 1669 hatte er auf Anraten seiner Ratgeber sogar seine Konversionsabsicht öffentlich dokumentiert.[21]

19 Vgl. Menk, Gerhard: Deutsche Landesgeschichte mit transatlantischen Horizonten. Das Beispiel Johann Moritz von Nassau-Siegen (1604–1679). In: Nassauische Annalen 123 (2012), 225–255; Brunn, Gerhard/Neutsch, Cornelius (Hrsg.): Sein Feld war die Welt: Johann Moritz von Nassau-Siegen (1604–1679). Von Siegen über die Niederlande und Brasilien nach Brandenburg (Studien zur Geschichte und Kultur Nordwesteuropas 14). Münster u. a. 2008; Kürbis, Holger: Johann Moritz von Nassau-Siegen. Erfurt 2005; Kürbis, Holger: Eine militärische Karriere im 17. Jahrhundert. Das Beispiel Johann Moritz von Nassau-Siegen. In: Pons, Rouven (Hrsg.): Oranien und Nassau in Europa. Lebenswelten einer frühneuzeitlichen Dynastie. Wiesbaden 2018, S. 345–363; Brunn, Gerhard (Hrsg.): Aufbruch in neue Welten – Johann Moritz von Nassau-Siegen (1604–1879), der Brasilianer, im Auftrag der Johann-Moritz-Gesellschaft hrsg. von Gerhard Brunn in Zusammenarbeit mit Wolfgang Degenhardt. Siegen 2003; Cabral de Mello, Evaldo: Johann Moritz Fürst von Nassau-Siegen: Gouverneur des holländischen Brasiliens. Gummersbach 2019; Boxer, Charles R.: The Dutch in Brazil 1624–1654. Hamden/CT 1973 (Repr. 1957).

20 Vgl. Schmidt: Der Wetterauer Grafenverein, S. 166–179.

21 Vgl. Hahnzog: Hanauisch-Indien, S. 148, Anm. 4.

All das nährte die Besorgnisse in Kassel, zumal nach dem Scheitern des Hanauer Putsches. Die Intervention Hessen-Kassels – immerhin mit 1.500 Infanteristen, zwei Reiterkompanien, vier Geschützen, zwei Mörsern – war die Konsequenz aus dem Ringen um die Verteilung der regionalen Gewichte. Hierfür hatte man schon einiges investiert. Ohne die Hilfe des calvinischen Konfessionsbruders wäre eventuell die Selbstständigkeit der Münzenberger Grafschaft im Dreißigjährigen Krieg beendet worden. Uneigennützig und aus reiner Konfessionsverwandtschaft hatte man allerdings nicht gehandelt. Die generative Problematik der Münzenberger – insbesondere die frühen Tode der regierenden Grafen – und die Chance auf Beerbung waren bekannt. Attraktiv musste dies umso mehr sein, als im Hintergrund der lutherische Verwandte in Darmstadt lauerte, mit dem man seit 1604 im hart, auch militärisch geführten Dauerstreit lag; auch das katholische Kurmainz mit dem Reichserzkanzler an der Spitze durfte nicht aus den Augen gelassen werden, mochte es militärisch bedeutungslos sein. Die Grafschaft Hanau-Münzenberg lag regionalstrategisch für alle interessierten Akteure in Hessen einfach zu günstig, als dass man es sich hätte entgehen lassen wollen. Deshalb bemühte sich die Kasseler Regierung denn auch um eingehende Information, die sie bereitwillig von Friedrich Casimir wie auch allen übrigen Hanauer Akteuren erhielt; und was die Kasseler zu hören bekamen, mussten sie in ihrer Haltung bestärken, dass die Opposition zu unterstützen sei. Die Unternehmungen des Grafen mochten ambitioniert und wohlüberlegt sein, aber sie waren insgesamt waghalsig und offensichtlich finanziell selbstmörderisch. Ein fiskalisches Desaster hätte jedoch die Grafschaft für die Kasseler Dynastie uninteressant gemacht.

3.3 Die Rolle des Consultants: weitsichtiger Inspirator oder egoistischer Scharlatan?

Für die Analyse, Projektkonzeption und Verhandlungsführung des Grafen war Becher praktisch allein verantwortlich.[22] Der gebürtige Speyerer stammte aus einer wohlangesehenen Familie von reichsstädtischen Ratsherren und Professoren bzw. Predigern. Ob er studierte oder sein durchaus umfassendes Wissen autodidaktisch erwarb, ist ungewiss. Erstmals greifbar erscheint er 1654 als Medizinprofessor und

22 Zum Folgenden, sofern nicht anders angegeben, vgl. Hassinger, Herbert: Johann Joachim Becher 1635–1682. Ein Beitrag zur Geschichte des Merkantilismus (Kommission für Neuere Geschichte Österreichs: Veröffentlichungen der Kommission für Neuere Geschichte Österreichs 38). Wien 1951; Hassinger, Herbert: Becher, Johann Joachim, in: Neue Deutsche Biographie (1). 1953, S. 689–690; Frühsorge, Gotthardt (Hrsg.): Johann Joachim Becher (1635–1682). Vorträge gehalten anlässlich eines Arbeitsgespräches des Internationalen Arbeitskreises für Barockliteratur in der Herzog-August-Bibliothek vom 1.–4. März 1988 (Wolfenbütteler Arbeiten zur Barockforschung 22). Wiesbaden 1993; Loibl, Werner: Johann Joachim Becher (1635–1682) im Dienste der Schönborns zwischen 1657 und 1664. In: Mainfränkisches Jahrbuch für Geschichte und Kunst 59 (2007), S. 55–155.

Leibarzt des Mainzer Kurfürsten. In dessen Umkreis fand er schnell Anschluss an den kurfürstlich-kaiserlichen Hofrat Dr. Ludwig von Hörnigk (1600–1667), dessen Tochter Maria Veronika er 1662 ehelichte. Hierzu konvertierte Becher, was keineswegs unüblich, vielmehr en vogue war; er folgte darin seinem Schwiegervater. Mit seinem Schwager Philipp Wilhelm von Hörnigk (1640–1714), der 1684 ein Werk herausgab, das die kaiserlich-österreichische Herrschaft als zukünftige Merkantilmacht profilierte,[23] verstand er sich exzellent. Bereits 1660 war Becher im Auftrag des Kurfürsten nach Holland gereist, um sich mit der niederländischen Wirtschaft vertraut zu machen und erste Kontakte zu knüpfen. Drei Jahre später verabschiedete er sich vom kurfürstlichen Hof unter bislang nicht geklärten Umständen; seine Mainzer Kontakte blieben allerdings erhalten, wie sich später zeigte. Zunächst fand Becher sehr schnell am Beginn des Jahres 1664 eine Anstellung beim Kurpfalzgrafen Karl I. Ludwig (reg. 1632/49–1680), der ihn mit einem Projekt zum Aufbau einer Glas-, Woll-, Leinwand- und Papierindustrie um Mannheim herum sowie einer Seidenraupenindustrie in Heidelberg betraute. Er erhielt hierfür einen Vertrag mit erfolgsabhängigem Honorar. Noch im gleichen Jahr jedoch verließ Becher nach einem sehr kurzen Würzburger Intermezzo den Heidelberger Kurfürstenhof für den Münchener. Dort erhielt er eine Bestallung als kurfürstlicher Rat und Leibarzt inklusive eines festen Gehalts. Weniger seine medizinische Expertise als vielmehr seine merkantile scheint allerdings gefragt gewesen zu sein. Denn wie andere Territorialregenten des Reiches sah sich der Wittelsbacher zum ökonomischen Wiederaufbau gezwungen, der ihm für alle Vorschläge und Lösungswege die Ohren öffnete. In Verbindung mit dem Oberhofmeister Hermann Egon Graf zu Fürstenberg-Heiligenberg (1627–1674) war Becher infolgedessen mit den Fragen der Förderung von Gewerbe, Handel und Landwirtschaft betraut, also mit jenem umfassenden Feld, auf dem er keine akademische Expertise, wohl aber kommunikative Erfahrungen und reichlich Ideen hatte.

So wurde er denn 1664 vom bayerischen Landesherrn – immerhin mittlerweile der dritte Kurfürst, dem er diente – nach Holland geschickt, unter anderem um die Möglichkeiten eines Kolonialprojekts auszuloten. Hierfür kam er mit einem Grafen Hoorn zusammen, über den in den folgenden Wochen die Kommunikation mit den Vertretern der WIC erfolgte. Deren Amsterdamer Kammer bot Neu-Amsterdam zur Übergabe an, während die Kammer von Seeland ihre Guayana-Kolonie offerierte.[24] Im Falle der nordamerikanischen Kolonie hätten die Bayern 5.000 bis 6.000 Soldaten stationieren sollen, allein um dem englischen Druck zu begegnen; bei dem südamerikanischen Projekt wäre die Landverteidigung ebenfalls den Bayern zugefallen, die maritime Deckung hätte durch die WIC erfolgen sollen. Da das Angebot der Seeländer den kurfürstlich-bayerischen Interessen am ehesten zusagte und Becher zudem von der Kapitulation

23 Vgl. Sommer, Louise: Die österreichischen Kameralisten in dogmengeschichtlicher Darstellung (Studien zur Sozial-, Wirtschafts- und Verwaltungsgeschichte 13). Wien 1925, S. 124–149.

24 Vgl. Volberg: Deutsche Kolonialbestrebungen, S. 55–57 und S. 63–79.

Neu-Amsterdams bereits wusste, wurden hier bereits konkrete Vertragspunkte ausgearbeitet. Sie scheinen gleichsam die Blaupause Bechers für das spätere Hanau-Projekt gewesen zu sein. Denn gemäß dem Konzept wäre die WIC alleinige Eigentümerin des Kolonialgebietes geblieben, das in einem Umfang von 3.600 Quadratmeilen dem Kurfürsten nebst allen Rechten erblich abgetreten – aber ausdrücklich nicht: verlehnt – worden wäre. Die WIC verpflichtete sich zudem, ohne Wissen und Einwilligung des Kurfürsten bzw. gegen die Interessen der Kolonie keine militärischen Operationen zu unternehmen. Hierzu sollte die Gesellschaft einen ständigen Residenten ohne Herrschaftskompetenz in der Kolonie unterhalten, während dem Kurfürstentum die Landverteidigung oblag. Dem Kurfürsten und seinen Kolonialfunktionären hätte es darüber hinaus offengestanden, selbst Teilhaber an der WIC zu werden. Diese hätte gegen Entgelt die Verschiffung der Siedler nebst allen Habseligkeiten übernommen. Zudem sollte sie ein Handelsmonopol für die Kolonie erhalten. Der Kurfürst verpflichtete sich, die Kolonisten anzuwerben und nach Ablauf einer zwanzigjährigen Aufbauzeit der WIC eine zwölfprozentige Steuer auf alle Kolonialerzeugnisse zu zahlen.

Das bayerische Überseeprojekt Bechers gelangte nicht über die konzeptionelle Voranbahnung hinaus. Dafür waren einerseits wirtschaftspolitische Einwände – insbesondere die Besteuerungsproblematik sowie das holländische Handelsmonopol und die daraus resultierende Frage der Lukrativität für die bayerische Wirtschaft und den kurfürstlichen Fiskus –, andererseits mächtepolitische Interferenzen verantwortlich. Sowohl London als auch Paris nämlich machten plötzlich 1665/66 dem Münchener Hof »koloniale Avancen«: Während London eine zukünftige familiäre »Nähe« zum Königshaus, Handelsschutz und Handelsvorteile offerierte, warb Colbert gegenüber den Kurfürsten von Mainz und München sowie gegenüber Schweden und Dänemark im Oktober 1665 für ein großes, mehr noch: ein großartiges Kolonialprojekt im französischen Teil Guayanas, das als Unterlehen ausgegeben werde sollte. Das durchschaubare Ziel Colberts war die gleichzeitige Schwächung Londons, Habsburgs und der WIC bzw. Den Haags. Gerade mit den Niederländern konkurrierte man in diesem Teil Südamerikas unmittelbar. Wien hatte aber bereits entsprechende Gegenpläne parat, die von dem Wiener Hofbeichtvater und Bischof der Wiener Neustadt Cristóbal de Gentil de Rojas y Spinola OFM (1626–1695) vertreten wurden und eine Wiederbelebung der kurbrandenburgischen Ideen zur Gründung einer reichsweiten Handels- und Kolonialgesellschaft vorsahen. Dabei handelte es sich um eine neue Idee, die 1624 von Madrid mit antiniederländischem Impetus initiiert, dann aber ernsthaft erst wieder 1647 unter kurbrandenburgischer Führung entwickelt worden war und nun von Wien – gleichsam austriakisiert – reformuliert wurde.[25] Federführend hatte der studierte Mediziner und

25 Vgl. Volberg: Deutsche Kolonialbestrebungen, S. 36–46 und S. 94–104. Zu den brandenburgischen Kolonialplänen, die 1660/61 von dem nicht-regierenden Markgrafen Hermann von Baden-Baden (1628–1691) als interkonfessionell-ständisches Projekt aufgegriffen und lanciert wurden, vgl. Heyk,

in der montanökonomischen Praxis erfahrene Johann Daniel Crafft (1624–1697),[26] der an den bayerisch-französischen Kolonialverhandlungen teilgenommen und diese abgelehnt hatte, ein entsprechendes Projekt ausgearbeitet. Demnach hätte die geplante Handels- und Kolonialgesellschaft, die mit einem hohen Renditeversprechen angepriesen wurde, unter der Ägide des Kaisers eine oder mehrere »indische« Kolonien erwerben sollen, um bedürftigen Auswanderern eine neue Heimat zu bieten. Die hierzu notwendigen Schiffe sollten privat finanziert werden, wenn auch unter kaiserlicher Flagge segeln. Sie sollten den Warenverkehr zwischen den Kolonien und dem Reich garantieren. Gleichzeitig sollten reichsweit Kaufhäuser aufgebaut werden. Die Gesellschaft und die Kolonialverwaltung hätten vom kaiserlichen Kommerz-Kollegium kontrolliert werden, aber völlige Selbstverwaltung – inklusive religiöser Toleranz für alle Bekenntnisse – nebst Handelsmonopol besitzen sollen.

Becher scheint 1666 mit den Plänen Craffts in Berührung gekommen zu sein. Zu diesem Zeitpunkt hatte er schon im kaiserlichen Kommerz-Kollegium eine neue Tätigkeit als Hofrat gefunden, nachdem er sich aus München verabschiedet hatte; vorerst, schließlich blieb er in der kurfürstlichen Besoldung und kehrte nach seinem Hanauer Engagement dorthin auch wieder zurück. Gleichwohl sind die Hintergründe für seinen Abgang aus München nicht ganz klar. Sei es, dass man ihn lieber am Kaiserhof als bayerischen Akteur sah, sei es, dass seine »Kolonialprojektiererei« nicht überall in der Regierung auf Gegenliebe stieß, jedenfalls stieß der eher antifranzösisch eingestellte Becher in München auf Widerstand jener profranzösisch-konservativen Regierungsmitglieder, die zur Abtragung der Schulden eher die sicheren Subsidien Frankreichs annehmen als riskante Kolonialabenteuer eingehen wollten. Fraktionsrivalitäten, Funktionärsbehäbigkeit und Aussicht auf sozialen Aufstieg führten den umtriebig-quirligen Becher nach Wien – die Aussicht auf ein Jahresgehalt von 1.000 Talern zweifellos ebenso. Doch auch am Wiener Hof eckte Becher an und überwarf sich alsbald mit dem einflussreichen Hofkammerpräsidenten Georg Ludwig Graf von Sinzendorf (1616–1681). Nach dem Scheitern seines Hanauer Projekts begab sich Becher zunächst wieder nach München, von dort aus 1676/77 in die Niederlande und 1680 nach England, wo er bei Hofe im Kreis um Prinz Ruprecht von der Pfalz, Duke of Cumberland (1619–1682) – »Rupert the Cavalier« – und John Maitland, 1st Duke of Lauderdale (1616–1682) Aufnahme fand, aber am Ende verarmt starb.

Becher wurde zeitlebens und ebenso in der Rezeption als ambivalente Figur wahrgenommen. Es mangelte nicht an beißender Kritik, die sich erst in den letzten Jahrzehnten in ihr Gegenteil verkehrt hat. Der Hanauer Heimatforscher Ferdinand Hahnzog – einer der besten Kenner des Kolonialprojekts von 1669 – sieht Bechers Verdienst gar darin, »in klarer Erkenntnis dieser [polit-ökonomischen] Zusammenhänge, die sich mit einer

Eduard: Brandenburgisch-deutsche Kolonialpläne. Aus den Papieren des Markgrafen Hermann von Baden-Baden. In: Zeitschrift für Geschichte des Oberrheins 41 N.F. 2 (1887), S. 129–200.

26 Vgl. Saring, Hans: Crafft, Johann Daniel. In: Neue Deutsche Biographie (3). 1957, S. 387.

leidenschaftlichen patriotischen Gesinnung paarte, nicht nur in der Abwehr der französischen Hegemonie-Bestrebungen seinem deutschen Volke gedient, sondern ihm auch immer wieder Hinweise auf Wege zu einer besseren Zukunft gegeben zu haben, die allerdings noch nicht betreten wurden, weil die Zeit dazu einfach noch nicht reif war!«[27] Bechers Patriotismus mag undiskutiert bleiben. Er war eher ein typischer frühneuzeitlicher »Projektemacher«, einer jener vormodernen Consulting-Spezialisten mit besten Kontakten zu verschiedenen Expertengruppen und ebenso erfahrenen wie waghalsigen, durchaus auch windigen Entrepreneurs, die teils als begabte, teils als visionäre, teils als zwielichtige Selfmade-Men in einer Epoche reüssierten, in der alle Regenten überfordert nach Ideen und Lösungen suchten, um die Kriegsfolgen zu bewältigen. Für alle Beteiligten ging es um das schnelle große Geld; im Falle der (hoch-)adeligen Häuser ging es schlicht ums finanzielle Überleben. Dies machte Ideengeber wie Becher, die sich von den üblichen adelig-höfischen Soziallogiken nicht vollends absorbieren ließen, dafür aber über erstaunliche Kontakte, Erfahrungen und »Wissen« zu verfügen schienen, für diesen Personenkreis interessant. Genau deshalb waren sie allerdings zugleich für das Umfeld dieser Interessenten suspekt, weil sie nicht selten als systemfremde »Ausländer« wahrgenommen wurden; es sei denn, einflussreiche Personen bei Hofe deckten diese Berater, weil sie von ihren Plänen profitierten. Die Position dieser Projekteure war demnach stets eine prekäre. Offenkundig hatte Becher hierfür ein Gespür und entwickelte mit der Zeit immer stärkere Aversionen gegen dieses Hofmilieu, dem er gleichwohl stets verhaftet blieb, weil nur dort solche Projekte zu »verkaufen« waren. Aus dem einen wie aus dem anderen Grunde hielt es ihn nicht lange bei seinen Arbeitgebern, ganz abgesehen davon, dass seine Projekte nie über das Planungsstadium hinausgelangten. Dies lag zum einen an ihrem Charakter und seinem Arbeitsauftrag: Er sollte konzipieren und anbahnen; final entscheiden und umsetzen mussten seine Auftraggeber bzw. deren Funktionäre. Zum anderen scheiterten seine Projekte gerade an dem mangelnden Durchführungswillen und mehr aber noch an der Durchführungsfähigkeit seiner Auftraggeber. Aber auch sein eigenes Aperwake-Projekt fand keinen Anklang unter den Zeitgenossen.[28]

3.4 Der erfahrene Geschäftspartner: die niederländische WIC und ihr Angebot

Das Guayana-Projekt war im Kopf Bechers bereits ausformuliert, als er auf dem Hanauer Parkett erschien; er benötigte nur den geeigneten Finanzier. Warum es ihn gerade hierhin führte, ist ebenso wenig klar auszumachen wie die Frage, wie der

27 Hahnzog: Hanauisch-Indien, S. 13.

28 Vgl. Volberg: Deutsche Kolonialbestrebungen, S. 177–181.

Kontakt mit Graf Friedrich Casimir überhaupt zustande kam. Deutlich ist immerhin, dass Becher einerseits ein Zugpferd suchte, um seine Kolonialpläne endlich realisieren zu können, der umtriebige Friedrich Casimir anderseits jemanden suchte, der ihm aus der strukturellen Wirtschafts- und Finanzmisere heraushalf. Becher schien geeignet, weil er angesichts seiner Referenzen sowohl über beachtliches Anstellungs- und Verwendungsprestige verfügte – schließlich widerspiegelte die Liste seiner Arbeitgeber die Top-4 des altreichischen Kurkollegs – als auch über sehr konkrete Vorstellungen und Kontakte. Er wusste mittlerweile von seinen Reisen in die Niederlande, wen er wofür zu kontaktieren hatte und hatte dieses Netzwerk weiter ausgebaut. Das von ihm vorgeschlagene Kolonialprojekt erforderte zwangsläufig die Kooperation mit der WIC, weil nur sie auf ein derart vielversprechendes Territorium Zugriff hatte und zudem über geeignete bzw. notwendige logistische Ressourcen verfügte. Darüber hinaus befand sich die WIC in einer unternehmerischen Situation, die sie aus Sicht Bechers bzw. seines Auftraggebers zu einer attraktiven lohnenswerten Partnerin werden ließ.

Als Becher in Amsterdam im Juli 1669 anlangte, wandte er sich auf Empfehlung von Johann Daniel Crafft an Abraham Cohen – ein Mitglied der portugiesisch-jüdischen Kolonie in Amsterdam –, der unter Moritz von Nassau-Siegen gedient hatte und selbst WIC-Aktionär war. Er vermittelte den Kontakt zur Amsterdamer Kammer, die dem Hanauer Unterhändler (abermals) Teile Guayanas als Siedlungsgebiet anbot. Dabei handelte es sich um fruchtbares Land, das zudem über Bodenschätze – Gold und Mineralien – verfügte, aber insbesondere für die Viehzucht sowie für den Anbau von Zucker, Baumwolle, Indigo, Tabak geeignet zu sein schien. Herrschaftlich war es im Süden – vom Amazonas bis zum Cap d'Orange – von Indigenen bevölkert, nordwestlich davon bis zum Maroni-Fluss von den Franzosen beherrscht, woran sich eine vornehmlich niederländisch dominierte Zone (mit einzelnen englischen Enklaven) von 140 Meilen Länge bis zum Orinoko-Fluss anschloss. Die Niederländer – genauer die Städte Amsterdam, Enkhuizen und Middelburg und weitere – hatten am Essequibo-Fluss seit 1596/97 mehrere Siedlungen errichtet, seit 1630 in harter Rivalität mit den ebenfalls – wenn auch eher unglücklich – an Surinams Küste siedelnden Engländern. Insgesamt stellte Guayana 1669 den letzten Teil der amerikanischen Besitzungen der WIC dar. Denn 1664 war das nordamerikanische Neu-Amsterdam in englische Hände gefallen, nachdem schon 1654/61 die brasilianischen Besitzungen an Portugal abgetreten werden mussten. Bis dahin war Südamerika für die Niederländer wie für Großbritannien und Frankreich jene Expansionszone gewesen, die von Spanien und Portugal zwar beansprucht, nicht aber beherrscht worden war. Bis 1643 waren die niederländischen Bemühungen in Brasilien erfolgreich gewesen, danach jedoch aufgrund des zähen portugiesischen Widerstands in Verfall geraten, zumal sich immer stärker die französischen und englischen Einflüsse bemerkbar gemacht hatten. Während diese jedoch auf die entsprechenden Küstenabschnitte begrenzt blieben, versuchten die Niederländer am Essequibo-Fluss auch das Binnenland zu erschließen.

Die WIC war für diese Bemühungen seit 1621 die entsprechende mit staatlicher Unterstützung privat organisierte Trägergesellschaft.[29] Sie war ihrem Vorbild der Vereinigten Ostindien-Kompanie (VOC) nachempfunden, sollte ähnliche kommerzielle Erfolge erzielen, aber stärker als ihr ostindisches Pendant genuin kolonialen Zielsetzungen dienen, ganz abgesehen davon, dass sich die politischen Verantwortlichen für einen weiteren Waffengang mit Spanien wappnen wollten. Hierfür sollte die WIC als maritimes Instrument auf einem militärstrategischen Interferenzfeld dienen. Ausgestattet mit umfassenden Herrschaftsrechten, agierte sie in ihren Kolonien als Vertreter des Staates, eher sogar als Staat unter niederländischer Fahne. Ökonomisches Hauptziel der WIC sollte der Handel im Dreieck zwischen den Nordamerika-Siedlungen um Neu-Amsterdam, den Südamerika-Kolonien in Brasilien und Guayana sowie den westafrikanischen Faktoreien sein, die ausschließlich dem Sklavennachschub dienten. Doch schon bei ihrer Gründung ergaben sich Probleme: Die Kapitalbeschaffung für das notwendige Anfangskapital von 7,1 Millionen Gulden erwies sich als schwierig, weil die Skepsis der Anleger groß war, obwohl die Generalstaaten sich selbst finanziell engagierten und jährlich ein Kapital von 200.000 Gulden auf fünf Jahre hinzugeben wollten. Auch die Gesellschaftsstruktur erwies sich als keineswegs einfach, weil die fünf Kammern – also die beteiligten Städte und die hinter ihnen stehenden Anteilseigner – miteinander konkurrierten, was zu entsprechenden Spannungen im Generaldirektorium, dem »Rat der 19«, führte. Das überstarke Amsterdam mit einem 4/9-Anteil sollte für die Nordamerika-Kolonie führend sein, während Middelburg, Enkhuizen und Horn mit zusammen einem 3/9-Anteil für das Südamerika-Geschäft verantwortlich waren. Belastend kam auch hinzu, dass die WIC teilweise in die Gemengelage der äußerst kontroversen Innenpolitik der statthalterlosen Zeit zwischen 1650 und 1672 unter dem Ratspensionär Johan de Witt geriet, in der Adeligkeit – insbesondere in Form des »Oraniertums« – durchaus zum Nachteil gereichte.

Die unternehmerische Entwicklung der WIC war dementsprechend wechselvoll, jedenfalls nicht so erfolgreich wie die ihres Vorbilds, der 1602 gegründeten VOC, und am Ende desaströs. Dabei ließ sich das Geschäft anfangs durchaus gut an: Drei Jahre nach ihrer Gründung unternahm die Gesellschaft einen erfolgreichen Angriff auf Bahia, das aber schon 1625 wieder geräumt werden musste; 1628 kaperte die WIC die spanische Silberflotte mit fünfzehn Millionen Gulden und schüttete eine Dividende von fünfzig

29 Vgl. Wätjen, Hermann: Das holländische Kolonialreich in Brasilien. Gotha 1921, insbesondere S. 74–178; Winter, Pieter Jan van: De Westindische Compagnie terkamer stad en lande (Nederlandsch Economisch-Historisch Archief, Werken 15). ’s-Gravenhage 1978; Schneeloch, Norbert H.: Aktionäre der Westindischen Compagnie von 1674. Die Verschmelzung der alten Kapitalgebergruppen zu einer neuen Aktiengesellschaft (Beiträge zur Wirtschaftsgeschichte 12). Stuttgart 1982; Heijer, Henk den: De geschiedenis van de WIC. 2. Aufl., Zutphen 2002; Bown, Stephen R.: Merchant Kings. When Companies Ruled the World, 1600–1900. London 2010; Huigen, Siegfried / De Jong, Jan L. / Kolfin, Elmar (Hrsg.): The Dutch Trading Companies as Knowledge Networks (Intersections 14). Leiden u. a. 2010; Noorlander, Danny L.: Heaven’s Wrath. The Protestant Reformation and the Dutch West India Company in the Atlantic World. Ithaca/London 2019. Zu den innen- und gesellschaftspolitischen Kontexten vgl. Lademacher, Horst: Die Niederlande. Politische Kultur zwischen Individualität und Anpassung. Berlin 1993, S. 179–229 und S. 305–312.

Prozent aus; 1630 eroberte man die portugiesische Provinz Pernambuco mit deren Hauptstadt Olinda. Doch all dies konnte nicht darüber hinwegtäuschen, dass es »Neu-Holland« an Söldnern, Siedlern und Kapital fehlte, abgesehen von den internen Spannungen. Achtzehn Millionen Gulden an Verbindlichkeiten standen 1636 zu Buche, weil bis dahin zwar 30 Millionen Gulden an Beute gemacht werden konnten, die aber von den 45 Millionen Gulden an Investitionskosten aufgezehrt wurden. Mit Johann Moritz von Nassau-Siegen konnte 1637 zwar ein neuer militärischer Befehlshaber und Verwaltungschef angeworben werden, der militärische und ökonomische Erfolge feierte. Doch auch er forderte mehr Kapital von den WIC-Aktionären, um Truppen und Siedler anzuwerben. Nicht zuletzt wegen seines repräsentativen Lebensstils geriet er in Konflikt mit den Aktionären, so dass er 1644 seinen Posten aufgab. Seine Nachfolger sahen sich den gleichen Herausforderungen gegenüber – insbesondere dem zermürbenden Kleinkrieg mit den Portugiesen, der immense, unproduktive Militärausgaben verursachte – und setzten verstärkt auf kurzfristige Profitorientierung. Zehn Jahre später endete das Engagement mit der Kapitulation Recifes 1654, für das Portugal immerhin später noch acht Millionen Gulden Entschädigung zahlte. Fortan konzentrierte sich die WIC auf ihre Guayana-Kolonien, in die viele der brasilianischen Kolonisten umsiedelten, sowie auf ihre karibischen Siedlungen und auf die westafrikanischen Faktoreien an der ghanaischen Küste. Doch konnte diese Fokussierung das betriebswirtschaftliche Siechtum nicht aufhalten, das zur Überschuldung und 1674 zur Auflösung durch Überleitung in eine Neugründung führte.

Als Becher im Juli 1669 in Amsterdam die Gespräche mit der WIC begann, hatte er es demnach mit einem angeschlagenen Verhandlungspartner zu tun, der seine letzte große Kolonie irgendwie zum Entwicklungserfolg führen wollte bzw. musste und nach Kooperationspartnern suchte, allein weil er die Verteidigungskosten zu Lande minimieren wollte. Doch obwohl beide Parteien an einem Deal interessiert waren und ein Vertragsentwurf binnen weniger Tage ausgehandelt war, erwies sich die WIC keineswegs als leichter Verhandlungspartner. Abgesehen von den internen Spannungen und kommunikativen Behäbigkeiten zwischen den Kammern der WIC musste Hanau akzeptieren, dass sich auf dem Lehengut bereits eine Kolonie am Aperwake (Approuague) befand, die 1658 von der WIC an den niederländischen Maler und Adeligen Sir Balthasar Gerbier d'Ouvily (1592–1663/67) übereignet worden und später an die Familien Pelt und Dorville übergegangen war. Ihre Vorfahren hatten sich in Neu-Hanau niedergelassen, waren aber nach Amsterdam zurückgekehrt. Ihr ursprüngliches Ziel – der Abbau von Edelmetallen – war erfolglos geblieben, weshalb wegen Überschuldung die Anrechte auf eine Kaufmannsvereinigung übergegangen waren, der die ehemaligen Neu-Hanauer angehörten und die nun ihre Rechtsposition gewahrt wissen wollte. Gegen 7.000 Reichstaler und eine prozentuale Beteiligung an späteren Mineralabbau-Profiten wurde das Problem aus der Welt geschafft.[30]

30 Vgl. Volberg: Deutsche Kolonialbestrebungen, S. 123–165.

3.5 Die Inszenierung des Entrepreneurships: adelige und unternehmerische Exzellenz in Konkurrenz

Der Graf und sein engster Ratgeber wussten um die Macht der Erzählung, die auch für die Vermarktung solch einer Unternehmung unumgänglich war; wahrscheinlich mehr als üblich gerade im Hanauer Kontext. So schritten beide auf ihre Weise zur Tat: Becher pamphletistisch, Friedrich Casimir bildhaft. Beide wollten werben, überzeugen und rechtfertigen, dies jedoch in unterschiedlichen Sphären.

Trotz der zunächst euphorischen Stimmung bei Hofe und angesichts mancher Unterstellungen – ganz abgesehen von den offenkundigen Finanzierungsdefiziten – bemühte sich Becher schon im August 1669 um eine öffentliche Bewerbung des Projektes. In Frankfurt ließ er für die Herbstmesse eine Quart-Schrift drucken – den *Gründlichen Bericht* – und mit einer Karte versehen, die von dem angesehenen Kupferstecher Johann Philipp Thelott (1639–1671) angefertigt worden war (Abb. 1).[31] Dabei bediente sich Thelott einer großformatigen Karte, die bereits 1630 von Willem J. Blaeu (1571–1638) in Amsterdam gestochen worden und vier Jahre vor dem Hanauer Geschäft im zwölften Band des *Atlas Maior Sive Cosmographia Blaviana* koloriert erschienen war. Der Vorlage Blaeus folgte Thelott sehr präzise, nur dass er anstelle der Titel-Kartusche ein aufwendig gestochenes Wappen des Hanauer Grafen setzte, um dessen Bewerbungs- und Repräsentationsansprüchen zu genügen. Wie sehr sowohl der Graf als auch der als Auftraggeber genannte Becher um eine intensive, zudem gehobenen visuellen Ansprüchen genügende Vermarktung des Projekts durch die Verleger Serlin und Kuchenbecker bemüht waren, beweist die Tatsache, dass der *Gründliche Bericht* nebst der kartographischen Darstellung im selben Jahr als Teil der ebenfalls bei Kuchenbecker gedruckten 19. Folge des *Diarium Europaeum* publiziert wurde.

31 Zu Thelott vgl. Gräf, Holger: Künstler als Migranten im 16. und 17. Jahrhundert: Vermittler im europäischen Kulturtransfer oder Protagonisten einer kulturellen Spaltung? In: Baumann, Anette / Jendorff, Alexander / Theisen, Frank (Hrsg.): Religion – Migration – Integration. Studien zu Wechselwirkungen religiös motivierter Mobilität im vormodernen Europa. Tübingen 2019, S. 239–257, hier S. 250–255. Zur Karte im Bericht Bechers vgl. Gräf, Holger / Tacke, Andreas (Bearb. und Hrsg.): Von Augsburg nach Frankfurt – Arbeitsbuch, Werk und Umfeld des Kupferstechers Johann Philipp Thelott (1639–1671). Voraussichtlich Marburg 2022, Nr. 3.07: GVIANA sive AMAZONUM REGIO. In: Johann Joachim Becher: Gründlicher Bericht von Beschaffenheit und Eigenschafft, Cultivirung und Bewohnung, Privilegien und Beneficien dess in America zwischen dem Rio Orinoque und Rio de las Amazones an der vesten Küst in der Landschafft Guiana gelegenen [...] Landes, welchen die edle privilegirte West-Indische Compagnie der Vereinigten Niederlanden [...] an den [...] Herrn Friederich Casimir, Grafen zu Hanaw [...] den 18. Julii 1669 cedirt und überlassen hat. Frankfurt: J. Kuchenbecker 1669, gefaltet eingeklebt nach dem Titelblatt sowie in der unter leicht verändertem Titel gedruckten Auflage Frankfurt: Wilhelm Serlin 1607 [1669], gefaltet eingeklebt vor Seite 3. Radierung, Bildmaße: 376 × 487 mm. Oben rechts: »HANAW«, unter dem Wappen: »Indiæ Occidentalis / HANOVICÆ«, in der Kartusche mitte rechts: »GVIANA / sive / AMAZONUM / REGIO.«, rechts unten: »FRANCOFURTI / J: P: Thelott scu. / 1669«.

Abbildung 1. Thelott: GVIANA sive AMAZONUM REGIO, in: Johann Joachim Becher: Gründlicher Bericht von Beschaffenheit und Eigenschafft, Cultivirung und Bewohnung, Privilegien und Beneficien dess in America zwischen dem Rio Orinoque und Rio de las Amazones an der vesten Küst in der Landschafft Guiana gelegenen […], Frankfurt: J. Kuchenbecker 1669.

In dem derart aufwendig gestalteten Werk machte Becher nachhaltig-patriotisch Werbung für das Projekt, widerlegte Behauptungen und Kritik seiner Gegner, erläuterte die gesamtwirtschaftlichen Zusammenhänge aus merkantiler Sicht gegen die studierten Hof-Kameralisten und stellte Maximen für die zukünftige Kolonisierung auf: Indigene sollten nicht unterdrückt und ausgebeutet, sondern zu Freunden gemacht werden; die Stützpunkte seien sofort zu befestigen und Rodungen vorzunehmen, damit man möglichst schnell zur Selbstversorgung übergehen könne; Sklavenimporte sollten ausgesetzt bleiben, bis eine gesicherte Ernährungsbasis geschaffen sei, dann aber sollten Sklaven für den Zuckerrohranbau herangezogen werden; die Kolonie und deren Handel sei nur auf die Agrarproduktion auszurichten und die freie Schifffahrt und gute Verwaltung zu gewährleisten. Der *Gründliche Bericht*, in dem die Vision des Grafen verständlicherweise im besten Licht erschien, erfuhr eine Neuauflage unter anderem Titel zwanzig Jahre später. Der *Politische Diskurs* des Jahres 1688 jedoch war wesentlich umfangreicher angelegt und kritischer gegenüber allen Akteuren.[32] Er trug deutlich Rechtfertigungscharakter eines von den früheren Protagonisten enttäuschten Projektierers. Becher bot dem Leser hier einen umfassenden Einblick in die Vertragsbedingungen und Vertragspartner, die Kosten-Nutzen-Kalkulation sowie eine Abwägung der politischen Kontexte und Interessen der Beteiligten und Interessenten.

Friedrich Casimir stand seinem im Herbst 1669 nach München abgereisten Rat hinsichtlich der Vermarktung in nichts nach, mehr noch: Er erwies sich als wahrer Meister der bildhaften Selbstinszenierung. Denn die Einhegung seiner Selbstregierung, die harsche Kritik an seinem Finanzgebaren und der folgende Spott hielten den Grafen nicht davon ab, nur sechs Jahre nach seiner Entmachtung und vier Jahre nach dem endgültigen Scheitern des Kolonialprojekts ein entsprechendes Gemälde von dem gräflich-hanauischen Hofmaler Johann David Welcker (1631–1699) anfertigen zu lassen, das die »Eroberung Surinams« thematisierte (Abb. 2). Welcker bildete 1676 den Grafen im Kreise allegorischer wie realer Personen und Objekte ab: Der mit einer Perücke bedeckte und in ein antikisierendes »römisches« Kostüm nebst purpurnem Umhang gekleidete Friedrich Casimir stützt sich dabei mit dem linken Arm auf eine unsichtbare Lehne. Als Dreiviertelfigur in der rechten Bildhälfte abgebildet, zeigt seine rechte Hand mit den drei äußeren Fingern auf einen in gelb-goldenes Tuch gekleideten jungen Afrikaner, ebenfalls als Dreiviertelfigur dargestellt. Er lässt den Betrachter auf eine vergoldete Schmuckschatulle schauen. Neben ihm finden sich weitere Pretiosen: ein Elfenbeinhumpen mit dem Relief eines Kinderbacchanals und eine vergoldete Schale. Auf dem daneben liegenden Schriftstück lässt sich die Zeile »Vanitas vanitatum et omnia Vanitas« entziffern. Auf sie deutet mit seiner Linken der auf der rechten Bildseite befindliche und mit den für ihn typischen Merkmalen (Caduceus und Flügel) ausgestattete Merkur/Hermes, hinter dem eine weibliche Person mit einem Knaben hinter ihrer linken Schulter steht. Die am später angefügten linken Bildrand befindliche, über ihre rechte Schulter blickende männliche Gestalt lässt sich nicht exakt bestimmen. Es mag sich um Georg Christian von Hessen-Homburg oder um Johann Joachim Becher handeln.[33]

Die Darstellung Welckers erscheint aus heutiger Sicht schwierig zu entziffern. Sie ist dennoch in vielerlei Hinsicht aufschlussreich, nicht zuletzt weil der Hofmaler zwei antike, sinngebend erscheinende Gottheiten – Merkur/Hermes sowie die weibliche

32 Vgl. Becher, Johann Joachim: D. Johann Joachim Bechers von Speyer / Röm. Käyserl. Majestät Commercien-Raths/ Politische Discurs: Von den eigentlichen Ursachen/ deß Auff- und Abnehmens der Städt/ Länder und Republicken/ In specie, Wie ein Land Volckreich und Nahrhafft zu machen/ und in eine rechte Societatem civilem zu bringen. Auch wird von dem Bauren- Handwercks und Kauffmannsstandt/ derer Handel und Wandel/ Item, Von dem Monopolio, Polypolio und Propolio, von allgemeinen Land-Magazinen, Niederlagen/ Kauffhäusern/ Montibus Pietatis, Zucht- und Werckhäusern/ Wechselbäncken und dergleichen außführlich gehandelt. Franckfurt 1688 [Zunner].

33 Für Becher und gegen den Landgrafen spricht das fehlende Ornat bzw. die einfache Kleidung der abgebildeten Gestalt. Dazu auch: Bott: Graf Friedrich Casimir von Hanau, S. 46.

Abbildung 2. Johann David Welcker: Allegorie auf die Erwerbung von Surinam durch den Grafen Friedrich Kasimir von Hanau 1669, 1676.

Figur mit Knaben – in den unmittelbaren Kontext der historischen Abläufe und in den Diskurs über angemessene Adeligkeit stellte. Deutlich wird, wie sehr es dem Grafen darum ging, die unmittelbaren Gewinne des Unternehmens schon bei Vertragsabschluss zu präsentieren: ebenjenen »angolanischen Mohren« und die von ihm dem Betrachter dargebotenen Pretiosen, die seinem Abgesandten Seifert von den Vertretern der WIC im Oktober 1669 überreicht worden waren. Die damit verbundene Geste des Grafen vollzieht sich allerdings im Rahmen einer Dreieckskomposition, in die Merkur integriert ist. Die Verwendung seiner seit dem 15. Jahrhundert verstärkt rezipierten Gestalt kann kaum überraschen, insofern dieser Gott in traditioneller Weise als Patron der Händler und Kaufleute, darüber hinaus von den (adeligen) Eliten inszeniert wurde. Dementsprechend fand er in diesen sozialen Kreisen primäre allegorische

Verwendung,[34] die sich aus den römischen Überlieferungen – namentlich aus Ciceros Werk *De natura deorum* sowie bei Vergil, Ovid und Horaz – ableitete.[35] Bei ihnen wie auch später in Boccaccios (1313–1375) Abhandlung *Genealogia Deorum* wurde Merkur/Hermes zudem als Interpret des Götterwillens, als Sprach- und Kulturvermittler und als Geist bzw. Intellekt geleitetes Gegenbild zum herkulischen Götter- und Menschentypus profiliert. Auf diese Weise wurden *sapientia* und *fortitudo* parallelisiert.[36] Diese Attributionen wurden durch situationsabhängige und durchaus ambivalente Eigenschaften wie Schlauheit, Erfindungsreichtum, Voraussicht und diplomatisches Geschick angereichert.[37] In der scholastischen Rezeption, verstärkt seit der Renaissance, verkörperte Merkur die *eloquentia* und seine häufige Darstellung als Träger des Schlangen- bzw. Drachenstabs verband ihn mit der Astrologie und der Alchemie.[38] Bedeutsamer ist jedoch jene Merkur-Variante, die ihn mit Reisen und in diesem Zusammenhang mit der Entdeckung kaufmännischer Techniken verbindet. In solchen kommerziellen Annotationskontexten erschienen denn auch der Hahn und Beutel als Symbole der kaufmännischen *vigilantia*, jener Betriebsamkeit des Händlers, der seine Ware buchhalterisch erfasst.[39] In dieser – klassischen, weil geläufigen – Ausformung fand sich denn auch die Merkur-Gestalt im fünften Buch der *Fasti* des Ovid beschrieben,[40] wonach an den Iden des Mai eines jeden Jahres der römische Händler an einer dem Gott geweihten Quelle bei der Porta Capena sich selbst und seine Ware weihte, um sich des göttlichen Beistands im nächsten Geschäftsjahr zu versichern. Interessant ist jene ovidische Fassung zudem, weil sie zum einen auf die *felicitas* und damit auf materiellen Wohlstand verweist, um den der – redliche wie unredliche, weil mit allen Mitteln agierende – Kaufmann bittet, zum anderen weil sich die *felicitas* einer Person ganz entschieden von der jeweiligen *industria* ableitete. »Glück« stellte also das Ergebnis individueller Entscheidungen und Handlungen sowie individueller Leistungsfähigkeiten und des jeweiligen Leistungswillens dar,[41] die ihrerseits als von der Fähigkeit des Akteurs beeinflusst

34 Vgl. Brink, Sonja: Mercurius Mediceus. Studien zur panegyrischen Verwendung der Merkurgestalt im Florenz des 16. Jahrhunderts (Manuskripte zur Kunstwissenschaft in der Wernerschen Verlagsgesellschaft 13). Worms 1987; Cohen, Laura: Gestalt und Gehalt der Merkurfigur in der Bildhauerei der Frühen Neuzeit. Diss. phil. Bonn 2020.

35 Vgl. Cicero: De natura deorum, III, 22,56; Vergil: Aeneis IV, V. 220–278; Horaz: Carmina I, X; Ovid: Metamorphosen II, V. 684–707; Ovid: Fasti V, V. 663–692.

36 Vgl. Brink: Mercurius Mediceus, S. 17–19.

37 Vgl. ebd., S. 7–9. Dabei machte sich dies an der bei Ovid: Metamorphosen II, V. 684–707, überlieferten Geschichte des Diebstahls der apollinischen Rinder sowie an den bei Horaz: Carmina I, X, V. 9–16, überlieferten Listen bei der Eroberung Troias fest.

38 Vgl. Brink: Mercurius Mediceus, S. 18–22, 66–68; Cohen: Gestalt und Gehalt, S. 9–15, zur Verarbeitung und Interpretation in der Renaissance.

39 Vgl. Brink: Mercurius Mediceus, S. 16–18 und S. 104–112.

40 Vgl. Ovid: Fasti V, V. 663–692.

41 Vgl. Brink: Mercurius Mediceus, S. 111–113; Cohen: Gestalt und Gehalt, S. 29–30.

interpretiert wurden, den richtigen Zeitpunkt zu erfassen. Damit korrespondierte seit der Renaissance und verstärkt seit dem Aufkommen des Neostoizismus die Idee, der Mensch könne in hohem Maße seine Umwelt und Gesellschaft gestalten. Er müsse dazu und zur Beherrschung der unberechenbaren Fortuna lediglich neben der Befolgung der *virtutes* den richtigen Augenblick – die *occasio* oder den *kairos* – abwarten.[42]

Mit all diesen Attributionen besaß die Merkur-Gestalt für den Grafen Friedrich Casimir wie für viele andere Adelige, die sich als Entrepreneurs betätigten, eine hohe Anschlussfähigkeit, allein weil sie verschiedene, miteinander kombinierbare Konnotationen verband. Für den regierenden Hochadel erschien sie – wie schon für den Adel und die Mächtigen im antiken Rom – insbesondere wegen ihrer weiteren politisch-herrschaftlichen Attributionen attraktiv, die sich zwang- und bruchlos zu den kommerziellen Konnotationen und Verwendungen gesellten. Denn Caduceus und Füllhörner wurden in der frühneuzeitlichen Allegorie für die Profilierung zentraler politischer Imperative – nämlich *pax* und *concordia*, mithin als Friedens- und Wohlstandssymbole – in einer agrarisch geprägten und von einer starken Antikenrezeption inspirierten Gesellschaft verwendet.[43] Bereits der kommerziell aktive Adel Venedigs und die nicht minder agilen Patrizier Augsburgs hatten sich im 16. Jahrhundert zur repräsentativen Stilisierung ihres republikanisch-aristokratischen Regimes des Merkurs bedient, indem sie ihn als Wohlstandsboten, Verkünder der Harmonie und Moderator des Politischen öffentlich stilisierten.[44]

Wie sehr dem Grafen noch nach dem Scheitern seines Kolonialprojektes um dessen Anerkennung und richtige Interpretation gelegen war, verweist die Fokussierung auf die drei zentralen Gestalten des Bildes: Der figürlich dominante, im antikisierten Ornat gekleidete Graf leitet den Betrachter auf den jungen Afrikaner bzw. auf dessen Darbietung überbordender Schätze und damit auf die Hoffnungen, die mit dem Kolonialprojekt verbunden gewesen waren. Friedrich Casimir scheint es demnach darauf angekommen zu sein, die projektierte Gewinnung Hanauisch-Indiens als zeitangemessene Unternehmung im Sinne der langfristigen Wohlstandsgenerierung und damit im Sinne der Erfüllung von Herrscherpflichten zu inszenieren. So gesehen, formulierte die Allegorie Welckers auch den Vorwurf an die (verwandten) Kritiker des Grafen, in kurzsichtiger Weise nur den unmittelbaren – vielleicht auch nur ihren eigenen – kleinlichen Nutzen anstatt das große Ganze im Blick gehabt zu haben.

Die Gestalt des Merkur/Hermes hat bezüglich einer zweiten Facette deiktische Funktion, nämlich als Mahner hinsichtlich der Selbstbescheidung eines Menschen und seiner Ausrichtung am Allgemeinwohl, wie er in der Frühen Neuzeit häufig verwendet wurde. Ob den Grafen oder aber die hinter ihm stehende Person im

42 Vgl. ebd., S. 39–48.

43 Vgl. ebd., S. 91–102; Cohen: Gestalt und Gehalt, S. 20–25, 28–29.

44 Vgl. Cohen: Gestalt und Gehalt, S. 33–47, 92–122.

Blick, verweist Merkur/Hermes nämlich auf ein Schriftstück, das neben den opulenten WIC-Geschenken platziert ist und das die Vergänglichkeit der materiellen Güter thematisiert. Das auf Demut gegenüber dem Schöpfergott und der Endlichkeit des Lebens abgestellte *vanitas*-Thema war generell für die Stilllebenmalerei jener Zeit typisch. Friedrich Casimir dürfte damit zweifellos vertraut gewesen sein. Gerhard Bott vertritt hierzu die Auffassung, die Merkur/Hermes-Geste sei »ein Bekenntnis zu Demut und Besinnung« des Grafen in Antwort »auf die Kritik an seinen angeblich hochfliegenden Kolonialplänen« gewesen.[45] Ein selbstkritisches Eingeständnis, die Risiken unterschätzt zu haben, ist nicht auszuschließen. Die Haltung der rechten Hand wäre bei dieser Interpretation als vornehme Ablehnungshaltung zu deuten, die sich zugleich indirekt auf die hinter dem Grafen stehende Person bezieht, die sich vom Geschehen abzuwenden scheint. Allerdings ließe sich das Eingeständnis Friedrich Casimirs noch in einer anderen als der von Bott aufgefassten Weise deuten: Nicht ausschließlich als demütige Akzeptanz der Kritik, sondern als deren polemischer Rückverweis an die Kritiker und auf den angeblichen Hauptschuldigen, nämlich auf Becher, der vor dem Projektkollaps im Herbst 1669 Hanau rechtzeitig verlassen hatte.

Der Graf ließ demnach die mit dem Kolonialprojekt verbundenen sowohl realen als auch trügerischen Hoffnungen sowie dessen Kontexte inszenieren. Bezüglich der Kontexte knüpft der Merkur-Hinweis an die Umstände der Amsterdamer Vertragsunterzeichnung an. Denn als der gräfliche Rat Seifert im Oktober 1669 in Amsterdam zum finalen Vertragsabschluss angekommen war und dort von den Vertretern der WIC die genannten »Geschenke« überreicht bekommen hatte, war dort neben dem Protest der Agnaten auch eine anonyme Schmähschrift aufgetaucht, die die Kolonialpläne als

45 Vgl. Bott: Graf Friedrich Casimir von Hanau, S. 53, der dabei auf Eser, Thomas: Kat.-Nr. 101: Graf Friedrich Casimirs von Hanau-Lichtenberg allegorischer Verzicht auf die Kolonie »Neu-Teutschland« in Guayana. In: Großmann, Ulrich G. unter Mitarbeit von Bachner, Franziska und Gerstl, Doris: Von teutscher Not zu höfischer Pracht 1648–1701. Ausstellungskatalog des Germanischen Nationalmuseums, Nürnberg, 2. April – 16. August 1998. Nürnberg 1998, S. 150–152, hier S. 152, zurückgreift. Dieser vertritt die Auffassung, bei der Darstellung handele es sich um einen allegorischen Verzicht des Grafen auf das irdische Güter verheißende Projekt, ja sogar um eine »paradoxe Pointe einer ansonsten tabuisierten Ikonographie des politischen Scheiterns«. Diese Interpretation fokussiert den Blick des Merkur/Hermes auf die Person (Becher!) am rechten Bildrand sowie auf den *vanitas*-Verweis; die Handbewegung des Grafen, die Eser als abwehrend charakterisiert; die Frauengestalt am rechten Bildrand nebst Knaben wird als Venus und Amor mit Bogen gedeutet. Esers Deutung ist nachvollziehbar und würde den wirren Entwicklungen der Hanauer Grafschaft eine weitere angemessen wirre Facette hinzufügen. Sie verkennt m. E. jedoch bestimmte Details: Merkur/Hermes schaut die Person am rechten Bildrand keineswegs eindeutig an; die Geste des Grafen erscheint nicht zwangsweise ablehnend; die Frauen- und die Knabengestalt lassen sich nicht eindeutig als Venus bzw. Amor klassifizieren, weil Amor entsprechend einen Bogen halten müsste, was aber so nicht zu erkennen ist. Zudem macht die Venus-Ikone deshalb nicht zwingend Sinn, weil es im Hause Hanau 1676 nicht nachweislich zu einer Versöhnung oder weiser Einsicht des Grafen kam. Das Gegenteil ist aktenkundig, gerade das weiterhin problematische Finanzgebaren des Grafen. Zudem spielt das Jahr 1676 im Kontext der dynastisch-territorialpolitischen Entwicklung keine Rolle. Die unmittelbaren Entstehungskontexte sind demnach weiter zu eruieren.

vanitas brandmarkte.[46] Dabei hatte der Graf – nach eigener Ansicht – nur das Beste für seine Untertanen beabsichtigt.

In diesen Zusammenhang sind auch die am rechten Bildrand abgebildeten beiden Gestalten zu interpretieren, die sich allerdings einer eindeutigen Identifikation entziehen. Es bleibt unklar, ob es sich um die Abbildung von Venus mit Amor/Cupido oder von Ceres/Demeter mit Triptolemos handelt. Für die Identifikation von Venus mit Amor/Cupido spricht die pausbackige Kindsgestalt, auch wenn ihr Pfeil und Bogen fehlen. Die ihr stattdessen in die rechte Hand gegebene rötlich eingefärbte Zange, mit der eine Art Schal aus feinem Gewebe hochgehalten wird, könnte einen Verweis auf die wohl doch erhoffte Stärkung der Textilproduktion darstellen. Zeitgenössisch ungewöhnlich wäre die gemeinsame Abbildung von Merkur/Hermes mit Venus und Amor/Cupido nicht. Schon in den klassischen Texten erschien sie, wenn auch unter Bezugnahme auf kommerziellen Erfolg.[47] Gleichwohl war die von den Römern im 2. Jahrhundert vor Christus aus Sizilien »importierte« Venus (*Erucina*) von militärisch-politischen Exzellenzen – wie Sulla, Pompeius und Caesar – als *Felix*, *Victrix* und *Genetrix* vereinnahmt und propagandistisch instrumentalisiert worden.[48] Wohl stets nur solitär zitiert, avancierte sie so zur Schutzgöttin des erfolgreichen Eliteangehörigen und zur Verkörperung sozialer Exzellenz. Insofern wäre sie als Repräsentation des göttlichen Schutzes auch des kolonialen Eroberers bestens zitier- und verwendbar gewesen.

Ebenso nachvollziehbar ließe sich jedoch auf die Darstellung der Ceres schließen. Denn sie steht primär wie selbstverständlich für das agrarische Wohlstandsglück, das eine Kolonie zu versprechen schien. Im antiken Rom war der Ceres-Kult bereits seit dem beginnenden 5. Jahrhundert vor Christus zusammen mit der Verehrung des Merkurs aufgekommen. Beinahe gleichzeitig wurden für beide Gottheiten entsprechende Tempel errichtet. Beide parallelisierten einander funktional. Während Ceres die Korngöttin darstellte, fungierte Merkur als Patron des Getreidehandels. Zusammengenommen erfüllten sie in dem sich ausbildenden überregionalen Getreidemarkt Mittelitaliens religiös eine überlebenswichtige Funktion für die schnell wachsende Republik, deren Versorgung sichergestellt werden musste.[49] Die Sorge um Agrarproduktion und Agrarhandel im Sinne des Allgemeinwohls standen demnach nicht nur für die kultische Verehrung in der römischen Antike Pate, sondern konnten auch für die Gegenwart des Hanauer Grafen Anwendung finden.

46 Vgl. Volberg: Deutsche Kolonialbestrebungen, S. 174–175.

47 Vgl. Rüpke, Jörg: Die Religion der Römer. Eine Einführung. München 2001, S. 9–11, unter Zitationsverweis auf Horaz: Ode I, 30.

48 Vgl. Le Bonniec, Henri: Art. Venus. In: Lexikon der Antike. Abt. II: Religion–Mythologie (Bd. 2). München 1970 (Zürich–Stuttgart 1965), S. 298–299; Full, Bettina: Aphrodite. In: Moog-Grünewald, Maria (Hrsg.): Mythenrezeption. Die antike Mythologie in Literatur, Musik und Kunst von den Anfängen bis zur Gegenwart (Der Neue Pauly, Supplemente 5). Stuttgart/Weimar 2008, S. 97–114; Rives, James B.: Venus. In: Der Neue Pauly (Bd. 12/2). Stuttgart 2002, Sp. 17–20.

49 Vgl. Cohen: Gestalt und Gehalt, S. 18–19.

Die – angesichts der von der WIC und anderen Beratern angepriesenen Beschreibung Guayanas plausible – Ceres-Identifikation im Ensemble des Hanauer Gemäldes wird auf- und gleichzeitig umgewertet, indem der Hofmaler die Göttin mit einer Kindsgestalt abgebildet hat, die als Triptolemos gedeutet werden müsste. Gemäß dem antiken Mythos handelte es sich um jenen eleusinischen Heros,[50] der von Ceres/Demeter zur Verbreitung des Ackerbaus in die Welt ausgesandt wurde. Dahinter verbarg sich die Erzählung, dass Triptolemos als kranker Sohn des Königs Keleos, der zuvor die auf ihrer Suche nach der verlorenen Tochter erschöpfte Ceres aufgenommen hatte, zum Dank von der Göttin geheilt wurde. Im Gegenzug übernahm er den Auftrag, den Menschen den Ackerbau zu bringen und für eine gute Ernte zu sorgen. Weil seine Fahrten mit dem Drachenwagen dem Vater nicht mehr geheuer waren, beabsichtigte er den eigenen Sohn töten zu lassen. Hierauf schritt die Göttin abermals ein, verhinderte das Attentat und zwang Keleos zur Abdankung. Triptolemos folgte seinem Vater auf den Thron nach und stiftete die Thesmophorien, die seitdem als jährliche Dankfeste an Ceres/Demeter im Oktober/November begangen wurden. Interessant an diesem Abbildungsdetail sind zwei Facetten, die das selbstverständliche Hauptmotiv – die Aussicht auf Agrarreichtum – begleiten: zum einen der Abdankungsaspekt, der gewissermaßen indirekt angespielt wurde, und zum anderen der Termin für das Stiftungsfest zu Ehren der Göttin, das gerade (noch) in die Zeit der Inszenierung des Kolonialprojekts hineinfiel und der zugleich zum Agnaten-Putsch des November 1669 überleitete. In beiden Fällen fallen einem gebildeten »Leser« des Gemäldes die Bezüge ins Auge und stellen doch eine eher feine Ironie dar.

In der Summe dieser Facetten scheint es offensichtlich, dass es dem Grafen gerade darum ging, sowohl den materiellen als auch den politisch-sozialen Wert seines Kolonialprojektes hervorzuheben, der durch die Interferenzen seiner Umwelt, durch die daraus resultierenden Friktionen und am Ende durch die unzureichende Beratung seines Consultants Becher zerstört wurde. Dies würde darüber hinaus im Kontext des unmittelbaren Handlungsrahmens umso sinnvoller erscheinen, weil dem Grafen von seinen Kritikern ja vorgeworfen worden war, er hätte mit seinen »sinnlosen« Schulden die Territorialfinanzen ruiniert. Dagegen inszenierte ihn die Allegorie als Fürsten, der im Sinne des Gemeinwohls Kommerz und Weitblick in ein vernünftiges Verhältnis zu bringen scheint, insofern er um die beschränkte Bedeutung des Materiellen weiß und sich dennoch für das Kolonialprojekt engagierte, weil es nachweisbar – nämlich am »angolanischen Mohren« – für mehr als nur das Materielle stand, nämlich Prestige und Zukunft; und bei diesen beiden Aspekten handelte es sich um Faktoren, die einen regierenden Fürsten ebenso wie insbesondere jedes andere Mitglied der europäischen Adelsgesellschaft leiten mussten.

50 Vgl. Ovid: Fasti IV, V. 393–620.

4 Das Dilemma der Kapitalien: adeliges Entrepreneurship als Problem der Unternehmensdefinition und der Unternehmensstrategie

Das gräflich-hanauische Kolonialprojekt hat bei den Zeitgenossen wie auch bei nachfolgenden Generationen massive Kritik hervorgerufen. Es scheint der beste Beweis für die Hybris eines mitteleuropäischen Kleinpotentaten von ständisch durchaus hohem, politisch-ökonomisch allerdings minderen Rang zu sein, der seine Fähigkeiten und Möglichkeiten überschätzte. In der Tat wähnte sich der regierende Graf bei Projektbeginn in krasser Überschätzung der Chancen sowie in Unterschätzung der Risiken wohl schon als Herrscher eines Tropenimperiums. Dies soll ihm nach dem Scheitern des Projekts in der Bevölkerung den Spotttitel »König vom Schlaraffenland« eingetragen haben. Zugleich scheint sein Scheitern zu beweisen, in welchem Ausmaß der Adel den damals bereits bestens arrivierten Kolonial-, Handels- und Finanzkonsortien, ihren Finanzvolumina und ihrem Wissen um Finanzierungstechniken unterlegen war. Gleichermaßen mag auch der Projektansatz – der Erwerb überseeischer Kolonien durch ein reines Binnenlandterritorium von äußerst bescheidener Größe – schon verfehlt erscheinen. Doch gilt es zu berücksichtigen, dass die merkantilistische Wirtschaftstheorie jener Zeit solche Projekte forderte, dass diese – in Ausblendung der Risiken und der Negativbeispiele – regelrecht als ökonomische Heilsbringer galten und dass die zeitgenössischen Erfolgsbeispiele – freilich potenterer Akteure – eine solche Sicht durchaus stützten bzw. die gescheiterten Projekte alteuropäischer Kolonialakteure in milderem Licht erscheinen lassen. Die WIC war hierfür ein gutes Beispiel, insofern ihre finanziellen und kolonialpolitischen Bilanzen keineswegs positiv waren, weil sie sich finanzstrategisch übernommen hatte und in sich zerstritten war. Verfehlt war die Auswahl dennoch nicht, zumal das englische wie das französische Alternativangebot nicht weniger riskant waren. Vom ständisch-sozialen Standpunkt sprachen sowohl die Bevorzugung der WIC durch den niederländischen Adel als auch deren Verbindung zum verwandten »Brasilianer« aus Nassau-Siegen für eine solche Liaison. Auch die auf den ersten Blick abstrus erscheinende Vertragsbestimmung über die Begründung eines Lehensverhältnisses stellte kein Skandalon, sondern vielmehr eine gängige Vergabepraxis in Brasilien dar. Beides weist aus, wie gut sich dieser staatlich unterstützte, ständenivellierend-kapitalistisch organisierte Repräsentant der zeitgenössischen Kolonialökonomie auf sein Geschäftsumfeld und dessen Interessen einzustellen wusste. Umgekehrt galt aber auch, dass gerade Adelige wie der Hanauer Graf in einen solchen Konsortium ihre geeigneten oder gar selbstverständlichen Geschäftspartner sahen. Die von keinerlei Standesgrenzen gehemmte, von gleichen Profitinteressen geleitete Harmonie zwischen allen beteiligten Akteuren erwies sich nicht zuletzt an der professionellen Selbstverständlichkeit und kalkulatorischen Präzision, mit der man den Einsatz afrikanischer Menschen für Sklavenarbeit entlang betriebswirtschaftlicher Prämissen plante.

Für das Scheitern des Hanauer Kolonialprojekts entscheidend waren weniger mangelnder Finanzverstand, sondern letztlich außerökonomische Faktoren. Denn die innerterritoriale, zudem konfessionsverschiedene Opposition wie auch regionale Konkurrenz stellten einen erheblichen Hemmfaktor dar. Wirklichen Erfolg konnten sie dem Regenten nicht wünschen, weil das Gelingen des Projektes zur Erweiterung der politischen Handlungsspielräume gegenüber den Schuldnern, gegenüber den regionalen Vormächten sowie gegenüber der Hanauer Bürgerschaft geführt hätte, die selbstverständlich vor weiterer Wirtschaftskonkurrenz geschützt sein wollte. Insofern mangelte es dem Grafen schon an interner Unterstützung, um ein solches Projekt, das nur langfristig erfolgreich sein konnte, durchzuhalten. Anders ausgedrückt: Das gräfliche Projekt scheiterte an seiner Unterfinanzierung, weil keine breite Umfeld-Akzeptanz dafür vorhanden war, gleichgültig welche Gründe hierfür ausschlaggebend gewesen sind. Eine Ursache hierfür bestand sicherlich auch darin, dass die miteinander bei Hofe konfligierenden Fraktionen – Hahnzog nannte sie die »Heimatpartei« und die »Kolonialpartei«[51] – unterschiedliche Adels- und Unternehmenskonzepte aufgrund verschiedener Lebensperspektiven vertraten: Während Friedrich Casimir als reichsständischer Regent und Chef des Hauses seine Grafschaft – ganz abgesehen von seinen ambitioniert-ideenreichen Wünschen und Vorstellungen – zu sanieren und wieder »in Flor« zu bringen suchte und dabei Risiken einzugehen gewillt war, vertraten die (nichtregierenden) Verwandten einen konservativen Kurs ökonomischer Sekurität, der ihnen ein standesgemäßes Auskommen sicherte; auch dabei handelte es sich gewissermaßen um ein »Unternehmenskonzept«. Beide Fraktionen konnten mit Fug und Recht auf ihre vitalen Interessen und ihr Verständnis von Adeligkeit verweisen, die dann aber in dem Moment unversöhnlich kollidierten, als Entscheidungen getroffen werden mussten und in der kleinen Vermögensmasse der Grafschaft keine finanziellen Spielräume mehr vorhanden waren.

Das Hanauer Beispiel, das problemlos auch in andere Adelskreise übertragbar wäre, erweist damit, in welchem ambivalenten und durchaus widersprüchlichen Interessenvieleck sich adeliges Entrepreneurship bewegte, wie eng bemessen der Handlungsspielraum eines adeligen Wirtschaftsakteurs sein konnte und wie groß die soziale Fallhöhe für einen Adeligen war. Vielleicht gereichte das Scheitern der Unternehmung dem Grafen auch gerade deshalb zu solcher Häme, weil man von einem regierenden Hochadeligen anderes erwartete. Bei den großen, arrivierten Kolonialgesellschaften hätte man dies wahrscheinlich buchhalterisch in der Verlustsparte des Risikoinvestments verbucht, wäre das nächste Projekt angegangen oder hätte die Gesellschaft abgewickelt; das Beispiel der WIC, die an dem Hanauer Projekt nichts verdiente, lässt

51 Hahnzog: Das Hanauer »tolle Jahr«, S. 163.

dies deutlich erkennen: außer Spesen nichts gewesen und nur wenige Jahre später stand die eigene Abwicklung an. Im Falle des Grafen resultierte daraus statt *splendor* erheblicher Prestigeverlust, der zu einem faktischen herrschaftlichen Totalverlust führte; und das obwohl materiell-betriebsökonomisch nichts verloren gegangen war außer Hoffnungen und Aussichten.

Quellen- und Literaturverzeichnis

Gedruckte Quellen

Becher, Johann Joachim: Gründlicher Bericht Von Beschaffenheit und Eigenschafft / Cultivirung und Bewohnung / Privilegien und Beneficien Deß in America zwischen dem Rio Orinoque und Rio de las Amazones an der vesten Küst in der Landschafft Guiana gelegenen ... Landes: Welchen Die Edle privilegirte West-Indische Compagnie der vereinigten Niederlanden / mit Authentischer Schrifftlicher ratification und permission Der Hochmögenden Herren Staten General An den ... Herrn Friederich Casimir / Grafen zu Hanaw ... Wie auch an das gesämptliche Hochgräfliche Hauß von Hanaw mit allen regalien und jurisdictionen, ewig und erblich/ unter gewissen in dieser Deduction publicirten Articuln den 18. Julii 1669. cedirt und überlassen hat ... /, Franckfurt 1669 [Kuchenbecker].

Becher, Johann Joachim: D. Johann Joachim Bechers von Speyer/ Röm. Käyserl. Majestät Commercien-Raths/ Politische Discurs: Von den eigentlichen Ursachen/ deß Auff- und Abnehmens der Städt/ Länder und Republicken/ In specie, Wie ein Land Volckreich und Nahrhafft zu machen/ und in eine rechte Societatem civilem zu bringen. Auch wird von dem Bauren- Handwercks und Kauffmannsstandt/ derer Handel und Wandel/ Item, Von dem Monopolio, Polypolio und Propolio, von allgemeinen Land-Magazinen, Niederlagen/ Kauffhäusern/ Montibus Pietatis, Zucht- und Werckhäusern/ Wechselbäncken und dergleichen außführlich gehandelt. Franckfurt 1688 [Zunner].

Loën, Johann Michael von: Der Kaufmanns=Adel, untersucht von einem unpartheyischen Rechtsgelehrten, Franckfurt am Mayn 1742 [Johann Friedrich Fleischer].

Loën, Johann Michael von: Der Adel. Ulm 1752 [Johann Friedrich Gaum]

Literaturverzeichnis

Bott, Gerhard: Graf Friedrich Casimir von Hanau (1623–1685). Der »König vom Schlaraffenland« und seine Kunstschätze, hrsg. von den Städtischen Museen Hanau. Hanau 2015.

Bown, Stephen R.: Merchant Kings. When Companies Ruled the World, 1600–1900. London 2010.

Boxer, Charles R.: The Dutch in Brazil 1624–1654. Hamden/CT 1973 (Repr. 1957).

Brink, Sonja: Mercurius Mediceus. Studien zur panegyrischen Verwendung der Merkurgestalt im Florenz des 16. Jahrhunderts (Manuskripte zur Kunstwissenschaft in der Wernerschen Verlagsgesellschaft 13). Worms 1987.

Brunn, Gerhard / Neutsch, Cornelius (Hrsg.): Sein Feld war die Welt: Johann Moritz von Nassau-Siegen (1604–1679). Von Siegen über die Niederlande und Brasilien nach Brandenburg (Studien zur Geschichte und Kultur Nordwesteuropas 14). Münster u. a. 2008.

Brunn, Gerhard (Hrsg.): Aufbruch in neue Welten. Johann Moritz von Nassau-Siegen (1604–1879), der Brasilianer, im Auftrag der Johann-Moritz-Gesellschaft hrsg. von Gerhard Brunn in Zusammenarbeit mit Wolfgang Degenhardt. Siegen 2003.

Büchel, Christiane: Johann Michael von Loen im Wandel der Zeiten. Eine kleine Forschungsgeschichte. In: Das achtzehnte Jahrhundert 16/1 (1992), S. 13–37.

Cabral de Mello, Evaldo: Johann Moritz Fürst von Nassau-Siegen. Gouverneur des holländischen Brasiliens. Gummersbach 2019.

Cohen, Laura: Gestalt und Gehalt der Merkurfigur in der Bildhauerei der Frühen Neuzeit. Diss. phil. Bonn 2020.

Dietrich, Reinhard: »... wegen geführten großen Staats, aber schlechter Zahlung der Schulden ...« – Zur finanziellen Lage der Grafschaft Hanau im 17. Jahrhundert. In: Hanauer Geschichtsblätter 31 (1993), S. 123–147.

Dietrich, Reinhard: Die Landes-Verfaßung in dem Hanauischen. Die Stellung der Herren und Grafen von Hanau-Münzenberg aufgrund archivalischer Quellen (Hanauer Geschichtsblätter 34). Hanau 1996.

Elschenbroich, Adalbert: Loën, Johann Michael von. In: Neue Deutsche Biographie (15). 1987, S. 47–49.

Eser, Thomas: Kat.-Nr. 101: Graf Friedrich Casimirs von Hanau-Lichtenberg allegorischer Verzicht auf die Kolonie »Neu-Teutschland« in Guayana. In: Großmann, Ulrich G. unter Mitarbeit von Bachner, Franziska und Gerstl, Doris: Von teutscher Not zu höfischer Pracht 1648–1701. Ausstellungskatalog des Germanischen Nationalmuseums, Nürnberg, 2. April – 16. August 1998. Nürnberg 1998, S. 150–152.

Frühsorge, Gotthardt (Hrsg.): Johann Joachim Becher (1635–1682). Vorträge gehalten anlässlich eines Arbeitsgespräches des Internationalen Arbeitskreises für Barockliteratur in der Herzog-August-Bibliothek vom 1.–4. März 1988 (Wolfenbütteler Arbeiten zur Barockforschung 22). Wiesbaden 1993.

Full, Bettina: Aphrodite. In: Moog-Grünewald, Maria (Hrsg.): Mythenrezeption. Die antike Mythologie in Literatur, Musik und Kunst von den Anfängen bis zur Gegenwart (Der Neue Pauly, Supplemente 5). Stuttgart/Weimar 2008, S. 97–114.

Gräf, Holger Th.: Künstler als Migranten im 16. und 17. Jahrhundert. Vermittler im europäischen Kulturtransfer oder Protagonisten einer kulturellen Spaltung? In: Baumann, Anette / Jendorff, Alexander / Theisen, Frank (Hrsg.): Religion – Migration – Integration. Studien zu Wechselwirkungen religiös motivierter Mobilität im vormodernen Europa. Tübingen 2019, S. 239–257.

Gräf, Holger Th. / Tacke, Andreas (Bearb. und Hg.): Von Augsburg nach Frankfurt – Arbeitsbuch, Werk und Umfeld des Kupferstechers Johann Philipp Thelott (1639–1671), voraussichtlich Marburg 2022.

Hahnzog, Ferdinand: Hanauisch-Indien einst und jetzt. Hanau 1959.

Hahnzog, Ferdinand: Die Kalkulation von »Neu-Teutschland« oder »Hanauisch-Indien«. In: Hanauer Geschichtsblätter 17 (1960), S. 93–114.

Hahnzog, Ferdinand: Das Hanauer »tolle Jahr« 1669 und die »Negation« des hessischen Amtmanns Heinrich Ludwig Wolff zu Hohenschildt am Hanauer Grafenhofe im Januar 1670. In: Hanauer Geschichtsblätter 20 (1965), S. 147–171.

Harms, Wolfgang: Moscherosch, Johann Michael. In: Neue Deutsche Biographie (18). 1997, S. 166–168.

Hassinger, Herbert: Johann Joachim Becher 1635–1682. Ein Beitrag zur Geschichte des Merkantilismus (Kommission für Neuere Geschichte Österreichs: Veröffentlichungen der Kommission für Neuere Geschichte Österreichs 38). Wien 1951.

Hassinger, Herbert: Becher, Johann Joachim, in: Neue Deutsche Biographie (1). 1953, S. 689–690.

Heijer, Henk den: De geschiedenis van de WIC, 2. Aufl., Zutphen 2002.

Heyden, Ulrich von der: Roter Adler an Afrikas Küste. Die brandenburgisch-preußische Kolonie Großfriedrichsburg an der westafrikanischen Küste. Berlin 1993.

Heyk, Eduard: Brandenburgisch-deutsche Kolonialpläne. Aus den Papieren des Markgrafen Hermann von Baden-Baden. In: Zeitschrift für Geschichte des Oberrheins 41 N.F. 2 (1887), S. 129–200.

Hintereicher, Margarete: Georg Christian von Hessen-Homburg (1626–1677). Offizier, Diplomat und Regent in den Jahrzehnten nach dem Dreißigjährigen Krieg (Quellen und Forschungen zur hessischen Geschichte 58). Darmstadt 1985.

Huigen, Siegfried / De Jong, Jan L. / Kolfin, Elmar (Hrsg.): The Dutch Trading Companies as Knowledge Networks (Intersections 14). Leiden u. a. 2010.

Kürbis, Holger: Johann Moritz von Nassau-Siegen. Erfurt 2005.

Kürbis, Holger: Eine militärische Karriere im 17. Jahrhundert. Das Beispiel Johann Moritz von Nassau-Siegen. In: Pons, Rouven (Hrsg.): Oranien und Nassau in Europa. Lebenswelten einer frühneuzeitlichen Dynastie. Wiesbaden 2018, S. 345–363.

Lademacher, Horst: Die Niederlande. Politische Kultur zwischen Individualität und Anpassung. Berlin 1993.

Le Bonniec, Henri: Art. Venus. In: Lexikon der Antike. Abt. II: Religion–Mythologie (Bd. 2). München 1970 [Zürich–Stuttgart 1965], S. 298–299.

Loibl, Werner: Johann Joachim Becher (1635–1682) im Dienste der Schönborns zwischen 1657 und 1664. In: Mainfränkisches Jahrbuch für Geschichte und Kunst 59 (2007), S. 55–155.

Löwenstein, Uta: Grafschaft Hanau. In: Speitkamp, Winfried (Hrsg.): Handbuch der hessischen Geschichte. Bd. 3: Ritter, Grafen und Fürsten – weltliche Herrschaften im hessischen Raum ca. 900–1806 (Veröffentlichungen der Historischen Kommission für Hessen 63/3). Marburg 2014, S. 196–230.

Mattiesen, Otto Heinz: Die Kolonial- und Überseepolitik der kurländischen Herzöge im 17. und 18. Jahrhundert (Schriftenreihe der Auslandsdeutschen 6). Stuttgart 1940.

Menk, Gerhard: Deutsche Landesgeschichte mit transatlantischen Horizonten. Das Beispiel Johann Moritz von Nassau-Siegen (1604–1679). In: Nassauische Annalen 123 (2012), S. 225–255.

Noorlander, Danny L.: Heaven's Wrath. The Protestant Reformation and the Dutch West India Company in the Atlantic World. Ithaca / London 2019.

Rives, James B.: Art. Venus. In: Der Neue Pauly (Bd. 12/2). Stuttgart 2002, Sp. 17–20.

Rüpke, Jörg: Die Religion der Römer. Eine Einführung. München 2001.

Saring, Hans: Crafft, Johann Daniel. In: Neue Deutsche Biographie (3). 1957, S. 387.

Schäfer, Walter E.: Johann Michael Moscherosch. Staatsmann, Satiriker und Pädagoge im Barockzeitalter. München 1982.

Schmidt, Georg: Der Wetterauer Grafenverein. Organisation und Politik einer Reichskorporation zwischen Reformation und Westfälischem Frieden (Veröffentlichungen der Historischen Kommission für Hessen 52). Marburg 1989.

Schneeloch, Norbert H.: Aktionäre der Westindischen Compagnie von 1674. Die Verschmelzung der alten Kapitalgebergruppen zu einer neuen Aktiengesellschaft (Beiträge zur Wirtschaftsgeschichte 12). Stuttgart 1982.

Sommer, Louise: Die österreichischen Kameralisten in dogmengeschichtlicher Darstellung (Studien zur Sozial-, Wirtschafts- und Verwaltungsgeschichte 13). Wien 1925.

Stollberg-Rilinger, Barbara: Handelsgeist und Adelsethos. Zur Diskussion um das Handelsverbot für den deutschen Adel vom 16. bis zum 18. Jahrhundert. In: Zeitschrift für Historische Forschung 15 (1988), S. 273–309.

Volberg, Heinrich: Deutsche Kolonialbestrebungen in Südamerika nach dem Dreißigjährigen Kriege insbesondere die Bemühungen von Johann Joachim Becher. Köln/Wien 1977.

Wätjen, Hermann: Das holländische Kolonialreich in Brasilien. Gotha 1921.

Winter, Pieter Jan van: De Westindische Compagnie terkamer stad en lande (Nederlandsch Economisch-Historisch Archief, Werken 15). 's-Gravenhage 1978.

Abbildungsnachweise

Abb. 1 Digitalisat der Universitäts- und Landesbibliothek Sachsen-Anhalt in Halle (Saale); http://nbn-resolving.de/urn:nbn:de:gbv:3:1-469630

Abb. 2 Staatliche Kunsthalle, Karlsruhe, Inv.-Nr. 1164; auch unter URL: https://commons.wikimedia.org/wiki/File:Friedrich_Casimir_Welcker.jpg

ANSTELLE EINES NACHWORTES

ANSTELLE EINES NACHWORTES: ZUSAMMENFASSENDE BEMERKUNGEN UND DANK

Horst Carl

Obwohl es sich beim vorliegenden Werk ja ausdrücklich nicht um eine Festschrift handelt, ist die Tagung, deren Beiträge und Ergebnisse der vorliegende Band enthält, an einen bestimmten Adressaten gerichtet gewesen. Als solcher ergreife ich anstelle eines Nachworts gerne die Gelegenheit, um allen Beiträgerinnen und Beiträgern und insbesondere auch Annette Cremer und Alexander Jendorff als Initiatoren und Herausgebern herzlich zu danken. Im Übrigen möchte ich mir an dieser Stelle ausdrücklich nicht das Amt beimessen, »die Mitwelt zum Nutzen zukünftiger Jahre zu belehren«.[1] Ich will bloß einige Eindrücke anbringen.

Wenn ich mit dieser Nachbemerkung zum Ausdruck bringen möchte, dass ich mich durch den vorliegenden Band geehrt und persönlich beschenkt fühle, dann folgt diese Äußerung zunächst der Logik einer Ökonomie der Gabe.[2] Bei einem Werk, das sich mit frühneuzeitlichen Formen des Wirtschaftens, des Handels und des Warentauschs beschäftigt, ist dies insofern bemerkenswert, als damit eine Spannung zwischen Form und Inhalt auftreten kann. Zumindest ist dies dann der Fall, wenn die Logik solchen Austauschs als gegensätzlich wahrgenommen wird, Gabentausch also der Mikroebene persönlicher Beziehungen und Warentausch den unpersönlichen Beziehungen des Handels zugeordnet wird. Allerdings kann man dem Beitrag von Friedrich Lenger zu Adel und Kapitalismus in der Neuzeit ja entnehmen, dass binäre Oppositionen doch eher dem Bereich gesellschaftlicher Projektionen als dem der sozialen Praxis zuzuordnen sind – womit ich an dieser Stelle Friedrich Lenger auch noch einmal für die finanzielle Unterstützung der Tagung herzlich danken möchte, denn von nichts kommt halt nichts. Mammon und Decorum, so dokumentiert es auch dieser Band, sind schon deshalb kein Gegensatz, weil sie sich vielfach bedingen und das eine ja oft Voraussetzung des anderen ist.

Lässt man die Beiträge Revue passieren, so entfaltet sich auf den ersten, Blick ein beeindruckendes Panorama ökonomischen Scheiterns. Vordergründig scheint dies eine Art Schleifspur zu sein, die adelige Unternehmer – Entrepreneurs – durch die frühneu-

1 Ranke, Leopold von: Vorrede zu den Geschichten der romanischen und germanischen Völker von 1494 bis 1535 [1824]. In: Hardtwig, Wolfgang (Hrsg.): Über das Studium der Geschichte. München 1990, S. 44–46, hier S. 45.

2 Im Sinne einer Alibi-Fußnote: Mauss, Marcel: Die Gabe. Die Form und Funktion des Austauschs in archaischen Gesellschaften. Frankfurt 1968.

zeitliche Geschichte gezogen haben. Jedenfalls haben sich ganz offensichtlich die Beiträger doch sehr gerne auf diese schiefe Ebene begeben. Dies beginnt schon im Beitrag von Ronald Asch, der uns gleich mehrere Exemplare dieser Spezies sehr plastisch vorführt. Selbst wenn sie nicht zentral für seine Argumentation stehen, so bleiben der First Duke of Chandos, James Brydges, oder der dritten Earl of Kingston (»Big George«) doch eindrücklich im Gedächtnis. Aber auch ansonsten bieten die Beiträge alle möglichen Facetten ökonomischen Scheiterns: Beim alchemistischen Unternehmer Louis de Hatzel, präsentiert von Kolja Lichy, könnte es den Adel noch entlasten, dass sein Adelstitel »Baron de Chèvremont« eher zweifelhafter Natur war, aber der »Marchese im Matsch«, Enzo Bentivoglio, als grandioser Förderer der Infrastruktur von Birgit Emich porträtiert, stammte ebenso aus allerbester Familie des italienischen Hochadels wie Wilhelm Heinrich von Sachsen-Eisenach, der, wie Siegrid Westphal zeigt, ausgerechnet mit seinen Lotterieunternehmungen in der Mitte des 18. Jahrhunderts kein Glück hatte. Hochadelig waren auch die Löwenstein-Wertheim, die gegen Frankfurt und damit bürgerliche Konkurrenz den Kürzeren zogen (Anette Baumann), und wahrhaft standesgemäß scheiterte schließlich auch Graf Friedrich Casimir von Hanau mit seinem Kolonialambitionen in Hanauisch-Indien (Guyana), wie uns Alexander Jendorff im Detail vorführt. Damit schließt sich auch für die Herausgeber der Bogen, die eingangs des Bandes mit Dagobert Duck die heimliche Leitfigur der Tagung namhaft gemacht und darauf hingewiesen haben, dass er nicht nur schottischem Uradel entstammt, sondern seine frühen Jahre eine Abfolge ambitionierten Scheiterns sind. Folgt man der entsprechenden, 1991 erschienenen Biographie *Sein Leben, seine Milliarden* aus der Feder des zweiten berühmten Duck-Zeichners Keno Don Hugo Rosa (geb. 1951), der Scrooges familiäre Wurzel überzeugend dem alten schottischen Clan der McDucks mit ihrem bis in das Jahr 1675 nachweisbaren Stammsitz Duckenburgh zuweist,[3] muss uns die reichste Adelsente der Welt zweifellos aber auch einen entscheidenden Fingerzeig geben: Adel und Wirtschaft schlossen einander eben gerade nicht aus, es kam nur auf die Umstände an; und zudem: Scheitern gehört(e) zum Geschäft sowohl in der sozialen Welt des Adels als auch in der materialistischen Welt der Ökonomie. Die richtige Mischung bei der Verbindung beider Welten erscheint hierbei als Schlüssel zum Prestige- und Wirtschaftserfolg.

Wenn so viel Scheitern beim Leser nicht zu Depressionen führt oder in Abstumpfung mündet, dann liegt dies also offensichtlich nicht zuletzt an den adeligen Protagonisten selbst, die wenn schon nicht mit Anstand, dann mit Stil zu scheitern wussten. Allein dies färbt schon vorteilhaft auf die Darstellung ab, wofür der Band viele schöne Beispiele bringt. Sicherlich dürfte auch der Hinweis von Alexander Jendorff zu beherzigen sein, dass adelige Standeskompetenz vielleicht weniger in der ökonomischen Rationalität als vielmehr in der Vermarktung und Bewerbung von Projekten zur Geltung

3 Vgl. Anm. Nr. 2 im Vorwort.

kommen konnte. Dies betraf auch die Fähigkeit der Selbstvermarktung, wofür als Negativbeispiel die genuesischen Nobili stehen mögen, deren ökonomischer Erfolg sich offenbar umgekehrt proportional zu ihrer Reputation verhielt (Matthias Schnettger). Ein weiterer Grund könnte zudem sein, dass adelige Protagonisten den Kelch des Scheiterns nicht unbedingt bis zur bitteren Neige leeren mussten, sei es, weil erst Nachfahren späterer Generationen diese Konsequenzen ziehen mussten wie im Fall der Bentivoglio (Birgit Emich), sei es, dass zwar Offenbarungseide zu leisten waren, aber nicht von den Adeligen selbst. Sie konnten diese Pflicht wie auch die ökonomischen Folgen in der Frühen Neuzeit auf Dritte abwälzen – eines der zentralen Argumente von Ronald Asch. Und natürlich konnten adelige Unternehmer sich auch anderweitig absichern, sei es durch ihre Virtuosität in der Anlage von Netzwerken (Stefan Rohdewald) oder in hausvertraglicher Form (Stephan Wendehorst).

Allerdings soll nicht verschwiegen werden, dass es zum Eindruck eines häufigen Misserfolgs beim Adel in diesem Sammelband natürlich auch Gegenbeispiele für erfolgreiches adeliges Unternehmertum gibt. Für diese Lichtblicke sorgen vor allem die weiblichen Exempla. Selbst wenn auch hier Scheitern nicht ausgeschlossen war, wagten sich gerade adelige Unternehmerinnen in der Frühen Neuzeit als Pionierinnen an solch anspruchsvolle Geschäftsfelder wie die Schwerindustrie: Ermgard von Wehren, die Dieter Wunder als ausgesprochen hartnäckige hessische Unternehmerin an der Wende vom 16. zum 17. Jahrhundert porträtiert, versuchte »ohne Vorbild und Nachahmung« in Hessen ein Stahlwerk aus dem Boden zu stampfen, während die Essener Fürstäbtissin Maria Kunigunde mit eigenem Vermögen den Aufbau eines Eisenhüttenwerkes in ihrem Territorium bewerkstelligte, um der industriellen Revolution im späteren Ruhrgebiet zumindest etwas Vorschub zu leisten (Bettina Braun).

An genuin männlich-adeligen Domänen, in denen sich dann doch so etwas wie ökonomischer Erfolg konstatieren lässt, schält sich auch in diesem Band am ehesten noch der Bereich des Militärunternehmertums heraus. Wahrscheinlich stellte dieses Tätigkeitsfeld in der Synthese von Kernkompetenzen dann doch eine Art Königsdisziplin adeligen Unternehmertums in der Frühen Neuzeit dar, oder in der Sprache des »Decorums« so etwas wie ein »Gesamtkunstwerk«. Genuin adelige Gewaltkompetenz ließ sich hier mit dem standesgemäßen Habitus der Autorität verbinden, oder die für Fragen der Heeresversorgung unerlässlichen ökonomischen Kenntnisse der Landwirtschaft mit den Möglichkeiten, als Mitunternehmer und mehr oder minder stille Teilhaber vom Aufbau dynastischer Fürstenstaaten zu profitieren. Beim fürstlichen Reichsadel zeigt Christoph Kampmann, wie gerade dessen militärunternehmerische Vertreter in bester kapitalistischer Manier zunächst rangniedere Konkurrenz im Wortsinn aus dem Feld zu schlagen vermochten, um zumindest partielle Monopole zu etablieren. In einem zweiten Schritt ließ sich dann das militärische Humankapital umso gewinnbringender wieder mittels Vermietung oder Verkauf in den Kreislauf von Angebot und steigender Nachfrage einbringen. Die soziale Spannbreite der in den einzelnen Beiträgen präsenten oder präsentierten Militärunternehmer reicht dabei von einem Ambrosio Spinola, der als reichster genuesischer Adeliger das spanische Heer in den Niederlanden und schließlich auch den Krieg weitgehend aus eigener Tasche (vor) finanzierte, bis hin zu den Regimentskommandeuren der Kroaten im Dreißigjährigen Krieg, deren Unternehmensgewinn erst dann nachhaltig gesichert war, wenn er sich im sozialen Aufstieg in den Adelsstand manifestieren konnte (am Beispiel des Kroatenoberst Corpes bei Michael Weise). Angesichts der gesamten sozialen und ständischen Spannbreite beim Militärunternehmertum könnte man geradezu von einem adeligen Breitensport sprechen, wenn denn das Bild nicht so schief wäre.

Weder ökonomisches Scheitern noch ökonomischer Erfolg stellte und stellt ein adeliges Spezifikum dar. Vielmehr handelt es sich einerseits um einen (zudem wichtigen) Teil marktwirtschaftlicher Organisation der sich modernisierenden europäischen Ökonomien. Andererseits ist Ökonomie – quasi bis heute – als Ausdruck von Wertekollisionen, Weltanschauungen und Sensationsbegehren zu verstehen. Ein genauerer, analytischer Blick auf die Beiträge und ihre jeweiligen Kontexte offenbart denn auch eine wesentlich differenziertere Szenerie. Denn, wie von Annette Cremer im Auftaktbeitrag aufgezeigt wird, traten Norm und Praxis adeligen Wirtschaftens in der Frühen Neuzeit in bemerkenswerten Maße auseinander. Die zeitgenössischen Mahnungen an die adeligen Hausväter, doch Maß zu halten, kollidierten gewissermaßen mit den Zwängen der sozial-ständischen Selbstbehauptung, die wiederum ökonomisches Engagement – und Erfolg! – nötig machten, um langfristig die Ausgaben bestreiten zu können. Insofern war adeliges »Ökonomisieren« auf vielen, genau genommen auf allen Feldern der vormodernen Wirtschaft eine Selbstverständlichkeit. Zudem existierte in Wirtschaftsfragen eine genuin adelige Expertise, die sich nicht nur im Geldausgeben, sondern insbesondere in der monetären Ertragsgenerierung und -abschöpfung durch die Finanzexperten bei Hofe erwies. Der Adel war insofern ökonomisch »vollintegriert« – was zu entsprechenden diskursiven Gemengelagen über den Adeligkeitsbegriff führte. Und wie Alexander Jendorff in seiner historiographiegeschichtlichen Einleitung herausarbeitet, waren solche Adeligkeitsdiskurse von massiven Interessenlagen der jeweiligen zeitgenössischen Akteure bestimmt; dies zumal seit dem ausgehenden 18. und gewiss im 19. und 20. Jahrhundert. Es schloss das »große Vergessen« adeligen Wirtschaftsengagements ebenso ein wie die bewusste Stigmatisierung adeliger Verschwendung bzw. Negativstilisierung erfolglosen adeligen Entrepreneurships.

Selbstverständlich besaß adeliges Entrepreneurship auch die Facette des Spielerischen, das bei einigen der vorgestellten adeligen Protagonisten geradezu die Essenz des Wirtschaftens auszumachen scheint. Nicht umsonst nehmen die Hasardeure, Spekulanten und Projektemacher in der Galerie der im Band vorgestellten Exempel einen prominenten Platz ein. Wilhelm Heinrich von Sachsen-Eisenach setzte mit seinem Lotterieunternehmen denn auch gleich konsequent auf den Hazard als Kern seiner Geschäftsidee. Man könnte an dieser Stelle – auch um die Nachbemerkung nicht ins

Uferlose zu treiben – abschließend wieder den Bogen zum akademischen Sinn und Kontext des vorliegenden Bandes schlagen, denn bekanntlich ist der »wilde Hasard« ja mit Max Weber auch kennzeichnend für die akademische Karriere und den Wissenschaftsbetrieb.[4] In diesen Kontext von Parallelen zum akademischen Betrieb gehört dann wohl auch das von Friedrich Lenger vorgebrachte Zitat von Werner Sombart zum Schicksal der frühneuzeitlichen Unternehmer: »Als Condottiere, vielleicht können wir auch sagen, als Conquistadores fangen die Unternehmer an – um als Beamte zu endigen.«

Auch für solche Einsichten sei allen Beiträgerinnen und Beiträgern an dieser Stelle noch einmal herzlich gedankt.

4 Auch hier sei der Klassiker noch einmal in der Form des von mir sehr geschätzten Bandes von Wolfgang Hardtwig zitiert: Weber, Max: Wissenschaft als Beruf. In: Hardtwig: Über das Studium der Geschichte, S. 195–227, hier S. 203.

ANHANG

LISTE DER GELADENEN GÄSTE

Abraham, Jan
Asch, Ronald G.
Batelka, Philipp
Baumann, Anette
Berndt, Katja
Bömelburg, Hans-Jürgen
Brakensiek, Stefan
Braun, Bettina
Cremer, Annette
Deflers, Isabelle
Emich, Birgit
Frewer, Lena
Halbe, Sebastian
Haug-Moritz, Gabriele
Herzog, Richard
Horowski, Leonhard
Jendorff, Alexander
Kampmann, Christoph
Kepsch (Böhnert), Silvia
Lanois, Patricia
Lenger, Friedrich
Lichy, Kolja
Ludwig, Ulrike
Maruhn, Armand
Möllendorf, Peter von
Müller, Franziska
Müser, Johanna
Noske, Sarah
Oswalt, Vadim
Planert, Ute
Rau, Susanne
Reinle, Christine
Richter (Gottschlich), Evelyn
Sasse, Cristina
Schmidt, Georg
Schmidt, Patrick
Schnettger, Matthias
Schuffert, Filip
Sebastian, Larissa
Stollberg-Rilinger, Barbara
Stornig, Katharina
Swart, Erik
Weise, Michael
Wendehorst, Stephan
Westphal, Siegrid
Wrede, Martin
Wunder, Dieter
Wunder, Heide
Zeller, Corina

PERSONEN-INDEX

Druck und Bindung
Books on Demand GmbH
In de Tarpen 42, 22848 Norderstedt